Entrepreneurship Through Acquisition und Search Funds im deutschsprachigen Mittelstand

Christian Schuchardt

Entrepreneurship Through Acquisition und Search Funds im deutschsprachigen Mittelstand

Theorie, Praxis und Zukunft eines neuen Unternehmertums

Springer Gabler

Christian Schuchardt
Potsdam, Deutschland

ISBN 978-3-658-52649-8 ISBN 978-3-658-52650-4 (eBook)
https://doi.org/10.1007/978-3-658-52650-4

Die Deutsche Nationalbibliothek verzeichnet diese Publikation in der Deutschen National bibliografie; detaillierte bibliografische Daten sind im Internet über https://portal.dnb.de abrufbar.

Springer Gabler ist ein Imprint der eingetragenen Gesellschaft Springer Fachmedien Wiesbaden GmbH und ist ein Teil von Springer Nature.
Die Anschrift der Gesellschaft ist: Abraham-Lincoln-Str. 46, 65189 Wiesbaden, Germany

Interessenskonflikt Der/die Autor*in hat keine relevanten Interessenskonflikte im Zusammenhang mit dieser Publikation.

Einleitung

Das Unternehmertum gilt seit jeher als einer der wichtigsten Motoren für Innovation, Beschäftigung und Wohlstand. In Deutschland ist diese Rolle in besonderer Weise mit dem Mittelstand verbunden, der über Jahrzehnte hinweg als Rückgrat der Volkswirtschaft bezeichnet wird. Rund 99 % aller Unternehmen in Deutschland zählen zu den kleinen und mittleren Unternehmen (KMU). Sie sichern über 50 % aller Arbeitsplätze und bilden über 70 % aller Lehrlinge in der Bundesrepublik aus und tragen damit maßgeblich zur Zukunftsfähigkeit des Arbeitsmarktes bei. Dennoch stehen viele dieser Betriebe in den kommenden Jahren vor einer kritischen Phase: Der demografische Wandel macht sich spürbar bemerkbar und die Weiterführung vieler Betriebe im Rahmen einer Unternehmensnachfolge gilt als ungesichert. Nach Erhebungen der Kreditanstalt für Wiederaufbau (KfW Research & Schwartz, 2026) planen bis zum Ende des Jahres 2029 rund 569.000 Unternehmensinhaber keine Fortführung ihres Unternehmens nach dem eigenen Rückzug. Dies entspricht rund 114.000 Geschäftsaufgaben mittelständischer Unternehmen jährlich innerhalb des prognostizierten Fünfjahreszeitraums. Gleichzeitig zeigen Studien des Instituts für Mittelstandsforschung Bonn (Rieger-Fels et al., 2025), dass jedes Jahr rund 30.000 Unternehmensübergaben in Deutschland stattfinden. Für viele Inhaber:innen stellt sich die Frage, wer die Verantwortung übernehmen soll, wenn Kinder oder Familienangehörige nicht zur Verfügung stehen oder die Nachfolge ablehnen. Hier öffnet sich ein enormes Fenster für eine vergleichsweise junge, aber dynamisch wachsende Form des Unternehmertums: Entrepreneurship Through Acquisition (ETA).

ETA beschreibt den Weg ins Unternehmertum über den Erwerb eines bestehenden Unternehmens. Im Gegensatz zur klassischen Gründung („Startup from scratch") übernimmt die Käuferin bzw. der Käufer ein etabliertes Unternehmen mit bestehenden Strukturen, Kundenbeziehungen und Cashflows. Dieser Ansatz ist besonders in den USA seit den 1980er-Jahren durch sogenannte Search Funds bekannt geworden (Ruback & Yudkoff, 2017; Simon, 2021). In den letzten Jahren hat sich ETA zunehmend auch in Europa und speziell im deutschsprachigen Raum etabliert. Die Gründe liegen auf der Hand: Der Mittelstand bietet eine Vielzahl attraktiver Zielunternehmen, gleichzeitig suchen viele Eigentümer:innen dringend Nachfolger:innen. Für Unternehmer:innen in Deutschland, Österreich und der Schweiz eröffnet sich dadurch eine doppelte Chance. Einerseits können

Nachfolger:innen in eine tragfähige wirtschaftliche Basis einsteigen, ohne die Risiken einer Neugründung vollständig tragen zu müssen. Andererseits können bestehende Unternehmer:innen durch gezielte Zukäufe wachsen und ihre Marktstellung strategisch ausbauen. Damit positioniert sich ETA als Brücke zwischen klassischer Unternehmensnachfolge und moderner Wachstumsstrategie.

Dieses Buch verfolgt zwei zentrale Zielsetzungen:

1. Wissenschaftliche Fundierung**:** Zunächst sollen die theoretischen Grundlagen und der aktuelle Forschungsstand zu ETA, gestützt auf internationale und nationale Studien, dargestellt werden
2. Praktische Anwendbarkeit: Das Buch bietet zudem konkrete Handlungsempfehlungen, Checklisten und Instrumente, die den gesamten Prozess von der Suche über die Bewertung und Finanzierung bis hin zur Übergabe und Post-Closing-Phase, begleiten.

Damit richtet sich dieses Werk gleichermaßen an Menschen, die den Schritt ins Unternehmertum durch den Erwerb eines Unternehmens gehen möchten, wie auch an Unternehmer:innen, die ihre Wachstumsstrategie durch Akquisitionen ergänzen wollen sowie an Forschende. Es versteht sich als umfassender Leitfaden für Entrepreneurship Through Acquisition im deutschen Kontext.

Hinweise zur methodischen Vorgehensweise

Die in diesem Buch entwickelten konzeptionellen Modelle, quantitativen Schätzungen und analytischen Schlussfolgerungen beruhen auf einer systematischen Verknüpfung theoretischer, empirischer und sekundärdatenbasierter Ansätze, die im Folgenden transparent dargelegt werden. Eine explizite Offenlegung des Forschungsdesigns ist notwendig, um die Nachvollziehbarkeit der Ergebnisse zu gewährleisten, die Validität der Argumentation zu prüfen und zugleich die Grenzen der Aussagekraft sichtbar zu machen. Da sich das Feld Entrepreneurship Through Acquisition und insbesondere Search Funds in der DACH-Region bisher in einem frühen wissenschaftlichen Entwicklungsstadium befindet und nur über begrenzte Primärdaten verfügt, basiert dieses Werk auf einem triangulativen Analyseansatz, der ökonomische, demografische, organisationswissenschaftliche und institutionentheoretische Datenquellen integriert. Die quantitativen Potenzialschätzungen zu ETA- und Search-Fund-Targets stützen sich auf öffentlich zugängliche amtliche Statistiken der Statistischen Bundesämter Deutschlands, Österreichs und der Schweiz, insbesondere Unternehmensregister, demografische Projektionen und Nachfolgestudien, ergänzt durch einschlägige Erhebungen der KfW zu Unternehmensnachfolge und Finanzierung. Die Berechnung möglicher ETA-relevanter Unternehmen folgt einem mehrstufigen Filtermodell, das sich an dokumentierten Charakteristika erfolgreicher ETA-Transaktionen orientiert, wie Unternehmensgröße, Profitabilität, Eigentümeralter und Geschäftsmodellspezifika. Die methodische Grundlage bildet dabei keine Stichprobenerhebung, sondern eine strukturierte Sekundärdatenmodellierung, deren Ziel nicht die exakte Quantifizierung, sondern die realistische Approximation eines potenziellen Marktvolumens ist. Entsprechend dienen die Zahlen als Szenarienparameter und nicht als deterministische Vorhersage. Die theoretischen Kapitel beruhen auf einer systematischen Literaturrecherche in internationalen wissenschaftlichen Datenbanken, einschließlich Web of Science, Scopus und Google Scholar. Berücksichtigt wurden ausschließlich peer-reviewte Artikel, Monografien und anerkannte institutionelle Berichte. Für die DACH-Perspektive wurden zusätzlich nationale Quellen herangezogen, etwa Veröffentlichungen des Instituts für Mittelstandsforschung, der KfW, der Schweizer Eidgenossenschaft sowie einschlägige juristische und betriebswirtschaftliche Fachliteratur. Alle Quellen wurden nach Relevanz, Aktualität, theoretischer Anschlussfähigkeit und empirischer Tragfähigkeit ausgewählt. Nichtwissenschaftliche Internetquellen wurden vermieden, sofern es sich nicht um regulatorische Primärtexte handelt. Die methodische Grundlage der qualitativen Analysen umfasst zudem ein interpretativ-analytisches Vorgehen, wie es in der Management- und Organisationsforschung üblich ist. Die Modelle zur Integrationsphase, Governance, Verhandlungsarchitektur und organisationalen Transformation basieren auf einer theoriegeleiteten Synthese vorhandener Forschungsstränge aus Corporate Governance, Nachfolgeforschung, Transformationsforschung, Verhaltensökonomik und Führungspsychologie. Diese theoretischen Perspektiven wurden so integriert, dass sie den Besonderheiten eigentümergeführter mittelständischer Unternehmen in der DACH-Region Rechnung tragen. Für die Kapitel zur Zukunft von ETA wurde ein szenariobasiertes Analyseverfahren angewendet, das dem Ansatz der explorativen Szenariotechnik folgt. Die identifizierten Zukunftstreiber basieren auf dem Abgleich multipler empirischer Quellen, darunter demografische Projektionen, Technologieprognosen, regulatorische Entwicklungen und Kapitalmarkttrends. Die Szenarien bilden plausibilisierte Entwicklungspfade ab, jedoch keine probabilistischen Vorhersagen.

Die Methodik dieses Werks unterliegt jedoch strukturellen Limitationen, die explizit berücksichtigt werden müssen. Erstens existiert für ETA und Search Funds in der DACH-Region nur eine begrenzte empirische Forschungslage, wodurch einige Annahmen notwendigerweise auf konzeptionellen Modellen oder internationalen Vergleichsstudien beruhen. Zweitens basiert die quantitative Potenzialschätzung auf aggregierten Unternehmensdaten, die keinen direkten Aufschluss über Transaktionsbereitschaft, kulturelle Passung oder individuelle Eigentümerpräferenzen liefern. Drittens zielt das Werk darauf ab, theorie- und praxisrelevante Erkenntnisse zu verbinden, weshalb an einigen Stellen eine analytische Generalisierung statt einer statistischen Generalisierung vorgenommen wurde. Viertens reflektiert die Darstellung institutioneller Rahmenbedingungen den Stand der Regulierung zum Zeitpunkt der Fertigstellung, was aufgrund dynamischer Entwicklungen im Bereich ESG, KI und Kapitalmarktregulierung eine zeitliche Kontextualisierung erfordert.

Trotz dieser Limitationen bietet der gewählte methodische Ansatz eine robuste Grundlage für ein wissenschaftlich fundiertes Standardwerk in einem jungen Forschungsfeld. Die Kombination aus systematischer Literaturarbeit, sekundärstatistischen Modellen, theoriebasierter Integration und szenariobezogener Reflexion ermöglicht es, sowohl akademisch stringente als auch praxisnahe Aussagen zu treffen. Entscheidend ist, dass das Buch keinen Anspruch auf exakte Prognostik erhebt, sondern auf analytische Plausibilität, theoretisch-empirische Fundierung und methodische Transparenz. Dadurch entsteht eine solide Basis, auf der zukünftige empirische Forschung zu ETA und Search Funds in der DACH-Region aufbauen kann.

Inhaltsverzeichnis

Teil I
Grundlagen und Kontext

Die Auseinandersetzung mit Entrepreneurship Through Acquisition (ETA) und dem Search-Fund-Modell erfordert eine gründliche Analyse der strukturellen, ökonomischen, institutionellen und psychologischen Grundlagen, die dieses unternehmerische Phänomen prägen. Teil I des vorliegenden Werkes legt daher das analytische Fundament, auf dem alle späteren theoretischen und praxisorientierten Kapitel aufbauen. Er verortet ETA nicht als isolierte Akquisitionsmethode, sondern als Ausdruck übergeordneter Veränderungen in Eigentumsstrukturen, Nachfolgedynamiken und unternehmerischen Identitäten in der DACH-Region. Die gegenwärtige Transformation des Mittelstands, geprägt von demografischen Verschiebungen, strukturellem Fachkräftemangel, veränderten Kapitalmarktdynamiken und wachsenden regulatorischen Anforderungen, schafft ein Spannungsfeld, in dem neue Formen der Unternehmensübernahme und -führung entstehen. ETA bildet in diesem Kontext ein innovatives Modell, das traditionelle Elemente der Nachfolge mit modernen Formen unternehmerischer Wertschöpfung integriert.

Die historische Einbettung von ETA zeigt, dass sich dieses Modell an der Schnittstelle unterschiedlicher disziplinärer Logiken entwickelt hat, darunter Unternehmertum, Corporate Finance, Organisationspsychologie, Nachfolgeprozessforschung und Institutionenökonomik. Die Betrachtung dieser theoretischen Ursprünge ermöglicht es, die spezifische Funktionsweise von ETA als interaktiven und dynamischen Prozess zu verstehen, der weit über die Transaktion selbst hinausreicht. Die zunehmende Relevanz von ETA in der DACH-Region ist dabei nicht nur das Ergebnis makroökonomischer Einflussfaktoren wie demografischer Alterung oder regionaler Mittelstandsdominanz, sondern Ausdruck eines umfassenden Wandels der unternehmerischen Karrierewege, der Eigentümerrollen und der Mechanismen, durch die Führungsverantwortung in eigentümergeprägten Betrieben übertragen wird.

Teil I dieses Buchs untersucht daher die zentralen Rahmenbedingungen, die ETA in der DACH-Region prägen: die Besonderheiten des Mittelstands, die institutionelle Struktur des Wirtschaftsraums, die Vielfalt der Eigentumsformen sowie die rechtlichen und finanzwirtschaftlichen Grundlagen, die für den Erfolg oder das Scheitern von ETA entscheidend sind. Gleichzeitig werden die Grenzen bestehender Modelle analysiert und blinde Flecken sichtbar gemacht, die eine Übertragung US-amerikanischer Konzepte ohne regionale Kontextualisierung erschweren. Die Analyse der relevanten Theorien macht deutlich, dass ETA nur im Zusammenspiel von wirtschaftlichen Anreizstrukturen, psychologischer Passung, kultureller Kompatibilität und institutioneller Einbettung verstanden werden kann. Damit bildet Teil I den epistemischen Rahmen dieses Buches: Er definiert, was ETA inhaltlich umfasst, warum es in der DACH-Region besondere Relevanz besitzt und wie es wissenschaftlich zu verorten ist. Diese Grundlagen sind notwendig, um die später entwickelten Prozessmodelle, Handlungsempfehlungen und strategischen Perspektiven als konzeptionell fundierte und theoretisch anschlussfähige Elemente eines umfassenden Verständnisses von unternehmerischer Nachfolge und Wertschöpfung interpretieren zu können. Teil I schafft die Voraussetzung dafür, ETA als komplexes sozioökonomisches Phänomen zu begreifen, das die Zukunft mittelständischer Unternehmensführung in der DACH-Region maßgeblich mitgestalten wird.

Was ist Entrepreneurship Through Acquisition (ETA)? 1

Zusammenfassung

Entrepreneurship Through Acquisition (ETA) beschreibt den Weg in das Unternehmertum über den Erwerb eines bestehenden, in der Regel profitablen KMU statt über eine Neugründung. Im Unterschied zu Startups steht nicht die Validierung eines neuen Geschäftsmodells unter hohem Markt- und Technologierisiko im Vordergrund, sondern die Übernahme und Weiterentwicklung eines bereits etablierten Geschäfts mit vorhandenen Strukturen, Cashflows und Stakeholder-Beziehungen. Statt Markt- und Produktunsicherheit stehen Integrationsfähigkeit, Führungsstärke, Nachfolgegestaltung, Finanzierung und Liquiditätssteuerung im Fokus. ETA grenzt sich zugleich klar von klassischen MBO/MBI-Formen und von rein investorengetriebenen Erwerbsmodellen ab. Es ist zwar kapitalmarktnah und investorenunterstützt, bleibt aber unternehmerisch getrieben. Die Person des künftigen Inhabers ist Treiber der Transaktion, nicht der Fonds. Ziel ist die langfristige Betreiberrolle, nicht primär ein rascher Exit. Historisch entstand ETA in den 1980er-Jahren an US-Business-Schools (Harvard, später Stanford) über das Modell der Search Funds, wurde seit den 1990er- und 2000er-Jahren systematisiert und internationalisiert und fand über IESE und andere Schulen den Weg nach Europa. In der DACH-Region gewinnt ETA seit Mitte der 2010er-Jahre an Dynamik, getrieben durch demografische Nachfolgewellen im Mittelstand, spezialisierte Finanzierungsangebote und wachsende mediale wie akademische Aufmerksamkeit. Der Search Fund bildet schließlich die institutionalisierte, standardisierte Sonderform von ETA. Er organisiert Suche, Finanzierung, Governance und Risikoteilung in einem zweiphasigen Modell (Search- und Acquisition-Phase) mit klar definiertem Lebenszyklus, investorengetriebenen Anreizsystemen und stärkerer Kontrolle.

C. Schuchardt, *Entrepreneurship Through Acquisition und Search Funds im deutschsprachigen Mittelstand*, https://doi.org/10.1007/978-3-658-52650-4_1

Was genau verbirgt sich hinter dem Begriff Entrepreneurship Through Acquisition? Handelt es sich um eine besondere Spielart der Unternehmensnachfolge, um eine alternative Form unternehmerischer Gründung oder um ein eigenständiges Modell unternehmerischer Wertschöpfung? Und weshalb gewinnt dieses Konzept gerade im wirtschaftlichen und institutionellen Kontext der DACH-Region zunehmend an Bedeutung? Für die Beantwortung dieser Fragen sollen zunächst die begrifflichen und konzeptionellen Grundlagen betrachtet werden. Ziel ist es, Entrepreneurship Through Acquisition präzise zu definieren, systematisch von anderen Formen des Unternehmertums abzugrenzen und in seiner historischen Entwicklung zu verorten. Diese Klärung ist notwendig, da ETA in der öffentlichen und teilweise auch in der wissenschaftlichen Diskussion häufig unscharf verwendet oder mit verwandten Konzepten wie klassischer Unternehmensnachfolge, Management-Buy-ins oder Start-up-Gründungen vermischt wird. Eine saubere Definition bildet daher die Voraussetzung für jede weiterführende theoretische, empirische oder praktische Auseinandersetzung mit dem Modell. Ausgehend von einer klaren Begriffsbestimmung werden in diesem Kapitel die zentralen Charakteristika von ETA herausgearbeitet und in Relation zu anderen unternehmerischen Pfaden gesetzt. Dabei wird deutlich, dass ETA weder als Sonderform der Gründung noch als bloße Akquisitionsstrategie verstanden werden kann, sondern als hybrides Modell, das unternehmerische Initiative mit der Übernahme bestehender Organisationen verbindet. Diese hybride Logik impliziert spezifische Anforderungen an den Unternehmer, an Kapitalgeber sowie an die Organisation selbst und unterscheidet ETA grundlegend von alternativen Formen unternehmerischer Tätigkeit. Die historische Entwicklung von ETA verdeutlicht, dass das Modell nicht aus einem einzelnen theoretischen Impuls heraus entstanden ist, sondern sich schrittweise im Zusammenspiel von Praxis, Kapitalmarktinnovationen und akademischer Reflexion herausgebildet hat. Die Betrachtung dieser Entwicklung ermöglicht es, ETA in einen größeren wirtschafts- und unternehmenshistorischen Kontext einzuordnen und zugleich die Gründe für seine zunehmende institutionelle Sichtbarkeit zu erklären. Die wachsende Relevanz von ETA in der DACH-Region ist bedingt durch demografische Veränderungen, die Struktur des mittelständisch geprägten Wirtschaftsraums sowie veränderte Karriere- und Eigentumslogiken. Sie sind Ausdruck tiefer liegender struktureller Verschiebungen, die den Rahmen für die weiteren Analysen dieses Buches bilden.

1.1 Definition und Abgrenzung zu anderen Formen des Unternehmertums

Das Konzept des *Entrepreneurship Through Acquisition* (ETA) steht an der Schnittstelle zwischen klassischer Unternehmensgründung, Nachfolgegestaltung und institutioneller Akquisition. Es stellt eine vergleichsweise junge, aber hochrelevante Ausprägung unternehmerischen Handelns dar, die insbesondere in reifen Volkswirtschaften mit ausgeprägtem Mittelstand, wie in Deutschland, Österreich und der Schweiz, zunehmend an Bedeutung gewinnt. Der Begriff *Entrepreneurship Through Acquisition* bezeichnet den

Weg in das Unternehmertum über den Erwerb eines bestehenden Unternehmens. Im Zentrum steht der Gedanke, dass ein Unternehmer nicht zwingend eine neue Geschäftsidee entwickeln und ein Unternehmen von Grund auf aufbauen muss, sondern dass er eine bereits bestehende Organisation übernimmt, die über funktionierende Strukturen, eingespielte Prozesse und zahlende Kunden, Mitarbeitende und zuverlässige Lieferanten verfügt. Damit grenzt sich Entrepreneurship Through Acquisition klar von klassischen Formen der Unternehmensgründung ab, bei denen Innovation, Experiment und die Suche nach einem tragfähigen Geschäftsmodell im Vordergrund stehen. In der internationalen Literatur hat sich ETA seit den 1980er-Jahren vor allem durch das Modell der sogenannten *Search Funds* etabliert, die ursprünglich an der Stanford Graduate School of Business entwickelt wurden und heute durch regelmäßige Studien von Stanford und IESE Business School dokumentiert werden (Ruback & Yudkoff, 2017; Simon, 2021; IESE, 2024). Search Funds sind eine institutionalisierte Form des ETA, bei der Investoren zunächst Kapital für die Suchphase bereitstellen und anschließend, im Falle eines geeigneten Zielunternehmens, den eigentlichen Unternehmenskauf finanzieren. Dieses Modell ist besonders in den USA stark verbreitet, findet jedoch zunehmend auch in Europa und in jüngster Zeit speziell in Deutschland Beachtung. Darüber hinaus existieren Varianten, wie die eigenfinanzierte Suche (*self-funded search*), bei der ein Unternehmer die Suchkosten aus eigenen Mitteln trägt und die Akquisitionsfinanzierung erst bei Deal-Reife organisiert, oder hybride Modelle, die Elemente aus beiden Ansätzen kombinieren (Simon, 2021; Hoffmann et al., 2024). Gemein ist allen Formen, dass sie den suchenden Unternehmer bzw. künftigen Inhaber in die operative Verantwortung des übernommenen Unternehmens bringen. Im Kern beschreibt ETA also den Prozess, bei dem ein angehender Unternehmer ein bestehendes, in der Regel profitables kleines oder mittleres Unternehmen (KMU) erwirbt, um es langfristig zu führen und strategisch weiterzuentwickeln. Dieses Vorgehen ermöglicht den Eintritt in die Unternehmerrolle durch Akquisition statt Neugründung.

So lässt sich folgende Arbeitsdefinition von ETA postulieren:

▶ *Entrepreneurship Through Acquisition (ETA) bezeichnet ein unternehmerisches Modell, bei dem eine Einzelperson oder ein unternehmerisches Team gezielt ein bestehendes, in der Regel eigentümergeführtes Unternehmen erwirbt, um es langfristig operativ zu führen, strategisch weiterzuentwickeln und nachhaltige Wertschöpfung zu realisieren. Im Zentrum von ETA steht nicht die kurzfristige Transaktion, sondern der bewusste Übergang von Eigentum und Führung, bei dem unternehmerische Initiative, persönliche Verantwortung und organisationale Transformation miteinander verbunden werden. Charakteristisch für ETA ist die Kombination aus unternehmerischer Gründungslogik und Unternehmensnachfolge. Im Gegensatz zur klassischen Neugründung basiert ETA auf etablierten Geschäftsmodellen, bestehenden Marktpositionen und gewachsenen Organisationsstrukturen. Gleichzeitig unterscheidet sich ETA von rein investorengetriebenen Akquisitionsmodellen dadurch, dass der Erwerber selbst die Rolle des operativen Unternehmers übernimmt und das unternehmerische Risiko unmittelbar trägt. ETA ist damit als*

Kriterium	Startup-Gründung	Management-Buy-Out (MBO)	Management-Buy-IN (MBI)	Investorengetriebene Modelle (Private Equity, Family Offices, Corporate Acquisitions)	Entrepreneurship Through Acquisition (ETA)
Grundprinzip	Neugründung eines Unternehmens auf Basis einer Idee oder Innovation	Übernahme durch das bestehende Managementteam	Übernahme durch externes Management	Erwerb durch institutionelle Kapitalgeber oder strategische Käufer	Erwerb eines bestehenden Unternehmens durch einen angehenden Unternehmer
Wertschöpfungslogik	Schaffung neuer Produkte, Märkte oder Technologien	Kontinuität und Sicherung bestehender Strukturen	Restrukturierung oder Neuausrichtung	Renditemaximierung bzw. strategische Portfolioerweiterung	Transformation und nachhaltige Weiterentwicklung eines bestehenden Unternehmens
Risikostruktur	Hohes Markt- und Technologierisiko	Geringes Markt-, aber Finanzierungsrisiko	Hohes Integrations- und Branchenrisiko	Abhängig von Marktzyklus und Portfoliorisiko	Moderates Risiko durch etablierte Cashflows bei hohem Integrationsbedarf
Kapitalstruktur	Eigenkapital, Bootstrapping, Business Angels, Venture Capital	Eigenkapital des Managements, Fremdkapital, ggf. Private Equity	Eigen-/Fremdfinanzierung, individuelle Investoren	Fonds- oder Unternehmenskapital, Fremdfinanzierung	Mischstruktur aus Eigenmitteln des Suchers und institutionellem Kapital
Treiber der Transaktion	Gründergetrieben	Managementgetrieben	Managementgetrieben	Investorengetrieben	Unternehmerisch-getrieben, investorenunterstützt
Rolle des Managements	Gründerteam entwickelt und führt das neue Unternehmen	Bestehendes Management übernimmt Eigentum und Führung	Externes Management tritt in operative Führung ein	Eingesetztes Management als Instrument der Kapitalgeber	Sucher wird selbst zum Eigentümer-Unternehmer und führt langfristig
Zeithorizont / Exit-Strategie	Häufig auf Exit oder Skalierung ausgerichtet (3–7 Jahre)	Langfristige Fortführung	Mittel- bis langfristige Entwicklung	Kurz- bis mittelfristiger Exit (Renditeorientierung)	Langfristige unternehmerische Führung, kein zwingender Exit
Zielunternehmen	Neues Unternehmen, keine bestehende Struktur	Etabliertes Unternehmen mit bekanntem Umfeld	Etabliertes Unternehmen, oft in Turnaround-Situationen	Unternehmen beliebiger Größe und Branche, abhängig von Anlagestrategie	Profitables, stabiles KMU mit Nachfolgepotenzial
Kompetenzanforderung	Innovationsfähigkeit, technologische Expertise, Kreativität	Betriebskenntnis, Führungserfahrung, Finanzierungswissen	Branchenkenntnis, Restrukturierungskompetenz	Finanz- und Transaktionskompetenz, Portfolio-Management	Analytische und strategische Fähigkeiten, Leadership, Stakeholder-Kompetenz
Zielsetzung	Aufbau eines skalierbaren Geschäftsmodells	Sicherung und Fortführung	Externer Neueinstieg mit Managementziel	Kapitalrendite oder strategische Ergänzung	Unternehmerwerdung durch Akquisition und langfristige Wertsteigerung
Charakteristische Vorteile	Hohe Skalierbarkeit und Innovationspotenzial	Kontinuität, geringe Integrationsrisiken	Nutzung externer Erfahrung, neue Impulse	Kapitalstärke, Transaktionsgeschwindigkeit	Kombination aus individueller Initiative und institutioneller Unterstützung
Charakteristische Risiken	Hohe Unsicherheit, Scheiternwahrscheinlichkeit	Eingeschränkte Finanzierungsmöglichkeiten	Informationsdefizite, Integrationsrisiko	Kurzfristiger Fokus, begrenzte Unternehmeridentifikation	Hoher Suchaufwand, komplexe Investorenkoordination

Abb. 1.1 Abgrenzung von ETA zu anderen Gründungs- und Erwerbsarten

integrierter unternehmerischer Entwicklungsprozess zu verstehen, der typischerweise eine mehrjährige Abfolge von aufeinander aufbauenden Phasen umfasst.

Diese Arbeitsdefinition erfordert eine fundierte Abgrenzung zu anderen Erwerbsarten sowie die Betrachtung verschiedener Dimensionen, darunter die Art der Wertschöpfung, die Risikostruktur, die Ressourcen- und Kapitalbasis sowie die zentrale Steuerungslogik einer Transaktion. Letztere kann als „Treiber der Transaktion" beschrieben werden und verweist darauf, wer den eigentlichen Impuls und die operative Verantwortung für den Erwerbsprozess trägt: das Management oder die Investoren. Während managementgetriebene Transaktionen typischerweise von Akteuren aus der Unternehmenspraxis initiiert werden, etwa bei Management-Buy-Outs (MBO), Management-Buy-Ins (MBI) oder Worker-Buy-Outs (WBO), beruhen investorengetriebene Transaktionen auf Kapitalinteressen institutioneller Akteure wie Private-Equity-Gesellschaften, Family Offices oder strategischen Käufern. ETA nimmt hier eine intermediäre Position ein. Es ist im Kern unternehmerisch getrieben, jedoch auf einer investorenunterstützten Struktur basierend, die Kapital, Know-how und Governance zur Verfügung stellt, ohne den unternehmerischen Antrieb und die operative Eigenständigkeit zu dominieren. Abb. 1.1 zeigt die Abgrenzungsmerkmale und -kriterien von ETA zu anderen Gründungs- und Erwerbsarten übersichtlich auf.

Abgrenzung von ETA zu Startup-Gründungen

Um den eigenständigen unternehmerischen Weg von ETA zu verstehen, ist eine Abgrenzung zu Startup-Gründungen von zentraler Bedeutung. Abb. 1.1 zeigt die wichtigsten Unterscheidungsmerkmale übersichtlich auf. In der Gründungsforschung gilt Entrepreneurship im Allgemeinen als Prozess der Identifikation, Bewertung und Realisierung von

Gelegenheiten (Shane & Venkataraman, 2000). Startups verfolgen dabei in aller Regel das Ziel, ein neues Geschäftsmodell zu entwickeln, Märkte zu erschließen oder technologische Innovationen zu kommerzialisieren. Blank und Dorf (2012) definieren Startups als temporäre Organisationen, die auf der Suche nach einem wiederholbaren und skalierbaren Geschäftsmodell sind. Ries (2011) betont, dass Startups unter Bedingungen extremer Unsicherheit agieren, bei denen sowohl das Problem als auch die Lösung noch nicht eindeutig validiert sind. Startups sind somit durch hohe Unsicherheit in Bezug auf Markt, Technologie und Kundenakzeptanz gekennzeichnet. Häufig dauert es Jahre, bis ein Startup die Gewinnzone erreicht, und der Zugang zu Kapital erfolgt überwiegend über Eigenkapitalgeber wie Business Angels oder Venture-Capital-Fonds, die bereit sind, dieses Risiko mitzutragen. Im Gegensatz dazu zeichnet sich ETA dadurch aus, dass der Unternehmer ein Unternehmen übernimmt, das bereits über etablierte Kundenbeziehungen, Umsätze und positive Cashflows verfügt. Damit verlagert sich die zentrale Unsicherheit: Während beim Startup die Existenz und Attraktivität eines Marktes und die Funktionsfähigkeit des Geschäftsmodells fraglich sind, besteht das Risiko bei ETA eher in der Qualität der Ertragsbasis, der Stabilität der Kunden, Mitarbeiter- und Lieferantenbeziehungen und der Fähigkeit des künftigen Inhabers, das Unternehmen nach der Übernahme erfolgreich weiterzuführen. Hinzu kommt die Herausforderung, das Vertrauen von Mitarbeitern, Kunden und Lieferanten zu gewinnen, den Übergang vom Altinhaber zu gestalten und kulturelle Spannungen in der Integrationsphase zu bewältigen (Hoffmann et al., 2024). Auch steuerliche, rechtliche und finanzierungsbezogene Fragestellungen spielen bei ETA eine deutlich größere Rolle, da die Transaktion in den meisten Fällen kreditfinanziert ist und somit eine kontinuierliche Kapitaldienstfähigkeit bei gleichzeitig anhaltender Liquidität gewährleistet werden muss. Auch in der Finanzierungssystematik zeigen sich Unterschiede zwischen Startup-Gründungen und ETA. Während Startups typischerweise über mehrere Finanzierungsrunden Eigenkapital aufnehmen und in den ersten Jahren Verluste akzeptieren müssen, basiert ETA auf bestehenden Cashflows, die es erlauben, einen erheblichen Anteil des Kaufpreises durch Fremdkapital, Verkäuferdarlehen oder mezzanine Finanzierungsformen zu stemmen (Ruback & Yudkoff, 2017). Das macht ETA zu einer Kapitalstruktur mit höherem Verschuldungsgrad und erfordert eine sorgfältige Planung der Liquidität sowie ein stringentes Finanzmanagement nach der Übernahme. Somit handelt es sich bei ETA nicht um einen risikoärmeren Weg ins Unternehmertum. Vielmehr verlagert sich das unternehmerische Risiko. Während der Startup-Gründer das Risiko trägt, dass ein Markt für seine Idee überhaupt existiert, übernimmt der ETA-Unternehmer das Risiko, ein bestehendes Unternehmen erfolgreich transformieren und weiterentwickeln zu können. Beide Wege verlangen unternehmerisches Geschick, Führungsstärke und Risikobereitschaft, jedoch in unterschiedlichen Ausprägungen. Startups sind stark auf Innovationskraft und Markterschließung ausgerichtet, ETA hingegen auf Managementfähigkeit, Integrationskompetenz und strategische Weiterentwicklung. ETA kann daher als komplementärer Weg zum klassischen Startup verstanden werden, als spezifische Form von Unternehmertum, die aufgrund der demografischen und strukturellen Gegebenheiten in Deutschland erheblich an Bedeutung gewinnt. Der Mittelstand mit seiner Vielzahl an nachfolgepflichtigen Unternehmen bietet ein reiches Feld für Unternehmer, die nicht neu erfinden, sondern übernehmen, professionalisieren und ausbauen wollen.

Abgrenzung von ETA zu Management-Buy-Out (MBO)
Auch im Vergleich zum Management-Buy-Out (MBO) zeigt sich eine klare Differenzierung. Während der MBO den Erwerb eines Unternehmens durch das bestehende Management beschreibt und somit eine interne Nachfolgelösung darstellt (Wright et al., 2001), basiert ETA auf einer externen Unternehmerinitiative. MBOs sind in der Regel von Kontinuität geprägt: Das bestehende Management kennt die Strukturen, Mitarbeiter und Prozesse des Unternehmens und verfolgt das Ziel, Stabilität zu sichern und das Unternehmen in bewährter Form fortzuführen. ETA dagegen bringt eine externe Führungsperspektive und häufig einen Impuls zur strategischen Erneuerung mit sich. Der zentrale Unterschied liegt auch hier im Treiber der Transaktion. Der MBO ist klar managementgetrieben; die Initiative entsteht aus dem inneren Kreis des Unternehmens, während Kapitalgeber eine ergänzende Rolle übernehmen. ETA ist hingegen eine unternehmerische Initiative außerhalb der bestehenden Unternehmensstruktur. Der Entrepreneur identifiziert und akquiriert ein Unternehmen, das er anschließend selbst führt. Dabei wird er zwar durch Investoren finanziell und strategisch begleitet, bleibt jedoch der zentrale Akteur im gesamten Prozess. Während der MBO primär auf Kontinuität und Sicherheit ausgerichtet ist, zielt ETA auf Transformation, Wachstum und eine langfristige persönliche Unternehmerrolle ab.

Abgrenzung von ETA zu Management-Buy-In (MBI)
Eine ähnliche, wenngleich differenzierte Betrachtung ergibt sich im Verhältnis zwischen ETA und dem Management-Buy-In (MBI). Der MBI beschreibt den Erwerb eines Unternehmens durch ein externes Managementteam oder eine Einzelperson, die zuvor nicht Teil des Unternehmens war (Howorth & Westhead, 2003). Auf den ersten Blick ähneln sich beide Modelle, da jeweils externe Akteure ein bestehendes Unternehmen übernehmen. Der zentrale Unterschied liegt jedoch in der institutionellen Struktur und Prozesslogik. MBI-Transaktionen sind meist opportunistisch motiviert und entstehen, wenn ein erfahrener Manager eine Übernahmemöglichkeit identifiziert, häufig in einer Branche, in der er bereits tätig war. ETA hingegen folgt einem methodischen, klar strukturierten Prozess, der von Beginn an durch Suchstrategien, Kapitalpartnerschaften und institutionelle Governance-Systeme geprägt ist. Während der MBI managementgetrieben und häufig individuell motiviert ist, zielt ETA auf den systematischen Aufbau einer Unternehmerkarriere durch Akquisition. Die Suchenden agieren dabei als künftige Unternehmer, nicht als Manager, und werden durch ein Netzwerk von Investoren, Mentoren und Beratern unterstützt (Kolar & Ross, 2021). Während MBIs häufig größere oder sanierungsbedürftige Unternehmen adressieren, konzentriert sich ETA auf profitable, stabile KMU, die sich in einer Nachfolgesituation befinden und langfristig weiterentwickelt werden sollen. Der ETA-Unternehmer ist damit kein klassischer Manager, der eine operative Position

übernimmt, sondern ein Eigentümer-Unternehmer, der durch den Erwerb eines Unternehmens in die Selbstständigkeit übergeht.

Abgrenzung von ETA von investorengetriebenen Erwerbsformen
Noch deutlicher wird die Abgrenzung im Vergleich zu investorengetriebenen Erwerbsformen wie Private Equity, Family Offices oder Corporate Acquisitions. Diese Modelle sind kapitalzentriert und verfolgen primär rendite- oder strategisch orientierte Ziele. Private-Equity-Gesellschaften erwerben Unternehmen mit dem Ziel, diese in einem begrenzten Zeitraum zu restrukturieren und mit Gewinn zu veräußern, während Family Offices häufig langfristiger agieren, aber ebenfalls aus einer Vermögensverwaltungslogik heraus handeln. Corporate Acquisitions wiederum dienen strategischen Zwecken wie Markteintritt, Technologiebeschaffung oder Skalierung. In all diesen Fällen steht das Kapital im Zentrum der Transaktion. Das Management wird eingesetzt, gesteuert oder ausgetauscht, um die Renditeziele der Investoren zu erreichen. ETA unterscheidet sich hiervon grundlegend, denn nicht das Kapital, sondern die Person des Unternehmers steht im Mittelpunkt. Die Transaktion wird durch den Entrepreneur initiiert, der Investoren lediglich als finanzielle und strategische Partner einbindet. ETA ist somit unternehmerisch-getrieben, aber investorenunterstützt. Der Antrieb kommt von der Person, nicht vom Fonds, und die Zielsetzung liegt in der langfristigen unternehmerischen Führung, nicht im kurzfristigen Exit. Während Private Equity in erster Linie finanzielle Wertsteigerung anstrebt, steht bei ETA die nachhaltige Entwicklung des übernommenen Unternehmens und die persönliche Unternehmerwerdung im Fokus (Grousbeck, 2019).

1.2 Historische Entwicklung von ETA

Die historische Entwicklung von Entrepreneurship Through Acquisition lässt sich als Verlauf in drei Phasen beschreiben, deren Wurzeln in den Vereinigten Staaten liegen. Dort nahm das Konzept bereits in den frühen 1980er-Jahren erstmals eine institutionalisierte Form an. Zwar war es auch zuvor nicht ungewöhnlich, dass Unternehmer bestehende Unternehmen übernahmen, insbesondere in Familienkontexten oder durch Management-Buy-outs, doch die systematische Ausprägung als klar definierter Karriere- und Investitionsweg entstand erst an den führenden Business Schools. Den Anfang machten Absolventen der Harvard Business School, die erkannten, dass es für junge, unternehmerisch ambitionierte Personen ohne eigene Familienunternehmen oder größere Kapitalausstattung eine Möglichkeit geben musste, in die Rolle eines Unternehmers zu gelangen. Anstatt eine risikoreiche Neugründung zu wagen, entwickelten sie das Modell des *Search Fund*, bei dem Investoren zunächst die Suchkosten finanzieren und im Erfolgsfall die Akquisition mittragen (Ruback & Yudkoff, 2017).

In dieser Frühphase war die Zahl der Search Funds noch überschaubar. Erst mit der zunehmenden Professionalisierung durch die Stanford Graduate School of Business erhielt das Modell in den 1990er-Jahren eine größere Reichweite. Stanford begann damit, die

Entwicklung von Search Funds systematisch zu erfassen und in regelmäßigen Studien zu dokumentieren. Diese Berichte, die mittlerweile alle zwei Jahre erscheinen, gelten bis heute als maßgebliche Datenquelle für die weltweite Verbreitung und Performance von ETA (Stanford GSB, 2024). Die Ergebnisse dieser Studien trugen wesentlich dazu bei, Vertrauen auf Investorenseite zu schaffen und ETA als etablierten Karriereweg für MBA-Absolventen zu legitimieren. Insbesondere die vergleichsweisen hohen Renditen erfolgreicher Search Funds – dokumentiert in Form von internen Zinsfüßen (IRR) und Multiples of Invested Capital (MOIC) – machten das Modell für Kapitalgeber interessant (IESE, 2024).

In den 2000er-Jahren kam es zu einer deutlichen Zunahme der Aktivitäten. Zum einen professionalisierten sich die Netzwerke und Plattformen, die Gründer und Investoren zusammenführten. Zum anderen öffneten sich immer mehr Business Schools dem Thema. Neben Stanford waren es insbesondere Harvard, Chicago Booth und Columbia, die ETA-Programme in ihre Curricula integrierten. In dieser Zeit entstand auch eine breitere Literaturbasis, die den ETA-Prozess in Handbüchern und Fallstudien aufarbeitete (z. B. Ruback & Yudkoff, 2017). ETA etablierte sich damit als ernsthafte Alternative zur klassischen Gründung oder zur Karriere in Beratung und Investment Banking für Absolventen führender Universitäten. Parallel zur Entwicklung in den USA breitete sich das Konzept langsam nach Europa aus. Zunächst waren es einzelne ausländische Absolventen amerikanischer Business Schools, die das Modell in ihre Heimatländer trugen. Der eigentliche Durchbruch in Europa erfolgte jedoch über die Initiative der IESE Business School in Barcelona, die seit den frühen 2010er-Jahren systematisch Search Funds und ETA-Fälle in Europa untersucht und dokumentiert. Die „International Search Fund Study", die IESE seit 2011 in Zusammenarbeit mit Stanford durchführt, macht deutlich, dass ETA auch in europäischen Märkten funktioniert und sich an die jeweiligen Rahmenbedingungen anpassen lässt (IESE, 2024).

Bereits früh zeigten sich jedoch im europäischen Kontext Besonderheiten. Während in den USA ein vergleichsweiser großer Markt für kleinere Unternehmenstransaktionen existiert und eine ausgeprägte Kultur von Private-Equity-ähnlichen Strukturen vorherrscht, ist der Markt in Europa kleinteiliger und stärker von Familienunternehmen geprägt. Zudem spielen rechtliche und steuerliche Unterschiede eine wichtige Rolle. So sind beispielsweise notarielle Beurkundungen, wie sie in Deutschland bei der Übertragung von GmbH-Anteilen vorgeschrieben sind, in den USA unüblich und erschweren die Übertragbarkeit des Modells (Hoffmann et al., 2024). Auch kulturelle Faktoren sind zu berücksichtigen: Viele europäische Unternehmerfamilien sind in Nachfolgefragen stark emotional gebunden, was den Such- und Verhandlungsprozess komplexer macht.

Für die DACH-Region, die Deutschland, Österreich und die Schweiz umfasst, gewinnt ETA insbesondere seit Mitte der 2010er-Jahre an Dynamik. Während in den Jahren zuvor nur vereinzelt Search Funds gegründet wurden, entstand ab etwa 2015 eine sichtbare Szene, die sowohl eigenfinanzierte Unternehmer als auch institutionalisierte Fonds umfasst. Nach Daten der IESE Business School gab es bis Ende 2023 rund zwanzig Search Funds mit Sitz in Deutschland, Tendenz steigend (IESE, 2024). Deutschland weist dabei mehrere Spezifika auf: Der Mittelstand ist zahlenmäßig stark vertreten. Es existieren, bedingt durch den demografischen Wandel, klare Nachfolgelücken und gleichzeitig sind Banken sowie öffentliche Förderinstitute wie die KfW und Bürgschaftsbanken häufig bereit, Unternehmensübernahmen durch spezialisierte Finanzierungsstrukturen zu begleiten. Ein weiterer Treiber ist die zunehmende mediale und wissenschaftliche Aufmerksamkeit. So beginnen Fachartikel in der deutschen Wirtschaftspresse zunehmend, das Phänomen aufzugreifen. Das Manager Magazin veröffentliche beispielsweise am 17.09.2025 unter der Überschrift „Karriereziel Firmenpatriarch – wie Talente sich in den Mittelstand einkaufen" einen Artikel über den ehemaligen Deloitte-Berater Urs Weingart und andere Talente von großer Beratungsgesellschaften wie BCG, McKinsey oder Rocket Internet, die mithilfe von Investoren Familienunternehmen übernehmen (Schlenk, 2025). Auch das Nachrichtenmagazin Focus stellte am 07.09.2025 einen Artikel mit dem Titel „Jung, erfolgreich, Unternehmen zur Übernahme gesucht" Search Funds in Deutschland sowie ihre Suchstrategien vor (Wolf, 2025).

Im akademischen Kontext haben Hochschulen wie die WHU – Otto Beisheim School of Management oder die HHL Leipzig Graduate School of Management ETA bereits in ihre Forschung und Lehre aufgenommen. Diese institutionelle Verankerung trägt dazu bei, das Modell auch im deutschen Sprachraum als ernsthafte Alternative zu Neugründungen zu positionieren. Auch das Münchner Gründerzentrum UnternehmerTUM, eng verwurzelt mit der TU München hat es sich zur Aufgabe gemacht, dem Thema ETA und Search Funds als mögliche Lösung für die Nachfolgelücke des deutschen Mittelstands sowie als Alternative zur Gründung mehr Sichtbarkeit zu geben (Rick, 2025).

1.3 Warum ETA in der DACH-Region zunehmend relevant ist

Die wachsende Relevanz von ETA in Deutschland, Österreich und der Schweiz ist das Ergebnis eines Zusammenspiels aus demografischem Nachfolgedruck, Strukturmerkmalen des Mittelstands und veränderten Präferenzen auf der Kapital- und Unternehmerseite. Seit dem Inflations- und Zinsregimewechsel der Jahre 2022/2023 hat sich das Opportunitätsset von Gründern, angestellten Managern und Kapitalgebern spürbar verschoben. Aus Sicht von Investoren ist eine Abkehr von „growth um jeden Preis" hin zu cashflow-tragfähigen, realwirtschaftlich verankerten Unternehmen auffällig. Aus Sicht angehender Unternehmer zeigt sich eine größere Bereitschaft, betreibergeführte Geschäftsmodelle zu wählen, die bereits Erträge generieren und den Zugang zu Fremdkapital ermöglichen (Ruback & Yudkoff, 2017; Hoffmann et al., 2024). Diese Zäsur wird makroökonomisch durch die europäische Geldpolitik markiert: Nach einem Zyklus kräftiger Straffungen hat die EZB 2024/2025 die Zinsen schrittweise gesenkt und hält per 11. September 2025 den Einlagensatz bei 2,00 %, den Hauptrefinanzierungssatz bei 2,15 % (European Central Bank, 2025). Für die Schweiz signalisiert die jüngste Reuters-Umfrage, dass die Schweizer Nationalbank SNB den Leitzins bei 0,00 % halten dürfte, mit Inflationsraten deutlich innerhalb des Zielkorridors (Chandak & Ghosh, 2025). Dies stellt einen Stabilitätsanker für die

DACH-Region dar. Der entscheidende Punkt ist jedoch nicht das absolute Zinsniveau, sondern der dauerhafte Regimewechsel: Gegenüber der Null- und Negativzinsära ist das risikofreie Alternativangebot für Kapitalgeber höher geblieben, die Hurdle Rates liegen strukturell über dem Vorkrisenniveau. Dies begünstigt Asset-Klassen, deren Wertschöpfung über laufende Ausschüttungen und planbare Cashflows erfolgt. Dieses Profil erfüllen typische ETA-Zielunternehmen im KMU-Segment eher als pre-revenue-Startups (IESE, 2024; Stanford GSB, 2024). Parallel dazu zeigen sich in den Eigen- und Fremdkapitalmärkten gegenläufige Bewegungen. Europäisches Venture Capital liegt seit dem zyklischen Hoch 2021/2022 anhaltend unter früheren Volumina. So war 2024 ein weiteres Jahr der Normalisierung, 2025 verläuft in den Branchenberichten bislang seitwärts auf niedrigem Niveau. Für das erste Halbjahr 2025 berichten Datendienste ein verhaltenes Investitionsgeschehen und schwache VC-Fundraising-Zuflüsse. Damit wird ein Umfeld generiert, das die relative Attraktivität von cashflow-basierten Strategien erhöht (PitchBook, 2025). Zugleich haben private Kredite in Europa stark an Bedeutung gewonnen und auch das Fundraising für direkt vergebene Mittelstandsfinanzierungen ist 2025 deutlich gestiegen. Dadurch etabliert es sich insbesondere für unitranche-ähnliche Strukturen im Mid-Market als ergänzende oder alternative Finanzierungsquelle zu Bankkrediten (With Intelligence, 2025; Saffos et al., 2025). Dies verbessert wiederum den Zugang von ETA-Strukturen zu nicht-banklichem Fremdkapital, während klassische Banken laut Bundesbank-/EZB-Umfragen ihre Kreditstandards zuletzt phasenweise und bei gleichzeitig steigender Kreditnachfrage der Unternehmen (EZB, 2025; Deutsche Bundesbank, 2025) gestrafft haben. In Summe entsteht dadurch ein Finanzierungsfenster, das bank- und privatkreditfähige Cashflows belohnt. Dieses Merkmal definiert viele ETA-Zielobjekte. Diese Kapitalmarktverschiebung wirkt in der DACH-Region besonders stark, weil der Mittelstand dort strukturell dominiert. Viele Betriebe sind marktnah, profitabel und moderat verschuldet und zugleich nachfolgepflichtig. Für Family Offices und vermögende Unternehmer, die operative Value-Creation gegenüber rein finanzieller Hebelung priorisieren, bietet ETA damit ein Rendite-Risikoprofil, das sich klar von VC und großvolumigem Buy-out unterscheidet: Geringeres Technologie- und Marktentdeckungsrisiko, dafür höhere Integrations- und Betreiber-Erfordernisse. Die internationale Private-Markets-Branche spiegelt diesen Shift ebenfalls wider. Während globale Buy-outs 2024/2025 phasenweise Momentum verloren, nehmen führende Häuser und Kapitalpools ihre Europagewichte wieder hoch und werden dabei durch die Aussicht auf Reformen, Infrastruktur- und Energiewendeinvestitionen in den Kernländern flankiert (MacArthur et al., 2025). Für den deutschsprachigen Raum ist diese Kapitalrotation relevant, weil sie Down-Market-Aktivitäten in kleinere Ticketgrößen in einem Feld begünstigt, in dem ETA operiert. Auf der Unternehmerseite verändert sich das Präferenzbild ebenfalls. Für viele junge Manager und Post-MBA-Profile ist die Betreiberrolle in einem bestehenden Unternehmen attraktiver geworden: Der Weg vereint unternehmerische Autonomie mit früher Ergebnisverantwortung, ohne die Vollrisiken einer Neugründung zu tragen. An Business Schools in Europa hat sich ETA als legitimer Karrierepfad etabliert; begleitende Studien von IESE und Stanford liefern die empirische Validierung (IESE, 2024; Stanford GSB, 2024). Im Alltag von Nachfolgeprozessen zahlt sich das aus: Verkäufer schätzen häufig persönliche Kontinuität und Verantwortung höher ein als anonyme Fondsstrukturen, was insbesondere in Nischen mit hoher Kunden- und Mitarbeiterbindung strukturelle Wettbewerbsvorteile für ETA-Käufer erzeugen kann. Für den Status quo im DACH-Ökosystem ist ein nüchterner Blick auf verfügbare Zählungen sinnvoll. Die IESE-Studie 2024 weist international, d. h. außerhalb Nordamerikas, 320 Search Funds per 31. Dezember 2023 nach und dokumentiert ein Rekordjahr für Neugründungen und Akquisitionen (IESE, 2024). Für Deutschland verweisen mehrere aktuelle Veröffentlichungen auf rund 20 gegründete Search Funds seit 2009, mit einer Verdichtung der Aktivitäten in den jüngsten Jahren. Die Bandbreite im laufenden Markt bewegt sich, je nach Definition ob „aktiv" versus „gegründet", damit plausibel im unteren bis mittleren Zwanzigerbereich für den gesamten DACH-Raum, wenn man Österreich und die Schweiz hinzurechnet (IESE, 2024; Seidlhofer, 2025; Zarkani, 2025). Wichtig ist die Präzisierung: Ein Teil des Unternehmenskaufs im Stil von ETA wird außerhalb des klassischen Search-Fund-Labels durchgeführt (self-funded, deal-by-deal), sodass die faktische ETA-Aktivität die reine Fondszählung übersteigt. Diese Entwicklung lässt auf eine klare Präferenzverschiebung schließen: Investoren mit Fokus auf kalkulierbare Renditen schätzen heute cashflow-basierte, operator-getriebene Cases höher ein als in der Nullzinsära; Unternehmer, die Freiheit und Verantwortung suchen, erkennen in ETA einen Weg mit kapitalmarktnahen, aber realwirtschaftlichen Erfolgspfaden. Makroseitig verstärken stabile, aber nicht mehr künstlich niedrige Zinsen und ein robustes Private-Credit-Angebot den Trend, während VC-Märkte in Europa zyklisch unter Druck geblieben sind. DACH-spezifisch tritt hinzu, dass Nachfolgebedarf und institutionelle Infrastruktur, von Börsen und Intermediären bis zu Bürgschafts- und Förderlogiken, ETA praktikabel machen. Als Konsequenz ist in den kommenden Jahren mit einer weiteren Verbreiterung des Ökosystems zu rechnen: mehr professionelle Sucher, mehr Family-Office-Partnerschaften, mehr hybride Finanzierungsstrukturen und mehr sichtbar erfolgreiche Referenzfälle, die die nächste Kohorte anziehen.

Literatur

Blank, S. (2013). Why the lean start-up changes everything. Harvard Business Review, 91(5), 63–72. https://hbr.org/2013/05/why-the-lean-start-up-changes-everything. Zugegriffen: 27. Sept. 2025.

Blank, S., & Dorf, B. (2012). The startup owner's manual. K&S Ranch. (Kapitel mit Definition). https://content.e-bookshelf.de/media/reading/L-13828963-1f2a34601b.pdf. Zugegriffen: 27. Sept. 2025.

Braun, F., & Grichnik, D. (2023). *Entrepreneurship through acquisition in Europe: Emerging patterns and models.* Springer Nature.

Brockhaus, R. H., & Block, J. H. (2020). *Entrepreneurship: Theories, process and practice.* Routledge.

Bühner, M., & Grichnik, D. (2021). ETA im deutschsprachigen Mittelstand. *Zeitschrift für KMU und Entrepreneurship, 69*(3), 145–162.

Chandak, A. & Ghosh, I. (2025). SNB to hold rates at zero on September 25 and Throughout 2026, economists say: Reuters poll. https://www.reuters.com/business/snb-hold-rates-zero-september-25-Throughout-2026-economists-say-2025-09-22/. Zugegriffen: 27. Sept. 2025.

Deutsche Bundesbank. (2025). Juli-Ergebnisse der Umfrage zum Kreditgeschäft (Bank Lending Survey) in Deutschland: Nachfrage in allen Kreditsegmenten weiter gestiegen. https://www.bundesbank.de/de/presse/pressenotizen/juli-ergebnisse-der-umfrage-zum-kreditgeschaeft-bank-lending-survey-in-deutschland-961474. Zugegriffen 27. September 2026

European Central Bank. (2025). Monetary policy decisions. https://www.ecb.europa.eu/press/pr/date/2025/html/ecb.mp250911~6afb7a9490.en.html. Zugegriffen: 27. Sept. 2025.

Gartner, W. B. (1988). „Who is an entrepreneur?" is the wrong question. *Entrepreneurship Theory and Practice, 13*(4), 47–68. https://journals.sagepub.com/doi/10.1177/104225878801200401. Zugegriffen: 27. Sept. 2025

Grousbeck, H. I. (2019). *Buying a small business: Notes on search funds and entrepreneurship through acquisition.* Harvard Business School Publishing.

Hoffmann, A., Kanbach, D. K., & Stubner, S. (2024). Entrepreneurship through acquisition: A scoping review. *Management Review Quarterly, 74*, 1981–2012. https://doi.org/10.1007/s11301-023-00352-6

Howorth, C., & Westhead, P. (2003). The focus of management buy-outs in the UK: A research note. *Journal of Small Business and Enterprise Development, 10*(3), 307–312.

IESE Business School. (2024). International Search Funds – 2024 (ST-658-E). IESE Note. https://www.iese.edu/media/research/pdfs/ST-0658-E?_gl=1%2A37trnq%2A_gcl_au%2AODkwMTk5MDUxLjE3NTY5NjAyNzIuMTUwNjkyOTYxNC4xNzU2OTYwMzI5LjE3NTY5NjAzNDc.%2A_ga%2ANzQ3ODcyMDY1LjE3NTY5NjAxNTE.%2A_ga_CT6B5L0DNL%2AczE3NTY5NjAxNDckbzEkZzEkdDE3NTY5NjAzNTYkajU1JGwwJGgw. Zugegriffen: 27. Sept. 2025

Kelly, S., & Johnson, T. (2020). *Acquisition Entrepreneurship: Buying, Managing, and Growing Small Companies.* Wiley.

Kolar, P., & Ross, J. (2021). *Search Funds: The Roadmap to Entrepreneurship Through Acquisition.* Palgrave Macmillan.

MacArthur, H., Skolnik, O., Rainey, B., De Mol, A., Rose, G. & Schmitz, A. (2025). Leaning into the turbulence: Private Equity Midyear Report 2025.. https://www.bain.com/insights/private-equity-midyear-report-2025. Zugegriffen: 27. Sept. 2025.

Pitchbook (2025). 2024 Annual European Venture Report. https://pitchbook.com/news/reports/2024-annual-european-venture-report. Zugegriffen: 27. Sept. 2025

Rick, C. (2025). Wie dieser Mann für Patriarchennachwuchs sorgen will. FinanceFWD. https://financefwd.com/de/wie-dieser-mann-fuer-patriarchennachwuchs-sorgen-will/. Zugegriffen: 27. Sept. 2025

Ries, E. (2011). The lean startup. Crown Business. https://theleanstartup.com/principles. Zugegriffen: 27. Sept. 2025.

Ruback, R. S., & Yudkoff, R. (2017). HBR guide to buying a small business. Harvard Business Review Press. Abgerufen am 27.09.2025 von https://www.hbs.edu/faculty/Pages/item.aspx?num=50854. Zugegriffen: 27. Sept. 2025.

Saffos, S., Seale, D., Sluka, P., & Xue, A. (2025). Private credit 2025. Chambers and Partners. https://www.lw.com/en/insights-landing/admin/upload/SiteAttachments/Private-Credit-2025.pdf. Zugegriffen: 27. September 2025

Schlenk, C. (2025). Karriere in Familienunternehmen: Talente kaufen sich den Mittelstand ein. *Manager Magazin.*. https://www.manager-magazin.de/unternehmen/industrie/karriere-in-familienunternehmen-talente-kaufen-sich-in-den-mittelstand-ein-a-91c907b4-e148-41fe-a11a-8b1c910089af. Zugegriffen: 27. Sept. 2025

Seidlhofer, A. (2025). Search funds, deal-by-deal vehicles gain momentum in DACH. *ION Analytics.* https://ionanalytics.com/insights/mergermarket/search-funds-deal-by-deal-vehicles-gain-momentum-in-dach. Zugegriffen: 27. Sept. 2025

Shane, S., & Venkataraman, S. (2000). The promise of entrepreneurship as a field of research. *Academy of Management Review, 25*(1), 217–226. https://journals.aom.org/doi/10.5465/amr.2000.2791611 Zugegriffen: 27. Sept. 2025

Simon, J. (2021). Search funds & entrepreneurial acquisitions: The roadmap for buying a business and leading it to the next level.

Stanford Graduate School of Business (Center for Entrepreneurial Studies). (2024). 2024 Search fund study: Selected observations (Case E-870). https://www.gsb.stanford.edu/faculty-research/case-studies/2024-search-fund-study. Zugegriffen: 27. Sept. 2025.

With Intelligence. (2025). Private credit: European credit fundraising skyrockets in H1. https://www.withintelligence.com/insights/private-credit-european-credit-fundraising-skyrockets-in-h1. Zugegriffen 27. September 2025.

Wolf, J. C. (2025). Search funds: Wie junge Managerinnen den Mittelstand übernehmen. FOCUS. https://www.focusplus.de/wirtschaft/search-funds-wie-junge-managerinnen-mittelstand-uebernehmen-4969. Zugegriffen: 27. Sept. 2025.

Wright, M., Hoskisson, R. E., Busenitz, L. W., & Dial, J. (2001). Finance and management buy-outs: Agency theory perspectives. *Journal of Management Studies, 38*(1), 1–22.

Zarkani, N. (2025). The case for search funds in Germany. *Moonbase Capital.* https://moonbasecapital.com/the-case-for-search-funds-in-germany/. Zugegriffen: 27. Sept. 2025

2 Makroökonomische Rahmenbedingungen für ETA in der DACH-Region

Zusammenfassung

Die makroökonomischen und institutionellen Rahmenbedingungen in der DACH-Region etablieren Entrepreneurship Through Acquisition zunehmend als strukturell bedeutsame Option der Unternehmensnachfolge. Ausgangspunkt bildet eine demografisch induzierte Nachfolgewelle von substanzieller volkswirtschaftlicher Tragweite, die sich auf jährlich 40.000 bis 50.000 Unternehmensübergaben skalieren lässt. Da innerfamiliäre Nachfolgeregelungen erkennbar seltener werden, entsteht ein Marktumfeld, in dem externe Übernehmer volkswirtschaftlich notwendig werden. Der Mittelstand fungiert als ökonomisches Zentrum dieses Prozesses. Konservative Schätzungen deuten auf 16.000 bis 20.000 jährliche externe Nachfolgen hin, wovon 160 bis 400 für klassische Search-Funds geeignet sind. Die institutionellen Rahmenbedingungen differieren erheblich. Deutschland verfügt über ausgeprägte Förderinstrumente der KfW und Bürgschaftsbanken, Österreich bietet durch die Austria Wirtschaftsservice zentrale staatliche Finanzierung sowie steuerliche Anreize durch Firmenwertabschreibung, während die Schweiz durch flexibleres Gesellschaftsrecht bei gleichzeitig hohen Eigenkapitalanforderungen und Steuerfreiheit privater Veräußerungsgewinne charakterisiert ist. Das gestiegene Zinsumfeld begünstigt konservative Verschuldungsstrukturen und stabile Cashflows. Angesichts struktureller Nachfolgeproblematik und ökonomischer Tragfähigkeit des Mittelstands entwickelt sich ETA zu einem bedeutsamen Mechanismus kollektiver wirtschaftlicher Erneuerung mit quantitativer Relevanz und qualitativer Transformationskraft.

C. Schuchardt, *Entrepreneurship Through Acquisition und Search Funds im deutschsprachigen Mittelstand*, https://doi.org/10.1007/978-3-658-52650-4_2

Die Relevanz von Entrepreneurship Through Acquisition ist Ausdruck und Konsequenz tiefgreifender makroökonomischer, demografischer und ordnungspolitischer Entwicklungen. Die Analyse dieser Rahmenbedingungen bildet daher eine unverzichtbare Grundlage für das Verständnis von ETA als unternehmerischem Modell in der DACH-Region und verfolgt das Ziel, jene strukturellen Kräfte sichtbar zu machen, die die Entstehung, Verbreitung und Ausgestaltung von ETA maßgeblich prägen, und sie systematisch in Beziehung zueinander zu setzen. Ausgangspunkt dieser Betrachtung ist der demografische Wandel und seine unmittelbaren Auswirkungen auf die Unternehmensnachfolge im deutschsprachigen Raum. Die Alterung der Unternehmerschaft, veränderte familiale Strukturen und eine abnehmende Bereitschaft zur innerfamiliären Nachfolge erzeugen einen zunehmenden Übergabedruck, insbesondere im mittelständischen Segment. Diese Entwicklung ist nicht lediglich ein quantitatives Phänomen, sondern verändert die Logik von Eigentum, Verantwortung und Führung grundlegend. ETA gewinnt vor diesem Hintergrund an Bedeutung, weil es einen strukturierten unternehmerischen Zugang zu bestehenden Unternehmen eröffnet, der weder auf familiäre Bindungen noch auf rein investorengetriebene Akquisitionslogiken angewiesen ist. Die Einordnung dieses Nachfolgedrucks erfordert zugleich eine präzise begriffliche Klärung dessen, was unter kleinen und mittleren Unternehmen zu verstehen ist. Die Definition und Abgrenzung von KMU ist keineswegs trivial, da sie je nach institutionellem Kontext, statistischem Zweck und politischem Ziel variieren. Für ETA ist diese Abgrenzung jedoch von zentraler Bedeutung, da sich die strukturellen Voraussetzungen, Governance-Logiken und Transaktionsdynamiken mittelständischer Unternehmen fundamental von denen großer Konzerne unterscheiden. Die Analyse der Bedeutung des Mittelstands im DACH-Raum verdeutlicht zudem, dass ETA nicht ein randständiges Phänomen adressiert, sondern den Kern der regionalen Wirtschaftsstruktur berührt. Vor diesem Hintergrund ist es hilfreich, eine quantitative und qualitative Analyse des Potenzials für ETA und Search Funds in der DACH-Region vorzunehmen, die über bloße Bestandszahlen hinausgeht und qualitative Kriterien wie Eigentümerstruktur, Ertragskraft, Übergabebereitschaft und institutionelle Anschlussfähigkeit integriert. Ziel ist es, die Größenordnung des adressierbaren ETA-Marktes realistisch einzuordnen und zugleich die Grenzen solcher Schätzungen transparent zu machen.

Neben dem demografischen und strukturellen Kontext prägen politisch-rechtliche Rahmenbedingungen maßgeblich die Umsetzbarkeit von ETA-Transaktionen. Unternehmensrechtliche Vorgaben, Mitbestimmungsstrukturen, arbeitsrechtliche Regelungen und gesellschaftsrechtliche Ausgestaltungen beeinflussen sowohl die Transaktionsarchitektur als auch die postakquisitorische Handlungsfähigkeit des Erwerbers. Ergänzend dazu bestimmen die spezifischen Finanzierungsbedingungen im DACH-Raum, insbesondere die Rolle von Banken, Förderinstitutionen und alternativen Kapitalgebern, in welchem Umfang ETA als unternehmerischer Pfad realistisch beschritten werden kann. Ein vertiefender Blick auf die rechtlichen Grundstrukturen von ETA-Transaktionen macht deutlich, dass ETA nicht nur ökonomisch, sondern auch juristisch als eigenständiger Transaktionstyp verstanden werden muss. Fragen der Haftung, Vertragsgestaltung, Governance und Eigentumsübertragung sind eng mit der Besonderheit verknüpft, dass Erwerber

Aspekt	Deutschland	Österreich	Schweiz
Gesellschaftsrecht	GmbH dominiert, Einzelunternehmen	GmbH und Personengesellschaften stark verbreitet	GmbH und AG dominierend, flexibler als in DE/AT
Notarielle Anforderungen	Notarielle Beurkundung für die Übertragung von GmbH-Anteilen gem. § 15 GmbHG verpflichtend	Notarielle Beurkundung für GmbH-Anteil	Notarielle Beurkundung nicht zwingend, je nach Statuten
Steuerliche Besonderheiten	Erbschaftsteuer mit Verschonungsregeln, Grunderwerbsteuer relevant	Begünstigungen bei innerfamiliärer Nachfolge, Grunderwerbsteuer relevant	Kapitalgewinne oft steuerfrei (privates Beteiligungsvermögen)
Staatliche Förderinstrumente	KfW-Kredite, Bürgschaftsbanken, Nachfolgebörse nexxt Change	AWS-Garantien und -Programme, WKO-Nachfolgeplattform	Kaum staatliche Förderungen, primär privatwirtschaftlich
Bankenmärkte	Hausbankprinzip (Sparkassen, Genossenschaftsbanken, Geschäftsbanken)	Hausbankprinzip (Raiffeisen, Erste, Bank Austria, Sparkassen)	Starke Banken mit konservativer Ausprägung (UBS, Credit Suisse, Kantonalbanken)
Verhältnis Anforderungen von Eigen- zu Fremdkapital	Eigenkapitalquote 30%, Fremdkapitalquoten bis 70 % üblich	Eigenkapitalquote 35%-40%, Fremdkapitalquoten 60%-65% üblich	Hohe Eigenkapitalanforderungen von 40% -50% des Kaufpreises üblich
Rolle von Private Equity / Private Credit	Stark wachsend, zunehmend Co-Investments mit Search Funds	Zunehmend relevant, v. a. bei Nachfolgen im KMU-Segment	Sehr wichtig, Private Equity / Family Offices dominieren

Abb. 2.1 Übersicht makroökonomischer Aspekte von ETA in der DACH-Region

und zukünftiger operativer Geschäftsführer identisch sind. Schließlich bildet die steuerliche Architektur von ETA-Transaktionen einen zentralen Bestandteil der makroökonomischen Rahmenbedingungen. Die steuerlichen Regelungen in Deutschland, Österreich und der Schweiz unterscheiden sich teils erheblich und beeinflussen sowohl die Strukturierung von Transaktionen als auch die langfristige Wertschöpfung im Unternehmen. Steuerliche Aspekte sind dabei nicht isoliert zu betrachten, sondern wirken in Wechselwirkung mit rechtlichen Strukturen, Finanzierungslogiken und strategischen Zielsetzungen des ETA-CEOs. Abb. 2.1 zeigt einen komprimierten Überblick über die spezifischen makroökonomischen Rahmenbedingungen für ETA in Deutschland, Österreich und der Schweiz, die im folgenden Text dezidiert erläutert werden.

2.1 Demografie und Unternehmensnachfolge im DACH-Raum

Die Unternehmensnachfolge im deutschsprachigen Raum ist untrennbar mit der demografischen Entwicklung verbunden. In allen drei Ländern, Deutschland, Österreich und der Schweiz, altert die Gesellschaft, und mit ihr erreichen zahlreiche Unternehmer jener Generation das Rentenalter, die in den Jahrzehnten nach dem Zweiten Weltkrieg oder während der wirtschaftlichen Boomjahre gegründet oder übernommen haben. Für die kommenden Jahre bedeutet dies eine massive Welle an Eigentümerwechseln, die ökonomisch und gesellschaftlich von höchster Relevanz ist.

In Deutschland zeigen aktuelle Studien der Kreditanstalt für Wiederaufbau, dass bis zum Ende des Jahres 2029 rund 569.000 Unternehmensinhaber keine Fortführung ihres Unternehmens nach dem eigenen Rückzug planen. Dies entspricht rund 114.000 Geschäftsaufgaben mittelständischer Unternehmen jährlich innerhalb des prognostizierten

Fünfjahreszeitraums. Gleichzeitig streben zum Ende des Jahres 2029 rund 545.000 der insgesamt 3,87 Mio. mittelständischen Unternehmen in Deutschland eine Nachfolge an. Sofern alle Inhabenden diese Pläne tatsächlich aktiv verfolgen, stünden somit jährlich bis inklusive 2029 rund 109.000 Unternehmensnachfolgen an (KfW Research & Schwartz, 2026).

Diese Zahlen verdeutlichen den immensen Handlungsdruck. Ergänzende Analysen des Instituts für Mittelstandsforschung (IfM) Bonn weisen darauf hin, dass jährlich etwa 30.000 Unternehmensübergaben stattfinden, überwiegend in familiengeführten Betrieben (IfM Bonn, 2024b). Da der Anteil der Inhaber, die älter als 60 Jahre sind, bereits bei rund einem Drittel liegt, ist davon auszugehen, dass die Zahl nachfolgepflichtiger Unternehmen in den kommenden Jahren weiter deutlich ansteigen. Besonders problematisch ist die geringe rechtzeitige Vorbereitung. Viele Eigentümer beginnen erst spät mit der Nachfolgeplanung, häufig wenige Jahre vor dem geplanten Ruhestand. Da Nachfolgeprozesse jedoch typischerweise mehrere Jahre benötigen, führt dieser Zeitdruck nicht selten zu suboptimalen Lösungen oder gar zu Stilllegungen. Damit drohen nicht nur der Verlust einzelner Unternehmen, sondern auch der Abbau von Arbeitsplätzen, Innovationskraft und regionaler Wertschöpfung. Vor diesem Hintergrund spricht die KfW von einer drohenden „Nachfolgelücke", die sich zu einem gesamtwirtschaftlichen Problem entwickeln könnte.

Ein ähnliches Bild ergibt sich in Österreich. Dort zählen über 99 % der rund 340.000 Unternehmen zu den kleinen und mittleren Unternehmen. Nach Angaben der Wirtschaftskammer Österreich (WKO, 2024) stehen etwa 20 % der Eigentümer in den kommenden fünf Jahren vor einer Übergabe. Das bedeutet, dass jährlich rund 3000 bis 4000 Unternehmensübergaben zu bewältigen sind. Auch hier zeigt sich, dass viele Betriebe keine innerfamiliäre Nachfolge mehr finden, sei es aufgrund fehlender Kinder oder wegen anderer Karriereentscheidungen der nachfolgenden Generation. Damit wächst die Zahl jener Unternehmen, die auf externe Nachfolger angewiesen sind.

In der Schweiz liegt die Situation in vergleichbaren Dimensionen, wenn auch bei kleinerem Gesamtmarkt. Rund 99 % der Unternehmen sind KMU mit weniger als 250 Beschäftigten (Bundesamt für Statistik, 2024). Jährlich finden dort etwa 4000 bis 5000 Unternehmensübergaben statt (KMU-HSG, 2023). Auch in der Schweiz ist der Anteil familieninterner Nachfolgen rückläufig. Während früher Kinder oder Verwandte selbstverständlich den Betrieb übernahmen, steigt die Zahl externer Lösungen, wenngleich sie noch immer nur einen Anteil von etwa 10 bis 15 % ausmachen. Charakteristisch für die Schweiz ist, dass viele Mittelständler international ausgerichtet sind und damit einen besonderen Reiz für ETA-Unternehmer darstellen.

Vergleicht man die drei Länder, so zeigt sich ein konsistentes Muster: In allen Teilen des DACH-Raums altert die Eigentümergeneration, während gleichzeitig die Zahl familieninterner Nachfolger abnimmt. Damit wächst die Bedeutung externer Übernahmen. Für ETA-Unternehmer entsteht daraus ein strukturell gesichertes Angebot an Zielunternehmen, das sich in den nächsten Jahren noch vergrößern dürfte. Unterschiede bestehen vor allem im institutionellen Rahmen. Deutschland verfügt mit KfW und Bürgschaftsbanken über ein starkes Fördersystem, Österreich mit der AWS über ein zentrales staatliches Finanzierungsinstrument, während in der Schweiz die Unternehmensnachfolge stärker privatwirtschaftlich und bankenseitig geprägt ist. Auch kulturell variieren die Erwartungen: Während deutsche Unternehmer zunehmend offen für externe Nachfolger sind, wird in Österreich und der Schweiz nach wie vor besonders großer Wert auf persönliche Passung und Vertrauen gelegt. Für die volkswirtschaftliche Stabilität des DACH-Raums ist die Bewältigung dieser Nachfolgewelle zentral. Der Mittelstand sichert in allen drei Ländern die Mehrheit der Arbeitsplätze, bildet den größten Teil der Auszubildenden aus und ist Träger von Innovations- und Exportstärke. Scheitern Nachfolgen, sind nicht nur einzelne Unternehmen gefährdet, sondern auch ganze regionale Wertschöpfungsketten. In dieser Situation eröffnet Entrepreneurship Through Acquisition eine realistische und praxisnahe Lösung: Unternehmer können den Schritt in die Selbstständigkeit gehen, während scheidende Eigentümer einen Nachfolger finden, der Betrieb und Arbeitsplätze fortführt. Damit ist ETA nicht nur eine individuelle Option für Gründer, sondern ein gesamtwirtschaftlicher Stabilitätsfaktor für die kommenden Jahrzehnte.

2.2 Definition und Abgrenzung von KMU

Der Begriff *kleine und mittlere Unternehmen* (KMU) ist im internationalen Vergleich nicht einheitlich, sondern wird abhängig vom institutionellen Rahmen unterschiedlich bestimmt. Für den DACH-Raum sind insbesondere die Definitionen der Europäischen Union sowie der nationalen statistischen Ämter und Forschungsinstitute maßgeblich. Die Europäische Kommission definiert KMU seit der Empfehlung 2003/361/EG als Unternehmen, die weniger als 250 Mitarbeiter beschäftigen und entweder einen Jahresumsatz von höchstens 50 Mio. EUR oder eine Jahresbilanzsumme von höchstens 43 Mio. EUR aufweisen. Innerhalb dieser Gruppe wird weiter zwischen Kleinstunternehmen (bis 9 Mitarbeiter und höchstens 2 Mio. EUR Umsatz oder Bilanzsumme), kleinen Unternehmen (bis 49 Mitarbeiter und höchstens 10 Mio. EUR Umsatz oder Bilanzsumme) und mittleren Unternehmen (bis 249 Mitarbeiter und höchstens 50 Mio. EUR Umsatz oder 43 Mio. EUR Bilanzsumme) unterschieden (Europäische Kommission, 2003). Diese Definition wird in Deutschland und Österreich in Politik, Statistik und Förderprogrammen durchgängig verwendet. In Deutschland operieren laut IfM Bonn (2024) rund 3,5 Mio. Unternehmen, von denen etwa 99 % in die Kategorie der KMU fallen. Auch in Österreich sind nahezu alle der etwa 340.000 Unternehmen nach EU-Definition KMU (WKO, 2024). Beide Länder knüpfen Förderprogramme, Steuervergünstigungen und statistische Erhebungen an die genannte EU-Definition. Diese Standardisierung erleichtert Vergleiche und schafft Transparenz. In der Schweiz hingegen wird eine eigenständige Definition verwendet. Das Bundesamt für Statistik (BFS) bezeichnet Unternehmen mit weniger als 250 Beschäftigten als KMU, differenziert jedoch primär nach der Zahl der Beschäftigten und nicht nach Umsatz oder Bilanzsumme (BFS, 2024). Damit fallen in der Schweiz auch größere, aber personalintensivere Unternehmen unter den KMU-Begriff, die in der EU möglicherweise als „Large Enterprises“ klassifiziert würden. Im schweizerischen Sprachgebrauch ist der

KMU-Begriff zudem stark kulturell geprägt und schließt neben quantitativen Kriterien auch Aspekte wie Familienführung und regionale Verankerung mit ein.

Für die Betrachtung im Rahmen von Unternehmensnachfolge und Entrepreneurship Through Acquisition hat diese definitorische Abgrenzung erhebliche Konsequenzen. Erstens konzentrieren sich die meisten Übergaben auf Unternehmen mit einer Mitarbeiterzahl zwischen 10 und 249, also im Segment der „klassischen" kleinen und mittleren Unternehmen. Kleinstunternehmen spielen für ETA nur eine untergeordnete Rolle, da hier die Strukturen oft nicht ausreichend professionalisiert sind, um eine externe Übernahme wirtschaftlich sinnvoll zu machen. Zweitens sind die Größenklassen für Bewertungs- und Finanzierungsmultiplikatoren von Bedeutung: Je kleiner ein Unternehmen, desto stärker schlagen sich Größen- und Risikozuschläge in den Eigenkapitalkosten nieder, was wiederum die Kaufpreislogik beeinflusst. Drittens hängt die Förderfähigkeit vieler Übernahmeprojekte direkt davon ab, ob ein Betrieb formell als KMU gilt. So knüpfen die KfW in Deutschland, die Austria Wirtschaftsservice (AWS) in Österreich und kantonale Programme in der Schweiz ihre Produkte explizit an die KMU-Definitionen.

Über die formalen Kriterien hinaus wird der KMU-Begriff im deutschsprachigen Raum traditionell auch qualitativ verstanden. Mittelständische Unternehmen sind in aller Regel eigentümergeführt, langfristig orientiert und stark mit ihrer Region verbunden. Diese „weiche" Definition überschneidet sich mit der EU-Definition, greift aber breiter, da sie auch Aspekte wie Unternehmenskultur, strategische Zielsetzungen und familiäre Eigentümerstrukturen einbezieht. Im Kontext von ETA ist gerade diese kulturelle Dimension entscheidend: Ein Kaufinteressent muss nicht nur prüfen, ob ein Unternehmen formal als KMU einzustufen ist, sondern auch, ob es die für den Mittelstand typische Eigentümerprägung aufweist. Denn genau diese Eigentümerbindung ist es, die den Nachfolgeprozess komplex, aber zugleich auch unternehmerisch reizvoll macht.

2.3 Bedeutung des Mittelstands im DACH-Raum

Der Mittelstand bildet seit Jahrzehnten das Rückgrat der Volkswirtschaften in Deutschland, Österreich und der Schweiz. Während der Begriff „Mittelstand" in der internationalen Diskussion oft als „small and medium-sized enterprises (SMEs)" nur vage übersetzt werden kann, hat er im deutschsprachigen Raum eine spezifische, fast kulturelle Bedeutung. Er bezeichnet nicht nur eine Unternehmensgröße nach Umsatz oder Beschäftigtenzahl, sondern impliziert auch Eigentümer- und Führungsstrukturen, die für den Wirtschaftsraum DACH charakteristisch sind. Mittelstand meint hier die Vielzahl von eigentümergeführten Unternehmen, häufig in Familienhand, mit langfristiger Orientierung, regionaler Verankerung und hoher Innovationskraft.

In Deutschland umfasst der Mittelstand rund 3,5 Mio. Unternehmen und damit 99 % aller Betriebe (IfM Bonn, 2024). Diese Unternehmen beschäftigen etwa 60 % aller Arbeitnehmer und erwirtschaften rund 35 % des gesamten Umsatzes der deutschen Wirtschaft. Besonders auffällig ist der hohe Anteil an Ausbildungsplätzen: Rund 82 % aller

Auszubildenden in Deutschland werden von mittelständischen Betrieben ausgebildet. Damit ist der Mittelstand nicht nur ein ökonomisches Schwergewicht, sondern zugleich ein zentraler gesellschaftlicher Integrationsmotor, der den Übergang junger Menschen in die Berufswelt sichert. Ähnlich stellt sich die Situation in Österreich dar, wenn auch in kleineren absoluten Zahlen. Von den rund 340.000 Unternehmen in Österreich zählen mehr als 99 % zu den kleinen und mittleren Unternehmen. Sie stellen etwa zwei Drittel aller Arbeitsplätze und erbringen knapp 63 % der gesamten Wertschöpfung (Bundesministerium für Wirtschaft, Energie und Tourismus, 2024). Auch hier ist die Verankerung in Familienstrukturen ausgeprägt. Viele österreichische Mittelständler sind stark regional geprägt und agieren oft als „hidden local champions“ mit spezifischen Stärken, beispielsweise im Tourismus, im Baugewerbe oder in spezialisierten industriellen Nischen. In der Schweiz ist die Bedeutung des Mittelstands vergleichbar hoch. Rund 99 % aller Schweizer Unternehmen sind KMU, die weniger als 250 Beschäftigte haben (Bundesamt für Statistik, 2024). Diese Unternehmen stellen rund zwei Drittel aller Arbeitsplätze und sind in der Schweizer Exportwirtschaft stark vertreten, insbesondere im Bereich Maschinenbau, Medizintechnik und Präzisionsinstrumente. Aufgrund der kleinen Binnenmarktgröße sind Schweizer Mittelständler oft international ausgerichtet, was sie besonders wettbewerbsfähig macht. Gleichzeitig prägt auch hier das Eigentümerprinzip die Unternehmensführung.

Charakteristisch für den DACH-Mittelstand ist die Kombination aus Innovationskraft und langfristigem Denken. Viele dieser Unternehmen sind in hochspezialisierten Märkten tätig, die international nur von wenigen Wettbewerbern bedient werden. Der Begriff der „Hidden Champions“, den Hermann Simon in den 1990er-Jahren prägte, beschreibt dieses Phänomen treffend: mittelständische Betriebe, die weltweit führend in ihrem Nischenmarkt sind, jedoch in der breiten Öffentlichkeit kaum bekannt (Simon, 2009). Gerade in Deutschland und der Schweiz ist der Anteil dieser Hidden Champions besonders hoch. Nach Schätzungen sind rund zwei Drittel aller Hidden Champions weltweit im deutschsprachigen Raum beheimatet. Für die Betrachtung im Kontext von Entrepreneurship Through Acquisition hat diese Mittelstandsstruktur weitreichende Implikationen. Einerseits bietet sie eine breite Basis von potenziellen Zielunternehmen für Übernahmen. Die Unternehmen sind in der Regel stabil, verfügen über langfristige Kundenbeziehungen und bieten damit eine solide Ausgangslage für einen unternehmerischen Einstieg. Andererseits ist die enge Bindung zwischen Eigentümer und Unternehmen ein Faktor, der Nachfolgen erschwert. Viele Eigentümer definieren ihre persönliche Identität über das Unternehmen und tun sich schwer, loszulassen. Dies führt dazu, dass externe Nachfolger nicht nur fachlich und finanziell überzeugen müssen, sondern auch persönlich und kulturell zur Unternehmerfamilie passen sollten. Die volkswirtschaftliche Bedeutung des Mittelstands im DACH-Raum unterstreicht die Dringlichkeit funktionierender Nachfolgeregelungen. Scheitern Übergaben, sind nicht nur einzelne Betriebe gefährdet, sondern ganze regionale Wertschöpfungsketten. Zulieferer, Kunden, Mitarbeiter und Kommunen hängen häufig von der Kontinuität dieser Unternehmen ab. Damit wird die Unternehmensnachfolge zu einer gesamtwirtschaftlichen Aufgabe. Die Kombination aus strukturell hohem Nachfolgebedarf und der volkswirtschaftlichen Bedeutung des Mittelstands erklärt, warum

Entrepreneurship Through Acquisition nicht nur eine unternehmerische Option, sondern ein strategisch bedeutsamer Mechanismus für die Stabilität des Wirtschaftsraums DACH ist. Besonders hervorzuheben ist, dass der Mittelstand nicht nur in traditionellen Branchen dominiert, sondern zunehmend auch in wissensintensiven Dienstleistungen und technologieorientierten Nischen vertreten ist. Das öffnet ETA-Unternehmern Chancen weit über die klassischen Handwerks- oder Produktionsbetriebe hinaus. Softwareunternehmen, Ingenieurbüros, spezialisierte Dienstleister oder Gesundheitsunternehmen gehören inzwischen ebenso in das Feld möglicher Übernahmeziele. Die Vielfalt der Branchen in Verbindung mit der strukturellen Nachfolgeproblematik macht den Mittelstand damit zum Kernmarkt für ETA im DACH-Raum.

2.4 Quantitatives und qualitatives Schätzungspotenzial für ETA und Search-Funds im DACH-Raum

Die in den vorangegangenen Abschnitten dargestellten Definitionen und statistischen Abgrenzungen von KMU erlauben eine erste Annäherung an das Marktpotenzial von Entrepreneurship Through Acquisition im deutschsprachigen Raum. Dieses Potenzial lässt sich einerseits quantitativ aus den demografischen Übergabewellen ableiten, andererseits qualitativ anhand der strukturellen Besonderheiten des Mittelstands interpretieren.

Aus quantitativer Sicht planen In Deutschland nach dem KfW-Nachfolgemonitoring bis Ende 2029 jährlich rund 109.000 Inhaber eine konkrete Nachfolgeregelung (KfW Research & Schwartz, 2026). Nimmt man einen Zeitraum von zehn Jahren an und berücksichtigt die stetig nachrückenden Unternehmer der geburtenstarken Jahrgänge, lässt sich eine Größenordnung von jährlich 30.000 bis 40.000 Übergaben annehmen, die sich mit den IfM-Zahlen deckt (IfM Bonn, 2024). In Österreich werden nach WKO-Schätzungen pro Jahr 3000 bis 4000 Übergaben realisiert, in der Schweiz etwa 4000 bis 5000 (WKO, 2024; BFS, 2024; KMU-HSG, 2023). Für den gesamten DACH-Raum ergibt sich somit eine Zahl von rund 40.000 bis 50.000 Unternehmensübergaben jährlich.

Davon ist allerdings nur ein Teil für externe Nachfolger sowie für ETA und Search-Funds realistisch zugänglich. Erfahrungswerte aus Studien zur Nachfolge zeigen, dass etwa die Hälfte aller Übergaben familienintern oder durch Mitarbeiter erfolgt, während die andere Hälfte externe Lösungen umfasst. Bei einer konservativen Annahme von 40 bis 50 % externen Nachfolgen ergibt sich für den DACH-Raum ein jährliches Volumen von 16.000 bis 20.000 potenziellen Übernahmen durch externe Unternehmer. Davon wiederum ist nur ein Bruchteil für ETA-Modelle geeignet, da hierfür Kriterien wie stabile Cashflows, Branchenstruktur, Unternehmensgröße mit einer typischen EBITDA-Bandbreite zwischen 1 und 5 Mio. EUR und Nachfolgerakzeptanz erfüllt sein müssen. Schätzungen internationaler Search-Fund-Investoren gehen davon aus, dass 1 bis 2 % des Gesamtmarkts für klassische Search-Funds realistisch adressierbar sind (Kowalewksi et al., 2024). Übertragen auf die DACH-Zahlen entspricht dies einer Größenordnung von 160 bis 400 geeigneten Zielunternehmen pro Jahr. Diese Zahl wirkt zunächst klein, ist aber absolut betrachtet signifikant, da der gesamte DACH-Markt erst seit wenigen Jahren im Fokus institutionalisierter ETA-Strategien steht und bislang nur rund 20 Search-Funds überhaupt gegründet wurden (Kowalewski et al., 2024).

Neben der quantitativen Analyse ist eine qualitative Betrachtung entscheidend. Hier stechen drei Aspekte besonders hervor. Zunächst die Nachfolgeknappheit und der Angebotssog. Die demografische Entwicklung sorgt dafür, dass das Angebot an nachfolgepflichtigen Unternehmen strukturell gesichert ist. Das bedeutet für ETA-Unternehmer, dass sie in einem Käufermarkt agieren, in dem die Verhandlungsmacht häufig bei den Übernehmern liegt. Der zweite Aspekt betrifft die Branchenvielfalt. Während ein erheblicher Teil der Übergaben im klassischen Handwerk oder Einzelhandel stattfindet, die für ETA weniger attraktiv sind, existiert eine breite Basis an hochspezialisierten Unternehmen in den Bereichen Maschinenbau, Medizintechnik, Software und wissensintensive Dienstleistungen. Diese Nischen sind besonders geeignet für Search-Funds, da sie skalierbar sind, internationale Expansion erlauben und stabile Ertragsbasen aufweisen. Als dritter Aspekt lässt sich der Kapitalmarkt und das Investoreninteresse heranziehen. In der DACH-Region ist in den letzten Jahren ein wachsendes Interesse von Family Offices, vermögenden Privatpersonen und spezialisierten Fonds zu beobachten, die in das ETA-Modell investieren. Während die absolute Zahl der Search-Funds noch niedrig ist, steigt die institutionelle Akzeptanz deutlich. Damit wächst auch die Wahrscheinlichkeit, dass sich das Segment in den kommenden Jahren professionalisiert und verstetigt.

Fasst man die quantitativen und qualitativen Argumente zusammen, ergibt sich für den DACH-Raum ein nachhaltiges Potenzial. Während die absolute Zahl klassischer Search-Fund-Deals vermutlich auf einige Hundert pro Dekade begrenzt bleibt, ist das Feld für eigenfinanzierte ETA-Modelle und hybride Strukturen deutlich breiter. Unter konservativer Annahme könnten in den kommenden zehn Jahren 1500 bis 3000 Transaktionen im DACH-Raum realisiert werden, die explizit im Sinne von ETA durch externe Unternehmer initiiert werden. Damit ist ETA zwar kein Massenphänomen, aber ein quantitativ relevantes Segment, das eine substanzielle Rolle in der Lösung der Nachfolgeproblematik spielen kann. In qualitativer Hinsicht ist das Potenzial sogar noch höher einzuschätzen, da ETA weit über die bloße Transaktion hinauswirkt. Unternehmer, die in bestehende Firmen einsteigen, sichern nicht nur Arbeitsplätze und regionale Wertschöpfung, sondern professionalisieren, digitalisieren und internationalisieren häufig die übernommenen Unternehmen. Damit fungiert ETA als ein Transformationsmechanismus, der dem Mittelstand hilft, den Übergang in die nächste Generation erfolgreich zu meistern.

2.5 Politisch-rechtlicher Rahmen im DACH-Raum

Die politisch-rechtlichen Rahmenbedingungen im DACH-Raum sind für die Unternehmensnachfolge und damit für Entrepreneurship Through Acquisition von entscheidender Bedeutung. Während makroökonomische Faktoren wie Demografie oder Finanzierungsbedingungen das Angebot an übergabefähigen Unternehmen bestimmen, entscheidet der institutionelle Kontext wesentlich darüber, wie Nachfolgen gestaltet, finanziert und vollzogen werden können. Hier zeigen sich sowohl Unterschiede als auch Gemeinsamkeiten zwischen Deutschland, Österreich und der Schweiz.

In Deutschland prägt ein stark reguliertes Unternehmens- und Gesellschaftsrecht den Nachfolgeprozess. Besonders relevant ist die Rechtsform der Gesellschaft mit beschränkter Haftung (GmbH), die den überwiegenden Teil mittelständischer Unternehmen stellt. Der Erwerb von GmbH-Anteilen erfordert eine notarielle Beurkundung (§ 15 Abs. 3 GmbHG), was den Transaktionsprozess auf der einen Seite komplexer und kostspieliger macht, auf der anderen Seite aber zugleich auch Rechtssicherheit schafft. Für Aktiengesellschaften (AG) gelten strengere Publizitäts- und Mitbestimmungsregeln, die im KMU-Nachfolgekontext eine untergeordnete Rolle spielen. Eine weitere rechtliche Besonderheit in Deutschland ist das Erbschaft- und Schenkungsteuerrecht, das in Unternehmensnachfolgen eine zentrale Rolle spielt. Zwar existieren Begünstigungen für Betriebsvermögen, etwa die sogenannte Verschonungsregelung (§§ 13a, 13b ErbStG), die bei familieninternen Übergaben erhebliche Steuererleichterungen gewährt. Doch in der Praxis hängen Umfang und Wirksamkeit dieser Verschonung von Faktoren wie der Höhe des Verwaltungsvermögens oder der Einhaltung von Lohnsummenklauseln ab. Für externe Nachfolgen, wie sie im ETA typischerweise angestrebt werden, entfällt dieser steuerliche Vorteil, sodass der Erwerber mit Marktpreisen und entsprechenden Steuerlasten rechnen muss. Im Bereich der Finanzierung sind politische Förderinstrumente bedeutsam. Die KfW Bankengruppe stellt mit Programmen wie dem ERP-Gründerkredit oder speziellen Nachfolgeprogrammen langfristige Kredite bereit, häufig in Kombination mit Bürgschaften der Bürgschaftsbanken. Diese Instrumente zielen darauf, Fremdkapitalzugang zu erleichtern und Transaktionen auch für Unternehmer mit begrenztem Eigenkapital zu ermöglichen. Damit bilden sie eine tragende Säule für ETA-Modelle in Deutschland. Mit der nexxt-change stellt das Bundesministeriums für Wirtschaft und Energie, in Zusammenarbeit mit der KfW Bankengruppe, der Deutschen Industrie- und Handelskammer, des Zentralverbands des Deutschen Handwerks, des Bundesverbands der Deutschen Volksbanken und Raiffeisenbanken und des Deutschen Sparkassen- und Giroverbands im Rahmen der Aktion „nexxt" eine Online- Unternehmensnachfolgebörse zur Verfügung, die nachfolgeinteressierte Unternehmer und Existenzgründer zusammenbringen soll. Unternehmerinnen und Unternehmer sowie Existenzgründerinnen und -gründer können dazu in den Inseraten der Börse recherchieren oder selbst Inserate einstellen.

Auch in Österreich dominieren die Rechtsformen der GmbH sowie Personengesellschaften die Unternehmenslandschaft. Der Erwerb von GmbH-Anteilen erfordert ebenfalls eine notarielle Beurkundung (§ 76 GmbHG-AT), wobei die formalen Anforderungen ähnlich wie in Deutschland sind. Auf steuerlicher Ebene spielt die Grunderwerbsteuer bei Übertragungen von Immobilienbesitz eine Rolle, da viele KMU betrieblich genutzte Immobilien im Eigentum halten. Besonders hervorzuheben sind in Österreich die spezifischen Förderinstrumente der Austria Wirtschaftsservice Gesellschaft (AWS). Mit Programmen wie dem „AWS Nachfolgeprogramm" oder Garantien für KMU bietet die AWS eine öffentliche Flankierung, die Fremdfinanzierungen erleichtert. Zudem existieren steuerliche Begünstigungen bei innerfamiliären Übergaben, die externe Nachfolger nicht nutzen können. In der Praxis bedeutet dies, dass ETA-Transaktionen in Österreich tendenziell stärker auf klassische Bankfinanzierungen und staatliche Garantien angewiesen sind, während die steuerlichen Rahmenbedingungen weniger attraktiv sind als bei familieninternen Nachfolgen. Ein weiteres rechtliches Merkmal in Österreich ist die Rolle der Kammern, insbesondere der Wirtschaftskammer Österreich (WKO), die eine zentrale Anlaufstelle für Unternehmensnachfolgen bietet. Hierdurch existiert ein institutionalisiertes Matching-System, das Käufer und Verkäufer zusammenführt, eine Struktur, die für ETA-Sucher durchaus hilfreich sein kann.

Die Schweiz verfügt über ein flexibleres Gesellschaftsrecht, das Unternehmensübertragungen in manchen Aspekten erleichtert. Die Gesellschaft mit beschränkter Haftung (GmbH) und die Aktiengesellschaft (AG) sind die dominierenden Rechtsformen. Anders als in Deutschland ist für die Übertragung von GmbH-Anteilen keine notarielle Beurkundung zwingend erforderlich, wenn die Statuten dies nicht explizit vorsehen. Dies senkt Transaktionskosten und beschleunigt den Prozess. Aufgrund der starken förderalen Organisationsstruktur ist das steuerliche Bild komplex. Unternehmensübertragungen unterliegen sowohl der direkten Bundessteuer als auch kantonalen Steuern. Kapitalgewinne bei Veräußerungen von Privatvermögen sind in vielen Kantonen steuerfrei, sofern es sich um privates Beteiligungsvermögen handelt. Für den Verkäufer kann dies ein Anreiz sein, das Unternehmen extern zu veräußern. Auf der Käuferseite wirkt hingegen die im internationalen Vergleich hohe Eigenkapitalanforderung der Banken bremsend: Fremdfinanzierungen sind in der Schweiz zwar möglich, erfordern aber in der Regel einen höheren Eigenmittelanteil. Staatliche Förderinstrumente wie in Deutschland (KfW) oder Österreich (AWS) existieren kaum, sodass ETA-Transaktionen stark von privatem Kapital und Family Offices abhängen.

Vergleicht man den DACH-Raum, so wird deutlich, dass alle drei Länder eine ausgeprägte Mittelstandsstruktur aufweisen, aber unterschiedliche juristische und steuerliche Spielregeln gelten. Deutschland ist durch hohe regulatorische Anforderungen und ein starkes Fördersystem geprägt; Österreich durch enge Einbindung staatlicher Garantieinstitutionen und die Rolle der Wirtschaftskammer; die Schweiz durch mehr Flexibilität, aber geringere staatliche Förderung. ETA-Unternehmer finden in Deutschland daher einen relativ guten Zugang zu Fremdkapital durch öffentliche Förderungen, die steuerliche Behandlung externer Nachfolger ist dagegen weniger vorteilhaft. In Österreich hängt der Erfolg stark von der Nutzung staatlicher Garantien und des Kammernetzwerks ab. In der Schweiz ist die steuerliche Situation für Verkäufer günstig, die Finanzierung jedoch anspruchsvoller, da hohe Eigenmittel erforderlich sind. Diese Unterschiede erfordern eine länderspezifische Herangehensweise an Suchstrategie, Finanzierungsstruktur und Verhandlungsführung. Gleichzeitig bieten sie Chancen für Investoren, die grenzüberschreitend agieren: Wer die institutionellen Besonderheiten kennt, kann gezielt in jene Märkte eintreten, die zum eigenen Kapital- und Risikoprofil passen.

2.6 Finanzierungsbedingungen im DACH-Raum

Die Finanzierung von Unternehmensnachfolgen stellt im DACH-Raum einen zentralen Faktor für die Realisierbarkeit von Entrepreneurship Through Acquisition dar. Während demografische und strukturelle Faktoren das Angebot an nachfolgepflichtigen Unternehmen bestimmen, ist es letztlich die Finanzierungsumgebung, die entscheidet, ob potenzielle Käufer die Übernahme wirtschaftlich stemmen können. Die Finanzierungsbedingungen werden durch drei Säulen geprägt: den klassischen Bankensektor, staatliche Förderinstrumente und die zunehmend bedeutenden alternativen Kapitalquellen wie Private Equity und Private Credit.

In Deutschland ist der Unternehmensfinanzierungsmarkt traditionell stark durch das Hausbankprinzip geprägt. Mittelständische Unternehmen unterhalten enge Beziehungen zu regionalen Banken, Sparkassen und Genossenschaftsbanken. Diese bilden häufig die erste Anlaufstelle für Nachfolgefinanzierungen. Nach Analysen der KfW (2024) basieren die meisten Übernahmetransaktionen im Mittelstand auf einer Mischfinanzierung aus Eigenkapital des Erwerbers, Bankkrediten und Verkäuferdarlehen. Ein weiterer wichtiger Bestandteil sind öffentliche Förderprogramme, die speziell auf Nachfolgen zugeschnitten sind. Zu nennen sind hier vor allem die KfW-Unternehmerkredite und die Programme der Bürgschaftsbanken, die Haftungsfreistellungen bieten, wenn der Erwerber nicht über ausreichende Sicherheiten verfügt (KfW, 2024). Diese Instrumente senken die Hürden insbesondere für jüngere Unternehmer ohne nennenswertes Privatvermögen. Gleichzeitig haben die in den Jahren 2022 und 2023 gestiegenen Zinsen die Kostenstruktur verändert. Nach Angaben der Deutschen Bundesbank (2024) lag der durchschnittliche Zinssatz für langfristige Unternehmenskredite 2023 bei etwa fünf Prozent, während er 2021 noch unter zwei Prozent gelegen hatte. Zwar entspannte sich das Zinsumfeld 2024/2025 wieder leicht, dennoch bleibt der Fremdkapitalzugang teurer als in der Nullzinsphase. Für ETA-Modelle bedeutet dies eine stärkere Fokussierung auf stabile Cashflows und konservativere Verschuldungsstrukturen.

Das Hausbankprinzip prägt auch in Österreich die Unternehmensfinanzierung. Die großen Geschäftsbanken sowie regionale Raiffeisenbanken und Sparkassen sind die dominierenden Kreditgeber. Staatliche Förderinstrumente spielen ebenfalls eine zentrale Rolle. Die Austria Wirtschaftsservice Gesellschaft (AWS) bietet mit Haftungsübernahmen und Förderdarlehen gezielte Unterstützung bei Unternehmensübernahmen (AWS, 2024). Besonders relevant sind die AWS-Garantien, die Eigenkapitallücken schließen und den Zugang zu Bankkrediten erleichtern. Ein besonderer Vorteil in Österreich ist die vergleichsweise hohe Akzeptanz von Verkäuferdarlehen als Teil der Kaufpreisfinanzierung. Verkäufer zeigen sich häufig bereit, einen Teil des Kaufpreises über Ratenzahlungen oder Earn-Out-Strukturen zu stunden, um die Transaktion zu ermöglichen und gleichzeitig eine gewisse Absicherung zu behalten (WKO, 2024). Diese Praxis macht Übernahmen auch für Unternehmer mit begrenztem Eigenkapital realisierbarer, erhöht aber die Komplexität der Vertragsgestaltung.

In der Schweiz ist die Finanzierungssituation anders gelagert. Banken sind traditionell zurückhaltender, was hohe Fremdfinanzierungsquoten betrifft, und verlangen regelmäßig substanzielle Eigenmittelanteile. Während in Deutschland Fremdkapitalquoten von 60 bis 70 % im KMU-Segment nicht ungewöhnlich sind, erwarten Schweizer Banken häufig Eigenkapitaleinsätze von 40 bis 50 % des Kaufpreises (BFS, 2024). Dies limitiert die Hebelwirkung und macht Nachfolgefinanzierungen kapitalintensiver. Staatliche Förderprogramme sind in der Schweiz im Gegensatz zu Deutschland und Österreich kaum ausgeprägt. Der Erwerb von Unternehmen wird überwiegend privatwirtschaftlich organisiert. Daher kommt privaten Investoren, Family Offices und zunehmend auch Private-Equity-Gesellschaften eine bedeutende Rolle zu (KMU-HSG, 2023). Für ETA-Sucher bedeutet dies, dass in der Schweiz der Zugang zu privatem Kapital oft unverzichtbar ist und über Netzwerke von Business Angels oder institutionelle Co-Investoren gefunden werden muss.

Über alle drei Länder hinweg haben alternative Finanzierungsquellen an Bedeutung gewonnen. Besonders hervorzuheben ist der Bereich Private Credit, der in Europa seit Mitte der 2010er-Jahre stark expandiert. Private-Credit-Fonds vergeben direkt Kredite an mittelständische Unternehmen und bieten häufig flexible Strukturen wie Unitranche-Finanzierungen, die sowohl Fremd- als auch Mezzanine-Kapitalfunktionen erfüllen (With Intelligence, 2025). Diese Finanzierungsform ist in Deutschland mittlerweile etabliert und gewinnt auch in Österreich und der Schweiz an Bedeutung, insbesondere bei Transaktionen im Bereich von fünf bis 50 Mio. Euro Kaufpreis. Auch Private-Equity-Investoren interessieren sich zunehmend für Nachfolgelösungen im Mittelstand. Allerdings unterscheiden sich klassische Buy-out-Strukturen von ETA-Modellen insofern, als dass Private-Equity-Gesellschaften in der Regel Managementteams einsetzen oder bestehende Manager weiterbeschäftigen, während ETA-Modelle auf den aktiven Einstieg des Unternehmers als neuen Geschäftsführer setzen. Dennoch eröffnen hybride Modelle, z. B. durch Co-Investments von Search Funds mit Private-Equity- oder Private-Credit-Investoren, neue Möglichkeiten.

Die Finanzierungsbedingungen im DACH-Raum bieten ETA- und Search-Fund-Modellen daher sowohl Chancen als auch Herausforderungen. Deutschland profitiert von einem gut ausgebauten Fördersystem, Österreich von staatlichen Garantien und hoher Verkäuferflexibilität, während die Schweiz durch hohe Eigenkapitalanforderungen anspruchsvoller, dafür aber steuerlich für Verkäufer attraktiver ist. In allen drei Ländern gilt, dass steigende Zinsen und strengere Kreditvergaben die Auswahl geeigneter Zielunternehmen stärker einschränken. Solide Cashflows und bankfähige Geschäftsmodelle werden zur Voraussetzung, um Finanzierungen zu sichern. Gleichzeitig eröffnet das Wachstum von Private Credit und die zunehmende Offenheit von Family Offices neue Finanzierungspfade, die ETA im DACH-Raum nachhaltig begünstigen.

2.7 Rechtliche Grundstrukturen von ETA-Transaktionen im DACH-Raum

Unternehmenskäufe im Kontext von Entrepreneurship Through Acquisition (ETA) in der DACH-Region sind in einen rechtsdogmatisch klar umrissenen Rahmen eingebettet, der die Strukturierung der Transaktion, die Risikoverteilung, die Steuerlogik sowie die Governance-Architektur des Zielunternehmens prägt. Der deutschsprachige Rechtsraum ist durch eine zivilrechtliche Tradition, hohe Publizitäts- und Formvorschriften, eine weitreichende gesellschaftsrechtliche Kodifikation und eine ausgeprägte Mittelstandsorientierung charakterisiert. Diese Merkmale unterscheiden die Transaktionspraxis in Deutschland, Österreich und der Schweiz deutlich von angelsächsischen Systemen, in denen Vertragsfreiheit und ökonomische Opportunitäten typischerweise eine größere Rolle spielen. Die rechtlichen Rahmenbedingungen im DACH-Raum bestehen aus einer Kombination von Gesellschaftsrecht, Vertragsrecht, Steuerrecht sowie branchenspezifischen Regulierungsvorschriften, die in der ETA-Praxis integrativ zu berücksichtigen sind. Die Wahl der Transaktionsform stellt für ETA-Prozesse einen grundlegenden strategischen Entscheidungspunkt dar. Das europäische Festlandsrecht unterscheidet primär zwischen Share Deals und Asset Deals. Beim Share Deal erfolgt der Erwerb von Geschäftsanteilen oder Aktien und damit mittelbar der Übergang sämtlicher Vermögenswerte, Verbindlichkeiten und Vertragsbeziehungen. Die Rechtsfolgen eines Share Deals sind im Wesentlichen im Gesellschaftsrecht sowie im allgemeinen Schuldrecht verankert. Die Übertragung von GmbH-Anteilen bedarf gemäß § 15 GmbHG in Deutschland der notariellen Beurkundung, was dem Transaktionsprozess strukturelle Stabilität, zugleich aber erhöhte Komplexität und Kosten verleiht (Roth & Altmeppen, 2023). Ähnliche Formerfordernisse bestehen in Österreich (§ 76 GmbHG) und in der Schweiz ist zwar keine notarielle Beurkundung erforderlich, jedoch die schriftliche Abtretung und handelsregisterliche Anmeldung (Forstmoser et al., 2020). Für ETA-Searcher bedeutet dies, dass die Transaktionsform bereits in der frühen Phase in enger Abstimmung mit juristischen Experten vorzustrukturieren ist, da sie Auswirkungen auf Timing, Risiken und Finanzierung hat.

Der Asset Deal ermöglicht dem Erwerber den Kauf einzelner Wirtschaftsgüter oder Betriebsteile. Im Unterschied zum Share Deal tritt der Käufer hierbei nicht in die gesamte Rechtsposition des Unternehmens ein. Die Übertragung erfordert gemäß § 311b BGB bzw. entsprechenden Vorschriften in Österreich und der Schweiz teilweise besondere Formen, insbesondere für Grundstücke und andere registrierte Vermögensgegenstände. Zudem sind arbeitsrechtliche Konsequenzen zentral: Nach § 613a BGB gehen Arbeitsverhältnisse bei Betriebsübergang automatisch auf den Erwerber über. Diese zwingende arbeitsrechtliche Rechtsfolge schränkt die Gestaltungsfreiheit erheblich ein (Preis, 2022). Asset Deals sind deshalb in mittelständischen Transaktionen trotz ihrer potenziellen Risikoreduktion nur dann praktikabel, wenn die operative Einheit rechtlich klar trennbar ist und keine prohibitiv hohen Transaktionskosten entstehen.

In der ETA-Praxis dominieren Share Deals, weil sie den Fortbestand der Organisation sichern, Kunden- und Lieferantenbeziehungen stabil erhalten und gesellschaftsrechtliche Kontinuität ermöglichen. Dies entspricht auch der Präferenz eigentümergeführter Unternehmen in der DACH-Region, die auf Kontinuität achten und Transaktionen häufig in der Tradition der Unternehmensnachfolge betrachten (Schneider & Wrobel, 2019). Da ETA den Übergang einer funktionierenden Organisation statt einer zergliederten Vermögensstruktur anstrebt, ist diese Wahl folgerichtig. Die Nachteile des Share Deals, insbesondere die Übernahme latenter Haftungsrisiken, werden in der Regel durch Garantiekataloge, Freistellungen, Closing-Bedingungen und Versicherungen wie Warranty and Indemnity Insurance vertraglich adressiert (Lieder & Schwintowski, 2020). Jenseits der Transaktionsform sind gesellschaftsrechtliche Strukturen zentral für das Verständnis der Rechtsarchitektur von ETA-Prozessen. Der DACH-Raum ist durch eine hohe Bedeutung der GmbH als Rechtsform geprägt. In Deutschland und Österreich ist sie das dominante Vehikel mittelständischer Unternehmen. Die GmbH zeichnet sich durch klar definierte Haftungsstrukturen, ein differenziertes Organisationsrecht und hohe Flexibilität in der Satzungsgestaltung aus (Kalss et al., 2021). In der Schweiz nimmt die GmbH ebenfalls eine starke Stellung ein, wenngleich die AG für größere mittelständische Unternehmen weiterhin typisch ist (Forstmoser et al., 2020). Die rechtliche Architektur dieser Gesellschaftsformen prägt Governance-Mechanismen nach dem Erwerb: Stimmrechtsverteilungen, Informationsrechte, Weisungsrechte der Gesellschafter und die Rolle des Geschäftsführers sind im kontinentaleuropäischen Gesellschaftsrecht detailliert geregelt und lassen nur begrenzte Abweichungen zu. Für ETA-CEOs bedeutet dies, dass sie sich nicht allein auf ökonomische und operative Logiken stützen können, sondern die Feinheiten der organrechtlichen Binnenordnung verstehen müssen, um effektiv und rechtssicher zu führen.

Vertragliche Gestaltungselemente in Anteilkaufverträgen folgen im DACH-Raum einer zunehmend internationalisierten, jedoch weiterhin stark zivilrechtlich geprägten Logik. Der Verkäufer erteilt Zusicherungen über rechtliche, betriebswirtschaftliche und steuerliche Verhältnisse des Unternehmens; bei Verstößen entstehen Gewährleistungs- oder Schadensersatzansprüche. Die Zivilrechtsdogmatik begrenzt die Reichweite solcher vertraglichen Haftungsregelungen stärker als im Common Law, da dispositives Recht weniger weitgehend modifizierbar ist (Schwenzer, 2019). Dies hat erhebliche Konsequenzen für ETA-Transaktionen, da Sucher und Investoren realistische Erwartungen über die Durchsetzbarkeit bestimmter Klauseln entwickeln müssen. Earn-out-Modelle, Verkäuferdarlehen und asymmetrische Risikoallokationen sind möglich, aber müssen rechtsdogmatisch sauber gestaltet werden. Schließlich ist das Steuerrecht integraler Bestandteil der rechtlichen Architektur von ETA-Transaktionen. Zwar ist es im vorliegenden Kapitel nicht Ziel, steuerrechtliche Detailanalysen vorzunehmen, doch ist der Einfluss steuerlicher Rahmenbedingungen auf Transaktionsstruktur, Kaufpreismechanik und spätere Ausschüttungslogik unverkennbar. Unterschiede zwischen Share Deal und Asset Deal hinsichtlich Abschreibungsfähigkeit, Besteuerung stiller Reserven und Verlustvortragsnutzung sind in Deutschland, Österreich und der Schweiz erheblich und können die

Attraktivität bestimmter Transaktionsstrukturen maßgeblich beeinflussen (Kessler & Lüdicke, 2022). Für ETA-Searcher, die oft mit begrenztem Eigenkapital operieren, sind steueroptimale Ausschüttungsmodelle nach Erwerb zudem ein zentraler Faktor für die Refinanzierung ihrer persönlichen Beteiligung.

2.8 Steuerliche Architektur von ETA-Transaktionen in Deutschland, Österreich und der Schweiz

Die steuerliche Architektur von Unternehmenskäufen im Kontext von Entrepreneurship Through Acquisition (ETA) bestimmt maßgeblich die wirtschaftliche Attraktivität der Transaktion, die Strukturierung des Kaufvertrags sowie die spätere Cashflow- und Ausschüttungsfähigkeit des akquirierten Unternehmens. In hoch formalisierten Steuerrechtsordnungen wie Deutschland, Österreich und der Schweiz kommt der steuerlichen Gestaltung besondere Relevanz zu, da sie als integraler Bestandteil der strategischen Eigentümerlogik wirkt. Die Steuerlast beeinflusst sowohl die Risikoverteilung zwischen Verkäufer und Erwerber als auch die strategische Finanzierungsstruktur und die langfristige Wertschöpfungslogik im Post-Acquisition-Prozess. Der kontinentale Steuerraum zeichnet sich durch die Differenzierung zwischen der Besteuerung von Unternehmenserträgen, privaten Veräußerungsgewinnen, stillen Reserven sowie durch spezifische Vorschriften zur Verlustverrechnung und Eigenkapitalausstattung aus. In allen drei Ländern gelten unterschiedliche systemische Grundlogiken, die für ETA-Transaktionen sorgfältig zu berücksichtigen sind.

Das deutsche Steuerrecht zeichnet sich durch eine komplexe Trennung zwischen Körperschaftsteuer, Gewerbesteuer und Einkommensteuer aus. Kapitalgesellschaften unterliegen der Körperschaftsteuer in Höhe von 15 % zuzüglich Solidaritätszuschlag sowie der Gewerbesteuer, deren effektive Gesamtbelastung je nach Hebesatz typischerweise zwischen 22 % und 33 % liegt (Kessler & Lüdicke, 2022). Für ETA-Transaktionen ist dies relevant, weil sich die steuerliche Vorteilhaftigkeit bestimmter Finanzierungsstrukturen, insbesondere von Fremdfinanzierung, aufgrund der Abzugsfähigkeit von Zinsen, nach der Zinsschranke (§ 4 h EStG) modifiziert. Die Zinsschranke begrenzt die Abzugsfähigkeit auf 30 % des steuerlichen EBITDA, was den Einsatz von Leverage-Strukturen im ETA-Kontext unmittelbar beeinflusst, da sie die Fähigkeit zur Fremdkapitalbedienung beschneidet. Die Wahl zwischen Share Deal und Asset Deal ist steuerlich ein zentraler Entscheidungspunkt und bedarf einer fundierten individuellen Prüfung. So kann sich der Share Deal für den Verkäufer als vorteilhaft erweisen, da bei Veräußerung von Anteilen an Kapitalgesellschaften in Deutschland das Teileinkünfteverfahren greift. Hierdurch bleiben 40 % des Veräußerungsgewinns für private Anteilseigner steuerfrei (§ 3 Nr. 40 EStG). Für Kapitalgesellschaften als Verkäufer sind 95 % der Gewinne steuerfrei (§ 8b Abs. 2 KStG). Für den Erwerber hingegen kann ein Asset Deal steuerliche Vorteile bieten, wenn der Kaufpreis auf einzelne Wirtschaftsgüter allokiert werden kann. Hierdurch entstehen neue Abschreibungsvolumen. Der Share Deal ermöglicht keine Aufstockung der Buchwerte, da in Deutschland keine steuerliche „Step-Up"-Regel ohne Umwandlungsmaßnahmen existiert (Kessler & Lüdicke, 2022). Eine zusätzliche Besonderheit betrifft die Behandlung stiller Reserven. Der Gesetzgeber schützt steuerliche Besteuerungsansprüche durch umfangreiche Regelungen im Umwandlungssteuergesetz, die bei Verschmelzungen, Spaltungen oder Formwechseln nach dem Erwerb relevant werden können. Diese Normen schränken die Flexibilität des ETA-CEOs bei späteren Strukturanpassungen ein. Aus diesem Grund ist Steuerplanung kein additiver Bestandteil der Transaktion, sondern ein zentraler determinierender Faktor für betriebswirtschaftliche Entscheidungsräume in späteren Transformationsphasen. Im Rahmen der Nachfolge spielt zudem die Besteuerung von Erbschaften und Schenkungen eine Rolle, die für Verkäuferfamilien erhebliche Relevanz besitzt. Die §§ 13a ff. ErbStG gewähren unter bestimmten Bedingungen Verschonungsregelungen für Betriebsvermögen, die jedoch an Erhaltungsfristen gebunden sind und den Verkäufer in seinen Gestaltungsoptionen beeinflussen können (Hey & Titze, 2021). Dies wirkt unmittelbar auf Verhandlungsspielräume und Kaufpreiserwartungen.

Österreich weist eine weniger komplexe Steuerstruktur auf, da keine Gewerbesteuer erhoben wird. Der Körperschaftsteuersatz wurde im Zuge der ökosozialen Steuerreform in zwei Schritten gesenkt und beträgt seit dem 1. Januar 2024 einheitlich 23 Prozent (§ 22 Abs. 1 KStG), zuvor 24 Prozent im Jahr 2023 und 25 Prozent bis 2022. Der Satz ist linear und gilt unabhängig davon, ob der Gewinn thesauriert oder ausgeschüttet wird. Die Dividendenbesteuerung erfolgt im Regelfall pauschal mit 27,5 % Kapitalertragsteuer mit Endbesteuerungswirkung (§ 27a Abs. 1 Z 2 EStG), wobei Holdingstrukturen im internationalen Konzernsteuerrecht traditionell eine starke Rolle spielen. Ein belastbarer steuerlicher Strukturvorteil des österreichischen Systems für ETA liegt in der Gruppenbesteuerung nach § 9 KStG. Sie ermöglicht die Zurechnung des steuerlichen Ergebnisses eines Gruppenmitglieds zum Gruppenträger ab einer finanziellen Verbindung von mehr als 50 Prozent und einer Mindestdauer von drei Jahren, und zwar ohne Ergebnisabführungsvertrag, was gegenüber der deutschen Organschaft eine erhebliche zivil- und governancerechtliche Vereinfachung darstellt. Für die typische ETA-Struktur, in der eine Erwerbsholding sämtliche Anteile der Zielgesellschaft übernimmt, ist die Verrechnung des Akquisitionszinsaufwands mit dem operativen Gewinn damit unmittelbar herstellbar und materiell zulässig. Deutlich verschärft hingegen haben sich in Österreich die Transaktionssteuern. Das Budgetbegleitgesetz 2025 hat die Erfassung von Share Deals mit Wirkung ab dem 1. Juli 2025 grundlegend umgestaltet: Die maßgebliche Beteiligungsschwelle wurde von 95 auf 75 Prozent gesenkt und der Beobachtungszeitraum von fünf auf sieben Jahre verlängert (§ 1 Abs. 3 GrEStG). Erfasst werden nunmehr auch Kapitalgesellschaften und mittelbare Anteilsübertragungen, und verbundene Erwerber werden zu einer Erwerbergruppe zusammengerechnet, sodass die frühere Aufsplittung auf einen Minderheitsgesellschafter nicht mehr wirkt. Österreich kennt seit einer Steuerreform im Jahr 2015 keine Erbschaft- oder Schenkungssteuer mehr. Allerdings unterliegen unentgeltliche Übertragungen von Grundstücken der Grunderwerbsteuer, deren Bemessungsgrundlage vom Grundstückswert abhängig ist. Für ETA-Transaktionen ist dies insofern relevant, als familieninterne Vorbereitungsstrukturen steuerlich weniger restriktiv sind als in Deutschland, wodurch Verkäuferfamilien flexibler gestalten können und Verhandlungen weniger durch steuerliche Bindungswirkungen limitiert sind (Helbich, 2020).

Die Schweiz weist ein föderal geprägtes Steuersystem auf, das die steuerliche Beurteilung von ETA-Transaktionen kantonal heterogen gestaltet. Kapitalgesellschaften unterliegen der direkten Bundessteuer von 8,5 Prozent auf den Gewinn nach Steuern, effektiv 7,83 Prozent, sowie kantonalen und kommunalen Gewinnsteuern; die effektive Gesamtbelastung liegt seit Inkrafttreten der Steuerreform und AHV-Finanzierung im Jahr 2020 je nach Kanton und Gemeinde zwischen rund 11,9 und rund 21 Prozent (Züger, 2022). Hinzu tritt eine kantonale Kapitalsteuer auf das Eigenkapital, für die es in Deutschland und Österreich keine Entsprechung gibt und die bei eigenkapitalstarken Zielgesellschaften spürbar wird. Für Verkäufer ist der Share Deal besonders attraktiv, da Kapitalgewinne auf beweglichem Privatvermögen nach Art. 16 Abs. 3 DBG steuerfrei sind. Diese Steuerfreiheit darf allerdings nicht als unbedingt dargestellt verstanden werden. Nach dem Tatbestand der indirekten Teilliquidation (Art. 20a Abs. 1 lit. a DBG) wird der Veräußerungserlös beim Verkäufer nachträglich als Vermögensertrag besteuert, wenn eine im Privatvermögen beteiligte Person mindestens 20 Prozent des Kapitals an einen Erwerber veräußert, der die Beteiligung im Geschäftsvermögen hält, also insbesondere an eine Akquisitionsholding, und innerhalb von fünf Jahren nach dem Verkauf nicht betriebsnotwendige, im Zeitpunkt des Verkaufs bereits vorhandene und handelsrechtlich ausschüttungsfähige Substanz ausgeschüttet wird. Für den ETA-Erwerber, der auf Ausschüttungen zur Bedienung der Akquisitionsfinanzierung angewiesen ist, wirkt dies funktional wie ein Verbot des Debt Push-Down aus vorhandener Substanz; zulässig bleibt allein die Ausschüttung nach dem Erwerb erwirtschafteter Gewinne, sodass die Finanzierung auf den laufenden Cashflow und nicht auf die Bilanz des Erwerbszeitpunkts zu dimensionieren ist. Ergänzend zu beachten sind der Transponierungstatbestand des Art. 20a Abs. 1 lit. b DBG sowie die Qualifikation als gewerbsmäßiger Wertschriftenhandel bei systematischem oder fremdfinanziertem Vorgehen. Die Schweiz folgt dem Konzept der wirtschaftlichen Doppelbelastung von Gewinnen und Dividenden, wobei Teilentlastungen auf Aktionärsebene existieren. Dividenden aus qualifizierten Beteiligungen ab zehn Prozent sind bei der direkten Bundessteuer zu 70 Prozent steuerbar (Art. 20 Abs. 1bis DBG), die Kantone müssen sie zu mindestens 50 Prozent erfassen; auf Ebene einer zwischengeschalteten Kapitalgesellschaft wirkt der Beteiligungsabzug faktisch wie eine Freistellung, und zwar ohne die deutsche Fünf-Prozent-Fiktion. Die kumulierte Belastung ausgeschütteter Gewinne liegt damit je nach Kanton und persönlichem Grenzsteuersatz bei etwa 32 bis 38 Prozent und somit deutlich unter dem österreichischen und dem deutschen Niveau. Für Verkäufer ist der Share Deal besonders attraktiv, da private Veräußerungsgewinne aus beweglichem Privatvermögen grundsätzlich steuerfrei sind, solange keine selbständige Erwerbstätigkeit vorliegt. Dies gilt insbesondere für Veräußerungen von Aktien an nicht kotierten Unternehmen, was für die Schweizer ETA-Praxis ein starkes Marktincentive schafft (Forstmoser et al., 2020). Diese steuerliche Attraktivität erhöht allerdings die Kaufpreiserwartungen der Verkäufer und macht den Schweizer Markt in der Regel teurer als den deutschen. Der

Asset Deal führt in der Schweiz zur Aufdeckung und Besteuerung der stillen Reserven beim Verkäufer und zur steuerlichen Anerkennung des Step-up beim Käufer, wobei der erworbene Goodwill handelsrechtlich nach Art. 960a Abs. 4 OR in der Regel über fünf Jahre abzuschreiben ist und die steuerliche Behandlung dem über das Maßgeblichkeitsprinzip folgt. Der schweizerische Step-up ist damit deutlich schneller als der deutsche und österreichische, sein Barwertvorteil aber geringer, als die Abschreibungsdauer suggeriert: Er erreicht in einem Tiefsteuerkanton nur etwa 60 Prozent des deutschen Werts und übersteigt diesen erst in einem Hochsteuerkanton. Daran zeigt sich eine allgemeine Regel, die für die Strukturierung in allen drei Ländern gilt: Der Wert einer Abschreibungsbasis wird primär vom Steuersatz und erst sekundär von der Abschreibungsgeschwindigkeit bestimmt. Da es in der Schweiz keine Erbschaftsteuer auf Bundesebene gibt und die kantonalen Regelungen sehr heterogen sind, sind familieninterne Vorbereitungsstrukturen im internationalen Vergleich besonders flexibel. Dies beeinflusst die Verhandlungssituation, da Verkäufer häufig weniger steuerlich motiviert, sondern stärker durch emotionale, strategische und ökonomische Faktoren geleitet sind.

Die steuerlich divergierenden Rahmenbedingungen in den drei Ländern bestimmen maßgeblich die strategische Architektur von ETA. Deutschland kombiniert die höchste laufende und die höchste Ausschüttungsbelastung mit der stärksten Restriktion auf der Step-up-Seite und lässt Verlustvorträge regelmäßig untergehen. Sein kompensierender Vorteil liegt in der Personengesellschaft, in der ein voller Step-up ohne Zusatzbelastung des Veräußerers zu erreichen ist. Österreich bietet die einfachste Systematik, keine Erbschaftsteuer und damit keine den Verkaufszeitpunkt verzerrenden Behaltensfristen sowie in der Gruppenbesteuerung ein vertragsfreies Instrument des Debt Push-Down, während die seit Juli 2025 verschärfte Grunderwerbsteuer immobilienhaltende Zielunternehmen erheblich verteuert und der vielzitierte Vorteil der Firmenwertabschreibung entfällt. Die Schweiz weist die mit Abstand niedrigste Gesamtbelastung des ausgeschütteten Gewinns und für den Verkäufer den steuerfreien privaten Kapitalgewinn auf, erkauft dies aber mit der restriktivsten Finanzierungsarchitektur aus fehlender Gruppenbesteuerung und faktischer fünfjähriger Ausschüttungssperre auf vorhandene Substanz. Die häufig anzutreffende These, die Steuerfreiheit privater Kapitalgewinne treibe das schweizerische Preisniveau über das deutsche, ist in ihrer üblichen Begründung kapitalisierungstheoretisch verkehrt; ein preiserhöhender Effekt ließe sich allenfalls über die fehlende Step-up-Möglichkeit des Erwerbers und über Verankerungseffekte in der Preiswahrnehmung der Verkäufer begründen und ist ohne belastbare Multiplikatorendaten nicht zu belegen.

Für ETA-Searcher und Investoren bedeuten diese systemischen Unterschiede, dass Transaktionsgestaltung, Holdingarchitektur, Finanzierungsentscheidungen und Post-Acquisition-Strategien nicht isoliert betrachtet werden können. Operativ stellt die Rechtsform des Zielunternehmens ein eigenständiges, quantifizierbares Selektionskriterium dar, das die Suchstrategie prägen sollte. Weiterhin ist nicht die Zinsschranke, sondern die Verrechenbarkeit von Akquisitionszins und operativem Gewinn die relevante Finanzierungsrestriktion. Sie wirkt rechtsordnungsspezifisch und ist vor der Strukturierung zu klären. Maßgebliche Steuergröße und Bestandteil jedes ETA-Finanzierungsmodells ist die Ausschüttungskette und nicht der Exit-Tarif. Schließlich sind steuerliche Vorfeldbindungen auf Verkäuferseite, wie Behaltensfristen in Deutschland oder indirekte Teilliquidation in der Schweiz, essentieller Gegenstand der Due Diligence und der Vertragsgestaltung. Im DACH-Raum wirkt das Steuerrecht somit tatsächlich als strukturierende Kraft, die die Wertschöpfungsarchitektur, Cashflow-Dynamik und Governance in der frühen Eigentümerphase prägt. Es tut dies jedoch nicht, indem es Vorteile zwischen Käufer und Verkäufer verteilt, sondern indem es bestimmt, welche Transaktionen überhaupt einen positiven gemeinsamen Überschuss erzeugen. Der Erfolg mittelständischer Transaktionen hängt damit nicht allein von operativer Exzellenz oder strategischer Klarheit ab, sondern von der Fähigkeit, steuerliche Rahmenbedingungen als Bestandteil der Gesamtstrategie zu verstehen und zu gestalten.

Literatur

Austria Wirtschaftsservice Gesellschaft (AWS). (2024). Nachfolgeförderung und Garantien für KMU. Wien. Abgerufen am von https://www.aws.at/fileadmin/DigiCoach/app/search. Zugegriffen: 28. Sept. 2025.

Bundesamt für Statistik (BFS). (2024). KMU in der Schweiz – Statistischer Überblick. Neuchâtel. https://www.bfs.admin.ch/bfs/de/home/statistiken/industrie-dienstleistungen/unternehmen-beschaeftigte/wirtschaftsstruktur-unternehmen/kmu.html. Zugegriffen: 28. Sept. 2025.

Bundesministerium für Wirtschaft, Energie und Tourismus (BMWET). (2024). KMU im Fokus 2024 -Bericht über die Situation und Entwicklung kleiner und mittlerer Unternehmen der österreichischen Wirtschaft. Wien. https://www.kmuimfokus.at/. Zugegriffen: 28. Sept. 2025.

Deutsche Bundesbank. (2024). Monatsbericht. Frankfurt am Main. https://publikationen.bundesbank.de/publikationen–de/berichte–studien/monatsberichte/monatsbericht–september–2025–965052. Zugegriffen: 28. Sept. 2025.

Europäische Kommission. (2003). Empfehlung der Kommission vom 6. Mai 2003 betreffend die Definition der Kleinstunternehmen sowie der kleinen und mittleren Unternehmen (2003/361/EG). Amtsblatt der Europäischen Union. https://eur-lex.europa.eu/legal-content/DE/TXT/?uri=CELEX%3A32003H0361. Zugegriffen: 28. Sept. 2025.

Forstmoser, P., Meier-Hayoz, A., & Sethe, R. (2020). *Schweizerisches Aktienrecht* (3. Aufl.). Schulthess.

Helbich, L. (2020). *Die Unternehmensnachfolge in Österreich: Steuerliche und rechtliche Aspekte*. Linde.

Hey, J., & Titze, C. (2021). *Erbschaftsteuerrecht* (3. Aufl.). C.H. Beck.

Institut für Mittelstandsforschung (IfM) Bonn. (2024a). Der deutsche Mittelstand in Zahlen.. https://www.ifm-bonn.org/statistiken/mittelstand-im-ueberblick/kennzahlen-der-kmu-nach-definition-des-ifm-bonn/kennzahlen-deutschland. Zugegriffen: 28. Sept. 2025.

Institut für Mittelstandsforschung (IfM) Bonn. (2024b). Nachfolge in Familienunternehmen – Themendossier.. https://www.ifm-bonn.org/themendossiers/nachfolge-in-familienunternehmen. Zugegriffen: 28. Sept. 2025.

Kalss, S., Nowotny, C., & Schauer, M. (2021). *Österreichisches Gesellschaftsrecht* (6. Aufl.). facultas.

Kessler, W., & Lüdicke, J. (2022). *Unternehmenssteuerrecht* (3. Aufl.). C.H. Beck.

KfW Research & Schwartz, M. (2026). Nachfolge-Monitoring Mittelstand 2025: Pläne für Geschäftsaufgaben wachsen erneut – Kaufpreisvorstellungen deutlich gestiegen. In *KfW Research*.

https://www.kfw.de/PDF/Download-Center/Konzernthemen/Research/PDF-Dokumente-Fokus-Volkswirtschaft/Fokus-2026/Fokus-Nr.-526-Januar-2026-Nachfolge-Monitoring.pdf. Zugegriffen 12. Januar 2026.

KMU-HSG. (2023). KMU und Familienunternehmen in Forschung, Lehre und Praxis. Studienbericht 2023. St. Gallen: Universität St. Gallen, Institut für KMU. https://kmu.unisg.ch/fileadmin/user_upload/HSG_ROOT/Institut_KMU/Unser_Institut/Jahresberichte/2023_Jahresbericht_KMU_CFB_HSG.pdf. Zugegriffen: 28. Sept. 2025.

Kowalewski, A.-S., Kelly, P., Simon, J., Johnson, R. & IESE Business School. (2024). *International Search Funds–2024.*

Lieder, J., & Schwintowski, H.-P. (2020). *Mergers & Acquisitions: Rechtliche Grundlagen von Unternehmensübernahmen* (3. Aufl.). Springer.

Preis, U. (2022). *Arbeitsrecht* (9. Aufl.). C.H. Beck.

Roth, G., & Altmeppen, H. (2023). *GmbHG Kommentar* (10. Aufl.). C.H. Beck.

Schneider, H., & Wrobel, M. (2019). *Unternehmensnachfolge im Mittelstand: Rechtliche, betriebswirtschaftliche und psychosoziale Perspektiven.* Springer Gabler.

Schwenzer, I. (2019). *Schuldrecht Allgemeiner Teil* (7. Aufl.). C.H. Beck.

Simon, H. (2009). Hidden Champions of the Twenty-First Century: Success Strategies of Unknown World Market Leaders. Springer. https://doi.org/10.1007/978-0-387-98147-5

Wirtschaftskammer Österreich (WKO). (2024). Wien. Unternehmensnachfolge: Informationen zu Betriebsübernahme und -übergabe. https://www.wko.at/sbg/gruendung/unternehmensnachfolge. Zugegriffen: 28. Sept. 2025.

With Intelligence. (2025). European credit fundraising skyrockets in H1 https://www.withintelligence.com/insights/private-credit-european-credit-fundraising-skyrockets-in-h1/. Zugegriffen: 28. Sept. 2025.

Züger, M. (2022). *Unternehmenssteuerrecht Schweiz* (4. Aufl.). Dike.

Die Holding-Struktur als integratives Architekturprinzip im ETA-Modell

3

Zusammenfassung

Die Holding-Struktur konstituiert im Entrepreneurship-Through-Acquisition-Modell ein organisations- und institutionentheoretisch bedeutsames Strukturprinzip, das rechtliche, steuerliche, finanzielle und psychosoziale Dimensionen der Transaktion integriert. Sie fungiert als Mechanismus struktureller Differenzierung, der divergierende Rationalitäten von Investoren, Searchern und operativen Einheiten entkoppelt und damit komplexe Eigentümerdynamiken institutionell stabilisiert. Strategisch ermöglicht die Holding die Trennung zwischen kurzfristigen betriebswirtschaftlichen Zielen und langfristigen Wertsteigerungsstrategien, schafft eine übergeordnete Ressourcenplattform und bildet die strukturelle Voraussetzung für Buy-and-Build-Modelle. Sie generiert substanzielle steuerliche Vorteile, erzeugt rechtliche Haftungsabschirmung, ermöglicht differenzierte Governance-Architekturen und erleichtert komplexe Beteiligungsmodelle. Gleichzeitig bergen Holdings Risiken wie Überkomplexität, unzureichende Trennung von strategischer und operativer Ebene, dysfunktionale Finanzierungsarchitekturen und kulturelle Entkopplungseffekte. Damit stellt sie ein kontextsensitives, dynamisches Strukturprinzip dar, dessen Wirksamkeit wesentlich durch kohärente Konfiguration, kulturelle Integration und präzise Anpassung an die spezifische Eigentümerkultur mittelständischer DACH-Unternehmen determiniert wird.

Die Holding-Struktur bildet im Kontext von Entrepreneurship Through Acquisition (ETA) ein ordnungsstiftendes Prinzip, das rechtliche, steuerliche, finanzielle, organisatorische und strategische Elemente der Transaktion und der anschließenden Unternehmensführung

C. Schuchardt, *Entrepreneurship Through Acquisition und Search Funds im deutschsprachigen Mittelstand*, https://doi.org/10.1007/978-3-658-52650-4_3

integriert. In der DACH-Region kommt ihr eine besondere Bedeutung zu, weil sie die historisch gewachsenen Eigentümerlogiken mittelständischer Unternehmen mit modernen kapitalmarktnahen Steuerungsstrukturen verbindet. Damit folgt sie ganz dem ideellen Geiste von ETA- und Searchfunds-Modellen. Holdings erfüllen eine doppelte Funktion. Auf der einen Seite sind sie rechtliche Gefäße und auf der anderen Seite zugleich strategische Architekturen, die den Rahmen für Eigentum, Governance, Wertschöpfung und zukünftige Erweiterung des unternehmerischen Systems vorgeben. Sie müssen daher als konstitutives Element verstanden werden, das die Fähigkeit des Systems zur Integration, Expansion, Stabilisierung und Wertschöpfung entscheidend prägt und nicht, wie im öffentlichen Diskurs bisweilen wahrnehmbar, als bloßes Vehikel zur Eigentumsübertragung oder steuerliche Optimierung. Als Organisationsform definiert sie die Strukturlogik des ETA-Modells und stellt aufgrund des Zusammenspiels von institutionellen, governancebezogenen, psychologischen, strategischen und organisationstheoretischen Faktoren einen elementaren Baustein der wissenschaftlichen und praktischen ETA-Analyse. Die akademische Diskussion zu ETA im deutschsprachigen Raum hat bislang nur punktuell herausgearbeitet, wie bedeutsam die richtige Holding-Konfiguration für die Skalierungs- und Transformationsfähigkeit akquirierter Unternehmen ist. Dieses Kapitel möchte dazu beitragen, diese Lücke durch eine theoretisch fundierte und empirisch anschlussfähige Analyse zu schließen und formuliert zugleich praxisorientierte Implikationen für ETA-CEOs in Deutschland, Österreich und der Schweiz.

3.1 Theoretische Grundlagen der Holding-Struktur im ETA-Kontext

Die Holding-Struktur ist im Modell des Entrepreneurship Through Acquisition ein organisations- und institutionentheoretisch bedeutsames Strukturprinzip, das die Architektur des Eigentums, die Verteilung strategischer Entscheidungsrechte, die Risikologik der Gesamtorganisation sowie die langfristige Wertschöpfungsausrichtung prägt. In der wissenschaftlichen Auseinandersetzung mit Unternehmensübernahmen wird Holding-Strukturen häufig eine sekundäre Rolle zugewiesen, da die Forschung den Fokus traditionell auf Transaktionsmechanik, Marktprozesse oder postakquisitorische Integration legt. Im Kontext von ETA erweist sich die Holding jedoch als zentrale strukturelle Voraussetzung, die es erst ermöglicht, den Übergang vom individuellen Unternehmertum hin zu einer institutionell stabilisierten Eigentümerorganisation zu vollziehen. Ihre Bedeutung entsteht aus der besonderen Konstellation von ETA selbst. Ein Entrepreneur übernimmt ein etabliertes Unternehmen, häufig mit hohem Fremdfinanzierungsanteil, mehreren Investorengruppen und ambitionierten Wachstumszielen. Diese Konstellation erzeugt eine komplexe Eigentümerdynamik, die ohne ein intermediäres Organisationssystem nicht stabil abbildbar wäre.

Organisations- und institutionentheoretisch fungiert die Holding als Mechanismus der strukturellen Differenzierung. Luhmanns Systemtheorie beschreibt Organisationen als

Systeme, die Komplexität durch Entscheidungskommunikation reduzieren. Die Holding etabliert eine zusätzliche Entscheidungsebene, die operative Entscheidungen in der Zielgesellschaft von strategischen Entscheidungen in der Eigentümerebene entkoppelt und damit unterschiedliche Rationalitäten strukturell voneinander trennt. Diese Entkopplung ist zentral, weil ETA-Transaktionen in besonderem Maße durch die Koinzidenz divergierender Rationalitäten geprägt sind: Investoren verfolgen Portfolio-Logiken, der Searcher verfolgt eine Karriere- und Wertsteigerungslogik, während das akquirierte mittelständische Unternehmen traditionell durch Kontinuität, Stabilität und familieneigentümertypische Werte geprägt ist. Die Holding strukturiert diese konkurrierenden Erwartungen und ermöglicht einen intermediären Raum, in dem strategische Orientierung, Kapitalzuflüsse, Governance-Entscheidungen und Risikosteuerung gebündelt werden, ohne die operative ökologische Logik des Unternehmens zu stören. Aus der Perspektive der Property-Rights-Theorie lassen sich Holdings zudem als Institution interpretieren, die die Bündelung und Allokation von Entscheidungs- und Verfügungsrechten optimiert. Im ETA-Kontext treten verschiedene Vertragspartner mit asymmetrischen Informationsständen, heterogenen Anreizstrukturen und unterschiedlichen Planungshorizonten auf. Die Holding dient zur Abbildung dieser Verfügungsrechte in einer klar strukturierten Eigentumsordnung und schafft ein institutionalisiertes Umfeld, in dem Kontrolle und Residualgewinne in einer Weise verteilt werden, die sowohl die Anreizstrukturen des Searchers als auch die Risikopräferenzen der Kapitalgeber berücksichtigt. Damit fungiert die Holding als Governance-Kern des ETA-Modells, indem sie die institutionellen Bedingungen für eine langfristige Koordination heterogener Akteure herstellt. Theoriegeschichtlich lässt sich die Holding zudem in den Kontext der multidivisionalen Organisation stellen, wie sie erstmals von Chandler systematisch beschrieben wurde. Chandler (1962) zeigt, dass Unternehmen, die mehrere operative Einheiten steuern, eine übergeordnete Struktur benötigen, die strategische Entscheidungen trifft, Ressourcen verteilt und interne Märkte gestaltet. Während mittelständische ETA-Zielunternehmen im Regelfall monodivisional organisiert sind, transzendiert die Holding die bestehende Organisationslogik und schafft die Möglichkeit, zukünftige Akquisitionen, Diversifikationen oder vertikale Integration zu koordinieren. Auch wenn die Mehrheit der ETA-CEOs im ersten Schritt lediglich ein einzelnes Unternehmen führt, bildet die Holding die strukturelle Voraussetzung für ein späteres Plattform- oder Buy-and-Build-Modell. In theoretischer Hinsicht wirkt sie damit als Optionserweiterungsmechanismus, der die organisationale Evolutionsfähigkeit des Systems erhöht. Institutionenökonomisch betrachtet erfüllt die Holding darüber hinaus Funktionen der Transaktionskostensenkung. Coase (1937) argumentiert, dass Unternehmen dort entstehen, wo die Koordination durch Hierarchie kostengünstiger ist als die Koordination über Märkte. Die Holding fungiert als Koordinationsplattform, die interne Märkte für Kapital, Talente und Ressourcen schafft, deren Allokation zentral gesteuert werden kann. Für ETA-CEOs bedeutet dies, dass sie innerhalb der Holdingstruktur die Möglichkeit erhalten, interne Kapitalallokation und strategische Prioritäten zu definieren, ohne in direkte Konfliktlagen mit externen Kapitalgebern oder operativen Stakeholdern zu geraten. Gleichzeitig reduziert die Holding die Grenzkosten zusätzlicher Akquisitionen, da neue

Unternehmen ohne komplexe Restrukturierungsprozesse in das Holdinggerüst eingegliedert werden können. Auch aus Corporate-Governance-Perspektive wird die Holding zu einem architektonischen Knotenpunkt. Sie trennt Kontrolle von Ausführung, schafft klare Reporting-Linien und ermöglicht eine institutionalisierte Form der Überwachung. Diese Überwachung wird im ETA-Kontext noch bedeutsamer, weil der Searcher häufig erstmalig in eine CEO-Rolle eintritt und Investoren ein erhöhtes Bedürfnis nach Controlling, Transparenz und Risikoabsicherung haben. Die Holding normiert diese Anforderungen, indem sie ihnen eine organisatorische Form verleiht, die zugleich professionelle Governance ermöglicht und operative Autonomie schützt. Dieses Spannungsfeld zwischen Kontrolle und Vertrauen, das in eigentümergeführten Unternehmen naturgemäß besonders sensibel ist, wird durch die Holding strukturiert abgefedert (Forstmoser et al., 2020). Schließlich besitzt die Holding eine psychosoziale Dimension, die in klassischen Organisationsmodellen kaum thematisiert wird, für den ETA-Kontext jedoch zentrale Bedeutung hat. Der Übergang von einem persönlich geführten Unternehmen zu einer abstrakteren Eigentümerstruktur kann sowohl bei Mitarbeitenden als auch bei externen Stakeholdern Irritationen auslösen. Die Holding fungiert als institutionalisierte Form des neuen Eigentums, die den Wechsel einer einzelnen Person an die Spitze des Systems in eine strukturelle Kontinuitätslogik einbettet. Dadurch sinkt die wahrgenommene Volatilität des Eigentümerwechsels, was aus der Perspektive der Neuen Institutionenökonomik als Stabilisierung sozialer Erwartungen gedeutet werden kann. Die Holding wird damit zu einem kulturellen Artefakt, das den Übergang von einer personalistischen zu einer institutionellen Eigentümerlogik verkörpert.

3.2 Strategische Gründe für eine Holding im ETA-Kontext

Im Kontext von Entrepreneurship Through Acquisition ist die Wahl einer Holding-Struktur Ausdruck einer strategischen Grundkonfiguration, die die langfristige Entwicklungslogik des akquirierten Unternehmens sowie des gesamten Eigentümermodells prägt. Insbesondere in der DACH-Region, in der mittelständische Unternehmen historisch durch personengebundene Eigentumsformen, konservative Finanzierungsstrukturen und stark in soziale Kontexte eingebettete Governance-Systeme charakterisiert sind, schafft die Holding eine Strukturarchitektur, die sowohl Kontinuität als auch Entwicklung ermöglicht. Zentral für das strategische Verständnis der Holding ist ihre Rolle als Struktur für die Entkopplung und Rekonfiguration von Entscheidungsarchitekturen. Chandler beschreibt in seiner Analyse multidivisionaler Organisationsformen, dass Unternehmen mit strategischem Expansionsanspruch eine übergeordnete Ebene benötigen, die Ressourcenallokation, Portfoliosteuerung und langfristige Zielsetzungen koordiniert (Chandler, 1962). Obwohl ETA-Transaktionen in der Regel den Erwerb eines einzelnen Unternehmens betreffen, eröffnet die Holding die Möglichkeit, die operative Einheit in eine größere strategische Logik einzubetten. Sie ermöglicht damit die Trennung zwischen kurzfristigen betriebswirtschaftlichen Zielen und langfristigen Wachstums- oder Wertsteigerungszielen des

Eigentümers. Diese Trennung ist insbesondere deshalb bedeutsam, weil viele ETA-CEOs eine Pfadlogik verfolgen, die in Richtung eines Plattformaufbaus oder einer Buy-and-Build-Strategie weist. Die Holding schafft die institutionelle Grundlage für diesen strategischen Entwicklungspfad, indem sie zukünftige Akquisitionen, vertikale Integration und horizontale Expansion strukturell vorformt. Ein weiterer strategischer Grund liegt in der Fähigkeit der Holding, die Ressourcenumgebung des Unternehmens zu erweitern und strategisch zu orchestrieren. Die Resource-Based View argumentiert, dass nachhaltige Wettbewerbsvorteile durch die gezielte Allokation, Entwicklung und Kombination unternehmenseigener Ressourcen entstehen (Barney, 1991). Die Holding fungiert in diesem Sinne als übergeordnete Ressourcenplattform, die den Zugriff auf Kapital, Managementkapazitäten, Know-how und externe Partnerschaften koordiniert. Im ETA-Kontext ist dies besonders relevant, da der Searcher als erstmaliger CEO typischerweise nicht über die vollständige Breite organisationaler und strategischer Ressourcen verfügt. Die Holding ermöglicht es, externe Expertise, etwa in Form von Beiräten, Investorenkompetenzen oder branchenspezifischem Know-how, in die Struktur des Unternehmens einzubetten, ohne die operative Autonomie zu untergraben. Dies schafft eine strategische Lernarchitektur, die die Weiterentwicklung des Unternehmens deutlich beschleunigen kann. Auch kapitalmarkt- und finanzierungstheoretisch ergeben sich spezifische strategische Implikationen. Holdings erlauben eine zentrale Steuerung von Cashflows und erleichtern damit die Umsetzung von Finanzierungskonzepten, die im ETA-Modell eine besonders hohe Bedeutung besitzen. Die Finanzierung des Unternehmenserwerbs ist häufig fremdkapitalintensiv, und die Fähigkeit zur Bedienung dieser Lasten hängt maßgeblich von der zentralen Kontrolle über Ausschüttungen, Covenants und Investitionsentscheidungen ab. Die Holding fungiert in diesem Zusammenhang als Garant institutioneller Kreditfähigkeit und verbessert die Verhandlungsposition gegenüber Banken und Investoren, da sie eine klare Struktur für Sicherheiten, Cashflow-Zuordnung und Haftungsbegrenzung bereitstellt. Empirische Studien im Bereich Leveraged Buyouts zeigen, dass Holding-Strukturen die Kapitalstrukturpolitik und die Finanzierungsspielräume signifikant beeinflussen und die Voraussetzung für wachstumsorientierte Eigentümerarchitekturen schaffen (Kaplan & Strömberg, 2009). Darüber hinaus erzeugt die Holding erhebliche strategische Flexibilität, da sie den institutionellen Rahmen schafft, in dem Akquisitionen, Desinvestitionen und strukturelle Anpassungen ohne tiefgreifende Eingriffe in die operative Gesellschaft vorgenommen werden können. Für ETA-Unternehmen ist diese Flexibilität wesentlich, weil sie es dem CEO ermöglicht, den Entwicklungsverlauf des Systems schrittweise anzupassen, ohne die operative Kontinuität zu gefährden. Die Holding ist damit ein Mechanismus der optionalen Erweiterbarkeit und bietet die strukturelle Grundlage für spätere Wertsteigerungsstrategien, beispielsweise durch den Erwerb komplementärer Unternehmen, den Aufbau eines Kompetenzclusters oder die schrittweise Etablierung einer regionalen oder funktionalen Plattformstruktur. Schließlich hat die Holding eine strategische Bedeutung im Hinblick auf die Legitimation des neuen Eigentums. Mittelständische Unternehmen im deutschsprachigen Raum sind traditionell durch familieneigentümerschaftliche Strukturen geprägt, die hohe Erwartungen an Kontinuität, Verlässlichkeit und persönliche Verantwortung stellen. Eine Holding schafft die Möglichkeit, die neue Eigentümerkonstellation in eine institutionelle Form zu überführen, die sowohl moderne Corporate-Governance-Prinzipien als auch traditionelle Erwartungen berücksichtigt. Theorien organisationaler Legitimität betonen, dass neue Eigentümerstrukturen insbesondere dann erfolgreich sind, wenn sie von den relevanten Umweltakteuren als konsistent, verständlich und normativ passend wahrgenommen werden (Suchman, 1995). Die Holding dient als sichtbares Symbol einer geordneten, langfristig orientierten Eigentumsarchitektur und trägt damit zur Akzeptanz des ETA-Modells bei Mitarbeitenden, Geschäftspartnern, Banken und regionalen Stakeholdern bei.

3.3 Steuerliche Implikationen der Holding-Struktur im ETA-Kontext

Gerade in der DACH-Region weisen Steuerordnungen eine historisch gewachsene Komplexität, föderale Differenzierung und spezifische Regelungen zur Unternehmensbesteuerung auf. In der wissenschaftlichen Literatur wird zunehmend betont, dass unternehmerische Wertschöpfung nicht ausschließlich aus operativen Leistungsbeiträgen entsteht, sondern in wesentlichem Umfang auch aus der Fähigkeit, steuerliche Rahmenbedingungen strategisch zu gestalten und institutionelle Voraussetzungen für effiziente Kapitalallokation zu schaffen (Kessler & Lüdicke, 2022). Im ETA-Kontext kommt der Holding damit eine doppelte steuerliche Funktion zu: Sie bündelt Beteiligungserträge und bereitet spätere Zu- oder Verkäufe vor. Ihre Wirkung wird allerdings regelmäßig überschätzt. Freistellungen auf Holdingebene senken nicht den Steuersatz, dem der ETA-Unternehmer letztlich unterliegt, sondern verschieben dessen Anfall. Solange thesauriert und reinvestiert wird, wirkt die Holding als Stundungsvehikel. Erfolgt jedoch eine Ausschüttung an eine natürliche Person, tritt die vollständige Belastungskette ein (Scholes et al., 2015). Aus dieser Unterscheidung folgt, welche Struktur in welcher Unternehmensphase trägt.

Im deutschen Recht ist zwischen zwei Tatbeständen des § 8b KStG zu trennen, die häufig zusammengefasst werden. Veräußerungsgewinne aus Beteiligungen an Kapitalgesellschaften sind nach Absatz 2 steuerfrei, wobei fünf Prozent als nichtabziehbare Betriebsausgaben gelten (Absatz 3 Satz 1). Eine Mindestquote besteht nicht. Für Dividenden verlangt Absatz 4 dagegen eine Beteiligung von mindestens zehn Prozent zu Beginn des Kalenderjahres, andernfalls sind sie voll steuerpflichtig, und gewerbesteuerlich greift die Freistellung erst ab fünfzehn Prozent zu Beginn des Erhebungszeitraums (§ 9 Nr. 2a GewStG). Bis zum Gesellschafter beträgt die kumulierte Belastung rund 49 Prozent und liegt damit geringfügig über der Direkthaltung. Auch der Zinsabzug entsteht nicht durch die Holding, sondern wird durch sie zunächst erschwert: Der Aufwand fällt beim Erwerbsvehikel an, der Gewinn in der Zielgesellschaft, sodass eine Verrechnung die Organschaft nach §§ 14 ff. KStG oder eine Verschmelzung voraussetzt. Die Zinsschranke ist wegen der Freigrenze von drei Millionen Euro bei ETA-Volumina praktisch nicht bindend. Konzerninterne Darlehen unterliegen im Inlandsfall nicht dem Außensteuergesetz, sondern den Grundsätzen der verdeckten Gewinnausschüttung; Ausfälle sind nach § 8b Abs. 3 Sätze 4 ff. KStG vorbehaltlich des Fremdvergleichs (Satz 6) nicht abziehbar (Gosch et al., 2025). Österreich stellt Dividenden inländischer Kapitalgesellschaften nach § 10 Abs. 1 KStG vollständig frei, ohne Mindestquote, ohne Behaltefrist und ohne die deutsche Fünf-Prozent-Fiktion; die laufende Bündelung von Erträgen ist damit günstiger als in Deutschland. Umgekehrt ist die Veräußerung einer inländischen Beteiligung voll steuerpflichtig, da die Steuerneutralität des § 10 Abs. 3 KStG nur internationale Schachtelbeteiligungen erfasst. Buy-and-Build-Strategien lassen sich in Österreich also aufbauen, aber nicht steuerfrei umschichten. Der eigentliche Strukturvorteil liegt in der Gruppenbesteuerung nach § 9 KStG, die eine Ergebniszurechnung ohne Ergebnisabführungsvertrag erlaubt und damit den Zinsabzug für fremdfinanzierte Fremderwerbe zugänglich macht (§ 11 Abs. 1 Z 4 KStG). Die vielfach angeführte Firmenwertabschreibung für Beteiligungserwerbe (§ 9 Abs. 7 KStG) steht seit dem Abgabenänderungsgesetz 2014 nicht mehr zur Verfügung.

In der Schweiz wurde das kantonale Holdingprivileg mit der Steuerreform und AHV-Finanzierung per 1. Januar 2020 abgeschafft, sodass Holdinggesellschaften seither ordentlich besteuert werden. Entlastung gewährt allein der Beteiligungsabzug nach Art. 69 f. DBG, der die Gewinnsteuer im Verhältnis des Beteiligungsertrags zum Reingewinn ermäßigt und Dividenden wie Kapitalgewinne aus qualifizierten Beteiligungen erfasst. Da nicht beteiligungsbezogene Erträge nunmehr voll besteuert werden, ist die kantonale Kapitalsteuer zum maßgeblichen Kostenfaktor der Schweizer Holding geworden. Hinzu tritt eine Restriktion, die gerade die Erwerbsholding trifft: Nach Art. 20a Abs. 1 lit. a DBG wird der steuerfreie private Kapitalgewinn des Verkäufers nachträglich als Vermögensertrag erfasst, wenn er mindestens zwanzig Prozent an einen Erwerber im Geschäftsvermögen veräußert und binnen fünf Jahren bereits vorhandene ausschüttungsfähige Substanz entnommen wird (Helbing et al., 2022; Eidgenössische Steuerverwaltung [ESTV], 2007).

Strategisch leistet die Holding damit anderes, als ihr allgemeinhin zugeschrieben wird. Ihr Wert liegt in der steuerfreien Thesaurierung und Reinvestition, in der Trennung operativer Risiken und in der Integration externer Investoren in eine konsistente Beteiligungsarchitektur, nicht in einer Senkung der Endbelastung. Buy-and-Build-Strategien begünstigt sie in Deutschland und der Schweiz, in Österreich nur eingeschränkt. Auch die Kapitalstrukturentscheidung folgt nicht allein dem Steuervorteil der Fremdfinanzierung: Ihm stehen die Kosten finanzieller Anspannung gegenüber, auf Anlegerebene wird er durch die Besteuerung der Zinserträge teilweise kompensiert (Miller, 1977). Der Searcher hält anders als ein diversifizierter Finanzinvestor eine konzentrierte Position, was den für ihn optimalen Verschuldungsgrad unabhängig von jeder Steuerwirkung senkt. Wie stark schließlich die Exit-Architektur die Struktur prägt, hängt vom Modelltyp ab: Beim klassischen Search Fund mit Veräußerungshorizont dominiert die Freistellung von Veräußerungsgewinnen, bei selbstfinanzierten und auf lange Haltedauer angelegten Modellen die laufende Ausschüttungskette. Die Entscheidung für die Holding sollte daher aus der beabsichtigten Haltedauer folgen.

3.4 Rechtliche Implikationen der Holding-Struktur im ETA-Kontext

Während die ökonomischen und steuerlichen Faktoren von Holding-Strukturen in Leveraged-Buyout- und Private-Equity-Modellen umfassend untersucht wurden, ist ihre rechtliche Bedeutung im spezifischen Kontext eigentümergeführter mittelständischer ETA-Transaktionen bislang nur begrenzt im Fokus wissenschaftlicher Forschung. Die Holding fungiert jedoch als juristisches Schlüsselmedium, das die institutionellen Voraussetzungen dafür schafft, dass das komplexe Gefüge aus Sucher, Investoren, Fremdkapitalgebern und operativem Unternehmen stabilisiert, steuerbar und rechtlich abgesichert werden kann. Diese Funktion erhält in der DACH-Region eine besondere Relevanz, weil die Unternehmenslandschaft stark durch personengeprägte Eigentümerformen, dualistische Leitungsstrukturen und ein dicht reguliertes Gesellschafts- und Steuerrecht geprägt ist.

Rechtlich erzeugt die Holding zunächst eine Schutz- und Abschirmungsfunktion. Kapitalgesellschaften wie die deutsche GmbH, die österreichische GmbH oder die schweizerische AG begrenzen die Haftung auf das Gesellschaftsvermögen, wodurch das private Vermögen des ETA-Searchers und der beteiligten Investoren strukturell geschützt wird. Diese Haftungsabschirmung ist im ETA-Kontext von fundamentaler Bedeutung, da der Erwerb eines Unternehmens typischerweise mit erheblichen finanziellen Risiken verbunden ist, die im Falle unvorhergesehener operativer Verwerfungen oder bilanzieller Unsicherheiten zu existenzbedrohenden Belastungen führen könnten. Die Holding isoliert diese Risiken auf der Ebene der operativen Gesellschaft und schafft damit eine rechtlich stabile Rahmung, innerhalb derer Investitionsentscheidungen getroffen und Wachstumsstrategien umgesetzt werden können. Die rechtswissenschaftliche Literatur betont seit Langem, dass Haftungsbegrenzung nicht lediglich eine ökonomische Funktion erfüllt, sondern als integraler Bestandteil moderner Corporate-Governance-Architekturen verstanden werden muss, die unternehmerische Initiative und institutionelle Risikosteuerung miteinander verbinden (Roth & Altmeppen, 2023). Ein weiterer zentraler rechtlicher Aspekt ergibt sich aus der Governance-Architektur, die durch die Holding-Struktur ermöglicht wird. Die Holding schafft eine hierarchisch übergeordnete Gesellschaftsebene, in der strategische Entscheidungen, Eigentümerrechte und Kontrollmechanismen gebündelt sind, während die operative Geschäftsführung in der Tochtergesellschaft verbleibt. Diese institutionelle Entkopplung zwischen strategischer und operativer Ebene entspricht der in der Corporate-Governance-Forschung etablierten Logik des Prinzips der getrennten Verantwortlichkeiten, wonach die Überwachung des Managements in einem eigenen organisationalen System verankert sein sollte (Forstmoser et al., 2020). Für den ETA-CEO erfüllt die Holding damit eine doppelte Funktion, denn sie schafft einerseits klare Entscheidungsrechte und Verantwortlichkeitsstrukturen, andererseits ermöglicht sie die Integration von Investoren in Aufsichts- oder Beiratsstrukturen, ohne das operative Unternehmen direkt den Erwartungen wechselnder Kapitalgeber auszusetzen. Darüber hinaus spielt die Holding eine entscheidende Rolle in der rechtlichen Strukturierung des Erwerbsvorgangs selbst. Der Erwerb von Unternehmen in der DACH-Region erfolgt typischerweise entweder durch einen Share Deal oder einen Asset Deal. Die Holding-Struktur erleichtert insbesondere Share Deals, da die Übertragung der Anteile auf die Holding eine klare und rechtlich transparente Eigentumsordnung schafft, die gegenüber Banken, Investoren und Stakeholdern belastbar kommuniziert werden kann. Bei Asset Deals wiederum ermöglicht die Holding eine strukturierte Aufnahme der übertragenen Vermögensgegenstände in die operative Einheit, während Eigentums- und Finanzierungsstrukturen auf Holding-Ebene abgebildet werden. Die rechtliche Literatur zeigt, dass Holding-Strukturen in Übernahmeprozessen Transaktionskosten senken, Verhandlungskomplexität reduzieren und die Durchsetzbarkeit vertraglicher Rechte erhöhen, da die Beteiligungsverhältnisse eindeutig und unabhängig von der operativen Einheit organisiert sind (Lieder & Schwintowski, 2020). Ein weiterer bedeutsamer rechtlicher Implikationsbereich betrifft die Kapitalstruktur und deren Regulierung. Gesellschaftsrechtlich ermöglicht die Holding eine flexible Ausgestaltung der Beteiligungsverhältnisse, etwa durch die Ausgabe unterschiedlicher Anteilsformen, Stimmrechtsbündelungen oder vertraglicher Sonderrechte. Diese Flexibilität ist im ETA-Kontext kritisch, da die Investorenbasis häufig heterogen ist und unterschiedliche Renditeprofile, Kontrollbedürfnisse oder Risikopräferenzen aufweist. Die Holding erlaubt die Implementierung komplexer Beteiligungsmodelle wie Vesting-Regelungen für Searcher, Liquidationspräferenzen, Earn-out-Strukturen oder Wandeldarlehen. Auf operativer Ebene bleibt die Geschäftsführung von diesen Eigentümerstrukturen freigestellt, was die Stabilität der Unternehmensführung stärkt und die Gefahr einer Überlastung des operativen Managements durch investorenspezifische Interessen minimiert. Rechtlich relevant ist auch die Beziehung zu Fremdkapitalgebern. Banken bevorzugen Holding-Strukturen, weil sie klare Haftungsgrenzen, transparente Cashflow-Zuordnungen und durchsetzbare Sicherheiten bieten. Die Holding fungiert in diesem Zusammenhang als Garant für die Strukturierbarkeit von Covenants und erlaubt eine institutionalisierte Kreditsicherheit, die ohne Holding oft schwerer durchzusetzen wäre. Die Rechtswissenschaft betont, dass Kreditverträge in Holding-Strukturen eine höhere Komplexität aufweisen, da sie sowohl die operative Gesellschaft als Kreditnehmerin als auch die Holding als Sicherungsgeberin betreffen, jedoch zugleich eine höhere Rechtssicherheit und Stabilität bieten (Fleischer, 2022). Schließlich besitzen Holding-Strukturen auch im Kontext der Nachfolge und Exit-Architektur bedeutende rechtliche Implikationen. Die Übertragung von Anteilen an der Holding ist rechtlich einfacher, steuerlich oft günstiger und operativ weniger belastend als eine direkte Übertragung der operativen Gesellschaft. Die Holding wird damit zu einem langfristigen institutionellen Gefäß, das Eigentumsübergänge, Wachstumsstrategien oder spätere Verkäufe strukturell erleichtert und rechtlich absichert. Diese Funktion ist im ETA-Kontext besonders wertvoll, da der Exit eines ETA-Unternehmens häufig nicht über den Verkauf operativer Geschäftsteile erfolgt, sondern über die Veräußerung der Holding oder einzelner Tochtergesellschaften. Die holdingtypische Trennung von Eigentums- und Wertschöpfungsebene erhöht die Transaktionsfähigkeit des Unternehmens und reduziert rechtliche Reibungen im Exit-Prozess.

3.5 Finanzierungslogik und Kapitalarchitektur in Holding-Strukturen

Im Kontext eigentümergeführter mittelständischer Unternehmen der DACH-Region, deren Finanzierungstraditionen historisch auf konservative Bilanzierungsnormen, bankdominierte Kreditmärkte und persönlich geprägte Governance-Systeme zurückgehen, schafft die Holding eine intermediäre Ebene zwischen operativer Wertschöpfung und kapitalmarktnahen Finanzierungsmechanismen. Sie ermöglicht die Kombination von Eigenkapital, mezzaninen Mitteln und Fremdkapital in einer Weise, die sowohl die langfristige Stabilität des Unternehmens als auch die Anforderungen der investierenden Parteien absichert. Die Finanzierungsarchitektur der Holding bildet damit das strukturelle Fundament, auf dem die gesamte Wertschöpfungs- und Expansionslogik des ETA-Modells aufbaut. Zentral für die Finanzierungslogik von Holding-Strukturen ist die Trennung von Finanzierungs- und Operativebene. Die Holding tritt in der Regel als Erwerberin des Zielunternehmens auf und strukturiert den Kapitalbedarf für Kaufpreis, Transaktionskosten und Reserven für Post-Akquisitionsmaßnahmen. Diese Kapitalstruktur wird anhand der spezifischen Risikologik eines ETA-Modells konfiguriert, das gleichzeitig durch hohen Fremdkapitaleinsatz, die Erwartung künftiger Wertsteigerung und die Heterogenität der Investorengruppen geprägt ist. Die Aufteilung in eine Holding als Finanzierungsträger und in eine operative Einheit als Cashflow-Generator ermöglicht eine klare Kapitalflusssteuerung, da Ausschüttungen aus dem operativen Geschäft zunächst auf Ebene der Holding vereinnahmt werden, bevor sie zur Bedienung von Zinslasten, zur Amortisation, zu Reinvestitionen oder zu Ausschüttungen an die Investoren verwendet werden. Diese Strukturform folgt der in der Finance-Literatur etablierten Logik leveragestarker Erwerbsmodelle, bei denen die Fähigkeit zur Steuerung von Cashflows die langfristige Überlebens- und Leistungskraft des Gesamtsystems maßgeblich prägt (Kaplan & Strömberg, 2009).

Ein wesentlicher Vorteil der Holding liegt in der Möglichkeit, die Kapitalarchitektur flexibel und investorenkonsistent zu gestalten. ETA-Transaktionen sind typischerweise von einer heterogenen Investorenschaft geprägt, die Angel Investoren, institutionelle Search-Fund-Investoren, Family Offices und Private-Equity-nahe Kapitalgeber umfasst. Diese Gruppen unterscheiden sich erheblich hinsichtlich Zeithorizont, Risikoneigung, Kontrollbedürfnis und Renditeerwartung. Die Holding bietet die rechtliche und finanzielle Struktur, um diese divergierenden Anforderungen in einem konsistenten Architekturprinzip abzubilden. So lassen sich etwa unterschiedliche Anteilsklassen, Liquidationspräferenzen, Vesting-Mechanismen für den Searcher oder spezifische Dividendenvorschriften implementieren, ohne die operative Unternehmensführung zu beeinträchtigen. Die finanzwissenschaftliche Literatur betont, dass solche Mehrklassenstrukturen, sofern klar ausgestaltet, die Effizienz der Kapitalallokation erhöhen und zugleich Agency-Risiken reduzieren können, da sie die Interessen heterogener Stakeholder in vertraglich fixierte Rollen überführen (Tirole, 2006). Die Holding wirkt darüber hinaus als institutionelle Sicherung für den Einsatz von Fremdkapital. In der DACH-Region sind Banken traditionell die wichtigsten Fremdkapitalgeber mittelständiger Unternehmen, und deren Kreditvergabe basiert auf detaillierten Anforderungen an Sicherheiten, Transparenz und Covenants. Die Holding schafft eine höhere Ordnungsebene, auf der Sicherheiten strukturiert und durchsetzbar gemacht werden. Dies gilt insbesondere für Verpfändungen von Anteilen, Rangrücktrittsvereinbarungen, Cashflow-Covenants oder Debt-Service-Coverage-Ratios, die im Rahmen der Kreditverträge auf Holding-Ebene vereinbart werden können. Auf operativer Ebene bleibt das Unternehmen vor übermäßiger Bankintervention geschützt, da die wesentlichen Steuerungsmechanismen zwischen Bank und Holding verankert sind. Diese Struktur erlaubt eine präzisere Risikozuordnung und schafft für Banken die notwendige juristische Klarheit, die sie bei komplexen Erwerbsfinanzierungen verlangen. Empirische Studien zeigen, dass Unternehmenskäufe, die über Holding-Strukturen finanziert sind, ein höheres Maß an Planbarkeit in der Darlehensbedienung aufweisen, da Cashflows auf einer aggregierten Ebene flexibler gesteuert werden können (Axelson et al., 2013).

Parallel zur Fremdkapitalarchitektur erfüllt die Holding die Funktion eines Kapitalpuffers, der die strategische Anpassungsfähigkeit des Systems erhöht. Als rechtlich separierter Eigentümer der operativen Einheit kann sie Kapital für Reinvestitionen, Buy-and-Build-Strategien oder Restrukturierungsprogramme akkumulieren, ohne operative Gewinne unmittelbar ausschütten zu müssen. Diese Funktion entspricht dem Konzept der finanziellen Slack-Ressourcen, die in der Managementforschung als wesentliche Voraussetzung strategischer Beweglichkeit gelten. Im ETA-Kontext, in dem der neue Eigentümer häufig in den ersten Jahren nach der Akquisition signifikante Transformationsprozesse einleitet, gewinnt diese Flexibilität zentrale Bedeutung, da sie in periodspezifischen Cashflow-Schwankungen Pufferwirkung entfaltet und gleichzeitig den strategischen Handlungsspielraum sichert (Bourgeois, 1981). Die Holding erleichtert darüber hinaus die Gestaltung kapitalmarktnaher Instrumente. Während mittelständische Unternehmen der DACH-Region traditionell wenig Erfahrung mit Mezzanine-Kapital, Vendor Loans oder nachrangigen Finanzierungsstrukturen haben, ermöglicht die Holding deren Integration in ein konsistentes Kapitalgefüge. Als übergeordnete Instanz kann sie hybride Finanzierungsinstrumente emittieren, die zwischen Eigen- und Fremdkapital angesiedelt sind, und diese in eine vertragliche und governancebezogene Gesamtarchitektur einfügen. Diese Möglichkeit kann insbesondere für Buy-and-Build-Strategien relevant werden, da sie eine schnelle, flexible Kapitalbereitstellung für Akquisitionen erlaubt, ohne den Anteilseignern sofortigen Verwässerungsdruck aufzuerlegen.

Schließlich hat die Kapitalarchitektur der Holding entscheidende Implikationen für den späteren Exit. Die Mehrzahl der finanziellen Wertsteigerung im ETA-Modell wird bei einem Verkauf des Unternehmens realisiert. Eine Holding-Struktur ermöglicht es, die operative Einheit als wirtschaftliche Gesamtheit zu veräußern, ohne operative Verträge, Vermögensgegenstände oder Mitarbeiterbeziehungen verändern zu müssen. Die Wertrealisierung erfolgt durch den Verkauf der Anteile an der Holding oder einer Zwischenholding, wodurch Komplexität, Kosten und rechtliche Risiken des Exits reduziert werden. Die Private-Equity-Forschung hat gezeigt, dass Holding-basierte Exit-Strukturen höhere Transaktionssicherheit und Bewertungsstabilität bieten, weil Käufer ein klar definiertes, rechtlich und finanziell konsolidiertes Objekt erwerben (Gilligan & Wright, 2020). Für ETA-CEOs bietet dies die Möglichkeit, mit der Kapitalarchitektur der Holding nicht nur die Finanzierung des Erwerbs, sondern auch bereits den zukünftigen Verkauf strategisch vorzubereiten.

3.6 Psychologische und kulturelle Implikationen der Holding gegenüber Stakeholdern

Die Einführung einer Holding-Struktur im Rahmen einer ETA-Transaktion stellt neben ihrer juristischen und finanziellen Funktion auch einen tiefgreifenden Eingriff in die symbolische, kulturelle und psychosoziale Architektur des Unternehmens und seiner Stakeholder dar. Insbesondere in eigentümergeprägten mittelständischen Unternehmen der DACH-Region, deren Identität stark durch persönliche Beziehungen, regionale Verwurzelung und eine historisch gewachsene Eigentümerkultur geprägt ist, wirkt die Holding als institutionelles Artefakt, das neue Bedeutungsstrukturen erzeugt und alte Erwartungsmuster herausfordert. Während die Forschung zu Corporate Governance primär auf rechtliche und kontrollbezogene Effekte von Holding-Strukturen fokussiert, zeigt die organisationspsychologische Perspektive, dass die Wahrnehmung einer Holding durch Mitarbeitende, Kunden, Banken und weitere Stakeholder entscheidend beeinflusst, ob der Eigentümerwechsel als stabilisierend, legitim oder bedrohlich interpretiert wird. So verändert die Holding aus psychologischer Sicht die symbolische Repräsentation von Eigentum. In eigentümergeführten Unternehmen fungiert der bisherige Eigentümer als personifiziertes Zentrum ökonomischer und sozialer Ordnung. Seinen Rückzug und die Übertragung des Unternehmens auf eine Holding nehmen Stakeholder oft als Abstraktion und Potenzial für Entfremdung wahr, da die zuvor personengebundene Verantwortung in eine institutionelle Struktur überführt wird. Dies berührt jene Dimensionen organisationaler Identität, die in der Tradition von Albert und Whetten als zentrale, dauerhafte und unterscheidende Merkmale einer Organisation verstanden werden (Albert & Whetten, 1985). Die Holding verschiebt diese Merkmale von einer personalistischen zu einer formalisierten Logik, was kulturell sowohl Stabilität als auch Irritation erzeugen kann. Diese strukturelle Veränderung wird psychologisch durch die Bedeutung von Vertrauen als sozialem Mechanismus verstärkt. Mayer, Davis und Schoorman definieren Vertrauen als die Bereitschaft, sich gegenüber einer anderen Partei verwundbar zu machen, basierend auf der Wahrnehmung von Fähigkeit, Wohlwollen und Integrität (Mayer et al., 1995). Die Holding tritt als abstrakter Akteur in die Eigentümerrolle, besitzt jedoch keine persönliche Historie, die als Grundlage für Vertrauen dienen könnte. Der neue ETA-CEO muss daher Vertrauensdimension aktiv ersetzen, indem er seine persönliche Kompetenz, seine Werteorientierung und seine Integrationsfähigkeit demonstriert. Die Holding macht Vertrauen nicht überflüssig, sondern erhöht die Anforderungen an dessen bewusste Konstruktion, da die personalisierte Vertrauensbasis verschwunden ist, während die institutionelle Legitimation noch nicht ausgebildet ist. Für Mitarbeitende bedeutet die Einführung einer

Holding häufig eine Neuordnung der sozialen Wahrnehmung von Macht. Die Holding schafft eine zusätzliche Entscheidungsebene, die strategische Autorität besitzt, aber im operativen Alltag nicht sichtbar ist. Diese Unsichtbarkeit kann zu kognitiven Ambiguitäten führen, da unklar wird, wer über wesentliche Weichenstellungen entscheidet und wie stabil diese Entscheidungsarchitektur ist. Organisationstheoretisch lässt sich dies als Spannung zwischen formaler und informeller Ordnung interpretieren, wie sie Mintzberg beschrieben hat (Mintzberg, 1983). Die Holding repräsentiert die formale Ordnung, doch ihre Legitimation hängt davon ab, ob sie in die informelle Logik der Belegschaft integriert wird oder als externer, potenziell störender Einfluss wahrgenommen wird.

Auch externe Stakeholder wie Banken und Lieferanten interpretieren die Holding nicht nur aus ökonomischer Perspektive, sondern auch durch kulturelle und psychologische Filter. Banken etwa, deren Kreditvergabe im Mittelstand traditionell auf langfristigen persönlichen Beziehungen basiert, reagieren ambivalent auf Holdings. Einerseits interpretieren sie die Holding als Zeichen professionellerer Strukturen und erhöhter Transparenz, andererseits kann die Distanzierung vom bisherigen Eigentümer als Verlust eines persönlichen Vertrauensankers empfunden werden. Studien zur Mittelstandsfinanzierung zeigen, dass Vertrauen und Kontinuität zentrale Determinanten von Kreditentscheidungen sind und institutionelle Veränderungen diese Beziehung empfindlich beeinflussen können (Elsas & Krahnen, 1998).

Für Kunden und Lieferanten erzeugt die Holding ähnliche Ambivalenzen. In vielen mittelständischen Branchen der DACH-Region, etwa Maschinenbau, Bauzulieferindustrie oder B2B-Dienstleistungen, ist die Geschäftsbeziehung personalisiert und durch langfristige Bindungen geprägt. Die Holding verändert die Wahrnehmung des Unternehmens und kann Befürchtungen hervorrufen, dass das neue Eigentum eine stärker renditeorientierte oder fremdbestimmte Unternehmensführung einführen könnte. Die kulturelle Erwartung an Stabilität und regionale Verbundenheit steht dabei in Spannung zur wahrgenommenen Kapitalmarktlogik, die der Holding zugeschrieben wird. Die Literatur zur organisationalen Legitimität zeigt, dass solche kulturellen Diskrepanzen die Akzeptanz neuer Strukturen erheblich beeinflussen können (Suchman, 1995).

Auf der Seite der Investoren wirkt die Holding wiederum als kulturelles Signal für Professionalität, Planbarkeit und Governance-Fähigkeit. Die Holding erlaubt die Implementierung klar definierter Kontrollrechte, Reportingstrukturen und Wertschöpfungsmechanismen und erzeugt damit eine Wahrnehmung von Handlungsfähigkeit und institutioneller Reife. Aus der Perspektive der Behavioral Finance kann die Holding daher als kognitiver Anker wirken, der Unsicherheiten reduziert und Erwartungsstabilität schafft. Für ETA-CEOs bedeutet dies, dass die psychologische Funktion der Holding gegenüber Investoren eine vollkommen andere ist als gegenüber Mitarbeitenden oder Banken. Während sie intern als abstrakte und potenziell distanzierende Struktur wirkt, dient sie extern als Legitimitätsgenerator, der Vertrauen in die Unternehmensführung und die strategische Kohärenz des Systems erzeugt.

Die kulturelle Wirkung der Holding hängt jedoch nicht allein von ihrer Existenz, sondern von ihrer kommunikativen Vermittlung ab. Die organisationskulturelle Forschung betont, dass kulturelle Artefakte nur dann stabilisierend wirken, wenn sie in eine konsistente narrative Struktur eingebettet sind (Schein, 2017). Die Holding muss daher mit einem kohärenten Eigentümer- und Zukunftsnarrativ verknüpft werden, das für Stakeholder nachvollziehbar und anschlussfähig ist. Dies gilt besonders im ETA-Kontext, da der Übergang von persönlichem Eigentum zu institutionalisierter Eigentümerstruktur einen kulturellen Bruch darstellt, der ohne narrative Einbettung als Verlust von Identität, Nähe und Verlässlichkeit interpretiert werden kann.

3.7 Risiken und Fehlkonfigurationen von Holding-Strukturen im ETA-Kontext

Obwohl Holding-Strukturen im Entrepreneurship-Through-Acquisition-Kontext erhebliche strategische, steuerliche und governancebezogene Vorteile bieten, sind sie keineswegs risikofrei. Ihre Wirksamkeit hängt entscheidend davon ab, wie präzise sie konfiguriert, wie kohärent sie in die Eigentümer- und Führungsarchitektur eingebettet und wie sensibel sie in Bezug auf die kulturellen, rechtlichen und organisatorischen Spezifika mittelständischer Unternehmen der DACH-Region ausgestaltet werden. Fehlkonfigurationen von Holdings können nicht nur die Wertschöpfungsfähigkeit eines ETA-Unternehmens unterminieren, sondern auch zu Friktionen zwischen Investoren, ETA-CEOs, Banken, Mitarbeitenden sowie externen Stakeholdern führen. Die Risiken entstehen dabei aus einem komplexen Zusammenspiel struktureller, psychologischer, institutioneller und finanzieller Dynamiken, die sich gegenseitig verstärken können. Die wissenschaftliche Literatur zeigt deutlich, dass ineffiziente oder dysfunktionale Governance-Architekturen zu erheblichen Agency-Konflikten, Kontrollverlusten und strategischen Blockaden führen können (Tirole, 2006). Im ETA-Kontext, in dem die Eigentümerstruktur hochgradig pfadabhängig und die Führungsarchitektur fragile Übergangszustände umfasst, gewinnen diese Risiken besondere Relevanz.

Ein zentrales Risiko liegt in der Überkomplexität der Holding-Struktur. Holdings entfalten ihre Vorteile nur dann, wenn ihre Architektur klar, transparent und funktional konsistent ist. Überstrukturierte Modelle mit mehreren Zwischenholdings, übermäßig differenzierten Anteilsklassen, komplizierten Liquidationspräferenzen oder zu vielen Sonderrechten erzeugen ein Gefüge, das schwer steuerbar wird und die Transparenz der Eigentumsordnung untergräbt. Die Organisationsforschung zeigt, dass komplexe Strukturen eine nichtlineare Zunahme kognitiver und administrativer Belastungen erzeugen und dadurch Entscheidungsfähigkeit und Handlungsschnelligkeit reduzieren (Simon, 1997). Im ETA-Kontext führt dies dazu, dass sowohl der CEO als auch die Investoren die Klarheit über die Entscheidungsrechte, die Liquiditätsströme und die Risikoverteilung verlieren können. Operational entsteht daraus ein Steuerungsdefizit; strategisch kann es zu einer Blockade von Wachstumspfaden kommen, weil die Verteilung von Rechten und Pflichten unübersichtlich oder widersprüchlich wird. Ein weiteres Risiko ergibt sich aus einer unzureichenden Trennung zwischen Holding- und operativer Ebene. In der Theorie soll die

Holding strategische Aufgaben übernehmen, während die operative Gesellschaft ihre Autonomie in der Wertschöpfung behält. In der Praxis kommt es jedoch häufig zur Vermischung dieser Ebenen, etwa wenn Investoren versuchen, operative Entscheidungen direkt zu beeinflussen oder wenn der ETA-CEO gleichzeitig strategische und operative Rollen in einer Weise übernimmt, die die Governance-Struktur unterläuft. Die Corporate-Governance-Literatur zeigt, dass eine unklare Abgrenzung von Rollen und Verantwortlichkeiten zu Agency-Konflikten, Misstrauen und ineffizienten Kontrollmechanismen führt (Jensen & Meckling, 1976). In eigentümerdominierten Mittelstandsunternehmen wird dieser Effekt durch die Kulturdynamik verstärkt, da Mitarbeitende und Stakeholder tendenziell sensibel auf wahrgenommene Machtverschiebungen reagieren. Eine fehlende Trennung zwischen strategischer und operativer Ebene destabilisiert diese Wahrnehmungen und unterminiert die Legitimität sowohl des CEO als auch der Holding. Auch die Finanzierungsarchitektur einer Holding kann erhebliche Risiken erzeugen, wenn sie nicht angemessen konfiguriert ist. Hebelstrukturen, die für ETA-Transaktionen typisch sind, erzeugen hohe Anforderungen an die Cashflow-Steuerung. Wenn die Holding Fremdkapital aufnimmt, aber nicht über ausreichend stabile Ausschüttungen aus dem operativen Unternehmen verfügt, kann die Bedienung der Zinslasten gefährdet sein. In der Leveraged-Buyout-Forschung wird dieses Risiko als "Debt Overhang" beschrieben, der strategische Investitionen blockiert und die operative Handlungsfähigkeit einschränkt (Axelson et al., 2013). Im ETA-Kontext wird dieses Risiko häufig dadurch verschärft, dass das operative Unternehmen traditionell gewachsene Strukturen, geringe Margenflexibilität oder unausreichende Controlling-Systeme aufweist. Eine Holding kann diese strukturellen Herausforderungen nicht kompensieren, sodass die Fehlkonfiguration der Kapitalarchitektur direkt auf die Wertschöpfungsfähigkeit des Systems durchschlägt. Ein weiteres Feld potenzieller Fehlkonfigurationen liegt in der Governance-Architektur. Holdings erzeugen formale Entscheidungsstrukturen, die jedoch nur dann wirksam sind, wenn die beteiligten Personen über hinreichende Erfahrung, Rollenkompetenz und institutionelle Sensibilität verfügen. In der Praxis kommt es nicht selten vor, dass Investoren informelle Machtstrukturen aufbauen oder operative Eingriffe vornehmen, die mit der formellen Governance in Widerspruch stehen. Die Literatur zur institutionellen Theorie zeigt, dass formale Strukturen oft weniger einheitlich wirken, wenn informelle Normen oder Machtverhältnisse dagegenstehen (Meyer & Rowan, 1977). Im ETA-Kontext bedeutet dies, dass unklare oder widersprüchliche Governance-Praktiken die Integrationsfähigkeit des CEO schwächen, strategische Entscheidungen verlangsamen und zu Konflikten zwischen Investoren und Management führen können. Besonders kritisch wird dies in Situationen, in denen die Erwartungsstrukturen der Investoren nicht hinreichend mit der operativen Realität des akquirierten Unternehmens synchronisiert sind.

Psychologisch bergen Holdings zusätzliche Risiken. Die Einführung einer institutionalisierten Eigentümerstruktur kann in eigentümergeprägten Unternehmen Irritationen, Unsicherheiten und Widerstände auslösen. Wenn die Holding kommunikativ schlecht verankert oder kulturell nicht integriert wird, kann sie als Symbol für Fremdsteuerung, Verlust persönlicher Beziehungen oder erhöhte Renditeorientierung wahrgenommen werden.

Die organisationspsychologische Literatur betont, dass solche Wahrnehmungen zu Resistenzverhalten, Vertrauensverlust oder Abschottungsreaktionen führen können, die die Leistungsfähigkeit des Unternehmens erheblich mindern (Schein, 2017). Diese Risiken verstärken sich, wenn der neue CEO nicht in der Lage ist, eine persönliche Vertrauensbasis zu etablieren oder die kulturelle Logik des Unternehmens präzise zu erfassen. Kulturell entstehen Risiken insbesondere dann, wenn die Holding-Struktur als Bruch wahrgenommen wird. Die historische Forschung über Familien- und Mittelstandsunternehmen in der DACH-Region zeigt, dass deren Stabilität wesentlich auf personalisierten Verantwortungsmodellen, starken emotionalen Bindungen und identitätsstiftenden Eigentümerfiguren beruht (Schreyögg & Sydow, 2010). Die Holding hebt diese Muster auf und ersetzt sie durch abstrakte institutionelle Strukturen. Wird dieser Wandel nicht durch sorgfältige Kommunikation oder kulturelle Sensibilität begleitet, können typische dysfunktionale Muster wie Loyalitätsverlust, Abwanderung von Schlüsselpersonen oder kulturelle Fragmentierung auftreten.

Hinzu kommen juristische Risiken, die aus unzureichend abgestimmten Beteiligungs-, Finanzierungs- oder Governance-Verträgen entstehen. Beispielsweise können widersprüchliche Regelungen zu Liquidationspräferenzen, Vetorechten oder Kapitalabrufen zu erheblichen Konflikten zwischen den Beteiligten führen, insbesondere wenn operative Ergebnisse hinter den Erwartungen zurückbleiben. Die rechtliche Literatur weist darauf hin, dass unklare oder übermäßig komplexe Vertragswerke eine der Hauptursachen für Streitigkeiten in gesellschafterdominierten Unternehmen darstellen (Roth & Altmeppen, 2023). Im ETA-Kontext, der durch die duale Identität des Searchers als Unternehmer und Fondsmanager geprägt ist, besteht zudem das Risiko, dass Rollen- und Interessenkonflikte nicht hinreichend antizipiert oder vertraglich abgefedert werden. Schließlich besteht ein fundamentales Risiko darin, dass die Holding-Struktur ein strategisches Fehlgebäude erzeugt, wenn sie zu früh, zu umfassend oder mit falschen Zielvorstellungen implementiert wird. In frühen Phasen eines ETA-Unternehmens kann eine überdimensionierte Holding die operative Agilität behindern, die Komplexität erhöhen und Ressourcen unnötig binden. Eine falsch konfigurierte Holding-Struktur wirkt dann nicht als strategischer Hebel, sondern als institutionelle Last, die Wertschöpfung behindert und die operative Realität des Unternehmens überlagert. Die Literatur zur strategischen Fit-Logik betont, dass Organisationen nur dann leistungsfähig sind, wenn Struktur, Strategie und Umweltbedingungen konsistent miteinander verbunden sind (Venkatraman & Camillus, 1984). Für ETA-CEOs empfiehlt es sich daher, die Holding-Struktur mit höchster Präzision auf das Reifestadium, die Branche, die Kapitalarchitektur und die kulturelle Logik des akquirierten Unternehmens abzustimmen.

3.8 Kritische Schlussfolgerung: Chancen und Risiken der Holding als integratives Strukturprinzip im ETA-Modell

Die Holding-Struktur gilt im Entrepreneurship-Through-Acquisition-Modell als dominantes architektonisches Prinzip, das strategische Flexibilität, Governance-Qualität und steuerliche Effizienz miteinander verbindet. Im internationalen Private-Equity-Kontext ist sie als institutionelles Gefüge nahezu selbstverständlich geworden. Ihre Übertragung auf den ETA-Kontext des deutschsprachigen Mittelstands eröffnet einerseits substanzielle Potenziale, bringt andererseits jedoch spezifische Risiken mit sich, die ihren Ursprung in der Eigentümerkultur, den institutionellen Rahmenbedingungen und den psychologischen Logiken eigentümergeführter Unternehmen der DACH-Region haben. Eine kritische Synthese macht deutlich, dass die Holding weder ein neutraler technischer Mechanismus noch eine universell überlegene Organisationsform ist. Vielmehr ist sie ein machtvolles Strukturprinzip, dessen Eignung, Wirkung und Risiken wesentlich durch die Passung zur strategischen Logik, zur Kapitalarchitektur und zur kulturellen Ordnung des Zielunternehmens bestimmt werden.

Aus strategischer Perspektive bietet die Holding erhebliche Vorteile, da sie als Plattform für Portfoliobildung, Akquisitionsstrategien und zentrale Wertsteigerungsprogramme fungieren kann. Sie ermöglicht eine klare Trennung zwischen strategischer Steuerung und operativer Umsetzung, reduziert Agency-Kosten und erleichtert die Implementierung professioneller Corporate-Governance-Mechanismen (Tirole, 2006). Zudem schafft die Holding eine robuste Grundlage für Kapitalallokation, Risikodiversifikation und Skalierung, was insbesondere im ETA-Kontext relevant ist, da die Wertsteigerung häufig weniger aus operativen Restrukturierungen als aus strategischen Rekonfigurationen resultiert. Die hierarchische Trennung von Eigentum und Betrieb erleichtert die Einführung standardisierter Steuerungsinstrumente und schafft einen institutionellen Rahmen, der Wachstum und Professionalisierung begünstigt. Diese Vorteile entfalten sich jedoch nicht automatisch. Die Holding erzeugt gleichzeitig Risiken, die sich aus struktureller Überformalisierung, fehlender kultureller Integration und inkonsistenter Governance ergeben können. Die Organisations- und Governance-Forschung zeigt, dass formal ausdifferenzierte Strukturen die Handlungsfähigkeit nicht erhöhen, sondern unterminieren können, wenn sie nicht kohärent zur Umwelt, zur Kultur und zur Strategie des Unternehmens ausgestaltet werden (Meyer & Rowan, 1977). Gerade eigentümergeführte mittelständische Unternehmen verfügen über informelle Ordnungen und identitätsstiftende Beziehungen, die durch die Einführung einer Holding empfindlich gestört werden können. Dies gilt besonders dann, wenn die Holding kommunikativ unzureichend verankert ist oder als Symbol für Fremdbestimmung, Profitmaximierung oder Kontrollverlust wahrgenommen wird. Solche kulturellen Reibungsverluste können zentrale Stakeholder destabilisieren und die Umsetzung strategischer Maßnahmen erschweren.

Finanziell kann die Holding als Vehikel für steueroptimierte Kapitalstrukturen und effiziente Ausschüttungswege dienen. Die steuerlichen Vorteile, insbesondere die Teilfreistellung von Veräußerungsgewinnen und Dividenden, sind in Deutschland, Österreich und der Schweiz institutionell verankert und bilden ein solides Fundament für die Kapitalarchitektur von ETA-Transaktionen (Ehrke & Kessler, 2022). Dennoch erzeugt die Holding finanzielle Risiken, wenn die Verschuldung zu hoch angesetzt wird oder die Cashflow-Generierung des operativen Unternehmens nicht stabil genug ist. Die Private-Equity-Forschung spricht hier von Debt Overhang, einer strukturellen Überlastung, die Wachstum und Investitionen blockiert (Axelson et al., 2013). Im mittelständischen ETA-Umfeld, in dem operative Steuerungssysteme häufig weniger entwickelt und die Margenvolatilitäten höher sind, potenziert sich dieses Risiko.

Psychologisch und kulturell wirkt die Holding als zweischneidiges Symbol. Extern gegenüber Investoren dient sie als Legitimitätsgenerator und Ausdruck professioneller Governance. Intern kann sie jedoch Distanz, Verunsicherung und kulturelle Entkopplung erzeugen. Die Organisationspsychologie zeigt, dass Vertrauen, Identität und informelle Ordnung zentrale Erfolgsbedingungen für Veränderungsprozesse sind (Schein, 2017). Wenn die Holding diese Elemente nicht stärkt, sondern unterbricht, drohen Vertrauensverluste, Widerstände und Statuskonflikte. Der ETA-CEO trägt hier eine doppelte Verantwortung: Er muss die Holding als institutionelle Struktur erklären, ihre Vorteile verdeutlichen und gleichzeitig eine kulturelle Brücke schlagen, die Sicherheit, Orientierung und Anschlussfähigkeit vermittelt. Rechtlich schafft die Holding eine klare und belastbare Grundlage für Eigentumsverhältnisse, Governance, Haftungsregelungen und Kapitalflüsse. Doch auch hier gilt, dass unklare Vertragsarchitekturen, überkomplexe Beteiligungsstrukturen oder widersprüchliche Rechte zwischen Investoren, Suchern und operativen Gesellschaften erhebliches Konfliktpotenzial bergen. Fehlkonfigurationen können langwierige Streitigkeiten auslösen, die die Handlungsfähigkeit der Organisation beeinträchtigen und strategische Optionen blockieren. Die juristische Literatur verweist wiederholt auf die Gefahr unklarer oder überdimensionierter Strukturierungen, insbesondere in Kombination mit emotionalisierten Eigentümerstrukturen, wie sie für den Mittelstand typisch sind (Roth & Altmeppen, 2023).

Somit zeigt sich, dass die Holding im ETA-Kontext sowohl ein strategisches Potenzialsystem als auch ein Risikoträger ist. Sie ist kein Allheilmittel, aber ein potentes Instrument, dessen Wert nicht in der Struktur selbst, sondern in der kohärenten Konfiguration, in der sensiblen kulturellen Integration und in der präzisen Anpassung an das Zielunternehmen und die strategische Logik des ETA-Modells liegt. Die Holding erfordert daher ein hohes Maß an institutionellem Design, psychologischer Sensibilität und strategischer Weitsicht. Wird sie als universell einsetzbare Standardlösung oder bloße rechtlich-steuerliche Konstruktion verstanden, kann sie erheblichen Schaden anrichten. Wird sie jedoch als kontextsensitives, dynamisches und kulturell zu integrierendes Strukturprinzip eingesetzt, kann sie zu einem kraftvollen Hebel für Wachstum, Professionalisierung und Wertsteigerung werden.

Literatur

Albert, S., & Whetten, D. A. (1985). Organizational identity. *Research in Organizational Behavior, 7*, 263–295.

Axelson, U., Jenkinson, T., Strömberg, P., & Weisbach, M. S. (2013). Borrow cheap, buy high? The determinants of leverage and pricing in buyouts. *Journal of Finance, 68*(6), 2223–2267.

Barney, J. B. (1991). Firm resources and sustained competitive advantage. *Journal of Management, 17*(1), 99–120.

Bourgeois, L. J. (1981). On the measurement of organizational slack. *Academy of Management Review, 6*(1), 29–39.

Chandler, A. D. (1962). *Strategy and Structure: Chapters in the History of the Industrial Enterprise*. MIT Press.

Coase, R. H. (1937). The nature of the firm. *Economica, 4*(16), 386–405.

Ehrke, M., & Kessler, M. (2022). *Unternehmenskauf und -verkauf: Steuerliche Aspekte*. Schäffer-Poeschel.

Eidgenössische Steuerverwaltung. (2007). Verkauf von Beteiligungsrechten aus dem Privat- in das Geschäftsvermögen eines Dritten („indirekte Teilliquidation") (Kreisschreiben Nr. 14). https://www.estv2.admin.ch/dvs/kreisschreiben/dbst-ks-2007-1-014-d-de.pdf. Abruf 15.01.2026

Elsas, R., & Krahnen, J. P. (1998). Is relationship lending special? Evidence from credit-file data in Germany. *Journal of Banking and Finance, 22*, 1283–1316.

Fleischer, H. (2022). *Handbuch des Gesellschaftsrechts* (3. Aufl.). C.H. Beck.

Forstmoser, P., Meier-Hayoz, A., & Sethe, R. (2020). *Schweizerisches Aktienrecht* (3. Aufl.). Schulthess.

Gilligan, J., & Wright, M. (2020). *Private equity demystified* (4. Aufl.) ICAEW.

Gosch, D., Bauschatz, P., & Förster, G. (Hrsg.). (2025). *Körperschaftsteuergesetz: KStG* (5. Aufl.). C. H. Beck.

Jensen, M. C., & Meckling, W. H. (1976). Theory of the firm: Managerial behavior, agency costs and ownership structure. *Journal of Financial Economics, 3*(4), 305–360.

Helbing, A., Duss, F., & Reich, M. (2022). Art. 20a DBG: Indirekte Teilliquidation und Transponierung. In M. Zweifel & M. Beusch (Hrsg.), *Kommentar zum Schweizerischen Steuerrecht: Bundesgesetz über die direkte Bundessteuer (DBG)* (4. Aufl.). Helbing Lichtenhahn.

Kaplan, S. N., & Strömberg, P. (2009). Leveraged buyouts and private equity. *Journal of Economic Perspectives, 23*(1), 121–146.

Lieder, J., & Schwintowski, H.-P. (2020). *Mergers & Acquisitions: Rechtliche Grundlagen von Unternehmensübernahmen* (3. Aufl.). Springer.

Mayer, R. C., Davis, J. H., & Schoorman, F. D. (1995). An integrative model of organizational trust. *Academy of Management Review, 20*(3), 709–734.

Meyer, J. W., & Rowan, B. (1977). Institutionalized organizations: Formal structure as myth and ceremony. *American Journal of Sociology, 83*(2), 340–363.

Miller, M. H. (1977). Debt and taxes. *The Journal of Finance, 32*(2), 261–275. https://doi.org/10.1111/j.1540-6261.1977.tb03267.x. Abruf 14.01.2026

Mintzberg, H. (1983). *Structure in Fives: Designing Effective Organizations*. Prentice Hall.

Roth, G., & Altmeppen, H. (2023). *GmbHG Kommentar* (10. Aufl.). C.H. Beck.

Schein, E. H. (2017). *Organizational Culture and Leadership* (5. Aufl.). Wiley.

Scholes, M. S., Wolfson, M. A., Erickson, M., Hanlon, M., Maydew, E. L., & Shevlin, T. (2015). *Taxes and business strategy: A planning approach* (5th ed.). Pearson.

Schreyögg, G., & Sydow, J. (2010). *Organizing for fluidity? Dilemmas of new organizational forms*. Organization Science.

Simon, H. A. (1997). *Administrative Behavior* (4. Aufl.). Free Press.

Suchman, M. C. (1995). Managing legitimacy: Strategic and institutional approaches. *Academy of Management Review, 20*(3), 571–610.

Tirole, J. (2006). *The theory of corporate finance*. Princeton University Press.

Venkatraman, N., & Camillus, J. (1984). Exploring the concept of “fit” in strategic management. *Academy of Management Review, 9*(3), 513–525.

4 Theoretische Grundlagen: ETA als multidimensionaler und interdisziplinärer Forschungsgegenstand

Zusammenfassung

Entrepreneurship Through Acquisition bewegt sich an der Schnittstelle von Unternehmensgründung, Nachfolge und Finanzierung und erfordert eine mehrdimensionale, interdisziplinäre theoretische Fundierung, die ökonomische, institutionelle, organisationskulturelle und psychologische Dimensionen integriert. Ökonomische Theorien liefern fundamentale Erklärungsansätze. Die Transaktionskostentheorie beispielsweise erklärt die Effizienzlogik von Akquisitionen gegenüber organischem Aufbau, während der Resource-Based View die strategische Bedeutung VRIO-konformer Ressourcen und unvollkommener Faktormärkte betont. Informationsasymmetrien, Principal-Agent-Konflikte und Bewertungsanomalien prägen Transaktionsdynamiken und erfordern differenzierte Screening- und Governance-Mechanismen. Nachfolge- und organisationskulturelle Theorien adressieren Übergangsprozesse als langfristige, mehrdimensionale Transformationen. Prozessmodelle verdeutlichen die sequenzielle Natur von Nachfolgen, während Theorien organisationalen Wandels, Sensemaking und Dynamic Capabilities die kulturelle und kognitive Komplexität von Integrationen erfassen. Institutionelle Theorien erklären, wie Legitimität, isomorphe Anpassungsprozesse und institutionelle Arbeit die Akzeptanz neuer Eigentümer prägen. Psychologische Theorien schließlich liefern mikroanalytische Perspektiven auf Motivation, Identität, Vertrauen und Stress, die Nachfolgeerfolg fundamental determinieren. Die interdisziplinäre Integration dieser Ansätze konstituiert ETA als multidimensionales Phänomen, das ökonomische Rationalität, soziale Legitimation, kulturelle Transformation und psychologische Anpassung simultan erfordert und damit wissenschaftlich wie praktisch eine ganzheitliche Betrachtung verlangt.

C. Schuchardt, *Entrepreneurship Through Acquisition und Search Funds im deutschsprachigen Mittelstand*, https://doi.org/10.1007/978-3-658-52650-4_4

Entrepreneurship Through Acquisition stellt in der wissenschaftlichen Analyse ein hybrides Phänomen dar, das sich keiner singulären theoretischen Tradition eindeutig zuordnen lässt. Vielmehr berührt ETA eine Vielzahl von Forschungssträngen, die von der klassischen Mikroökonomik über die betriebswirtschaftliche Nachfolgeforschung und Organisationskulturtheorien bis hin zu institutionenökonomischen und psychologischen Perspektiven reichen. Die Komplexität dieses interdisziplinären Gefüges erklärt, weshalb ETA in der internationalen Literatur zwar zunehmend Beachtung findet, aber bislang nicht durch eine kohärente theoretische Rahmung integriert ist. Dieses Kapitel setzt daher bewusst bei der Vielfalt der theoretischen Zugänge an und schafft eine konzeptionelle Grundlage, die notwendig ist, um den ETA-Prozess in seiner ganzen Tiefe zu verstehen. Der erste Schritt besteht in der Sichtung und Strukturierung der relevanten Literatur. Diese zeigt, dass ETA zwar auf etablierten Theorien der Unternehmensführung, des Unternehmertums und der Nachfolgeprozesse aufbaut, jedoch zugleich eine Reihe von Charakteristika aufweist, die klassische Modelle herausfordern oder erweitern. Während die ökonomische Literatur ETA primär als effizienzorientierte Allokationsmechanik und Marktintervention beschreibt, rückt die Nachfolge- und Governance-Forschung stärker die Nicht-Marktdimensionen in den Blick, die für eigentümergeführte Unternehmen typisch sind. Organisationskulturelle Theorien wiederum legen offen, wie tief verwurzelte Wertvorstellungen, soziale Ordnungsmuster und informelle Normen die Erfolgswahrscheinlichkeit einer Übernahme prägen. Institutionentheoretische Ansätze zeigen, wie regionale und länderspezifische Rahmenbedingungen in der DACH-Region die Struktur, Funktionslogik und Dominanz bestimmter Transaktionsmodelle beeinflussen. Schließlich verdeutlichen psychologische Perspektiven, dass zentrale Mechanismen des ETA-Prozesses, wie Motivation, Vertrauen, Identität und Entscheidungsarchitektur ohne individuelle und soziale Kognitionsprozesse nicht hinreichend erklärt werden können. Diese Vielfalt theoretischer Zugänge ermöglicht ETA nicht lediglich als finanzielle Transaktion oder organisatorische Übergabe zu verstehen, sondern als sozialen, institutionell eingebetteten und psychologisch hochkomplexen Transformationsprozess. Organisationskulturelle Theorien wiederum rücken die Bedeutung kollektiver Sinnsysteme und gelebter Praktiken in den Fokus. Sie machen sichtbar, warum zwei Unternehmen mit ähnlichen Strukturen und Kennzahlen bei einer Übernahme fundamental unterschiedlich reagieren können und weshalb kulturelle Passung ein zentraler Erfolgsfaktor im ETA-Kontext ist. Institutionelle Theorien leisten darüber hinaus einen Beitrag zur Erklärung regionaler Unterschiede und zeigen, weshalb das US-amerikanische Search-Fund-Modell nicht ohne Weiteres auf die DACH-Region übertragen werden kann. Sie verdeutlichen, wie Normen, rechtliche Systeme, Eigentumslogiken und gesellschaftliche Erwartungen Handlungsräume formen, Akteursrollen definieren und unternehmerische Strategien beeinflussen. Schließlich fügen psychologische Theorien eine essentielle Mikrofundierung hinzu. Die Forschung zu Motivation, Identität, Entscheidungsverhalten, Vertrauen und Emotionen erklärt, weshalb der ETA-Prozess zutiefst relational geprägt ist. Die Übernahme eines eigentümergeführten Unternehmens ist ohne eine psychologisch fundierte Betrachtung nicht adäquat zu verstehen, da zentrale Phasen – von der Erstanbahnung bis zur Integrationsphase – wesentlich durch subjektive Wahrnehmungen, mentale Modelle und interpersonale Dynamiken bestimmt werden. Diese Perspektive ist für das ETA-Modell von besonderer Bedeutung, weil der Searcher eine Rolle einnimmt, die sowohl unternehmerische Ambition als auch soziale Anschlussfähigkeit vereint. Dieser multiperspektivische und interdisziplinäre Rahmen bereitet die Grundlage dafür, die komplexe Realität von ETA-Transaktionen in der DACH-Region analytisch präzise zu erfassen und die späteren empirischen und praxisorientierten Kapitel theoretisch konsistent einzuordnen.

4.1 Überblick über die Literatur

Die wissenschaftliche Auseinandersetzung mit dem Themenfeld Entrepreneurship Through Acquisition (ETA) und Unternehmensnachfolge weist eine vergleichsweise kurze, jedoch dynamische Entwicklung auf. Während sich die Forschung zu klassischen Unternehmensgründungen seit Jahrzehnten etabliert hat und ein umfangreiches Fundament an Theorien, empirischen Studien und praxisnahen Leitfäden hervorgebracht hat (Gartner, 1985; Shane & Venkataraman, 2000), ist die Literatur zu Unternehmensnachfolge und speziell zu ETA deutlich fragmentierter. Die ersten systematischen Forschungsarbeiten entstanden im angloamerikanischen Raum, insbesondere im Zusammenhang mit den sogenannten Search Funds. Diese Anlage- und Erwerbsstruktur wurde in den 1980er-Jahren an der Stanford Graduate School of Business entwickelt und seither mehrfach untersucht. Eine der frühesten umfassenden Analysen lieferte Grousbeck (1984), der das Modell als Alternative zur klassischen Gründung einführte. Spätere Studien, insbesondere von Ruback und Yudkoff (2017, 2021), verfeinerten die Beschreibung von Suchprozessen, Finanzierungsmechanismen und Erfolgsfaktoren. Sie gelten bis heute als Standardreferenzen für Search Funds und ETA im internationalen Kontext. In den vergangenen Jahren haben internationale Studien begonnen, die Performance von Search Funds empirisch zu untersuchen. Kelly und Kaplan (2020) dokumentieren im Rahmen der gemeinsamen Stanford/IESE-Studien etwa Renditen, Branchenschwerpunkte und geografische Unterschiede. Während die US-amerikanischen Fonds im Durchschnitt hohe zweistellige Renditen erzielen konnten, zeigen sich in Europa andere Dynamiken, etwa kleinere Fondsgrößen und längere Suchdauern. Ergänzend liefern Ruback und Yudkoff (2017) praxisorientierte Handlungsanleitungen, die auch in Lehrplänen führender Business Schools integriert wurden.

Auf europäischer Ebene und speziell im deutschsprachigen Raum ist die Literatur jünger und deutlich weniger umfangreich. Während in der internationalen Fachliteratur inzwischen Übersichtsarbeiten vorliegen (Hoffmann, 2023), die ETA als eigenes Forschungsfeld einordnen, dominieren in Deutschland, Österreich und der Schweiz bislang praxisorientierte Beiträge von Beratungsunternehmen, Banken und Förderinstitutionen. Wissenschaftliche Untersuchungen konzentrieren sich stärker auf die Unternehmensnachfolge im Mittelstand (IfM Bonn, 2024; KfW Research, 2024), wobei der Fokus überwiegend auf familieninternen Übergaben liegt. Externe Nachfolge durch individuelle

Unternehmer, wie sie ETA beschreibt, wird hingegen erst seit Kurzem stärker diskutiert (Hahn & Meier, 2022). Ein zweiter relevanter Forschungsstrang betrifft die ökonomischen und psychologischen Aspekte von Unternehmensnachfolgen. Hier sind Arbeiten hervorzuheben, die sich mit den Erfolgsfaktoren von Übergaben beschäftigen, etwa der Bedeutung von Vertrauen zwischen Verkäufer und Käufer, der Rolle von Emotionen oder der organisationalen Integration nach der Übernahme (DeTienne & Chirico, 2013; Sieger et al., 2016). Diese Beiträge sind nicht ausschließlich auf ETA bezogen, liefern jedoch wertvolle theoretische Grundlagen, die auch für den ETA-Kontext relevant sind.

Der Forschungsstand zu Entreneurship Through Acquisition ist zwar international zunehmend differenziert, im deutschsprachigen Raum jedoch noch im Aufbau begriffen. Für die Entwicklung von ETA als Alternative zur klassischen Gründung und als Lösung für die Nachfolgeproblematik des Mittelstands ist daher ein Transfer internationaler Erkenntnisse ebenso notwendig wie die Schaffung eigenständiger empirischer Studien in der DACH-Region. Dieses Buch versteht sich in diesem Kontext nicht nur als Leitfaden für die Praxis, sondern auch als Brücke zwischen internationalen Forschungsergebnissen und der spezifischen Situation im deutschsprachigen Raum.

4.2 Ökonomische Theorien

Die ökonomischen Theorien bilden ein komplexes und vielschichtiges Fundament für das Verständnis von ETA-Phänomenen. Sie demonstrieren, dass Unternehmensakquisitionen nicht nur als reine finanzielle Transaktionen zu verstehen sind, sondern als multidimensionale ökonomische Prozesse, die auf fundamentalen Marktmechanismen, Informationsstrukturen, Ressourcenallokation und strategischen Überlegungen basieren. Diese theoretische Fundierung ist essentiell für das Verständnis der praktischen Herausforderungen und Erfolgsfaktoren bei ETA-Transaktionen in Deutschland und bildet die konzeptionelle Basis für die folgenden Analysen der nachfolge- und organisationsbezogenen sowie psychologisch-kulturellen Theorien.

Transaktionskosten-Theorie

Die Transaktionskosten-Theorie, begründet durch Coase (1937) und systematisch ausgebaut von Williamson (1975, 1985), bildet ein zentrales theoretisches Fundament für das Verständnis von Unternehmensakquisitionen und deren ökonomische Rationalität. Coase stellte die fundamentale Frage, warum Unternehmen überhaupt existieren, wenn Märkte theoretisch alle Koordinationsprobleme lösen könnten. Seine wegweisende Antwort war, dass Unternehmen entstehen, um Transaktionskosten zu reduzieren, die bei der Koordination wirtschaftlicher Aktivitäten über Märkte entstehen würden. Diese Grundidee ist für ETA von fundamentaler Bedeutung, da sie erklärt, warum der Erwerb bestehender Unternehmen unter bestimmten Umständen effizienter sein kann als die Neugründung oder der organische Aufbau von Geschäftstätigkeiten. Williamson (1975) erweiterte diese Perspektive durch die systematische Analyse der Faktoren, die Transaktionskosten beeinflussen.

Er identifizierte drei kritische Dimensionen: die Spezifität von Vermögenswerten (asset specificity), die Unsicherheit bezüglich zukünftiger Entwicklungen und die Häufigkeit von Transaktionen. Für ETA-Transaktionen ist insbesondere die asset specificity von herausragender Bedeutung. Williamson unterschied dabei zwischen verschiedenen Formen der Spezifität: standortspezifische Vermögenswerte, physische Spezifität, humankapitalspezifische Investitionen und dedizierte Vermögenswerte. Im Kontext von ETA manifestiert sich diese Spezifität in verschiedenen Formen: Unternehmen mit hochspezialisierten Produktionsanlagen, die nur für bestimmte Anwendungen geeignet sind, etablierte Kundenbeziehungen, die auf jahrelangem Vertrauen basieren, oder einzigartige technische Fähigkeiten und Know-how, das in den Köpfen der Mitarbeiter gespeichert ist. Diese spezifischen Vermögenswerte können durch Akquisition effizienter übernommen werden als durch organischen Aufbau, da der Versuch, sie zu replizieren, mit erheblichen Transaktionskosten verbunden wäre. Dies erklärt, warum ETA besonders in wissensintensiven, beziehungsbasierten oder technisch anspruchsvollen Branchen attraktiv ist. Darüber hinaus führte Williamson das Konzept der „fundamental transformation“ ein, welches beschreibt, wie sich anfänglich kompetitive Situationen durch spezifische Investitionen in bilaterale Monopole verwandeln können. Für ETA-Entrepreneure bedeutet dies, dass sie nach einer erfolgreichen Akquisition oft in privilegierten Positionen gegenüber Kunden, Lieferanten oder anderen Stakeholdern stehen, da diese bereits spezifische Investitionen in die Beziehung zum erworbenen Unternehmen getätigt haben.

Ressource-Based View und strategische Faktorenmärkte

Die Resource-Based View (RBV) wurde maßgeblich geprägt von Penrose (1959) und systematisiert durch Wernerfelt (1984) sowie Barney (1991) und bietet einen komplementären und hochrelevanten Erklärungsansatz für ETA-Strategien. Penrose argumentierte bereits früh, dass Unternehmen als Agglomeration von Ressourcen und Fähigkeiten zu verstehen sind, deren einzigartige Kombinationen Wettbewerbsvorteile schaffen können. Diese Grundidee wurde von Wernerfelt formalisiert, der erstmals den Begriff „Resource-Based View“ prägte und die strategische Bedeutung einzigartiger Ressourcen systematisch analysierte. Barney entwickelte diese Theorie weiter und definierte vier zentrale Kriterien für strategisch wertvolle Ressourcen, die heute als VRIO-Framework bekannt sind. VRIO stellt dabei ein Akronym für die Begriffe Value, Rarity, Imitability und Organization dar. Dieses Framework ist für ETA-Entrepreneure von besonderer Bedeutung, da es ein systematisches Bewertungsraster für potenzielle Akquisitionsziele bietet:

- *Value* meint die Eigenschaft der Werthaltigkeit von Ressourcen. Diese Eigenschaft erfüllen Ressourcen dann, wenn sie es dem Unternehmen ermöglichen, Chancen zu nutzen oder Bedrohungen zu neutralisieren. Im ETA-Kontext manifestiert sich dies in verschiedenen Formen: etablierte Marken mit hoher Kundenloyalität, proprietäre Technologien, die Kostenvorteile ermöglichen, oder strategisch günstige Standorte. Barney betonte, dass Werthaltigkeit immer im Kontext der jeweiligen Branche und Wettbewerbssituation zu bewerten ist.

- *Rarity* bedeutet Seltenheit. Wertvolle Ressourcen müssen zusätzlich selten sein, um nachhaltigen Wettbewerbsvorteil zu generieren. Wenn eine Ressource zwar wertvoll, aber weit verbreitet ist, kann sie lediglich competitive parity, nicht aber superior performance ermöglichen. Für ETA-Transaktionen bedeutet dies, dass besonders seltene Ressourcenkombinationen, wie einzigartige Patentportfolios, außergewöhnliche Managementteams oder privilegierte Zugangsrechte zu knappen Rohstoffen, besonders attraktive Akquisitionsziele darstellen.
- *Imitability* meint die Schwierigkeit der Nachahmung. Diese Eigenschaft erfüllen wertvolle und seltene Ressourcen, wenn sie nur schwer von Konkurrenten nachgeahmt werden können. Barney identifizierte drei Hauptquellen für Nachahmungsbarrieren: historische Einzigartigkeit (unique historical conditions), kausale Ambiguität (causal ambiguity) und soziale Komplexität (social complexity). Historische Einzigartigkeit bezieht sich auf Ressourcen, die aufgrund spezifischer historischer Umstände entstanden sind und nicht mehr repliziert werden können, z. B. beispielsweise First-Mover-Vorteile in bestimmten Märkten oder langjährige exklusive Partnerschaften. Kausale Ambiguität beschreibt Situationen, in denen der genaue Zusammenhang zwischen Ressourcen und Erfolg unklar ist, wodurch gezielte Nachahmung erschwert wird. Soziale Komplexität bezieht sich auf Ressourcen, die auf komplexen sozialen Beziehungen basieren, wie Unternehmenskultur, Teamwork oder Reputation.
- *Organization* schließlich meint die Möglichkeit der organisationalen Einbettung. Unternehmen müssen organisational in der Lage sein, das Potenzial ihrer wertvollen, seltenen und schwer nachahmbaren Ressourcen zu nutzen. Dies umfasst angemessene Organisationsstrukturen, Managementsysteme und Unternehmenskultur. Barney erweiterte das Framework um diese vierte Dimension erst später, da viele Unternehmen trotz wertvoller Ressourcen scheitern, weil sie diese nicht effektiv organisieren und nutzen können.

Für ETA-Entrepreneure ist das VRIO-Framework insofern von zentraler Bedeutung, als es erklärt, warum bestimmte Unternehmen attraktive Akquisitionsziele darstellen: Sie verfügen über VRIO-Ressourcen, die am Markt nicht oder nur schwer beschaffbar sind. Gleichzeitig hilft das Framework bei der Bewertung, ob der ETA-Entrepreneur selbst über die organisationalen Fähigkeiten verfügt, um das Potenzial der erworbenen Ressourcen zu realisieren. Barney führte zudem das wegweisende Konzept der strategischen Faktorenmärkte ein, welches die Bedingungen beschreibt, unter denen strategisch wertvolle Ressourcen erworben werden können. Er argumentierte, dass Ressourcen nur dann nachhaltige Wettbewerbsvorteile generieren können, wenn sie auf unvollkommenen strategischen Faktorenmärkten erworben wurden. In perfekt kompetitiven Faktorenmärkten würde der Preis für Ressourcen exakt ihrem strategischen Wert entsprechen, wodurch keine Überschussrenditen erzielbar wären. Diese Theorie ist für ETA von fundamentaler Bedeutung: ETA-Entrepreneure können nur dann überdurchschnittliche Renditen erzielen, wenn sie Unternehmen unterhalb ihres tatsächlichen strategischen Wertes erwerben können. Dies ist möglich, wenn sie über transparente Information, bessere Bewertungsfähigkeiten oder einzigartige Visionen für die Nutzung der erworbenen Ressourcen verfügen. Makadok (2001) erweiterte diese Perspektive durch die Unterscheidung zwischen resource-picking, also der Fähigkeit, wertvolle Ressourcen zu identifizieren und capability-building, d. h. der Fähigkeit, Ressourcen intern zu entwickeln.

Informationsasymmetrien und Signaling-Theorie

Die Existenz von Informationsasymmetrien zwischen Käufern und Verkäufern bildet einen weiteren zentralen theoretischen Baustein für das Verständnis von ETA-Transaktionen und deren inhärenter Komplexität. Akesrlof (1970) demonstrierte in seinem wegweisenden „Market for Lemons"-Modell, wie asymmetrische Information zu systematischem Marktversagen führen kann. In seinem ursprünglichen Beispiel des Gebrauchtwagenmarktes zeigt er, wie private Information der Verkäufer über die Qualität ihrer Fahrzeuge zu adverser Selektion führt: Nur Besitzer minderwertiger Autos sind bereit, diese zu Marktpreisen zu verkaufen, wodurch der Markt für hochwertige Gebrauchtwagen zusammenbricht. Im Kontext von Unternehmensakquisitionen entstehen ähnliche, oft noch komplexere Probleme der adversen Selektion. Verkäufer verfügen typischerweise über deutlich bessere Informationen über ihr Unternehmen als potenzielle Käufer. Sie kennen versteckte Probleme, zukünftige Herausforderungen, die wahre Qualität der Kundenbeziehungen oder potenzielle Rechtsrisiken. Diese Informationsasymmetrie kann dazu führen, dass hauptsächlich Unternehmen mit versteckten Problemen zum Verkauf angeboten werden, während Besitzer wirklich wertvoller Unternehmen diese nicht veräußern möchten. Rothschild und Stiglitz (1976) erweiterten Akerlofs Analyse durch die Untersuchung von Screening-Mechanismen, mit denen weniger informierte Akteure die Qualität ihrer Transaktionspartner beurteilen können. Im ETA-Kontext manifestieren sich solche Screening-Mechanismen in umfassenden Due-Diligence-Prozessen, der Forderung nach Gewährleistungen und Garantien oder der Strukturierung von Kaufpreisen mit erfolgsabhängigen Komponenten. Spence (1973) entwickelte komplementär dazu die Signaling-Theorie, die erklärt, wie informierte Akteure glaubwürdige Signale über die Qualität ihrer Produkte senden können. Ursprünglich untersuchte Spence den Arbeitsmarkt und zeigte, wie Bildungsabschlüsse als Signal für Produktivität fungieren können, auch wenn sie diese nicht direkt erhöhen. Das zentrale Konzept ist, dass Signale nur dann glaubwürdig sind, wenn sie für Anbieter hoher Qualität kostengünstiger zu erzeugen sind als für Anbieter niedriger Qualität (separating equilibrium). Im Kontext von Entrepreneurship Through Acquisition manifestiert sich Signaling in vielfältigen Formen auf beiden Seiten der Transaktion. Verkäufer signalisieren Unternehmensqualität durch freiwillige Offenlegung zusätzlicher Informationen über das gesetzlich geforderte Maß hinaus, durch die Gewährung umfassender Gewährleistungen und Garantien, durch die Bereitschaft zu Earn-Out-Vereinbarungen oder durch die Einbindung renommierter Beratungsunternehmen in den

Verkaufsprozess. Besonders aussagekräftig ist das Signal der Bereitschaft zu Earn-Out-Vereinbarungen, da diese nur für Verkäufer attraktiv sind, die von der zukünftigen Entwicklung ihres Unternehmens überzeugt sind. Käufer wiederum signalisieren ihre Seriosität und Kompetenz durch umfassende Due-Diligence-Prozesse, die Einbindung professioneller Berater, strukturierte und nachvollziehbare Finanzierungsnachweise sowie durch ihre Reputation in der Branche. Riley (2001) betonte die Bedeutung von Reputation als besonders glaubwürdigem Signal, da sie über lange Zeiträume aufgebaut wird und durch einzelne Transaktionen erheblichen Schaden nehmen kann. Berkovitch und Narayanan (1993) untersuchten spezifisch die Rolle von Signaling bei Unternehmensakquisitionen und identifizierten verschiedene Mechanismen, durch die Qualität kommuniziert werden kann. Sie zeigten auch, wie die Gestaltung der Transaktionsstruktur selbst als Signal fungieren kann: Die Bereitschaft zu hohen Barzahlungen signalisiert Vertrauen in die Bewertung, während komplexe Earn-Out-Strukturen eher Unsicherheit über die zukünftige Entwicklung andeuten.

Principal-Agent-Theorie und Governance-Strukturen

Die Principal-Agent-Theorie, systematisch entwickelt von Jensen und Meckling (1976), ist für ETA-Transaktionen von besonderer Relevanz, da sie die unvermeidlichen Interessenskonflikte zwischen verschiedenen Stakeholdern analysiert und Lösungsansätze für deren Management aufzeigt. Jensen und Meckling definierten eine Agency-Beziehung als Vertrag, in dem eine oder mehrere Personen (Principals) eine andere Person (Agent) beauftragen, in ihrem Namen Entscheidungen zu treffen, was notwendigerweise eine Delegation von Entscheidungsbefugnissen impliziert. Die zentrale Herausforderung liegt darin, dass Agents ihre eigenen Interessen verfolgen, die nicht notwendigerweise mit denen der Principals übereinstimmen. Hieraus lassen sich drei Arten von Agency-Kosten identifizieren:

- Monitoring-Kosten als Überwachungskosten der Principals,
- Bonding-Kosten, die Kosten der Agents zur Signalisierung ihrer Vertrauenswürdigkeit,
- Residual Loss als unvermeidliche Wohlfahrtsverluste aufgrund suboptimaler Entscheidungen.

In mittelständischen Unternehmen, die typische ETA-Ziele darstellen, ist oft eine enge Verflechtung zwischen Eigentum und Management gegeben, was zunächst Agency-Probleme zu minimieren scheint. Durch ETA-Transaktionen entstehen jedoch neue, spezifische Agency-Konflikte, die sich zwischen dem neuen Eigentümer und dem verbleibenden Management, zwischen verschiedenen Investoren mit unterschiedlichen Zeithorizonten oder zwischen dem Entrepreneur und externen Finanzierungspartnern manifestieren können. Fama und Jensen (1983) erweiterten die Theorie durch ihre Analyse der Trennung von Entscheidungsmanagement und Entscheidungskontrolle. Sie argumentierten, dass effiziente Organisationen Entscheidungsprozesse in vier Stufen unterteilen. In der ersten Stufe, Initiierung genannt, werden Vorschläge generiert. In der zweiten Stufe, der Ratifikation wird eine Auswahl aus diesen Vorschlägen getroffen und diese anschließend genehmigt. Die Implementierung stellt die dritte Stufe dar, in der die genehmigten Vorschläge umgesetzt werden. Schließlich werden diesen in der vierten Stufe des Monitorings überwachtundbewertet.KritischistdabeidieTrennungzwischenEntscheidungsmanagement (Initiierung und Implementierung) und Entscheidungskontrolle (Ratifikation und Monitoring).

Für ETA-Entrepreneure bedeutet dies, dass sie bei der Übernahme nicht nur das operative Geschäft verstehen, sondern auch geeignete Governance-Strukturen implementieren müssen, die angemessene Berücksichtigung dieser Entscheidungsstrukturen gewährleisten. Dies ist besonders relevant, wenn der Altinhaber weiterhin im Unternehmen verbleibt, wenn Management Buy-In-Strukturen gewählt werden oder wenn externe Investoren beteiligt sind. In diesem Zusammenhang führte Jensen zusätzlich das Konzept der Free Cash Flow Theory ein, welches besondere Relevanz für ETA-Transaktionen hat (Jensen, 1986). Er argumentierte, dass Manager dazu neigen, freie Cashflows in unprofitable Projekte zu investieren, anstatt sie an die Eigentümer auszuschütten. Auch dies kann ein Motiv für ETA-Transaktionen darstellen, da der Entrepreneur künftig durch bessere Kapitalallokation Wertsteigerungen realisieren kann. Shleifer und Vishny (1997) untersuchten Corporate Governance aus einer internationalen Perspektive und betonten hierbei auch die Bedeutung institutioneller Rahmenbedingungen. Für ETA in Deutschland ist dies besonders relevant, da das deutsche Corporate Governance-System durch Besonderheiten wie Mitbestimmung, dem Zwei-Säulen-System bei Aktiengesellschaften oder der Rolle der Hausbanken geprägt ist.

Marktmikrostruktur und Bewertungsanomalien

Die Effizienzmarkthypothese von Fama (1970) postuliert, dass in effizienten Märkten alle verfügbaren Informationen in den Preisen reflektiert sind und systematische Überrenditen daher nicht erzielbar sind. Fama unterschied drei Formen der Markteffizienz. In der schwachen Form sind alle historischen Preisinformationen eingepreist. Die halbstrenge Form preist alle öffentlich verfügbaren Informationen ein und die strenge Form schließlich inkludiert die Einpreisung aller Informationen, einschließlich Insiderinformationen. Für öffentlich gehandelte Unternehmen mit hoher Liquidität und umfassender Analystenabdeckung mag die halbstrenge Form der Markteffizienz weitgehend zutreffen. Jedoch weist der Markt für mittelständische Unternehmen, das primäre Tätigkeitsfeld für ETA-Entrepreneure, erhebliche Ineffizienzen auf. Diese Ineffizienzen resultieren aus verschiedenen strukturellen Faktoren wie begrenzte Transparenz, seltene Transaktionen, hohe Suchkosten, asymmetrische Information und emotionale Entscheidungen. Shleifer und Vishny (1997) identifizierten institutionelle Faktoren, die zu persistent falschen Bewertungen führen können. Sie argumentierten, dass Arbitrageure in der realen Welt mit Beschränkungen konfrontiert sind, die es verhindern, dass Preise schnell zu ihren fundamentalen Werten konvergieren. Diese Beschränkungen umfassen Kapitalrestriktionen, kurze Zeithorizonte institutioneller Investoren und die Risiken des „Noise Trading". Im Kontext des Marktes für mittelständische Unternehmen sind diese Arbitragerestriktionen besonders ausgeprägt. Die meisten potenziellen Käufer verfügen über begrenzte finanzielle Ressourcen und können nicht beliebig viele Opportunitäten verfolgen. Darüber hinaus erfordern Unternehmensakquisitionen erhebliche zeitliche Investitionen in Due Diligence und Verhandlungen, was die Anzahl der parallel verfolgbaren Transaktionen begrenzt. Diese Marktunvollkommenheiten schaffen systematische Arbitragemöglichkeiten für versierte ETA-Entrepreneure. Kahneman und Tversky (1979) zeigten durch ihre wegweisende Prospect Theory, dass menschliche Entscheidungen systematischen kognitiven Verzerrungen unterliegen, die zu suboptimalen Entscheidungen führen können. Ihre Erkenntnisse über Verlustaversion, Framing-Effekte und probabilistische Bewertungsfehler sind für das Verständnis von Bewertungsanomalien im ETA-Kontext von zentraler Bedeutung. Im Kontext von Unternehmensnachfolgen können somit verschiedene behaviorale Faktoren zu suboptimalen Preisbildungen führen, die versierte ETA-Akteure nutzen können. Ankereffekte können dazu führen, dass Verkäufer ihre Preisvorstellungen an historischen oder unsystematischen Referenzpunkten orientieren. Verlustaversion kann bewirken, dass Unternehmer den emotionalen Wert ihrer Lebenswerke überschätzen oder umgekehrt aus Angst vor Verlusten unter Wert verkaufen. Weiterhin untersuchten Tversky und Kahneman untersuchten auch den Endowment Effect, der beschreibt, wie Menschen Güter, die sie besitzen, höher bewerten als identische Güter, die sie nicht besitzen. Dieser Effekt kann bei Unternehmensnachfolgen in beide Richtungen wirken: Verkäufer können ihr Unternehmen aufgrund emotionaler Bindung überbewerten, während potenzielle Käufer es aufgrund mangelnder Vertrautheit unterbewerten.

De Bondt und Thaler (1985) dokumentierten systematische Überreaktion von Investoren auf neue Informationen, was zu „mean reversion", also der Rückkehr zum Mittelwert bei Aktienrenditen führt. Ähnliche Effekte können auch bei der Bewertung mittelständischer Unternehmen auftreten, wenn temporäre positive oder negative Entwicklungen, wie Beispielsweise die Corona-Pandemie, überproportional in die Bewertung einfließen.

Real Options Theory und Flexibilitätswert

Auch die Real Options Theory, entwickelt von Myers (1977) und systematisch ausgebaut durch Dixit und Pindyck (1994), bietet einen innovativen und für ETA hochrelevanten Ansatz zur Bewertung von Investitionsmöglichkeiten unter Unsicherheit. Myers erkannte, dass viele Unternehmensinvestitionen Optionscharakter aufweisen: Sie eröffnen die Möglichkeit, aber nicht die Verpflichtung, zukünftige Investitionen zu tätigen oder bestimmte strategische Entscheidungen zu treffen. Die theoretischen Grundlagen der

Optionspreistheorie, entwickelt durch Black und Scholes (1973) sowie Merton (1973), wurden durch Myers und anderen auf reale Investitionsentscheidungen übertragen. Dabei wird der Kerngedanke verfolgt, dass Investitionen oft nicht nur einen direkten Barwert generieren, sondern auch wertvolle Flexibilität für zukünftige Entscheidungen schaffen. ETA-Investitionen weisen in besonderem Maße Optionscharakter auf: Der Erwerb eines Unternehmens eröffnet eine Vielzahl von Möglichkeiten für zukünftige Expansion, Diversifikation, Synergien oder strategische Neuausrichtungen, deren Wert zum Akquisitionszeitpunkt noch nicht vollständig realisiert oder vorhersagbar ist. Dieser Optionswert kann erheblich sein und erklärt, warum ETA-Entrepreneure oft bereit sind, scheinbare Bewertungsprämien zu zahlen. Trigeorgis (1996) systematisierte verschiedene Realoptionstypen, die für ETA von besonderer Relevanz sind: Zunächst repräsentieren Wachstumsoptionen die Möglichkeit, in zukünftige profitable Projekte zu investieren. Ein akquiriertes Unternehmen kann als Plattform für Expansion in neue Märkte, Produktlinien oder geografische Regionen dienen. Der Wert dieser Option steigt mit der Volatilität der zugrunde liegenden Märkte und der verfügbaren Zeit für die Entscheidung. Flexibilitätsoptionen wiederum umfassen die Möglichkeit, operative Entscheidungen an veränderte Marktbedingungen anzupassen. Dazu gehören die Anpassung der Produktionskapazität, der Wechsel zwischen verschiedenen Inputs oder Outputs oder die temporäre Stilllegung von Betriebsteilen. Exit-Optionen repräsentieren den Wert der Möglichkeit, ein Projekt zu beenden und dabei noch einen Restwert zu realisieren. Im ETA-Kontext kann dies die Option zum Weiterverkauf des Unternehmens oder einzelner Unternehmensteile umfassen. Schließlich bieten kleinere Akquisitionen auch Lernoptionen, die es ermöglichen, Erfahrungen in neuen Märkten oder Technologien zu sammeln, bevor größere Investitionen getätigt werden.

Kogut und Kulatilaka (2001) betonten die strategische Bedeutung von Realoptionen für internationale Unternehmen und zeigten, wie operative Flexibilität Wettbewerbsvorteile schaffen kann. Für ETA-Entrepreneure ist dies besonders relevant, wenn sie Unternehmen mit internationalen Aktivitäten oder Expansionsmöglichkeiten akquirieren. Die Bewertung von Realoptionen erfordert die Berücksichtigung mehrerer Faktoren, wie den aktuellen Wert des zugrunde liegenden Assets, des Ausübungspreises der Option, der Laufzeit, der Volatilität und der risikolosen Zinssätze. Copeland und Antikarov (2001) entwickelten praktische Ansätze für die Anwendung der Realoptionstheorie in der Unternehmensbewertung. Diese theoretische Perspektive erklärt, warum ETA-Entrepreneure bereit sind, Prämien für Unternehmen zu zahlen, die auf Basis traditioneller Bewertungsmethoden über dem intrinsischen Wert zu liegen scheinen: Sie erwerben gleichzeitig wertvolle Optionen für die Zukunft, deren Wert sich in dynamischen Märkten als erheblich erweisen kann.

Market for Corporate Control

Die Theorie des Market for Corporate Control, konzeptionell begründet durch Manne (1965) und empirisch fundiert durch Jensen und Ruback (1983), erklärt Akquisitionen als effizienten Marktmechanismus zur Disziplinierung und Optimierung von Unternehmensführung. Manne argumentierte, dass die Möglichkeit feindlicher Übernahmen als wichtiger Governance-Mechanismus fungiert, der ineffiziente Manager diszipliniert und somit die Effizienz der Kapitalallokation in der Gesamtwirtschaft erhöht. Während diese Theorie ursprünglich primär für feindliche Übernahmen großer, börsennotierter Unternehmen entwickelt wurde, sind ihre Grundprinzipien auch für ETA hochrelevant, wenn auch in modifizierter Form. Jensen und Ruback (1983) lieferten umfassende empirische Evidenz dafür, dass Akquisitionen im Durchschnitt positive Gesamtwertsteigerungen generieren, wobei die Gewinne hauptsächlich den Aktionären der Zielunternehmen zufließen. Die theoretische Grundlage liegt in der Annahme, dass verschiedene Managementteams unterschiedliche Fähigkeiten besitzen, die verfügbaren Ressourcen eines Unternehmens optimal zu nutzen. Wenn ein Unternehmen unter seiner optimalen Performance operiert, sei es aufgrund ineffizienter Führung, suboptimaler Strategien oder unzureichender Ressourcenallokation, entsteht eine Arbitragemöglichkeit für bessere Manager oder Eigentümer. Shleifer und Summers (1988) erweiterten diese Perspektive durch ihre Analyse der Quellen von Akquisitionsgewinnen. Sie argumentierten, dass Wertsteigerungen durch verschiedene Mechanismen entstehen können: Beseitigung von Ineffizienzen, Realisierung von Synergien, bessere Kapitalallokation oder Transfer von Wealth von anderen Stakeholdern (insbesondere Arbeitnehmern) zu den Eigenkapitalgebern. Für ETA-Entrepreneure fungieren sie als alternative Governance-Mechanismen, die schlecht geführte, unterkapitalisierte oder strategisch fehlpositionierte Unternehmen identifizieren und durch professionelleres Management, bessere Ressourcenallokation oder strategische Neuausrichtung optimieren können. Dies ist besonders relevant im deutschen Mittelstand, wo viele Unternehmen von älteren Inhabern geführt werden, die möglicherweise nicht mehr über die erforderlichen Fähigkeiten oder die Motivation verfügen, ihr Unternehmen optimal zu entwickeln. Auch Morck et al. (1988) untersuchten die Faktoren, die den Erfolg von Akquisitionen beeinflussen. Sie fanden evidente Hinweise dafür, dass Transaktionen von jüngeren, wachstumsorientierten Erwerbern tendenziell erfolgreicher sind als die von etablierten, diversifizierten Unternehmen. Dies unterstützt die These, dass ETA-Entrepreneure aufgrund ihrer Motivation, Fokussierung und unternehmerischen Fähigkeiten bessere Akquisiteure sein können als große Konzerne.

Opportunitätskosten

Ein weiterer ökonomisch-theoretischer Bezugsrahmen für das Verständnis von Entrepreneurship Through Acquisition (ETA) ist die Theorie der Opportunitätskosten. Diese geht zurück auf die Arbeiten von Friedrich von Wieser (1914), einem Vertreter der Österreichischen Schule der Nationalökonomie. Unter Opportunitätskosten versteht man den Wert der jeweils besten nicht realisierten Alternative. Damit sind Kosten gemeint, die entstehen, weil eine Entscheidung gegen eine bestimmte Handlungsoption und für eine andere getroffen wird. In der ökonomischen Theorie bilden Opportunitätskosten ein zentrales Instrument zur Analyse rationaler Entscheidungen, da sie verdeutlichen, dass Ressourcen wie Kapital, Zeit oder Managementkapazität, grundsätzlich knapp sind und ihr Einsatz immer mit Verzicht auf alternative Verwendungen verbunden ist (Varian, 2014). Im Kontext von ETA erhält das Konzept besondere Relevanz, denn ein Nachfolger, der ein Unternehmen extern übernimmt, bindet signifikante finanzielle und persönliche Ressourcen. Diese Entscheidung ist stets mit der Frage verbunden, welche Alternativen dadurch ausgeschlossen werden: Hätte die eingesetzte Kapital- und Arbeitskraft etwa in eine Neugründung, in eine andere Übernahme oder in eine Investition an den Kapitalmärkten fließen können? Opportunitätskosten entstehen somit nicht nur in finanzieller, sondern auch in strategischer Hinsicht. Der Erwerber muss abwägen, ob die Übernahme langfristig eine höhere Rendite und einen größeren Wertbeitrag verspricht als konkurrierende Möglichkeiten. Weiterhin sind Opportunitätskosten auch im Übergangsprozess selbst bedeutsam. Jeder Tag, den ein ETA-Nachfolger in die Einarbeitung in die Strukturen des übernommenen Unternehmens investiert, ist ein Tag, den er nicht für die Entwicklung neuer Märkte, für Innovationsprojekte oder für die Optimierung der Finanzierungsstruktur verwenden kann. Fehlentscheidungen in der Priorisierung von Ressourcen führen nicht nur zu direkten Kosten, sondern auch zu verpassten Chancen. Damit rücken Opportunitätskosten als „unsichtbare“ Dimension in den Mittelpunkt der ökonomischen Betrachtung von ETA. Darüber hinaus lassen sich Opportunitätskosten auch aus Stakeholder-Perspektive interpretieren: Für den Alt-Eigentümer stellt die Unternehmensnachfolge die Frage, ob ein Verkauf an einen externen Nachfolger, die Übergabe an die Familie oder die Liquidation langfristig die beste Alternative darstellt. Für Investoren und Finanzierer wiederum bedeutet die Beteiligung an einem ETA-Projekt den Verzicht auf alternative Investments mit potenziell höherer Rendite oder geringerer Risikostruktur. Das Konzept der Opportunitätskosten verdeutlicht somit, dass Nachfolgeentscheidungen nicht isoliert zu verstehen sind, sondern immer in Relation zu den jeweils verfügbaren Handlungsoptionen. Für die Praxis von ETA ergibt sich daraus die Implikation, dass Opportunitätskosten systematisch in die Entscheidungslogik integriert werden sollten. Ein Übernehmer, der nur auf die sichtbaren Kaufpreisfaktoren und Cashflows blickt, übersieht die ökonomische Dimension des Verzichts auf alternative Möglichkeiten. Erfolgreiche Übernahmen zeichnen sich deshalb nicht nur durch eine realistische Bewertung des Zielunternehmens aus, sondern auch durch eine klare Analyse der Alternativen und deren implizite Kosten.

4.3 Nachfolgebezogene Theorien

Die theoretische Fundierung von Unternehmensnachfolgen bildet einen weiteren zentralen Baustein für das Verständnis von ETA-Transaktionen, da diese häufig im Kontext von Nachfolgeproblemen in Familienunternehmen auftreten. Handler (1994) entwickelte ein umfassendes Prozessmodell der Unternehmensnachfolge, das die Komplexität und Mehrdimensionalität von Nachfolgeprozessen systematisch erfasst. Während viele Ansätze die Unternehmensnachfolge als einmaligen Ereigniswechsel, d. h. eine formale Übertragung von Eigentum und Management betrachten, betont Handler, dass es sich vielmehr um einen dynamischen, langwierigen und oft komplexen Prozess handelt. Dieser Prozess vollzieht sich über mehrere Phasen und ist sowohl durch strukturelle als auch durch psychologische Dimensionen geprägt. Handler unterscheidet insbesondere zwischen vier miteinander verknüpften Rollenübergängen:

1. dem allmählichen Rückzug des Vorgängers aus der operativen Verantwortung,
2. der zunehmenden Übernahme von Aufgaben und Entscheidungsbefugnissen durch den Nachfolger,
3. der Anpassung der Rolle der Organisation im Hinblick auf Führung und Erwartungen,
4. der gemeinsamen Interaktion beider Generationen während der Übergangsphase.

Unternehmensnachfolge wird somit nicht als linearer, sondern als iterativer Prozess verstanden, in dem Verhandlungen, Lernschritte, Machtverschiebungen und Rollenklärungen wiederholt stattfinden. Entscheidend ist, dass Nachfolger und Vorgänger ihre Rollen nicht abrupt, sondern sukzessive verändern und dabei sowohl individuelle als auch organisationale Lernprozesse stattfinden. Im Kontext von Entrepreneurship Through Acquisition unterstreicht dieses Prozessmodell die Notwendigkeit, Nachfolge nicht als rein rechtlich-finanziellen Akt zu begreifen, sondern als Transformationsprozess, der eng mit Fragen von organisationalem Lernen, Machtverteilung und Identitätsbildung verknüpft ist. Ein externer Übernehmer steht dabei vor besonderen Herausforderungen. Anders als bei familieninternen Nachfolgen existiert in der Regel keine lange Phase der gemeinsamen Vorbereitung. Der Nachfolger muss oft in sehr kurzer Zeit, die impliziten Wissensbestände, die Unternehmenskultur und die internen Machtstrukturen verstehen und mit den Erwartungen zentraler Stakeholder in Einklang bringen. Das Modell von Handler zeigt, dass die Erfolgswahrscheinlichkeit einer Übernahme steigt, wenn dieser Übergang als Prozess gestaltet wird, der Raum für Lernschritte, Anpassungen und den Aufbau von Vertrauen lässt.

Das integrative Modell von Le Breton-Miller, Miller & Steier

Ein weiterer einflussreicher Beitrag zur Theorie der Unternehmensnachfolge stammt von Le Breton-Miller et al. (2004). In ihrem integrativen Modell beschreiben sie Unternehmensnachfolge nicht als isoliertes Ereignis, sondern als mehrdimensionalen, langfristig angelegten Prozess, der über mehrere Phasen hinweg gestaltet wird. Sie unterscheiden dabei vier zentrale Phasen: Initiation, Integration, Joint Management und Disengagement:

- In der Phase der *Initiation* wird der Nachfolgeprozess eingeleitet, häufig durch erste Gespräche, die Definition von Erwartungen und die Auswahl geeigneter Kandidaten.
- In der Phase der *Integration* tritt der Nachfolger zunehmend in das Unternehmen ein, lernt dessen Strukturen und Kultur kennen und beginnt, operative Verantwortung zu übernehmen.
- Die Phase des *Joint Management* ist durch eine gemeinsame Führung von Vorgänger und Nachfolger geprägt, in der Verantwortung sukzessive übertragen und gleichzeitig Vertrauen aufgebaut wird.
- Schließlich folgt der *Disengagement*-Prozess, in dem der Vorgänger endgültig aus dem Tagesgeschäft ausscheidet und die Führungsrolle vollständig übergeht.

Das Modell macht deutlich, dass Unternehmensnachfolge nur dann erfolgreich gestaltet werden kann, wenn diese Phasen bewusst gesteuert und mit klaren Erwartungen sowie Lern- und Anpassungsschritten verbunden werden. ETA-Kandidaten müssen als externe Nachfolger die einzelnen Phasen oft unter Zeitdruck oder in verkürzter Form durchlaufen. Während familieninterne Nachfolgen über Jahre hinweg eine Phase des gemeinsamen Managements ermöglichen, ist dies bei ETA meist nur eingeschränkt möglich. Übergabephasen verlaufen kürzer und Einarbeitungen mit dem Alteigentümer eher projektartig. Das Modell verdeutlicht daher, wie wichtig es ist, diese Übergangsprozesse bewusst zu strukturieren und auch in externen Nachfolgesituationen Elemente von *Integration* und *Joint Management* einzubauen, um Wissenstransfer, kulturelle Eingewöhnung und Akzeptanz im Unternehmen zu sichern.

Das Prozessmodell von Sharma, Chrisman und Chua

Sharma et al. (2003) postulieren in Ihrem Prozessmodell die Unternehmensnachfolge als Entscheidungs- und Gestaltungsprozess, der durch unterschiedliche Einflussfaktoren geprägt ist. Ihr Modell betont vor allem die Interdependenz von Vorgänger, Nachfolger, Familie und Organisation und identifizieren mehrere Kernaspekte:

- Die *Vorbereitung* der Nachfolge, die sowohl die Auswahl des Nachfolgers als auch die Planung des Übergabeprozesses umfasst.
- Die *Entwicklung des Nachfolgers,* die darauf abzielt, Kompetenzen, Führungsfähigkeiten und unternehmerisches Denken zu fördern.
- Die *Übergabephase,* in der Verantwortung, Macht und Ressourcen allmählich übertragen werden.
- Schließlich die *Post-Succession-Phase,* in der die neue Führung konsolidiert wird und die Organisation ihre strategische Ausrichtung überprüft und anpasst.

Besonders hervorzuheben ist, dass Sharma et al. (2003) Nachfolge nicht nur als technische oder strukturelle, sondern auch als psychologische und relationale Herausforderung beschreiben. Vertrauen zwischen Vorgänger und Nachfolger, Akzeptanz durch die Belegschaft sowie der Umgang mit familiären und emotionalen Faktoren werden als entscheidende Erfolgsbedingungen herausgestellt. Im Kontext von ETA zeigt dieses Modell besondere Bedeutung, da externe Nachfolger häufig in Situationen eintreten, in denen genau diese relationalen Faktoren eine große Rolle spielen. Zwar gibt es hier meist keine familiären Bindungen, wohl aber emotionale und soziale Erwartungen von Mitarbeitenden, Kunden und Lieferanten. Ein Übernehmer, der diese psychologischen Dynamiken unterschätzt, riskiert Widerstände und Akzeptanzprobleme. Sharma et al. (2003) liefern somit einen Rahmen, um zu verstehen, dass Nachfolge nicht nur durch Finanzierungs- und Governance-Strukturen, sondern durch den Aufbau von Vertrauen und durch die Berücksichtigung relationaler Faktoren erfolgreich gestaltet werden kann.

Kontingenz-Theorie nach Kesner und Sebora

Einen weiteren theoretischen Zugang zur Unternehmensnachfolge bietet die Kontingenz-Theorie, wie sie von Kesner und Sebora (1994) in ihrem Überblick über Nachfolgestudien formuliert wurde. Die Grundannahme dieser Theorie besteht darin, dass es kein universelles „bestes" Vorgehen bei Nachfolgeprozessen gibt. Stattdessen hängen Erfolg und Ausgestaltung der Nachfolge von spezifischen situativen Bedingungen ab. Kesner und Sebora zeigen, dass die Effektivität einer Nachfolgeregelung durch eine Vielzahl von Kontextfaktoren beeinflusst wird, darunter die Eigenschaften des Vorgängers (z. B. Rückzugsbereitschaft, Machtinteressen), die Merkmale des Nachfolgers (z. B. Qualifikation, Legitimität), organisationale Faktoren (z. B. Größe, Formalisierung, Kultur) sowie externe Rahmenbedingungen (z. B. Marktumfeld, technologische Dynamik, Kapitalzugang). Damit steht die Kontingenz-Theorie im Gegensatz zu deterministischen Modellen, die Nachfolgeprozesse als linear und universell gültig beschreiben. Sie betont vielmehr die Abhängigkeit des Erfolges von der jeweiligen Konstellation von Umwelt, Organisation und Akteuren. Nachfolge wird somit zu einem variablen Prozess, dessen Erfolg nicht an starren Regeln gemessen werden kann, sondern an der Fähigkeit, passende Lösungen für die jeweilige Situation zu entwickeln. Im Kontext von Entrepreneurship Through Acquisition (ETA) ist diese Perspektive besonders aufschlussreich. Externe Nachfolger sind häufig mit spezifischen Herausforderungen konfrontiert, die von der bisherigen Forschung zur familieninternen Nachfolge nur unzureichend erfasst werden. So kann die Dauer und Intensität des Übergangsprozesses stark variieren, je nachdem, ob der Alt-Eigentümer für eine Übergangszeit im Unternehmen verbleibt oder sofort aussteigt. Auch die Akzeptanz des neuen Eigentümers hängt stark von situativen Faktoren ab, wie etwa der bisherigen Abhängigkeit des Unternehmens von der Unternehmerpersönlichkeit oder der Offenheit der Belegschaft für Veränderungen. Die Theorie legt nahe, dass es für ETA keine standardisierte „Best Practice" gibt, sondern dass der Erfolg wesentlich davon abhängt, wie flexibel Nachfolger die spezifischen Bedingungen der Übernahme analysieren und ihre Handlungsstrategien darauf ausrichten. Für die Praxis bedeutet dies, dass Nachfolger nicht allein auf universelle Erfolgsfaktoren setzen können, sondern die Kontingenzbedingungen, etwa die Branche, die Unternehmenskultur, die regionale Verankerung oder die Erwartungen zentraler Stakeholder, genau berücksichtigen müssen. Kesner und Sebora zeigen damit, dass erfolgreiche Nachfolge ein situationsabhängiger Anpassungsprozess ist, der Sensibilität für Kontextfaktoren und die Fähigkeit zu flexibler Entscheidungsfindung erfordert.

Theorien von Familienunternehmen

Das von Tagiuri und Davis (1996) entwickelte Drei-Kreise-Modell stellt bis heute das grundlegende konzeptionelle Framework für das Verständnis von Familienunternehmen dar. Es unterscheidet zwischen drei überlappenden Subsystemen: Familie, Eigentum und Unternehmen, wie sie in Abb. 4.1 dargestellt sind. Jedes Subsystem folgt eigenen Logiken, Zielen und Governance-Mechanismen. Familie orientiert sich an emotionalen Bindungen und langfristigen Beziehungen, Eigentum fokussiert auf Rendite und Werterhaltung, wäh-

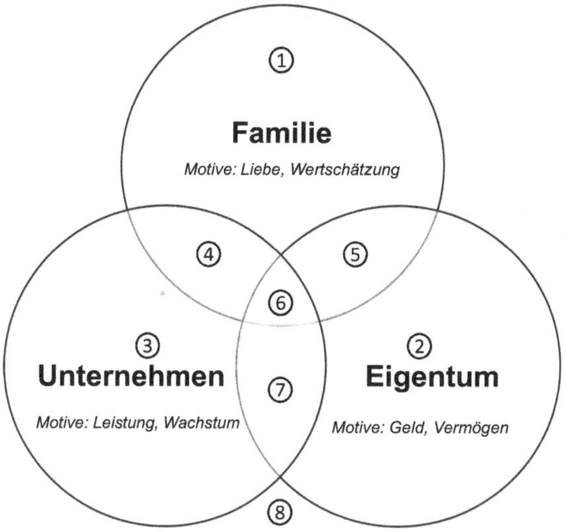

Nummer	Rolle
①	Nur Familienmitglied
②	Gesellschafter ohne Familienzugehörigkeit und operative Tätigkeit im Betrieb
③	Fremdmanager (z.B. eingestellter Geschäftsführer)
④	Familienangehöriger Geschäftsführer ohne Gesellschaftereigenschaft
⑤	Familienangehöriger Gesellschafter ohne operative Tätigkeit im Betrieb
⑥	Familienangehöriger, der sowohl Gesellschafter als auch im Betrieb tätig ist
⑦	Manager ohne Familienzugehörigkeit, der gleichzeitig auch Gesellschafter ist
⑧	Externe Stakeholder (z.B. Mitarbeitende, Geschäftspartner, Banken)

Abb. 4.1 Drei Kreise Modell nach Tagiuri und Davis. (Eigene Darstellung)

rend das Unternehmen operative Effizienz und Wettbewerbsfähigkeit anstrebt. Die Überlappungen dieser Kreise erzeugen komplexe Spannungsfelder, die traditionelle Managementansätze herausfordern.

Für ETA-Entrepreneure, die die Übernahme eines Familienunternehmen beabsichtigen, ist dieses Modell von fundamentaler Bedeutung, da sie in etablierten Systemstrukturen eintreten und die inhärenten Wirkzusammenhänge zwischen den Kreisen erkennen müssen, um Anspruchs- und Erwartungshaltungen, persönliche Motivlagen sowie damit verbundene potenzielle emotionale Konflikte zu antizipieren und zu lösen. Sharma et al. (2003) erweiterten das Verständnis durch ihre Definition von Familienunternehmen als Unternehmen, die von einer oder mehreren Familien kontrolliert werden und die Absicht haben, das Unternehmen familienintern zu gestalten und weiterzugeben. Diese Definition betont die intentionale Komponente familiärer Kontrolle und verdeutlicht, warum externe Nachfolger wie ETA-Entrepreneure oft auf Widerstand stoßen können. Chua et al. (1999) führten darüber hinaus das Konzept der „familiness" ein, welches die einzigartigen, familienspezifischen Ressourcen und Fähigkeiten beschreibt, die aus der Interaktion zwischen Familie und Unternehmen entstehen. Diese familiness kann sowohl als Wettbewerbsvorteil (distinctive familiness) als auch als Belastung (constrictive familiness) wirken. ETA-Entrepreneure müssen verstehen, welche Aspekte der familiness wertvoll sind und erhalten werden sollten, und welche Aspekte die Unternehmenseffizienz behindern und verändert werden müssen. Berrone et al. (2012) entwickelten die Socioemotional Wealth (SEW) Theory, die einen paradigmatischen Wandel im Verständnis von Familienunternehmen darstellt. Diese Theorie argumentiert, dass Familienunternehmer nicht primär finanzielle Renditen maximieren, sondern nicht-finanziellen Aspekte des Unternehmens, die emotional bedeutsam für die Familie sind. Dazu gehören Familienidentität, Kontinuität der Familiendynastie, emotionale Bindung zum Unternehmen und Altruismus gegenüber Familienmitgliedern. Diese Theorie erklärt, warum Familienunternehmer oft bereit sind, finanzielle Opfer zu bringen, um die Kontrolle über ihr Unternehmen zu behalten, und warum sie externe Verkäufe häufig als letzten Ausweg betrachten. Damit ist für ETA-Entrepreneure die besondere Herausforderung verbunden, nicht nur eine angemessene finanzielle Bewertung zu bieten, sondern auch das emotionale und symbolische Vermächtnis der Familie sowie dessen Bewahrung und Weitentwicklung zu respektieren und zu kommunizieren. Kellermanns und Eddleston (2004) untersuchten die Rolle von Konflikten in Familienunternehmen und unterschieden zwischen task conflict (sachbezogenen Meinungsverschiedenheiten) und relationship conflict (persönlichen Spannungen). Während moderater task conflict die Entscheidungsqualität verbessern kann, wirkt relationship conflict grundsätzlich destruktiv. Daher behindern insbesondere relationship conflicts oft die familieninterne Nachfolgeplanung, was externe Nachfolgesuchen und damit ETA-Situationen begünstigen kann.

4.4 Organisationskulturelle Theorien

Die Übernahme eines etablierten Unternehmens stellt nicht nur die Akquisition von Vermögenswerten, sondern die Integration eines komplexen symbolischen und normativen Bedeutungssystems dar. Die Organisationskultur, verstanden als das kohärente System geteilter Grundannahmen, Werte, Normen und Artefakte, das sich historisch entwickelt hat und das kollektive Handeln sowie die Interpretation organisationaler Realität determiniert, stellt bei ETA sowohl die zentrale Ressource als auch die primäre Herausforderung dar. Kultur ist nicht lediglich ein Steuerungsinstrument oder eine Kontextvariable, sondern konstitutiv für das kollektive Selbstverständnis der Organisation. Die Applikation organisationskultureller Theorien auf den Kontext von Entrepreneurship Through Acquisition erweist sich als daher besonders relevant für ein umfassendes Verständnis des Prozesses.

Organisationstheorie des Wandels nach Lewin

Die von Lewin (1947) entwickelte die Organisationstheorie des Wandels, durch Kotter (1995) erweitert, bietet ein theoretisches Framework für das Verständnis der komplexen Transformationsprozesse, die ETA-Transaktionen typischerweise begleiten. Lewins klassisches Drei-Phasen-Modell des Wandels beschreibt drei grundlegende Stadien, die Organisationen durchlaufen müssen, um nachhaltigen Wandel zu implementieren:

1. Die Phase des „Auftauens“ erfordert die Destabilisierung bestehender Routinen, Überzeugungen und Machtstrukturen. In ETA-Kontexten geschieht dies oft durch die Ankündigung des Verkaufs oder durch die Einführung des neuen Eigentümers. Schein (1996) betonte, dass erfolgreiches Auftauen psychologische Sicherheit erfordert, um

Friktionen oder Abgänge von Mitarbeitenden vorzubeugen. Mitarbeiter müssen sich trotz der Unsicherheit des Wandels sicher genug fühlen, um neue Verhaltensweisen zu erlernen.
2. Die zweite Phase umfasst die eigentliche Implementierung neuer Strukturen, Prozesse und Verhaltensweisen und wird als „Hinüberleiten" oder „Implementierung neuer Verhaltensweisen" bezeichnet. Für ETA-Entrepreneure ist besonders relevant, dass sie oft als Außenstehende Change-Prozesse in Organisationen initiieren müssen, in denen sie noch keine etablierte Legitimität besitzen.
3. Das dritte Stadium der „Festigung" zielt darauf ab, neue Verhaltensweisen und Strukturen zu institutionalisieren und zu stabilisieren. Hierbei spielen neue Anreizsysteme, veränderte Organisationsstrukturen und kulturelle Veränderungen eine zentrale Rolle. Armenakis und Bedeian (1999) betonten, dass die Festigung oft der schwierigste Teil des Change-Prozesses ist, da Menschen und Organisationen natürliche Tendenzen zur Rückkehr zu vertrauten Mustern aufweisen.

Die Institutional Theory, maßgeblich geprägt durch DiMaggio und Powell (1983), erklärt, wie organisationale Strukturen und Praktiken durch institutionellen Druck geformt werden. Sie unterscheiden zwischen drei Arten des institutionellen Isomorphismus:

- Zwingender Druck durch formale und informelle Zwänge,
- Mimetischer Druck, durch die Nachahmung erfolgreicher Organisationen unter Unsicherheit
- Normativer Druck, der durch Professionalisierung entsteht.

Für ETA-Transaktionen ist diese Theorie insofern relevant, als übernommene Unternehmen oft in etablierten institutionellen Umfeldern operieren, die bestimmte Strukturen und Praktiken erwarten oder erfordern.

Einen ähnlichen Ansatz folgt auch Scott (2001) mit dem Konzept der drei Säulen von Institutionen:

- Regulative Säule, deren Grundlage die zweckmäßige Einhaltung von Gesetzen und Normen ist, da bei Nichteinhaltung rechtliche Sanktionen drohen
- Normative Säule, deren Grundlage die Anerkennung sowie soziale Verpflichtung zu moralisch gestützten Werten und Normen ist,
- Kulturell-kognitive Säule, deren Grundlage die für selbstverständlich angenommenen geteilte Bedeutungen und Symbole sind, die durch Nachahmung die Kultur unterstützen.

Oliver (1991) erweiterte die institutionelle Theorie durch ihre Analyse strategischer Reaktionen auf institutionelle Zwänge. Sie identifizierte fünf grundlegende Strategien: Anpassung, Kompromiss, Vermeidung, Widerstand und Manipulation. Die institutionellen Theorien zeigen im besonderen Maße, dass ETA-Entrepreneure zwischen dem Wunsch

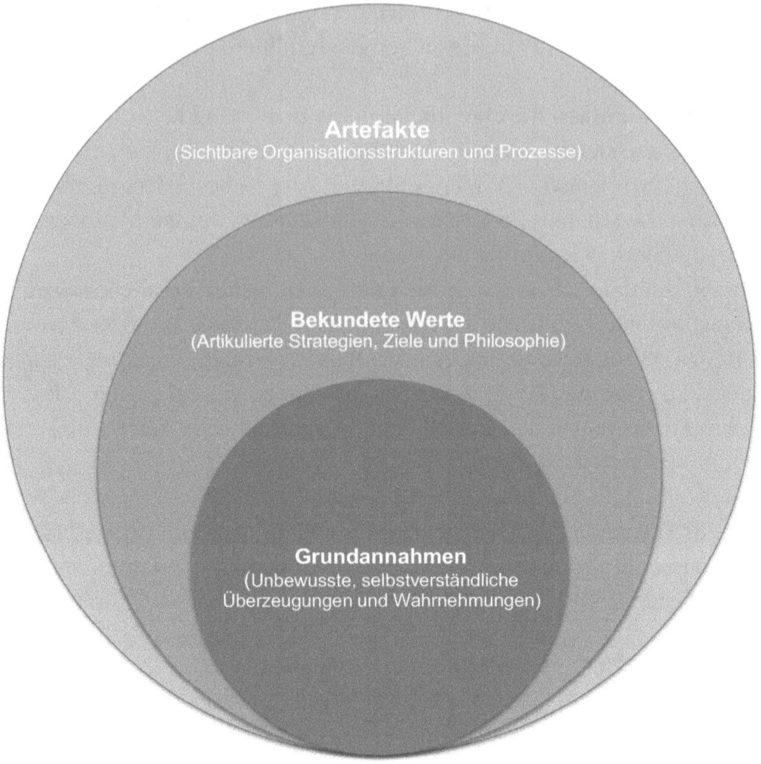

Abb. 4.2 Kulturebenen nach Schein. (Eigene Darstellung)

nach Veränderung und der Notwendigkeit, institutionelle Legitimität zu bewahren navigieren müssen. Olivers Typologie hilft ETA-Entrepreneuren jedoch dabei, bewusste Entscheidungen über ihre Reaktion auf institutionelle Erwartungen zu treffen.

Organisationskultur und kultureller Wandel

Die Theorie der Organisationskultur, systematisiert durch Schein (1985, 2010), bietet ein essentielles Framework für das Verständnis der kulturellen Dimensionen von ETA-Transaktionen. Schein definierte Organisationskultur als Muster geteilter Grundannahmen, die eine Gruppe erlernt hat, während sie externe Anpassungs- und interne Integrationsprobleme löste, die gut genug funktioniert haben, um als gültig betrachtet zu werden und daher neuen Mitgliedern als korrekte Art des Wahrnehmens, Denkens und Fühlens in Bezug auf diese Probleme gelehrt werden. Scheins Drei-Ebenen-Modell unterscheidet zwischen Artefakten, bekundeten Werten und Grundannahmen, wie in Abb. 4.2 dargestellt. Als Artefakte werden dabei sichtbare Organisationsstrukturen und -prozesse verstanden. Sie sind für einen externen Beobachter leicht beobachtbar, aber schwer zu interpretieren. Bekundeten Werte beschreiben die artikulierten Strategien, Zielen und Philosophie des Unternehmens. Grundannahmen hingegen wirken auf der tiefsten, unbewussten Ebene

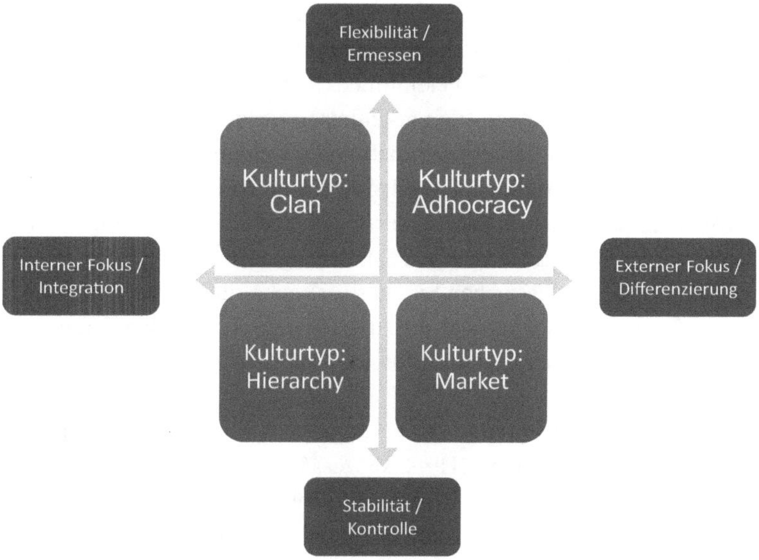

Abb. 4.3 Competing Values Framework. (Eigene Darstellung)

und treten in Form von selbstverständlichen Überzeugungen und Wahrnehmungen auf. Sie wirken als mächtigste Determinanten organisationalen Verhaltens.

Für ETA-Entrepreneure ist dieses Modell von kritischer Bedeutung, da kulturelle Veränderungen zu den schwierigsten Aspekten von Unternehmensakquisitionen gehören. Cameron und Quinn (2006) entwickelten das Competing Values Framework. Das Modell dient zur Analyse von Organisationskultur und Führung und beruht auf der Annahme, dass Organisationen gleichzeitig widersprüchlichen Anforderungen gerecht werden müssen. Grundlage sind zwei Spannungsachsen, wie sie in Abb. 4.3 dargestellt sind. Auf der einen Seite steht der Gegensatz zwischen Flexibilität und Stabilität, auf der anderen Seite der zwischen interner und externer Orientierung. Aus dieser Matrix entstehen vier Kulturtypen: Der Kulturtyp des „Clans" betont Gemeinschaft, Vertrauen und Entwicklung der Mitarbeitenden sowie einen mentorenhaften Führungsstil. Er fokussiert Flexibilität und interne Orientierung und misst Erfolg an Loyalität und Zufriedenheit. Der Kulturtyp der „Adhocracy" hingegen ist geprägt von Innovationskraft, Risikobereitschaft und Zukunftsorientierung. Führungskräfte agieren hier als Visionäre und Innovation. Die Adhocracy fokussiert Flexibilität und externe Orientierung, während Erfolg über Kreativität und neue Chancen definiert werden. Der Kulturtyp des „Markets" fokussiert Kontrolle und externe Orientierung. Sein Schwerpunkt liegt auf Wettbewerb, Ergebnisse und Zielerreichung. Führungskräfte übernehmen hier die Rolle der Antreiber und Produzenten, als Erfolgsfaktoren werden Marktanteile und Gewinne definiert. Der Kulturtyp der „Hierachy" schließlich konzentriert sich auf Ordnung, Regeln und Effizienz. Er fokussiert Kontrolle und interne Orientierung, Führungskräfte treten als Koordinatoren der Standardisierung auf. In diesem Kulturtyp bedeutet Erfolg Stabilität, Verlässlichkeit und Kostenkontrolle.

Die zentrale Aussage des Modells liegt darin, dass diese Kulturen und Werte nicht isoliert, sondern in Konkurrenz zueinanderstehen. Organisationen verfügen stets über Elemente aller vier Quadranten, neigen aber zu bestimmten Schwerpunkten. Erfolgreiches Management bedeutet nicht, einen Widerspruch aufzulösen, sondern die Spannungen produktiv auszubalancieren, also je nach Situation Flexibilität mit Stabilität oder interne mit externer Orientierung zu verbinden. Praktisch wird das Framework vor allem zur Analyse bestehender Organisationskulturen, zur Beurteilung und Entwicklung von Führungskompetenzen sowie zur Ausrichtung von Veränderungsprozessen eingesetzt. Damit ist es weniger eine Typologie im klassischen Sinn als vielmehr ein Instrument, das verdeutlicht, dass gerade die Fähigkeit, Gegensätze auszuhalten und auszubalancieren, entscheidend für die Leistungsfähigkeit einer Organisation ist.

Kulturdimensionen nach Hofstede

Die Forschung von Geert Hofstede (Hofstede & Minkov, 2017) gehört zu den einflussreichsten Ansätzen zur Analyse von Kulturunterschieden. Auf Basis umfangreicher Befragungen bei IBM entwickelte Hofstede ein Modell kultureller Dimensionen, die Unterschiede zwischen nationalen Kulturen systematisch beschreiben. Die ursprünglichen vier Dimensionen, Machtdistanz, Individualismus vs. Kollektivismus, Maskulinität vs. Femininität und Unsicherheitsvermeidung wurden später durch Langzeit- vs. Kurzzeitorientierung sowie Nachgiebigkeit vs. Beherrschung ergänzt. Jede Dimension zeigt, wie Organisationen Autorität, Gruppenzugehörigkeit, Geschlechterrollen, Risikoverhalten, Zeithorizonte und Lebensgenuss regulieren. Hofstede zeigt auf, dass Kultur tief verankert und stabil ist und Organisationen ebenso wie die Erwartungen an Führung, Zusammenarbeit und Entscheidungsprozesse prägt (Hofstede et al., 2010). Die fünf Dimensionen sowie die dahinterstehenden Fragestellungen und Ausprägungsmerkmale sind in Abb. 4.4 dargestellt. Im Zusammenhang mit Entrepreneurship Through Acquisition und Unternehmensnachfolge bietet das Modell wertvolle Analysekategorien. Ein Nachfolger, der in ein Unternehmen eintritt, stößt auf eine Organisationskultur mit der tiefer liegenden nationalen oder regionalen Kulturprägungen, die wie unsichtbare Koordinatensysteme für Erwartungen an Führung, Kommunikation und Veränderungsbereitschaft wirken. In einem Umfeld hoher Machtdistanz beispielsweise wird vom Nachfolger eher autoritäres Auftreten und klare Hierarchieerhaltung erwartet, während in kollektivistischen Kulturen Loyalität und Einbindung wichtiger sind als radikale Individualisierung. Ebenso kann ein Unternehmen in einer Kultur mit hoher Unsicherheitsvermeidung besonders skeptisch auf neue Strategien reagieren und formalisierte Prozesse bevorzugen. Dies stellt eine zentrale Herausforderung dar, wenn ein ETA-Investor schnelle Veränderungen plant. Erfolgreiche Nachfolger oder Investoren müssen somit nicht nur die sichtbaren Aspekte einer Organisationskultur entschlüsseln, sondern auch die tieferen, oft unbewussten kulturellen Muster, die Verhalten und Wahrnehmung bestimmen. Eine Vernachlässigung dieser Dimensionen birgt das Risiko, Veränderungsimpulse falsch zu dosieren oder Missverständnisse zu erzeugen. Umgekehrt kann gezielte Sensibilität, z. B. im Umgang mit Entscheidungsprozessen, Autorität oder Risiko, dazu beitragen, Akzeptanz zu gewinnen und

Kulturdimension	Fragestellungen	Starke Ausprägung	Schwache Ausprägung
Machtdistanz	Wie geht ein Unternehmen mit der Heterogenität seiner Mitarbeitenden um? Wie ist die Beziehung zwischen Führungskraft und Mitarbeiter?	Entscheidungen werden hierarchisch von Führungskräften getroffen und ohne Widerspruch oder Hinterfragung durch Mitarbeitende hingenommen	Mitarbeitende und Führungskräfte begegnen sich auf flachem Hierachieniveau auf Augenhöhe, Entscheidungen werden auch partizpativ oder demokratisch getroffen.
Individualismus vs. Kollektivismus	Wie ist das Verhältnis des Einzelnen zur Gruppe?	Das Interesse einzelner Mitarbeitender ist dem Interesse der Gruppe übergeordnet.	Das Interesse der Gruppe hat kollektivistisch Vorrang vor Einzelinteressen. Mitabeitende kümmern sich harmonisch und fürsorglich umeinander.
Maskulinität vs. Femininität	Wie ist die Akzeptanz der Aufteilung von klassischen Geschlechterrollen?	„Maskuline" Kultur: Selbstbewusstes Auftreten und Prestige werden gefördert, Konflikte offen ausgetragen. Die Mitarbeitenden definieren sich stark über Erfolg im Job.	„Feminine" Kultur: Der Fokus liegt eher auf Feinfühligkeit, Arbeitsteilung und ein harmonisches Miteinander. Die Beziehungsebene wird betont, man „arbeitet, um zu leben". Die Kompromissbereitschaft ist größer, man verhält sich eher zurückhaltend und bescheiden.
Unsicherheitsvermeidung	Wie sehr fühlen sich die Mitglieder einer Organisation durch ungewisse Situationen bedroht? Werden Mehrdeutigkeiten vermieden?	Starre Regelwerke und stark formal-standardisierte Abläufe. Der Eindruck einer hohen Arbeitsauslastung wird mit Sicherheit gleichgesetzt wird. Angst ist oft das prägende Gefühl, altbewährte Muster bieten Sicherheit. Innovationen werden eher abgelehnt.	Verbindliche Regeln werden sparsam eingesetzt. Ein intensive Arbeitseinsatz erfolgt nur dann, wenn es notwendig ist. Vorrangig herrscht eher ein Gefühl des Wohlbefindens, der Risikofreudigkeit und der Offenheit für Innovationen.
Langzeit- vs. Kurzzeitorientierung	In welchen Zeithorizonten denkt und das handelt die Organisation?	Werte wie Geduld und Ausdauer werden gelebt und Respekt vor Traditionen gezeigt.	Fokus auf kurzfristige Ergebnisse, und Entscheidungsfindung sowie eine schnelle Anpassung an neue Gegebenheiten.
Nachgiebigkeit vs. Beherrschung	Wie sehr akzeptiert die Organisation die Selbstverwirklichung seiner Mitglieder?	Mitarbeiter, die anders aussehen oder sich anders verhalten werden eher ausgegrenzt.	Mitarbeiter, die z. B. sichtbare Piercings oder Tattoos tragen und Kollegen, die ihre Frisuren und Haarfarben regelmäßig wechseln, werden akzeptiert

Abb. 4.4 Kulturdimensionen nach Hofstede. (Eigene Darstellung)

Vertrauen aufzubauen. Insbesondere in Nachfolgesituationen stellt Hofstedes Modell damit ein nützliches Raster dar, um Unterschiede zu deuten und Führungsstil sowie Kommunikationsstrategien situativ anzupassen.

Theorie des kulturellen Wandels nach Trice und Beyer

Die Theorie des kulturellen Wandels von Trice und Beyer (1993) versteht Organisationskultur als ein Geflecht aus Substanz und Formen. Substanz meint hier die zugrunde liegenden Ideologien, Werten und Normen. Als Formen werden die sichtbaren Ausdrucksweisen wie Rituale, Geschichten, Symbole oder Praktiken verstanden. Kultureller Wandel bedeutet demnach nicht einfach nur eine Anpassung oberflächlicher Formen, sondern eine Veränderung im Zusammenspiel von Substanz und Form. Während eine Kultur durch ihre Stabilität Orientierung, Identität und Kontinuität schafft, wirkt sie zugleich als Bremse, wenn externe Anforderungen nach Veränderung rufen. Wandel gelingt meist nicht permanent oder gleichmäßig, sondern in „propitious moments", also günstigen Gelegenheitsfenstern, die oft durch Krisen, Machtwechsel oder strategische Brüche entstehen. Dabei spielen nicht nur die formalen Führungskräfte eine Rolle, sondern auch Subkulturen, Meinungsführer und informelle Netzwerke, die neue Bedeutungen tragen oder blockieren können. Trice und Beyer unterscheiden verschiedene Formen kultureller Führung. Diese reichen von der Schaffung neuer Kultur über deren Veränderung und Aufrechterhaltung bis hin zur symbolischen Verstärkung durch Formen. Erfolgreiche Transformationen gelingen dabei selten top-down. Stattdessen braucht es ein gezieltes Zusammenspiel von Substanzverschiebungen und Formen, um Veränderungen dauerhaft zu verankern. Substanzverschiebungen können dabei eine neue Definition dessen sein, was Erfolg in einer Organisation bedeutet und wie dieser definiert wird. Formen hingegen zeigen sich dann beispielsweise in der Art, wie Beförderungen gefeiert werden. Gerade im Kontext von Entrepreneurship Through Acquisition und Unternehmensnachfolge ist diese Theorie hoch relevant. In solchen Situationen tritt ein neuer Eigentümer oder Nachfolger in ein bestehendes System ein, das von einer oft stark verankerten Kultur geprägt ist. Einerseits bietet Kultur Stabilität, die Kontinuität für Mitarbeiter und Kunden schafft. Andererseits können tief verankerte Ideologien, wie etwa Loyalität gegenüber dem Gründer, implizite Vorstellungen von Führungsstil oder informelle Machtstrukturen, massive Widerstände gegen neue Strategien erzeugen. Der Erwerber oder Nachfolger agiert faktisch als „kultureller Unternehmer", der günstige Momente, wie den Führungswechsel selbst, nutzen kann, um gewünschte Veränderungen einzuleiten. Gleichzeitig muss er vorsichtig zwischen Innovation und Kontinuität balancieren: Wird zu stark an der Substanz gerüttelt, drohen Identitätsverlust und Mitarbeiterabwanderung; bleibt man hingegen bei symbolischen Gesten ohne substanzielle Neuausrichtung, verfehlt man die Transformation. Für Nachfolger in Familienunternehmen oder ETA-Investoren bedeutet das konkret, dass sie nicht nur auf die formalen Strukturen und Zahlen achten, sondern gezielt kulturelle Substanz und kulturelle Formen analysieren müssen. Eine nachhaltig erfolgreiche Nachfolge hängt oft davon ab, ob es gelingt, subkulturelle Unterschiede, z. B. zwischen Abteilungen, zu erkennen und deren Energie in den Wandel einzubinden. Zudem eröffnet der Nachfolgezeitpunkt ein „propitious moment": Alle Beteiligten erwarten Veränderung, sodass tiefgreifende Neuausrichtungen anschlussfähig werden, sofern sie glaubwürdig mit Symbolen und Ritualen unterlegt sind. Misslingt dieser Balanceakt, bleibt die Kultur blockierend oder spaltet sich in widerstreitende Subkulturen.

Organisationales Lernen

Die Theorie des organisationalen Lernens, entwickelt durch Argyris und Schön (1978) und erweitert durch Senge (1990), erklärt, wie Organisationen Wissen akquirieren, verarbeiten und nutzen können. Argyris und Schön unterschieden zwischen single-loop learning, d. h. einer Korrektur von Fehlern innerhalb bestehender Frameworks und double-loop learning, der Hinterfragung und Veränderung der zugrunde liegenden Annahmen und Theorien. Für ETA-Transaktionen ist diese Unterscheidung fundamental, da erfolgreiche Integrationsprozesse oft double-loop learning erfordern. Sowohl der ETA-Entrepreneur als auch die Mitarbeitenden des übernommenen Unternehmens müssen bereit sein, bestehende mentale Modelle zu hinterfragen und neue Ansätze zu entwickeln.

Die Theorie der lernenden Organisation, maßgeblich geprägt durch Peter Senge (1990), bietet einen weiteren wertvollen Bezugsrahmen für das Verständnis von Entrepreneurship Through Acquisition (ETA). Senge argumentiert, dass Organisationen ihre langfristige Wettbewerbsfähigkeit nicht primär durch operative Effizienz sichern, sondern durch ihre Fähigkeit zu lernen. Lernen wird hierbei als kontinuierliche Anpassung von Strukturen, Denkmodellen und Verhalten an eine sich verändernde Umwelt verstanden. Senge beschreibt fünf Disziplinen, die eine lernende Organisation kennzeichnen:

1. Personal Mastery, d. h. die kontinuierliche Weiterentwicklung individueller Kompetenzen,
2. Mental Models, d. h. das bewusste Hinterfragen und Verändern tief verwurzelter Denkmuster,
3. Shared Vision, die Entwicklung eines gemeinsamen Zukunftsbildes,
4. Team Learning, das kollektive Lernen durch Reflexion und Dialog,
5. Systems Thinking, die ganzheitliche Betrachtung komplexer Zusammenhänge.

Gerade im Kontext von ETA sind diese Prinzipien zentral. Eine Unternehmensübernahme bedeutet keineswegs, den Status quo zu konservieren. Vielmehr erfordert sie die Fähigkeit des neuen Eigentümers, bestehende Strukturen und Handlungslogiken zunächst zu verstehen und anschließend kritisch zu hinterfragen. Dies gilt insbesondere für die oft stark ausgeprägten mentalen Modelle der bisherigen Eigentümer und Mitarbeitenden, die ohne Veränderung eine Weiterentwicklung blockieren können. Hinzu kommt die Notwendigkeit, eine neue, gemeinsam getragene Vision zu etablieren. ETA ist in vielen Fällen mit einem Generationswechsel verbunden, der nur dann erfolgreich bewältigt werden kann, wenn die Nachfolger eine Kultur fördern, in der Mitarbeitende aktiv in die Weiterentwicklung des Unternehmens einbezogen werden. Darüber hinaus fungiert die Lernfähigkeit einer Organisation als wesentlicher Werttreiber im Rahmen von ETA. Der Wert eines Unternehmens wird nicht allein durch seine aktuelle Ertragskraft bestimmt, sondern auch durch seine Fähigkeit, sich an neue Marktbedingungen anzupassen, etwa durch Digitalisierung, den Eintritt in neue Märkte oder den Umgang mit dem Fachkräftemangel. Eine Organisation, die die Prinzipien des kontinuierlichen Lernens verinnerlicht, maximiert damit nicht nur ihre Überlebensfähigkeit, sondern auch ihr zukünftiges Wertsteigerungspotenzial. Entscheidend ist hierbei insbesondere das *Systems Thinking,* denn ein Nachfolger muss die Organisation in ihrer Gesamtheit und in ihren externen Verflechtungen, z. B. mit Kunden, Lieferanten, Finanzpartnern oder auch der Unternehmerfamilie, verstehen, um nicht isolierte Entscheidungen zu treffen, die kurzfristig sinnvoll erscheinen, langfristig aber Schaden anrichten können. In diesem Kontext kommt der Rolle des neuen Unternehmers besondere Bedeutung zu. Er wird zum Architekten einer lernenden Organisation, indem er Strukturen etabliert, die *Personal Mastery, Team Learning* und kontinuierliche Verbesserung fördern. Genau hier zeigt sich eine potenzielle Schwachstelle vieler ETA-Fälle: Zwar geht die formale Kontrolle auf den Nachfolger über, doch ohne den Aufbau einer lernorientierten Organisationskultur verbleibt das Unternehmen im alten Modus und bleibt damit langfristig verwundbar. Senges Ansatz macht deutlich, dass Unternehmensnachfolge nicht lediglich als Besitzübertragung zu begreifen ist, sondern als ein tiefgreifender Transformationsprozess, in dessen Zentrum die Entwicklung einer lernenden Organisation steht (Senge, 1990).

Absorptive Capacity nach Lane, Koka und Pathak

Ein weiterer Bezugspunkt im Kontext der organisationskulturell-theoretischen Hintergründe von Entrepreneurship Through Acquisition ist das Konzept der Absorptive Capacity, wie es von Lane et al. (2006) präzisiert wurde. Ursprünglich von Cohen und Levinthal (1990) eingeführt, beschreibt dieser Ansatz die Fähigkeit einer Organisation, externes Wissen zu erkennen, aufzunehmen und produktiv zu nutzen. Lane et al. (2006) kritisieren, dass das Konstrukt in der Forschung zwar intensiv rezipiert, jedoch unscharf verwendet und zu statisch interpretiert worden sei. Sie schlagen deshalb eine dynamische Perspektive vor, die Absorptive Capacity als Prozess versteht, der drei zentrale Dimensionen umfasst:

1. Die Fähigkeit, relevantes externes Wissen zu identifizieren *(recognizing/valuing)*,
2. die Fähigkeit, dieses Wissen in bestehende Strukturen, Routinen und Denkmodelle zu integrieren *(assimilating)*,
3. die Fähigkeit, es in konkrete Innovationen oder organisatorische Veränderungen zu überführen *(applying)*.

Gerade für Übernahmeprozesse im Rahmen von ETA ist diese Theorie von hoher Bedeutung. Ein Nachfolger übernimmt in der Regel ein Unternehmen, das durch bestehende Routinen, Denkmodelle und eine spezifische Unternehmenskultur geprägt ist. Die Herausforderung besteht darin, nicht nur das vorhandene Wissen und die impliziten Praktiken der Organisation zu verstehen und nutzbar zu machen, sondern auch neues Wissen von außen in die Organisation einzubringen. So erfordert etwa die digitale Transformation, der Eintritt in neue Märkte oder die Einführung innovativer Geschäftsmodelle die Fähigkeit, externe Impulse gezielt zu erkennen, zu assimilieren und in die Unternehmenspraxis zu übersetzen. Die Absorptive Capacity bestimmt somit maßgeblich, ob eine Organisation nach der Übernahme imstande ist, ihre Ressourcenbasis zu erweitern und an veränderte Marktbedingungen anzupassen. Während Senge (1990) also den Schwerpunkt auf die Entwicklung einer lernenden Organisation durch internes Lernen, gemeinsame Visionen und systemisches Denken legt, hebt Lane et al. (2006) die Bedeutung des *externen Wissenszugangs* hervor. Für Nachfolger bedeutet dies, dass sie nicht nur die innere Lernlogik der Organisation weiterentwickeln, sondern zugleich Strukturen schaffen müssen, die den systematischen Wissenstransfer von außen ermöglichen. Gelingt dies, kann eine Übernahme nicht nur als Sicherung des Status quo verstanden werden, sondern als Ausgangspunkt für erneute Wachstums- und Innovationsprozesse.

Leadership Transition und Succession Theory nach Gabarro und Watkins

Die Leadership Transition Theory (Gabarro, 1987; Watkins, 2003) untersucht systematisch, wie Führungskräfte in neuen Rollen Fuß fassen und welche Faktoren erfolgreiche Übergänge bestimmen. Der Eintritt in eine Führungsrolle stellt dabei keinen linearen oder rein rationalen Prozess dar, sondern ein kritisches Anpassungsfenster, das über langfristigen Erfolg entscheidet. Übergänge sind mit besonderen Risiken verbunden, da die Legitimität der neuen Führung noch nicht etabliert ist, Erwartungen hoch sind und gleichzeitig Wissens- und Vertrauensdefizite bestehen.

Gabarro (1987) zeigte anhand von Fallstudien, dass erfolgreiche Führungswechsel typischerweise fünf Phasen durchlaufen:

1. *Übernahme,* die Phase der ersten Orientierung,
2. *Einarbeitung,* die Phase, in der der Aufbau von Wissen und Beziehungsnetzwerken dominiert,
3. *Immersion,* in deren Verlauf ein tiefes Verständnis für Organisation und Kultur entwickelt wird,
4. *Reshaping,* die Phase, in der strukturelle und kulturelle Veränderungen eingeleitet werden,
5. *Konsolidierung,* in deren Verlauf die neue Ordnung stabilisiert wird.

Gabarro betont dabei, dass die Geschwindigkeit variiert. Manche Übergänge brauchen Jahre, andere verlaufen schneller, abhängig von Kontext und Druck. Watkins (2003) knüpft daran an und popularisierte die Theorie mit dem Modell der „First 90 Days". Dabei postulierte er die Kernthese, dass die ersten drei Monate entscheidend sind, um Glaubwürdigkeit aufzubauen, Vertrauen zu gewinnen und erste sichtbare Erfolge („early wins") zu erzielen. Watkins unterscheidet verschiedene Transitionstypen, wie z. B. Start-ups, Turnarounds, Realignments oder Erfolgsfortführung, und argumentiert, dass die Strategie des neuen Leaders zum jeweiligen Typ passen muss. Ein Turnaround verlangt schnelles Handeln, während eine Erfolgsfortführung mehr Geduld und Sensibilität erfordert. Gleichzeitig betont Watkins einen wichtigen gemeinsamen Nenner: Wer Übergänge bewusst managt, erhöht die Wahrscheinlichkeit, dauerhaft akzeptiert und wirksam zu werden. Zwar stellt diese Theorie kritisch betrachtet keinen „Masterplan" dar, da sie beispielsweise strukturelle Machtkämpfe und kulturelle Trägheiten ausblendet, liefert aber klare Handlungsprinzipien für die ersten Monate. Damit ist die Leadership Transition Theory auch im Kontext von Entrepreneurship Through Acquisition und Unternehmensnachfolge die unmittelbar relevant. Nachfolger und ETA-Investoren treten in eine besonders sensible Übergangsphase ein: Mitarbeiter und Stakeholder vergleichen permanent den „Neuen" mit dem Vorgänger, Loyalitäten sind unsicher, und Kultur sowie informelle Netzwerke können Anpassungen blockieren. Die Phasen nach Gabarro zeigen, dass ein vorschnelles Eingreifen ohne ausreichende Immersion riskant ist. Gleichzeitig verdeutlicht Watkins' Ansatz, dass sichtbare „early wins" nötig sind, um Glaubwürdigkeit aufzubauen, selbst wenn tiefere strukturelle und kulturelle Veränderungen erst später greifen können. Für Nachfolger ist daher der Zeitfaktor kritisch. Zu schnelles Handeln ohne kulturelles Verständnis erzeugt Widerstände; zu langes Abwarten führt zu Vertrauensverlust. Die Kunst besteht darin, rasch Signale der Handlungsfähigkeit zu setzen (z. B. kleinere Prozessverbesserungen oder Symbolhandlungen), während parallel ein tieferes Verständnis der Kultur und Subkulturen aufgebaut wird. Hier zeigt sich die Schnittstelle zur Theorie des kulturellen Wandels nach Trice und Beyer. Die Nutzung günstiger Momente bei gleichzeitigem Blick auf die Kulturformen innerhalb eines Unternehmens, bieten ein Momentum zur aktiven Gestaltung.

Stakeholder Theorie und soziales Kapital

Ein weiterer zentraler theoretischer Rahmen für die Analyse von Unternehmensnachfolge und Entrepreneurship Through Acquisition (ETA) ist die Stakeholder-Theorie, die erstmals systematisch von Freeman (1984) entwickelt wurde. Freeman argumentiert, dass der langfristige Erfolg von Unternehmen nicht allein von den Interessen der Shareholder abhängt, sondern von der Fähigkeit des Managements, die vielfältigen Ansprüche aller relevanten Stakeholder zu berücksichtigen. Stakeholder werden dabei definiert als alle Gruppen oder Individuen, die von den Aktivitäten eines Unternehmens betroffen sind oder diese beeinflussen können – darunter Mitarbeitende, Kunden, Lieferanten, Kapitalgeber, aber auch die lokale Gemeinschaft und staatliche Institutionen. Während Freeman (1984) vor allem den normativen Anspruch der Stakeholder-Orientierung betont, erweitern Mitchell et al. (1997) die Theorie um ein systematisches Modell der Stakeholder-Salienz. Sie argumentieren, dass nicht alle Stakeholder für das Management gleichermaßen relevant sind, sondern dass ihre Einflusskraft von drei Attributen abhängt: Macht, Legitimität und Dringlichkeit. Stakeholder, die mehrere dieser Attribute vereinen, besitzen eine höhere Salienz und müssen daher stärker in die strategischen Entscheidungen des Unternehmens einbezogen werden. Das Modell liefert damit ein analytisches Instrument, um die Komplexität von Stakeholder-Ansprüchen zu ordnen und priorisieren. Für ETA ist die Stakeholder-Theorie von unmittelbarer Bedeutung, denn die Unternehmensnachfolge ist nicht nur ein ökonomischer oder juristischer Prozess, sondern verändert auch die Beziehungen des Unternehmens zu seinen Anspruchsgruppen. Externe Nachfolger treffen auf ein bestehendes Stakeholder-Netzwerk, das oft über Jahre oder Jahrzehnte durch persönliche Beziehungen, Vertrauen und gegenseitige Verpflichtungen gewachsen ist. Kunden und Lieferanten können den Nachfolger zunächst als Unsicherheitsfaktor betrachten, Mitarbeitende stellen Fragen nach Arbeitsplatzsicherheit und Unternehmenskultur, während Banken und Investoren die Stabilität der neuen Führung kritisch evaluieren. Die Anwendung des Stakeholder-Salienz-Modells (Mitchell et al., 1997) zeigt, dass gerade in der frühen Phase nach einer Übernahme bestimmte Stakeholder besonders kritisch sind: Mitarbeitende besitzen hohe Dringlichkeit und Legitimität, da ihre Akzeptanz den operativen Fortbestand sichert; Kapitalgeber verfügen über Macht, indem sie den finanziellen Rahmen der Übernahme bestimmen; und Kunden können durch Kaufentscheidungen direkt über den wirtschaftlichen Erfolg der Nachfolge mitentscheiden. Für den Nachfolger bedeutet dies, dass er nicht alle Stakeholder gleichzeitig bedienen kann, sondern eine Priorisierung vornehmen muss, die die Attribute Macht, Legitimität und Dringlichkeit berücksichtigt. Im Kontext von ETA verdeutlicht die Stakeholder-Theorie somit zweierlei: Erstens ist Nachfolge ein Prozess der Neuverhandlung von Stakeholder-Beziehungen, bei dem Vertrauen und Legitimität zentral sind. Zweitens zeigt das Salienz-Modell, dass erfolgreiche Übernahmen nicht auf abstrakte Strategien reduziert werden können, sondern auf die situative Fähigkeit, die jeweils wichtigsten Stakeholder zu identifizieren und deren Erwartungen aktiv zu managen. Damit ergänzt die Stakeholder-Theorie ökonomische und prozessorientierte Nachfolgemodelle um eine relationale Perspektive, die für das Verständnis von Akzeptanz und nachhaltigem Erfolg in ETA-Prozessen unverzichtbar ist.

Social Capital Theory

Die Social Capital Theory liefert einen weiteren theoretischen Bezugsrahmen, um die Bedeutung von Netzwerken, Beziehungen und sozialen Strukturen im Rahmen von Unternehmensnachfolge und Entrepreneurship Through Acquisition (ETA) zu verstehen. Coleman (1988) führte den Begriff in die sozialwissenschaftliche Diskussion ein und beschrieb soziales Kapital als eine Ressource, die aus sozialen Beziehungen entsteht und das Handeln von Individuen und Organisationen erleichtert. Während physisches Kapital in Form von Maschinen oder Geld und Humankapital in Form individueller Fähigkeiten und Kenntnisse auftritt, liegt soziales Kapital in den Beziehungen zwischen Akteuren, die Vertrauen, Normen und Informationsflüsse ermöglichen. Putnam (1993) weitete diesen Ansatz auf gesellschaftliche und politische Kontexte aus und argumentierte, dass soziales Kapital, verstanden als Netzwerke, Normen und Vertrauen, kollektives Handeln fördert und damit sowohl ökonomische als auch politische Leistungsfähigkeit einer Gesellschaft stärkt. Nahapiet und Ghoshal (1998) haben die Diskussion systematisiert und drei Dimensionen sozialen Kapitals identifiziert, die auch für organisationale Kontexte von hoher Relevanz sind:

- Die *strukturelle Dimension* umfasst die Netzwerkverbindungen und -strukturen, also wer mit wem in welcher Form verbunden ist. Diese Dimension bestimmt, wie Informationen fließen, welche Kooperationsmöglichkeiten bestehen und wie Wissen verteilt wird,
- die *relationale Dimension* bezieht sich auf die Qualität dieser Beziehungen und umfasst Vertrauen, geteilte Normen, Verpflichtungen und die Identifikation mit anderen Akteuren. Sie stellt die Grundlage für stabile und kooperative Interaktionen dar,
- die *kognitive Dimension* schließlich beschreibt das Vorhandensein einer gemeinsamen Sprache, geteilter Codes und Bedeutungen, die es Akteuren ermöglicht, Wissen nicht nur auszutauschen, sondern auch im gleichen Sinn zu interpretieren.

Adler und Kwon (2002) lieferten darüber hinaus eine umfassende Analyse der Auswirkungen von Sozialkapital auf organisationale Performance. Sie betonen die positiven Effekte, etwa die Verbesserung von Kooperationsfähigkeit, den Zugang zu Ressourcen, die Reduktion von Transaktionskosten und die Förderung von Innovation durch erleichterte Wissensströme. Gleichzeitig machen sie aber auch auf mögliche negative Effekte aufmerksam: Stark ausgeprägtes Sozialkapital kann Exklusivität und Abschottung fördern, neue Akteure ausschließen oder Konformitätsdruck erzeugen, der notwendige Innovationen behindert. Sozialkapital ist damit eine ambivalente Ressource, deren Wirkung je nach Kontext förderlich oder hinderlich sein kann. Im Kontext von ETA ist die Bedeutung sozialen Kapitals besonders ausgeprägt. Viele der übernommenen Unternehmen sind häufig kleine und mittelständische Betriebe, welche stark in regionale Netzwerke eingebettet auf langjährigen, persönlichen Beziehungen beruhen. Das Sozialkapital eines Alt-Eigentümers besteht nicht nur in Wissen oder Fähigkeiten, sondern in den über Jahre aufgebauten Vertrauensbeziehungen zu Mitarbeitenden, Kunden, Lieferanten, Banken und lokalen Institutionen. Dieses Kapital ist oft hochgradig personengebunden, sodass ein Wechsel an der Unternehmensspitze Unsicherheit auslöst und die Gefahr birgt, dass zentrale Beziehungen abbrechen oder destabilisiert werden. Gerade für externe Nachfolger ist der Umgang mit Sozialkapital eine kritische Herausforderung. So müssen in sie der strukturellen Dimension den Zugang zu bestehenden Netzwerken sichern und gleichzeitig neue Verbindungen schaffen, die das Unternehmen zukunftsfähig machen. In der relationalen Dimension sind Vertrauen und Legitimität zentrale Erfolgsfaktoren: Mitarbeitende und Geschäftspartner müssen den Nachfolger als verlässlichen und kompetenten Akteur anerkennen, um Loyalität und Zusammenarbeit aufrechtzuerhalten. Und in der kognitiven Dimension schließlich ist es entscheidend, dass der Nachfolger die „Sprache" und kulturellen Codes des Unternehmens versteht. Nur so kann er Anschluss an die bestehende Organisation finden, Missverständnisse vermeiden und zugleich neue Impulse einbringen. Die Theorie verdeutlicht zudem, dass Nachfolgeprozesse nicht nur mit der Frage verbunden sind, wie bestehendes Sozialkapital erhalten werden kann, sondern auch, wie neues Sozialkapital geschaffen wird. Der Nachfolger muss in der Lage sein, alte Vertrauensbeziehungen zu übernehmen, ohne in Abhängigkeit von ihnen zu verharren, und gleichzeitig neue Netzwerke aufbauen, die das Unternehmen in veränderten Märkten und Technologien verankern. Ein zu starker Fokus auf bestehendes Sozialkapital kann zu Pfadabhängigkeit führen, während ein zu radikaler Bruch das Risiko birgt, Vertrauen und Legitimität zu verlieren.

Damit ergänzt die Social Capital Theory ökonomische Theorien der Unternehmensnachfolge um eine relationale und kulturelle Perspektive. Sie macht deutlich, dass erfolgreiche ETA-Prozesse nicht nur auf finanzieller und strategischer Analyse beruhen, sondern in hohem Maße auf der Fähigkeit, soziale Beziehungen zu verstehen, zu bewahren und weiterzuentwickeln. Der Nachfolger wird dadurch nicht nur zum Manager ökonomischer Ressourcen, sondern zum Architekten sozialer Netzwerke, die den langfristigen Erfolg des Unternehmens sichern.

Dynamic Capabilities Theory und Organisatorische Ambidextrie

Die Dynamic Capabilities Theory stellt einen weiteren theoretischen Rahmen dar, um die langfristige Wettbewerbsfähigkeit von Organisationen unter Bedingungen dynamischer Märkte zu erklären. Teece et al. (1997) entwickelten diesen Ansatz, um die Grenzen des Resource-Based View zu überwinden, der primär statisch verstandene Ressourcen als Quelle von Wettbewerbsvorteilen fokussierte. Sie argumentierten, dass nicht allein der Besitz wertvoller Ressourcen entscheidend sei, sondern die Fähigkeit einer Organisation, diese kontinuierlich zu erneuern, zu kombinieren und neu auszurichten. Teece (2007) definierte Dynamic Capabilities daher als „die Fähigkeit, gewöhnliche Fähigkeiten und operative Routinen zu integrieren, aufzubauen und zu rekonfigurieren, um veränderten Geschäftsumgebungen zu begegnen" (S. 1319). Eisenhardt und Martin (2000) erweiterten diesen Ansatz, indem sie Dynamic Capabilities nicht als mystische oder einzigartige Fähigkeiten, sondern als spezifische und teilweise wiederkehrende Prozesse beschrieben, die in vielen Organisationen beobachtet werden können. Hierzu gehört beispielsweise die

Bildung von Allianzen, der Transfer von Wissen, die Entwicklung von Produkten oder die Anpassung von Entscheidungsprozesse. Der Unterschied liege weniger in den Fähigkeiten selbst, sondern in der Geschwindigkeit, Flexibilität und Kontextsensitivität, mit der sie eingesetzt werden. Für die Theorieentwicklung im Bereich Unternehmensnachfolge und ETA ist dieser Ansatz von hoher Relevanz. Übernehmer stehen in der Regel vor der Herausforderung, ein etabliertes Unternehmen mit bestehenden Routinen und Kompetenzen in eine neue Phase zu überführen. Die Übernahme markiert oft den Moment, an dem operative Fähigkeiten (exploitation) zwar effizient funktionieren, aber nicht mehr ausreichen, um zukünftige Wettbewerbsfähigkeit zu sichern. Dynamic Capabilities ermöglichen es, diese Routinen zu hinterfragen, Ressourcen neu zu konfigurieren und die Organisation auf veränderte Umweltbedingungen auszurichten. O'Reilly und Tushman (2013) verknüpfen die Theorie der Dynamic Capabilities mit dem Konzept der Organizational Ambidexterity. Diese beschreibt die Fähigkeit einer Organisation, bestehende Ressourcen effizient zu nutzen *(exploitation)* und gleichzeitig neue Möglichkeiten zu erkunden *(exploration).* March (1991) hat dieses Spannungsfeld in seinem einflussreichen Beitrag als grundlegendes Dilemma beschrieben: Während exploitation kurzfristige Effizienzgewinne und Stabilität erzeugt, erfordert exploration Investitionen in Experimente, Lernen und Innovation mit ungewissem, aber langfristig potenziell höherem Ertrag. Organisationen laufen dabei Gefahr, in sogenannten *competency traps* gefangen zu werden, wenn sie zu stark auf exploitation setzen und dadurch notwendige Anpassungen und Innovationen vernachlässigen. Gibson und Birkinshaw (2004) zeigen in empirischen Untersuchungen, dass Organisationen, die Ambidextrie erfolgreich umsetzen, also gleichzeitig explorative und exploitative Aktivitäten beherrschen, eine signifikant höhere Performance erzielen. Sie unterscheiden dabei zwischen struktureller Ambidexterity (exploration und exploitation in getrennten organisatorischen Einheiten) und kontextueller Ambidexterity (die Integration beider Logiken innerhalb derselben Organisation durch geeignete Führung und Kultur). Im Kontext von ETA lässt sich dieses theoretische Fundament wie folgt übertragen: Nachfolger übernehmen in der Regel Unternehmen, die über eine ausgeprägte exploitative Logik verfügen und in denen effiziente Prozesse, eingespielte Routinen und stabile Netzwerke vorliegen. Genau diese Eigenschaften machen die Unternehmen attraktiv, bergen aber zugleich das Risiko einer „Kompetenzfalle" (March, 1991), wenn Marktbedingungen sich verändern. Der Nachfolger muss daher Dynamic Capabilities entwickeln, um die Ressourcenbasis zu transformieren. Dies bedeutet beispielsweise neue Märkte zu erschließen, digitale Geschäftsmodelle aufzubauen, strategische Allianzen einzugehen oder Innovationsprozesse zu fördern. Organizational Ambidexterity wird hier zum zentralen Erfolgsfaktor, da die Herausforderung darin besteht, die Stabilität der übernommenen Strukturen zu bewahren, ohne dabei die Fähigkeit zur Erneuerung zu blockieren. Die Theorie der Dynamic Capabilities und das Konzept der Ambidexterity machen damit deutlich, dass erfolgreiche ETA-Prozesse weder in der bloßen Bewahrung des Bestehenden noch in radikaler Disruption bestehen. Vielmehr müssen Nachfolger die Fähigkeit entwickeln, exploitation und exploration auszubalancieren, um sowohl kurzfristige Stabilität als auch langfristige Anpassungsfähigkeit zu gewährleisten. Damit ergänzt die Dynamic

Capabilities Theory die ökonomischen und prozessorientierten Ansätze der Unternehmensnachfolge um eine explizit strategische Perspektive, die den langfristigen Wert von ETA entscheidend mitbestimmt.

Organizational Development Theory und Action Research

Die Organizational Development (OD) Theory bildet einen zentralen theoretischen Rahmen für geplante organisatorische Veränderungsprozesse. Ursprung und Grundgedanken gehen auf Beckhard (1969) zurück, der OD als einen langfristigen, systematischen und geplanten Ansatz verstand, um Organisationen durch Interventionen in Prozessen und Strukturen effektiver und anpassungsfähiger zu machen. OD basiert auf der Annahme, dass Organisationen als soziale Systeme verstanden werden müssen, in denen individuelles Verhalten, Gruppeninteraktionen und organisationale Strukturen in enger Wechselwirkung stehen. Der Ansatz wurde in den folgenden Jahrzehnten weiterentwickelt und systematisiert, insbesondere durch Cummings und Worley (2014), die OD als evidenzbasierten Prozess definierten, der Diagnose, Planung, Implementierung und Evaluation von Interventionen umfasst. Damit etablierten sie OD als wissenschaftlich fundierten Rahmen, um Organisationen durch geplanten Wandel in Richtung höherer Leistungsfähigkeit und größerer Anpassungsfähigkeit zu entwickeln. Ein bedeutender Beitrag zur Theoriebildung stammt von Burke und Litwin (1992), die ein kausales Modell organisationalen Wandels entwickelten. Dieses Modell unterscheidet zwischen transformationalen und transaktionalen Faktoren:

- *Transformationale* Faktoren betreffen tiefgreifende und strategische Veränderungen, etwa in der externen Umgebung, der Mission, Strategie, Führungsstil und Leadership sowie die Organisationskultur
- *Transaktionale* Faktoren adressieren eher operative Aspekte wie die Unternehmensstruktur, Managementpraktiken, Arbeitsklima, Motivationen, Systeme oder individuelle Bedürfnisse

Transformationaler Wandel wird durch externe Impulse oder strategische Neuorientierungen ausgelöst und wirkt tief in die Kultur und Identität einer Organisation hinein. Transaktionaler Wandel hingegen betrifft primär Anpassungen im Tagesgeschäft. Das Modell betont die wechselseitigen Kausalitäten: Veränderungen auf der Ebene der transformationalen Faktoren beeinflussen stets auch die transaktionalen Dimensionen und umgekehrt. French und Bell (1999) heben die Bedeutung von Action Research als Fundament wirksamer OD-Interventionen hervor. Action Research basiert auf der engen Verknüpfung von Diagnose, Aktion und Reflexion, wobei Organisationen in zyklischen Prozessen kontinuierlich Daten erheben, Interventionen ableiten und deren Wirkung überprüfen. Dieser partizipative Ansatz sichert nicht nur die Akzeptanz von Veränderungsprozessen, sondern ermöglicht es auch, organisationale Lernprozesse zu initiieren und aufrechtzuerhalten. Weick und Quinn (1999) erweitern den Blick, indem sie zwei grundlegende Typen organisationalen Wandels unterscheiden – episodic change und continuous change:

- *Episodic change* bezeichnet geplante, diskrete und meist einschneidende Veränderungsprozesse, die klar abgrenzbar sind, etwa Restrukturierungen oder Führungswechsel.
- *Continuous change* hingegen beschreibt fortlaufende, emergente Anpassungen, die aus der Dynamik des Alltags entstehen und weniger klar als Interventionen identifiziert werden können. Effektive Organisationen sind in der Lage, beide Veränderungsformen zu bewältigen: episodische Transformationen gezielt zu steuern und kontinuierliche Anpassungen als Teil des organisationalen Alltags zu integrieren.

Im Kontext von Entrepreneurship Through Acquisition liefert die Organizational Development Theory wesentliche Einsichten. Eine Unternehmensübernahme stellt in vielen Fällen einen episodischen Wandel dar. Der Eigentümerwechsel ist ein diskretes Ereignis, das weitreichende Veränderungen in Führungsstil, Strategie und Kultur auslösen kann. Gleichzeitig ist der Erfolg einer Übernahme davon abhängig, ob es dem Nachfolger gelingt, diesen episodischen Wandel in kontinuierliche Lern- und Anpassungsprozesse zu überführen, die in den Arbeitsalltag integriert werden. Das Burke-Litwin-Modell verdeutlicht dabei, dass Nachfolger häufig auf beiden Ebenen zugleich agieren müssen: Sie initiieren transformationale Veränderungen, indem sie Mission, Strategie und Führung neu ausrichten, und müssen gleichzeitig die transaktionalen Dimensionen in Form von Strukturen, Systemen oder Managementpraktiken so anpassen, dass die Organisation handlungsfähig bleibt. Action Research liefert in diesem Zusammenhang eine methodische Grundlage, um die Übernahme nicht als einseitigen Prozess von oben nach unten zu gestalten, sondern Mitarbeitende aktiv in die Diagnose, Gestaltung und Evaluation von Veränderungen einzubeziehen. Dadurch lassen sich Akzeptanzbarrieren reduzieren und Vertrauen in den neuen Eigentümer aufbauen. Schließlich zeigt die Unterscheidung von Weick und Quinn (1999), dass ETA zwar durch episodischen Wandel ausgelöst wird, langfristig aber nur dann erfolgreich sein kann, wenn Nachfolger eine Kultur kontinuierlichen Wandels etablieren.

Theorie der organisationalen Sinnbildung nach Karl E. Weick

Weicks Theorie der organisationalen Sinnbildung bzw. des Sensemaking stellt einen fundamentalen konzeptionellen Rahmen für das Verständnis der komplexen kognitiven und sozialen Prozesse dar, die sich während der Akquisition und Integration eines Unternehmens im Kontext von Entrepreneurship Through Acquisition vollziehen. Weick versteht Sinnbildung als einen fortlaufenden Prozess, durch den Individuen und Organisationen retrospektiv plausible Bedeutungszusammenhänge konstruieren, um ihre Handlungsfähigkeit in mehrdeutigen und komplexen Situationen aufrechtzuerhalten (Weick, 1995). Diese theoretische Perspektive erweist sich für die Analyse von ETA und Search Funds als besonders fruchtbar, da Akquisitionsunternehmer in mehrfacher Hinsicht mit fundamentaler Unsicherheit, Ambiguität und der Notwendigkeit kontinuierlicher Bedeutungskonstruktion konfrontiert werden. Die Übernahme eines etablierten Unternehmens durch einen externen Akteur, der zumeist über keine oder nur geringe operative Erfahrung in der spezifischen Branche verfügt, stellt eine organisationale Diskontinuität dar, die sowohl für den Akquisitionsunternehmer als auch für die etablierten Organisationsmitglieder intensive Sinnbildungsprozesse auslöst (Maitlis & Christianson, 2014). Während traditionelle Theorien organisationalen Wandels häufig von rationalen Entscheidungsmodellen und linearen Implementierungsprozessen ausgehen, ermöglicht die Sensemaking-Perspektive ein differenzierteres Verständnis der emergenten, interpretativen und sozialen Dynamiken, die den Erfolg oder Misserfolg einer Akquisition im Search Fund Kontext maßgeblich determinieren.

Weick identifiziert sieben konstitutive Eigenschaften organisationaler Sinnbildung, die als analytisches Instrumentarium zur Erfassung der Komplexität von ETA-Prozessen dienen können:

1. Sinnbildung ist in der Konstruktion von Identität verankert (Weick, 1995). Im Kontext von Search Funds manifestiert sich diese Eigenschaft in mehrfacher Dimension. Der Searcher durchläuft während des Akquisitionsprozesses eine fundamentale Transformation seiner professionellen Identität vom Manager oder Berater zum Unternehmer und CEO, wobei diese Identitätskonstruktion keine abgeschlossene Transition darstellt, sondern einen kontinuierlichen Aushandlungsprozess zwischen verschiedenen Selbstkonzeptionen (Weick et al., 2005). Die Organisation spiegelt dem Akquisitionsunternehmer fortwährend wider, wie dieser wahrgenommen wird, und konfrontiert ihn mit der Herausforderung, sich gleichzeitig als legitimer Nachfolger des Altinhabers, als kompetenter Branchenkenner trotz begrenzter operativer Erfahrung und als visionärer Stratege zu positionieren. Diese Multiplizität potenziell konfligierender Identitäten erfordert intensive Sinnbildungsarbeit, um eine kohärente und handlungsfähige Selbstdefinition zu etablieren (Helms Mills et al., 2010). Gleichzeitig befinden sich auch die etablierten Organisationsmitglieder in einem Prozess der Identitätsrekonstruktion, da die Übernahme durch einen Search Fund Entrepreneur deren bisherige organisationale Zugehörigkeit und Selbstverständnis fundamental infrage stellt. Die Aushandlung dieser multiplen Identitätskonstruktionen erfolgt in sozialen Interaktionen, durch die wechselseitige Erwartungen kommuniziert, bestätigt oder revidiert werden.
2. Sinnbildung hat einen retrospektiven Charakter (Weick, 1995). Sie erfolgt demnach nicht prospektiv als rationale Planung zukünftiger Handlungen, sondern retrospektiv als nachträgliche Rationalisierung bereits vollzogener Ereignisse. Für Search Fund Entrepreneure bedeutet dies, dass die Akquisitionsentscheidung und die nachfolgenden Integrationsmaßnahmen erst im Nachhinein durch Konstruktion plausibler Narrative mit Bedeutung versehen werden. Searcher interpretieren vergangene Ereignisse selektiv und rekonstruieren kohärente Geschichten, die ihre Handlungen rechtfertigen und Orientierung für zukünftige Entscheidungen bieten (Maitlis, 2005). Dieser retrospektive Sinnbildungsprozess wird dadurch kompliziert, dass die aktuell vorliegende Situation die Wahrnehmung vergangener Ereignisse beeinflusst, was zu systematischen Verzerrungen wie dem Hindsight Bias führen kann (Weick, 1995). Im Kontext der Unternehmensnachfolge durch ETA erweist sich die retrospektive Sinnbildung als zweischneidiges Schwert, da sie einerseits Lernprozesse ermöglicht, andererseits jedoch die Gefahr birgt, dass Erfolge und Misserfolge post hoc rationalisiert werden,

ohne dass die tatsächlichen Kausalmechanismen adäquat erfasst werden. Insbesondere in der kritischen Phase der ersten 100 Tage nach Akquisition konstruieren sowohl der neue CEO als auch die Belegschaft retrospektiv Narrative über die Übernahme, die deren Plausibilität und Legitimität entweder stärken oder unterminieren können.

3. Sinnbildung stellt einen enaktiven Prozess dar, durch den Akteure ihre Umwelt nicht nur interpretieren, sondern aktiv konstruieren und gestalten (Weick, 1995). Dieser Gedanke steht in fundamentalem Widerspruch zu objektivistischen Epistemologien, die von einer vom Beobachter unabhängigen organisationalen Realität ausgehen. Stattdessen postuliert Weick, dass Organisationsmitglieder durch ihre Handlungen die Bedingungen schaffen, auf die sie anschließend reagieren müssen. Im Search Fund Kontext manifestiert sich die enaktive Dimension des Sensemaking besonders deutlich in der Übergangsphase zwischen Eigentümerwechsel und operativer Stabilisierung. Der Searcher tritt nicht in eine vorgegebene, statische organisationale Umwelt ein, sondern verändert diese bereits durch den Akt seiner Präsenz und ersten Interventionen (Weick et al., 2005). Jede Kommunikation, jede strukturelle Anpassung und jede strategische Entscheidung des neuen CEO produziert Reaktionen bei den Stakeholdern, die wiederum den Handlungsraum des Unternehmers beeinflussen. Diese rekursive Dynamik zwischen Handlung und Interpretation erzeugt organisationale Realitäten, die weder vollständig vom Searcher kontrolliert werden können noch unabhängig von dessen Aktivitäten existieren. Die enaktive Dimension verweist darauf, dass Search Fund Entrepreneure nicht lediglich optimale Strategien implementieren, sondern durch trial and error Prozesse experimentell erkunden müssen, welche Interventionen in der spezifischen organisationalen Konstellation funktionieren.
4. Sinnbildung besitzt einen fundamentalen sozialen Charakter. Auch wenn Sinnbildung auf individueller kognitiver Ebene stattfindet, erfolgt sie stets in sozialen Kontexten und durch Interaktion mit anderen Akteuren. Im ETA-Kontext erweist sich diese soziale Dimension als besonders kritisch, da der Akquisitionsunternehmer in ein etabliertes soziales Gefüge eintritt, dessen implizite Normen, Kommunikationsmuster und Machtstrukturen er zunächst dekodieren muss (Helms Mills et al., 2010). Die Konstruktion gemeinsam geteilter Bedeutungen über die Akquisition, deren Rationale und die zukünftige strategische Ausrichtung erfolgt durch diskursive Prozesse, in denen unterschiedliche Stakeholder ihre Perspektiven artikulieren, verhandeln und modifizieren. Der Search Fund Entrepreneur steht vor der anspruchsvollen Aufgabe, diese polyphonen Interpretationen zu einem kohärenten organisationalen Narrativ zu integrieren, ohne dabei kritische Stimmen zu marginalisieren oder bestehende Wissenssysteme vorschnell zu diskreditieren. Die soziale Dimension des Sensemaking impliziert zudem, dass die Legitimität des neuen CEO nicht ausschließlich durch formale Autorität etabliert wird, sondern durch die Fähigkeit, in sozialen Interaktionen überzeugende Interpretationen der organisationalen Situation zu artikulieren und kollektive Sinnbildungsprozesse zu moderieren.
5. Sinnbildung ist ein kontinuierlicher, niemals abgeschlossener Prozess (Weick, 1995). Organisationale Akteure befinden sich permanent in einem Fluss von Erfahrungen, aus

dem sie selektiv bestimmte Sequenzen herausgreifen und mit Bedeutung versehen. Diese fortlaufende Qualität steht im Widerspruch zu linearen Phasenmodellen organisationalen Wandels, die von diskreten Anfangs- und Endpunkten ausgehen. Für Search Fund Entrepreneure bedeutet dies, dass die Integration nach der Akquisition keinen definierten Abschluss findet, sondern in kontinuierliche organisationale Entwicklung übergeht. Die Herausforderung besteht darin, in diesem permanenten Fluss temporäre Stabilitäten zu etablieren, die ausreichend Orientierung bieten, ohne Flexibilität und Anpassungsfähigkeit zu kompromittieren. Der fortwährende Charakter der Sinnbildung erklärt, warum scheinbar abgeschlossene Integrationsthemen wiederholt auf der organisationalen Agenda erscheinen und warum vergangene Ereignisse ihre Bedeutung im Lichte neuer Entwicklungen verändern können. Searcher müssen folglich ein dynamisches Verständnis organisationaler Transformation entwickeln, das die prinzipielle Unabgeschlossenheit von Sinnbildungsprozessen anerkennt und managt.

6. Extrahierte Hinweisreize dienen als zentrale Ankerpunkte der Sinnbildung (Weick, 1995). Aus der überwältigenden Komplexität organisationaler Realität extrahieren Akteure selektiv bestimmte Stimuli (cues), die als Ausgangspunkte für umfassendere Interpretationen dienen. Diese Hinweisreize sind einfache, vertraute Strukturen, aus denen Menschen ein weitreichenderes Verständnis dessen entwickeln, was sich ereignet (Weick, 1995). Im Search Fund Kontext können solche cues vielfältiger Natur sein, etwa die emotionale Reaktion langjähriger Mitarbeiter auf Ankündigungen des neuen CEO, finanzielle Kennzahlen der ersten Monate nach Übernahme, oder informelle Kommentare wichtiger Stakeholder. Die Extraktion und Interpretation dieser Hinweisreize wird durch den organisationalen Kontext beeinflusst, der determiniert, welche Informationen als relevant erachtet werden und welche Erklärungen als akzeptabel gelten (Salancik & Pfeffer, 1978). Searcher müssen eine besondere Sensibilität für subtile Signale entwickeln, die auf latente Widerstände, kulturelle Inkompatibilitäten oder strategische Opportunitäten hinweisen. Die Fähigkeit, aus fragmentierten Informationen kohärente Muster zu erkennen und angemessen zu interpretieren, stellt eine kritische Kompetenz erfolgreicher Akquisitionsunternehmer dar.
7. Sinnbildung wird primär von Plausibilität anstatt von Akkuratheit getrieben (Weick, 1995). In einer mehrdeutigen, postmodernen Welt, die von konfligierenden Interessen und multiplen Interpretationsmöglichkeiten durchzogen ist, erweist sich die Obsession mit objektiver Wahrheit als wenig praktikabel und funktional. Stattdessen konstruieren Akteure Interpretationen, die ausreichend plausibel sind, um Handlungsfähigkeit zu ermöglichen, auch wenn diese nicht notwendigerweise die objektiv korrekteste Repräsentation der Realität darstellen. Für Search Fund Entrepreneure impliziert dies, dass die Akquisitionsentscheidung und nachfolgende strategische Interventionen nicht auf vollständiger Information und absoluter Gewissheit basieren können, sondern auf der Konstruktion plausibler Narrative, die ausreichend Zuversicht generieren, um entschlossenes Handeln zu rechtfertigen. Die Betonung von Plausibilität über Akkuratheit erklärt zudem, warum unterschiedliche Searcher in vergleichbaren Situationen divergierende Strategien verfolgen können, die jeweils intern konsistent und überzeugend

sind, ohne dass eine objektiv überlegene Lösung identifizierbar wäre. Diese Einsicht sollte jedoch nicht als Rechtfertigung für methodische Nachlässigkeit oder willkürliche Entscheidungen missverstanden werden, sondern verweist auf die epistemologischen Grenzen, innerhalb derer organisationale Akteure notwendigerweise operieren müssen.

Die Integration dieser sieben Eigenschaften ermöglicht ein differenziertes Verständnis der Herausforderungen, denen Search Fund Entrepreneure im Prozess der Unternehmensübernahme und -integration begegnen. Die Akquisition eines etablierten Unternehmens durch einen externen Akteur stellt einen profunden Trigger in der Sinnfindung dar, der etablierte Routinen, Erwartungen und Selbstverständlichkeiten erschüttert und intensive Bedeutungskonstruktion sowohl beim Akquisitionsunternehmer als auch bei den organisationalen Stakeholdern auslöst (Bock & Johnson, 2017). Im Unterschied zu Venture Capital-finanzierten Startups, bei denen organisationale Strukturen und Kulturen von Beginn an gemeinsam konstruiert werden, treten Search Fund Entrepreneure in präexistente Sinnwelten ein, die sie zunächst dekodieren, anschließend respektvoll herausfordern und letztlich partiell transformieren müssen, ohne dabei die organisationale Kontinuität zu gefährden. Diese Balance zwischen Bewahrung und Veränderung erfordert ausgefeilte Fähigkeiten zur Sinnfindung, die über rein analytische oder technische Kompetenzen hinausgehen. Die Bedeutung von Sinnbildungsprozessen manifestiert sich besonders deutlich in Situationen hoher Unsicherheit und Ambiguität, die für ETA konstitutiv sind (Packard et al., 2017). Während der Suchphase sehen sich Searcher mit der Herausforderung konfrontiert, aus einer Vielzahl potenzieller Akquisitionsziele dasjenige zu identifizieren, das sowohl objektive Investitionskriterien erfüllt als auch subjektiv zur eigenen Identität und Vision passt. Diese Entscheidung kann nicht rein analytisch getroffen werden, sondern erfordert die Konstruktion plausibler Narrative über die zukünftige Entwicklung des Unternehmens unter der Leitung des Searchers (Niemi et al., 2022). In der Due-Diligence-Phase müssen Searcher aus fragmentierten und teilweise widersprüchlichen Informationen ein kohärentes Bild der organisationalen Realität konstruieren, wobei sie zwischen verschiedenen Stakeholder-Perspektiven navigieren und deren potenzielle Verzerrungen kritisch reflektieren müssen. Nach der Akquisition tritt der Searcher in eine Organisation ein, deren Mitglieder ihrerseits intensive Sinnbildungsarbeit leisten, um die Übernahme zu interpretieren, ihre eigene Position im neuen Regime zu verstehen und Handlungsstrategien zu entwickeln. Die Koordination und Integration dieser multiplen, teilweise konfligierenden Sinnbildungsprozesse stellt eine zentrale Führungsaufgabe dar, die durch autoritäre Direktiven allein nicht bewältigt werden kann.

Die Theorie organisationaler Sinnbildung nach Weick bietet zudem wichtige Einsichten für das Verständnis von Integrationsdynamiken in postakquisitorischen Phasen. Traditionelle M&A-Literatur konzeptualisiert Integration häufig als technokratischen Prozess der Harmonisierung von Systemen, Strukturen und Prozessen (Haspeslagh & Jemison, 1991). Die Sensemaking-Perspektive lenkt demgegenüber den Blick auf die interpretativen und symbolischen Dimensionen der Integration, die oft bedeutsamer für den Integrationserfolg sind als formale Strukturanpassungen (Maitlis & Sonenshein, 2010).

Die Art und Weise, wie der neue CEO über die Akquisition spricht, welche Werte er artikuliert, welche Veränderungen er priorisiert und wie er mit Widerständen umgeht, generiert cues, die von organisationalen Akteuren aufgegriffen und interpretiert werden. Diese Interpretationen kristallisieren sich zu kollektiven Narrativen über den Charakter der neuen Leitung, die Zukunft des Unternehmens und die Implikationen für individuelle Karrieren. Searcher, die diese symbolischen Dimensionen vernachlässigen und Integration rein als technisches Problem behandeln, riskieren fundamentales Missverständnis und organisationalen Widerstand, selbst wenn ihre strategischen Analysen objektiv korrekt sein mögen. Ein weiterer bedeutsamer Aspekt der Sensemaking-Theorie für ETA betrifft die Rolle von Commitment und Umsetzung in Unsicherheitssituationen. Weick argumentiert, dass unter Bedingungen radikaler Ambiguität das Commitment auf eine bestimmte Handlungsoption und deren entschlossene Verfolgung wichtiger sein kann als die objektive Qualität der gewählten Strategie (Weick, 1995). Durch Commitment und damit einhergehender emotionaler Verpflichtung wird Handlung erst möglich, und durch Handlung werden retrospektiv Bedeutungen konstruiert, die weitere Handlungen orientieren. Für Search Fund Entrepreneure impliziert dies, dass die Überwindung von Entscheidungsunfähigkeit durch entschlossenes Handeln oftmals produktiver ist als das indefinite Abwarten weiterer Informationen. Allerdings birgt diese Logik auch Risiken, da übersteigertes Commitment zu Eskalationsphänomenen führen kann, bei denen gescheiterte Strategien aus Konsistenzgründen weiterverfolgt werden (Maitlis & Sonenshein, 2010). Die Kunst besteht darin, ausreichendes Engagement für entschlossenes Handeln zu generieren, gleichzeitig jedoch ausreichende kognitive Flexibilität zu bewahren, um gegebenenfalls Kurskorrekturen vornehmen zu können. Die Verbindung zwischen individueller und kollektiver Sinnbildung verdient besondere Beachtung im ETA-Kontext. Während Weicks frühe Arbeiten primär auf individuell-kognitive Prozesse fokussierten, betonen neuere Entwicklungen der Sensemaking-Theorie die fundamental kollektive Natur organisationaler Sinnbildung (Weick et al., 2005). Search Fund Entrepreneure operieren nicht als isolierte Einzelakteure, sondern sind eingebettet in Netzwerke von Investoren, Board Members, Beratern, Mitarbeitern und weiteren Stakeholdern, die alle am kollektiven Prozess der Bedeutungskonstruktion partizipieren. Die Qualität der organisationalen Sinnbildung hängt maßgeblich davon ab, ob es gelingt, diese diversen Perspektiven in einen produktiven Dialog zu bringen, ohne dabei in unproduktive Konflikte oder verfrühten Konsens zu verfallen. Kritische Sensemaking Perspektiven weisen zudem darauf hin, dass organisationale Sinnbildungsprozesse nicht egalitär verlaufen, sondern durch Machtasymmetrien strukturiert werden (Helms Mills et al., 2010). Der neue CEO verfügt über privilegierten Zugang zu Sinnbildungsressourcen und kann durch sinnbildende Aktivitäten die Interpretationen anderer organisationaler Akteure beeinflussen, wobei diese Machtasymmetrien sowohl produktiv genutzt als auch dysfunktional missbraucht werden können.

4.5 Institutionelle Theorien

Institutionelle Theorien aus der Organisationsforschung betonen die Einbettung von Organisationen in soziale, kulturelle und normative Kontexte und bieten ein differenzierteres Verständnis der besonderen Herausforderungen von ETA, indem sie die Bedeutung von Legitimität, eingebetteten Strukturen und der komplexen Dynamik organisationalen Wandels in bereits etablierten Kontexten hervorheben. Sie verdeutlichen die Bedeutung von Pfadabhängigkeiten, die etablierte Organisationen über Zeit hinweg als spezifische Routinen entwickelt haben. Diese institutionalisierten Elemente können wertvolle Wettbewerbsvorteile darstellen, um effektive Transformationsprozesse zu gestalten.

Legitimitätstheorie nach Suchman

Die Legitimitätstheorie bildet einen zentralen Bestandteil der neoinstitutionellen Organisationstheorie und liefert ein präzises Instrumentarium, um die Akzeptanz organisationaler Handlungen und Strukturen durch relevante Anspruchsgruppen zu erklären. Suchman (1995) definiert Legitimität als „allgemeine Wahrnehmung oder Annahme, dass die Handlungen einer Entität innerhalb eines sozial konstruierten Systems von Normen, Werten, Überzeugungen und Definitionen wünschenswert, richtig oder angemessen sind" (S. 574). Legitimität stellt damit kein inhärentes Attribut einer Organisation dar, sondern vielmehr ein sozialer Zuschreibungsprozess, der durch externe wie interne Akteure konstruiert wird.

Suchman (1995) unterscheidet drei Dimensionen von Legitimität: pragmatische, moralische und kognitive Legitimität:

1. *Pragmatische Legitimität,* die auf dem wahrgenommenen Eigeninteresse der Stakeholder basiert. Eine Organisation gilt als legitim, wenn sie konkrete Nutzen, Vorteile oder Gegenleistungen für Anspruchsgruppen erbringt,
2. *Moralische Legitimität,* die auf normativen Bewertungen beruht. Eine Organisation wird als legitim betrachtet, wenn ihr Handeln mit übergeordneten gesellschaftlichen Normen und Werten übereinstimmt, etwa Fairness, Verantwortung oder Nachhaltigkeit,
3. *Kognitive* Legitimität verweist auf die Selbstverständlichkeit organisationaler Existenz. Hier gilt eine Organisation legitim, wenn ihr Handeln so tief in kulturellen Deutungsmustern verankert ist, dass es nicht mehr infrage gestellt wird.

Legitimität ist für Organisationen von hoher Bedeutung, da sie den Zugang zu Ressourcen, die Stabilität von Stakeholder-Beziehungen und das Überleben im organisationalen Feld beeinflusst. Gleichzeitig ist sie kein statischer Zustand, sondern muss gewonnen, aufrechterhalten und verteidigt werden. Suchman unterscheidet deshalb Strategien des Legitimitätserwerbs (z. B. Anpassung an bestehende Normen, kommunikative Rechtfertigungen), der Legitimitätserhaltung (z. B. routinisierte Demonstration normenkonformen Verhaltens) und der Legitimitätsreparatur (z. B. Entschuldigung, symbolische

Korrekturmaßnahmen bei Skandalen). Für Entrepreneurship Through Acquisition (ETA) wird die Relevanz dieser Theorie unmittelbar deutlich. Unternehmensnachfolge stellt nicht nur einen ökonomischen Übergang dar, sondern auch einen Legitimationsprozess für den neuen Eigentümer. Externe Nachfolger müssen sich Legitimität bei einer Vielzahl von Stakeholdern erarbeiten. Pragmatische Legitimität entsteht, wenn Nachfolger zeigen, dass sie den ökonomischen Nutzen für Kunden, Mitarbeitende, Kapitalgeber und Lieferanten sichern oder sogar steigern können. Dies geschieht etwa durch die Stabilisierung der Wertschöpfungskette, die Sicherung von Arbeitsplätzen oder die Verlässlichkeit in der Kundenbetreuung. Moralische Legitimität erfordert, dass das Handeln des Nachfolgers als verantwortungsvoll und wertorientiert wahrgenommen wird. Gerade in familiengeführten Unternehmen, die stark in regionale Gemeinschaften eingebettet sind, spielen moralische Erwartungen, wie z. B. wie die Wahrung von Traditionen, ein fairer Umgang mit Mitarbeitenden oder die Verpflichtung gegenüber der Region, eine zentrale Rolle. Kognitive Legitimität schließlich ist entscheidend für die langfristige Verankerung des neuen Eigentümers. Sie entsteht, wenn der Nachfolger nicht mehr als „externer Eindringling", sondern als natürlicher Bestandteil der Organisation wahrgenommen wird. Dieser Prozess, kann durch Kontinuität, Symbolpolitik und die Übernahme bestehender kultureller Codes unterstützt werden.

ETA kann daher als Balanceakt zwischen Bewahrung und Transformation verstanden werden, in dem der Nachfolger Legitimität gegenüber traditionellen Stakeholdern sichern und gleichzeitig neue Legitimationsquellen schaffen muss. Wird Legitimität in einer dieser Dimensionen verfehlt, drohen Akzeptanzprobleme, Widerstände oder gar der Verlust zentraler Ressourcen.

Institutionelle Theorie nach DiMaggio und Powell

Die von DiMaggio und Powell (1983) formulierte neoinstitutionelle Perspektive erklärt, dass Organisationen innerhalb eines Feldes im Zeitverlauf ähnlicher werden, weil Legitimität gegenüber der relevanten Umwelt hergestellt werden muss. Ausgangspunkt ist der Begriff des organisationalen Feldes, also jenes Geflechts aus Organisationen, die gemeinsam an der Herstellung eines Produkts oder einer Dienstleistung beteiligt sind (z. B. Unternehmen, Zulieferer, Kunden, Berufsverbände, Regulierungsbehörden). Innerhalb solcher Felder kommt es zu institutionellem Isomorphismus, den DiMaggio und Powell in drei Mechanismen gliedern: coercive, mimetic und normative Isomorphie:

- *Zwangsisomorphie* entsteht aus formalen oder informellen Pflichten und Notwendigkeiten. Rechtliche Anforderungen, regulatorische Standards, Anforderungen mächtiger Stakeholder (z. B. Kapitalgeber) zwingen Organisationen dazu, ihre Strukturen und Prozesse anpassen, um Compliance nachzuweisen und Sanktionen zu vermeiden,
- *Mimetische Isomorphie* beruht auf Unsicherheit. Unklare Ziel-Mittel-Zusammenhänge führen dazu, dass Organisationen die als erfolgreich wahrgenommenen Praktiken anderer kopieren und übernehmen, um Risiko zu reduzieren und Anschlussfähigkeit zu signalisieren,

- *Normative Isomorphie* schließlich speist sich aus Professionalisierung. Ausbildungswege, Berufsverbände und Beratungsstandards erzeugen gemeinsame kognitive Schemata und normative Erwartungen. Manager mit ähnlicher Ausbildung denken und handeln ähnlich, Auditoren und Berater verbreiten standardisierte Lösungen.

Mit zunehmender Feldreife tendieren Organisationen also dazu, sich in Strukturen, Praktiken und Symbolen anzugleichen. Theoretisch folgt daraus, dass Homogenisierung nicht zwingend Effizienz impliziert, wohl aber Legitimität im Feld erzeugt. DiMaggio und Powell (1983) betonen zudem, dass Isomorphie selektiv wirkt, da besonders abhängige, stark vernetzte oder sichtbare Organisationen höherem Anpassungsdruck unterliegen. Professionalisierung und die Dichte feldinterner Netzwerke beschleunigen dabei die Diffusion vermeintlich „richtiger" Organisationsmodelle. Der Preis dieser Legitimitätsgewinne kann jedoch in Pfadabhängigkeit und reduzierter Varianz möglicher Lösungen liegen. Dies wiederum kann Innovation besonders dann erschweren, wenn Felder stabil, aber äußere Umwelten volatil sind. Im Kontext von Entrepreneurship Through Acquisition (ETA) liefert die Theorie eine präzise Linse auf die Legitimationsarbeit von Nachfolgern. Erstens wirkt Zwangsisomorphie unmittelbar, wenn Finanzierer und Regulatoren Governance-, Reporting- und Compliance-Standards durchsetzen, die ein externer Übernehmer rasch erfüllen muss, um eine Finanzierung zu sichern und Handlungsfähigkeit herzustellen. Zweitens ist mimetische Isomorphie in den frühen Post-Merger-Phasen verbreitet. Neue Eigentümer greifen auf als erfolgreich wahrgenommene „Playbooks", Standard-KPIs, Organisationsdesigns, oder Prozessmanuals zurück, um Unsicherheit zu senken und interne wie externe Akzeptanz zu gewinnen. Drittens prägt normative Isomorphie die Professionalisierung der übernommenen Firma, beispielsweise durch CFO-Rollen, formalisierte HR-Prozesse, Zertifizierungen. Weiterhin verankern Berater, Verbände und Ausbildungshintergründe der Führungskräfte gemeinsame Deutungsmuster. Damit markiert die Theorie auch eine Warnung: Erfolgreiche ETA braucht Legitimität ohne blinde Konvergenz. Reine Anpassung an Feldnormen kann die einzigartigen Ressourcen und unterschwelligen Fähigkeiten des Zielunternehmens verdrängen. Für Nachfolger entsteht somit ein Spannungsfeld. Sie müssen ausreichend isomorph agieren, um Vertrauen der Stakeholder zu sichern, und zugleich hinreichend differenziert operieren, um Wettbewerbsvorteile zu erhalten oder neu zu schaffen.

Theorie der Institutional Logics nach Friedland und Alford

Die Theorie der Institutional Logics erweitert den neoinstitutionellen Ansatz, indem sie Organisationen nicht nur als Anpassungssubjekte institutioneller Zwänge betrachtet, sondern als Akteure, die innerhalb unterschiedlicher, teils konkurrierender institutioneller Logiken handeln. Friedland und Alford (1991) prägten den Begriff als theoretische Linse, um die „Widersprüchlichkeit der Institutionen" zu fassen. Unter einer institutionellen Logik verstehen sie ein übergeordnetes Wertesystem, das Handlungen, Entscheidungsprozesse und Organisationsformen in einem sozialen Bereich strukturiert. Jede Logik enthält normative Vorgaben („was soll getan werden?"), kognitive Schemata („wie wird Wirklichkeit interpretiert?") und materielle Praktiken („wie wird gehandelt?"). Beispiele für solche Logiken sind Markt, Staat, Familie, Religion oder Gemeinschaft. Individuen und Organisationen bewegen sich typischerweise nicht nur in einer Logik, sondern in einem Feld multipler Logiken, die unterschiedliche Handlungsorientierungen vorgeben und potenziell in Konflikt zueinander stehen können. Thornton et al. (2012) haben diese Perspektive systematisiert und als umfassenden Institutional Logics Approach etabliert. Sie definieren institutionelle Logiken als „historisch verankerte Muster von materiellen Praktiken, Annahmen, Werten, Überzeugungen und Regeln, die das soziale Leben strukturieren" (Thornton et al., 2012, S. 2). Logiken schaffen damit nicht nur Zwänge, sondern auch Handlungsmöglichkeiten. Sie bieten Akteuren kulturelle „Toolkits", mit denen sie ihre Interessen formulieren, Legitimität beanspruchen und Ressourcen mobilisieren können. Ein wesentlicher Beitrag von Thornton et al. (2012) besteht darin, den Pluralismus von Logiken hervorzuheben: Organisationen und Individuen sind häufig gleichzeitig mehreren, teilweise widersprüchlichen Logiken ausgesetzt, was strategische Spannungen, aber auch Innovationschancen eröffnet. Im Kontext von Entrepreneurship Through Acquisition eröffnet die Institutional Logics-Perspektive ein tiefes Verständnis der kulturellen und normativen Spannungsfelder, die Nachfolgeprozesse prägen. Übernahmen, insbesondere in familiengeführten Unternehmen, sind typischerweise durch den Konflikt unterschiedlicher Logiken charakterisiert. Die familiale Logik basiert auf Werten wie Loyalität, Tradition, langfristiger Stabilität und persönlicher Bindung. Die marktlogische Orientierung eines externen Nachfolgers hingegen betont Effizienz, Wachstum, Wettbewerbsfähigkeit und Rendite. Diese Logiken sind nicht deckungsgleich, sondern können in Spannung zueinander geraten: Mitarbeitende oder Stakeholder, die stark in der familialen Logik sozialisiert sind, interpretieren marktorientierte Handlungen des Nachfolgers möglicherweise als Bruch mit der Identität des Unternehmens. Gleichzeitig können Logiken aber auch hybridisiert werden. Ein Nachfolger kann Elemente der familialen Logik (z. B. regionale Verbundenheit, Loyalität zu Mitarbeitenden) mit Elementen der Marktlogik (z. B. Professionalisierung von Strukturen, Internationalisierung, digitale Transformation) kombinieren. Dadurch entsteht eine neue, hybride Organisationslogik, die Legitimität sowohl im traditionellen Umfeld als auch in modernen Märkten ermöglicht. Gerade in mittelständischen ETA-Kontexten ist diese Hybridisierung entscheidend: Ein zu starker Bruch mit der familialen Logik kann Akzeptanzprobleme auslösen, ein zu starkes Festhalten an dieser Logik kann die Wettbewerbsfähigkeit gefährden. Die Institutional Logics-Theorie sensibilisiert Nachfolger somit für die kulturell-normativen Tiefenstrukturen der Organisation, die über reine Strukturen und Prozesse hinausgehen. Erfolgreiches ETA erfordert, diese Logiken zu erkennen, zu deuten und aktiv zu managen. Praktisch bedeutet dies, dass Nachfolger nicht nur in betriebswirtschaftlichen Kennzahlen denken dürfen, sondern die Bedeutung von Symbolen, Geschichten und Ritualen verstehen müssen, die die Identität und Handlungsorientierung der Organisation prägen. Der Übergang wird nicht nur ökonomisch, sondern auch kulturell und normativ ausgehandelt.

Theorie der Institution Work nach Lawrence und Suddaby

Die Theorie des Institutional Work erweitert die neoinstitutionelle Forschung um eine akteurzentrierte Perspektive. Während oben gezeigte klassische Ansätze von DiMaggio und Powell betonen, dass Organisationen institutionellen Zwängen unterliegen und sich an normative Erwartungen angleichen, stellen Lawrence und Suddaby (2006) die aktive Rolle von Individuen und Organisationen in den Vordergrund. Unter institutional work verstehen sie „das bewusste Handeln von Individuen und Organisationen, das auf die Schaffung, Aufrechterhaltung und Disruption von Institutionen abzielt" (S. 215). Institutionen werden damit nicht mehr ausschließlich als statische, von außen wirkende Strukturen konzeptualisiert, sondern als dynamische Ordnungen, die fortlaufend durch menschliches Handeln reproduziert und transformiert werden. Insbesondere differenzieren Lawrence und Suddaby drei zentrale Kategorien institutioneller Arbeit – creating, maintaining und disrupting institutions:

- *Institutional creation* umfasst Aktivitäten, die neue Regeln, Praktiken, Normen oder Überzeugungen etablieren. Beispiele sind das Formulieren neuer Standards, die Einführung innovativer Praktiken oder die symbolische Neudefinition organisationaler Identität,
- *Institutional maintenance* bezeichnet Handlungen, die darauf abzielen, bestehende institutionelle Ordnungen zu stabilisieren und zu reproduzieren, etwa durch Ritualisierung, Wiederholung oder die Verteidigung gegen externe Angriffe,
- *Institutional disruption* schließlich umfasst Praktiken, die bestehende Institutionen infrage stellen oder aufbrechen, beispielsweise durch Delegitimierung alter Normen oder das Einführen alternativer Narrative.

Die Theorie hebt hervor, dass institutionelle Arbeit in einem Spannungsfeld stattfindet. Akteure müssen Legitimität wahren, indem sie sich an bestehende Normen anlehnen, und zugleich neue Ordnungen schaffen, die Innovation ermöglichen. Diese Prozesse sind oft inkrementell, ambivalent und konflikthaft. Institutioneller Wandel ist selten linear, sondern Ergebnis kontinuierlicher Aushandlung. Im Kontext von Entrepreneurship Through Acquisition (ETA) gewinnt die Theorie besondere Bedeutung, weil Unternehmensnachfolge typischerweise in hoch institutionalisierten Kontexten stattfindet. Übernommene Zielunternehmen sind in der Regel mittelständische, familiengeführte Betriebe, die tief in regionale, branchenspezifische und kulturelle Institutionen eingebettet sind. Der Nachfolger tritt somit nicht in ein „neutrales Feld" ein, sondern in ein dichtes Geflecht aus Erwartungen, Normen und etablierten Praktiken. Erfolgreiche Nachfolger müssen daher institutionelle Arbeit in allen drei Dimensionen leisten:

- *Institutional creation:* Externe Übernehmer bringen oft neue Praktiken mit. Hierzu gehören beispielsweise *professionelle* Governance-Strukturen, digitale Geschäftsmodelle oder neue Marktstrategien. Diese müssen als „legitim" etabliert werden, was institutionelle Arbeit in Form *symbolischer* Kommunikation, der Verankerung neuer Praktiken in Routinen und die Herstellung von Konsistenz zwischen neuen und bestehenden Normen, erfordert.

- *Institutional maintenance:* Gleichzeitig gilt es für ETA-Nachfolger, zentrale Elemente der bestehenden Ordnung zu bewahren, die den sozialen Zusammenhalt und die Legitimität der Organisation sichern. Dazu gehören traditionsreiche Kundenbeziehungen, lokale Verankerung oder die informellen Normen der Belegschaft. Werden diese Elemente vernachlässigt, kann Legitimität in der Belegschaft und bei Stakeholdern rasch verloren gehen.
- *Institutional disruption:* Schließlich kann ETA auch gezielt zur Transformation genutzt werden, wenn bestehende Routinen oder Normen den langfristigen Erfolg blockieren. Dies betrifft beispielsweise patriarchalisch geprägte Führungsstrukturen oder ineffiziente, durch Gewohnheit gestützte Prozesse. Hier müssen Nachfolger alte Institutionen delegitimieren und neue Sinnhorizonte etablieren, was in Form narrativer Brüche („Wir müssen den nächsten Schritt in die Zukunft gehen") oder durch bewusste Abkehr von überkommenen Ritualen erfolgen kann.

Die Theorie des Institutional Work verdeutlicht damit, dass Nachfolgeprozesse vor allem durch aktive Sinn- und Ordnungsarbeit geprägt sind. Ein Übernehmer agiert nicht lediglich als Verwalter, sondern als institutioneller Unternehmer, der alte Institutionen teilweise erhält, teilweise verändert und teilweise ersetzt. Der Erfolg von ETA hängt maßgeblich davon ab, ob dieser Balanceakt gelingt: zu viel Disruption gefährdet Legitimität und Akzeptanz, zu viel Maintenance verhindert notwendige Transformation. Daraus ergibt sich die praktische Implikation, dass Nachfolger institutionelle Arbeit als bewusste Führungsaufgabe begreifen sollten. Dazu gehört eine sorgfältige Diagnose der bestehenden institutionellen Logiken, eine klare Kommunikationsstrategie zur Legitimation neuer Praktiken sowie die Fähigkeit, Widerstände durch symbolische und praktische Handlungen zu überwinden. ETA kann somit nicht nur als Eigentümerwechsel, sondern als institutioneller Wandelprozess verstanden werden, dessen Erfolg von der Qualität der geleisteten institutionellen Arbeit abhängt.

4.6 Psychologische Theorien

Ein profundes Verständnis psychologischer Theorien erweist sich im Kontext von Entrepreneurship Through Acquisition als konstitutiv, da diese Unternehmensform durch eine distinkte psychologische Komplexität charakterisiert ist, die sich fundamental von traditionellen unternehmerischen Pfaden unterscheidet. Während klassisches Gründungsunternehmertum primär durch die Materialisierung eigener Visionen und den inkrementellen Aufbau organisationaler Strukturen gekennzeichnet ist, konfrontiert ETA den Unternehmer mit der Herausforderung, in ein präexistentes soziales System mit etablierten Beziehungsgeflechten, kulturellen Artefakten und psychologischen Kontrakten zu intervenieren. Die Interdependenzen zwischen diesen psychologischen Theorien offenbaren sich in ihrer synergistischen Wirkung auf Transitionsprozesse bei ETA. Vertrauen fungiert hierbei als zentraler Mediator, der es ermöglicht, organisationale Übergänge als psychosoziale Transformationsprozesse zu konzeptualisieren und zu gestalten.

Self-Determination Theory (SDT) nach Deci und Ryan

Die Self-Determination Theory (SDT), entwickelt von Edward L. Deci und Richard M. Ryan (2000), zählt zu den einflussreichsten psychologischen Motivationstheorien der letzten Jahrzehnte und bietet einen differenzierten Rahmen, um Motivation, Verhalten und Wohlbefinden in organisationalen Kontexten zu erklären. Ausgangspunkt der SDT ist die Annahme, dass Menschen ein angeborenes Bedürfnis nach Selbstbestimmung, Kompetenzerleben und sozialer Eingebundenheit besitzen. Diese drei universellen psychologischen Grundbedürfnisse gelten kultur- und kontextübergreifend und bilden die Basis für intrinsische Motivation, psychologisches Wachstum und nachhaltige Leistungsbereitschaft (Deci & Ryan, 2000). Die Theorie unterscheidet verschiedene Formen der Motivation entlang eines Kontinuums von Amotivation, d. h. dem Fehlen von Zielorientierung, über extrinsischer Motivation bis hin zu intrinsischer Motivation (Deci & Ryan, 1985). Während intrinsische Motivation durch genuine Neugier, Interesse und Freude an der Tätigkeit selbst gekennzeichnet ist, beschreibt extrinsische Motivation Handeln, das durch externe Ziele, Belohnungen oder Zwänge geleitet wird. Extrinsische Motivation kann mehr oder weniger selbstbestimmt sein, je nachdem, in welchem Ausmaß Individuen die externen Anforderungen internalisiert und in ihr Selbstkonzept integriert haben. Deci und Ryan differenzieren daher extrinsische Motivation in vier Regulationsformen, die einen Prozess zunehmender Internalisierung und Selbstbestimmung darstellen:

1. *Externale Regulation* ist die am wenigsten selbstbestimmte Form der Motivation. Verhalten wird ausschließlich durch externe Belohnungen (z. B. Geld, Lob, Status) oder die Vermeidung von Strafen gesteuert.
2. *Introjektierte Regulation,* bei der externe Erwartungen bereits teilweise internalisiert sind, aber noch nicht als eigen erlebt werden. Individuen handeln, um Schuldgefühle, Angst vor Ablehnung oder den Verlust von Selbstwert zu vermeiden. Verhalten entsteht aus einem inneren „Muss", nicht aus echter Überzeugung.
3. *Identifizierte Regulation,* bei der das Ziel oder Verhalten als persönlich bedeutsam anerkannt wird, auch wenn es ursprünglich extern vorgegeben war. Hier handeln Individuen, weil sie den Wert oder Nutzen der Handlung verstehen und akzeptieren.
4. *Integrierte Regulation,* bei der externe Ziele vollständig in das Selbstkonzept integriert und als konsistent mit den eigenen Werten und Überzeugungen erlebt werden. Das Handeln erfolgt aus vollem innerem Einverständnis, wenngleich es auf externe Ergebnisse gerichtet ist. Sie stellt die selbstbestimmteste Form extrinsischer Motivation dar.

Entscheidend ist, dass Motivation nicht als dichotomes Konstrukt („intrinsisch vs. extrinsisch") verstanden wird, sondern als dynamischer Prozess, in dem extrinsische Ziele zunehmend internalisiert und in das Selbst integriert werden können, sofern das soziale Umfeld Autonomie, Kompetenz und Verbundenheit unterstützt. Für Organisationen und Führungskontexte liefert die SDT wichtige Erkenntnisse darüber, wie Motivationsqualität entsteht. Ein Führungsstil, der autonomieunterstützend agiert, d. h. Wahlmöglichkeiten eröffnet, rationale Begründungen liefert und individuelle Perspektiven respektiert, fördert die Internalisierung organisationaler Ziele. Dagegen hemmen kontrollierende oder restriktive Führungspraktiken die intrinsische Motivation und führen zu reaktiven, oberflächlichen Verhaltensanpassungen. Im Kontext von Entrepreneurship Through Acquisition (ETA) besitzt die SDT besondere Relevanz, weil Nachfolgeprozesse auf allen Ebenen tief in die Motivationsstruktur der Beteiligten eingreifen, sowohl beim Nachfolger selbst als auch bei den Mitarbeitenden des übernommenen Unternehmens.

Für Nachfolger ist der Erwerb eines Unternehmens oft Ausdruck eines starken Bedürfnisses nach Autonomie, d. h. dem Wunsch, selbstbestimmt zu handeln, eigene Strategien umzusetzen und Verantwortung zu übernehmen. Gleichzeitig spielt das Bedürfnis nach Kompetenz eine Rolle. Nachfolgende wollen beweisen, dass sie fachlich in der Lage sind, ein bestehendes Unternehmen erfolgreich weiterführen und entwickeln zu können. Hinzu kommt das Bedürfnis nach sozialer Eingebundenheit, also das Streben, Teil einer Gemeinschaft zu werden und von Mitarbeitenden, Kunden und Partnern als legitimer Führer anerkannt zu werden. Der Erfolg von ETA hängt wesentlich davon ab, ob der Nachfolger diese Bedürfnisse in seiner neuen Rolle befriedigen kann. Übermäßige Kontrolle durch Investoren oder der fortbestehende Einfluss des Altinhabers können das Autonomieerleben erheblich einschränken und zu Demotivation, Frustration oder oberflächlichem Handeln führen. Für Mitarbeitende stellt ETA häufig eine Phase der Unsicherheit dar, in der vertraute Routinen, Führungspersonen und Werte infrage gestellt werden. Die SDT bietet hier ein wertvolles Diagnoseinstrument. Mitarbeitende reagieren besonders positiv, wenn der neue Eigentümer ein Umfeld schafft, das die drei Grundbedürfnisse unterstützt:

- *Autonomie,* d. h. Mitarbeitende erleben Mitbestimmung und Einfluss auf den Wandel,
- *Kompetenz,* in dem Mitarbeitende klare Aufgaben, Feedback und Lerngelegenheiten, erhalten, die Sicherheit und Selbstwirksamkeit stärken,
- *Soziale Eingebundenheit,* in dem der Nachfolger Zugehörigkeit, Anerkennung und Vertrauen fördert.

Führung, die diese Bedürfnisse respektiert, führt zu einer höheren Identifikation mit dem neuen Eigentümer und zur Internalisierung seiner Ziele – ein entscheidender Erfolgsfaktor für kulturelle Integration. In der Übernahmephase lassen sich aus der SDT konkrete Handlungsprinzipien ableiten. Nachfolger sollten Autonomieunterstützung statt Kontrolle leisten und bewusst Raum für Mitsprache, Selbstorganisation und offene Kommunikation schaffen. Besonders in KMU, in denen Mitarbeitende häufig über lange Betriebszugehörigkeit verfügen, wird autoritäre Kontrolle als Bedrohung wahrgenommen. Durch gezielte Entwicklungsgespräche, klare Rollen und Feedbackprozesse können Unsicherheiten reduziert und Leistungsfähigkeit sowie Kompetenzerleben gestärkt und gefördert werden. Der Aufbau persönlicher Beziehungen und die Anerkennung der bisherigen Leistungen schaffen Zugehörigkeit und soziale Eingebundenheit und damit Vertrauen, das die Grundlage jeder erfolgreichen Transformation ist. Die SDT verdeutlicht damit, dass Nachfolge nicht allein ein strategischer oder struktureller Prozess ist, sondern ein tief psychologischer Anpassungsprozess, in dem Motivation und Sinn eine zentrale Rolle spielen. Der Nachfolger muss die motivationalen Mechanismen verstehen, die Engagement, Widerstand oder Resignation der Mitarbeitenden erklären. Während ökonomische Theorien auf Effizienz, Ressourcen und Märkte fokussieren, zeigt die SDT, dass nachhaltiger Erfolg nur dort entsteht, wo Menschen sich intrinsisch mit den neuen Zielen identifizieren. Zugleich bietet die Theorie auch eine Erklärung für das Scheitern mancher Nachfolgen: Wenn Nachfolger durch zu starke Kontrolle, fehlende Anerkennung oder rein extrinsische Anreizsysteme ein „kontrollierendes Klima" schaffen, wird das Autonomieerleben der Mitarbeitenden unterminiert. Hierdurch besteht das Risiko, dass die Motivation sinkt, Vertrauen erodiert, und Veränderungen auf passiven Widerstand stoßen.

Psychological Ownership

Die Psychological Ownership Theory (Pierce et al., 2001) beschreibt mit dem subjektiven Erleben von Besitz ein zentrales psychologisches Phänomen in Organisationen. Damit ist das Gefühl des *„Mein"* oder *„Unser"* gemeint, das Individuen in Bezug auf Objekte, Aufgaben, Ideen oder Organisationen entwickeln können. Dieses entsteht, wenn Individuen Kontrolle über ein Objekt oder System ausüben, Zeit und Energie darin investieren und es eng in ihr Selbstkonzept integrieren. Psychological Ownership ist somit keine rechtliche, sondern eine psychologische und emotionale Beziehung zwischen einer Person und einem Besitzobjekt.

Pierce et al. (2001) verankern PO in drei fundamentalen menschlichen Motiven:

1. *Effektanz,* die das Bedürfnis beschreibt, Kontrolle über die Umwelt auszuüben und Wirkungen zu erzielen,
2. *Selbstidentität,* die das Bedürfnis meint, das eigene Selbst durch Objekte oder Zugehörigkeiten zu definieren („Das Unternehmen bin ich"),
3. *Ort der Zugehörigkeit,* d. h. das Bedürfnis, sich an einem Ort „zu Hause" zu fühlen, emotional verwurzelt zu sein.

Die Entwicklung von Psychological Ownership wird durch drei psychologische Hauptmechanismen gefördert. Zunächst sind Individuen in der Lage, Kontrolle über Prozesse, Ressourcen oder Entscheidungen auszuüben. Weiter verfügen sie über intimiertes Wissen über das Besitzobjekt und verstehen, wie es „funktioniert". Letztlich erfolgte eine Selbstinvestition von Zeit, Energie und Emotion in den Aufbau oder die Pflege des Objekts. Das Erleben von PO hat weitreichende Konsequenzen: Es fördert Verantwortungsgefühl, Engagement, Loyalität und Leistung, kann jedoch auch zu Beharrungstendenzen, Besitzverteidigung oder Konflikten führen, wenn mehrere Akteure Ansprüche auf denselben Besitzgegenstand erheben (Pierce & Jussila, 2011). Gerade im Kontext von ETA ist die Perspektive des abgebenden Eigentümers psychologisch hoch relevant. Familienunternehmer oder

Gründer entwickeln über Jahre oder Jahrzehnte hinweg ein tiefes Gefühl des psychologischen Eigentums am Unternehmen. Sie haben nicht nur Kapital investiert, sondern auch persönliche Identität, Werte, Zeit und Lebenssinn. Das Unternehmen wird zu einem zentralen Bestandteil ihres Selbstkonzepts oder, psychologisch formuliert, zu einer „Erweiterung des Selbst" (Belk, 1988). Dieses tiefe Ownership-Bewusstsein erfüllt die drei psychologischen Motive in besonderem Maße: Im Rahmen der Effektanz erlebt der Unternehmer Kontrolle und Wirksamkeit, denn sein Handeln schafft reale Ergebnisse. In Bezug auf die Selbstidentität fungiert das Unternehmen als Symbol des Lebenswerks, der Kompetenz und des gesellschaftlichen Status. Schließlich bildet die Organisation das soziale und emotionale Umfeld, in dem sich das Selbst des Unternehmers verortet und schafft damit einen Ort der Zugehörigkeit. Wenn die Übergabe des Unternehmens bevorsteht, wird dieses tief verankerte Gefühl des Besitzes erschüttert. Der Eigentümer erlebt den Verlust von Kontrolle, Einfluss und Bedeutung und eine Bedrohung zentraler Identitätsdimensionen. Studien zeigen, dass Unternehmer in dieser Phase häufig Ambivalenz empfinden. Einerseits herrscht der rationale Wunsch nach einer Nachfolge und damit der Erhaltung des Lebenswerks, andererseits blockieren emotionale Schwierigkeiten die Fähigkeit „loszulassen" (Le Breton-Miller et al., 2004). Diese Ambivalenz kann zu dysfunktionalem Verhalten, wie zu Mikromanagement, Einmischung nach der Übergabe oder verdeckter Einflussnahme führen, um symbolisch Ownership aufrechtzuerhalten. Aus Sicht der Psychological Ownership Theory handelt es sich dabei nicht um reine Kontrollsucht, sondern um eine Identitäts- und Sinnkrise. Der Verlust des Unternehmens wird als Verlust eines Teils des Selbst erlebt. Erfolgreiche Übergabeprozesse müssen daher diese psychologische Dimension bewusst gestalten. Eine Möglichkeit hierzu ist die kontinuierliche Einbindung des Altinhabers in beratender Funktion, um Residuen von Ownership positiv zu kanalisieren. Weiter kann eine symbolische Anerkennung der unternehmerischen Lebensleistung, z. B. Ehrenvorsitz, Festakt, oder die Namensbeibehaltung die Re-Definition von Identität unterstützen. Schließlich kann das Verständnis der Nachfolgeplanung als gemeinsamer Entwicklungsprozess statt einer reinen finanziellen Transaktion eine graduelle „psychologische Entkopplung" ermöglichen.

Für den Nachfolger stellt der Erwerb eines Unternehmens den Beginn eines gegenteiligen psychologischen Prozesses dar und beschreibt den Aufbau neuen Ownerships. Obwohl er rechtliches Eigentum erwirbt, fehlt ihm zu Beginn oft das psychologische Eigentum. Das Unternehmen fühlt sich (noch) nicht „wie das eigene" an, insbesondere, wenn er es nicht selbst aufgebaut hat. Auch hier beschreibt der Aufbau von Psychological Ownership einen Prozess, der schrittweise verläuft. Mit der Übernahme realer Entscheidungsverantwortung übernimmt der Nachfolger Kontrolle und die Möglichkeit zur Gestaltung von Strategien und Strukturen. Durch eine intensive Auseinandersetzung mit der Organisation, Kultur und den Menschen erhält der Nachfolger Wissen. Schließlich erfüllt der Nachfolger durch emotionales und kognitives Engagement in den Aufbau des neuen Kapitels auch den Aspekt der Selbstinvestition. Dieser Prozess kann gestört werden, wenn Altinhaber die Kontrolle nicht vollständig übergeben oder wenn externe Investoren den Handlungsspielraum stark einschränken. Ein Mangel an wahrgenommener Kontrolle hemmt das Entstehen psychologischen Eigentums, führt zu Frustration und reduziert die intrinsische Motivation (vgl. Deci & Ryan, 2000). Erfolgreiche Nachfolger schaffen Ownership, indem sie aktive Aneignung betreiben. Hierbei interpretieren sie Geschichte, Werte und Kultur neu, verknüpfen sie mit ihrer eigenen Vision und schaffen durch symbolisches und operatives Handeln (z. B. durch strategische Entscheidungen, Führungsstil, Kommunikation) eine neue, integrierte Identität.

Auch Mitarbeitende, insbesondere gesetzte Führungskräfte, besitzen eine Form von psychologischem Eigentum. Durch langjährige Zugehörigkeit, informelle Einflussnahme und emotionales Investment betrachten sie das Unternehmen als „ihres". Der Eigentümerwechsel stellt dieses Gefühl infrage. Mitarbeitende können das ETA als Enteignungserfahrung empfinden, denn der neue Eigentümer bedroht ihre Kontrolle, verändert Prozesse und symbolische Ordnungen. In dieser Situation muss der Nachfolger Ownership neu „verteilen" und Kontrolle ermöglichen, dem er Mitarbeitende in Entscheidungen einbindet. Durch Transparenz über Ziele und Hintergründe teilt der Nachfolger zudem Wissen mit den Mitarbeitenden. Die Selbstinvestition wiederum kann gefördert werden, wenn Mitarbeitende aktiv in die Zukunftsgestaltung einbezogen werden. Greifen diese Mechanismen, wandelt sich das Unternehmen von einem „Eigentum des Gründers" zu einem gemeinsamen Besitzraum und einer Organisation, in der kollektives Ownership entsteht. Dennoch können durch ETA interpersonale Ownership-Konflikte und Übergabedynamiken entstehen, wenn verschiedene Ownership-Systeme in Kontakt kommen. Das psychologische Eigentum des Altinhabers steht hierbei dem entstehenden Ownership des Nachfolgers und dem kollektiven Ownership der Mitarbeitenden gegenüber. Diese Systeme überlappen, kollidieren oder ergänzen sich. Typische Konfliktlinien liegen dann im Kampf um Kontrolle, Deutungshoheit oder Einfluss, insbesondere zwischen Altinhaber und Nachfolger. Auf Seite der Mitarbeitenden kann Misstrauen entstehen, wenn der Nachfolger das bestehende Ownership der Belegschaft nicht respektiert. Zudem können hier Loyalitätskonflikte bei anhaltendem Einfluss des Übergebers auftreten. Ein bewusster, wertschätzender Umgang mit diesen Ownership-Systemen ist entscheidend für die psychologische Stabilisierung des Nachfolgeprozesses. Führung wird dabei zur moderierenden Instanz, die nicht nur Macht überträgt, sondern Besitzgefühle transformiert.

Social Identity Theory

Ein weiterer relevanter theoretischer Ansatz für das Verständnis von Unternehmensnachfolge und Entrepreneurship Through Acquisition (ETA) ist die Social Identity Theory. Ursprünglich von Tajfel und Turner (1979) entwickelt, geht diese davon aus, dass Individuen einen wesentlichen Teil ihres Selbstkonzeptes aus der Zugehörigkeit zu sozialen Gruppen ableiten. Soziale Identität entsteht durch die Kategorisierung (wir vs. sie), die Identifikation (Selbstdefinition durch Gruppenzugehörigkeit) und die soziale Vergleichsdimension (Bewertung der eigenen Gruppe im Verhältnis zu anderen). Die Theorie betont, dass Individuen danach streben, ein positives Selbstbild zu erhalten, was über die Zugehörigkeit zu Gruppen und die Abgrenzung zu Fremdgruppen erfolgt. Hogg und Terry (2000) haben diesen Ansatz auf organisationale Kontexte übertragen und herausgearbeitet, dass Organisationen ebenfalls soziale Identitätsarenen darstellen. Mitarbeitende definieren sich demnach nicht nur über individuelle Merkmale, sondern auch über ihre Zugehörigkeit zur Organisation und deren Subgruppen. Führung und organisationaler Wandel sind aus dieser Perspektive eng mit der Frage verknüpft, ob es den Akteuren gelingt, soziale Identität zu stiften, zu stabilisieren oder zu transformieren. Besonders in Veränderungssituationen wie Fusionen, Übernahmen oder Nachfolgeprozessen, spielt die Konstruktion kollektiver Identität eine zentrale Rolle für Akzeptanz, Motivation und Loyalität. Die Relevanz der Social Identity Theory wird im Kontext von ETA unmittelbar deutlich. Externe Nachfolger übernehmen Organisationen, die häufig über Jahrzehnte eine spezifische Kultur und Identität entwickelt haben. Mitarbeitende sehen sich als Teil einer „Familie" oder einer regional und kulturell verankerten Unternehmensgemeinschaft. Kommt ein neuer Eigentümer hinzu, besteht die Gefahr, dass diese Identität infrage gestellt wird. Mitarbeitende können den Nachfolger zunächst als „Fremdgruppenvertreter" wahrnehmen, was Widerstände, Loyalitätskonflikte und Motivationsprobleme erzeugt. Der Erfolg des Nachfolgers hängt daher wesentlich davon ab, ob es ihm gelingt, eine neue geteilte Identität zu etablieren, die sowohl die Werte und Traditionen des Unternehmens respektiert als auch eine zukunftsgerichtete Perspektive integriert. Die Theorie liefert damit einen wichtigen Erklärungsansatz für die sozialen Dynamiken, die im Rahmen von ETA-Prozessen oft unterschätzt werden. Während ökonomische und strukturelle Dimensionen dominieren, zeigt die Social Identity Theory, dass Akzeptanz und Vertrauen nicht allein durch Verträge oder finanzielle Anreize hergestellt werden können. Vielmehr muss der Nachfolger durch Kommunikation, Vorbildverhalten und die Schaffung gemeinsamer Symbole und Narrative die Grundlage für eine geteilte Identität schaffen. Gelingt dies, werden Mitarbeitende den Nachfolger nicht mehr als externen „Eindringling", sondern als legitimen Teil der In-Group wahrnehmen. Dies stellt eine zentrale Voraussetzung für erfolgreiche Transformation und nachhaltige Wertschöpfung im Zuge von ETA dar.

Organizational Justice Theory

Die Organizational Justice Theory (Greenberg, 1990) bildet einen zentralen Ansatz innerhalb der Organisationspsychologie, um zu verstehen, wie Wahrnehmungen von Fairness das Verhalten, die Motivation und das Vertrauen von Individuen in Organisationen prägen. Ursprünglich auf der Equity Theory von Adams (1965) basierend, hat sich die Gerechtigkeitsforschung zu einem differenzierten Konzept entwickelt, das heute drei Dimensionen umfasst: distributive, prozedurale und interaktionale Gerechtigkeit. Diese Dimensionen beschreiben, wie Menschen nicht nur die Ergebnisse organisationaler Entscheidungen, sondern auch deren Prozesse und die Art der zwischenmenschlichen Behandlung bewerten. Distributive Gerechtigkeit bezieht sich auf die wahrgenommene Fairness von Ergebnissen, etwa von Entlohnung, Beförderung oder Anerkennung. Mitarbeitende vergleichen dabei ihr eigenes Verhältnis von Input zu Output mit dem anderer Personen. Ungleichheiten werden dann als gerechtfertigt empfunden, wenn sie auf nachvollziehbaren Leistungsunterschieden beruhen, und als ungerecht, wenn sie willkürlich oder bevorzugend erscheinen. Im Kontext von Entrepreneurship Through Acquisition gewinnt diese Dimension besondere Bedeutung, da Übernahmen regelmäßig mit Neuverteilungen von Ressourcen, Rollen und Verantwortlichkeiten einhergehen. Mitarbeitende, die die Entscheidungen des Nachfolgers als willkürlich oder einseitig erleben, interpretieren dies als Bruch mit dem bisherigen Gerechtigkeitsverständnis. Eine solche Wahrnehmung führt häufig zu Misstrauen, Demotivation oder passivem Widerstand. Wird die Neuordnung hingegen als nachvollziehbar, leistungsgerecht und transparent wahrgenommen, kann der Nachfolger Akzeptanz schaffen und Legitimität aufbauen. Prozedurale Gerechtigkeit hingegen betrifft die Fairness der Entscheidungsprozesse selbst und zwar unabhängig von deren Ergebnis. Sie beschreibt, in welchem Maß Mitarbeitende den Eindruck haben, dass Entscheidungsverfahren konsistent, unparteiisch, auf verlässlichen Informationen beruhend und ethisch vertretbar sind (Leventhal, 1980). In ETA- und Nachfolgeprozessen ist diese Wahrnehmung entscheidend, da Mitarbeiterinnen und Mitarbeiter nicht zwingend erwarten, dass sie von allen Entscheidungen profitieren, wohl aber, dass die Entscheidungen nachvollziehbar und respektvoll zustande kommen. Ein Nachfolger, der Entscheidungsprozesse transparent kommuniziert, unterschiedliche Perspektiven einbezieht und Feedback ermöglicht, schafft prozedurale Gerechtigkeit und signalisiert Respekt gegenüber der bestehenden Organisationskultur. Empirische Befunde zeigen, dass prozedurale Fairness in Phasen organisationaler Unsicherheit, wie etwa nach Akquisitionen, ein zentraler Prädiktor für Vertrauen und Leistungsbereitschaft ist (Colquitt et al., 2001). Ergänzend dazu beschreibt die interaktionale Gerechtigkeit, eingeführt von Bies und Moag (1986), die Qualität der zwischenmenschlichen Behandlung in Veränderungsprozessen. Sie umfasst zwei Aspekte: die interpersonale Gerechtigkeit, also den respektvollen Umgang mit Betroffenen, und die informationale Gerechtigkeit, die sich auf die Offenheit und Ehrlichkeit der Kommunikation bezieht. Gerade in Übernahmeprozessen wirkt diese Dimension als sozialer Puffer gegen Unsicherheit. Wie der Nachfolger mit der Belegschaft kommuniziert, ob er auf Augenhöhe auftritt, Sorgen ernst nimmt und Entscheidungen verständlich erklärt, beeinflusst die Fairnesswahrnehmung stärker als die Entscheidungen selbst. Nachfolger, die empathisch und transparent handeln, werden als glaubwürdig und integer wahrgenommen; umgekehrt kann ein autoritärer, distanzierter oder taktisch kommunikationsarmer Führungsstil Vertrauen irreversibel beschädigen. Gerechtigkeit ist in ETA-Prozessen ein vielschichtiges und relationales Phänomen, das in einem Spannungsfeld zwischen Altinhaber, Nachfolger und Mitarbeitenden erlebt wird. Der übergebende Unternehmer bewertet die Fairness der Nachfolge unter anderem daran, wie respektvoll mit seinem Lebenswerk, seinen Werten und seiner Person umgegangen wird. Wird der Übergabeprozess als respektlos oder symbolisch entwertend erlebt, entsteht nicht selten verdeckter Widerstand – etwa durch Zurückhalten von Informationen oder nachträgliche Einflussnahme. Der Nachfolger wiederum beurteilt die Fairness der Übergabe daran, ob ihm Vertrauen, Handlungsspielraum und ehrliche Kommunikation gewährt werden. Fehlende Transparenz oder die Einmischung des Altinhabers können als ungerecht und bevormundend erlebt werden. Schließlich beobachten die Mitarbeitenden genau, wie fair Nachfolger und Altinhaber miteinander umgehen. Diese Beobachtung prägt die Wahrnehmung dessen, welche Werte künftig im Unternehmen gelten. Eine respektvolle, transparente und ethisch sensible Übergabe erzeugt Vertrauen und stärkt die Legitimität des neuen Eigentümers, in dem sie als moralisches Signal an das gesamte System wirkt. Die Wahrnehmung von Fairness beeinflusst somit das emotionale Klima und die soziale Kohäsion in Nachfolgeprozessen unmittelbar. Organizational Justice fungiert als integrativer Mechanismus, der rationale Restrukturierung mit emotionaler Akzeptanz verbindet. Sie erklärt, warum Nachfolgeprozesse häufig nicht an ökonomischen oder strategischen Fehlern scheitern, sondern an subjektiv erlebter Ungerechtigkeit. Fehlt Gerechtigkeit, entstehen Misstrauen, psychologische Distanz und Widerstände; wird sie hingegen aktiv gestaltet, kann ETA als sozial nachhaltiger Transformationsprozess gelingen.

Interdisziplinäre Vertrauenstheorie nach Rousseau et al. (1998) und Differenzierung kognitions- und affektbasierten Vertrauens nach McAllister (1995)
Vertrauen zählt zu den zentralen sozialen Mechanismen moderner Organisationen und stellt insbesondere in Transformationsprozessen wie Entrepreneurship Through Acquisition eine unverzichtbare psychologische und strukturelle Ressource dar. Trotz seiner intuitiven Allgegenwärtigkeit wurde Vertrauen in den Sozial-, Wirtschafts- und Organisationswissenschaften lange Zeit disziplinär zersplittert betrachtet. Erst die interdisziplinäre Synthese von Rousseau et al. (1998) markierte eine theoretische Konsolidierung, die Vertrauen als universelles, sozial eingebettetes und risikobehaftetes Phänomen begriff. Sie definieren Vertrauen als „a psychological state comprising the intention to accept vulnerability based upon positive expectations of the intentions or behavior of another" (S. 395). Damit wird Vertrauen als psychologischer Zustand verstanden, der die Bereitschaft zur Verwundbarkeit gegenüber einem anderen Akteur auf Basis positiver Erwartungen hinsichtlich dessen Absichten oder zukünftigen Verhaltens beinhaltet. Diese Definition integriert zentrale Elemente unterschiedlicher Disziplinen. Aus der Ökonomie stammt das Motiv der Risikoabwägung, aus der Psychologie das Konzept der Erwartung und der subjektiven Kontrolle, und aus der Soziologie die Einsicht, dass Vertrauen sozial eingebettet ist und institutionell gestützt oder unterminiert werden kann. Vertrauen entsteht somit an der Schnittstelle von Rationalität, Emotion und Sozialstruktur. Es ist kein naiver Glaube an Wohlwollen, sondern ein kognitiv-emotionaler Mechanismus, der Unsicherheit reduziert und Kooperation unter Bedingungen unvollständiger Information ermöglicht. Im Kontext von ETA ist diese Definition von besonderer Bedeutung, da Unternehmensnachfolge per se durch asymmetrische Information, Ambiguität und potenziellen Interessenkonflikt geprägt ist. Altinhaber, Nachfolger und Mitarbeitende handeln in einem Feld, in dem vollständige Kontrolle unmöglich und formale Verträge nur begrenzt durchsetzbar sind. Vertrauen wird daher zum funktionalen Substitut für Kontrolle und einem Mechanismus, der Transaktionen, Wissenstransfer und kulturelle Integration ermöglicht, wo formale Steuerung an ihre Grenzen stößt. Rousseau et al. (1998) betonen, dass Vertrauen keine stabile Eigenschaft einer Person oder Organisation ist, sondern ein relationaler, kontextabhängiger Zustand. Es entsteht aus einem Zusammenspiel von individuellen Dispositionen (z. B. allgemeine Vertrauensneigung), situationsspezifischen Merkmalen (z. B. Risiko, Interdependenz, Machtasymmetrien) und institutionellen Rahmenbedingungen (z. B. rechtliche Absicherung, Branchenethik, Reputation). Vertrauen ist

dabei immer kontextrelativ: In einer Nachfolge kann derselbe Akteur – etwa der Nachfolger – gleichzeitig Vertrauen von Investoren genießen, Misstrauen des Altinhabers erfahren und situativ schwankendes Vertrauen in die Belegschaft entwickeln. Diese Vielschichtigkeit macht Vertrauen im ETA-Kontext sowohl kritisch als auch fragil. Einen bedeutsamen Beitrag zur Differenzierung des Vertrauensbegriffs leistet McAllister (1995), der zwischen kognitionsbasiertem und affektbasiertem Vertrauen unterscheidet. Diese beiden Dimensionen ergänzen und vertiefen die Definition von Rousseau et al. (1998), indem sie verdeutlichen, dass Vertrauen auf unterschiedlichen psychologischen Grundlagen beruht und in sozialen Beziehungen unterschiedliche Funktionen erfüllt. Kognitionsbasiertes Vertrauen (cognition-based trust) beruht auf rationaler Beurteilung der Verlässlichkeit, Kompetenz und Integrität einer Person. Es ist die Form des Vertrauens, die entsteht, wenn Akteure genügend Informationen über die Vergangenheit, die Fähigkeiten und die Motive des Gegenübers besitzen, um dessen Verhalten vorherzusagen. Dieses Vertrauen ist „wissensbasiert" und rational rekonstruierbar. Es wächst durch Erfahrungen und beobachtbare Konsistenz. Gerade in der frühen Phase von ETA-Prozessen dominiert kognitionsbasiertes Vertrauen. Hier wird der Nachfolger zunächst auf Grundlage objektiver Indikatoren beurteilt, etwa seines beruflichen Hintergrunds, seiner Managementerfahrung oder der Art, wie er die ersten Entscheidungen trifft. Mitarbeitende und Altinhaber beobachten, ob er fachlich kompetent, verlässlich und konsistent handelt. Wird dieses Vertrauen durch glaubwürdige Kompetenzsignale bestätigt, entsteht eine erste Stabilisierung der Beziehung. Werden Erwartungen enttäuscht, schwindet Vertrauen rasch und Misstrauen verfestigt sich. Affektbasiertes Vertrauen (affect-based trust) dagegen entsteht aus emotionaler Verbundenheit, gegenseitiger Fürsorge und der Wahrnehmung von Wohlwollen. Es beruht weniger auf Information als auf Beziehungserfahrung und Empathie. Dieses Vertrauen entwickelt sich, wenn Akteure wiederholt erleben, dass ihr Gegenüber ihre Interessen achtet, emotionale Unterstützung bietet und sich in die gemeinsame Beziehung investiert. Affektbasiertes Vertrauen ist dadurch resilienter gegenüber Unsicherheit und Ambiguität, aber zugleich stärker verletzungsanfällig. In ETA-Prozessen spielt diese Form des Vertrauens insbesondere in der Integrationsphase eine zentrale Rolle. Hier entwickeln Mitarbeitende affektives Vertrauen in den Nachfolger, wenn sie spüren, dass dieser nicht nur wirtschaftliche, sondern auch menschliche Verantwortung übernimmt, sich ehrlich für die Geschichte und die Menschen des Unternehmens interessiert und seine Macht empathisch ausübt. McAllister (1995) zeigt empirisch, dass kognitions- und affektbasiertes Vertrauen nicht in Konkurrenz, sondern in einer Entwicklungssequenz stehen. Kognitives Vertrauen bildet die notwendige Grundlage und stellt die Eintrittskarte in eine funktionierende Beziehung dar. Affektives Vertrauen entsteht erst später, wenn wiederholte positive Interaktionen emotionale Bindung erzeugen. In diesem Sinne lässt sich Vertrauen als duales Prozesskonstrukt verstehen. Es vereint rationale Kalkulation und emotionale Verbundenheit. Für Nachfolger bedeutet dies, dass Vertrauen zunächst durch Konsistenz, Kompetenz und Transparenz gewonnen wird, langfristig aber durch Nähe, Respekt und Authentizität gesichert werden muss. Im Zusammenspiel liefern Rousseau et al. (1998) und McAllister (1995) ein umfassendes, interdisziplinäres Modell, das Vertrauen als psychologischen

Zustand der Verwundbarkeit (intentional vulnerability) und zugleich als relationales Gefüge von Kognition und Emotion begreift. Vertrauen entsteht damit nicht durch einen einzelnen Akt, sondern durch einen kumulativen Prozess wechselseitiger Erwartungsbestätigung. Dieser Prozess ist im ETA-Kontext besonders sensibel, weil hier Vertrauen mehrfach gebrochen, verschoben oder neu verhandelt werden kann. Altinhaber müssen ihr Vertrauen in den Nachfolger „übersetzen", Mitarbeitende müssen lernen, einer neuen Führung zu glauben, und der Nachfolger muss Vertrauen sowohl aufwärts (gegenüber Investoren) als auch abwärts (gegenüber Mitarbeitenden) managen. Zugleich verweist die Definition von Rousseau et al. (1998) auf eine wichtige Ambivalenz: Vertrauen ist immer auch riskant. Ohne Risiko wäre Vertrauen bedeutungslos, denn seine Existenz setzt die Möglichkeit des Verrats voraus. Gerade in Übernahmeprozessen, in denen asymmetrische Macht und Informationsungleichheit vorherrschen, ist Vertrauen deshalb kein „weiches" Gefühl, sondern eine strategische Entscheidung unter Unsicherheit. Damit ist sie jedoch eine Entscheidung, die Kooperation erst ermöglicht. Für Entrepreneurship Through Acquisition ergibt sich daraus eine klare Implikation: Vertrauen ist nicht die Folge erfolgreicher Integration, sondern ihre Voraussetzung. Es wird nicht nachgelagert, sondern durch Kompetenzsignale, konsistentes Verhalten und glaubwürdige Kommunikation verlagert hergestellt. Gelingt es dem Nachfolger, kognitives Vertrauen durch fachliche Stärke und prozedurale Fairness aufzubauen, entsteht Raum für affektives Vertrauen, das wiederum emotionale Stabilität, Bindung und kulturelle Akzeptanz schafft. Misslingt dieser Aufbau, dominieren Angst, Kontrolle und Misstrauen – die psychologischen Gegenkräfte jedes erfolgreichen Übergangs.

Trust Theory

Vertrauen ist ein fundamentales soziales und psychologisches Konstrukt, das in Organisationen eine zentrale Rolle für Zusammenarbeit, Führung und Wandel spielt. Die von Mayer et al. (1995) entwickelte Integrative Trust Theory beschreibt Vertrauen als „die Bereitschaft einer Person, sich gegenüber einer anderen verletzlich zu machen, basierend auf der Erwartung, dass diese Person die eigene Verletzlichkeit nicht ausnutzen wird" (S. 712). Diese Definition betont zwei Kernelemente: Erstens setzt Vertrauen immer ein Risiko voraus und entsteht damit nicht in Sicherheit, sondern unter Unsicherheit. Zweitens ist Vertrauen kein rein emotionales Gefühl, sondern ein rationaler, erfahrungs- und wertebasierter Prozess, der sich aus der Wahrnehmung bestimmter Eigenschaften der vertrauenswürdigen Person oder Organisation ergibt. Nach Mayer et al. (1995) besteht die Wahrnehmung von Vertrauenswürdigkeit aus drei Dimensionen:

- *Fähigkeit* (ability), die Expertise, Kompetenz und Verlässlichkeit einer Person
- *Wohlwollen* (benevolence), die Überzeugung, dass die vertrauenswürdige Person gute Absichten verfolgt und das Wohl des anderen berücksichtigt,
- *Integrität* (integrity), die Wahrnehmung, dass die Person über stabile moralische Prinzipien verfügt und diese konsistent einhält.

Vertrauen entsteht dann, wenn eine Person alle drei Dimensionen positiv bewertet und bereit ist, sich auf dieser Grundlage verletzlich zu zeigen. Im Kontext von Entrepreneurship Through Acquisition (ETA) gewinnt Vertrauen eine herausragende Bedeutung, weil Übernahme- und Nachfolgeprozesse fast immer mit Unsicherheit, Kontrollverlust und Identitätswandel verbunden sind. Auf der Beziehungsebene zwischen Altinhaber, Nachfolger und Mitarbeitenden entscheidet Vertrauen darüber, ob Informationen geteilt, Verantwortung übertragen und Veränderungsinitiativen akzeptiert werden. Fehlendes Vertrauen hingegen führt zu verdecktem Widerstand, Kommunikationsblockaden und Reaktanz. Für den Altinhaber ist Vertrauen in den Nachfolger die psychologische Voraussetzung für die Bereitschaft, Kontrolle abzugeben und das eigene Lebenswerk loszulassen. Wenn der Nachfolger als fähig, integer und wohlwollend wahrgenommen wird, fällt es leichter, symbolische wie operative Macht zu übergeben. Misstrauen hingegen, etwa aufgrund wahrgenommener Arroganz, Intransparenz oder fehlender Empathie, kann dazu führen, dass der Altinhaber sich weiterhin in operative Entscheidungen einmischt oder den Übergabeprozess verzögert. Vertrauen wird hier zur Bedingung für den Abschluss einer biografischen Identitätsphase und damit zum emotionalen Bindeglied zwischen unternehmerischer Vergangenheit und Zukunft.

Für den Nachfolger selbst ist Vertrauen in zwei Richtungen entscheidend. Einerseits benötigt er Vertrauen in den Altinhaber, um sich auf dessen Wissen, Netzwerke und Beratung verlassen zu können. Andererseits muss er Vertrauen in die Belegschaft entwickeln, um Verantwortung zu delegieren, Entscheidungsfreiheit zu gewähren und nicht in Mikromanagement zu verfallen. Der Aufbau dieses Vertrauens setzt die Fähigkeit voraus, Unsicherheiten zu tolerieren. Diese Eigenschaft bezeichnen Mayer et al. (1995) als propensity to trust, also die individuelle Neigung, anderen zu vertrauen. Diese dispositionale Komponente erklärt, warum Nachfolger trotz identischer organisatorischer Bedingungen unterschiedlich mit Risiko, Kontrolle und Kooperation umgehen. Für die Mitarbeitenden schließlich ist Vertrauen in den neuen Eigentümer die entscheidende Determinante für Akzeptanz und Engagement. In den ersten Monaten nach einer Übernahme verfügen Mitarbeitende über kaum gesicherte Informationen, erleben jedoch einen tiefen Bruch im psychologischen Vertrag. Der bisherige Unternehmer, der als Vertrauensanker galt, tritt ab, und eine neue, unbekannte Führungsperson übernimmt die Kontrolle. In dieser Phase wird Vertrauen nicht durch Anweisungen, sondern durch konsistentes Verhalten aufgebaut. Mitarbeitende beobachten sorgfältig, ob der Nachfolger kompetent handelt (ability), respektvoll und fair kommuniziert (benevolence) und seine Aussagen in Taten umsetzt (integrity). Schon kleine Verstöße wie gebrochene Zusagen, Widersprüche zwischen Worten und Handeln oder respektlose Kommunikation, können Vertrauen irreversibel beschädigen. In Entrepreneurship Through Acquisition ist Vertrauen damit nicht bloß ein moralischer Wert, sondern eine strategische Ressource. Es verkürzt Integrationszeiten, verringert Transaktionskosten und erhöht die Geschwindigkeit organisationaler Lernprozesse. Ein Nachfolger, der Vertrauen aufbaut, schafft Zugang zu implizitem Wissen, erhält ehrliches Feedback und kann Veränderungen mit geringerer Reaktanz umsetzen. Gleichzeitig ist Vertrauen ein fragiles Gut: Es wächst langsam, kann aber durch einen einzigen wahrgenommenen Vertrauensbruch abrupt verloren gehen. Aus praktischer Sicht bedeutet dies, dass Nachfolger Vertrauen aktiv gestalten müssen, nicht durch Appelle, sondern durch konsistente, glaubwürdige und wertorientierte Führung. Vertrauen entsteht durch die Summe kleiner Handlungen: das Einhalten von Zusagen, transparente Kommunikation, die Bereitschaft, Fehler einzugestehen, und den respektvollen Umgang mit Unsicherheit und Kritik. Ein erfolgreicher Nachfolger signalisiert durch sein Verhalten, dass er Verantwortung übernimmt, ohne Dominanz auszuüben, und dass sein Machtanspruch auf Kompetenz, nicht auf Kontrolle beruht.

Theorie der Vertrauensentwicklung

Vertrauen ist kein statischer Zustand, sondern ein Entwicklungsprozess, der sich über Zeit, Erfahrung und Interaktion hinweg entfaltet. Lewicki und Bunker (1996) beschreiben diesen Prozess als eine sequenzielle Entwicklung von Vertrauensformen, die sich in drei Stufen vollzieht: *calculus-based trust, knowledge-based trust* und *identification-based trust.* Dieses Modell ergänzt die statische Perspektive von Mayer et al. (1995) um eine zeitliche Dimension und erklärt, wie Vertrauen in Beziehungen zwischen Individuen und Organisationen entsteht, gefestigt oder zerstört wird. Gerade im Rahmen von Entrepreneurship Through Acquisition (ETA) liefert es wertvolle Einsichten, da Nachfolgeprozesse typischerweise über Monate oder Jahre hinweg verlaufen und in jeder Phase unterschiedliche Vertrauensmechanismen dominieren. Die erste Stufe, das calculus-based trust (CBT), beschreibt Vertrauen, das auf rationalen Abwägungen, wechselseitigen Erwartungen und formaler Kontrolle beruht. Es entsteht aus der Überzeugung, dass der andere seine Verpflichtungen erfüllt, weil er sich an vertragliche, ökonomische oder soziale Sanktionen gebunden fühlt. Vertrauen ist hier kalkuliert und basiert weniger auf Glauben als auf Anreizen und Strafen. In der frühen Phase eines ETA-Prozesses, etwa während der Due-Diligence oder unmittelbar nach der Übergabe, dominiert diese Form des Vertrauens. Der Nachfolger vertraut dem Altinhaber, weil vertragliche Garantien, Informationsrechte oder Earn-out-Klauseln bestehen. Der Altinhaber vertraut, weil Zahlungen abgesichert sind. Mitarbeitende wiederum vertrauen dem neuen Eigentümer zunächst aufgrund der institutionellen Legitimität, d. h. aufgrund seiner formalen Position und Verantwortung und nicht, weil sie ihn persönlich kennen. Diese Phase ist notwendig, aber auch prekär: Das Vertrauen ist rational, jedoch fragil, da es durch jeden wahrgenommenen Vertragsbruch oder Kommunikationsfehler erschüttert werden kann. Mit zunehmender Interaktion und Erfahrung entwickelt sich Vertrauen zur zweiten Stufe, dem knowledge-based trust (KBT). Hier beruht Vertrauen nicht mehr nur auf formaler Absicherung, sondern auf dem Wissen um die Handlungsweisen, Motive und Charakterzüge des anderen. Vertrauen entsteht aus der Verlässlichkeit vergangener Erfahrungen. Man weiß, was vom anderen zu erwarten ist, weil man dessen Verhalten über Zeit beobachtet und interpretiert hat. Für den ETA-Kontext beschreibt dies die Phase, in der der Nachfolger beginnt, die Denkweisen und Werte der Mitarbeitenden zu verstehen. Die Belegschaft wiederum beobachtet, dass der Nachfolger konsistent handelt, Zusagen einhält und kompetent agiert. Auch zwischen Altinhaber und Nachfolger kann auf dieser Ebene gegenseitiges Vertrauen entstehen, etwa wenn der Altinhaber erlebt, dass der Nachfolger das Unternehmen verantwortungsvoll führt und zentrale Prinzipien respektiert. Dieses Wissen reduziert Unsicherheit und erlaubt eine zunehmend offene Kommunikation, die über rein formale Interaktionen hinausgeht. Die dritte und reifste Form, das identification-based trust (IBT), beschreibt Vertrauen, das auf geteilter Identität, gemeinsamen Werten und emotionaler Verbundenheit beruht. Es entsteht, wenn die Beteiligten sich so gut kennen und verstehen, dass sie die Interessen des anderen internalisiert haben und deren Handeln antizipieren können. Vertrauen wird hier relational und affektiv. Es beruht nicht mehr auf Kontrolle oder Wissen, sondern auf gegenseitiger Identifikation. In erfolgreichen Nachfolgeprozessen erreicht das Vertrauen zwischen Nachfolger, Altinhaber und Belegschaft diesen Zustand, wenn eine gemeinsame Vision, ein neues „Wir-Gefühl" und geteilte kulturelle Orientierung entstehen. Die Organisation erkennt den Nachfolger nicht mehr als „externen Eigentümer", sondern als legitimen Teil ihrer Identität. Dieses Stadium markiert die Transformation von Vertrauen in Loyalität und psychologische Bindung. Im Rahmen von Entrepreneurship Through Acquisition ist dieser dreistufige Vertrauensaufbau von zentraler Bedeutung, da Übergaben häufig in einem Klima von Unsicherheit, Skepsis und Ambivalenz stattfinden. Zu Beginn dominiert meist calculus-based trust, d. h. Vertrauen in Strukturen, Verträge und Rollen. Dieses Vertrauen ist notwendig, aber nicht hinreichend, um Integration zu ermöglichen. Erst wenn der Nachfolger durch konsistentes Handeln, empathische Kommunikation und Kompetenz knowledge-based trust etabliert, entsteht eine stabile Grundlage für Kooperation und Offenheit. Der Übergang zu identification-based trust ist schließlich das Ziel erfolgreicher Nachfolgearbeit. Hier wird Vertrauen zur Grundlage organisationaler Identität und Kultur. Das Modell zeigt, dass Vertrauen nicht linear wächst, sondern empfindlich auf Störungen reagiert. Ein einmal gebrochener Vertrauensmoment kann die Beziehung auf eine frühere Entwicklungsstufe zurückwerfen oder sie dauerhaft zerstören. In ETA-Prozessen ist diese Verletzlichkeit besonders hoch, da alle Akteure in Phasen erhöhter Sensibilität agieren. Der Nachfolger steht unter Beobachtung, da jede Entscheidung, jede Kommunikationsgeste interpretiert wird. Vertrauen entsteht durch mikrosoziale Signale wie Authentizität, Zuhören, Respekt und Berechenbarkeit. Für die Praxis bedeutet dies, dass Nachfolger Vertrauen nicht als gegeben voraussetzen dürfen, sondern als prozessuales Führungsziel verstehen müssen. Am Beginn stehen verlässliche Strukturen, Vertragstreue und klare Kommunikation. Im Verlauf gewinnen persönliche Begegnung, Empathie und gemeinsame Werte an Bedeutung. Der Übergang von kalkuliertem zu identifikationsbasiertem Vertrauen markiert den Moment, in dem ETA nicht mehr als Transaktion, sondern als Transformation erlebt wird, d. h. als Übergang von Besitz zu Beziehung, von Kontrolle zu Verbundenheit, von Misstrauen zu Kooperation.

Swift Trust in temporären Systemen: Vertrauen ohne gemeinsame Vergangenheit im Kontext von Entrepreneurship Through Acquisition

Vertrauen gilt in der Forschung traditionell als Ergebnis wiederholter, positiver Interaktion, in deren Verlauf sich Berechenbarkeit, Zuverlässigkeit und wechselseitiges Verständnis herausbilden. Diese klassische Sichtweise setzt jedoch eine gemeinsame Vergangenheit voraus; eine Bedingung, die in vielen modernen organisationalen Kontexten, insbesondere aber in Prozessen des Entrepreneurship Through Acquisition, nicht gegeben ist. Nach einer Übernahme treffen Menschen aufeinander, die keine gemeinsame Geschichte, keine erprobten Routinen und keine gewachsene Beziehung zueinander haben. In solchen Situationen entsteht dennoch häufig kurzfristig ein funktionales, arbeitsfähiges Maß an Vertrauen. Meyerson et al. (1996) bezeichnen dieses Phänomen als „Swift Trust". Swift Trust beschreibt eine Form von Vertrauen, die sich in temporären, hochgradig interdependenten und zeitlich begrenzten Systemen wie Projektteams, Notfallorganisationen oder neu gebildeten Managementgruppen, bildet. In diesen Konstellationen fehlt die Möglichkeit, Vertrauen über Erfahrung oder persönliche Bindung aufzubauen. Stattdessen basiert Vertrauen hier auf sozialen Rollen, geteilten Erwartungen und professionellen Stereotypen. Menschen vertrauen einander nicht, weil sie sich kennen, sondern weil sie die soziale Rolle des anderen kennen und dieser Rolle bestimmte Kompetenzen, Normen und Verhaltensstandards zuschreiben. Vertrauen wird also von der Rolle, der Institution oder der professionellen Identität geliehen, nicht von der Person selbst. Meyerson et al. (1996) argumentieren, dass Swift Trust eine sozial konstruierte Übergangsstrategie ist, die Kooperation unter hoher Unsicherheit ermöglicht. Es handelt sich nicht um ein tiefes, affektives Vertrauen, sondern um eine Form initialen Vertrauensvorschusses, der auf der Annahme basiert, dass andere ihre Rolle kompetent und wohlwollend ausfüllen. In dynamischen, temporären Kontexten, wie etwa in der frühen Post-Akquisitionsphase, dient Swift Trust als funktionales Äquivalent zu gewachsenem Vertrauen. Es schafft Handlungsgeschwindigkeit, reduziert Koordinationskosten und ermöglicht erste Kooperation, noch bevor Verlässlichkeit empirisch überprüft werden kann. Im Rahmen von Entrepreneurship Through Acquisition entsteht Swift Trust unmittelbar nach dem Eigentümerwechsel zwischen Nachfolger, Altinhaber, Managementteam und Belegschaft. Die Beteiligten müssen sofort interagieren und Entscheidungen treffen, obwohl sie einander in der Regel kaum kennen. Der Nachfolger tritt als neue Autorität auf, doch seine Legitimität beruht zunächst nicht auf gelebter Erfahrung oder persönlicher Bindung, sondern auf symbolischen und institutionellen Signalen wie seiner Rolle als Eigentümer, seiner formalen Qualifikation, seiner Reputation oder dem Vertrauen, das Investoren und Aufsichtsgremien ihm entgegenbringen. Die Mitarbeitenden wiederum gewähren ihm einen kurzfristigen Vertrauensvorschuss nicht, weil sie ihn kennen, sondern weil sie die Rolle „Unternehmer" oder „neuer Geschäftsführer" mit bestimmten Erwartungen an Kompetenz, Verantwortungsbewusstsein und Integrität verbinden. Swift Trust ist jedoch von Natur aus instabil und flüchtig. Es besitzt keinen strukturellen Unterbau und kann daher rasch erodieren, wenn Erwartungen enttäuscht oder Ambiguitäten nicht aufgelöst werden. Meyerson et al. (1996) betonen, dass Swift Trust ständig durch konsistentes Verhalten, kommunikative Transparenz und die Einhaltung impliziter Normen reaffirmiert werden muss. In der Praxis bedeutet das, dass Nachfolger in den ersten Wochen nach einer Übernahme durch ihr Auftreten und ihre Handlungen die vorweg gewährte Vertrauensdividende aktiv bestätigen müssen. Fehltritte in dieser Phase, etwa widersprüchliche Kommunikation, Machtgesten ohne Begründung oder intransparente Entscheidungen, zerstören das fragile Anfangsvertrauen meist irreversibel. Die Autoren identifizieren mehrere Mechanismen, durch die Swift Trust in temporären Systemen aufrechterhalten wird. Erstens stützen Rollenerwartungen die soziale Ordnung: Akteure handeln so, wie ihre Rolle es vorgibt, und vertrauen darauf, dass andere dasselbe tun. Zweitens dienen professionelle Standards und gemeinsame Schemata als mentale Modelle, die Unsicherheit reduzieren. Drittens stabilisieren strukturierende Symbole und Rituale wie z. B. offizielle Übergaben, Kommunikationsroutinen oder symbolische Gesten, das Vertrauen auf einer symbolischen Ebene. Im Kontext von ETA heißt das konkret: Frühzeitige und klare Kommunikation, sichtbare Kompetenzdemonstrationen und die bewusste Wahrung symbolischer Kontinuität durch Respekt vor der Geschichte des Unternehmens sind entscheidend, um Swift Trust in nachhaltiges Vertrauen zu überführen.

Besonders relevant ist der Übergang von Swift Trust zu stabilerem, erfahrungsbasiertem Vertrauen, wie es in der Forschung von Lewicki und Bunker (1996) oder McAllister (1995) beschrieben wird. Swift Trust ist eine notwendige, aber unzureichende Bedingung für nachhaltige Zusammenarbeit. Es überbrückt die Zeit, bis kognitives und später affektives Vertrauen entstehen können. In der Sprache der Vertrauensentwicklung fungiert es als initialer Kredit und damit als Vorschuss, der erst durch wiederholte, konsistente Interaktionen eingelöst wird. Der Nachfolger, der Swift Trust in den ersten Wochen bestätigt, legt damit die psychologische Grundlage für dauerhafte Legitimität und Akzeptanz. Die Bedeutung dieses Mechanismus für ETA-Prozesse lässt sich kaum überschätzen. Nach Übernahmen werden organisationale Rollen, Machtverhältnisse und kulturelle Regeln abrupt verändert. Mitarbeitende verfügen über keine Referenzgeschichte, um die Vertrauenswürdigkeit des neuen Eigentümers realistisch zu beurteilen. Daher greifen sie auf Heuristiken und Stereotype zurück. Hierzu gehören beispielsweise ihre Erwartungen an die Rolle des Unternehmers, auf die Einschätzung externer Signale wie Kommunikationsstil oder Auftreten oder auf institutionelle Vertrauensanker wie Markenreputation, Investorennetzwerke. Swift Trust entsteht somit aus wahrgenommenem institutionellem Kontext, nicht aus persönlicher Beziehung. Für Nachfolger hat dieses Konzept erhebliche praktische Implikationen. Sie müssen in der Frühphase nach der Akquisition bewusst an der Inszenierung von Verlässlichkeit arbeiten. Vertrauen wird in dieser Phase nicht durch Erklärungen, sondern durch Handlungen geschaffen. Ein konsistenter Auftritt, das Einhalten von Zusagen und respektvoller Umgang mit den Mitarbeitenden bestätigen die sozialen Erwartungen, auf denen Swift Trust beruht. Gleichzeitig ist es entscheidend, den Übergang von kurzfristigem, rollenbasiertem Vertrauen zu langfristigem, beziehungsbasiertem Vertrauen aktiv zu gestalten, etwa durch dialogorientierte Führung, partizipative Prozesse und die Schaffung gemeinsamer Erfolgserlebnisse. Im theoretischen Sinne steht Swift Trust damit am Anfang einer Vertrauensevolution. Es repräsentiert die Phase, in der Vertrauen noch nicht verdient, sondern vorausgesetzt wird. Damit wirkt es als sozialer Katalysator, der Handlungsfähigkeit erzeugt, wo Unsicherheit herrscht. Gelingt es dem Nachfolger, diesen anfänglichen Vertrauensvorschuss zu rechtfertigen, wird Swift Trust in kognitives Vertrauen transformiert (McAllister, 1995). Wenn er darüber hinaus emotionale Bindung, geteilte Werte und Zugehörigkeit schafft, entsteht mit affektivem Vertrauen die stabilste und zugleich produktivste Form organisationaler Vertrauensbeziehung. Für die theoretische Einbettung von Entrepreneurship Through Acquisition verdeutlicht das Konzept von Meyerson et al. (1996), dass Vertrauen im Übergang keine kontinuierliche Größe, sondern eine sequenzielle Ressource ist. Es beginnt als rollengestützter Vorschuss, wird zur erfahrungsbasierten Erwartung und kann schließlich zur emotionalen Verbundenheit reifen. Swift Trust fungiert dabei als initiale Brücke zwischen institutionellem Rahmen und interpersonaler Beziehung und baut damit eine fragile, aber unverzichtbare Brücke, ohne die kein Nachfolgeprozess stabil gelingen kann.

Die Role Identity Theory im Kontext von Entrepreneurship Through Acquisition (ETA)

Die Role Identity Theory (Burke & Stets, 2009) stellt einen zentralen theoretischen Rahmen innerhalb der Soziologie und Sozialpsychologie dar, um zu erklären, wie Individuen ihre soziale Identität im Kontext gesellschaftlicher Rollen entwickeln, stabilisieren und verändern. Sie basiert auf den Grundannahmen des symbolischen Interaktionismus, insbesondere auf den Arbeiten von Mead (1934) und Goffman (1959), und geht davon aus, dass Identität nicht als statisches Persönlichkeitsmerkmal, sondern als ein dynamischer Prozess sozialer Verortung verstanden werden muss. Menschen entwickeln ein Selbstbild, indem sie soziale Rollen übernehmen und diese mit Erwartungen, Normen und Bedeutungen verknüpfen.

Burke und Stets (2009) definieren Rollenidentität als die internalisierte Bedeutung einer sozialen Rolle, die ein Individuum in einem gegebenen sozialen Kontext innehat. Diese Rollenidentität fungiert als kognitive Struktur, die Wahrnehmungen, Bewertungen und Handlungen in Übereinstimmung mit den Erwartungen dieser Rolle steuert. Zentral ist dabei das Konzept des Identity Control Model: Individuen streben danach, Konsistenz zwischen ihrem Selbstbild (der internalisierten Rollenidentität) und den sozialen Rückmeldungen, die sie erhalten, herzustellen. Erleben sie Diskrepanzen zwischen ihrem Selbstverständnis und den externen Erwartungen, entstehen kognitive Dissonanz und emotionale Belastungen, die zu Anpassung, Verteidigung oder Veränderung der Identität führen. Im organisationalen Kontext bedeutet dies, dass Rollenidentitäten wie „Führungskraft", „Unternehmer", „Mitarbeiter" oder „Nachfolger" nicht nur funktionale Positionen, sondern auch symbolische Bedeutungen tragen. Diese Identitäten strukturieren Handlungsorientierungen, Interaktionen und Entscheidungsverhalten (Ashforth, 2001). Die Übernahme einer neuen Rolle ist daher immer auch ein Prozess der Identitätsarbeit, in dem bestehende Selbstkonzepte überprüft und neue Bedeutungszuschreibungen internalisiert werden. Gerade im Kontext von Entrepreneurship Through Acquisition ist die Role Identity Theory von Bedeutung, da Nachfolgeprozesse sowohl für den Nachfolger als auch für den übergebenden Eigentümer und die Mitarbeitenden tiefgreifende Identitätsübergänge auslösen. So muss sich der Nachfolger in der neuen Rolle als Eigentümer und Führungsperson etablieren, während der Altinhaber seine bisherige Identität als Unternehmer, Entscheider und zentraler Sinnstifter des Unternehmens aufgeben oder transformieren muss. Für den Nachfolger bedeutet dies, dass er eine unternehmerische Identität, die er bislang möglicherweise nur antizipiert oder idealisiert hatte, nun real verkörpern muss. Burke und Stets (2009) betonen, dass Rollenidentität nicht allein durch Zuschreibung entsteht, sondern durch aktive Interaktion und wiederholte Bestätigung im sozialen Umfeld. Erst wenn Mitarbeitende, Kunden und Stakeholder die neue Rolle des Nachfolgers akzeptieren und deren Legitimität bestätigen, stabilisiert sich seine unternehmerische Identität. In dieser Phase wirken soziale Rückmeldungen als „Identitäts-Feedback-System". Positive Bestätigung wirkt hierbei stärkend auf die die Selbstkonsistenz, Ablehnung oder Zweifel führen zu Identitätsunsicherheit. Nachfolger erleben diesen Prozess oft als Ambivalenz zwischen dem Wunsch nach Kontinuität und der Notwendigkeit, eine eigenständige Identität aufzubauen. Für den übergebenden Unternehmer stellt die Nachfolge einen Identitätsbruch dar. Über viele Jahre oder Jahrzehnte war die Rolle als Unternehmer zentraler Bestandteil des Selbstkonzepts, strukturierte soziale Beziehungen, Sinn und Selbstwert. Der Verlust dieser Rolle wird daher häufig als Identitätsbedrohung erlebt (Keupp & Höfer, 2012). Nach der Role Identity Theory entsteht daraus ein Prozess der Identitätsredefinierung, in dem der Altinhaber eine neue soziale Rolle finden muss, um Konsistenz und Selbstkontinuität wiederherzustellen. Diese könnte beispielsweise die des Mentors, Beraters oder Familienmitglieds sein. Gelingt diese Neuverortung nicht, drohen Rückzugsverhalten, symbolische Besitzansprüche oder Konflikte mit dem Nachfolger. Gerade in familiengeführten Unternehmen wird dieser Übergang häufig durch emotionale Bindungen, Loyalitäten und symbolische Bedeutungen erschwert (Lutz, 2019). Auch für die Mitarbeitenden ist der Eigentümerwechsel ein identitätsrelevantes Ereignis. Ihre beruflichen Rollenidentitäten, als Teil eines gewachsenen sozialen Systems mit vertrauter Führung und gemeinsamen Werten, werden infrage gestellt. Mitarbeitende müssen die neue Autorität des Nachfolgers in ihre eigenen Rollenkonstruktionen integrieren. Dabei spielt die Wahrnehmung von Authentizität und Rollenkohärenz eine zentrale Rolle. Wird der Nachfolger als authentisch und konsistent erlebt, kann sich Vertrauen und neue Identifikation entwickeln (Burke & Stets, 2009). Wird er hingegen als rolleninadäquat oder opportunistisch wahrgenommen, entsteht Distanz und Loyalitätsverlust. Die Role Identity Theory bietet somit ein wertvolles theoretisches Instrument, um die psychologischen Mechanismen des Übergangs zwischen alten und neuen Rollen im ETA-Prozess zu verstehen. Nachfolge bedeutet nicht einfach, dass eine Rolle aufgegeben und eine andere übernommen wird. Sie ist vielmehr ein Aushandlungsprozess zwischen konkurrierenden Identitätssystemen. Der Altinhaber versucht, seine Identität symbolisch zu bewahren, während der Nachfolger danach strebt, eine eigenständige unternehmerische Identität zu etablieren; die Mitarbeitenden suchen nach Orientierung, um ihre eigene Identität in der neuen Organisationsrealität zu verankern. Aus dieser Perspektive lässt sich auch erklären, warum Nachfolgeprozesse nicht selten an „weichen Faktoren" scheitern, obwohl sie ökonomisch solide geplant sind. Solche Prozesse scheitern nicht an Zahlen, sondern an nicht integrierten Identitäten. Nachfolger, die versuchen, lediglich Strukturen und Strategien zu übernehmen, ohne die Identitätslogik des Unternehmens zu verstehen oder eigene Rollenbilder glaubwürdig zu formen, stoßen auf latenten Widerstand. Gelingt es hingegen, eine Brücke zwischen alter und neuer Rollenidentität zu schlagen, etwa durch symbolische Anerkennung der Vergangenheit und gleichzeitige klare Definition der eigenen Führungsrolle, kann der Übergang als identitätskonsistenter Prozess erlebt werden. In theoretischer Hinsicht lässt sich die Role Identity Theory eng mit der Social Identity Theory (Tajfel & Turner, 1979; Hogg & Terry, 2000) verbinden, die betont, dass individuelle Rollenidentitäten stets in kollektiven sozialen Kontexten eingebettet sind. Während die Social Identity Theory die Zugehörigkeit zu Gruppen fokussiert, betont die Role Identity Theory die individuelle Interpretation und Ausgestaltung sozialer Rollen. Beide Perspektiven ergänzen sich ideal, um den doppelten Identitätsprozess in ETA zu erklären: Nachfolger müssen nicht nur eine neue Rolle übernehmen, sondern auch die Gruppenidentität der Organisation neu definieren. Autoren wie Keupp und Höfer (2012) sowie Krahé (2020) weisen darauf hin, dass Identität im Spätmodernismus zunehmend als „Projekt" und als reflexive, narrative Konstruktion, die fortlaufend an neue Lebensphasen angepasst wird, verstanden wird. Unternehmensnachfolge kann daher als besonders verdichteter Fall dieser biografischen Identitätsarbeit und damit als Übergang interpretiert werden, in dem individuelle und organisationale Identitäten simultan transformiert werden.

Leader Identity Development im Kontext von Entrepreneurship Through Acquisition

Führung ist nicht allein eine Funktion oder Position, sondern auch ein zentraler Bestandteil der Identität einer Person. Die Leader Identity Development Theory von Day und Harrison (2007) beschreibt Führung als einen Prozess der Identitätsentwicklung, in dem Individuen lernen, sich selbst als „Führungsperson" zu verstehen und diese Identität über Zeit hinweg zu stabilisieren. Diese Perspektive verschiebt den Fokus von Führung als Verhalten hin zu Führung als Identitätsprozess und schafft damit ein Verständnis, das im Kontext von Entrepreneurship Through Acquisition von besonderer Relevanz ist. Hier wird der Nachfolger durch den Erwerb eines Unternehmens abrupt in eine neue Führungsrolle katapultiert werden, deren Akzeptanz und Wirksamkeit maßgeblich von ihrer Identitätsarbeit abhängen. Day und Harrison (2007) gehen davon aus, dass sich Leader Identity durch ein Zusammenspiel aus persönlicher Entwicklung (Intraperson), relationaler Interaktion (Interperson) und kollektiver Einbettung (Collective Level) herausbildet. Diese drei Ebenen sind eng miteinander verknüpft und bilden ein dynamisches System der vertikalen Identitätsintegration. Auf der intrapersonalen Ebene entwickeln Individuen ein Selbstkonzept, das Führung als Teil ihres Selbstbildes integriert. Diese Entwicklung beginnt mit der internalisierten Überzeugung „Ich bin eine Führungsperson" und wird über Zeit durch Reflexion, Erfahrung und Feedback gefestigt. Auf der interpersonalen Ebene formt sich die Führungsidentität durch soziale Interaktion und gegenseitige Zuschreibung. Denn Führung existiert nur, wenn andere Individuen den Führungsanspruch anerkennen. Auf der kollektiven Ebene schließlich wird Führung als Teil einer Gruppen- oder Organisationsidentität als akzeptiertes und geteiltes soziales Konstrukt institutionalisiert. Diese mehrstufige Entwicklung ist in Entrepreneurship Through Acquisition besonders komplex, da der Nachfolger häufig ohne gewachsene Beziehung zur Organisation in die Führungsrolle eintritt. Seine Identitätsentwicklung als Führungsperson findet nicht in einem evolutionären Lernprozess statt, sondern unter disruptiven Bedingungen: Er muss sofort als Führungsperson wahrgenommen werden, ohne dass eine gemeinsame Geschichte oder ein soziales Vertrauenskapital existiert. Hierdurch entsteht ein Spannungsfeld zwischen Selbstdefinition und sozialer Zuschreibung. Leader Identity entwickelt sich, wenn Selbstbild und Fremdbild in Resonanz stehen. Wenn Individuen sich selbst als Führungsperson wahrnehmen und diese Wahrnehmung durch andere bestätigt wird, entsteht Identitätskohärenz (DeRue & Ashford, 2010). Bleibt diese Bestätigung aus, etwa weil Mitarbeitende den Führungsanspruch eines Nachfolgers infrage stellen oder der Altinhaber seinen Einfluss nicht loslässt, entsteht Identitätsdissonanz. Dieser Zustand kann zu Rollenkonflikten, Unsicherheit und ineffektiver Führung führen. Gerade in Nachfolgeprozessen treten solche Diskrepanzen häufig auf, denn der Nachfolger muss gleichzeitig Legitimität aufbauen, Autorität zeigen und Vertrauen gewinnen, während das soziale System noch stark auf den Altinhaber als Identifikationsfigur ausgerichtet ist. Day und Harrison (2007) betonen, dass Leader Identity nicht durch formale Ernennung entsteht, sondern durch reflektierte Erfahrung und Feedbackintegration. Dieser Entwicklungsprozess ist zyklisch. Erfahrungen in der Führungsrolle liefern Rückmeldungen, die wiederum das Selbstkonzept als Führungsperson bestätigen oder infrage stellen. Erfolgreiche Führungsentwicklung bedeutet daher, dass Individuen über Selbstreflexion und Lernprozesse ihr Führungsverständnis kontinuierlich anpassen. Für ETA-Nachfolger ist dies entscheidend, da sie in einem Kontext agieren, in dem ihre Identität als „Führungsperson" von Anfang an sichtbar und überprüfbar ist. Der Übergang vom „Käufer" zum „Leader" markiert einen psychologisch sensiblen Prozess der Identitätsinternalisierung. Empirische Forschung (Komives et al., 2005; Ibarra, 1999) zeigt, dass Leader Identity in unterschiedlichen Stadien entsteht und sich von der anfänglichen Zuschreibung („Andere sehen mich als Führungsperson") über experimentelle Rollenübernahme („Ich probiere Führung aus") bis hin zur internalisierten Identität („Ich bin Führungsperson") entwickelt. In ETA-Prozessen müssen diese Stadien oft beschleunigt durchlaufen werden. Nachfolger, die ihre Führungsidentität nicht konsistent entwickeln, tendieren zu inkonsistentem Verhalten und schwanken zwischen autoritären Kontrollversuchen und unsicherer Anpassung. Solche Inkohärenzen werden von Mitarbeitenden schnell erkannt und führen zu Vertrauensverlust.

Die Theorie von Day und Harrison (2007) lässt sich mit anderen Identitätsansätzen in der Nachfolgeforschung eng verknüpfen. So ergänzt sie die Role Identity Theory (Burke & Stets, 2009), indem sie verdeutlicht, wie Führungsrollen nicht nur übernommen, sondern als Teil des Selbst integriert werden. Während die Role Identity Theory die Stabilität sozialer Rollen beschreibt, erklärt die Leader Identity Development Theory den dynamischen Entwicklungsprozess dieser Rollen auf der Ebene des Selbst. In Kombination mit der Identity Control Theory (Burke & Reitzes, 1991) lässt sich zudem nachvollziehen, wie Nachfolger auf Rückmeldungen reagieren, die ihrem Selbstbild als Führungsperson widersprechen – etwa durch Anpassung, Verteidigung oder Neuinterpretation der eigenen Identität. Für die Praxis von Entrepreneurship Through Acquisition ergibt sich daraus die zentrale Erkenntnis, dass Führung in der Nachfolge vor allem Identitätsarbeit darstellt. Nachfolger müssen nicht nur Managementinstrumente beherrschen, sondern sich selbst als Führungsperson in einem neuen sozialen System konstruieren. Diese Identitätsarbeit vollzieht sich über vier Kernprozesse, die sich in der Forschungsliteratur (Day et al., 2009; DeRue & Ashford, 2010) konsistent zeigen:

1. *Selbstreflexion,* d. h. die bewusste Auseinandersetzung mit eigenen Motiven, Werten und Führungsverständnissen,
2. *Soziale Interaktion,* das Einholen und Interpretieren von Feedback aus dem organisationalen Umfeld,
3. *Experimentieren,* das Erproben und Anpassen des eigenen Führungsverhaltens in realen Situationen,
4. *Internalisierung,* d. h. die Integration der Führungsrolle in das Selbstkonzept.

Nachfolger, die diesen Prozess aktiv gestalten, entwickeln eine authentische Führungsidentität, die nicht nur formal, sondern auch psychologisch akzeptiert wird. Führung wird dann nicht als Machtposition erlebt, sondern als Ausdruck persönlicher Integrität und relationaler Resonanz. Rosenstiel (2018) und Kets de Vries (2012) betonen, dass wirksame Führung ohne eine gefestigte Identität kaum möglich ist. Gerade in Nachfolgekontexten entscheidet die Kohärenz zwischen innerer Überzeugung und äußerem Auftreten über Glaubwürdigkeit. Nachfolger, die versuchen, die Führungsrolle des Altinhabers zu imitieren, statt eine eigene Identität zu entwickeln, verlieren Authentizität und wirken inkongruent. Erfolgreiche Nachfolger hingegen bauen eine personalisierte, aber anschlussfähige Führungsidentität auf, in dem sie Kontinuität mit Erneuerung verbinden.

Co-Konstruktion von Führungs- und Gefolgschaftsidentität im Kontext von Entrepreneurship Through Acquisition

Führung ist kein einseitiger Prozess, sondern entsteht in der sozialen Interaktion zwischen denjenigen, die führen, und denjenigen, die geführt werden. Die Leader–Follower Identity Co-Construction Theory (DeRue & Ashford, 2010) beschreibt diesen Prozess als wechselseitige Aushandlung von Identitäten, in denen Führung nicht einfach ausgeübt, sondern zugeschrieben und anerkannt wird. Diese Perspektive verschiebt den Fokus von Führung als Eigenschaft oder Verhalten hin zu einem relationalen, identitätsbasierten Phänomen. Damit liefert die Theorie einen zentralen Beitrag zum Verständnis von Führung in dynamischen, unsicheren und strukturell instabilen Kontexten wie sie für Entrepreneurship Through Acquisition typisch sind. DeRue und Ashford argumentieren, dass Führung und Gefolgschaft in einem reziproken Prozess sozialer Zuschreibung entstehen, den sie als claiming und granting bezeichnen. Ein Individuum beansprucht eine Führungsrolle („leadership claiming“), während andere Akteure diese Zuschreibung anerkennen („leadership granting“) oder ablehnen. Erst wenn beide Akte, d. h. das Beanspruchen und das Gewähren in einem sozialen Interaktionszyklus zusammenfallen, entsteht eine legitime Führungsidentität. Dasselbe gilt für Gefolgschaft. Personen können Gefolgschaft beanspruchen (durch Zustimmung, Unterstützung oder Nachfolgehandeln), aber erst durch die Bestätigung durch andere wird die Rolle stabilisiert. Führung und Gefolgschaft sind daher keine statischen Positionen, sondern Aushandlungsprodukte sozialer Dynamiken, die in organisationalen Kontexten ständig entstehen, bestätigt, infrage gestellt und neu konstruiert werden. Im Kontext von Entrepreneurship Through Acquisition ist dieser Mechanismus von Bedeutung, da Nachfolger und Mitarbeitende unmittelbar nach der Übernahme in einen Prozess der gegenseitigen Identitätsaushandlung eintreten. Der Nachfolger beansprucht (explizit oder implizit) die Rolle des neuen Eigentümers und strategischen Leaders. Die Mitarbeitenden wiederum entscheiden meist unbewusst, ob sie diesen Anspruch anerkennen, ablehnen oder nur bedingt unterstützen. Diese Prozesse vollziehen sich nicht primär über formale Kommunikation, sondern über subtile Interaktionssignale: Reaktionen auf Entscheidungen, Körpersprache in Meetings, Gesprächsbereitschaft oder informelle Meinungsbildung im Kollegenkreis. In dieser Frühphase der Nachfolge ist die Legitimität des Nachfolgers noch nicht etabliert. Er kann sich zwar formal auf Eigentumsrechte oder vertragliche Positionen berufen, verfügt jedoch nicht über symbolische Autorität. Nach DeRue und Ashford muss diese Legitimität in einem sozialen Aushandlungsprozess aktiv hergestellt werden. Führung „funktioniert" erst, wenn Gefolgschaft gewährt wird. Dies hängt davon ab, ob der Nachfolger als kompetent, integer und wohlwollend erlebt wird (vgl. Mayer et al., 1995). Der Erfolg des ETA-Prozesses hängt daher maßgeblich davon ab, ob Nachfolger in der Lage sind, Leadership Claims glaubwürdig zu artikulieren und Leadership Grants zu erhalten. Die Theorie verdeutlicht, dass Führungsidentität immer relational eingebettet ist. Nachfolger müssen ihre Rolle nicht nur behaupten, sondern sie in einem sozialen System ko-konstruieren. Führung entsteht somit als fortlaufender Dialog über Rollen, Einfluss und Anerkennung. Nachfolgeprozesse sind in dieser Perspektive kollektive Identitätsverhandlungen, in denen Nachfolger und Mitarbeitende neue Bedeutungen von Autorität, Verantwortung und Zugehörigkeit aushandeln. DeRue und Ashford unterscheiden weiterhin zwischen zwei Formen der Führungszuschreibung:

1. *Individuelle Führung,* welche auf personalen Zuschreibungen basiert. Der Nachfolger wird dabei als zentrale, charismatische oder entscheidungskompetente Person anerkannt.
2. *Kollektive Führung* hingegen entsteht, wenn Führung als verteiltes, gemeinsam getragenes Phänomen wahrgenommen wird.

In vielen erfolgreichen ETA-Fällen findet ein Übergang von individueller zu kollektiver Führung statt, indem der Nachfolger zunächst seine Rolle als Entscheidungsträger etabliert, dann jedoch Entscheidungsprozesse öffnet, Selbstverantwortung fördert und Raum für partizipative Strukturen schafft. Diese Transformation ist entscheidend, um Führung nachhaltig zu verankern und Abhängigkeiten zu reduzieren. Ein zentrales theoretisches Moment der Co-Construction Theory ist die Instabilität von Führungsidentitäten. Führung muss ständig neu bestätigt werden. DeRue und Ashford beschreiben diesen Prozess als „cyclical claiming–granting loop". In jeder Interaktion werden Führungsrollen potenziell infrage gestellt und müssen erneut konstruiert werden. Für ETA-Nachfolger bedeutet das: Autorität ist kein dauerhaftes Attribut, sondern ein fluider sozialer Zustand. Mitarbeitende beobachten fortlaufend, ob der Nachfolger seine Rolle konsistent ausfüllt, glaubwürdig kommuniziert und vertrauenswürdig handelt. Jede Interaktion wirkt als Mikrovalidierung oder Mikroerosion der Führungsidentität. Die Theorie lässt sich eng mit der Leader Identity Development Theory (Day & Harrison, 2007) verbinden. Während letztere den individuellen Entwicklungsprozess des „Ich als Führungsperson" beschreibt, erklären DeRue und Ashford, wie diese Identität in sozialen Beziehungen sichtbar und wirksam wird. Nachfolger, die über ein starkes Selbstkonzept verfügen, sind besser in der Lage, ihren Führungsanspruch konsistent zu kommunizieren; gleichzeitig müssen sie offen genug bleiben, um Feedback zu integrieren und Legitimität zu verhandeln. In dieser Dialektik von Selbstdefinition und Fremdzuschreibung entsteht effektive, authentische Führung. Empirische Studien zur Nachfolge zeigen, dass diese sozialen Zuschreibungsprozesse besonders kritisch in den ersten 100 Tagen nach der Übernahme sind (Handler, 1994; Le Breton-Miller et al., 2004). In dieser Phase beobachten Mitarbeitende intensiv, ob der neue Eigentümer zur kulturellen Identität des Unternehmens passt. Jede Interaktion dient als Prüfstein der Authentizität. Wenn Nachfolger Leadership Claims inkonsistent artikulieren und versuchen etwa durch Dominanz ohne Nähe oder Innovationsrhetorik ohne Beteiligung zu führen, entsteht Diskrepanz zwischen Rolle und Verhalten, die Legitimität unterminiert. Wird der Führungsanspruch hingegen glaubwürdig durch Kompetenz, Fairness und Empathie gestützt, entwickeln sich Leadership Grants und damit stabile soziale Akzeptanz. Auch der Altinhaber spielt in dieser Ko-Konstruktion eine zentrale Rolle. Seine Haltung gegenüber dem Nachfolger wirkt als soziales Signal. Offene Unterstützung durch den Altinhaber erleichtert die Granting-Prozesse in der Organisation, während subtile Zweifel oder Ambivalenzen die Legitimität des Nachfolgers untergraben. Insofern ist Nachfolge ein interpersonales Netzwerk der Zuschreibung und damit eine kollektive Aushandlung darüber, wer Führung ist und was Führung bedeutet.

Authentic Leadership Theory

Die Authentic Leadership Theory zählt zu den zentralen Strömungen der modernen Führungsforschung und stellt eine konsequente Weiterentwicklung identitätsbasierter Führungstheorien dar. Im Kern beschreibt sie Führung als Ausdruck einer kohärenten, selbstreflektierten und moralisch verankerten Identität. Authentische Führung basiert nicht auf Charisma oder Kontrolle, sondern auf der Fähigkeit, sich selbst und anderen gegenüber wahrhaftig zu sein. Damit beschreibt sie eine Haltung, die insbesondere in Phasen organisationaler Unsicherheit Vertrauen, Orientierung und Stabilität schafft. Nach Avolio und Gardner (2005) ist authentische Führung ein Entwicklungsprozess, in dem Individuen ein tiefes Selbstverständnis darüber gewinnen, wer sie sind, wofür sie stehen und wie ihre Werte und Überzeugungen ihr Handeln leiten. Diese Theorie baut auf der positiven Organisationspsychologie (Luthans & Avolio, 2003) und der Forschung zu moralisch fundierter Führung (Bass & Steidlmeier, 1999) auf und integriert kognitive, affektive und moralische Dimensionen in ein konsistentes Führungsmodell. Walumbwa et al. (2008) operationalisierten den Begriff empirisch und definierten authentische Führung als „ein Führungsverhalten, das auf positiven psychologischen Fähigkeiten und einem positiven ethischen Klima basiert und durch Selbstbewusstsein, interne moralische Perspektive, balancierte Informationsverarbeitung und relationale Transparenz gekennzeichnet ist" (S. 94). Diese vier Komponenten bilden die psychologische Architektur authentischer Führung:

1. *Selbstbewusstsein* (Self-Awareness), d. h. das Bewusstsein über die eigenen Werte, Stärken, Schwächen, Emotionen und deren Wirkung auf andere. Authentische Führung beginnt mit Reflexivität: Wer sich selbst kennt, kann kohärent handeln.
2. *Interne moralische Perspektive* (Internalized Moral Perspective), welche die Orientierung des Handelns an stabilen inneren Werten, anstatt an externem Druck oder kurzfristigen Vorteilen beschreibt. Authentische Führung ist ethisch fundiert, nicht opportunistisch.
3. *Balancierte Informationsverarbeitung* (Balanced Processing), d. h. die Bereitschaft, Informationen objektiv zu prüfen, auch wenn sie unangenehm sind, und Kritik einzubeziehen, bevor Entscheidungen getroffen werden.
4. *Relationale Transparenz* (Relational Transparency), welche die offene Kommunikation der eigenen Gedanken, Absichten und Gefühle auf eine Weise, die Vertrauen und Nähe fördert, ohne Manipulation oder strategische Maskierung beschreibt.

Diese vier Dimensionen bilden zusammen durch die Integration von Selbstkenntnis, moralischer Kohärenz, kognitiver Objektivität und sozialer Aufrichtigkeit den Kern authentischer Führung. Im Kontext von Entrepreneurship Through Acquisition (ETA) ist Authentizität keine Option, sondern eine Notwendigkeit. Nachfolgeprozesse sind hochgradig von Unsicherheit, Identitätswandel und potenzieller Skepsis geprägt. Mitarbeitende, Kunden und Geschäftspartner prüfen die Glaubwürdigkeit des neuen Eigentümers nicht nur an seinen Entscheidungen, sondern an seiner persönlichen Haltung. Authentische Nachfolger gewinnen nicht an Legitimität, in dem sie Macht ausüben, sondern weil sie als konsistent, ehrlich und wertegeleitet wahrgenommen werden. Authentic Leadership bietet hierfür eine psychologisch robuste Grundlage. Avolio und Gardner (2005) beschreiben Authentizität als Prozess des „self-awareness and self-regulation". Authentische Führungspersonen sind in der Lage, ihre innere Identität mit ihrem äußeren Verhalten in Einklang zu bringen. Diese Kohärenz schafft Vertrauen, da sie Vorhersehbarkeit und Integrität signalisiert (Gardner et al., 2011). In ETA-Prozessen, in denen Mitarbeitende oft zwischen Loyalität zur Vergangenheit und Unsicherheit über die Zukunft schwanken, fungiert Authentizität als Bindeglied zwischen alter und neuer Führungskultur. Der Nachfolger, der klar über seine Werte spricht, seine Entscheidungen nachvollziehbar begründet und transparent mit eigenen Unsicherheiten umgeht, reduziert Ambiguität und erhöht Vertrauen, die zentrale psychologische Ressourcen im Nachfolgeprozess. Empirische Befunde zeigen, dass authentische Führung mit höheren Vertrauensniveaus (Avolio et al., 2004), stärkerem organisationalen Commitment (Walumbwa et al., 2008) und höherer wahrgenommener Fairness (Ilies et al., 2005) korreliert. Eben diese Variable sind die nach Eigentümerwechseln häufig instabil. Authentizität wirkt als psychologischer Puffer gegen

Verunsicherung und Widerstand und schafft ein Klima, in dem Mitarbeitende bereit sind, neue Autorität zu akzeptieren, weil sie den Leader als moralisch integer und berechenbar erleben. Ein zentraler Aspekt der Theorie ist ihre Entwicklungsorientierung. Authentische Führung entsteht nicht durch Position oder Persönlichkeit, sondern durch kontinuierliche Selbstreflexion, Feedbackintegration und gelebte Kohärenz. Day et al. (2009) verorten diesen Prozess innerhalb der Leader Identity Development. Authentizität ist Ausdruck einer gefestigten Führungsidentität und damit eines Selbstkonzepts, das internalisierte Werte mit beobachtbarem Verhalten verbindet. Für Nachfolger bedeutet das, dass sie Authentizität nicht zeigen, sondern leben müssen: Jede Inkonsistenz zwischen kommunizierten Werten und tatsächlichem Handeln wird sofort erkannt und als Vertrauensbruch interpretiert. Die Bedeutung authentischer Führung wird besonders deutlich im Spannungsfeld zwischen Nachfolger und Altinhaber. Während der Altinhaber häufig als charismatischer Gründertyp mit hoher symbolischer Autorität wahrgenommen wird, muss der Nachfolger seine Legitimität auf andere Weise gewinnen. Authentizität ersetzt Charisma: Sie schafft emotionale Anschlussfähigkeit ohne Inszenierung. Der Nachfolger, der offen kommuniziert, Respekt vor der Geschichte zeigt und gleichzeitig eigene Überzeugungen klar vertritt, verkörpert eine authentische Kontinuität und erzeugt eine Verbindung zwischen Tradition und Erneuerung. Rosenstiel (2018) beschreibt Authentizität als „Übereinstimmung von innerem Erleben und äußerem Verhalten" sowie als Basis für Vertrauen und moralische Autorität. Kets de Vries (2012) ergänzt, dass Authentizität im Führungsalltag Mut erfordert: den Mut, Fehler einzugestehen, Unsicherheiten zu teilen und sich nicht hinter Rollenmasken zu verstecken. In Nachfolgeprozessen, die häufig von symbolischer Macht, Statusvergleichen und Unsicherheiten geprägt sind, wirkt authentische Führung deeskalierend und stabilisierend.

Transformational Leadership Theory

Die Transformational Leadership Theory, ursprünglich entwickelt von *James MacGregor Burns (1978)* und erweitert durch *Bernard M. Bass (1985),* zählt zu den einflussreichsten Theorien der modernen Führungsforschung. Sie beschreibt Führung als einen Prozess wechselseitiger Beeinflussung, bei dem Führungspersonen und Gefolgsleute einander auf ein höheres Niveau von Motivation, Moral und Leistung heben. Im Gegensatz zu transaktionaler Führung, die auf Tauschbeziehungen, Belohnung und Kontrolle beruht, zielt transformationale Führung auf Wertewandel, Sinnstiftung und persönliche Entwicklung ab. Nach Bass (1985) wirkt transformationale Führung über vier zentrale Komponenten, die sogenannten *Four I's (McCall,* 1986*):*

1. *Idealized Influence,* d. h. die charismatische Vorbildfunktion der Führungsperson, die durch Integrität, moralische Standhaftigkeit und Werteorientierung Vertrauen und Respekt erzeugt.
2. *Inspirational Motivation,* d. h. die Fähigkeit, durch Vision, Begeisterung und Sinnvermittlung gemeinsame Ziele emotional aufzuladen und Zukunftsvertrauen zu schaffen.

3. *Intellectual Stimulation,* welche durch die Ermutigung zur Kreativität und Reflexion, zur kritischen Hinterfragung bestehender Annahmen und zur Suche nach innovativen Lösungen charakterisiert ist.
4. *Individualized Consideration,* d. h. die individuelle Unterstützung und Förderung der Geführten, basierend auf Empathie und Achtung ihrer persönlichen Bedürfnisse und Potenziale.

Zusammen bilden diese vier Dimensionen einen umfassenden psychologischen Mechanismus, der Mitarbeiter nicht nur zu höherer Leistung motiviert, sondern auch ihre Identifikation mit der Organisation stärkt. Führung wird so zu einem Prozess der Transformation von Bewusstsein, Motivation und organisationaler Kultur. Im Kontext von Entrepreneurship Through Acquisition stellt sich die Transformational Leadership Theory als besonders relevant dar, weil Nachfolgeprozesse inhärent transformativ sind. Eine Unternehmensübernahme bedeutet den Bruch mit der Vergangenheit und den Beginn einer neuen Phase organisationaler Entwicklung. Mitarbeitende stehen dabei vor der Herausforderung, alte Gewohnheiten loszulassen und sich mit einer neuen Führung und strategischen Ausrichtung zu identifizieren. Transformationale Führung liefert den theoretischen Rahmen, um diesen Prozess emotional, kognitiv und kulturell zu gestalten. Ein erfolgreicher Nachfolger agiert nicht nur als Manager des Wandels, sondern als Gestalter von Bedeutung. Er vermittelt, warum der Übergang notwendig ist, und übersetzt strategische Entscheidungen in ein übergeordnetes Narrativ. Wie Bass und Riggio (2006) betonen, basiert transformationale Führung auf Sinnvermittlung und somit auf der Fähigkeit, „den Geist und das Herz der Geführten zu erreichen" (S. 3). In Nachfolgeprozessen bedeutet dies, dass der Nachfolger die Geschichte des Unternehmens nicht bricht, sondern fortschreibt: Er integriert die Vergangenheit als Identitätsressource, während er eine gemeinsame Zukunftsvision aufbaut. Weiterhin zeigt die Forschung, dass transformationale Führung besonders wirksam in Phasen des Umbruchs ist, in denen Vertrauen, Orientierung und Motivation gefährdet sind (Podsakoff et al., 1990; Judge & Piccolo, 2004). In ETA-Situationen wirkt sie stabilisierend, weil sie Sinn stiftet, wo Unsicherheit herrscht. Sie übersetzt Veränderung in Bedeutung und damit in Akzeptanz. Zentral für transformationale Führung ist auch das Konzept der Idealized Influence, das in Nachfolgeprozessen häufig über den symbolischen Führungsstil des Nachfolgers entscheidet. Mitarbeitende beobachten nicht nur, *was* ein Nachfolger tut, sondern auch, *wer* er ist. Seine Glaubwürdigkeit entsteht aus der Wahrnehmung von Authentizität, Integrität und Vorbildcharakter. Damit zeigt sie eine enge Verwandtschaft mit den Prinzipien der Authentic Leadership Theory (Avolio & Gardner, 2005). Nachfolger, die konsequent handeln, respektvoll kommunizieren und Werte verkörpern, werden als moralische Autorität anerkannt. Diese Form der charismatischen Einflussnahme ersetzt formale Macht durch freiwillige Gefolgschaft. Die zweite Dimension, Inspirational Motivation, adressiert die emotionale Seite der Nachfolge. Während der Eigentümerwechsel oft Ängste und Ambivalenzen auslöst, braucht die Organisation eine gemeinsame Vision, die Orientierung und Hoffnung gibt. Der Nachfolger wird hier zum Sinnstifter. Seine Aufgabe ist es, Zukunft nicht nur zu planen, sondern sie *erlebbar zu ma-*

chen. Erfolgreiche Nachfolger schaffen Narrative, die Wandel als Fortsetzung von Bedeutung interpretieren, indem sie an die Werte des Gründers anknüpfen, diese jedoch in einen modernen Kontext überführen. Intellectual Stimulation wiederum bedeutet, dass der Nachfolger bestehende Denkweisen herausfordert, ohne die Organisation zu destabilisieren. In der Post-Akquisitionsphase gilt es, die Belegschaft zur Mitgestaltung zu ermutigen und ein Klima psychologischer Sicherheit zu schaffen, in dem Kritik und Innovation möglich sind. Diese Haltung transformiert nicht nur Strukturen, sondern auch Mentalitäten – sie führt von passiver Anpassung zu aktiver Beteiligung. Schließlich steht Individualized Consideration für den humanistischen Kern transformationaler Führung. In der Nachfolge bedeutet dies, die individuellen Bedürfnisse der Mitarbeitenden sowie ihre emotionale Bindung an den Altinhaber, ihre Identifikationsmuster und ihre Ängste vor Veränderung anzuerkennen. Nachfolgende, die diese Dimension verinnerlicht haben, begegnen Mitarbeitenden nicht als Ressource, sondern als Person. Diese empathische Führung schafft Vertrauen und stärkt die Bindung an die neue Führungspersönlichkeit. Darüber hinaus verbindet die Theorie kognitive und emotionale Ebenen von Führung. Nachfolger, die transformationale Prinzipien verkörpern, agieren sowohl als rationale Strategen als auch als emotionale Sinngeber. Sie führen nicht durch Kontrolle, sondern durch Vertrauen und Identifikation und schaffen damit Mechanismen, die im Kontext von Unternehmensnachfolge entscheidend sind, um kulturelle Kontinuität und Akzeptanz zu sichern.

Entscheidungstheoretische Grundlagen der Prospect Theory

Die Prospect Theory von Kahneman und Tversky (1979) markiert einen paradigmatischen Bruch mit der klassischen Entscheidungstheorie der rationalen Nutzenmaximierung. Während die traditionelle ökonomische Theorie (Expected Utility Theory) davon ausgeht, dass Individuen konsistente Präferenzen haben und Entscheidungen auf Basis objektiver Wahrscheinlichkeiten und erwarteter Nutzenwerte treffen, zeigen Kahneman und Tversky empirisch, dass tatsächliches Entscheidungsverhalten systematisch von diesen Annahmen abweicht. Menschen verarbeiten Risiken, Verluste und Gewinne nicht symmetrisch und bewerten Entscheidungen relativ zu einem subjektiven Referenzpunkt, anstatt absoluten Endzuständen zu beurteilen. Zentral ist die Annahme einer wertabhängigen Nutzenfunktion, die konkav für Gewinne und konvex für Verluste verläuft. Gewinne werden also mit abnehmendem Grenznutzen wahrgenommen, während Verluste mit zunehmender Intensität empfunden werden. Dieses Phänomen wird auch als Verlustaversion bezeichnet. Kahneman und Tversky quantifizieren dieses asymmetrische Empfinden empirisch mit einem Verhältnis von etwa 2:1. Das bedeutet, dass Verluste emotional doppelt so stark wirken wie gleich hohe Gewinne. Hinzu kommt, dass Individuen Wahrscheinlichkeiten nicht linear verarbeiten. Kleine Wahrscheinlichkeiten werden überbewertet, große hingegen unterbewertet. Dieses verzerrte Wahrscheinlichkeitsgewichtungsprinzip erklärt, warum Menschen riskante Lotterien annehmen (z. B. Lottospiel) und gleichzeitig übermäßig vorsichtig in Situationen mit hohen Eintrittswahrscheinlichkeiten von Verlusten agieren. Die Theorie integriert somit kognitive und affektive Elemente der Entscheidungsfindung und liefert ein psychologisch realistisches Modell, das viele empirisch beobachtete Anomalien erklärt. Spätere Erweiterungen (Kahneman & Tversky, 1992; Tversky & Kahneman, 1991) präzisierten die mathematische Form der Wert- und Gewichtungsfunktionen und etablierten die Cumulative Prospect Theory, die auch für Entscheidungen mit mehreren Wahrscheinlichkeiten anwendbar ist. Im Kontext von ETA-Prozessen und Unternehmensnachfolgen liefert die Prospect Theory eine hoch relevante theoretische Perspektive. Nachfolger, Investoren und Unternehmer treffen in diesen Situationen häufig Entscheidungen unter erheblicher Unsicherheit, wie es etwa bei der Bewertung von Risiken, Kaufpreisen, Investitionsstrategien oder Personalentscheidungen der Fall ist. Die Theorie erklärt, warum Nachfolger dazu neigen können, Verluste stärker zu gewichten als potenzielle Gewinne, insbesondere wenn der Referenzpunkt das bisherige Erfolgsniveau des Unternehmens ist. Der Wunsch, das Erbe des Vorgängers nicht zu „verlieren", führt dann zu risikoaversen Verhaltensmustern, selbst wenn objektiv Chancen bestehen. Umgekehrt kann ein Käufer in einer „Turnaround"-Situation einen Referenzpunkt unterhalb des Status quo ansetzen und dadurch risikofreudiger agieren – er empfindet Verluste als bereits eingetreten und sieht vor allem potenzielle Zugewinne. Zugleich macht die Prospect Theory deutlich, wie stark Framing-Effekte strategische Entscheidungen in Nachfolgesituationen beeinflussen. Wird eine Investition als „Sicherung der Tradition" präsentiert, reagieren Entscheidungsträger anders, als wenn dieselbe Maßnahme als „Risikoinvestition in Wachstum" beschrieben wird. Die Theorie fordert daher eine bewusste Gestaltung der kognitiven Rahmung von Nachfolgeentscheidungen, um verzerrte Wahrnehmungen zu vermeiden. Besonders in Due-Diligence- und Post-Merger-Integrationsphasen kann die Kenntnis dieser kognitiven Mechanismen helfen, Entscheidungen rationaler und kommunikativer zu steuern.

Kognitive Verzerrungen in Entscheidungsprozessen

Die Forschung zur begrenzten Rationalität (Simon, 1955) und zu kognitiven Verzerrungen (Tversky & Kahneman, 1974) zeigt, dass menschliche Entscheidungen systematisch von idealtypisch rationalen Modellen abweichen. Individuen verfügen über begrenzte Informationsverarbeitungskapazitäten, verwenden Heuristiken zur Komplexitätsreduktion und interpretieren Informationen durch vorgeprägte Wahrnehmungsfilter. Diese Abweichungen sind nicht zufällig, sondern folgen typischen Mustern, die in der Entscheidungspsychologie als Biases beschrieben werden. Besonders in unternehmerischen Übergangsphasen, wie Akquisitionen, Nachfolgeregelungen oder strategischen Neuausrichtungen, treten solche Verzerrungen gehäuft auf, da hohe Unsicherheit, Zeitdruck und emotionale Involvierung kognitive Vereinfachungsstrategien begünstigen.

1. Anchoring Bias Der Anchoring Effect beschreibt die Tendenz, sich bei quantitativen oder qualitativen Urteilen übermäßig stark an einem initialen Referenzwert (Anker) zu orientieren, selbst wenn dieser objektiv wenig relevant ist (Tversky & Kahneman, 1974). In Nachfolgeprozessen wirkt dies beispielsweise bei Unternehmensbewertungen. Der vom Verkäufer genannte Preis oder der historische Umsatz des Vorgängers setzt einen kognitiven Anker, an dem sich Verhandlungen, Risikoabschätzungen und Investitionsentscheidungen orientieren. Empirische Studien zeigen, dass selbst erfahrene Manager Ankerwerte unbewusst übernehmen und Anpassungen systematisch zu gering ausfallen (Furnham & Boo, 2011). In ETA-Situationen führt dies oft zu Überbewertungen („deal fever") oder – im umgekehrten Fall – zu unterschätztem Potenzial, wenn der Anker durch vergangene Krisenerfahrungen geprägt ist.

2. Confirmation Bias Der Confirmation Bias beschreibt die Tendenz, Informationen selektiv wahrzunehmen und so zu interpretieren, dass sie bestehende Überzeugungen oder Hypothesen bestätigen (Nickerson, 1998). In der Praxis bedeutet dies, dass Nachfolger oder Investoren dazu neigen, Daten und Eindrücke zu bevorzugen, die ihre ursprüngliche Entscheidung zum Kauf oder zur Strategieanpassung rechtfertigen. Kritische Signale werden dagegen systematisch ausgeblendet oder relativiert. Gerade in Due-Diligence-Prozessen ist dieser Bias besonders gefährlich. Er führt zu einer „motivierten Wahrnehmung" (motivated reasoning), bei der ökonomische Rationalität durch psychologische Selbstrechtfertigung überlagert wird. Für Nachfolger, die ihre Entscheidung emotional mit der eigenen Unternehmeridentität verknüpfen, verstärkt sich diese Verzerrung noch.

3. Escalation of Commitment Die Escalation of Commitment (Staw, 1976) beschreibt das Verhalten, einmal getroffene Entscheidungen trotz gegenteiliger Evidenz beizubehalten oder sogar zu intensivieren. Psychologisch beruht dieses Verhalten auf der Tendenz zur Selbstrechtfertigung (self-justification) und auf Verlustaversion (Kahneman & Tversky, 1979). Der Abbruch einer Fehlentscheidung wird als persönlicher Verlust empfunden, weshalb zusätzliche Ressourcen investiert werden, um die ursprüngliche Entscheidung „richtig erscheinen" zu lassen. In Unternehmensnachfolgen oder Akquisitionsprozessen zeigt sich dies häufig in der Post-Deal-Phase, wenn Integrationserfolge ausbleiben. Statt Anpassungen vorzunehmen, neigen Entscheidungsträger dazu, „noch mehr des Gleichen" zu tun – etwa durch zusätzliche Investitionen oder restriktive Kontrolle – wodurch Fehlentwicklungen verstärkt werden.

4. Overconfidence Bias Der Overconfidence Bias beschreibt die Neigung von Entscheidungsträgern, die Genauigkeit ihrer Urteile und die Kontrolle über Ereignisse zu überschätzen (Moore & Healy, 2008). Unternehmer und Nachfolger – insbesondere solche mit vorherigen Erfolgen – sind hiervon in besonderem Maße betroffen. Ihre Erfahrung kann zu einer „Illusion of Control" führen, die Risiken unterschätzt und Erfolgschancen überschätzt. Studien belegen, dass übermäßiges Selbstvertrauen zu aggressiven Wachstumsstrategien, zu hohem Fremdkapitaleinsatz und zur Vernachlässigung von Frühwarnsignalen führt (Malmendier & Tate, 2005). In Nachfolgesituationen kann dies die kulturelle Akzeptanz gefährden, wenn ein neuer Eigentümer zu schnell zu viel verändert und den informellen Machtstrukturen zu wenig Beachtung schenkt.

5. Status-quo Bias und Endowment Effect Der Status-quo Bias (Samuelson & Zeckhauser, 1988) beschreibt die Tendenz, bestehende Zustände zu bevorzugen und Veränderungen als potenziell verlustreich wahrzunehmen. Der Endowment Effect (Thaler, 1980) ergänzt dieses Phänomen, indem er zeigt, dass Menschen Dingen, die sie besitzen oder geschaffen haben, einen überproportional hohen subjektiven Wert zuschreiben. Im Nachfolgekontext äußert sich dies sowohl bei scheidenden Eigentümern – die ihr Lebenswerk überbewerten und damit den Übergabeprozess erschweren – als auch bei Nachfolgern, die bestehende Strukturen unangemessen schonen, um Widerstände zu vermeiden. Beide Effekte führen zu Entscheidungsverzögerungen, inkonsistenter Kommunikation und strategischer Lähmung. Diese kognitiven Verzerrungen verdeutlichen, dass Nachfolgeentscheidungen nicht primär rational, sondern psychologisch und sozial eingebettet sind. Die Dynamik von Verlustaversion (Prospect Theory), Selbstrechtfertigung (Escalation of Commitment) und selektiver Informationsverarbeitung (Confirmation Bias) kann dazu führen, dass Nachfolger Risiken entweder über- oder unterschätzen, Alternativen unzureichend prüfen oder Entscheidungen zu spät revidieren. Effektives Entscheidungsmanagement in Unternehmensnachfolgen erfordert daher metakognitive Kontrolle, also das Bewusstsein über die eigenen kognitiven Verzerrungen, sowie institutionalisierte Gegenmechanismen: z. B. strukturierte Entscheidungsprotokolle, externe Berater mit Widerspruchsmandat oder „Devil's Advocate"-Rollen in Führungsteams. Aus integrativer Perspektive lassen sich diese Biases als psychologische Gegenpole zur kulturellen und sozialen Dimension des Wandels verstehen. Während Theorien wie Trice & Beyer (1993) oder Watkins (2003) die kulturelle und prozessuale Seite von Übergängen betonen, liefert die kognitionspsychologische Forschung die mikropsychologische Ebene: Sie erklärt, warum selbst gute Strategien in der Nachfolge an Wahrnehmungsverzerrungen scheitern können.

Attributionstheorie nach Weiner

Die Attributionstheorie von Bernard Weiner (1985) stellt ein theoretisches Modell der Motivations- und Emotionspsychologie dar und erklärt, wie Individuen Ursachen für Erfolg und Misserfolg wahrnehmen und welche motivationalen und affektiven Konsequenzen diese Ursachenzuschreibungen nach sich ziehen. Aufbauend auf den Grundlagen von Fritz Heider (1958) und Harold Kelley (1967) geht Weiner davon aus, dass Menschen Ereignisse nicht objektiv bewerten, sondern aktiv interpretieren, indem sie ihnen Ursachen zuschreiben. Diese Kausalattributionen strukturieren die Wahrnehmung der sozialen Umwelt, dienen der Erklärung und Vorhersage von Verhalten und beeinflussen das eigene Handeln. Weiner identifiziert drei zentrale Dimensionen, anhand derer Menschen Ursachen klassifizieren: Lokus, Stabilität und Kontrollierbarkeit. Der Lokus beschreibt, ob die Ursache intern (in der Person selbst) oder extern (in situativen Bedingungen) verortet wird. Die Stabilitätsdimension gibt an, ob die Ursache über die Zeit hinweg als stabil oder variabel angesehen wird. Die Kontrollierbarkeit schließlich beschreibt, in welchem Maße eine Person glaubt, die Ursache willentlich beeinflussen zu können. Typische Leistungsursachen lassen sich diesen Dimensionen zuordnen: Fähigkeit gilt als internal, stabil und kaum kontrollierbar. Anstrengung hingegen wird als internal, variabel und kontrollierbar beschrieben. Die Aufgabenschwierigkeit wiederum gilt als external, stabil und unkontrollierbar. Glück oder Zufall schließlich werden als external, variabel und unkontrollierbar beschrieben. Diese Kombinationen sind für Weiner insofern bedeutsam, als sie das emotionale Erleben, die Erwartungen und die zukünftige Motivation systematisch prägen. Wird beispielsweise ein Misserfolg auf mangelnde Fähigkeit und damit internal, stabil und unkontrollierbar, zurückgeführt, führt dies zu Scham und dem Abfall von Erfolgserwartungen. Wird derselbe Misserfolg hingegen auf unzureichende Anstrengung, also internal, variabel und kontrollierbar, attribuiert, überwiegt Schuld, und die Erwartung, durch vermehrte Anstrengung künftig Erfolg zu haben, bleibt bestehen. Auch für Erfolge ergeben sich entsprechende Muster. So fördern interne Zuschreibungen beispielsweise Stolz und Selbstwirksamkeit. Externe Zuschreibungen wie z. B. Glück hingegen schwächen den motivationalen Effekt. Weiners Modell verbindet somit die kognitiven Prozesse der Ursachenzuschreibung mit emotionalen und motivationalen Folgen. Es beschreibt einen psychologischen Kausalpfad, der von der Wahrnehmung eines Ereignisses über dessen Interpretation entlang der drei Dimensionen bis hin zu affektiven Reaktionen und Handlungstendenzen führt. Zahlreiche empirische Studien belegen diesen Zusammenhang, sowohl im Leistungs- als auch im Sozialverhalten (Weiner, 1985, 1986). Besonders die Bedeutung der Stabilitätsdimension für zukünftige Erfolgserwartungen und der Kontrollierbarkeitsdimension für sozialbezogene Emotionen und Hilfeverhalten gilt als robust nachgewiesen. Auch deutschsprachige Arbeiten, insbesondere in der Motivationspsychologie, haben Weiners Modell aufgegriffen und weiterentwickelt (Heckhausen & Heckhausen, 2018).

Im organisationalen Kontext liefert die Attributionstheorie ein schlüssiges Erklärungsmodell für Verhalten und Reaktionen von Führungskräften, Mitarbeitenden und Stakeholdern. In Nachfolge- und Unternehmenskaufprozessen sind Attributionen zentral, weil unterschiedliche Akteure um die Deutungshoheit über Erfolge und Misserfolge konkurrieren. Der Eintritt eines neuen Eigentümers oder Nachfolgers stellt eine Phase erhöhter Unsicherheit dar, in der sowohl interne als auch externe Akteure Ursachen für Veränderungen und Ergebnisse interpretieren. Werden Anfangsschwierigkeiten des Nachfolgers vorwiegend extern attribuiert und etwa Marktbedingungen oder Übergabeproblemen zugeschrieben, entsteht Verständnis und Unterstützung. Werden dieselben Schwierigkeiten hingegen intern und kontrollierbar zugeschrieben und auf „falsche Prioritäten" oder „mangelnde Kompetenz" zurückgeführt, resultieren negative Emotionen wie Ärger und Vertrauensverlust. Der Umgang mit solchen Ursachenzuschreibungen wird damit zu einer strategischen Führungsaufgabe. Ebenso entscheidend ist die Stabilitätsdimension. Wenn Führungskräfte oder Nachfolger Herausforderungen als stabil und unveränderlich darstellen und beispielsweise als „strukturelles Problem" beschreiben, sinkt die Erwartung an Verbesserung. Dies wiederum kann Demotivation und Resignation fördern. Wird hingegen betont, dass Ursachen variabel und beeinflussbar sind, bleibt die Handlungsorientierung erhalten. Effektive Führung in Nachfolgesituationen erfordert somit, Attributionen bewusst zu gestalten und kommunikativ nicht im Sinne manipulativer Rahmung, sondern einer realistischen und entwicklungsorientierten Ursachendeutung zu steuern. Darüber hinaus spielt die Kontrollierbarkeitsdimension eine entscheidende Rolle in der sozialen Dynamik des Nachfolgeprozesses. Wenn Misserfolge anderer als unkontrollierbar angesehen werden, fördern sie Mitgefühl und Unterstützung. Gelten sie hingegen als kontrollierbar, führen sie zu Ärger und Bestrafungstendenzen. Gerade in der Integrationsphase nach einer Übernahme oder Nachfolge sind unterschiedliche Attributionen über Probleme oder Verzögerungen häufige Konfliktquellen. Das Altmanagement neigt dazu, Schwierigkeiten extern zu erklären, beispielsweise indem „Marktdruck" oder „fehlende Ressourcen" hervorgehoben werden. Das neue Management hingegen tendiert zu einer internen Attribuierung in Form von „ineffizienten Strukturen" oder „mangelnder Veränderungsbereitschaft". Solche divergierenden Ursachenzuschreibungen erschweren Kooperation und können Misstrauen verstärken. Eine bewusste Angleichung der Attributionslogiken, etwa durch gemeinsame Reflexionsprozesse, kann hier entscheidend zur Vertrauensbildung beitragen. Weiners Attributionstheorie verdeutlicht, dass Führung in solchen Übergängen nicht nur durch rationale Entscheidungslogik, sondern durch den Umgang mit sozialen Bedeutungszuschreibungen geprägt ist. Erfolgreiche Nachfolger zeichnen sich dadurch aus, dass sie Attributionen aktiv steuern, adaptive Deutungsmuster fördern und dadurch Motivation, Vertrauen und Handlungsorientierung im System aufrechterhalten.

Kognitive Dissonanz

Die von Leon Festinger (1957) entwickelte Theorie der kognitiven Dissonanz gilt als ein Grundpfeiler der Sozial- und Kognitionspsychologie. Sie beschreibt das psychologische Spannungsverhältnis, das entsteht, wenn zwischen mehreren Kognitionen, etwa Überzeugungen, Einstellungen und Handlungen, ein Widerspruch besteht. Diese Inkonsistenz erzeugt einen aversiven Erregungszustand, den Menschen zu reduzieren versuchen, indem sie ihre Wahrnehmungen, Einstellungen oder Handlungen anpassen. Festinger postulierte damit ein Modell der kognitiven Konsistenzregulation, das auf der Annahme beruht, dass Individuen bestrebt sind, ein kohärentes Selbst- und Weltbild aufrechtzuerhalten.

Kognitive Dissonanz tritt auf, wenn eine Person erkennt, dass ihr Verhalten einer bestehenden Einstellung widerspricht („Ich halte mich für rational, habe aber eine irrationale Entscheidung getroffen") oder wenn zwei Überzeugungen unvereinbar sind („Ich glaube an Fairness, habe aber jemanden ungerecht behandelt"). Die Intensität der Dissonanz hängt von zwei Faktoren ab:

1. der Bedeutung der inkonsistenten Kognitionen
2. dem Ausmaß der Inkonsistenz

Je stärker der Widerspruch und je zentraler die betroffenen Werte oder Überzeugungen für das Selbstkonzept sind, desto höher ist die erlebte Dissonanz (Festinger, 1957; Harmon-Jones & Mills, 2019). Um diesen Spannungszustand zu verringern, nutzen Menschen unterschiedliche Reduktionsstrategien. Sie können das Verhalten ändern („Ich korrigiere meine Entscheidung"), eine der Kognitionen umbewerten („Meine Entscheidung war doch richtig, weil..."), neue konsonante Kognitionen hinzufügen („Andere hätten genauso gehandelt"), oder die Bedeutung der Dissonanz verringern („Das war gar nicht so wichtig"). Dieses Streben nach Konsistenz erklärt eine Vielzahl psychologischer und sozialer Phänomene, darunter Selbstrechtfertigung, Rationalisierung, Einstellungsänderung und selektive Informationssuche. Empirisch wurde die Theorie vielfach bestätigt. Ein klassisches Experiment von Festinger und Carlsmith (1959) zeigte, dass Probanden, die eine langweilige Aufgabe ausführten und dafür nur eine geringe Belohnung erhielten, ihre Einstellung zur Aufgabe positiver bewerteten als jene mit höherer Belohnung. Die geringe externe Rechtfertigung zwang zur internen Rechtfertigung und damit eine typische Dissonanzreduktion. Zahlreiche Folgeuntersuchungen replizierten dieses Prinzip in unterschiedlichen Kontexten, etwa bei Konsumentscheidungen, politischer Überzeugungsbildung und moralischem Verhalten (Harmon-Jones & Mills, 2019). Im deutschsprachigen Raum wurde die Dissonanztheorie intensiv rezipiert und empirisch erweitert. Jonas et al. (2014) fassen sie als grundlegenden Mechanismus der Selbstkonsistenzregulation, der für soziale Kognition, Motivation und Identitätsmanagement zentrale Bedeutung besitzt. In organisationalen Kontexten ist Dissonanz vor allem dann relevant, wenn Individuen in Rollenkonflikte geraten, Entscheidungen nachträglich bewerten oder mit widersprüchlichen Erwartungen konfrontiert sind. Gerade in Führungs- und Veränderungsprozessen können diese Situationen als typisch beschrieben werden. Im Kontext von Entrepreneurship Through Acquisition und Unternehmensnachfolgeprozessen liefert die kognitive Dissonanztheorie eine besonders aufschlussreiche Perspektive. Nachfolger, Investoren und Führungskräfte stehen häufig vor Entscheidungen, die in Spannung zu bestehenden Überzeugungen, Identitäten oder Loyalitäten stehen. Die Übernahme eines Unternehmens, die Restrukturierung tradierter Strukturen oder die Entlassung langjähriger Mitarbeiter kann Dissonanz auslösen, weil das Handeln mit Selbstbildern wie „Verantwortung gegenüber dem Lebenswerk" oder „sozialer Fairness" kollidiert. Diese kognitive Spannung kann entweder zu adaptivem Lernen und Einstellungswandel oder zu Rationalisierungen und Verdrängung führen. Gerade bei Unternehmensnachfolgen spielt auch die Dissonanz zwischen alter und neuer Führungsidentität eine zentrale Rolle. Der Nachfolger muss sein Selbstkonzept von „Externem" zu „Verantwortlichem" anpassen, während die Belegschaft ihre Wahrnehmung vom „vertrauten Gründer" zum „neuen Eigentümer" umstellen muss. In beiden Fällen besteht ein Bedürfnis, kognitive Konsistenz herzustellen. Der Nachfolger rechtfertigt eigene Entscheidungen durch narrative Selbstvergewisserung („Ich führe das Lebenswerk weiter, aber effizienter"), während Mitarbeitende widersprüchliche Wahrnehmungen („Er ist anders, aber will das Gute fortsetzen") emotional ausbalancieren. Wenn diese Prozesse nicht adressiert werden, entsteht organisationaler Dissonanzstress, der Vertrauen, Motivation und Veränderungsbereitschaft untergraben kann. In Due-Diligence- und Post-Merger-Phasen äußert sich Dissonanzreduktion auch auf kollektiver Ebene. Teams neigen dazu, Entscheidungen, etwa den Kaufpreis oder Integrationsmaßnahmen, nachträglich zu rechtfertigen, selbst wenn objektive Ergebnisse enttäuschend sind. Dieses Phänomen ähnelt der „Escalation of Commitment" (Staw, 1976), ist aber kognitiv statt motivational begründet. Um Widersprüche zwischen „Wir haben rational entschieden" und „Das Ergebnis ist negativ" zu reduzieren, wird das Ergebnis umgedeutet oder beschönigt. Für die Nachfolgepraxis ergibt sich daraus eine doppelte Implikation: Zum einen müssen Nachfolger und Führungskräfte sich ihrer eigenen Tendenz zur Dissonanzreduktion, insbesondere in der Interpretation früher Resultate und im Umgang mit Kritik, bewusst sein. Zum anderen sollten sie auch in der Organisation Bedingungen schaffen, die offene Auseinandersetzung mit Widersprüchen ermöglichen, ohne dass psychologische Abwehrmechanismen dominieren. Kommunikationsformate, die divergierende Wahrnehmungen legitimieren (z. B. Lessons-Learned-Dialoge), helfen, Dissonanz produktiv, statt defensiv zu verarbeiten. Damit zeigt die Theorie der kognitiven Dissonanz, dass Nachfolgeprozesse nicht allein durch rationale Entscheidungslogik, sondern durch tiefgreifende kognitive und emotionale Selbstregulation bestimmt sind. Zudem bietet sie ein theoretisches Fundament, um Widerstände, Selbstrechtfertigungen und selektive Wahrnehmungen in Veränderungsprozessen zu verstehen und damit einen Schlüssel, um Übergänge in Unternehmensnachfolgen und Akquisitionen psychologisch realistisch zu gestalten.

Job Demands–Resources Model

Das Job Demands–Resources Model (JD-R) von Demerouti et al. (2001) zählt zu den einflussreichsten theoretischen Rahmenmodellen der modernen Arbeits- und Organisationspsychologie. Es wurde ursprünglich entwickelt, um Belastungs- und Motivationsprozesse am Arbeitsplatz integriert zu erklären, und hat sich seither zu einem zentralen Paradigma der Forschung zu Arbeitsengagement, Burnout und Performance entwickelt (Bakker & Demerouti, 2007, 2017). Das Modell geht von der Grundannahme aus, dass jedes Berufsfeld spezifische Arbeitsanforderungen (Job Demands) und Arbeitsressourcen (Job Resources) aufweist, die in einem dynamischen Wechselspiel das Wohlbefinden, die Motivation und die Leistung von Beschäftigten beeinflussen. Arbeitsanforderungen sind nach Demerouti et al. (2001) jene physischen, psychologischen, sozialen oder organisationalen Aspekte der Arbeit, die anhaltende Anstrengung oder Fähigkeiten erfordern und dadurch mit physiologischen oder psychischen Kosten verbunden sind. Typische Beispiele sind Zeitdruck, Arbeitskomplexität, Rollenkonflikte oder emotionale Belastung. Anforderungen sind nicht per se negativ, führen jedoch bei chronischer Überforderung ohne ausreichende Ressourcen zu Erschöpfung und Burnout. Demgegenüber bezeichnen Arbeitsressourcen jene physischen, psychologischen, sozialen oder organisationalen Faktoren, die helfen, Arbeitsziele zu erreichen, Anforderungen zu reduzieren oder persönliches Wachstum zu fördern. Sie können auf individueller Ebene (z. B. Selbstwirksamkeit, Kompetenz), sozialer Ebene (z. B. Unterstützung durch Kollegen und Vorgesetzte) oder organisationaler Ebene (z. B. Autonomie, Entwicklungsmöglichkeiten, Feedbackkultur) angesiedelt sein. Ressourcen sind zentrale Prädiktoren von Arbeitsengagement – einem positiven, erfüllenden Arbeitszustand, der durch Energie, Hingabe und Absorption gekennzeichnet ist (Schaufeli & Bakker, 2004). Das JD-R-Modell beschreibt zwei sich ergänzende psychologische Prozesse:

1. den *Belastungsprozess,* in dem hohe Anforderungen bei gleichzeitigem Mangel an Ressourcen zu Stress, Erschöpfung und langfristig zu negativen Gesundheits- und Leistungsfolgen führen,
2. den *Motivationsprozess,* in dem Ressourcen intrinsische und extrinsische Motivation aktivieren, Engagement fördern und Leistungsfähigkeit und Commitment steigern (Bakker & Demerouti, 2017).

Beide Prozesse sind interaktiv. Ressourcen können die negativen Effekte hoher Anforderungen abpuffern (Buffer-Hypothese), während hohe Anforderungen den Nutzen von Ressourcen modulieren (Gain- oder Loss-Spiralen). Empirische Forschung hat die Grundannahmen des JD-R-Modells vielfach bestätigt und erweitert. Studien zeigen konsistent, dass Ressourcen wie Autonomie, soziale Unterstützung und Feedback, die Wirkung von Arbeitsanforderungen auf Burnout signifikant moderieren (Bakker et al., 2005). Zugleich belegen Längsschnittanalysen, dass Anforderungen und Ressourcen reziprok wirken: Ressourcen können im Zeitverlauf helfen, Anforderungen zu bewältigen, während chronische Überforderung Ressourcen abbaut. Neuere Weiterentwicklungen integrieren das Modell mit Konzepten der Selbstbestimmungstheorie (Deci & Ryan, 2000) und des Conservation of Resources Theory (Hobfoll, 1989), wodurch die motivationalen und dynamischen Mechanismen präziser beschrieben werden. Im deutschsprachigen Raum fand das JD-R-Modell breite Anwendung in der Arbeitspsychologie und der Gesundheitsförderung (z. B. Zacher & Frese, 2018; Demerouti & Bakker, 2011). Besonders betont wird hier der organisationale Gestaltungsaspekt. So lassen sich Arbeitsbedingungen systematisch analysieren, um Ressourcen zu stärken und Anforderungen zu regulieren. Damit liefert das Modell eine Brücke zwischen individueller Motivationstheorie und betrieblicher Interventionspraxis. Für Entrepreneurship Through Acquisition-Vorhaben und Unternehmensnachfolgeprozesse bietet das JD-R-Modell einen hoch anschlussfähigen theoretischen Bezugsrahmen. Nachfolgephasen sind durch erhöhte Arbeitsanforderungen auf allen Ebenen gekennzeichnet: hohe Unsicherheit, strategische Ambiguität, doppelte Rollenerwartungen (Fortführung vs. Erneuerung), emotionale Belastung durch Loyalitätskonflikte sowie intensiver Zeit- und Leistungsdruck. Diese Anforderungen treffen sowohl Nachfolger als auch Schlüsselpersonen im übernommenen Unternehmen. Wird dieser Belastungsdruck nicht durch ausreichende Ressourcen abgefedert, entstehen erhöhte Risiken für Erschöpfung, Zynismus und Leistungseinbußen, was wiederum die Akzeptanz des Nachfolgers gefährden kann. Zugleich eröffnet das Modell Ansatzpunkte für präventive und strategische Interventionen. Auf organisationaler Ebene können Ressourcen gezielt aufgebaut werden, etwa durch transparente Kommunikation, partizipative Entscheidungsstrukturen und symbolische Stabilität (Erhalt zentraler Rituale oder Werte). Auf individueller Ebene spielen Selbstwirksamkeit, soziale Unterstützung und Autonomie eine zentrale Rolle für die Aufrechterhaltung von Engagement und psychischer Gesundheit. Besonders in der frühen Übergangsphase kann ein „resource-based leadership“ des Nachfolgers entscheidend sein. Führung, die Sinn vermittelt, Feedback fördert und Handlungsspielräume gewährt, stärkt die intrinsische Motivation und mindert wahrgenommene

Bedrohungen. Aus theoretischer Perspektive verdeutlicht das JD-R-Modell, dass der Erfolg von Nachfolgeprozessen nicht allein durch strategische Entscheidungen oder ökonomische Kennzahlen bestimmt wird, sondern wesentlich durch die Balance von Anforderungen und Ressourcen in der Organisation. Eine zu starke Fokussierung auf Effizienzsteigerung, Restrukturierung und Ergebnisdruck kann zu einer Überlastung führen, wenn Ressourcen – wie Vertrauen, Kommunikation, soziale Kohäsion und Autonomie – nicht gleichzeitig gestärkt werden. Im Sinne der Gain-Spiral-Hypothese (Bakker & Demerouti, 2017) können erfolgreiche Nachfolger dagegen durch den gezielten Aufbau von Ressourcen eine sich selbst verstärkende Dynamik von Engagement, Lernen und Innovation auslösen. Das JD-R-Modell stellt also einen konzeptionellen Rahmen bereit, der den Übergang von individuellen Belastungserfahrungen zu kollektiven Leistungs- und Veränderungsprozessen erklärt. Für Nachfolger und ETA-Investoren bedeutet dies, dass nachhaltiger Erfolg entsteht, wenn Arbeitsanforderungen realistisch eingeschätzt, Ressourcen systematisch aufgebaut und die psychosozialen Dynamiken des Wandels bewusst gesteuert werden. Die Kombination aus hoher Herausforderung und gezielter Ressourcenkultivierung bildet dabei die Grundlage für resiliente und lernfähige Organisationen im Nachfolgekontext.

Conservation of Resources Model (COR) nach Hobfoll

Das Conservation of Resources Model (COR), entwickelt von Stevan E. Hobfoll (1989), zählt zu den einflussreichsten Theorien zur Erklärung von Stress, Motivation und Anpassungsverhalten in Arbeits- und Veränderungskontexten. Ausgangspunkt des Modells ist eine grundlegende anthropologische und ressourcentheoretische Annahme: Individuen streben danach, Ressourcen zu erwerben, zu erhalten und zu schützen, da diese für die Bewältigung von Anforderungen, die Aufrechterhaltung von Selbstwert und die Sicherung sozialer Identität essenziell sind. Stress entsteht nicht primär durch die objektive Höhe von Anforderungen, sondern durch die Bedrohung, den Verlust oder die unzureichende Wiederherstellung wichtiger Ressourcen. Hobfoll (1989) definiert Ressourcen weit gefasst als „Objekte, persönliche Merkmale, Zustände oder Energien, die von Individuen geschätzt werden oder dazu dienen, andere Ressourcen zu erlangen" (S. 516). Dazu gehören materielle Güter (z. B. finanzielle Sicherheit, Eigentum), soziale Ressourcen (z. B. Unterstützung, Status, Netzwerke), persönliche Ressourcen (z. B. Selbstwirksamkeit, Kompetenzen) und Energieformen (z. B. Zeit, Wissen, Motivation). Die Theorie geht davon aus, dass Individuen sich in einem fortlaufenden Prozess der Ressourcenerhaltung und -erweiterung befinden, wobei der Verlust von Ressourcen eine stärkere psychologische Wirkung entfaltet als der Gewinn – ein Phänomen, das Hobfoll analog zur Verlustaversion der Prospect Theory (Kahneman & Tversky, 1979) beschreibt. Das Modell postuliert mehrere zentrale Prinzipien:

1. *Primacy of Resource Loss,* bei dem Ressourcendefizite psychologisch dominanter wirken als Zugewinne, da Verlustsituationen stärker bedrohungs- und emotionsauslösend sind.

2. *Resource Investment Hypothesis,* nach der Menschen vorhandene Ressourcen investieren, um neue zu gewinnen, bestehende zu schützen oder Verluste zu kompensieren.
3. *Gain and Loss Spirals,* nach denen Ressourcen dazu tendieren, sich selbst zu verstärken. Individuen mit reichhaltigen Ressourcen sind besser in der Lage, neue zu generieren (Gain Spiral), während ressourcenarme Individuen Verluste schwerer ausgleichen können, was zu einer sich verschärfenden Verlustspirale führt (Hobfoll, 2001).
4. *Kontextbezug,* nach dem Ressourcenbewertung und -nutzung sozial eingebettet und abhängig von kulturellen, organisationalen und situativen Bedingungen sind (Hobfoll et al., 2018).

Das COR-Modell bildet damit einen metatheoretischen Rahmen, der individuelle, organisationale und kollektive Anpassungsprozesse unter Belastung integriert. In der Arbeits- und Organisationspsychologie diente es als theoretische Grundlage für das Job Demands–Resources Model (Demerouti et al., 2001), das den Ressourcenbegriff empirisch operationalisierte. Während das JD-R-Modell stärker deskriptiv auf das Zusammenspiel von Anforderungen und Ressourcen fokussiert, liefert das COR-Modell eine motivationale und dynamische Erklärungsebene: Es beschreibt, warum Individuen und Organisationen in Stresssituationen proaktiv Ressourcen investieren und wie sich langfristige Belastung durch kumulative Verlustprozesse auf Motivation, Engagement und Gesundheit auswirkt (Hobfoll, 2011). Empirische Studien bestätigen die Grundprinzipien des COR-Modells in unterschiedlichen Kontexten. Der Ressourcenverlust ist ein starker Prädiktor für Burnout, Depression und Leistungsabfall, während Ressourcenaufbau mit höherer Arbeitszufriedenheit, Commitment und Anpassungsfähigkeit korreliert (Halbesleben et al., 2014). Besonders relevant sind die Ressourcen-Gewinnspiralen, die erklären, warum erfolgreiche Individuen und Organisationen häufig in positiven Entwicklungszyklen verbleiben, während Krisen- oder Veränderungssituationen negative Spiralen auslösen können, wenn kein Ressourcenausgleich gelingt.

Für den Kontext von Entrepreneurship Through Acquisition (ETA), Unternehmensnachfolge und Search Funds ist das COR-Modell von hoher theoretischer und praktischer Relevanz. Diese Konstellationen sind durch intensive Ressourcenumbrüche auf ökonomischer, sozialer und psychologischer Ebene gekennzeichnet. Nachfolger und Search-Fund-Unternehmer investieren erhebliche Mengen an finanziellen, kognitiven und emotionalen Ressourcen, um eine Organisation zu übernehmen und zu transformieren. Gleichzeitig sehen sie sich mit Ressourcenverlusten konfrontiert: Verlust an Routinen, Vertrautheit, Kontrolle oder sozialer Unterstützung, sowohl auf ihrer Seite als auch auf Seiten der Mitarbeitenden. Aus Sicht des COR-Modells erklärt sich die Stress- und Motivationsdynamik solcher Übergänge über die Wahrnehmung dieser Ressourcenflüsse. Die Akquisitionsphase selbst ist ein klassisches Ressourcen-Investitionsszenario, denn ETA-Unternehmer investieren finanzielle Mittel, Zeit, Reputation und psychische Energie in den Erwerb eines Unternehmens, mit der Erwartung, dadurch langfristige Ressourcen (z. B. Eigentum, Einkommensströme, Status, Selbstverwirklichung) zu gewinnen. Misslingt der Erwerb oder treten unerwartete Hürden wie etwa kulturelle Widerstände oder operative Krisen auf, entsteht ein Ressourcenverlustschock, der durch emotionale Erschöpfung, Selbstzweifel oder Entscheidungsrigidität begleitet sein kann. In der Integrationsphase nach der Übernahme verschiebt sich der Fokus auf die Ressourcenbalance innerhalb der Organisation. Nachfolger oder Search-Fund-Unternehmer müssen Ressourcenverlustprozesse auf kollektiver Ebene vermeiden: Belegschaften verlieren häufig symbolisches Kapital (Sinn, Sicherheit, Zugehörigkeit), wenn vertraute Führungsfiguren abtreten. Erfolgreiches Nachfolgemanagement nach Hobfolls Logik bedeutet daher, Ressourcenerhalt und -aufbau als strategisches Ziel zu begreifen. Dies umfasst Maßnahmen wie vertrauensbildende Kommunikation, Sicherung zentraler Werte und Identitätselemente, den Aufbau neuer Unterstützungsnetzwerke sowie die Schaffung von Handlungsspielräumen, die Selbstwirksamkeit fördern. Für Search Funds ist die COR-Theorie zudem in besonderem Maße anschlussfähig, da das Modell die Interdependenz von individuellen und organisationalen Ressourcen betont. Der Search-Fund-Unternehmer ist typischerweise ein Einzelakteur mit begrenzten personellen und finanziellen Ressourcen, der in einer Hochunsicherheitsumgebung agiert. Sein Erfolg hängt davon ab, ob er während des Such- und Erwerbsprozesses genügend Ressourcen konservieren und gezielt in erfolgskritische Bereiche investieren kann – etwa in Beziehungen zu Investoren, in Wissen über Zielunternehmen oder in die eigene psychische Resilienz. Das Modell bietet hier eine psychologisch fundierte Erklärung dafür, warum übermäßige Ressourcenverluste, z. B. durch Fehleinschätzungen, Überlastung oder emotionale Erschöpfung, zu Abbruchverhalten, Fehlentscheidungen oder dysfunktionaler Risikovermeidung führen können. Das COR-Modell verdeutlicht somit, dass Nachfolge und Akquisition als ressourcentheoretische Übergänge zu begreifen sind. Nachhaltiger Erfolg ergibt sich nicht allein aus strategischem Kalkül, sondern aus der Fähigkeit, Ressourcengewinne zu antizipieren, Verluste zu begrenzen und Ressourcendynamiken auf individueller wie organisationaler Ebene zu synchronisieren. Für Führung und Change-Management bedeutet dies, nicht nur operative Strukturen zu steuern, sondern die psychologischen Ressourcen wie Vertrauen, Identität, Energie und Sinn gezielt zu pflegen. Erfolgreiche Nachfolger und Search-Fund-Unternehmer sind also nicht primär „Käufer“, sondern strategische Ressourcenkonservatoren und -investoren.

Resilienz-Theorie nach Masten

Unter Resilienz versteht Masten (2001) einen dynamischen Entwicklungsprozess positiver Anpassung trotz erheblicher Widrigkeiten. Resilienz ist mithin kein statisches Persönlichkeitsmerkmal, sondern das Ergebnis fortlaufender Transaktionen zwischen Individuum und Umwelt, in denen normative, adaptiv wirkende Systeme (z. B. Bindungsbeziehungen, Selbstregulation, Exekutivfunktionen, Kompetenzerleben, Bildungsinstitutionen, Gemeinschaften) Schutz- und Förderprozesse bereitstellen. Mastens zentraler Befund, zugespitzt als „ordinary magic“, lautet: Das, was Menschen widerstandsfähig macht, ist in der Regel unspektakulär und verbreitet, nämlich die verlässliche Funktionsfähigkeit grundlegender Schutzsysteme anstelle seltener „Superkräfte“. Resilienz wird in der entwicklungspsychologischen Logik definiert durch:

(a) das *Vorliegen bedeutsamer Risiken bzw. Bedrohungen* wie z. B. Armut, Verlust, Traumata, massive Umweltunsicherheit
(b) *positive Anpassungsindikatoren* wie Kompetenz, psychische Gesundheit, altersangemessene Funktionsfähigkeit, die trotz dieser Risiken wirken (Masten, 2001, 2014).

Diese doppelte Bedingung schärft den Blick dafür, dass Widerstandsfähigkeit ohne reale Belastung nicht diagnostizierbar ist und dass „positive Anpassung" kontext- und entwicklungsphasenabhängig operationalisiert werden muss. Masten strukturiert Resilienzprozesse über Risikogradienten und kumulative Risiken. Je mehr Risikofaktoren zusammentreffen, desto stärker sinkt die Wahrscheinlichkeit positiver Entwicklung; umgekehrt können Promotions- und Protektionsfaktoren, teils identisch, diese Gradienten verschieben (Masten, 2001). Protektive Prozesse wirken dabei (i) puffernd (moderierend), indem sie die Wirkung von Risiken abschwächen, (ii) kompensatorisch, indem sie negative Effekte überlagern, oder (iii) herausfordernd („steeling effects"), indem moderate Belastungen Lern- und Bewältigungsressourcen trainieren. Entwicklungs- und systemtheoretisch betont Masten die Multilevel-Perspektive, in der biologische, psychologische, interpersonale und kontextuelle Ebenen ineinandergreifen. Resilienz „emergiert" aus dieser Kopplung. Zentral sind in der empirischen Literatur immer wieder dieselben Kurzliste an Ressourcen. Hierzu gehören enge, sichere Beziehungen, Selbstregulation/Exekutivfunktionen, kompetenzstiftende Gelegenheiten, kohärente Bedeutungsrahmen wie Sinn, Werte, kulturelle Traditionen, positive Erwartungen durch Hoffnung und Selbstwirksamkeit sowie institutionelle Verlässlichkeit (Masten, 2014). Resilienz ist zudem phasen- und domänenspezifisch. Wer in einer Entwicklungsaufgabe widerstandsfähig ist, ist dies nicht zwangsläufig in allen. Schutzsysteme müssen daher für die jeweilige Aufgabe funktionsfähig sein (Masten & Tellegen, 2012). Im deutschsprachigen Diskurs wurde die Resilienzforschung früh rezipiert und in Präventions- wie Interventionslogiken überführt. Übersichten betonen konsistent die Interdependenz von personalen, sozialen und institutionellen Ressourcen, die Bedeutung verlässlicher Bindungen und Selbstregulationskompetenzen, sowie die Gestaltbarkeit von Resilienz über (früh-)pädagogische, familiäre und organisationale Settings (z. B. Wustmann, 2012; Fröhlich-Gildhoff & Rönnau-Böse, 2019). Die Kernaussage bleibt kompatibel. Resilienz ist gewöhnlich, erlern- und kultivierbar, wenn zentrale Schutzsysteme intakt sind und bricht typischerweise dort ein, wo diese Systeme gleichzeitig versagen. Für ETA, Unternehmensnachfolge und Search Funds liefert diese Theorie einen präzisen psychologischen und organisatorischen Orientierungsrahmen. Erstens sind diese Kontexte durch hohe, teils lang andauernde Unsicherheit gekennzeichnet. In Mastens Sinne handelt es sich um „reale Risiken" mit potenziell kumulativen Effekten. Zweitens hängen positive Anpassungsleistungen wie etwa die Stabilisierung der Belegschaft, Erhalt zentraler Kundenbeziehungen, Aufbau von Governance und Lernschleifen, nicht primär von „heroischen Einzelleistungen" ab, sondern von der Verfügbarkeit und Stabilität einfacher, aber kritischer Schutzsysteme im Unternehmen. Hierzu gehören verlässliche Führungsbeziehungen, geordnete Routinen, kompetenzstiftende Gelegenheiten, kohärente Sinn- und Wertnarrative im Sinne von Kontinuität und Erneuerung, sowie institutionelle

Verlässlichkeit durch haltbare Zusagen und berechenbare Regeln. Drittens erklärt Masten, weshalb Organisationen in Nachfolgen in Gain- oder Loss-Spiralen geraten können. So vermehren funktionsfähige Schutzsysteme Ressourcen wie Vertrauen, Lernfähigkeit, kollektive Selbstwirksamkeit. Hingegen akkumulieren dysfunktionale Systeme Verluste wie Abwanderung, Zynismus, Entscheidungsverzerrungen. Für Search-Fund-Unternehmer ist die „ordinary-magic"-These besonders relevant. Gerade weil Such- und Frühintegrationsphasen personell schlank, zeitlich angespannt und finanziell begrenzt sind, entscheidet die robuste Etablierung einfacher Schutzsysteme über die Resilienzdynamik. Verlässliche Mentoring- und Investorenbeziehungen dienen hierbei als Bindungsäquivalent während Selbstregulationsroutinen kompetenzstiftende Mikro-Experimente mit schnellem Feedback ermöglichen. Sinnkohärenz statt wechselnder Opportunitätsnarrative und institutionelle Verlässlichkeit im Kleinen tragen weiterhin zur Stabilisierung einfacher Schutzsysteme bei. In Nachfolgeorganisationen lassen sich diese bewusst durch verlässliche Beziehungs- und Informationstakte wie regelmäßige Informations- und Besprechungsformate, klare Rollen- und Entscheidungsrituale, Lern- und Fähigkeitsaufbau, Bedeutungsarbeit und institutionelle Kohärenz, z. B. in Form konsistenter Leistungs- und Anerkennungssysteme architektieren. In Mastens Logik sind dies keine „Add-ons", sondern die Träger des Resilienzprozesses. Theoretisch schließt Mastens Ansatz an entwicklungspsychologische, ökologische und systemische Modelle an und liefert damit eine Brücke zu Führungs-, Kultur- und Entscheidungsforschung. Resilienz entsteht, wenn Schutzsysteme in einer konkreten Risikolandschaft verlässlich funktionieren. Für ETA, Nachfolge und Search Funds ist die praktische Konsequenz ernüchternd und ermutigend zugleich, denn es geht um das Funktionieren des Gewöhnlichen. Durch eine konsequente Erhöhung dieser „gewöhnlichen Magie" durch verlässliche Beziehungen, klare Routinen, gezielte Kompetenzaufgaben und kohärente Bedeutungsrahmen wird auch die Wahrscheinlichkeit positiver Anpassung selbst substanziell erhöht.

Das transaktionale Stressmodell

Das transaktionale Stressmodell von Lazarus und Folkman (1984) begreift Stress nicht als Eigenschaft von Personen oder Situationen, sondern als dynamisches, reziprokes Bewertungs- und Bewältigungsgeschehen zwischen Person und Umwelt. Zentral ist die kognitive Bewertung (appraisal), die in mindestens drei Schritten verläuft

1. In der *Primärbewertung* wird ein Ereignis danach eingeschätzt, ob es als bedrohlich, schädigend/verlusterzeugend, herausfordernd oder irrelevant einzustufen ist.
2. In der *Sekundärbewertung* werden die eigenen Ressourcen und Handlungsmöglichkeiten, d. h. Kontroll- und Bewältigungserwartungen sowie soziale und materielle Ressourcen, eingeschätzt.
3. Darauf folgt die *Re-Bewertung* (reappraisal), in der neue Informationen und Effekte erfolgter Bewältigungsversuche die ursprüngliche Einschätzung modifizieren.

Stress entsteht definitionsgemäß, wenn Anforderungen als bedeutsam und ressourcenübersteigend bewertet werden. Umgekehrt reduzieren wahrgenommene Kontroll- und Bewältigungsoptionen die Stressreaktion (Lazarus & Folkman, 1984). Auf dieser Bewertungslogik setzt die Coping-Theorie auf. Coping bezeichnet alle kognitiven und behavioralen Anstrengungen, belastende Person-Umwelt-Konstellationen zu meistern, zu tolerieren oder ihre Bedeutung zu verändern (Folkman & Lazarus, 1980; Lazarus & Folkman, 1984). Klassisch werden zwei Funktionen unterschieden:

1. Problemorientiertes Coping (z. B. Informationssuche, Planen, aktives Eingreifen, Neuorganisation), das auf die Situation zielt
2. Emotionsorientiertes Coping (z. B. Emotionsregulation, Akzeptanz, positive Neubewertung, Distanzierung), das auf die emotionale Reaktion zielt.
3. Spätere Arbeiten ergänzen bedeutungs-/wertebezogenes Coping (meaning-focused coping), das in chronisch ambiguen Lagen, bei denen objektive Kontrolle begrenzt ist, Sinnquellen und positive Affekte mobilisiert (Folkman, 1997).

Coping ist kontextsensitiv und prozesshaft. Strategien, die in einer Phase adaptiv sind, können in einer anderen dysfunktional werden. Ihre Effektivität hängt von Passung zwischen Coping-Modus und situativen Erfordernissen ab (Lazarus & Folkman, 1984; vgl. auch Skinner et al., 2003, zur Taxonomie von Copingfamilien). Instrumente wie das COPE-Inventar (Carver et al., 1989) operationalisieren diese Strategien differenziert. Im deutschsprachigen Diskurs wird das transaktionale Modell als Referenzrahmen der Arbeits- und Gesundheitspsychologie breit rezipiert. Es liefert die theoretische Basis, um Belastungen, Ressourcen, Bewertung und Bewältigung in organisationalen Kontexten zu integrieren und mit Motivations- und Handlungsmodellen zu verknüpfen (z. B. Zacher & Frese, 2018, sowie in motivationspsychologischen Standardwerken wie Heckhausen & Heckhausen, 2018). Gerade diese Integration ist forschungspraktisch bedeutsam und verbindet die kognitive Bewertung mit ressourcenbasierten und motivationalen Perspektiven, ohne die Eigenlogik des Coping-Prozesses preiszugeben. Die Anschlussfähigkeit des Modells für Entrepreneurship Through Acquisition, Unternehmensnachfolge und Search Funds ist unmittelbar gegeben. Denn gerade ETA-Konstellationen sind prototypische Hochunsicherheits- und Hochbedeutsamkeitssituationen, die sich durch Informationsasymmetrien, kulturelle Ambivalenzen, Zeitdruck, hohe finanzielle und identitäre Stakes auszeichnen. In der Primärbewertung werden Due-Diligence-Befunde, Stakeholder-Signale und kulturelle Brüche als Bedrohung (Verlust von Reputation/Kapital), Herausforderung (Wachstumschance) oder Ambivalenz gerahmt. Die Sekundärbewertung variiert mit Erfahrung, Netzwerken, Liquiditätsreserven und Teamkompetenzen und somit auch dem wahrgenommenen Kontroll- und Bewältigungsspielraum. Search-Fund-Unternehmer sind hier besonders exponiert, denn begrenzte personelle Ressourcen, lange Suchphasen, oder wiederholte Deal-Abbrüche beeinflussen die Wahl der Coping-Strategien. Problemorientiertes Coping zeigt sich hier etwa in strukturierter Informationsvertiefung, Nachverhandlungen, Governance-Anpassungen oder Integrationsplanung.

Emotionsorientiertes Coping hingegen umfasst affektive Regulation in Board-Kommunikation, Akzeptanz bei Deal-Abbruch und kognitive Neubewertung (z. B. „Lernforschung“ statt „Scheitern“). In chronisch unkontrollierbaren oder mehrdeutigen Phasen wie z. B. kulturgetriebene Integrationskonflikte, kann meaning-focused coping die Handlungsfähigkeit sichern, indem Sinnanker etabliert werden (Folkman, 1997). Empirisch gut belegt ist, dass die Passung zwischen Coping-Modus und Situationen entscheidend ist: Bei veränderbaren Stressoren (z. B. ineffiziente Prozesse, Rollenunklarheit) ist problemorientiertes Coping i. d. R. adaptiv. Bei unveränderbaren Stressoren (z. B. externe Regulatorik, temporäre Marktvolatilität) ist emotions- oder bedeutungsorientiertes Coping zielführender, solange es nicht in Vermeidung und Problemverdrängung umschlägt (Lazarus & Folkman, 1984; Skinner et al., 2003). Für Nachfolger und ETA-Teams folgt daraus eine klare Führungsimplikation- Bewertungs- und Copingprozesse sind führbar, jedoch nicht per Dekret. Sie erfordern Transparenz über Kontrollgrenzen, präzise Problemzerlegung in gestaltbare Teilaspekte, Ressourcenmobilisierung sowie kommunikative Re-Rahmung, die Sinn und Fortschritt sichtbar macht. Durch diese Steuerung können maladaptive Muster wie dysfunktionale Vermeidung, Pseudokontrolle oder rigides Problemfokussieren auf Unkontrollierbares vermieden und stattdessen adaptive Coping-Spiralen implementiert werden, die Selbstwirksamkeit, Vertrauen und kollektives Engagement stärken und damit einen Mechanismus bilden, der sich in Nachfolge- und Integrationsphasen unmittelbar in kultureller Anschlussfähigkeit und operativer Resilienz niederschlägt.

Literatur

Adams, J. S. (1965). Inequity in social exchange. In L. Berkowitz (Hrsg.), *Advances in experimental social psychology* (Bd. 2, S. 267–299). Academic Press.

Adler, P. S., & Kwon, S. W. (2002). Social capital: Prospects for a new concept. *Academy of Management Review, 27*(1), 17–40.

Akesrlof, G. A. (1970). The market for „lemons“: Quality uncertainty and the market mechanism. *The Quarterly Journal of Economics, 84*(3), 488–500.

Armenakis, A. A., & Bedeian, A. G. (1999). Organizational change: A review of theory and research in the 1990s. *Journal of Management, 25*(3), 293–315.

Ashforth, B. E. (2001). Role transitions in organizational life: An identity-based perspective..

Avolio, B. J., & Gardner, W. L. (2005). Authentic leadership development: Getting to the root of positive forms of leadership. *The Leadership Quarterly, 16*(3), 315–338.

Avolio, B. J., Gardner, W. L., Walumbwa, F. O., Luthans, F., & May, D. R. (2004). Unlocking the mask: A look at the process by which authentic leaders impact follower attitudes and behaviors. *The Leadership Quarterly, 15*(6), 801–823.

Bakker, A. B., & Demerouti, E. (2007). The Job Demands–Resources model: State of the art. *Journal of Managerial Psychology, 22*(3), 309–328.

Bakker, A. B., & Demerouti, E. (2017). Job demands–resources theory: Taking stock and looking forward. *Journal of Occupational Health Psychology, 22*(3), 273–285.

Bakker, A. B., Demerouti, E., & Euwema, M. C. (2005). Job resources buffer the impact of job demands on burnout. *Journal of Occupational Health Psychology, 10*(2), 170–180.

Barney, J. (1991). Firm resources and sustained competitive advantage. *Journal of Management, 17*(1), 99–120.

Bass, B. M., & Steidlmeier, P. (1999). Ethics, character, and authentic transformational leadership behavior. *The Leadership Quarterly, 10*(2), 181–217.

Beckhard, R. (1969). *Organization development: Strategies and models*. Addison-Wesley.

Berrone, P., Cruz, C., & Gomez-Mejia, L. R. (2012). Socioemotional wealth in family firms: Theoretical dimensions, assessment approaches, and agenda for future research. *Family Business Review, 25*(3), 258–279.

Bies, R. J., & Moag, J. F. (1986). Interactional justice: Communication criteria of fairness. In R. J. Lewicki, B. H. Sheppard, & M. H. Bazerman (Hrsg.), *Research on negotiation in organizations* (Bd. 1, S. 43–55). JAI Press.

Black, F., & Scholes, M. (1973). The pricing of options and corporate liabilities. *Journal of Political Economy, 81*(3), 637–654.

Bock, A. J., & Johnson, D. (2017). Coping with uncertainty: Entrepreneurial sensemaking in regenerative medicine venturing. *The Journal of Technology Transfer, 42*(1), 33–58.

Burke, P. J., & Reitzes, D. C. (1991). An identity theory approach to commitment. *Social Psychology Quarterly, 54*(3), 239–251. https://doi.org/10.2307/2786653.

Burke, P. J., & Stets, J. E. (2009). *Identity theory*. Oxford University Press.

Burke, W. W., & Litwin, G. H. (1992). A causal model of organizational performance and change. *Journal of Management, 18*(3), 523–545.

Cameron, K. S., & Quinn, R. E. (2006). *Diagnosing and changing organizational culture: Based on the competing values framework* (2. Aufl.). Jossey-Bass.

Carver, C. S., Scheier, M. F., & Weintraub, J. K. (1989). Assessing coping strategies: A theoretically based approach. *Journal of Personality and Social Psychology, 56*(2), 267–283.

Chua, J. H., Chrisman, J. J., & Sharma, P. (1999). Defining the family business by behavior. *Entrepreneurship Theory and Practice, 23*(4), 19–39.

Coase, R. H. (1937). The nature of the firm. *Economica, 4*(16), 386–405.

Cohen, W. M., & Levinthal, D. A. (1990). Absorptive capacity: A new perspective on learning and innovation. *Administrative Science Quarterly, 35*(1), 128–152.

Coleman, J. S. (1988). Social capital in the creation of human capital. *American Journal of Sociology, 94*, S95–S120.

Colquitt, J. A., Conlon, D. E., Wesson, M. J., Porter, C. O. L. H., & Ng, K. Y. (2001). Justice at the millennium: A meta-analytic review of 25 years of organizational justice research. *Journal of Applied Psychology, 86*(3), 425–445.

Copeland, T., & Antikarov, V. (2001). *Real options: A practitioner's guide*. Texere.

Cummings, T. G., & Worley, C. G. (2014). *Organization development and change* (10. Aufl.). Cengage Learning.

Day, D. V., & Harrison, M. M. (2007). A multilevel, identity-based approach to leadership development. *Human Resource Management Review, 17*(4), 360–373.

Day, D. V., Harrison, M. M., & Halpin, S. M. (2009). *An integrative approach to leader development: Connecting adult development, identity, and expertise*. Routledge.

De Bondt, W. F., & Thaler, R. (1985). Does the stock market overreact? *The Journal of Finance, 40*(3), 793–805.

Demerouti, E., & Bakker, A. B. (2011). The job demands–resources model: Challenges for future research. *SA Journal of Industrial Psychology, 37*(2), 1–9.

Demerouti, E., Bakker, A. B., Nachreiner, F., & Schaufeli, W. B. (2001). The Job Demands–Resources model of burnout. *Journal of Applied Psychology, 86*(3), 499–512.

DeRue, D. S., & Ashford, S. J. (2010). Who will lead and who will follow? A social process of leadership identity construction in organizations. *Academy of Management Review, 35*(4), 627–647.

DeTienne, D. R., & Chirico, F. (2013). Exit strategies in family firms: How socioemotional wealth drives the threshold of performance. *Entrepreneurship Theory and Practice, 37*(6), 1297–1318. https://doi.org/10.1111/etap.12067.

DiMaggio, P. J., & Powell, W. W. (1983). The iron cage revisited: Institutional isomorphism and collective rationality in organizational fields. *American Sociological Review, 48*(2), 147–160.

Dixit, A. K., & Pindyck, R. S. (1994). *Investment under uncertainty*. Princeton University Press.

Eisenhardt, K. M., & Martin, J. A. (2000). Dynamic capabilities: What are they? *Strategic Management Journal, 21*(10–11), 1105–1121.

Fama, E. F. (1970). Efficient capital markets: A review of theory and empirical work. *The Journal of Finance, 25*(2), 383–417.

Fama, E. F., & Jensen, M. C. (1983). Separation of ownership and control. *The Journal of Law and Economics, 26*(2), 301–325.

Festinger, L. (1957). *A theory of cognitive dissonance*. Stanford University Press.

Festinger, L., & Carlsmith, J. M. (1959). Cognitive consequences of forced compliance. *Journal of Abnormal and Social Psychology, 58*(2), 203–210.

Folkman, S. (1997). Positive psychological states and coping with severe stress. *Social Science & Medicine, 45*(8), 1207–1221.

Folkman, S., & Lazarus, R. S. (1980). An analysis of coping in a middle-aged community sample. *Journal of Health and Social Behavior, 21*(3), 219–239.

Freeman, R. E. (1984). *Strategic management: A stakeholder approach*. Pitman.

French, W. L., & Bell, C. H. (1999). *Organization development: Behavioral science interventions for organization improvement* (6. Aufl.). Prentice Hall.

Friedland, R., & Alford, R. R. (1991). Bringing society back in: Symbols, practices, and institutional contradictions. In W. W. Powell & P. J. DiMaggio (Hrsg.), *The new institutionalism in organizational analysis* (S. 232–263). University of Chicago Press.

Fröhlich-Gildhoff, K., & Rönnau-Böse, M. (2019). *Resilienz (5.* Aufl.). Beltz.

Furnham, A., & Boo, H. C. (2011). A literature review of the anchoring effect. *The Journal of Socio-Economics, 40*(1), 35–42.

Gabarro, J. J. (1987). *The dynamics of taking charge*. Harvard Business School Press.

Gardner, W. L., Cogliser, C. C., Davis, K. M., & Dickens, M. P. (2011). Authentic leadership: A review of the literature and research agenda. *The Leadership Quarterly, 22*(6), 1120–1145.

Gartner, W. B. (1985). A conceptual framework for describing the phenomenon of new venture creation. *Academy of Management Review, 10*(4), 696–706. https://doi.org/10.5465/amr.1985.4279094

Gibson, C. B., & Birkinshaw, J. (2004). The antecedents, consequences, and mediating role of organizational ambidexterity. *Academy of Management Journal, 47*(2), 209–226.

Goffman, E. (1959). *The presentation of self in everyday life*. Doubleday.

Greenberg, J. (1990). Organizational justice: Yesterday, today, and tomorrow. *Journal of Management, 16*(2), 399–432.

Grousbeck, H. I. (1984). *Entrepreneurship Through Acquisition: The case of search funds*. Stanford Graduate School of Business.

Hahn, T., & Meier, J. (2022). Search Funds in Germany: Status Quo und Perspektiven. *Zeitschrift für KMU und Entrepreneurship, 70*(3), 145–166.

Halbesleben, J. R. B., Neveu, J.-P., Paustian-Underdahl, S. C., & Westman, M. (2014). Getting to the „COR“: Understanding the role of resources in conservation of resources theory. *Journal of Management, 40*(5), 1334–1364.

Handler, W. C. (1994). Succession in family business: A review of the research. *Family Business Review, 7*(2), 133–157.

Harmon-Jones, E., & Mills, J. (Hrsg.). (2019). *Cognitive dissonance: Reexamining a pivotal theory in psychology* (2. Aufl.). American Psychological Association.

Haspeslagh, P. C., & Jemison, D. B. (1991). *Managing acquisitions: Creating value through corporate renewal.* Free Press.

Heckhausen, J., & Heckhausen, H. (Hrsg.). (2018). *Motivation und Handeln* (5. Aufl.). Springer.

Heider, F. (1958). *The psychology of interpersonal relations.* Wiley.

Helms Mills, J., Thurlow, A., & Mills, A. J. (2010). Making sense of sensemaking: The critical sensemaking approach. *Qualitative Research in Organizations and Management, 5*(2), 182–195.

Hobfoll, S. E. (1989). Conservation of resources: A new attempt at conceptualizing stress. *American Psychologist, 44*(3), 513–524.

Hobfoll, S. E. (2001). The influence of culture, community, and the nested-self in the stress process: Advancing conservation of resources theory. *Applied Psychology, 50*(3), 337–421.

Hobfoll, S. E. (2011). Conservation of resources theory: Its implication for stress, health, and resilience. In S. Folkman (Hrsg.), *The Oxford handbook of stress, health, and coping* (S. 127–147). Oxford University Press.

Hobfoll, S. E., Halbesleben, J. R. B., Neveu, J.-P., & Westman, M. (2018). Conservation of resources in the organizational context: The reality of resources and their consequences.

Hoffmann, A. (2023). Entrepreneurship Through Acquisition: A scoping review. *Journal of Business Economics, 94*(4), 1237–1277. https://doi.org/10.1007/s11573-023-01234-5.

Hofstede, G. H., Hofstede, G. J., & Minkov, M. (2010). *Cultures and Organizations, Software of the mind. Intercultural Cooperation and Its Importance for survival.* McGraw-Hill eBooks.

Hofstede, G. J., & Minkov, M. (2017). *Lokales Denken, globales Handeln: Interkulturelle Zusammenarbeit und globales Management.* Springer.

Hogg, M. A., & Terry, D. J. (2000). Social identity and self-categorization processes in organizational contexts. *Academy of Management Review, 25*(1), 121–140.

Ibarra, H. (1999). Provisional selves: Experimenting with image and identity in professional adaptation. *Administrative Science Quarterly, 44*(4), 764–791.

IfM Bonn. (2024). Nachfolge in Familienunternehmen – Themendossier. Bonn. https://www.ifm--bonn.org/themen/unternehmensnachfolge.

Jensen, M. C. (1986). Agency Costs of Free Cash Flow, Corporate Finance, and Takeovers. *The American Economic Review, 76*(2), 323–329. http://www.jstor.org/stable/1818789. Zugegriffen: 19. Oct. 2025.

Jensen, M. C., & Meckling, W. H. (1976). Theory of the firm: Managerial behavior, agency costs and ownership structure. *Journal of Financial Economics, 3*(4), 305–360.

Jensen, M. C., & Ruback, R. S. (1983). The market for corporate control: The scientific evidence. *Journal of Financial Economics, 11*(1–4), 5–50.

Jonas, E., Stroebe, W., & Hewstone, M. (2014). *Sozialpsychologie (6.* Aufl.). Springer.

Kahneman, D., & Tversky, A. (1979). Prospect theory: An analysis of decision under risk. *Econometrica, 47*(2), 263–291.

Kahneman, D., & Tversky, A. (1992). Advances in prospect theory: Cumulative representation of uncertainty. *Journal of Risk and Uncertainty, 5*(4), 297–323.

Kellermanns, F. W., & Eddleston, K. A. (2004). Feuding families: When conflict does a family firm good. *Entrepreneurship Theory and Practice, 28*(3), 209–228.

Kelley, H. H. (1967). Attribution theory in social psychology. In D. Levine (Hrsg.), *Nebraska Symposium on Motivation* (Bd. 15, S. 192–238). University of Nebraska Press.

Kelly, P. C., & Kaplan, R. S. (2020). *2020 Search Fund Study: Selected Observations.* Stanford Graduate School of Business & IESE Business School.

Kesner, I. F., & Sebora, T. C. (1994). Executive succession: Past, present & future. *Journal of Management, 20*(2), 327–372.

Kets de Vries, M. F. R. (2012). *The leader on the couch: A clinical approach to changing people and organizations*. Jossey-Bass.

Keupp, H., & Höfer, R. (2012). *Identitätskonstruktionen: Das Patchwork der Identitäten in der Spätmoderne*. VS Verlag.

KfW Research. (2024). *KfW-Nachfolgemonitoring Mittelstand 2024*. KfW Bankengruppe. https://www.kfw.de/PDF/Download-Center/Konzernthemen/Research/PDF-Dokumente-Nachfolgemonitoring.

Kogut, B., & Kulatilaka, N. (2001). Capabilities as real options. *Organization Science, 12*(6), 744–758.

Komives, S. R., Owen, J. E., Longerbeam, S. D., Mainella, F. C., & Osteen, L. (2005). Developing a leadership identity: A grounded theory. *Journal of College Student Development, 46*(6), 593–611.

Kotter, J. P. (1995). Leading change: Why transformation efforts fail. *Harvard Business Review, 73*(2), 59–67.

Krahé, B. (2020). *Sozialpsychologie: Individuum und soziale Welt*. Springer.

Lane, P. J., Koka, B. R., & Pathak, S. (2006). The reification of absorptive capacity: A critical review and rejuvenation of the construct. *Academy of Management Review, 31*(4), 833–863.

Lawrence, T. B., & Suddaby, R. (2006). Institutions and institutional work. In S. Clegg, C. Hardy, T. B. Lawrence, & W. R. Nord (Hrsg.), *The SAGE handbook of organization studies* (S. 215–254). SAGE Publications.

Lazarus, R. S., & Folkman, S. (1984). *Stress, appraisal, and coping*. Springer.

Le Breton-Miller, I., Miller, D., & Steier, L. (2004). Toward an integrative model of effective FOB succession. *Entrepreneurship Theory and Practice, 28*(4), 305–328.

Leventhal, G. S. (1980). What should be done with equity theory? In K. J. Gergen, M. S. Greenberg, & R. H. Willis (Hrsg.), *Social exchange: Advances in theory and research* (S. 27–55). Plenum Press.

Lewicki, R. J., & Bunker, B. B. (1996). Developing and maintaining trust in work relationships. In R. M. Kramer & T. R. Tyler (Hrsg.), *Trust in organizations: Frontiers of theory and research* (S. 114–139). Sage.

Lewin, K. (1947). Frontiers in group dynamics: Concept, method and reality in social science; social equilibria and social change. *Human Relations, 1*(1), 5–41.

Luthans, F., & Avolio, B. J. (2003). Authentic leadership: A positive developmental approach. In K. S. Cameron, J. E. Dutton, & R. E. Quinn (Hrsg.), *Positive organizational scholarship* (S. 241–258). Berrett-Koehler.

Lutz, K. (2019). Unternehmerische Nachfolge als Prozess der Identitätsarbeit. In K. Lutz (Hrsg.), *Nachfolge in Familienunternehmen: Herausforderungen und Perspektiven* (S. 57–78). Springer Gabler.

Maitlis, S. (2005). The social processes of organizational sensemaking. *Academy of Management Journal, 48*(1), 21–49.

Maitlis, S., & Christianson, M. (2014). Sensemaking in organizations: Taking stock and moving forward. *Academy of Management Annals, 8*(1), 57–125.

Maitlis, S., & Sonenshein, S. (2010). Sensemaking in crisis and change: Inspiration and insights from Weick (1988). *Journal of Management Studies, 47*(3), 551–580.

Makadok, R. (2001). Toward a synthesis of the resource-based and dynamic-capability views of rent creation. *Strategic Management Journal, 22*(5), 387–401.

Malmendier, U., & Tate, G. (2005). CEO overconfidence and corporate investment. *The Journal of Finance, 60*(6), 2661–2700.

Manne, H. G. (1965). Mergers and the market for corporate control. *Journal of Political Economy, 73*(2), 110–120.

March, J. G. (1991). Exploration and exploitation in organizational learning. *Organization Science, 2*(1), 71–87.

Masten, A. S. (2001). Ordinary magic: Resilience processes in development. *American Psychologist, 56*(3), 227–238.

Masten, A. S. (2014). *Ordinary magic: Resilience in development*. Oxford University Press.

Masten, A. S., & Tellegen, A. (2012). Resilience in developmental psychopathology: Contributions of the Project Competence Longitudinal Study. *Development and Psychopathology, 24*(2), 345–361.

Mayer, R. C., Davis, J. H., & Schoorman, F. D. (1995). An integrative model of organizational trust. *Academy of Management Review, 20*(3), 709–734.

McAllister, D. J. (1995). Affect- and cognition-based trust as foundations for interpersonal cooperation in organizations. *Academy of Management Journal, 38*(1), 24–59.

Mead, G. H. (1934). *Mind, self, and society*. University of Chicago Press.

McCall, M. W. (1986). Leadership and performance beyond expectations, by Bernard M. Bass. New York: The Free Press, 1985, 191 pp. $26.50. *Human Resource Management, 25*(3), 481–484. https://doi.org/10.1002/hrm.3930250310.

Merton, R. C. (1973). Theory of rational option pricing. *The Bell Journal of Economics and Management Science, 4*(1), 141–183.

Mitchell, R. K., Agle, B. R., & Wood, D. J. (1997). Toward a theory of stakeholder identification and salience: Defining the principle of who and what really counts. *Academy of Management Review, 22*(4), 853–886.

Moore, D. A., & Healy, P. J. (2008). The trouble with overconfidence. *Psychological Review, 115*(2), 502–517.

Morck, R., Shleifer, A., & Vishny, R. W. (1988). Characteristics of targets of hostile and friendly takeovers. In A. J. Auerbach (Hrsg.), *Corporate takeovers: Causes and consequences* (S. 101–129). University of Chicago Press.

Myers, S. C. (1977). Determinants of corporate borrowing. *Journal of Financial Economics, 5*(2), 147–175.

Nahapiet, J., & Ghoshal, S. (1998). Social capital, intellectual capital, and the organizational advantage. *Academy of Management Review, 23*(2), 242–266.

Nickerson, R. S. (1998). Confirmation bias: A ubiquitous phenomenon in many guises. *Review of General Psychology, 2*(2), 175–220.

Niemi, L., Stenholm, P., Hakala, H., & Kantola, J. (2022). Immanent sensemaking by entrepreneurs and the interpretation of consumer context. *International Small Business Journal, 40*(8), 969–990.

Oliver, C. (1991). Strategic responses to institutional processes. *Academy of Management Review, 16*(1), 145–179.

O'Reilly, C. A., & Tushman, M. L. (2013). Organizational ambidexterity: Past, present, and future. *Academy of Management Perspectives, 27*(4), 324–338.

Packard, M. D., Clark, B. B., & Klein, P. G. (2017). Uncertainty types and transitions in the entrepreneurial process. *Organization Science, 28*(5), 840–856.

Penrose, E. T. (1959). *The theory of the growth of the firm*. Oxford University Press.

Pierce, J. L., & Jussila, I. (2011). *Psychological ownership and the organizational context: Theory, research evidence, and application*. Edward Elgar Publishing.

Pierce, J. L., Kostova, T., & Dirks, K. T. (2001). Toward a theory of psychological ownership in organizations. *Academy of Management Review, 26*(2), 298–310.

Putnam, R. D. (1993). *Making democracy work: Civic traditions in modern Italy*. Princeton University Press.

Richard M., Ryan Edward L., Deci (2000). Self-determination theory and the facilitation of intrinsic motivation social development and well-being. *American Psychologist 55*(1) 68–78. https://doi.org/10.1037/0003-066X.55.1.68.

Riley, J. G. (2001). Silver signals: Twenty-five years of screening and signaling. *Journal of Economic Literature, 39*(2), 432–478.

Rosenstiel, L. (2018). *Führung von Mitarbeitern: Handbuch für erfolgreiches Personalmanagement.* Schäffer-Poeschel.

Rothschild, M., & Stiglitz, J. (1976). Equilibrium in competitive insurance markets: An essay on the economics of imperfect information. *The Quarterly Journal of Economics, 90*(4), 629–649.

Rousseau, D. M., Sitkin, S. B., Burt, R. S., & Camerer, C. (1998). Not so different after all: A cross-discipline view of trust. *Academy of Management Review, 23*(3), 393–404.

Ruback, R. S., & Yudkoff, R. (2017). *HBR Guide to Buying a Small Business.* Harvard Business Review Press.

Ruback, R. S., & Yudkoff, R. (2021). *Entrepreneurship Through Acquisition.* Harvard Business School Publishing.

Salancik, G. R., & Pfeffer, J. (1978). A social information processing approach to job attitudes and task design. *Administrative Science Quarterly, 23*(2), 224–253.

Samuelson, W., & Zeckhauser, R. (1988). Status quo bias in decision making. *Journal of Risk and Uncertainty, 1*(1), 7–59.

Schaufeli, W. B., & Bakker, A. B. (2004). Job demands, job resources, and their relationship with burnout and engagement: A multi-sample study. *Journal of Organizational Behavior, 25*(3), 293–315.

Schein, E. H. (1985). *Organizational culture and leadership.* Jossey-Bass.

Schein, E. H. (1996). Kurt Lewin's change theory in the field and in the classroom: Notes toward a model of managed learning. *Systems Practice, 9*(1), 27–47.

Schein, E. H. (2010). *Organizational culture and leadership* (4. Aufl.). Jossey-Bass.

Scott, W. R. (2001). *Institutions and organizations* (2. Aufl.). Sage Publications.

Senge, P. M. (1990). *The fifth discipline: The art and practice of the learning organization.* Doubleday.

Shane, S., & Venkataraman, S. (2000). The promise of entrepreneurship as a field of research. *Academy of Management Review, 25*(1), 217–226. https://doi.org/10.5465/amr.2000.2791611

Sharma, P., Chrisman, J. J., & Chua, J. H. (2003). Succession planning as planned behavior: Some empirical results. *Family Business Review, 16*(1), 1–15.

Shleifer, A., & Summers, L. H. (1988). Breach of trust in hostile takeovers. In A. J. Auerbach (Hrsg.), *Corporate takeovers: Causes and consequences* (S. 33–68). University of Chicago Press.

Shleifer, A., & Vishny, R. W. (1997). The limits of arbitrage. *The Journal of Finance, 52*(1), 35–55.

Sieger, P., Zellweger, T., Nason, R., & Clinton, E. (2016). Entrepreneurship in family firms: Evidence from 5,000 firms. *Entrepreneurship Theory and Practice, 40*(6), 1099–1121. https://doi.org/10.1111/etap.12232

Simon, H. A. (1955). A behavioral model of rational choice. *The Quarterly Journal of Economics, 69*(1), 99–118.

Skinner, E. A., Edge, K., Altman, J., & Sherwood, H. (2003). Searching for the structure of coping: A review and critique of category systems for classifying ways of coping. *Psychological Bulletin, 129*(2), 216–269.

Spence, M. (1973). Job market signaling. *The Quarterly Journal of Economics, 87*(3), 355–374.

Staw, B. M. (1976). Knee-deep in the big muddy: A study of escalating commitment to a chosen course of action. *Organizational Behavior and Human Performance, 16*(1), 27–44.

Suchman, M. C. (1995). Managing legitimacy: Strategic and institutional approaches. *Academy of Management Review, 20*(3), 571–610.

Tagiuri, R., & Davis, J. A. (1996). Bivalent attributes of the family firm. *Family Business Review, 9*(2), 199–208.

Tajfel, H., & Turner, J. C. (1979). An integrative theory of intergroup conflict. In W. G. Austin & S. Worchel (Hrsg.), *The social psychology of intergroup relations* (S. 33–47). Brooks/Cole.

Teece, D. J. (2007). Explicating dynamic capabilities: The nature and microfoundations of (sustainable) enterprise performance. *Strategic Management Journal, 28*(13), 1319–1350.

Teece, D. J., Pisano, G., & Shuen, A. (1997). Dynamic capabilities and strategic management. *Strategic Management Journal, 18*(7), 509–533.

Thaler, R. (1980). Toward a positive theory of consumer choice. *Journal of Economic Behavior & Organization, 1*(1), 39–60.

Thornton, P. H., Ocasio, W., & Lounsbury, M. (2012). *The institutional logics perspective: A new approach to culture, structure, and process*. Oxford University Press.

Trice, H. M., & Beyer, J. M. (1993). *The cultures of work organizations*. Prentice Hall.

Trigeorgis, L. (1996). *Real options: Managerial flexibility and strategy in resource allocation*. MIT Press.

Tversky, A., & Kahneman, D. (1974). Judgment under uncertainty: Heuristics and biases. *Science, 185*(4157), 1124–1131.

Tversky, A., & Kahneman, D. (1991). Loss aversion in riskless choice: A reference-dependent model. *The Quarterly Journal of Economics, 106*(4), 1039–1061.

Varian, H. R. (2014). *Intermediate microeconomics: A modern approach* (9. Aufl.). W. W. Norton & Company.

Von Wieser, F. (1914). *Social economics*. George Allen & Unwin.

Walumbwa, F. O., Avolio, B. J., Gardner, W. L., Wernsing, T. S., & Peterson, S. J. (2008). Authentic leadership: Development and validation of a theory-based measure. *Journal of Management, 34*(1), 89–126.

Watkins, M. D. (2003). *The first 90 days: Critical success strategies for new leaders at all levels*. Harvard Business School Press.

Weick, K. E. (1995). *Sensemaking in organizations*. Sage.

Weick, K. E., & Quinn, R. E. (1999). Organizational change and development. *Annual Review of Psychology, 50*(1), 361–386.

Weick, K. E., Sutcliffe, K. M., & Obstfeld, D. (2005). Organizing and the process of sensemaking. *Organization Science, 16*(4), 409–421.

Weiner, B. (1985). An attributional theory of achievement motivation and emotion. *Psychological Review, 92*(4), 548–573.

Weiner, B. (1986). *An attributional theory of motivation and emotion*. Springer-Verlag.

Wernerfelt, B. (1984). A resource-based view of the firm. *Strategic Management Journal, 5*(2), 171–180.

Williamson, O. E. (1975). *Markets and hierarchies: Analysis and antitrust implications*. Free Press.

Williamson, O. E. (1985). *The economic institutions of capitalism*. Free Press.

Wustmann, C. (2012). *Resilienz: Widerstandsfähigkeit von Kindern in Tageseinrichtungen fördern* (2. Aufl.). Springer VS.

Zacher, H., & Frese, M. (2018). *Arbeits- und Organisationspsychologie: Mensch, Arbeit und Organisation*. Springer.

Weiterführende Literatur

Annual Review of Organizational Psychology and Organizational Behavior, 5, 103–128

Argyris, C., & Schön, D. A. (1978). *Organizational learning: A theory of action perspective*. Addison-Wesley.

Barney, J. (1986). Strategic factor markets: Expectations, luck, and business strategy. *Management Science, 32*(10), 1231–1241.

Barney, J. (1997). *Gaining and sustaining competitive advantage*. Addison-Wesley.

Bass, B. M., & Riggio, R. E. (2006). *Transformational leadership* (2nd ed.). Lawrence Erlbaum Associates Publishers. https://doi.org/10.4324/9781410617095.

Belk, R.W. (1988). Possessions and the Extended Self Abstract. *Journal of Consumer Research, 15*(2), 139–168. https://doi.org/10.1086/209154

Berkovitch, E., & Narayanan, M. P. (1993). Motives for takeovers: An empirical investigation. *Journal of Financial and Quantitative Analysis, 28*(3), 347–362.

Brealey, R. A., Myers, S. C., & Allen, F. (2020). *Principles of Corporate Finance* (13. Aufl.). McGraw-Hill.

Burt, R. S. (2000). The network structure of social capital. *Research in Organizational Behavior, 22*, 345–423.

Damodaran, A. (2012). *Investment Valuation: Tools and Techniques for Determining the Value of Any Asset* (3. Aufl.). Wiley.

Hofstede, G. (1980). *Culture's consequences: International differences in work-related values*. Sage Publications.

Ilies, R., Morgeson, F. P. & Nahrgang, J. D. (2005). Authentic leadership and eudaemonic well-being: Understanding leader–follower outcomes. *The Leadership Quarterly, 16*(3), 373–394. https://doi.org/10.1016/j.leaqua.2005.03.002.

Jensen, M. C. (1988). Takeovers: Their causes and consequences. *Journal of Economic Perspectives, 2*(1), 21–48.

Jones, T. M. (1995). Instrumental stakeholder theory: A synthesis of ethics and economics. *Academy of Management Review, 20*(2), 404–437.

Judge, T. A., & Piccolo, R. F. (2004). Transformational and Transactional Leadership: A Meta-Analytic Test of Their Relative Validity. *Journal of Applied Psychology, 89*(5), 755–768. https://doi.org/10.1037/0021-9010.89.5.755.

Levinthal, D. A., & March, J. G. (1993). The myopia of learning. *Strategic Management Journal, 14*(S2), 95–112.

Meyerson, D., Weick, K. E. & Kramer, R. M. (1996). *Swift Trust and Temporary Groups* (S. 166–195). https://doi.org/10.4135/9781452243610.n9.

Podsakoff, P. M., MacKenzie, S. B., Moorman, R. H. & Fetter, R. (1990). Transformational leader behaviors and their effects on followers' trust in leader, satisfaction, and organizational citizenship behaviors. *The Leadership Quarterly, 1*(2), 107–142. https://doi.org/10.1016/1048-9843(90)90009-7.

Williamson, O. E. (1991). Comparative economic organization: The analysis of discrete structural alternatives. *Administrative Science Quarterly, 36*(2), 269–296.

Zahra, S. A., & George, G. (2002). Absorptive capacity: A review, reconceptualization, and extension. *Academy of Management Review, 27*(2), 185–203.

Teil II

Der ETA-Prozess: Theoretische Spezifikationen und praktische Implikationen

Nachdem im ersten Teil dieses Buches die konzeptionellen, theoretischen und institutionellen Grundlagen von Entrepreneurship Through Acquisition herausgearbeitet wurden, richtet sich der Blick nun auf den ETA-Prozess selbst. Dieser wird in Teil II sowohl analytisch strukturiert als auch praktisch handhabbar gemacht, ohne ihn auf schematische Ablaufmodelle zu reduzieren. Theorie und Praxis werden dabei konsequent miteinander verschränkt. Theoretische Konzepte dienen nicht als abstrakte Referenzpunkte, sondern als analytische Werkzeuge zur Reflexion realer Entscheidungs- und Handlungssituationen. Gleichzeitig werden praktische Implikationen nicht normativ verkürzt, sondern kontextualisiert und kritisch eingeordnet. Dabei wird der ETA-Prozess nicht als lineare Abfolge technischer Schritte verstanden, sondern als mehrstufiger, sozial eingebetteter und hochgradig kontingenter Entscheidungs- und Entwicklungsprozess, in dem ökonomische, psychologische, institutionelle und organisationale Dimensionen untrennbar miteinander verwoben sind.

Zentraler Ausgangspunkt dieses Buchteils ist die Annahme, dass ETA nur dann adäquat verstanden und erfolgreich gestaltet werden kann, wenn jede Phase des Prozesses sowohl theoretisch fundiert als auch praktisch reflektiert betrachtet wird. Der ETA-Prozess selbst beginnt nicht mit der Identifikation eines Targets und endet nicht mit dem Closing. Vielmehr setzt er bereits bei der strategischen und persönlichen Vorbereitung des Searchers an und reicht über Integration, Unternehmensentwicklung und Reife bis hin zu langfristigen strategischen Handlungsoptionen wie Weiterführung, Exit oder Reinvestition. Diese weite Prozessdefinition trägt der empirischen Realität Rechnung, dass die entscheidenden Weichen für Erfolg oder Scheitern häufig lange vor der Transaktion gestellt werden und sich erst Jahre nach dem Eigentumsübergang vollständig manifestieren. Teil II folgt daher einer bewusst ganzheitlichen Prozesslogik. Zunächst wird der ETA-Prozess im Überblick systematisiert, um ein gemeinsames analytisches Verständnis der einzelnen Phasen und ihrer Interdependenzen zu schaffen. Darauf aufbauend wird jede Phase des Prozesses inhaltlich vertieft. Die strategische und persönliche Vorbereitung rückt die individuelle Eignung, Motivation und Selbstverortung des Searchers in den Mittelpunkt und verdeutlicht, dass ETA in besonderem Maße eine persönliche unternehmerische Entscheidung darstellt. Die Such- und Organisationsphase wird als strukturierter, ressourcenintensiver und kontextabhängiger Prozess analysiert, der in der DACH-Region spezifischen institutionellen und kulturellen Rahmenbedingungen unterliegt. Deal Sourcing, Zielauswahl und Unternehmensbewertung werden dabei nicht isoliert betrachtet, sondern als miteinander verknüpfte Entscheidungsfelder, die strategische Kohärenz erfordern. Die anschließenden Phasen der Strukturierung, der Due Diligence und der Finanzierung werden als Übergangsräume zwischen Suchlogik und Eigentumsübernahme verstanden. In diesen Phasen verdichten sich ökonomische Rationalität, psychologische Dynamiken und institutionelle Anforderungen in besonderer Weise. Fragen des Transaktionsdesigns, der Verhandlungsarchitektur, der Prüfungslogik und der Risikoallokation werden daher nicht ausschließlich technisch behandelt, sondern in ihrer strategischen, psychologischen und relationalen Dimension analysiert. Insbesondere die Betrachtung der psychologischen und institutionellen Due Diligence des Searchers durch Kapitalgeber sowie der Risikoarchitektur zwischen den beteiligten Akteuren erweitert den klassischen ETA-Diskurs um bislang unterbelichtete Perspektiven. Mit dem Closing und dem Eigentumsübergang erreicht der ETA-Prozess einen formalen Wendepunkt, nicht jedoch seinen Abschluss. Die Integrationsphase markiert den Übergang von der transaktionalen zur unternehmerischen Logik. Macht-, Vertrauens- und Autoritätsdynamiken treten nun offen zutage und bestimmen maßgeblich die weitere Entwicklungsfähigkeit des Unternehmens. Die anschließende Entwicklungs- und Reifephase wird als eigenständige unternehmerische Gestaltungsphase verstanden, in der organisationale Transformation, strategische Ambidextrie, Ressourcenrekonfiguration sowie Fragen der Corporate Governance und Führungsarchitektur im Mittelpunkt stehen. Abschließend richtet sich der Blick auf die langfristigen strategischen Handlungsoptionen im ETA-Kontext. Die Entscheidung zwischen Weiterführung, Exit oder Reinvestition wird nicht als rein finanzielle Optimierungsfrage interpretiert, sondern als komplexe Entscheidungsarchitektur, in der ökonomische Zielsetzungen, persönliche Motive, organisationale Reifegrade und institutionelle Rahmenbedingungen zusammenwirken. Die praktischen Implikationen dieser Phase verdeutlichen, dass ETA nicht nur ein Weg in die unternehmerische Selbstständigkeit ist, sondern auch eine langfristige Portfolio- und Lebensentscheidung darstellen kann

Der ETA-Prozess

5

Zusammenfassung

Der Entrepreneurship-Through-Acquisition-Prozess stellt ein sequenzielles, zugleich rekursives Arrangement von Such-, Prüf-, Verhandlungs- und Übergabehandlungen dar. Er beginnt mit strategischer und persönlicher Vorbereitung und setzt sich über die Such- und Organisationsphase, Strukturierungsphase, Due-Diligence-Phase, die Finanzierungsphase, dem Closing und Eigentumsübergang, der Integrationsphase, der Entwicklungs- und Reifephase fort und mündet in abschließenden Überlegungen zu strategischen Handlungsoptionen zwischen langfristiger Weiterführung, Exit und Reinvestition. Jede Phase ist dabei geprägt von spezifischen Rahmenbedingungen, die praktische Implikationen ermöglichen. Der Prozess betont die Notwendigkeit simultaner Integration ökonomischer, psychologischer, kultureller und institutioneller Dimensionen für einen nachhaltigen ETA-Erfolg.

Entrepreneurship Through Acquisition ist kein punktuelles Ereignis, sondern ein vielschichtiger Prozess, der sich über mehrere Jahre erstreckt und eine Abfolge eng miteinander verwobener Entscheidungs-, Gestaltungs- und Transformationsphasen umfasst. Er stellt ein sequenzielles, zugleich rekursives Arrangement von Such-, Prüf-, Verhandlungs- und Übergabehandlungen, in deren Verlauf sich Informationsasymmetrien reduzieren, Anreizsysteme justieren, Ressourcenbündel neu konfiguriert und Governance-Strukturen eta-

---

Ergänzende Information Die elektronische Version dieses Kapitels enthält Zusatzmaterial, auf das über folgenden Link zugegriffen werden kann [https://doi.org/10.1007/978-3-658-52650-4_5].

C. Schuchardt, *Entrepreneurship Through Acquisition und Search Funds im deutschsprachigen Mittelstand*, https://doi.org/10.1007/978-3-658-52650-4_5

Strategische und persönliche Vorbereitung	Such- und Originiations-phase	Strukturierungs phase	Due-Diligence-Phase	Finanzierungsphase	Closing und Eigentumsübergang	Entwicklungs- und Reifephase	Strategische Handlungsoption zur langfristigen Ausrichtung
Selbstreflektion und Prüfung der unternehmerischen Eignung, familiärer und finanzieller Rahmen-bedingungen	Aufbau der Suchlogik: Recherche in Zielmärkten nach adressierbaren Zielunternehmen, Outbound-Ansprache, Aufbau von Intermediärs-netzwerken	Abgabe einer Absichtserklärung (LOI), Kalibrierung von Bewertungs-ansätzen und Finanzierungs-mechaniken	Sorgfältige Prüfung des Zielunternehmens zur systematischen Reduktion von Unsicherheiten und Test von Werttreiberhypothes en	Sicherstellung der Kaufpreis-modalitäten durch Kombination verschiedener Finanzierungs-vehikel	Formaler Übergang der Eigentums- und Kontrollverhältnisse, Vornahme selektiver Veränderungen, schrittweise Implementierung der eigenen Führungslogik	Wachstum, Professionalisierung und Entwicklung der Innovationsfähigkeit, Etablierung moderner Steuerungs-mechaniken, Vornahme von Digitalisierungsmaß nahmen und strategischen Neuausrichtung	Reflektion über langfristige strategische Ausrichtung: Weiteführung, Veräußerung (EXIT) oder partielle Reinvestition

Abb. 5.1 Der ETA-Prozess. (Eigene Darstellung)

bliert werden. Das Verständnis dieses Prozesses in seiner Gesamtheit ist eine zentrale Voraussetzung, um ETA nicht auf einzelne technische Elemente wie Suche, Transaktion oder Finanzierung zu verkürzen, sondern als integrierten unternehmerischen Handlungsrahmen zu begreifen. Kap. 5 verfolgt daher das Ziel, den ETA-Prozess in seiner vollständigen Struktur systematisch zu erfassen und als analytisches Referenzmodell zu etablieren. Der ETA-Prozess setzt bereits bei der strategischen und persönlichen Vorbereitung des angehenden Unternehmers an und entfaltet seine volle Wirkung erst in der postakquisitorischen Integrations-, Entwicklungs- und Reifephase. Jede dieser Phasen ist durch spezifische Zielsetzungen, Unsicherheiten und Entscheidungslogiken geprägt, steht jedoch zugleich in enger Wechselwirkung mit den vorangegangenen und nachfolgenden Prozessschritten. Entscheidungen, die früh im Prozess getroffen werden, entfalten häufig eine langfristige Pfadwirkung, während spätere Phasen retrospektiv die Qualität früherer Annahmen offenlegen. Dieses Kapitel strukturiert den ETA-Prozess daher entlang seiner zentralen Phasen, wie sie in Abb. 5.1 dargestellt sind, und macht deren funktionale Zusammenhänge sichtbar. Der Überblick dient nicht der Vereinfachung, sondern der analytischen Ordnung. Er schafft ein gemeinsames begriffliches und konzeptionelles Verständnis, das es ermöglicht, die folgenden Kapitel sowohl isoliert als auch in ihrem systemischen Zusammenhang zu lesen. Der ETA-Prozess wird dabei ausdrücklich nicht als linearer Idealtyp dargestellt, sondern als adaptiver Rahmen, der je nach individueller Konstellation, institutionellem Umfeld und strategischer Zielsetzung variieren kann. Indem dieses Kapitel den gesamten Prozessrahmen skizziert, bereitet es den Boden für die detaillierte Analyse der einzelnen Phasen, ihrer theoretischen Fundierung und ihrer praktischen Implikationen.

5.1 Der ETA-Prozess im Überblick

Entrepreneurship Through Acquisition bezeichnet einen strukturierten Zugang zur Unternehmerrolle über den Erwerb eines bestehenden Unternehmens und setzt damit an der Schnittstelle von Unternehmensnachfolge, unternehmerischer Initiation und transaktionsorientierter Wertschöpfung an. Der Prozess entfaltet sich als sequenzielles, zugleich rekursives Arrangement von Such-, Prüf-, Verhandlungs- und Übergabehandlungen, in deren

Verlauf sich Informationsasymmetrien reduzieren, Anreizsysteme justieren, Ressourcenbündel neu konfiguriert und Governance-Strukturen etabliert werden. In fortgeschrittenen Volkswirtschaften mit ausgeprägtem Mittelstand ist diese Logik besonders anschlussfähig, da dort regelmäßig substanzielle Nachfolgevolumina entstehen und zugleich die Zahl klassischer Gründungen relativ zur demografischen Entwicklung unter Druck steht. Aktuelle Erhebungen deuten für Deutschland auf mehrere Hunderttausend Unternehmen hin, die bis Mitte des Jahrzehnts eine Übergabe anstreben oder vorbereiten, was die strukturelle Relevanz eines professionellen ETA-Prozessverständnisses unterstreicht (KfW Research & Schwartz, 2026; Deutsche Industrie- und Handelskammer & Evers, 2025).

Der ETA-Prozess setzt typischerweise mit einer Phase der persönlichen und strategischen Vorbereitung ein. In dieser Phase werden die unternehmerische Eignung, die zeitliche Verfügbarkeit, die familiären und finanziellen Rahmenbedingungen sowie die angestrebten Branchen- und Größenkorridore reflektiert. Gleichzeitig wird die Suchlogik festgelegt, die vom selbstfinanzierten Vorgehen bis zur Strukturierung eines Search-Funds reichen kann. Institutionelle Leitfäden und Primers haben die Prozessarchitektur im angloamerikanischen Kontext bereits in klaren Schritten beschrieben und liefern Orientierungswissen, das für die Übertragung in die DACH-Region adaptiert werden muss. Dabei geht es weniger um die mechanische Replikation einzelner Schritte als um die Übersetzung zugrunde liegender Prinzipien wie systematische Deal-Sourcing-Pipelines, klare Meilensteine und die frühe Institutionalisierung von Governance. Diese Vorbereitungsphase schafft die Voraussetzungen für die nachfolgende Kapitalbildung, die aus Eigenmitteln, zugesagtem Eigenkapital von Ankerinvestoren sowie Fremdfinanzierungskomponenten bestehen kann und deren Ausgestaltung auf die erwarteten Zielgrößen, Cashflows und Sicherheitenprofile abzustimmen ist (Stanford Graduate School of Business, 2022; IESE, 2024).

Die Such- und Originationsphase operationalisiert den strategischen Fit in konkrete Zielmärkte und adressierbare Zielunternehmen. Sie verbindet hypothesenbasierte Branchenselektion mit Datenbankrecherchen, Outbound-Ansprache, Intermediärsnetzwerken und proprietären Zugängen zu Inhaberinnen und Inhabern. Im DACH-Kontext ist die Suchlogik in besonderer Weise beziehungsorientiert, da ein erheblicher Teil der Übergaben in inhabergeführten Strukturen stattfindet und die Vertrauensbildung zwischen Suchenden und Eigentümerfamilien eine notwendige Bedingung für die Transaktionsreife darstellt. Parallel dazu wirken konjunkturelle und regulatorische Rahmenbedingungen als Filter und Verstärker. Auch steuer- und verwaltungsrechtliche Komplexität, die Sicherstellung der Finanzierung sowie die Verfügbarkeit geeigneter Nachfolgender stellen wiederkehrende Hürden dar. Diese Faktoren beeinflussen die Konversionsraten entlang des Suchtrichters und schlagen sich in längeren Time-to-LOI und Time-to-Close nieder, weshalb Redundanz in der Pipeline sowie klare Abbruch- und Priorisierungsregeln prozesskritisch sind. (KfW Research & Schwartz, 2026; Rieger-Fels et al, 2025; Deutsche Industrie- und Handelskammer & Evers, 2025).

Die anschließende Strukturierungsphase beginnt in der Praxis häufig vor der formalen Abgabe eines Letter of Intent. Sie umfasst die Kalibrierung von Bewertungsansätzen, Earn-out-Mechaniken, Verkäuferdarlehen und bankseitigen Akquisitionsfinanzierungen.

Der Letter of Intent fungiert als verfahrensleitende Verständigung über Preisbandbreite, Zeitplan, Exklusivität und Due-Diligence-Umfang. In dieser Übergangszone zwischen Vorverhandlung und prüfender Tiefe zeigt sich besonders deutlich die agency-theoretische Herausforderung des ETA-Prozesses. Informationsasymmetrien und potenziell divergierende Anreizstrukturen zwischen Verkäuferseite, suchender Unternehmerperson und beteiligten Kapitalgebern müssen so austariert werden, dass eine negative Auslese und moralische Risiken minimiert werden, ohne die Kooperationsbereitschaft der Parteien zu gefährden. In reifen Nachfolgemärkten der DACH-Region rücken hier zudem auch nicht finanzielle, sondern identitäts- und sinnbezogene Aspekte in den Vordergrund. Die Kontinuität gegenüber Belegschaften, Kunden und regionalen Stakeholdern wird zu einem verhandlungspolitischen Gut, dessen angemessene Berücksichtigung die vertragliche Finalisierung beschleunigen und die Akzeptanz der Übergabe erhöhen kann. Empirische Befunde aus mittelstandsbezogenen Nachfolgestudien bestätigen diese Relevanzdimension und verweisen zugleich auf einen anhaltenden Engpass an Übernahmeinteressierten relativ zur Zahl der Übergabepläne (KfW Research & Schwartz, 2026; Deutsche Industrie- und Handelskammer & Evers, 2025).

Die Due-Diligence-Phase dient der systematischen Reduktion von Unsicherheit und dem Test zentraler Werttreiberhypothesen. Neben den klassischen Prüffeldern Finanzen, Recht und Steuern erfordert ETA eine besonders sorgfältige kommerzielle und organisationsbezogene Prüfung. Da Suchende typischerweise operative Verantwortung übernehmen, ist die Validierung von Kundentreue, Preissetzungsmacht, Lieferantendependenzen, Humankapitalbindung und Führungsspannung nicht allein ein Bewertungs-, sondern ein Integrations- und Führungsdiagnostikthema. Aus ressourcenorientierter Perspektive ist zu prüfen, inwieweit die identifizierten Kernressourcen und Routinen des Zielunternehmens knapp, schwer imitierbar und in die künftige Führungslogik transferierbar sind. Behavioral-ökonomische Verzerrungen wie Eskalation von Verpflichtungen und Bestätigungsfehler sind methodisch zu adressieren, etwa durch unabhängige Challenge-Funktionen, prädefinierte Abbruchkriterien und strukturierte Pre-Mortem-Analysen. Diese Prozessdisziplin ist angesichts beobachtbarer Marktunsicherheiten und regulatorischer Komplexität im deutschsprachigen Raum keine formale Kür, sondern ökonomische Notwendigkeit.

Die Finanzierungsphase transformiert Erkenntnisse in bindende Verpflichtungen. Unter DACH-spezifischen Bedingungen werden Kaufpreisbestandteile häufig über mehrere Vehikel verteilt, die Verkäuferdarlehen, Earn-out-Komponenten und bankseitige Fazilitäten kombinieren. Parallel erfolgt die institutionelle Einbettung der künftigen Governance zwischen suchender Unternehmerperson und Kapitalpartnern. Diese Einbettung konkretisiert sich in Beiratsstrukturen, Reporting-Pflichten, Zustimmungsvorbehalten und performancebezogenen Incentives, die aus agency-theoretischer Sicht die Zielkonvergenz erhöhen und gleichzeitig unternehmerische Autonomie nicht übermäßig beschneiden sollen. International einschlägige Übersichtsarbeiten zu Search-Funds weisen dabei auf die Bedeutung konsistenter Investor Relations, klarer Erwartungssteuerung und frühzeitiger Rollenklarheit hin. Deren Übertragung in den DACH-Kontext erfordert Sensibilität für mittelstandsgeprägte Eigentümernormen und eine betont langfristige Führungsintention jenseits kurzfristiger Exitlogiken, was in der Praxis zunehmend als Differenzierungsmerkmal gegenüber rein investorengetriebenen Erwerbsformen wahrgenommen wird (Stanford Graduate School of Business, 2022; IESE, 2024).

Mit dem Closing und Eigentumsübergang beginnt die eminent unternehmerische Phase des ETA-Prozesses. Die ersten Monate bilden ein Spannungsfeld aus Stabilisierung und selektiver Veränderung. Aus integrations- und lern-theoretischer Sicht ist der Erhalt legitimer Kontinuität ebenso bedeutsam wie die schrittweise Implementierung der eigenen Führungslogik. Hierzu zählen die Sicherung kritischer Beziehungen, die Behutsamkeit in der Personalpolitik, die Etablierung eines belastbaren Informations- und Steuerungssystems sowie die Priorisierung weniger, aber werthebelnder Initiativen. Die 100-Tage-Rhetorik der Mergers-and-Acquisitions-Praxis darf im ETA-Kontext nicht als hektischer Aktionismus missverstanden werden. Hier geht es vielmehr um ein rhythmisiertes Vorgehen, das in der Organisation psychologische Sicherheit herstellt und gleichzeitig die Werttreiber messbar adressiert. Übergaben verlaufen dann resilient, wenn kommunizierte Leitbilder, Nachfolgeimage und die Handlungslogik des neuen Eigentümer-Managers kohärent sind und wenn externe Anspruchsgruppen frühzeitig eingebunden werden. In der DACH-Region ist dies vor allem für kreditgebende Institute, Schlüsselkundschaft, Betriebsräte und regionale Netzwerke relevant, deren Vertrauen die Realisierung von Wachstums- und Professionalisierungsprojekten oft erst ermöglicht.

Nachdem die Integration gelungen ist, tritt das Unternehmen in eine Entwicklungs- und Reifephase ein, in der Wachstum, Professionalisierung und Innovationsfähigkeit im Vordergrund stehen. Der Unternehmer etabliert moderne Steuerungsmechanismen, digitalisiert Prozesse, stärkt die zweite Führungsebene und richtet das Unternehmen strategisch neu aus. Aus theoretischer Sicht verschiebt sich der Fokus nun auf dynamische Fähigkeiten, die es dem Unternehmer ermöglichen, Ressourcen kontinuierlich zu erneuern und an veränderte Umweltbedingungen anzupassen (Teece et al., 1997). In dieser Phase entwickeln ETA-Unternehmer häufig eine hybride Identität als Eigentümer, Manager und Innovator, die langfristige Wertschöpfung ermöglicht (Braun & Grichnik, 2023). Langfristig transformiert ETA somit die anfänglich transaktionsgetriebene Logik in einen Führungspfad, der auf die nachhaltige Veredelung des erworbenen Ressourcenbündels zielt. In dieser Phase verschieben sich die Bezugstheorien von agency- und transaktionskostenorientierten Perspektiven hin zu ressourcen- und dynamikfähigkeitsbasierten Erklärungsmustern. Die Suchenden werden in ihrer neuen Rolle zu Entrepreneur-Owner-Managern, die Pfadvorteile in Prozessen, Kundenbeziehungen und Humankapital heben und diese mit erneuerbaren, nicht rein finanziellen Zielsystemen verbinden.

Am Ende des Lebenszyklus steht die Reflexion über die langfristige Ausrichtung des Unternehmens. Der Entrepreneur kann das Unternehmen langfristig weiterführen, es veräußern oder eine partielle Reinvestition vornehmen. In selbstfinanzierten oder hybrid strukturierten ETA-Modellen dominiert die langfristige Weiterführung, insbesondere im deutschen Mittelstand, wo Unternehmertum stark mit persönlicher Lebensaufgabe und regionaler Verantwortung verknüpft ist (Rieger-Fels et al, 2025). Im klassischen Search-Fund-Modell dagegen ist der Exit integraler Bestandteil der Kapitalstruktur und erfolgt typischerweise nach fünf bis zehn Jahren (Stanford Graduate School of Business, 2022; IESE, 2024). Die Reinvestition schließlich erlaubt es, Kapital zu realisieren, gleichzeitig unternehmerisch aktiv zu bleiben und als Mentor oder Investor in neue ETA-Projekte einzusteigen. Auf diese Weise entsteht ein selbstverstärkendes Ökosystem aus erfahrenen Unternehmern, Kapitalgebern und Suchenden, das die Nachhaltigkeit der ETA-Bewegung sichert (Hoffmann, 2023). In der DACH-Region verstärkt die demografisch induzierte Nachfolgeintensität diesen Pfad, zugleich erhöht der Engpass an Übernahmeinteressierten die Selektivität in der Auswahl passfähiger Gelegenheiten. Perspektivisch ist zu erwarten, dass sich die Formen des Suchens weiter ausdifferenzieren und hybride Modelle zwischen selbstfinanzierter Suche, beschleunigergestützter Suche und klassischen Search-Funds entstehen. Berichte aus Forschung und Praxis deuten bereits auf eine wachsende institutionelle Sichtbarkeit internationaler Search-Aktivitäten hin, deren Übertragbarkeit in die spezifischen Governance- und Stakeholderlogiken mittelständischer Unternehmen in Deutschland, Österreich und der Schweiz fortlaufend geprüft werden muss (IESE, 2024; KfW Research & Schwartz, 2026).

5.2 Strategische und persönliche Vorbereitung

Die persönliche und strategische Vorbereitung markiert den epistemischen Ausgangspunkt des ETA-Prozesses und prägt in hohem Maß dessen Pfadabhängigkeit. In dieser frühen Phase werden Motivlagen geklärt, die eigene Eignung reflektiert, eine belastbare Suchthese formuliert und die institutionelle Rahmung aus Kapital, Zeit und Governance vorstrukturiert. Theoretisch überlagern sich intentionale und ressourcenbezogene Erklärungsansätze. Die Forschung zu unternehmerischen Intentionen legt nahe, dass tragfähige Gründungsabsichten aus der Wechselwirkung von wahrgenommener Machbarkeit und persönlicher Wünschbarkeit entstehen und durch Erfahrungen, Rollenmodelle und Selbstwirksamkeit systematisch verstärkt werden (Krueger et al., 2000). Die Human-Capital-Perspektive ergänzt, dass formale Bildung, einschlägige Berufserfahrung und domänenspezifische Fähigkeiten den Erwartungswert künftiger Erträge aus Unternehmertum beeinflussen (Becker, 1993). In der Vorbereitungsphase wird diese doppelte Logik in eine individuelle Eignungsdiagnostik und eine explizite Suchstrategie übersetzt, die spätere Entscheidungen über Branchenfokus, Zielgrößen und Kapitalstruktur kohärent macht. Im spezifischen Feld der Nachfolgeunternehmen in der DACH-Region ist die persönliche und strategische Vorbereitung nicht nur ein individueller, sondern zugleich ein kontextsensitiver Akt. Demografische Alterung, ein persistenter Mangel an Übernahmeinteressierten und eine wachsende Zahl übergabewilliger Unternehmen erzeugen strukturellen Druck, der die Relevanz professionell vorbereiteter Übernahmen erhöht. Suchende sollten ihre Suchmethodik, Nachfolgekommunikation und Finanzierungskompetenz frühzeitig professionalisieren und die eigene Suchthese mit realistischen Zeit- und Ressourcenplänen unterlegen. Aus agency-theoretischer Sicht reduziert die Vorbereitungsphase adverse Selektion durch systematische Selbstprüfung und klare Ausschlusskriterien, während aus ressourcenbasierter Perspektive die Anschlussfähigkeit an die Erfolgslogiken mittelständischer Organisationen erhöht wird, etwa durch die bewusste Passung von Kompetenzen zu den knappen, schwer imitierbaren Ressourcen des Zielunternehmens (Barney, 1991; Eisenhardt, 1989). Im DACH-Kontext gewinnt darüber hinaus die identitätsbezogene Passung besondere Bedeutung. Eigentümerfamilien knüpfen die Fortführung ihres Lebenswerks an persönliche Kriterien, die Vertrauenswürdigkeit, Werteorientierung und regionale Verbundenheit betreffen. Die Vorbereitungsphase hat daher die Aufgabe, Führungsverständnis, Kommunikationsprinzipien und das eigene Veränderungsnarrativ zu schärfen und mit dem erwartbaren Wertekanon inhabergeführter Unternehmen in Einklang zu bringen. Dieser normative Abgleich bestimmt die Qualität des Erstkontakts ebenso wie die Tiefe des Vertrauens während Verhandlung und Übergabe und wirkt damit prozesskritisch.

Die Vorbereitung auf ein ETA-Vorhaben erstreckt sich typischerweise über einen Zeitraum von drei bis zwölf Monaten und umfasst sowohl introspektive als auch extrospektive Elemente (Kelly & Harding, 2020). Während introspektive Aspekte die persönliche Eignungsprüfung, Motivationsanalyse und Kompetenzentwicklung betreffen, fokussieren extrospektive Komponenten auf die strategische Positionierung, Netzwerkbildung und Marktanalyse. Searcher, die eine intensive Vorbereitungsphase durchlaufen, weisen signifikant höhere Erfolgsquoten sowohl bei der Akquisition als auch bei der langfristigen Unternehmensführung auf (Stanford Graduate School of Business, 2020). Operativ umfasst die Vorbereitungsphase vier ineinandergreifende Arbeitsfelder. Erstens wird das individuelle Kompetenzprofil erhoben und gezielt weiterentwickelt. Erfahrung in generalistischer Führung, kaufmännischer Steuerung, Preis- und Vertriebslogik sowie in Veränderungsprozessen erweist sich als besonders anschlussfähig, da ETA-Unternehmer im Unterschied zu klassischen Gründern weniger Innovations- als vielmehr Integrations- und Professionalisierungsrisiken tragen. Zweitens wird eine Suchthese formuliert, die Branchendynamik, Wettbewerbsstruktur, Cashflow-Robustheit und Fragmentierungsgrad systematisch abwägt. Internationale Primers und Überblicksarbeiten zeigen, dass Thesen mit wiederkehrenden Umsätzen, moderater Kapitalintensität, klarer Kundentreue und beherrschbarer regulatorischer Komplexität überdurchschnittliche Anschlussquoten erzielen (Stanford Graduate School of Business, 2022; Hoffmann, 2023). Drittens wird eine Suchinfrastruktur aufgebaut, die proprietäre und intermediärgestützte Kanäle verbindet und ein relationales Vorgehen ermöglicht. Die Etablierung belastbarer Routinen in Recherche, Ansprache, Qualifizierung und Dokumentation sowie die Definition von Abbruchkriterien und unabhängigen Challenge-Mechanismen gegen Bestätigungsfehler sind gerade in Einzel- oder Kleinstteams zentrale Elemente professioneller Vorbereitung. Viertens wird der institutionelle Rahmen aus Zeit-, Kapital- und Governance-Architektur definiert. Selbstfinanzierte, hybride und institutionalisierte Suchformen weisen unterschiedliche Profile in Suchdauer, Berichtspflichten und Exitlogik auf. Die Vorbereitungsphase verlangt hier eine nüchterne Abwägung von Autonomie, finanzieller Tragfähigkeit und Zugang zu Investoren- und Mentoringressourcen, die wiederum die späteren Entscheidungsrechte und Eskalationspfade prägen (IESE Business School, 2024; Hunt & Fund, 2012). Diese institutionelle Vorstrukturierung ist frühes Governance-Design. Sie determiniert Reporting- und Zustimmungspflichten und beeinflusst die strategische Handlungsfreiheit in Integration und Entwicklung. Zugleich verändert sie die Risikoteilung zwischen Suchenden und Kapitalpartnern und damit die psychologische Last tragender Entscheidungen. Investoren stellen neben finanziellem Kapital auch spezifisches Erfahrungs- und Vertrauenskapital bereit, dessen Nutzen sich jedoch nur realisiert, wenn Rollenklarheit und Kommunikationsroutinen früh definiert wurden. Professionell gestaltete Investor Relations gehören daher konstitutiv zur Vorbereitung und wirken als Schutz gegen opportunistische Re-Interpretationen von Zusagen unter Zeitdruck oder Verhandlungsspannung (IESE Business School, 2024; Hoffmann, 2023). Zu diesen allgemeinen Anforderungen treten DACH-spezifische Besonderheiten. Rechts- und Steuerregime, berufsständische Zulassungslogiken und branchenspezifische Regulierung erzeugen Hürden, die bereits vor der aktiven Suche antizipiert werden sollten. Die intermediäre Struktur des Nachfolgemarktes, in dem Steuerkanzleien, M&A-Boutiquen und Kammernetzwerke als Gatekeeper fungieren, erhöht die Bedeutung reputationsbasierter Zugänge und diskreter Kommunikation. Suchende, die ein glaubwürdiges Narrativ aus persönlicher Motivation, regionaler Bindung und Verantwortung für Belegschaften und Standort entwickeln, berichten von höherer Resonanz und tieferer Kooperationsbereitschaft auf Eigentümerseite, was die spätere Integrationsarbeit erleichtert und die Transaktionsreife beschleunigen kann. Schließlich besitzt die Vorbereitungsphase auch eine psychologische Dimension. Unternehmerische Selbstführung, Frustrationstoleranz, Ambiguitätskompetenz und die Fähigkeit zu disziplinierter Selbstkorrektur sind im Suchalltag ebenso entscheidend wie Fachkompetenz. Pre-Mortem-Analysen, externe Sparringsinstanzen und dokumentierte Entscheidungsregeln bereits vor Aufnahme der aktiven Suche helfen, Eskalation von Commitment, Überkonfidenz und selektive Informationssuche vorzubeugen. Diese Prozeduren übersetzen behaviorale Einsichten in gelebte Prozessdisziplin und bereiten zugleich die Rollenpassage vom Suchenden zum Eigentümer-Manager vor, indem Führungsleitbilder, Kommunikationsprinzipien und die eigene Change-Architektur explizit gemacht werden.

5.2.1 Persönliche Eignung und Motivationsanalyse

Die persönliche Eignung für ein ETA-Vorhaben stellt einen kritischen Erfolgsfaktor dar, der häufig erst im Verlauf des Prozesses seine volle Bedeutung entfaltet. Im Gegensatz zur landläufigen Annahme, dass primär betriebswirtschaftliches Fachwissen oder Branchenerfahrung entscheidend sind, zeigen empirische Studien, dass psychologische Faktoren und persönliche Charaktereigenschaften einen mindestens ebenso großen Einfluss auf den Erfolg ausüben (Wasserman, 2017). Die Selbstreflexion bildet daher eine wesentliche Basis und sollte mehrere Dimensionen umfassen. Zunächst gilt es, die persönliche Risikobereitschaft realistisch einzuschätzen. ETA-Vorhaben sind mit erheblichen finanziellen, beruflichen und persönlichen Risiken verbunden (Wiesenhahn, 2020). Die Investition von mehreren Jahren intensiver Arbeit ohne garantierten Erfolg, die potenzielle Notwendigkeit persönlicher Bürgschaften und die Verantwortung für Mitarbeiter und deren Familien erfordern eine ausgeprägte Risikotoleranz. Gleichzeitig muss diese Risikobereitschaft durch analytisches Denken und methodisches Risikomanagement balanciert werden (Grichnik et al., 2017). Ein zweiter zentraler Aspekt betrifft die Führungsmotivation und das Selbstverständnis als Unternehmer. Die Forschung unterscheidet hier zwischen verschiedenen Motivationstypen: Während einige Individuen primär durch Autonomie und Unabhängigkeit motiviert sind, stehen bei anderen finanzielle Ziele oder der Wunsch nach gesellschaftlichem Impact im Vordergrund (Klotz & Neubaum, 2016). ETA-Searcher müssen nicht nur als Visionäre oder Innovatoren agieren, sondern in erster Linie als operative Führungskräfte und Werterhalter etablierter Unternehmen fungieren. Dies erfordert ein spezifisches Führungsverständnis, das sich von dem klassischer Start-up-Gründer unterscheidet (Dyer et al., 2019).

Kompetenzentwicklung und Wissensaufbau

Die systematische Aneignung von Wissen über ETA, Unternehmenskäufe, Unternehmensführung und relevante Branchen ist eine zentrale Aufgabe der Vorbereitungsphase. Dieses Wissen bildet die Grundlage für informierte Entscheidungen im gesamten weiteren Prozess (Ericsson et al., 1993). Die erforderlichen Kompetenzen für ein erfolgreiches ETA-Vorhaben lassen sich in drei Kategorien unterteilen: fachliche, methodische und soziale Kompetenzen (Bruton et al., 2015). Im Bereich der fachlichen Kompetenzen sind fundierte betriebswirtschaftliche Kenntnisse essentiell, insbesondere in den Bereichen Finanzmanagement, strategische Unternehmensführung und operativer Exzellenz, also der ständige Verbesserung betrieblicher Abläufe. Die Fähigkeit, Jahresabschlüsse zu analysieren, Unternehmenskennzahlen zu interpretieren und finanzielle Modellierungen durchzuführen, bildet die Grundlage für die spätere Unternehmensbewertung und -führung (Rosenbaum & Pearl, 2020). Interessanterweise zeigen Studien jedoch, dass übermäßige Spezialisierung in einem bestimmten Fachbereich auch hinderlich sein kann, da ETA-Entrepreneure als Generalisten mit breitem Wissens- und Kompetenzspektrum agieren müssen (Hunt, 2018). Methodische Kompetenzen umfassen analytisches Denkvermögen, Problemlösungsfähigkeiten und Projektmanagement-Skills. Der ETA-Prozess erfordert die simultane Bearbeitung zahlreicher komplexer Aufgaben unter zeitlichem Druck und Unsicherheit (Koptyug et al., 2020). Die Fähigkeit, Informationen zu strukturieren, Prioritäten zu setzen und systematisch vorzugehen, unterscheidet erfolgreiche von weniger erfolgreichen Searchern. Besonders relevant ist dabei die Kompetenz, mit Ambiguität umzugehen (Sarasvathy, 2001). Zudem nehmen die sozialen Kompetenzen im ETA-Kontext eine herausragende Stellung ein. Die Fähigkeit, Vertrauen aufzubauen, ist fundamental für den Erfolg in jeder Phase des Prozesses: beim Aufbau eines Investorennetzwerks, in Verhandlungen mit Verkäufern, im Umgang mit Beratern und Intermediären sowie später bei der Führung der übernommenen Organisation (Zander & Zander, 2005). Emotionale Intelligenz und kommunikative Fähigkeiten stellen oft bessere Prädiktoren für den ETA-Erfolg da als rein kognitive Fähigkeiten oder technisches Fachwissen (Goleman, 1998).

Die Literatur zum Thema ETA und Search Funds ist in den letzten Jahren deutlich gewachsen, bleibt aber im deutschsprachigen Raum noch überschaubar. Das Standardwerk von Ruback und Yudkoff (2017) „HBR Guide to Buying a Small Business" bietet eine exzellente Einführung, ebenso wie die umfangreichen Fallstudien und Forschungsarbeiten der Stanford Graduate School of Business. Für den deutschen Kontext sind die Arbeiten von Wiesenhahn (2020) zur Unternehmensnachfolge ebenso relevant wie die Standardwerke von Rosenbaum und Pearl (2020) zur Bewertung, Damodaran (2012) zu Finanzen oder Drukarczyk und Schüler (2016) zu Unternehmensbewertung im deutschen Kontext. Auch wenn nicht jedes Detail memoriert werden muss, ist das grundlegende Verständnis der Konzepte, Methoden und Zusammenhänge essentiell. Kenntnisse über Unternehmensführung, Strategy und Operations sollten vertieft oder aufgefrischt werden. Hier bieten Klassiker wie Porter (1985) zu Wettbewerbsstrategie Collins (2001) „Good to Great" oder neuere Werke wie Christensen zur Innovationstheorie wertvolle Frameworks und Denkmodelle. Für die angestrebten Zielbranchen empfiehlt es sich, spezifisches Branchenwissen aufzubauen. Dies umfasst das Verständnis von Marktstrukturen, Wertschöpfungsketten, typischen Geschäftsmodellen, Erfolgsfaktoren und Trends. Branchenreports von Marktforschungsinstituten, Fachzeitschriften, Verbandsveröffentlichungen und Gespräche mit Brancheninsidern sind hier wertvolle Quellen (Porter, 1980). Die Wissensakquise sollte strukturiert und dokumentiert erfolgen. Das Führen eines Lerntagebuchs oder einer Wissensdatenbank hilft, Informationen zu systematisieren und später wiederzufinden. Auch der Austausch mit anderen Searchern über Lernerfahrungen und Erkenntnisse kann den Lernprozess beschleunigen (Kolb, 1984).

Eine systematische Kompetenzanalyse sollte somit nicht nur bestehende Stärken des Suchenden identifizieren, sondern auch Entwicklungsfelder offenlegen. Die Verwendung von 360-Grad-Feedback-Instrumenten, bei denen ehemalige Kollegen, Vorgesetzte und Mentoren strukturiertes Feedback zur eigenen Wirkung und zu Entwicklungspotenzialen geben (Church & Bracken, 1997), ist hierzu behilfreich. Identifizierte Entwicklung potenziale können dann durch gezielte Maßnahmen adressiert werden, etwa durch Coaching, Weiterbildungen oder die bewusste Zusammenstellung eines komplementären Teams.

Weiterbildung und Zertifizierungen

Formale Weiterbildungen und Zertifizierungen können sowohl zur Kompetenzentwicklung als auch zur Glaubwürdigkeit gegenüber Stakeholdern beitragen. Allerdings sollte die Auswahl strategisch erfolgen und der Nutzen gegen Zeitaufwand und Kosten abgewogen werden (Becker, 1964). Executive Education Programme renommierter Business Schools bieten oft spezialisierte Kurse zu M&A, Private Equity, Unternehmensbewertung oder Entrepreneurship an, in denen theoretisches Wissen mit praktischen Fallstudien kombiniert werden. Zudem bieten sie Networking-Möglichkeiten. Allerdings sind sie durchaus mit erheblichen Kosten verbunden (INSEAD, 2021). Online-Lernplattformen wie Coursera, edX oder spezialisierte Anbieter bieten eine kostengünstigere Alternative mit hoher Flexibilität. Kurse von Top-Universitäten zu Finance, Strategy oder Entrepreneurship sind oft kostenlos oder zu moderaten Gebühren verfügbar. Die Selbstdisziplin zur konsequenten Durchführung ist hier allerdings stärker gefordert (Dabbagh & Kitsantas, 2012). Spezifische Zertifizierungen wie der Certified M&A Advisor (CM&AA) oder ähnliche Qualifikationen können in bestimmten Kontexten nützlich sein, insbesondere wenn sie von relevanten Stakeholdern anerkannt werden. Ihr praktischer Nutzen sollte jedoch realistisch eingeschätzt werden. Oft ist praktische Erfahrung und nachgewiesene Kompetenz wichtiger als formale Zertifikate (Kummer & Steger, 2008). Die Teilnahme an Searcher-Bootcamps oder spezialisierten ETA-Programmen, wie sie zunehmend auch in Europa angeboten werden, kann besonders wertvoll sein. Diese Programme sind spezifisch auf die Bedürfnisse von ETA-Aspiranten zugeschnitten und kombinieren Wissensvermittlung mit praktischen Übungen, Mentoring und Peer-Networking (Kelly & Harding, 2020).

Praktische Fähigkeiten

Neben theoretischem Wissen sind praktische Fähigkeiten und die Beherrschung relevanter Tools entscheidend für die effiziente Durchführung des ETA-Prozesses. Die Vorbereitung sollte daher auch die Entwicklung dieser praktischen Kompetenzen umfassen (Sarasvathy, 2001). Finanzmodellierung ist eine Kernkompetenz, die jeder Searcher beherrschen sollte. Die Fähigkeit, Finanzmodelle in Excel zu erstellen, die Umsatz-, Kosten- und Cash-Flow-Projektionen, Unternehmensbewertungen und verschiedene Finanzierungsszenarien abbilden, ist in zahlreichen Phasen des Prozesses erforderlich. Hier lohnt sich die Prüfung zur Investition in spezialisierte Trainings oder Online-Kurse. Die Fähigkeit zur Analyse von Jahresabschlüssen und Finanzkennzahlen ist ebenfalls fundamental. Searcher sollten in der Lage sein, Bilanzen, Gewinn- und Verlustrechnungen sowie Cash-Flow-Statements zu lesen, zu interpretieren und kritisch zu hinterfragen. Das Verständnis deutscher Rechnungslegungsstandards (z. B. HGB) ist dabei ebenso wichtig wie die Kenntnis internationaler Standards (IFRS), falls Zielunternehmen danach bilanzieren (Coenenberg et al., 2016). Verhandlungskompetenzen werden, von der Investorenansprache über Verkäuferverhandlungen bis hin zu Vertragsverhandlungen mit Beratern und Finanzierungspartnern, in jeder Phase benötigt. Die Teilnahme an Verhandlungstrainings oder die Lektüre von Standardwerken wie Fisher und Ury (1981) „Getting to Yes" kann hier wertvoll sein. Noch wichtiger ist jedoch die praktische Übung. Jede Gelegenheit zur Verhandlung, auch in anderen Kontexten, sollte als Lernmöglichkeit genutzt werden. Projektmanagement-Fähigkeiten helfen, die Komplexität des ETA-Prozesses zu bewältigen. Die Verwendung von Projektmanagement-

Tools zur Strukturierung von Aufgaben, Deadlines und Verantwortlichkeiten kann die Effizienz erheblich steigern. Auch Methoden wie die Eisenhower-Matrix zur Priorisierung oder Getting Things Done (GTD) zur persönlichen Produktivität können hilfreich sein (Allen, 2001). Due-Diligence-Methoden und Checklisten sollten verstanden und vorbereitet werden. Obwohl die detaillierte Due Diligence typischerweise mit professioneller Unterstützung durchgeführt wird, sollte der Searcher die relevanten Dimensionen (Financial, Legal, Commercial, Operational, Cultural Due Diligence) und typische Warnzeichen kennen. Die Vorbereitung eigener Due-Diligence-Checklisten auf Basis von Templates und Best Practices ist eine sinnvolle Investition (Berens et al., 2013).

Die Rolle von Vorerfahrungen
Die Bedeutung beruflicher Vorerfahrungen für den ETA-Erfolg ist differenziert zu betrachten. Während fundierte Berufserfahrung grundsätzlich vorteilhaft ist, zeigen Studien, dass weder die Dauer noch die hierarchische Ebene der bisherigen Tätigkeit per se Erfolgsprädiktoren darstellen (Barringer & Ireland, 2019). Vielmehr kommt es auf die Art und Vielfalt der gesammelten Erfahrungen an. Besonders wertvoll sind Erfahrungen in verschiedenen Funktionsbereichen, die ein ganzheitliches Unternehmensverständnis fördern. Searcher, die in ihrer Karriere sowohl operative als auch strategische Positionen und Rollen innehatten und mit verschiedenen Unternehmensbereichen wie Vertrieb, Operations, Finanzen oder Personal in Berührung kamen, verfügen über Vorteile (Ucbasaran et al., 2008). Ebenso wertvoll ist Erfahrung in unterschiedlichen Unternehmenskontexten, sowohl in Großkonzernen als auch in mittelständischen Strukturen, da dies die Adaptionsfähigkeit an verschiedene Organisationskulturen erhöht (Wasserman, 2012). Internationale Erfahrung kann ebenfalls von Vorteil sein, insbesondere wenn das angestrebte Zielunternehmen international tätig ist oder Internationalisierungspotenzial aufweist. Gleichzeitig ist zu beachten, dass übermäßige Großkonzernerfahrung auch problematisch sein kann, wenn dadurch Erwartungen an Ressourcenverfügbarkeit, Prozesse und Strukturen entstehen, die in kleineren und mittelständischen Unternehmen nicht gegeben sind (Katz, 1970). Eine besondere Bedeutung kommt unternehmerischen Vorerfahrungen zu, sei es durch frühere Gründungsversuche, Nebenprojekte oder die enge Zusammenarbeit mit Unternehmern. Solche Erfahrungen vermitteln ein realistisches Bild unternehmerischer Herausforderungen und fördern die Entwicklung eines unternehmerischen Mindsets (Cope, 2011). Interessanterweise zeigt die Forschung, dass auch gescheiterte unternehmerische Vorhaben wertvoll sein können, sofern aus ihnen systematisch gelernt wurde (McGrath, 1999). Unternehmerisches Scheitern ist somit kein zwingendes Auschlusskriterium für ein Akquisitionsvorhaben.

Strategische Positionierung und Zielsetzung: Definition der persönlichen Akquisitionskriterien
Die Entwicklung klarer Akquisitionskriterien fungiert als Filter und Entscheidungsgrundlage während der gesamten Suchphase und trägt wesentlich zur Effizienz des Prozesses

bei (Kummer & Steger, 2008). Ohne explizite Kriterien besteht die Gefahr, dass Searcher ihre Zeit mit der Analyse ungeeigneter Targets verschwenden oder durch attraktiv erscheinende, aber letztlich nicht passende Opportunitäten abgelenkt werden. Die Akquisitionskriterien sollten mehrere Dimensionen umfassen. Zunächst sind finanzielle Parameter zu definieren: die angestrebte Unternehmensgröße, typischerweise ausgedrückt durch Umsatz und EBITDA, die Kaufpreisvorstellung, die erwartete Eigenkapitalrendite und der Zeithorizont bis zu einem möglichen Exit (Damodaran, 2012). Diese finanziellen Kriterien müssen realistisch mit den verfügbaren oder mobilisierbaren Finanzierungsquellen in Einklang gebracht werden. Self-funded Searcher streben typischerweise Unternehmen mit einem EBITDA zwischen 250.000 und 1 Mio. Euro an, wobei dieser Bereich je nach Region und Marktbedingungen variieren kann (International Business Brokers Association, 2021). Traditionelle Search Funds zielen demgegenüber auf Unternehmen mit etwa 5 bis 30 Mio. Euro Umsatz und einem EBITDA von 1 bis 5 Mio. Euro, wobei Anforderungen an Cashflow-Stabilität, Fremdfinanzierbarkeit und organisatorische Fortführungsfähigkeit hinzukommen. Branchenpräferenzen bilden eine weitere wichtige Dimension. Während einige Searcher bewusst Branchen wählen, in denen sie über spezifische Expertise verfügen, setzen andere auf branchenunabhängige Suche und fokussieren stattdessen auf übertragbare Geschäftsmodelle und Erfolgsmuster. Beide Ansätze haben Vor- und Nachteile. Zwar kann eine *Branchenexpertise* Wettbewerbsvorteile in der Bewertung und späteren Führung bieten, birgt aber die Gefahr der Betriebsblindheit und schränkt den Suchraum ein. *Branchenoffenheit hingegen* ermöglicht einen größeren Opportunitätsspielraum, erfordert aber intensive Einarbeitungszeit und erschwert möglicherweise die Glaubwürdigkeit gegenüber Verkäufern (Kummer & Steger, 2008). *Geografische Präferenzen* wiederum sind nicht nur aus persönlichen Gründen relevant, sondern haben auch strategische Implikationen. Die Nähe zum Unternehmensstandort erleichtert die Due Diligence und ist nach der Übernahme für eine hands-on Führung essentiell (Hunt, 2018). Gleichzeitig kann eine zu starke geografische Einschränkung den Suchraum problematisch verengen. Viele erfolgreiche Searcher definieren daher einen primären Suchradius mit hoher Priorität und einen sekundären, größeren Radius für besonders attraktive Gelegenheiten. *Qualitative Kriterien* ergänzen die quantitativen Parameter. Hierzu zählen etwa die Präferenz für bestimmte Geschäftsmodelle (B2B vs. B2C, Produkt vs. Dienstleistung, abonnementbasiert vs. transaktional), die gewünschte Marktposition (Nischenführer vs. diversifizierter Anbieter), die Bedeutung von Innovation und Technologie oder die Relevanz von Nachhaltigkeitsaspekten (Christensen, 1997). Schließlich sollten auch die *Unternehmenskultur und Werte* berücksichtigt werden, da eine grundlegende Wertekompatibilität die spätere Integration erheblich erleichtert (Schein, 2010).

Entwicklung der Suchthese

Die Suchthese bildet den konzeptionellen Rahmen für das gesamte ETA-Vorhaben und wägt die Branchendynamik, Wettbewerbsstruktur, Cashflow-Robustheit und Fragmentierungsgrad systematisch ab. Dabei erzielen Thesen mit wiederkehrenden Umsätzen, moderater Kapitalintensität, klarer Kundentreue und beherrschbarer regulatorischer Komplexität überdurchschnittliche Anschlussquoten (Stanford Graduate School of Business, 2022; Hoffmann, 2023). Die Suchthese beinhaltet zunächst eine durchdachte Investitionsthese, welche ein wichtiges Erfolgskriterium darstellt (Feld & Mendelson, 2011). Eine robuste Investitionsthese umfasst mehrere Komponenten. Zunächst die Hypothese zur Wertsteigerung: Welche Hebel sollen genutzt werden, um den Unternehmenswert zu steigern? Dies können beispielsweise organisches Wachstum durch Marktanteilsgewinne, operative Verbesserungen und Effizienzsteigerungen, Buy-and-Build-Strategien durch Add-on-Akquisitionen, Internationalisierung oder Digitalisierung sein. Die Wertsteigerungshebel sollten realistisch im Verhältnis zu den eigenen Kompetenzen und Ressourcen stehen. Die Marktthese wiederum definiert, in welchen Märkten oder Segmenten attraktive Opportunitäten vermutet werden. Dies erfordert eine fundierte Analyse von Markttrends, Wachstumsdynamiken, Wettbewerbsintensität und strukturellen Veränderungen. Besonders interessant sind oft Märkte in Transition, z. B. durch technologische Disruption, regulatorische Änderungen, demografische Entwicklungen oder Konsolidierungstrends, da hier Möglichkeiten für wertschaffende Unternehmensübernahmen entstehen können (Bower, 2001). Die Timing-These reflektiert die Überlegung, warum gerade jetzt ein günstiger Zeitpunkt für ein ETA-Vorhaben ist und kann makroökonomische Faktoren wie z. B. das Zinsniveau, Finanzierungsbedingungen, Bewertungsniveaus, demografische Aspekte, dem Nachfolgeproblem im Mittelstand oder persönliche Faktoren wie die eigene Karrierephase und die finanzielle Situation umfassen. Die Differenzierungsthese schließlich beantwortet die Frage, wodurch sich der Searcher von anderen potenziellen Käufern unterscheidet und welchen spezifischen Mehrwert er für Verkäufer und das zu erwerbende Unternehmen bietet. Dies können persönliche Netzwerke, spezifische Kompetenzen, innovative Ansätze oder auch weiche Faktoren wie der Wunsch, das Lebenswerk des Verkäufers fortzuführen, sein (Ruback & Yudkoff, 2017).

Entwicklung alternativer Szenarien

Eine professionelle Vorbereitung umfasst auch die Entwicklung alternativer Szenarien für den Fall, dass die primäre Strategie nicht aufgeht. Etwa 30–40% der Searcher akquirieren letztlich kein Unternehmen, sei es aus finanziellen Gründen, mangelnder Opportunitäten oder persönlicher Umentscheidung (Stanford Graduate School of Business, 2020). Eine Auseinandersetzung mit dieser Möglichkeit und die Entwicklung von Plan-B-Szenarien ist daher nicht nur psychologisch wichtig, sondern auch strategisch geboten. Alternative Szenarien können verschiedene Formen annehmen. Eine Möglichkeit ist der Übergang in eine operative Führungsrolle in einem mittelständischen Unternehmen, möglicherweise mit Beteiligungsoption oder Management-Buy-In-Perspektive. Eine andere Option ist die Tätigkeit als Berater oder Interim Manager im ETA-Bereich, wodurch Erfahrung gesammelt und Netzwerke aufgebaut werden können, die einen späteren erneuten Versuch erleichtern (Kummer & Steger, 2008). Auch eine Rückkehr in eine Konzernkarriere, gegebenenfalls mit neu erworbenen Kompetenzen und Perspektiven, stellt eine legitime Alternative dar. Die explizite Auseinandersetzung mit alternativen Szenarien dient mehreren Zwecken. Sie reduziert psychologischen Druck und verhindert, dass aus Verzweiflung heraus suboptimale Entscheidungen getroffen werden. Sie ermöglicht eine realistischere Risikoeinschätzung und erleichtert die Kommunikation mit Partner und Familie. Und sie schafft mentale Freiheit, im Suchprozess konsequent zu bleiben und nur dann zuzuschlagen, wenn wirklich überzeugende Opportunitäten identifiziert werden (Kahneman, 2011).

Finanzielle Vorbereitung und Ressourcenplanung
Die finanzielle Vorbereitung auf ein ETA-Vorhaben erfordert eine ehrliche und umfassende Analyse der persönlichen finanziellen Situation. Anders als bei Start-ups, wo Gründer häufig mit minimalem Kapitaleinsatz und Bootstrapping beginnen, ist bei ETA-Vorhaben in aller Regel, sowohl für die Transaktion selbst als auch zur Überbrückung der Such- und Vorbereitungsphase erhebliches Eigenkapital erforderlich (Ruback & Yudkoff, 2017). Die Liquiditätsplanung sollte mehrere Zeiträume und Szenarien umfassen. Zunächst ist der Zeitraum der Suchphase zu kalkulieren, der typischerweise 18–36 Monate beträgt. In dieser Zeit fallen Lebenshaltungskosten an, für die ohne laufendes Einkommen Rücklagen vorhanden sein müssen. Konservative Planungen gehen von einem Liquiditätsbedarf in Höhe von mindestens zwei Jahren Lebenshaltungskosten aus, besser noch drei Jahre, um nicht unter zeitlichen Druck zu geraten (Kelly & Harding, 2020). Zusätzlich zu den Lebenshaltungskosten entstehen Such- und Transaktionskosten. Diese umfassen Reisekosten für Unternehmensbesichtigungen und Meetings, Kosten für Datenräume und Recherche-Tools, Ausgaben für Berater (insbesondere Anwälte, Steuerberater und Wirtschaftsprüfer in der Due-Diligence-Phase), sowie potenzielle Kosten für Vermittler oder Broker (Kummer & Steger, 2008). Je nach Umfang und Professionalität des Suchprozesses können diese Kosten im mittleren bis höheren fünfstelligen Bereich liegen. Ein kritischer Aspekt ist die Eigenkapitalquote für die Transaktion selbst. Während die konkrete Höhe vom Kaufpreis und der Finanzierungsstruktur abhängt, erwarten Fremdkapitalgeber typischerweise eine Eigenkapitalquote von 20–40% des Kaufpreises (Rosenbaum & Pearl, 2020). Bei einem Kaufpreis von beispielsweise 3 Mio. Euro würde dies einem Eigenkapitalbedarf von 600.000 bis 1,2 Mio. Euro entsprechen. Searcher müssen realistisch einschätzen, ob und wie sie diese Summe, sei es durch eigene Ersparnisse, Familie und Freunde, strategische Investoren oder spezialisierte Search Fund Investoren, aufbringen können. Die Planung sollte auch Pufferreserven für unvorhergesehene Entwicklungen vorsehen. Dies können unerwartete Probleme in der Transaktion sein, die zusätzliche Beratungskosten nach sich ziehen, oder auch private Notfälle. Die Faustregel besagt, dass zusätzlich zur kalkulierten Liquidität mindestens 20–30% Sicherheitspuffer eingeplant werden sollten (Searchfunder, 2019).

Eigenkapitalbeschaffung und Investorenansprache

Die Beschaffung von Eigenkapital für ein ETA-Vorhaben kann über verschiedene Quellen erfolgen, die jeweils spezifische Vor- und Nachteile aufweisen. Das Verständnis dieser Optionen und die strategische Planung der Eigenkapitalbeschaffung sind essentiell für den Erfolg des Vorhabens (Feld & Mendelson, 2011). Die klassische Search-Fund-Struktur, die ihren Ursprung in den USA hat und zunehmend auch in Europa Verbreitung findet, basiert auf einem Investorenpool, der sowohl die Suchphase als auch später die Akquisition finanziert (Ruback & Yudkoff, 2017). Searcher akquirieren zunächst Investoren, die sogenanntes Search Capital bereitstellen- Typischerweise bewegt sich dieses im Rahmen von 30.000 € bis 50.000 € pro Investor, bei einer Gesamtsumme von 400.000 € bis 600.000 € für die Suchphase. Diese Investoren erhalten dafür das Recht, bei einer späteren Akquisition anteilig zu investieren, wobei das Search Capital auf ihre Investition angerechnet wird. Der Searcher erhält üblicherweise eine Managementbeteiligung von 20–30% am Unternehmen, voll verwässerungsgeschützt (Stanford Graduate School of Business, 2020).

Die Investorenansprache für einen traditionellen Search Fund erfordert sorgfältige Vorbereitung. Potenzielle Investoren sind typischerweise erfahrene Unternehmer, Family Offices, oder auf Search Funds spezialisierte Investoren. Sie investieren nicht primär aufgrund einer spezifischen Geschäftsidee, sondern aufgrund ihrer Einschätzung des Searchers als Person und dessen Fähigkeit, ein geeignetes Unternehmen zu finden und erfolgreich zu führen (Kelly & Harding, 2020). Die Präsentation gegenüber Search Fund Investoren sollte daher den persönlichen Hintergrund, die Motivation, die fachlichen und persönlichen Kompetenzen und die Investitionsthese in den Mittelpunkt stellen.

Eine alternative Finanzierungsquelle sind Family Offices und vermögende Privatpersonen außerhalb des institutionalisierten Search-Fund-Ökosystems. Diese Investoren bieten oft größere Flexibilität in der Strukturierung, können aber auch höhere Renditeerwartungen oder spezifischere Anforderungen haben. Die Identifikation und Ansprache solcher Investoren erfolgt typischerweise über persönliche Netzwerke, Empfehlungen oder spezialisierte Vermittler (Amit et al., 1998). Freunde und Familie stellen eine weitere potenzielle Quelle dar, insbesondere für kleinere Tickets. Hier ist besondere Sorgfalt geboten, da persönliche Beziehungen durch finanzielle Transaktionen belastet werden können. Klare vertragliche Regelungen, realistische Darstellung der Risiken und konservative Strukturen (z. B. nachrangige Darlehen statt Equity) können helfen, Konflikte zu vermeiden (Shane, 2008). In der DACH-Region hat sich zudem das Modell der „Eigenständigen Suche" (Self-Funded Search) etabliert, bei dem der Searcher die Suchphase aus eigenen Mitteln finanziert und erst für die konkrete Akquisition externes Kapital aufnimmt. Dies bietet maximale Flexibilität und Unabhängigkeit, erfordert aber entsprechende persönliche finanzielle Ressourcen und führt zu einem späteren Zeitpunkt der Investorenansprache.

Kreditwürdigkeit und Bankfähigkeit

Neben Eigenkapital spielt Fremdkapital eine zentrale Rolle bei der Finanzierung von ETA-Transaktionen. Die persönliche Kreditwürdigkeit des Searchers kann hierbei von erheblicher Bedeutung sein, insbesondere wenn persönliche Garantien oder Bürgschaften erforderlich werden (Rosenbaum & Pearl, 2020). Die Vorbereitung auf Fremdkapitalaufnahme sollte bereits frühzeitig beginnen. Dies umfasst die Optimierung der persönlichen Bonität, etwa durch die Bereinigung negativer Schufa-Einträge, die Reduktion bestehender Verbindlichkeiten und den Aufbau einer guten Kredithistorie. Auch die Dokumentation der eigenen finanziellen Verhältnisse sollte professionell vorbereitet werden, einschließlich aktueller Vermögensaufstellungen, Einkommensnachweise und gegebenenfalls Steuerbescheide (Kummer & Steger, 2008). Der Aufbau von Bankbeziehungen ist ein weiterer wichtiger Aspekt. Banken, die auf Mittelstandsfinanzierung und Unternehmenskäufe spezialisiert sind, sollten frühzeitig kontaktiert und über das Vorhaben informiert werden. Viele Banken bieten spezielle Programme für ETA-Vorhaben an oder haben Erfahrung mit Management Buy-Outs, die strukturell ähnlich sind. Die Etablierung einer vertrauensvollen Beziehung vor der konkreten Transaktionsfinanzierung kann den späteren Prozess erheblich erleichtern (Cumming & Johan, 2013). Spezialisierte Finanzierungspartner für Unternehmenskäufe sollten identifiziert werden. Neben klassischen Banken können dies Sparkassen mit ausgeprägtem Mittelstandsgeschäft, genossenschaftliche Banken, Bürgschaftsbanken oder spezialisierte Fremdkapitalfonds sein. Jede dieser Quellen hat spezifische Anforderungsprofile, Konditionen und Prozesse, die vorab verstanden werden sollten (Drukarczyk & Schüler, 2016).

Strategischer Aufbau von Netzwerk und Unterstützungsstrukturen

Der systematische Aufbau eines belastbaren Netzwerks stellt einen erfolgskritischen Faktor für ETA-Vorhaben dar. Anders als in etablierten Unternehmensstrukturen, wo bestehende Netzwerke und Organisationsressourcen zur Verfügung stehen, müssen Searcher ihr professionelles Ökosystem weitgehend eigenständig aufbauen (Granovetter, 1973). Das Netzwerk sollte mehrere Funktionen erfüllen. Zunächst dient es der Dealflow-Generierung, denn ein großer Teil attraktiver ETA-Opportunitäten wird über persönliche Kontakte und Empfehlungen identifiziert, nicht über öffentliche Inserate (Kelly & Harding, 2020). Steuerberater, Unternehmensberater, Rechtsanwälte, Wirtschaftsprüfer und Unternehmensmakler sind zentrale Multiplikatoren, die Zugang zu potenziellen Verkaufskandidaten vermitteln können. Der Aufbau von Beziehungen zu diesen Intermediären sollte daher hohe Priorität genießen. Eine zweite Funktion betrifft Expertise und Beratung. Im Verlauf des ETA-Prozesses werden zahlreiche spezialisierte Fragestellungen auftreten, für die externe Expertise hilfreich oder sogar notwendig ist. Ein Netzwerk aus Fachexperten, wie Juristen für Transaktionsrecht, Steuerberater für Strukturierungsfragen, Branchenexperten für spezifische Märkte oder erfahrene Unternehmer für operative Herausforderungen, kann hier unschätzbar wertvoll sein (Cope, 2005). Die dritte Funktion ist emotionale Unterstützung und Erfahrungsaustausch. Der ETA-Prozess ist fordernd und kann isolierend wirken. Der Kontakt zu anderen Searchern, idealerweise sowohl zu aktuell

Suchenden als auch zu solchen, die bereits erfolgreich akquiriert haben, bietet Gelegenheit zum Austausch, zur gemeinsamen Problemlösung und zur emotionalen Unterstützung. Viele erfolgreiche Searcher berichten, dass Peer-Netzwerke zu den wertvollsten Ressourcen während ihrer Suche gehörten (Ruback & Yudkoff, 2017). Der Netzwerkaufbau sollte systematisch und strategisch erfolgen. Dies beginnt mit der Identifikation relevanter Zielpersonen und -gruppen. Digitale Business-Netzwerke wie LinkedIn und Xing können wertvolle Recherche- und Kontaktmöglichkeiten bieten. Fachveranstaltungen, Konferenzen und Seminare zum Thema Unternehmensnachfolge, M&A oder Entrepreneurship sind gute Gelegenheiten für persönliche Kontakte. Auch regionale Wirtschaftsverbände, IHKs und Handwerkskammern können wichtige Anlaufstellen sein, insbesondere für den Zugang zu mittelständischen Unternehmern. Die Qualität der Netzwerkbeziehungen ist dabei wichtiger als die Quantität. Oberflächliche Kontakte bringen wenig. Vielmehr sollte in den Aufbau echter, vertrauensvoller Beziehungen investiert werden. Dies erfordert Zeit, Authentizität und auch die Bereitschaft, selbst Wert zu schaffen und zu geben, nicht nur zu nehmen (Uzzi, 1997).

Mentoren und Advisory Board

Die Identifikation und Einbindung von Mentoren gehört zu den wertvollsten Investitionen, die ein Searcher tätigen kann. Mentoren sind erfahrene Personen, die ihre Zeit, ihr Wissen und ihr Netzwerk zur Verfügung stellen, um den Searcher bei seinem Vorhaben zu unterstützen. Anders als Berater, die für ihre Leistung bezahlt werden, agieren Mentoren aus intrinsischer Motivation wie dem Wunsch, eigene Erfahrungen weiterzugeben, intellektuelle Stimulation oder auch die Option auf eine spätere Beteiligung (Kram, 1985). Ideale Mentoren für ETA-Vorhaben sind Personen, die selbst erfolgreiche Unternehmenskäufe durchgeführt haben, langjährige Erfahrung in der Unternehmensführung mitbringen oder über umfassende Expertise in relevanten Bereichen wie M&A, Finanzierung oder spezifischen Branchen verfügen. Die Chemie zwischen Mentor und Searcher ist dabei ebenso wichtig wie die fachliche Expertise. Mentoring-Beziehungen funktionieren am besten, wenn gegenseitiges Vertrauen und Respekt vorhanden sind (Allen & Eby, 2007). Die Formalisierung der Mentor-Beziehung kann unterschiedlich gestaltet werden. Manche Mentoren agieren rein informell, andere bevorzugen strukturiertere Arrangements mit regelmäßigen Meetings und klaren Erwartungen. Bei Search Funds ist es üblich, dass Mentoren als Investoren fungieren und dadurch ein finanzielles Interesse am Erfolg haben. Dies schafft Anreizkompatibilität, kann aber auch die Dynamik der Beziehung verändern (Ruback & Yudkoff, 2017). Zusätzlich zu individuellen Mentoren kann die Bildung eines informellen Advisory Boards sinnvoll sein. Dieses besteht aus einer kleinen Gruppe von 3–5 Personen mit komplementären Kompetenzen, die den Searcher in wichtigen Entscheidungen beraten. Im Gegensatz zu einem formellen Beirat oder Aufsichtsrat, der erst nach der Akquisition etabliert wird, dient das Advisory Board bereits in der Vorbereitungs- und Suchphase als Sparringspartner und Resonanzboden (Kummer & Steger, 2008).

Professionelle Dienstleister

Die rechtzeitige Identifikation und Evaluierung professioneller Dienstleister ist ein weiterer wichtiger Aspekt der Vorbereitung. Im Laufe des ETA-Prozesses werden verschiedene Spezialdienste benötigt, deren Qualität maßgeblichen Einfluss auf den Erfolg haben kann (Rosenbaum & Pearl, 2020). Eine fundierte und professionelle Rechtsberatung ist in mehreren Phasen essentiell, beispielsweise bei der Strukturierung des Search Fund, bei der Verhandlung und Gestaltung von Kaufverträgen, bei der rechtlichen Due Diligence und bei der Gestaltung der Geschäftsführerverträge. Anwaltskanzleien mit M&A-Expertise sollten frühzeitig kontaktiert und bezüglich ihrer Erfahrung mit mittelständischen Transaktionen, Honorarstrukturen und Arbeitsweise evaluiert werden. Nicht immer sind die größten Kanzleien die beste Wahl. Oft bieten spezialisierte Boutiquen oder mittelständisch geprägte Kanzleien ein besseres Preis-Leistungs-Verhältnis bei gleichzeitig persönlicherer Betreuung (Cumming & Johan, 2013). Steuerberatung ist angesichts der komplexen steuerlichen Implikationen von Unternehmenskäufen unverzichtbar. Die steueroptimale Strukturierung der Transaktion kann erhebliche finanzielle Auswirkungen haben. Steuerberater mit M&A-Erfahrung sollten idealerweise bereits in der Vorbereitungsphase konsultiert werden, um persönliche steuerliche Weichenstellungen vorzunehmen und potenzielle Strukturierungsoptionen zu verstehen (Drukarczyk & Schüler, 2016). Wirtschaftsprüfer werden vor allem in der Due-Diligence-Phase benötigt, wenn die Financial Due Diligence durchgeführt wird. Auch hier ist spezialisierte Mittelstandserfahrung wichtiger als Markenname. Der Wirtschaftsprüfer sollte in der Lage sein, pragmatisch mit der oft weniger formalisierten Rechnungslegung mittelständischer Unternehmen umzugehen und gleichzeitig kritische Risiken zuverlässig zu identifizieren (Berens et al., 2013). Unternehmensberater können in verschiedenen Phasen wertvolle Unterstützung bieten, etwa bei der Entwicklung von Wertschöpfungskonzepten, bei der Commercial Due Diligence oder später bei der Implementierung von Verbesserungsmaßnahmen. Die Auswahl sollte auf Basis von Referenzen, nachgewiesener Expertise im relevanten Bereich und kultureller Passung erfolgen (Kipping & Clark, 2012). Beziehungen zu diesen Dienstleistern sollten frühzeitig angebahnt werden, idealerweise bevor ihre Dienste konkret benötigt werden. Dies ermöglicht eine entspanntere Evaluierung, Verhandlung von Konditionen und den Aufbau von Vertrauen.

Psychologische Vorbereitung und Entwicklung des unternehmerischen Mindsets

Die psychologische Vorbereitung auf ein ETA-Vorhaben ist ebenso wichtig wie die fachliche und finanzielle Vorbereitung, wird aber oft vernachlässigt. Der Übergang von einer Angestelltenrolle in eine unternehmerische Position erfordert fundamentale Veränderungen in Denkmustern, Verhaltensweisen und Einstellungen (McGrath & MacMillan, 2000). Unternehmerisches Denken unterscheidet sich in mehreren Dimensionen von Angestelltenmentalität. Während Angestellte typischerweise innerhalb vorgegebener Strukturen, Budgets und Prozesse operieren, müssen Unternehmer diese Strukturen selbst schaffen. Liegt der Fokus einer Anstellung nicht selten auf Risikominimierung, gehen Unternehmer Risiken regelmäßig persönlich ein und managen diese aktiv. Zudem tragen sie Gesamtverantwortung für alle Aspekte des Unternehmens und nicht ausschließlich für definierte Teilbereiche (Sarasvathy, 2001). Die Entwicklung unternehmerischen Denkens kann durch verschiedene Ansätze gefördert werden. So hilft beispielsweise die Auseinandersetzung mit unternehmerischen Rollenmodellen, Biografien, Interviews oder persönliche Gesprächen, dabei, mentale Modelle erfolgreichen Unternehmertums zu internalisieren. Auch das Studium von Fallstudien zu unternehmerischen Herausforderungen und Entscheidungen schärft das Urteilsvermögen und erweitert das Repertoire an Lösungsansätzen (Cope, 2005). Praktische und persönliche Erfahrung, auch in kleinem Rahmen, ist besonders wertvoll. Dies können Nebenprojekte sein, die Mitarbeit in Start-ups, ehrenamtliches Engagement in Vorständen oder die Beratung von Unternehmern. Jede Gelegenheit, unternehmerische Verantwortung zu übernehmen und mit den damit verbundenen Unsicherheiten und Herausforderungen umzugehen, trägt zur Entwicklung des erforderlichen Mindsets bei (Ericsson et al., 1993). Die bewusste Reflexion über eigene Denkmuster und deren Ursprünge ist ebenfalls wichtig. Viele Menschen haben durch Erziehung, Ausbildung und bisherige Berufserfahrung Glaubenssätze verinnerlicht, die unternehmerischem Handeln entgegenstehen können. Hierzu gehören etwa übermäßige Risikoaversion, Perfektionismus, Autoritätshörigkeit oder die Angst vor Fehlern. Die Identifikation und bewusste Bearbeitung von hinderlichen Überzeugungen kann durch Coaching, Selbstreflexion oder den Austausch mit Mentoren erfolgen (Dweck, 2006).

Umgang mit Unsicherheit und Ambiguität

Der ETA-Prozess ist durch ein hohes Maß an Unsicherheit und Ambiguität charakterisiert. Es gibt keine Garantie, ein geeignetes Unternehmen zu finden. Die Bewertung potenzieller Targets basiert auf unvollständigen Informationen, Verhandlungen können scheitern oder Finanzierungen platzen. Diese Unsicherheit über einen Zeitraum von Jahren auszuhalten, ohne den Fokus zu verlieren oder in Aktionismus zu verfallen, erfordert spezifische psychologische Kompetenzen (Knight, 1921). Ambiguitätstoleranz beschreibt die Fähigkeit, mehrdeutige Situationen ohne übermäßigen Stress zu ertragen und stellt eine Schlüsselkompetenz für Entrepreneure allgemein und ETA-Searcher im Besonderen dar. Menschen mit hoher Ambiguitätstoleranz können mit widersprüchlichen Informationen umgehen, Entscheidungen bei unvollständiger Datenlage treffen und in komplexen, sich verändernden Situationen handlungsfähig bleiben (Budner, 1962). Die Entwicklung von Ambiguitätstoleranz kann durch verschiedene Praktiken unterstützt werden. Achtsamkeitsübungen und Meditation helfen, mit unangenehmen Gefühlen wie Unsicherheit oder Angst umzugehen, ohne reflexartig darauf zu reagieren. Kognitive Umstrukturierung, d. h. das bewusste Hinterfragen und Reframing negativer Gedankenmuster, kann helfen, Unsicherheit nicht als Bedrohung, sondern als inhärenten Bestandteil des Prozesses zu akzeptieren (Kabat-Zinn, 1990). Die Etablierung von Routinen und Strukturen schafft Inseln der Sicherheit inmitten der Unsicherheit. Regelmäßige Arbeitszeiten, feste Wochenstrukturen, klare Prozesse für wiederkehrende Aufgaben – all dies gibt Halt und reduziert die kognitive Last. Gleichzeitig ist es wichtig, flexibel zu bleiben und diese Strukturen bei Bedarf anzupassen (Gollwitzer, 1999). Der Austausch mit anderen Menschen in ähnlichen Situationen, vor allem anderen Searchern, Entrepreneuren oder Gründern, normalisiert die Erfahrung von Unsicherheit und reduziert das Gefühl von Isolation. Die Erkenntnis, dass die eigenen Zweifel und Ängste normal sind und auch von erfolgreichen Unternehmern erlebt werden, wirkt oft entlastend (Cope, 2011).

Resilienz und Durchhaltevermögen

Resilienz meint die Fähigkeit, Rückschläge zu bewältigen, sich von Enttäuschungen zu erholen und trotz widriger Umstände weiterzumachen. Sie ist möglicherweise die wichtigste psychologische Eigenschaft für ETA-Erfolg. Der Weg von der ersten Idee bis zur erfolgreichen Akquisition ist gepflastert mit Absagen, gescheiterten Verhandlungen, nicht zustande gekommenen Finanzierungen und anderen Frustrationen (Ruback & Yudkoff, 2017). Die Resilienzforschung hat verschiedene Faktoren identifiziert, die zur psychologischen Widerstandsfähigkeit beitragen. Ein zentraler Faktor ist ein realistischer Optimismus, d. h. die Fähigkeit, die Realität nüchtern zu sehen, gleichzeitig aber an positive Zukunftsszenarien zu glauben und aktiv daran zu arbeiten. Dieser unterscheidet sich sowohl von unrealistischem Optimismus, der Gefahren ausblendet, als auch von lähmendem Pessimismus (Seligman, 2006). Ein weiterer Resilienzfaktor ist ein starkes Gefühl der Selbstwirksamkeit. Damit ist die Überzeugung gemeint, durch eigenes Handeln Einfluss auf Ergebnisse nehmen zu können. Diese Überzeugung wird durch Erfolgserlebnisse gestärkt, kann aber auch durch bewusste Reflexion über vergangene Herausforderungen, die erfolgreich gemeistert wurden, gefördert werden. Das Führen eines „Erfolgsjournal", in dem kleine und große Erfolge dokumentiert werden, kann hier hilfreich sein (Bandura, 1997). Die Fähigkeit, Rückschläge nicht persönlich zu nehmen, sondern sie als Feedback und Lerngelegenheit zu verstehen, ist ebenfalls zentral. Dies erfordert ein Growth Mindset und damit die Überzeugung, dass Fähigkeiten entwickelbar sind und Fehler zum Lernprozess gehören. Im Gegensatz dazu steht das Fixed Mindset, das Fähigkeiten als unveränderlich ansieht und Fehler als Beweis mangelnder Eignung interpretiert (Dweck, 2006). Praktische Strategien zur Resilienzförderung umfassen körperliche Aktivität, die nachweislich Stress reduziert und die Stimmung hebt, ausreichend Schlaf, gesunde Ernährung, Zeit für Hobbys und Interessen außerhalb des ETA-Projekts sowie die Pflege sozialer Beziehungen. Diese scheinbar banalen Faktoren haben erheblichen Einfluss auf die psychische Widerstandsfähigkeit und sollten nicht vernachlässigt werden (Southwick & Charney, 2012).

Einbeziehung von Familie und Partner

Die Entscheidung für ein ETA-Vorhaben hat weitreichende Implikationen nicht nur für den Searcher selbst, sondern auch für Partner und Familie. Die finanzielle Unsicherheit, die zeitliche Belastung und der psychische Stress des Prozesses betreffen das gesamte private Umfeld. Eine offene Kommunikation und realistische Erwartungen sind daher essentiell für die Vermeidung von Konflikten und die Aufrechterhaltung der notwendigen privaten Unterstützung (Aldrich & Cliff, 2003). Die Kommunikation sollte bereits in der Phase der grundsätzlichen Entscheidungsfindung beginnen. Partner sollten von Anfang an in die Überlegungen einbezogen werden, nicht vor vollendete Tatsachen gestellt. Dies umfasst die gemeinsame Diskussion der Motivation, der Ziele, der Risiken und der möglichen Konsequenzen. Nur wenn beide Partner die Entscheidung mittragen und von ihr überzeugt sind, kann das Vorhaben die notwendige Stabilität im privaten Bereich haben (Danes et al., 2009). Ein realistisches Bild der Herausforderungen zu vermitteln ist wichtiger als übertriebener Optimismus. Dies umfasst die Darstellung der finanziellen Implikationen wie den Einkommensausfall während der Suchphase, Einsatz von Ersparnissen, potenzielle persönliche Haftungsrisiken, der zeitlichen Belastung durch lange Arbeitszeiten, Reisen, möglicherweise Umzug und der psychischen Beanspruchung durch Stress, Unsicherheit, Rückschläge. Partner sollten verstehen, worauf sie sich einlassen, um später nicht enttäuscht zu werden (Ruback & Yudkoff, 2017). Gleichzeitig ist es wichtig, auch die positiven Aspekte und Chancen zu kommunizieren. Hierzu gehören die Möglichkeit, selbstbestimmt zu arbeiten, ein Unternehmen nach eigenen Werten zu führen, finanzielle Upside-Potenziale sowie die persönliche Entwicklung, die mit der Herausforderung einhergeht. Eine ausgewogene Darstellung, die weder dramatisiert noch beschönigt, schafft die beste Grundlage für eine informierte gemeinsame Entscheidung (Aldrich & Cliff, 2003).

Praktische Arrangements und partnerschaftliche Unterstützung

Über die kommunikative Ebene hinaus sollten praktische Arrangements getroffen werden, die das Vorhaben im Familienkontext unterstützen. Dies beginnt mit finanzieller Planung. Ein gemeinsames Budget sollte erstellt werden, das die Lebenshaltungskosten während der Suchphase abdeckt und einen Notfallfonds vorsieht. Die Verteilung finanzieller Verantwortlichkeiten, etwa ob und in welchem Umfang der Partner weiter arbeitet oder arbeiten kann, sollten geklärt sein (Danes et al., 2009). Zeitliche Arrangements betreffen die Aufteilung von Haushalts- und Familienaufgaben. Wenn Kinder vorhanden sind, ist die Klärung der Kinderbetreuung essentiell. Möglicherweise muss der Partner hier mehr Verantwortung übernehmen, oder es müssen externe Lösungen gefunden werden. Auch die Planung von gemeinsamer Qualitätszeit und bewussten Auszeiten vom Projekt ist wichtig, um die Partnerschaft zu pflegen und Überlastung vorzubeugen (Aldrich & Cliff, 2003). Die Rolle des Partners im ETA-Projekt selbst sollte geklärt werden. Einige Partner möchten aktiv involviert sein, etwa durch Mitarbeit in bestimmten Bereichen, als Sparringspartner oder durch Netzwerkarbeit. Andere bevorzugen eine unterstützende, aber distanzierte Rolle. Beide Varianten sind legitim, wichtig ist die explizite Klärung der Erwartungen auf beiden Seiten (Ruback & Yudkoff, 2017). Regelmäßige Check-ins und die Bereitschaft, Arrangements anzupassen, wenn sie sich als nicht tragfähig erweisen, sind wichtig. Was zu Beginn als guter Plan erschien, kann sich in der Praxis als unpraktikabel herausstellen. Die Fähigkeit, offen über Probleme zu sprechen und gemeinsam Lösungen zu finden, ist entscheidend für die langfristige Aufrechterhaltung der privaten Unterstützung (Danes et al., 2009).

Umgang mit Risiken und Absicherung

Die explizite Auseinandersetzung mit Risiken und deren mögliche Absicherung ist ein wichtiger Aspekt der Familienvorbereitung. Während übermäßige Fokussierung auf worst-case-Szenarien lähmend wirken kann, ist die völlige Ausblendung von Risiken fahrlässig (Kahneman, 2011). Finanzielle Risiken sollten realistisch quantifiziert werden. Was passiert, wenn kein Unternehmen gefunden wird und die Rücklagen aufgebraucht sind? Was passiert, wenn nach der Übernahme das Unternehmen in Schwierigkeiten gerät? Wenn persönliche Bürgschaften erforderlich werden? Die Diskussion dieser Szenarien und die Entwicklung von Notfallplänen schafft Sicherheit und reduziert Ängste. Versicherungstechnische Absicherungen sollten geprüft werden. Ist eine ausreichende Krankenversicherung vorhanden, auch wenn kein Arbeitgeber mehr besteht? Ist eine Berufsunfähigkeitsversicherung sinnvoll? Sollte eine Lebensversicherung abgeschlossen oder erhöht werden? Diese Fragen sind nicht angenehm, aber wichtig (Kummer & Steger, 2008). Die Trennung von Privat- und Geschäftsvermögen ist ein weiterer wichtiger Aspekt. Soweit möglich, sollte verhindert werden, dass Geschäftsrisiken das gesamte Privatvermögen gefährden. Dies kann durch entsprechende Rechtsformwahl, durch Vermögensübertragungen auf den Partner oder durch andere vermögensrechtliche Arrangements geschehen. Hier ist professionelle steuerliche und rechtliche Beratung unerlässlich (Drukarczyk & Schüler, 2016). Die Definition einer „roten Linie", d. h. eines Punktes, an dem das Projekt abgebrochen wird, kann psychologische Sicherheit schaffen. Wenn vorab geklärt ist, unter welchen Bedingungen das Vorhaben beendet wird (z. B. nach Ablauf einer bestimmten Zeit oder wenn finanzielle Reserven unter eine bestimmte Schwelle fallen), reduziert dies die Angst vor unkontrolliertem Scheitern (Ruback & Yudkoff, 2017).

Timing und Phasenplanung

Die Frage nach dem optimalen Zeitpunkt für den Beginn eines ETA-Vorhabens hat sowohl persönliche als auch marktbezogene Dimensionen. Während es keinen universell „perfekten" Zeitpunkt gibt, lassen sich doch Faktoren identifizieren, die ein Timing als günstiger oder ungünstiger erscheinen lassen (Ruback & Yudkoff, 2017). Aus persönlicher Perspektive ist ein gewisses Maß an beruflicher Erfahrung vorteilhaft. Die meisten erfolgreichen Searcher verfügen über 5–15 Jahre Berufserfahrung, idealerweise mit zunehmender Führungsverantwortung. Diese Erfahrung vermittelt nicht nur fachliche Kompetenz, sondern auch Reife, Urteilsvermögen und Glaubwürdigkeit gegenüber Verkäufern und Investoren (Stanford Graduate School of Business, 2020). Gleichzeitig sollte das Alter nicht zu hoch sein, da die physische und psychische Energie für die intensiven Jahre der Suche und der ersten Führungsphase erforderlich ist. Die meisten Searcher sind zwischen 30 und 45 Jahren alt, wobei individuelle Unterschiede natürlich bestehen (Kelly & Harding, 2020). Die private Situation ist ebenfalls relevant. Während einige argumentieren, dass ETA-Vorhaben am besten ohne familiäre Verpflichtungen durchgeführt werden sollten, zeigen Studien keinen klaren Zusammenhang zwischen Familienstand und Erfolg. Entscheidender ist die Qualität der privaten Unterstützung und die Bereitschaft des Umfelds, das Vorhaben mitzutragen. Ein stabiles privates Fundament kann sogar Resilienz erhöhen, während private Konflikte oder Instabilität zusätzlichen Stress erzeugen (Aldrich & Cliff, 2003). Die finanzielle Situation muss günstig sein. Wer über ausreichende Rücklagen verfügt, kann gelassener und strategischer vorgehen als jemand unter finanziellem Druck. Allerdings sollte auch nicht zu lange mit dem Start gewartet werden, nur um noch mehr Reserven aufzubauen, da dies den Opportunitätskostenverlust zu groß werden lässt (Ruback & Yudkoff, 2017). Aus Marktperspektive sind mehrere Faktoren zu berücksichtigen. Das Bewertungsniveau für kleinere und mittlere Unternehmen variiert je nach konjunktureller Lage und Kapitalmarktsituation. In Phasen hoher Bewertungen sind Akquisitionen teurer, was die Renditeperspektiven schmälert. Andererseits kann in Krisenphasen die Finanzierbarkeit schwieriger sein, trotz niedrigerer Kaufpreise. Die demografische Entwicklung und die daraus resultierende Nachfolgeproblematik im Mittelstand schaffen in den kommenden Jahren in der DACH-Region ein besonders günstiges Umfeld für ETA-Vorhaben. Hunderttausende Unternehmen stehen vor der Nachfolgefrage, und nicht alle finden interne oder familiäre Lösungen. Dies erhöht das Angebot potenzieller Targets und verbessert die Verhandlungsposition von Käufern (IfM Bonn, 2019). Das Zinsniveau beeinflusst die Finanzierungskosten und damit die Attraktivität fremdfinanzierter Akquisitionen. In Niedrigzinsphasen sind Unternehmenskäufe aus Finanzierungsperspektive attraktiver, allerdings sind in solchen Phasen typischerweise auch die Bewertungen höher. Die Nettoeffekte sind ambivalent, aber das Zinsniveau sollte in die Timing-Überlegungen einfließen (Damodaran, 2012).

Struktur und Meilensteine der Vorbereitungsphase: Die sieben Schritte der persönlichen und strategischen Vorbereitung

Die Vorbereitungsphase sollte strukturiert und mit klaren Meilensteinen versehen werden, um Fortschritt messbar zu machen und Fokus zu gewährleisten. Die persönliche und strategische Vorbereitung ist nicht nur eine Phase der Planung, sondern eine Phase der Selbstwerdung. Sie markiert den Übergang vom professionellen oder akademischen Werdegang zur bewussten Entscheidung für eine unternehmerische Identität, die durch Verantwortung, Unsicherheit und Gestaltungskraft geprägt ist. Die folgenden sieben Schritte stellen ein praxisorientiertes, zugleich theoretisch fundiertes Gerüst dar, das Suchende bei der systematischen Vorbereitung auf ihren ETA- oder Search-Fund-Prozess unterstützt. Jeder Schritt folgt einer eigenen Logik, die psychologische, ökonomische und institutionelle Dimensionen integriert und so den Weg von der Intention zur operativen Handlungsfähigkeit beschreibt.

5.2.2 Praktische Implikationen

Für die praktische Umsetzung der strategischen und persönlichen Vorbereitung empfiehlt sich ein schrittweises Vorgehen, mit der Klärung der Ziele und des Selbstverständnisses, über die Kompetenzanalyse, der Entwicklung der Suchthesis sowie der finanziellen Selbstpositionierung bis zum Netzwerkaufbau und der psychologischen Vorbereitung.

Schritt 1: Selbstverständnis und Zielklärung

Der erste Schritt ist die bewusste Klärung der eigenen Motivation, des Risikoprofils und des angestrebten unternehmerischen Selbstverständnisses. Forschung zu unternehmerischen Intentionen zeigt, dass Gründungs- und Übernahmeentscheidungen auf einer Kombination aus wahrgenommener Machbarkeit und persönlicher Wünschbarkeit beruhen (Krueger, Reilly & Carsrud, 2000). Suchende müssen also nicht nur verstehen, *was* sie antreibt, sondern auch *warum* sie gerade über Akquisition und nicht über Neugründung unternehmerisch tätig werden wollen. Dabei steht die Frage im Zentrum, ob Autonomie, Verantwortung, Vermögensaufbau oder Sinnstiftung die dominante Triebkraft darstellen.

Im Kontext der Unternehmensnachfolge in der DACH-Region spielt zusätzlich das Verhältnis zwischen unternehmerischem Eigeninteresse und gesellschaftlicher Verantwortung eine Rolle. Eigentümerfamilien bevorzugen Nachfolgerinnen und Nachfolger, deren persönliche Werte und Führungsprinzipien mit der kulturellen DNA des Unternehmens übereinstimmen. Eine reflektierte persönliche Zielklärung ist daher nicht nur Selbstanalyse, sondern zugleich Vorbereitung auf die spätere Vertrauensbildung im Markt.

Schritt 2: Kompetenzanalyse und Humankapitalaufbau

Der zweite Schritt besteht in der systematischen Analyse und Erweiterung der eigenen Kompetenzen. Auf Grundlage der Human-Capital-Theorie (Becker, 1993) ist unternehmerischer Erfolg maßgeblich von der Akkumulation und Anwendung spezifischen Wissens abhängig. Für ETA-Entrepreneure umfasst dies Kenntnisse in Unternehmensbewertung, Finanzanalyse, Verhandlungsführung, Organisationsentwicklung und Führungspsychologie. Entscheidend ist weniger die akademische Tiefe einzelner Disziplinen, sondern die Fähigkeit zur interdisziplinären Integration. Dies beschreibt das Verständnis für das Zusammenwirken betriebswirtschaftlicher, rechtlicher und menschlicher Dimensionen unternehmerischer Entscheidungen.

In der Praxis bedeutet dies, gezielte Entwicklungsfelder zu adressieren: fehlende M&A-Erfahrung z. B. durch Schulungen, begrenzte Führungserfahrung durch Mentoring und mangelnde Branchenkenntnis durch gezielte Netzwerkeinbindung. Suchende, die sich in der Vorbereitungsphase aktiv weiterbilden und reflektierte Feedbackstrukturen aufbauen, weisen eine signifikant höhere Erfolgswahrscheinlichkeit im Akquisitionsprozess auf (Hunt & Fund, 2012).

Schritt 3: Entwicklung einer fundierten Suchthese

Im dritten Schritt erfolgt die Transformation von Selbstkenntnis in Marktstrategie. Eine Suchthese (Search Thesis) operationalisiert persönliche Stärken, Werte und Interessen in konkrete Suchfelder und dient als strategischer Nordstern für die gesamte Suchphase. Sie definiert Branchen, Umsatz- und Ertragsgrößen, geographische Fokussierung, Geschäftsmodelle und mögliche Wertsteigerungshebel.

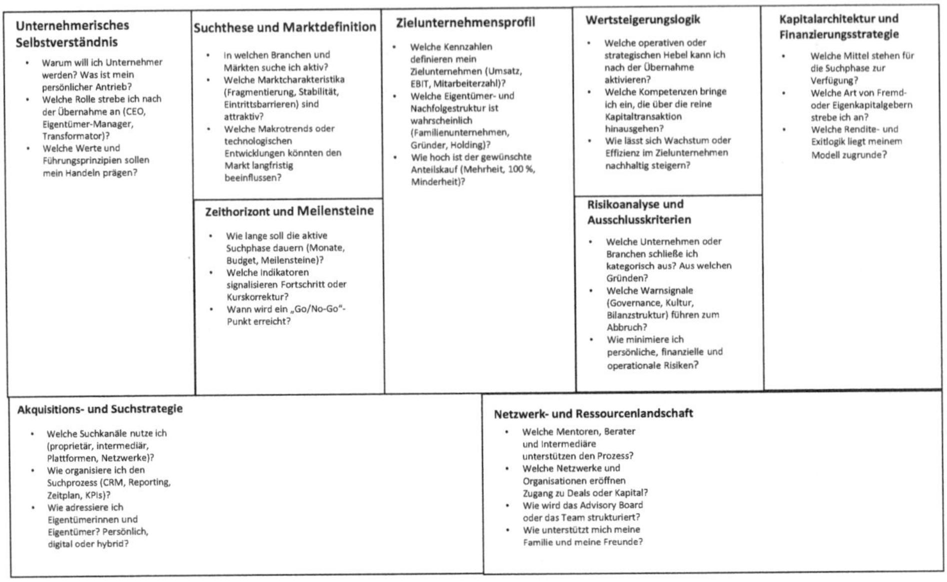

Abb. 5.2 Search Thesis Cavas. (Eigene Darstellung)

Theoretisch ist dieser Schritt eng mit dem *Resource-Based View* verknüpft, nach dem Wettbewerbsvorteile aus der einzigartigen Kombination individueller und organisationaler Ressourcen entstehen (Barney, 1991). Für Suchende bedeutet das, jene Marktsegmente zu wählen, in denen sie durch ihre persönliche Expertise oder Netzwerke einen spezifischen Wertbeitrag leisten können.

In der Praxis empfiehlt sich die schriftliche Ausarbeitung einer „Investment Hypothesis", die sowohl qualitative Kriterien (z. B. Passung zur Eigentümerkultur) als auch quantitative Schwellenwerte (z. B. EBITDA-Marge, Kundenstruktur) beinhaltet. Eine klar formulierte Suchthese schafft nicht nur interne Orientierung, sondern ist zugleich Kommunikationsinstrument gegenüber Investoren und potenziellen Verkäuferinnen und Verkäufern (Stanford Graduate School of Business, 2022).

► Eine visualisierte Darstellung in Form eines **Search Thesis Canvas** (s. Abb. 5.2) kann eine gute Unterstützung bieten, um die einzelnen Themenfelder der Suchthese und die dahinter stehenden Leitfragen übersichtlich darzustellen. Eine **Vorlage für dieses Canvas** finden Sie als **digitales Zusatzmaterial** zu diesem Buch auf SpringerLink.

Schritt 4: Finanzielle Selbstpositionierung und Kapitalstrategie

Der vierte Schritt umfasst die finanzielle Selbstverortung und die Definition einer nachhaltigen Kapitalstrategie. Entrepreneurship Through Acquisition erfordert ein ausgewogenes Verhältnis zwischen Eigenmitteln, Fremdkapital und Investorenengagement. Suchende müssen die eigene Risikotragfähigkeit kennen, ein Suchbudget definieren und mögliche Finanzierungsquellen identifizieren, die von Eigenmitteln über Hausbankkredite und KfW-Programme bis hin zu Family Offices oder Search-Fund-Investoren reichen können.

Aus Sicht der Agency-Theory (Eisenhardt, 1989) steht dieser Schritt für die bewusste Gestaltung von Anreiz- und Kontrollmechanismen: Wer Kapitalgeber einbindet, teilt nicht nur Chancen, sondern auch Entscheidungsrechte. Eine klare Governance-Architektur ist daher Teil der finanziellen Vorbereitung.

Empirische Studien zeigen, dass in der DACH-Region hybride Finanzierungsmodelle zunehmend verbreitet sind, die persönliche Unabhängigkeit mit externer Expertise verbinden (Braun & Grichnik, 2023). Diese Kapitalarchitektur muss frühzeitig geplant werden, da sie spätere Handlungsfreiheit und strategische Optionen maßgeblich bestimmt.

Schritt 5: Governance-Design und Entscheidungslogik

Der fünfte Schritt widmet sich der formalen und informellen Strukturierung der Entscheidungsprozesse. Bereits in der Vorbereitungsphase sollten Grundsätze für Informationsfluss, Abstimmungsmechanismen und Konfliktlösung definiert werden, insbesondere wenn externe Kapitalpartner beteiligt sind.

Die Gestaltung von Governance-Strukturen dient der Reduktion von Unsicherheit und der Prävention opportunistischen Verhaltens (Williamson, 1985). Für selbstfinanzierte ETA-Unternehmerinnen und -Unternehmer gilt dies ebenso wie für hybride Modelle mit Co-Investoren. Governance umfasst dabei nicht nur formale Entscheidungsregeln, sondern auch ethische Leitlinien, Transparenzpflichten und Feedbackroutinen. In der Praxis sollten diese Prinzipien in einer kompakten „Governance Charter" dokumentiert werden, die spätere Verhandlungen mit Investoren, Banken oder Beratern erleichtert.

Schritt 6: Netzwerkaufbau und Reputationsmanagement

Der sechste Schritt betrifft die soziale Einbettung der unternehmerischen Suchstrategie. Netzwerke fungieren als soziale Infrastruktur des Erfolgs. Sie eröffnen Zugang zu Kapital, Wissen, Chancen und Vertrauen. Nach der *Social-Capital-Theory* (Nahapiet & Ghoshal, 1998) ist die Kombination aus strukturellem, relationalem und kognitivem Kapital entscheidend. Suchende benötigen also sowohl viele *weak ties*, d. h. lose, aber diverse Beziehungen zu potenziellen Informationsquellen, als auch stabile, vertrauensvolle Beziehungen zu Schlüsselpersonen. Gerade im deutschen Mittelstand entscheidet Reputation über Zugänglichkeit. Eigentümerfamilien bevorzugen Nachfolgerinnen und Nachfolger, die durch Empfehlungen, Seriosität und Kontinuität überzeugen. Reputationsaufbau ist daher kein Nebenaspekt, sondern Teil der strategischen Vorbereitung. Er kann durch aktive Präsenz in Unternehmernetzwerken, Fachveranstaltungen und Mentorenkreisen systematisch gestaltet werden.

Schritt 7: Psychologische Vorbereitung und persönliche Stabilisierung

Der siebte Schritt schließt den Vorbereitungsprozess mit einer psychologisch orientierten Perspektive. Die Suchphase ist geprägt von Unsicherheit, Verzögerungen und häufigen

Rückschlägen. Psychologische Forschung zeigt, dass langfristige unternehmerische Leistungsfähigkeit stark von Resilienz, Selbstwirksamkeit und Emotionsregulation abhängt (Fredrickson, 2001).

Für ETA-Entrepreneure ist es daher besonders hilfreich, Routinen zu entwickeln, die mentale Stabilität fördern. Hierzu gehören etwa regelmäßige Reflexion, strukturierte Tagesplanung, Austausch mit Gleichgesinnten oder Supervision durch Coaches. Die Einrichtung persönlicher Frühwarnsysteme gegen Überlastung, Selbstzweifel oder Entscheidungsblockaden ist ebenso wichtig wie die bewusste Einbindung des privaten Umfelds.

Diese psychologische Vorbereitung schafft nicht nur persönliche Widerstandskraft, sondern stärkt auch die kommunikative Authentizität in der späteren Eigentümerinteraktion, die einen zentralen Erfolgsfaktor im mittelständischen Nachfolgekontext darstellt.

▶ Als **digitales Zusatzmaterial** zu diesem Buch finden Sie eine **Checkliste zur strategischen Vorbereitung des Entrepreneurship-Through-Acquisition-(ETA)-Prozesses** zum Download auf SpringerLink. Sie unterstützt dabei, die eigene Eignung, Motivation, strategische Ausrichtung, Kapital- und Netzwerkarchitektur sowie persönliche Rahmenbedingungen zu reflektieren und zu professionalisieren, bevor die aktive Suchphase beginnt.

5.3 Die Such- und Organisationsphase

Die Such- und Organisationsphase bildet das operative Herzstück des Entrepreneurship-Through-Acquisition-(ETA)-Prozesses. Sie ist der Übergang von strategischer Vorbereitung zu konkretem Handeln und kennzeichnet den Beginn des unternehmerischen Feldzugangs. In dieser Phase wird aus der bislang abstrakten Suchthese ein strukturierter Marktprozess, der durch systematische Identifikation, Ansprache und Qualifizierung potenzieller Zielunternehmen geprägt ist. Die Effektivität dieser Phase entscheidet maßgeblich über Erfolg oder Scheitern des gesamten ETA-Vorhabens, denn sie bestimmt, ob ein qualitativ hochwertiger und nachhaltiger Dealflow generiert werden kann (Hoffmann, 2023; Braun & Grichnik, 2023). Während die internationale Forschung diese Phase häufig mit Begriffen wie *deal sourcing*, *origination* oder *search execution* umschreibt, gewinnt im deutschsprachigen Raum zunehmend die Perspektive einer „organisationalen Suchpraxis" an Bedeutung. Der Suchprozess wird hier nicht nur als analytischer, sondern auch als relationaler Vorgang verstanden, in dem Vertrauen, kulturelle Sensibilität und Reputation entscheidende Erfolgsfaktoren darstellen. Im theoretischen Sinne lässt sich die Suchphase als ein Problem asymmetrischer Information und limitierter Rationalität deuten. Der Suchende verfügt nur über unvollständige Marktinformationen, während die Eigentümerinnen und Eigentümer der Zielunternehmen die relevanten Unternehmensdaten kontrollieren und selektiv offenlegen. Entsprechend ist diese Phase von Suchkosten, Unsicherheit und Signalisierungsprozessen geprägt, welche klassische Elemente der Informationsökonomie bilden (Akerlof, 1970; Spence, 1973). Gleichzeitig ist die Suche ein soziales Konstrukt, das in persönliche Interaktion eingebettet ist und daher stark durch Vertrauen, Reputation und Kommunikationsfähigkeit determiniert wird. Im Mittelstandskontext der DACH-Region kommt dieser relationalen Dimension eine besonders große Bedeutung zu, weil Unternehmensverkäufe häufig nicht primär marktorientiert, sondern vertrauensbasiert verhandelt werden (Bühner & Grichnik, 2005). Die Organisation der Suche ist daher auch ein Ausdruck unternehmerischer Gestaltungskompetenz. Erfolgreiche ETA-Entrepreneure entwickeln in dieser Phase Strukturen, Systeme und Routinen, die sowohl Effizienz als auch Authentizität gewährleisten. In der Praxis wird die Suche häufig in zwei parallele Arbeitsebenen gegliedert: eine analytisch-digitale Ebene und eine persönliche Beziehungsebene. Auf der analytischen Ebene stehen Marktforschung, Branchenanalysen, Nutzung von Datenbanken und digitalen Matching-Plattformen im Vordergrund. Die Zielsetzung besteht darin, potenzielle Übernahmekandidaten anhand definierter Kriterien wie Umsatz, Ertragskraft, Eigentümerstruktur oder Fragmentierungsgrad zu identifizieren. In der DACH-Region können digitale öffentliche oder privatwirtschaftliche Plattformen wie Nexxt Change, DUB oder die Nachfolgezentralen, spezialisierte M&A-Boutiquen und Nachfolgeberater zentrale Schnittstellen bilden. Auf der relationalen Ebene hingegen erfolgt der Aufbau direkter Kontakte zu Eigentümerinnen und Eigentümern, Branchenverbänden und Multiplikatoren. Hier zeigt sich, dass der Sucher nicht nur als Investor, sondern vor allem als *Vertrauensnachfolger* wahrgenommen werden muss. Diese Balance zwischen Professionalität und persönlicher Integrität bildet das Fundament erfolgreicher Suchbeziehungen. Die Qualität der Suche hängt jedoch nicht primär von der Quantität der Anfragen, sondern von der Glaubwürdigkeit der Ansprache ab (Kelly & Harding, 2020). Inhabergeführte Unternehmen im Mittelstand reagieren häufig sensibel auf Investorenkommunikation, die als zu transaktional, werblich oder unpersönlich wahrgenommen wird. Stattdessen wird Authentizität sowie das ernsthafte Interesse an der Fortführung des Lebenswerks, kombiniert mit einer glaubwürdigen Vorstellung über die eigene unternehmerische Rolle geschätzt. Angesprochene Inhaber müssen schnell ein Gefühl dafür bekommen, warum gerade ihr Unternehmen für den Suchenden interessant ist, welche Motivation sich hinter der Ansprache verbirgt, welche branchenseitigen Erfahrungen und damit Entwicklungsmöglichkeiten für das Unternehmen eingebracht werden können und welche Entwicklungsziele für das Unternehmen bestehen. Dieses Phänomen korrespondiert mit Erkenntnissen der Nachfolgepsychologie, wonach emotionale Anschlussfähigkeit und Wertepassung häufig schwerer wiegen als Preisparameter (Holt et al., 2017).

Zugleich erfordert die Suchphase ein hohes Maß an Selbstorganisation. Die Zahl der identifizierten Unternehmen kann, je nach Fokus und Region, mehrere Hundert betragen, von denen jedoch nur ein geringer Teil in ernsthafte Gespräche mündet. Erfolgreiche Suchende implementieren daher Systeme zur Pipeline-Steuerung, Priorisierung und Dokumentation. Diese organisatorische Rationalisierung schafft Transparenz, verhindert Redundanz und ermöglicht datenbasierte Lernprozesse. In der Praxis werden beispielsweise CRM-Systeme und standardisierte Screening-Templates eingesetzt, um Prozessdisziplin zu gewährleisten. Die Nutzung digitaler Tools ist dabei eine Voraussetzung für Skalierbarkeit und Qualitätssicherung in der Suchlogik (Stanford Graduate School of Business, 2022).

Ein weiterer zentraler Aspekt betrifft die *Search Economics*, also das Verhältnis von investierter Zeit und Kapital zu generiertem Dealflow. Die internationale ETA-Forschung weist darauf hin, dass der durchschnittliche Suchprozess zwischen 18 und 30 Monaten dauert und die Erfolgswahrscheinlichkeit nach etwa zwei Jahren stark abnimmt (IESE, 2024). Diese Erkenntnisse implizieren, dass Suchende ihre Ressourcenplanung konservativ und mit realistischen Annahmen gestalten müssen. Insbesondere in selbstfinanzierten Modellen können finanzielle Engpässe oder Ermüdungseffekte zum vorzeitigen Abbruch führen. Hier zeigt sich die Bedeutung der in der Vorbereitungsphase etablierten Resilienzmechanismen und Governance-Strukturen, die Suchdisziplin und psychologische Stabilität sichern.

5.3.1 Spezifische Rahmenbedingungen der Such- und Organisationsphase in der DACH-Region

Die DACH-spezifischen Rahmenbedingungen verstärken einige der bisher aufgeführten Herausforderungen. Im Vergleich zu den USA ist der Markt für Nachfolgeunternehmen in Deutschland, Österreich und der Schweiz weniger transparent und stärker fragmentiert. Viele Transaktionen werden außerhalb öffentlicher Marktplätze verhandelt. Eigentümerinnen und Eigentümer bevorzugen diskrete, vertrauensbasierte Übergaben, oft über persönliche Empfehlungen oder lokale Netzwerke. Diese Besonderheit erfordert eine hohe soziale Einbettung des Suchenden in regionale und branchenspezifische Netzwerke. Aus Sicht der Netzwerktheorie lässt sich dieser Ansatz zur Gewinnung von Zugang zu nicht öffentlichen potentiellen Übernahmeobjekten als eine Erweiterung der, *weak ties* des Suchenden beschreiben (Granovetter, 1973). Dies gelingt vor allem durch langfristige Präsenz in Unternehmernetzwerken, Fachverbänden und Business-Angel-Kreisen. Ein weiteres Spezifikum der DACH-Region betrifft die Interaktion mit Intermediären. Während US-amerikanische und internationale ETA-Modelle häufig direkt mit Eigentümern verhandeln, stellen in Deutschland und Österreich Beraterinnen und Steuerkanzleien häufig Gatekeeper des Nachfolgemarktes dar. Diese intermediäre Struktur verlangt diplomatisches Geschick, juristische Grundkenntnisse und ein ausgeprägtes Verständnis der Verhandlungskultur im Mittelstand. Wer als Suchender über diese Schnittstellen Zugang findet, profitiert von einer hohen Reputationsübertragung, muss sich jedoch auch auf längere Entscheidungszyklen und hohe Anforderungen an Diskretion einstellen. Die Such- und Organisationsphase stellt somit keine lineare Sequenz dar, sondern vielmehr einen dynamischen Lernprozess. Sie erfordert die kontinuierliche Anpassung der Suchstrategie, das Nachjustieren der Branchenfokussierung und die Reflexion der eigenen Kommunikationsmuster. Erfolgreiche Suchende entwickeln in dieser Phase eine *double-loop learning capability* (Argyris, 1977) und optimieren nicht nur ihre Vorgehensweisen, sondern hinterfragen auch die zugrunde liegenden Annahmen über Markt, Zielgruppe und eigene Kompetenzen. Aus theoretischer Perspektive lässt sich diese Phase daher als Brücke zwischen *exploration* und *exploitation* interpretieren. In der Sprache der organisationalen Ambidextrie (March & Shapira, 1987) ist die Suche ein Akt der Exploration, in dem neue

Möglichkeiten entdeckt werden, während die spätere Akquisition die Phase der Exploitation einleitet, in der diese Möglichkeiten realisiert werden. Die Fähigkeit, Exploration effizient zu organisieren, ohne Authentizität und Vertrauen zu verlieren, ist das entscheidende Kennzeichen erfolgreicher ETA-Entrepreneure im deutschsprachigen Raum.

5.3.2 Praktische Implikationen und Erfolgsfaktoren der Such- und Organisationsphase

Die Such- und Organisationsphase stellt in der Praxis einen dynamischen, iterativen Prozess aus Exploration, Beziehungsarbeit, Analyse und Selbststeuerung dar. Während die theoretische Forschung (Hoffmann, 2023; Braun & Grichnik, 2023) die Phase häufig als rational strukturierte Marktaktivität beschreibt, zeigt sich in der praktischen Anwendung, dass Sucherfolg in hohem Maße von persönlicher Disziplin, relationalem Taktgefühl und strategischer Fokussierung abhängt.

Strategische Fokussierung und Priorisierung
Der häufigste Fehler in der praktischen Umsetzung liegt in einer zu breiten oder unklaren Suchfokussierung. In der DACH-Region, wo Transparenz und Informationszugang begrenzt sind, gilt der Grundsatz: „Fokussierung schafft Glaubwürdigkeit". Suchende, die ihre Branchen-, Größen- und Regionalfokusse präzise formulieren, werden von Intermediären und Eigentümern als ernstzunehmende Akteure wahrgenommen. In der Praxis bewährt sich die Formulierung einer sogenannten *Search Thesis Map*, in der Branchenprioritäten, Ausschlusskriterien und Zielregionen visuell abgebildet werden.

Zudem empfiehlt es sich, quantitative Suchkennzahlen (z. B. Anzahl identifizierter Unternehmen, Erstkontakte, positive Rückmeldungen, Gespräche, LOIs) systematisch zu tracken. Erfolgreiche ETA-Sucher im europäischen Raum verwenden strukturierte CRM-Systeme oder einfache Excel-basierte Dashboards, um Pipeline-Transparenz und Lernkurven zu sichern (Stanford Graduate School of Business, 2022).

Beziehungsgestaltung und Eigentümerkontakt
In der Eigentümeransprache ist soziale und psychologische Kompetenz besonders wichtig. Familienunternehmen, die eine Nachfolge planen, suchen in der Regel keine anonymen Käufer, sondern eine Person, der sie ihr Lebenswerk anvertrauen können. Dieses Prinzip der *personalen Anschlussfähigkeit* bestimmt die Resonanz auf Kontaktanfragen stärker als Preis oder Kapitalstärke.

In der Praxis bedeutet das: Jede Ansprache sollte individuell und wertschätzend erfolgen, idealerweise mit Bezug auf die Historie oder Besonderheiten des Unternehmens. Pauschale Serienmails oder standardisierte Akquisitionsschreiben sollten vermieden werden. Suchende sollten sich frühzeitig einen eigenen Kommunikationsstil erarbeiten, der geprägt ist von Ehrlichkeit, Sachlichkeit und Persönlichkeit. Zudem hat sich die Nutzung vertrauensbasierter Netzwerke als Schlüsselfaktor erwiesen. In der DACH-Region laufen rund zwei Drittel aller erfolgreichen Nachfolgetransaktionen nicht über öffentliche Plattformen, sondern über persönliche Empfehlungen, Steuerberater, Kammern und lokale Unternehmernetzwerke. ETA-Entrepreneure sollten diese „Gatekeeper der Nachfolge" systematisch einbinden, Beziehungen aufbauen und durch langfristige Präsenz Vertrauen aufbauen.

Aufbau professioneller Suchstrukturen

Ein erfolgreicher Suchprozess erfordert ein Mindestmaß an organisatorischer Professionalisierung. Dazu gehören:

- ein strukturiertes Datenmanagement (CRM-System, Deal-Datenbank, Notizen, Dokumentation),
- eine standardisierte Methodik für Screening und Bewertung (z. B. nach Kriterien wie EBIT, Cashflow-Stabilität, Kundenkonzentration, Eigentümerabsicht),
- regelmäßige Reflexionszyklen über Fortschritte und Suchlogik.

In der Praxis bewährt sich ein wöchentlicher „Search Review", bei dem KPIs und Lernpunkte dokumentiert werden. Dieses Vorgehen entspricht dem bereits beschriebenen Prinzip des *double-loop learning* (Argyris, 1977): Der Suchende lernt nicht nur aus Ergebnissen, sondern reflektiert laufend die zugrunde liegenden Annahmen. Zudem ist die Sicherstellung rechtlicher und ethischer Compliance essenziell. Datenschutz, Geheimhaltungsvereinbarungen (NDAs) und Vertraulichkeitsregelungen sind im Umgang mit sensiblen Unternehmensdaten zwingend einzuhalten. Ein professionelles Auftreten in dieser Hinsicht erhöht die Reputation und öffnet Türen zu Beraternetzwerken.

Zeit- und Ressourcenmanagement

In der Realität unterschätzen viele Suchende die Dauer und den Energiebedarf dieser Phase. Empirische Analysen internationaler Search Funds zeigen eine durchschnittliche Suchdauer von 19 bis 24 Monaten (IESE Business School, 2024). Diese Zeit ist geprägt von langen Reaktionszyklen, Absagen und Phasen relativer Stagnation. Daher gilt das Prinzip der prozessualen Resilienz und ein Prozessverständnis, das die Suchphase als Marathon, nicht als Sprint zu begreifen. Professionelle ETA-Entrepreneure strukturieren ihre Zeit in tägliche und wöchentliche Routinen. Ein typischer Rhythmus kann bestehen aus:

- zwei bis drei Stunden pro Tag für Recherche und Screening,
- festgelegte Zeitfenster für Eigentümeransprachen,
- feste Reflexionszeiten zur Prozessanalyse.

Diese Struktur dient nicht nur der Effizienz, sondern der psychologischen Stabilität und damit einen Aspekt, den die internationale Forschung als „emotional governance" bezeichnet (Fredrickson, 2001).

Umgang mit Intermediären und Beratern

In Deutschland, Österreich und der Schweiz übernehmen M&A-Berater, Steuerkanzleien und Nachfolgespezialisten häufig die Rolle des Türöffners. Der Zugang zu diesen Akteuren entscheidet oft über den Sucherfolg. Praktisch bedeutet das, den eigenen Auftritt und die Kommunikation professionell zu gestalten. Ein aussagekräftiges Suchprofil, eine klare Beschreibung der Investmentkriterien und die Fähigkeit, in Fachsprache und Mittelstandslogik zu kommunizieren. Gleichzeitig erfordert der Umgang mit Intermediären Augenmaß. Während eine zu distanzierte Haltung Informationszugang limitiert, kann übermäßige Abhängigkeit zu Interessenkonflikten führen. Empfehlenswert ist die Pflege weniger, aber langfristiger Beziehungen zu vertrauenswürdigen Intermediären, um Reputation und Informationsfluss zu stabilisieren.

Ethik, Reputation und Diskretion

Die ETA-Suche spielt sich in einem Markt ab, der von Diskretion, informeller Kommunikation und langfristigem Vertrauen geprägt ist. Das Verhalten des Suchenden in dieser Phase beeinflusst seine Reputation dauerhaft. Integrität, Verschwiegenheit und Authentizität sind keine „soft skills", sondern ökonomische Erfolgsfaktoren. Eigentümer, die sich in Verhandlungen respektiert und fair behandelt fühlen, öffnen häufiger Türen zu anderen potenziellen Verkäufern.

Suchende sollten sich hierbei ihrer Reputationsidentität bewusst sein: Jede E-Mail, jeder Anruf, jede Präsentation formt ein Bild, das in Berater- und Unternehmerkreisen weitergetragen wird. In der Praxis empfiehlt es sich daher, einen eigenen Code of Conduct zu formulieren, der Transparenz, Vertraulichkeit und respektvolle Kommunikation verbindlich festlegt.

Reflexion, Lernzyklen und Selbstführung

Da der Suchprozess von hoher Unsicherheit geprägt ist, bildet die Selbstreflexion einen zentralen Bestandteil professioneller Suchpraxis.

Viele erfolgreiche ETA-Entrepreneure führen wöchentliche Reflexionsjournale oder „Learning Logs", um Hypothesen, Gespräche, Fehler und Lernerfahrungen festzuhalten. Diese Dokumentation dient nicht nur der persönlichen Entwicklung, sondern auch der Vorbereitung künftiger Verhandlungen mit Kapitalgebern, die nachvollziehbare Lernkurven schätzen. Darüber hinaus sollten Suchende regelmäßig den Austausch mit erfahrenen Mentoren oder Beratern suchen. Peer-Learning-Formate wie „Search Circles" oder ETA-Mastermind-Gruppen ermöglichen es, Perspektiven zu erweitern und die emotionale Belastung der Suchphase zu teilen und damit zur Entwicklung unternehmerischer Resilienz beizutragen. (Fredrickson, 2001).

5.3.3 Deal Sourcing und Zielauswahl im ETA-Kontext der DACH-Region

In der Phase des Deal-Sourcing entscheidet sich, ob die abstrakte Suchthese in einen belastbaren, akquisitionsfähigen Deal-Flow übersetzt wird oder ob Sucher in einer Mischung aus Opportunismus, Zufall und Fehlallokation von Zeit und Aufmerksamkeit steckenbleiben. Aus konzeptioneller Perspektive ist Deal-Sourcing als Matching-Problem in einem intransparenten, fragmentierten Markt zu verstehen, in dem asymmetrische Information, eingeschränkte Standardisierung und starke Pfadabhängigkeiten vorherrschen. Die Literatur zur familienexternen Unternehmensnachfolge weist seit langem darauf hin, dass das Finden eines passenden Übernehmers bzw. Zielunternehmens der zentrale Engpass im Nachfolgeprozess ist und dass Such- und Matchingphase entscheidend über Fortführung oder Stilllegung eines Unternehmens bestimmen.

Die internationale Search-Fund-Literatur betont, dass erfolgreiche Deal-Sourcing-Strategien typischerweise auf einer klar formulierten Suchthese, einem disziplinierten Branchen- und Größenfokus sowie einer balancierten Kombination aus proprietärem und intermediärem Deal-Flow beruhen (Stanford Graduate School of Business, 2022). Der dort definierte „Idealtypus" von Zielunternehmen zeichnet sich durch stabile, wiederkehrende Umsätze, EBITDA-Margen im Bereich von etwa 20 bis 25%, niedrige CAPEX-Intensität, fragmentierte Wettbewerbslandschaften und begrenzte Disruptionsrisiken auszeichnet (Benjamin et al., 2021; Stanford Graduate School of Business, 2022; IESE Business School, 2022). Diese Kriterien sind zwar US-zentriert konzipiert, lassen sich jedoch konzeptionell grundsätzlich auf die DACH-Region übertragen, wenn sie an lokale Branchenstrukturen, Finanzierungsbedingungen und regulatorische Rahmen angepasst werden.

In der DACH-Region wird der Suchprozess durch spezifische institutionelle Besonderheiten geprägt. Zum einen existiert ein öffentlicher und halböffentlicher Markt für Nachfolgen, der über spezielle Plattformen und Börsen organisiert ist. Diese sind aus ETA-Perspektive als ambivalent zu betrachten. Auf der einen Seite können sie einen schnellen Zugang zu sichtbaren Targets bieten, sind aber zugleich hoch kompetitiv und damit anfällig für Preis- und Auswahlverzerrungen. Parallel dazu steht Suchern ein breites Spektrum an kommerziellen Unternehmensdatenbanken zur Verfügung, die es ermöglichen, die relevante Grundgesamtheit potenzieller Zielunternehmen deutlich über den „sichtbaren Markt" hinaus zu erfassen. Datenbanken wie Orbis bzw. Orbis Europe von Moody's Analytics bieten harmonisierte Finanz- und Strukturdaten von hunderttausenden europäischen Unternehmen, einschließlich privater Gesellschaften, und ermöglichen detaillierte Filter nach Umsatz, Beschäftigtenzahl, Branche und Eigentümerstrukturen. Ergänzend stellt die Marketingdatenbank MARKUS von Creditreform detaillierte Informationen zu mehr als zwei Millionen wirtschaftsaktiven Unternehmen in Deutschland, Österreich und Luxemburg bereit, einschließlich Rechtsform, Bonitätsmerkmalen, Branchenklassifikation und Eigentümerverknüpfungen. Für die operative Suchpraxis bildet die systematische Nutzung solcher Datenbanken die Grundlage für eine strukturierte Longlist-Bildung in klar definierten Branchen- und Größenclustern.

Eine Besonderheit der Such- und Auswahlphase in der DACH-Region liegt in der Einbettung der Zielunternehmen in regionale und institutionelle Kontexte. Mittelständische Betriebe sind häufig eng mit regionalen Banken, Handwerks- und Industrie- und Handelskammern, Branchenverbänden und lokalen Netzwerken verknüpft. Empirische Untersuchungen zur Unternehmensnachfolge zeigen, dass diese intermediären Akteure eine zentrale Rolle bei der Identifikation und Ansprache potenzieller Nachfolgerinnen und Nachfolger spielen). Für Suchende eröffnet die gezielte Einbindung von Banken, Sparkassen, Kammern und regionalen Wirtschaftsförderern wie beispielsweise den Nachfolgezentralen in Berlin, Brandenburg und Mecklenburg-Vorpommern häufig einen Zugang zu „stillen" Nachfolgefällen, die weder auf Börsen veröffentlicht noch durch M&A-Berater begleitet werden. Dieser intermediäre, aber nicht vollständig öffentliche Deal-Flow ist für ETA-Strategien oftmals wertvoll, weil er zwischen hoher Sichtbarkeit und vollständiger Opazität angesiedelt ist und damit eine günstige Kombination aus Informationszugang und begrenzter Konkurrenz bietet. Institutionelle Netzwerke bilden daher in der gesamten DACH-Region eine zweite zentrale Säule des Deal Sourcings. Während in Deutschland die Industrie und Handelskammern und die Handwerkskammern regionale Knotenpunkte darstellen, übernehmen in Österreich die Wirtschaftskammern und in der Schweiz die kantonalen Wirtschaftsförderungen sowie spezialisierte Beratungsunternehmen ähnliche Funktionen. Diese Institutionen verfügen über direkten Zugang zu Unternehmen, die aus Gründen der Diskretion keine öffentlichen Inserate nutzen. Aus Gesprächen und Erhebungen geht hervor, dass viele familiengeführte mittelständische Unternehmen den persönlichen Kontakt über regionale Institutionen oder Berater einer öffentlichen Ausschreibung vorziehen. Dies führt dazu, dass ein erheblicher Teil der relevanten Nachfolgeangebote ausschließlich über diese Netzwerke zugänglich ist und nicht auf öffentlichen Portalen erscheint.

Proprietäres Sourcing bildet schließlich die dritte und für viele Search Funds entscheidende Komponente des Suchprozesses. Erfolgreiche Akquisitionen ergeben sich häufig aus selbst initiierten Kontakten (Stanford Graduate School of Business, 2022; IESE Business School, 2022). Im DACH-Kontext gewinnt diese Methode besondere Bedeutung, da viele mittelständische Unternehmen eine eher geringe öffentliche Sichtbarkeit besitzen, und ihre Nachfolgeprozesse häufig im engen Kreis einer Vertrauensgemeinschaft abwickeln. Proprietäres Sourcing setzt daher eine systematische Analyse von Branchenstrukturen, Handelsregistereinträgen, regionalen Unternehmensverzeichnissen, Verbandslisten und Netzwerkevents voraus. Anschließend erfolgt eine persönliche Kontaktaufnahme, z. B. durch Brief oder Telefonat, die auf Glaubwürdigkeit, langfristiger Perspektive und Sensibilität für die individuellen Motivlagen der Eigentümer basiert. Die Zusammenführung dieser drei Kanäle schafft für Search-Fund-Entrepreneure eine robuste Sucharchitektur. Öffentliche Börsen bieten Transparenz und einen niederschwelligen Einstieg. Institutionelle Netzwerke ermöglichen diskrete Kontakte und Zugänge zu nicht öffentlich listenden Unternehmen. Proprietäres Sourcing ergänzt diese Strukturen um die gezielte Identifikation und Aktivierung potenzieller Übernahmekandidaten, die ohne direkte Ansprache nicht sichtbar wären. Der Suchprozess im DACH-Raum verlangt daher eine strategische Kombination aller verfügbaren Kanäle sowie ein konsistentes, methodisch fundiertes Vorgehen, das den strukturellen Besonderheiten der mittelständischen Unternehmenslandschaft Rechnung trägt.

Theoretisch lässt sich das Spannungsfeld zwischen proprietärem und intermediärem Deal-Flow als Trade-off zwischen Suchkosten, Informationsqualität und Wettbewerbsintensität beschreiben. Intermediierte Deals, die über M&A-Boutiquen, Unternehmensbörsen oder Corporate-Finance-Berater laufen, reduzieren Suchkosten, bündeln Informationen und garantieren in der Regel Verkaufsbereitschaft des Inhabers. Gleichzeitig erhöht die hohe Sichtbarkeit die Bieterzahl, was zu höheren Multiples, stärker standardisierten Prozessen und einem Wettbewerb mit Private-Equity-Fonds und strategischen Käufern führt. Praktikerliteratur wie der HBR Guide to Buying a Small Business sowie der Stanford Search Fund Primer weisen explizit darauf hin, dass diese brokered deals tendenziell teurer sind und ein Adverse-Selection-Risiko bergen, weil besonders attraktive Unternehmen häufig bereits vorab von kapitalstarken Investoren adressiert werden (Ruback & Yudkoff, 2017; Stanford Graduate School of Business, 2022). Demgegenüber sind proprietäre Suchen durch systematische Branchenanalysen, direkte Ansprache von Inhabern, Nutzung persönlicher Netzwerke und regionale Präsenz zwar informationsintensiver und zeitaufwendiger, ermöglichen aber häufig günstigere Bewertungen, differenziertere Verhandlungen und höhere Passungsqualität in kultureller und strategischer Hinsicht.

Somit empfiehlt sich für die DACH-Region ein spezifisches Suchdesign, das in mehreren Schritten strukturiert werden kann. Im Zentrum steht eine präzise definierte Suchthese, die Branchenfokus, Größenkorridor, Geschäftsmodellcharakteristika, geografische räumliche Präferenzen und Nachfolgekonstellation explizit festlegt. Auf dieser Grundlage werden zunächst mithilfe von Orbis, MARKUS, nationalen Handelsregisteraggregatoren wie North Data und Branchenverzeichnissen jene Unternehmen identifiziert, die den definitorischen Mindestanforderungen hinsichtlich Umsatz, Profitabilität, Mitarbeiterzahl und Eigentümerstruktur entsprechen. Bereits in dieser Phase ist es sinnvoll, implizite Nachfolgeindikatoren wie das Alter der Geschäftsführung, die Dauer der Inhaberschaft oder die regionale Unternehmensdichte in die Analyse einzubeziehen, soweit diese Daten verfügbar sind.

Auf dieser quantitativen Basis erfolgt ein qualitatives Screening, das die für ETA zentralen Merkmale der Geschäftsmodelle bewertet. Wiederkehrende Umsätze, geringe Kundenkonzentration, klar abgrenzbare Wertschöpfungsschritte, hohe Kundenloyalität und begrenzte technologische Disruptionsrisiken als Kernelemente „search-fund-fähiger" Unternehmen hervor. In der DACH-Region lassen sich diese Kriterien insbesondere in B2B-Dienstleistungen, Nischenfertigung, Software-as-a-Service, Infrastrukturservices und ausgewählten Bereichen des Gesundheitswesens finden, wie internationale Auswertungen der Sektorpräferenzen von Searchern nahelegen (IESE, 2022; 2024). Sucher sollten daher nicht nur finanzielle Kennzahlen, sondern auch branchenspezifische Eintrittsbarrieren, Regulierungsintensität, Talentverfügbarkeit und digitale Transformationsbedarfe einbeziehen, um die spätere Wertsteigerungslogik von Beginn an mitzudenken.

Die eigentliche Zielauswahl erfolgt schließlich als iterativer Prozess, in dem finanzielle, strategische, kulturelle und psychologische Passungsaspekte systematisch bewertet werden. Nicht selten neigen Sucher dazu, finanzielle Kennzahlen zu überbetonen und weiche Faktoren wie Führungsstruktur, Kultur, Beziehungsarchitektur zu Kunden und Lieferanten sowie die persönliche Motivationslage der Verkäufer zu unterschätzen (Ruback & Yudkoff, 2017). Besonders in der DACH-Region, wo Eigentümeridentität und Unternehmensidentität häufig eng miteinander verwoben sind, ist es jedoch entscheidend, die Transaktion als Übergabe sozialer Ordnung zu begreifen. Die Frage, ob ein Inhaber tatsächlich loslassen kann, ob Belegschaft und Management einen externen, oft jüngeren Nachfolger akzeptieren und ob regionale Stakeholder einen Eigentümerwechsel mittragen, ist für die echte Deal-Fähigkeit mindestens so bedeutsam wie EBITDA-Multiples oder Wachstumsraten.

▶ Das **Owner Outreach Playbook**, das Sie als **digitales Zusatzmaterial** zu diesem Buch zum Download auf SpringerLink finden, dient als strategischer und operativer Leitfaden für die Ansprache, Beziehungsgestaltung und Kommunikation mit Eigentümerinnen und Eigentümern von Zielunternehmen im Rahmen des *Entrepreneurship Through Acquisition* (ETA). Es unterstützt Searcher dabei, den Kontaktprozess vom ersten Research bis zum Vertrauensaufbauprofessionell, empathisch und ethisch korrekt zu gestalten, um eine vertrauensbasierte Anschlusskommunikation zu ermöglichen, die die besondere Psychologie mittelständischer Nachfolgeprozesse berücksichtigt.

5.3.4 Methoden der Unternehmensbewertung im ETA-Kontext

Die Unternehmensbewertung bildet im Rahmen von Entrepreneurship Through Acquisition einen zentralen Bestandteil des analytischen Entscheidungsprozesses. Sie dient der Beurteilung, ob ein Unternehmen aus finanzieller, strategischer und operativer Perspektive geeignet ist, übernommen zu werden. Die Bewertung im ETA-Kontext bewegt sich methodisch im etablierten Kanon der Corporate-Finance-Forschung, weist jedoch aufgrund der typischen Eigenschaften von Search-Fund-Zielen besondere Akzentuierungen auf. Zu diesen Eigenschaften zählen die Größenordnung der Unternehmen, ihre häufig inhabergeprägte Struktur, die Stabilität ihrer Cashflows, ihre begrenzte Kapitalmarktorientierung sowie der Umstand, dass sie oftmals keinen institutionalisierten Finanzberichtstandard im Sinne kapitalmarktnaher Unternehmen erfüllen. Entsprechend erfordert der Bewertungsprozess eine präzise, quellengestützte Anwendung der anerkannten Bewertungsmethoden und eine diagnostische Herangehensweise an Risiko, Ertragskraft und Nachhaltigkeit des Geschäftsmodells.

Aus theoretischer Sicht dominiert in der modernen Bewertungslehre der Discounted-Cash-Flow-Ansatz (DCF). Seine intellektuellen Grundlagen gehen auf die kapitalwertorientierte Unternehmensfinanzierung zurück, die betont, dass der Unternehmenswert im

Kern durch die Fähigkeit bestimmt wird, zukünftig erzielbare freie Cashflows risikoadäquat abzuzinsen (Copeland et al., 2000). Entsprichend basiert der Ansatz ausschließlich auf zukunftsorientierten Zahlungsströmen und bietet damit ein konsequent ökonomisches Verständnis der Wertgenerierung widerspiegelt.

Die Anwendung des DCF-Verfahrens steht jedoch im Kontext von ETA unter besonderen Herausforderungen. Kleinere und mittlere Unternehmen, wie sie für ETA-Entrepeneure und Search Funds typisch sind, verfügen nicht immer über langfristig konsistente Cashflow-Prognosen. Zudem weisen sie eine hohe Abhängigkeit von der bisherigen Eigentümerperson, eine eingeschränkte Diversifikation der Kundenbasis oder eine regionale Konzentration auf, was Prognoseunsicherheiten verstärkt. Damodaran (2012) weist zu Recht darauf hin, dass die Qualität einer DCF-Bewertung wesentlich an der Validität der Inputgrößen hängt und dass Prognosen für Unternehmen mit geringer Skalierung oder hoher Personenabhängigkeit nur eingeschränkt belastbar seien. Diese methodische Einschränkung führt im ETA-Kontext dazu, dass der DCF-Ansatz sinnvoll bleibt, jedoch sorgfältige, tief in die Geschäftslogik eingebettete Adjustierungen erfordert. Dazu zählen Normalisierungen der Ertragslage, die Eliminierung von Sondereffekten, die Bewertung unternehmerischer Ersetzbarkeit sowie die Rekonstruktion marktkonformer Unternehmergehälter, um verzerrte Cashflow-Profilen zu vermeiden.

Neben dem DCF-Ansatz bildet der marktorientierte Bewertungsansatz ein zweites bedeutendes Verfahren. Die Multiplikatorbewertung basiert auf empirisch beobachteten Kennzahlen vergleichbarer Transaktionen oder börsennotierter Unternehmen. Kaplan und Ruback (1995) zeigten, dass marktbasierte Multiplikatoren in der Praxis überraschend genaue Näherungen für Unternehmenswerte liefern können, insbesondere in Kontexten, in denen verlässliche Cashflow-Prognosen schwer zu erstellen sind. Die Relevanz dieser Methode für den ETA-Bereich ist hoch, da mittelständische Unternehmen häufig ein relativ stabiles Ertragsprofil aufweisen und Multiplikatoren wie EBITDA- oder Umsatz-Multiples in der Praxis gut etablierte Benchmarks bieten. Gleichwohl warnen Autoren wie Koller et al., 2020), dass Multiplikatoren stets nur dann verlässliche Hinweise geben können, wenn die Vergleichbarkeit hinsichtlich Wachstumsdynamik, Risiko, Geschäftsmodell und Kapitalstruktur gesichert ist. Im deutschsprachigen Mittelstand ist diese Vergleichbarkeit jedoch nicht selbstverständlich, da Nischenmärkte, regionale Konzentrationen oder spezifische Wettbewerbsvorteile die Übertragbarkeit externer Multiples limitieren. Deshalb ist es notwendig, marktorientierte Bewertungsansätze durch qualitative Analysen der Geschäftsmodellcharakteristika zu flankieren und dabei auf branchenspezifische Besonderheiten zu achten.

Ein dritter methodischer Baustein ist die Substanzwertmethode. Diese spielt in der Unternehmensbewertung im ETA-Kontext zwar eine eher untergeordnete Rolle, kann jedoch partiell bei inhabergeführten kleineren Unternehmen relevant sein kann. Insbesondere bei Unternehmen, die über eine hohe materielle Vermögensbasis aufweisen, wie im verarbeitenden Gewerbe oder im Bau- und Handwerkssektor, können Substanzwerte eine Untergrenze des Unternehmenswerts definieren. Damodaran (2012) betont, dass substanzorientierte Verfahren zwar kaum geeignet sind, Wertpotenziale abzubilden, aber durchaus notwendig sind, um Mindestwerte zu ermitteln. Das gilt insbesondere, wenn künftige Erträge schwer prognostizierbar sind oder wenn der operative Geschäftsbetrieb eng mit einem materiellen Asset-Block verknüpft ist. Im ETA-Kontext gilt dies vor allem für Fälle, in denen Unternehmen zwar operative Ertragskraft aufweisen, gleichzeitig aber signifikante stille Reserven in Immobilien, Maschinen oder Spezialanlagen beinhalten, die im Rahmen einer Transaktion gesondert zu berücksichtigen sind.

Neben dem Discounted-Cash-Flow-Ansatz und den marktorientierten Bewertungsmethoden stellt auch das Ertragswertverfahren einen vierten Baustein in der deutschsprachigen Bewertungslehre ein. Es ist insbesondere in Deutschland durch den Standard des Instituts der Wirtschaftsprüfer e.V. verankert und wird in der Praxis sowohl für mittelständische Transaktionen als auch für steuerliche, gesellschaftsrechtliche und betriebswirtschaftliche Bewertungen angewendet. Die normative Grundlage bildet der Standard IDW S 1, der in seiner aktuellen Fassung einen konsistenten Rahmen für die Ableitung des Unternehmenswertes auf Basis zukünftiger finanzieller Überschüsse bereitstellt (Institut Wirtschaftsprüfer, 2026). In Österreich orientiert sich die Bewertungspraxis mittelständischer Unternehmen an den Fachgutachten der Kammer der Wirtschaftstreuhänder. Das dortige „Fachgutachten des Fachsenats für Unternehmensbewertung der Kammer der Steuerberater:innen und Wirtschaftsprüfer:innen zur Unternehmensbewertung“ KFS/BW 1 unterscheidet ausdrücklich zwischen objektiviertem Unternehmenswert, Marktwert, typisiertem subjektivem Unternehmenswert und Schiedswert und räumt dem Market Approach zur eigenständigen Marktwertermittlung eine größere Bedeutung ein (Kammer der Steuerberater:innen und Wirtschaftsprüfer:innen, 2025). Der IDW S 1 konzentriert sich dagegen auf den objektivierten Unternehmenswert und den plausibilisierten Entscheidungswert. Multiplikatorverfahren und Marktpreise werden dort zwar berücksichtigt, dienen jedoch regelmäßig vor allem der Plausibilisierung kapitalwertorientiert ermittelter Werte. Die Schweizer Praktikermethode verbindet den Ertragswert mit dem Substanzwert in einer Gewichtung von 2:1. Sie ist ein vor allem steuerlich institutionalisiertes Mischverfahren zur schematischen Verkehrswertschätzung nicht kotierter Beteiligungen. Für transaktionsbezogene oder entscheidungsorientierte Bewertungen kann sie als vereinfachte Wertindikation oder Plausibilisierung dienen, ersetzt jedoch keine zukunftsorientierte Bewertung der übertragbaren finanziellen Überschüsse (Helbling, 1998).

Das Ertragswertverfahren beruht auf der Annahme, dass der Wert eines Unternehmens durch die Fähigkeit bestimmt wird, künftig erzielbare finanzielle Überschüsse abzuleiten und diese mit einem risikoadäquaten Zinssatz auf den Bewertungsstichtag abzuzinsen. Damit entspricht die theoretische Logik des Ertragswertverfahrens jener des DCF-Ansatzes, unterscheidet sich jedoch in der methodischen Ausgestaltung und in der praktischen Umsetzung. Während der DCF-Ansatz international überwiegend auf Free Cashflows abstellt und typischerweise zwischen Unternehmens- und Eigenkapitalwert differenziert, operiert das Ertragswertverfahren in der deutschsprachigen Tradition mit dem Begriff des ausschüttungsfähigen Ergebnisses. Dieses wird aus dem künftig erwarteten Unternehmensergebnis abgeleitet und um nicht betriebsnotwendige Komponenten, Sondereffekte sowie um kalkulatorische Anpassungen bereinigt. Der Bewertungszins orientiert sich im Ertragswertverfahren am Kapitalisierungszinssatz, der als Summe eines risikofreien Basiszinses und einer unternehmensindividuellen Risikoprämie definiert ist. In der Praxis wird hierzu häufig das Capital-Asset-Pricing-Modell herangezogen, erweitert um spezifische, für kleine und mittlere Unternehmen relevante Zuschläge, die beispielsweise die geringer ausgeprägte Diversifikation oder die erhöhte Eigentümerabhängigkeit abbilden (Institut Wirtschaftsprüfer, 2026; Koller et al., 2020). Banken, Haussteuerberater und lokale Unternehmensberater orientieren sich häufig an dieser Methode, insbesondere weil sie in ein vertrautes rechtliches und institutionelles Bewertungsumfeld eingebettet ist. Für Search-Fund-Entrepreneure bedeutet dies, dass die Anwendung des Ertragswertverfahrens einerseits methodische Anschlussfähigkeit zu lokalen Stakeholdern schafft, andererseits jedoch mit einem tiefen Verständnis der Unterschiede zum internationalen DCF-Ansatz angewendet werden muss. Der Ansatz verlangt eine sorgfältige Normalisierung der Ergebnissituation, eine empirisch belastbare Herleitung der zukünftigen Ertragsfähigkeit sowie eine präzise Bestimmung des Kapitalisierungszinssatzes, der vielfach entscheidend für die Bewertungshöhe ist.

Die Besonderheiten mittelständischer Betriebe wirken sich direkt auf die Anwendung des Ertragswertverfahrens aus. Eigentümerabhängigkeiten, fehlende Nachfolgeorganisationen oder informelle Strukturen beeinflussen die Prognosequalität der zukünftigen Erträge. Die Literatur betont, dass sich Unternehmen mit hoher Personenbindung nur eingeschränkt an Vergangenheitswerten orientieren können, da der Übergang auf eine externe Führungsperson eine Neujustierung von Prozessen, Kundenbeziehungen oder Kostenstrukturen nach sich ziehen kann (Damodaran, 2012). Im Unterschied zu kapitalmarktnahen Unternehmen ist deshalb die kritische Prüfung der Übertragbarkeit der bisherigen Ertragskraft ein Kernbestandteil des Bewertungsprozesses. Darüber hinaus weist der Ertragswertansatz im ETA-Kontext eine besondere Relevanz für die Bestimmung von Mindestwerten auf. Er ist im deutschsprachigen Raum durch seine institutionelle Akzeptanz geeignet, Verhandlungen zwischen Käufer und Verkäufer auf eine geteilte Bewertungslogik zu stellen. Verkäufer, deren Erwartungshaltungen stark an historischen Ergebnissen orientiert sind, akzeptieren das Ertragswertverfahren in der Regel eher als abstrakte DCF-Modelle. Dies bietet für Searcher die Möglichkeit, Bewertungsdiskussionen auf eine Methode zu stützen, die sowohl analytisch fundiert als auch kulturell und institutionell verankert ist.

Suchprozesse im ETA-Modell erfordern häufig eine Kombination der genannten Methoden, da die Besonderheiten von KMU eine rein monomethodische Bewertung erschweren. Das Zusammenspiel von DCF-Analyse, Multiplikatorbewertung und Substanzwertprüfung ermöglicht es, den Unternehmenswert sowohl aus einer Kapitalmarktperspektive als auch aus einer empirisch-pragmatischen Marktlogik heraus abzuleiten. Gompers et al. (2016) weisen in ihrer Untersuchung von Private-Equity-Bewertungen darauf hin, dass eine triangulative Herangehensweise die Robustheit der Bewertung erhöht, da die Stärken einzelner Methoden genutzt und ihre Schwächen kompensiert werden. Hierbei sind Syntheseleistungen zwischen Zukunftsorientierung, Marktorientierung und Substanzabsicherung erforderlich sind, um Informationsasymmetrien und Prognoserisiken, die für kleinere Unternehmen charakteristisch sind, zu reduzieren. Weiterhin besitzt im ETA-Kontext die Adjustierung der Eigentümerabhängigkeit eine besondere Relevanz. Viele der in Frage kommenden Unternehmen sind stark durch das Wissen und die Person des Inhabers geprägt. Dies betrifft sowohl Kundenbeziehungen als auch Vertriebsprozesse, Lieferantenverhandlungen und operative Routinen. Koller et al. (2015) betonen, dass Unternehmensbewertungen systematisch um personengebundene Wertanteile bereinigt werden müssen, da diese mit dem Wechsel der Eigentümer häufig wegfallen oder nur teilweise übertragbar sind. Die Analyse solcher Abhängigkeiten ist daher integraler Bestandteil der Bewertung und fließt insbesondere in Cashflow-Prognosen, Multiplikatoranpassungen und Risikoprämien ein. Schließlich erfordert die Bewertung im ETA-Kontext eine besondere Sensibilität für Risikoaspekte. Die Kapitalstruktur kleinerer Unternehmen, ihre häufig begrenzte Diversifikation und die regionale Bindung vieler Geschäftsmodelle führen zu erhöhten Unsicherheiten. Das Capital Asset Pricing Model dient als Standard zur Ableitung kapitalkostenabhängiger Diskontierungsfaktoren, ist jedoch nach Damodaran (2012) gerade bei nicht börsennotierten Unternehmen nur eingeschränkt direkt anwendbar. Entsprechend müssen modifizierte Ableitungswege genutzt werden, etwa über Bottom-up Betas, Peer-Vergleiche oder implizite Risikoaufschläge, die unter Berücksichtigung der Unternehmensgröße, des Marktumfelds und der operativen Risikostruktur berechnet werden.

5.4 Strukturierungsphase und Transaktionsdesign

Die Strukturierungsphase markiert den Übergang von explorativer Suche zu transaktionaler Gestaltung. Während die Suchphase primär auf Informationsgewinnung und Beziehungsaufbau abzielt, verlagert sich in der Strukturierungsphase der Fokus auf die formale, ökonomische und rechtliche Ausgestaltung der angestrebten Übernahme. Der Suchende wird in dieser Phase vom Beobachter zum aktiven Gestalter einer Transaktion, die Kapital, Eigentum und Kontrolle miteinander verknüpft.

Die Qualität des Transaktionsdesigns entscheidet in hohem Maße darüber, ob eine Akquisition langfristig erfolgreich, stabil und governance-fest umgesetzt werden kann (Williamson, 1985; Eisenhardt, 1989). In theoretischer Perspektive lässt sich die Strukturierungsphase als Anwendungsfeld der Transaktionskostentheorie interpretieren. Diese besagt, dass die Gestaltung von Verträgen und Eigentumsstrukturen darauf abzielt, Kosten der Unsicherheit, Informationsasymmetrie und opportunistischen Verhaltens zu minimieren (Williamson, 1985). Im Kontext von Entrepreneurship Through Acquisition betrifft dies insbesondere die Balance zwischen Flexibilität und Kontrolle, Vertrauen und Absicherung, persönlicher Nähe und juristischer Präzision. Während die frühen Phasen des ETA-Prozesses stark relational geprägt sind, verlagert sich das Geschehen nun auf die institutionelle Ebene: Die Interaktion wird kodifiziert, Verantwortung formalisiert, Risiken verteilt. In der Praxis umfasst die Strukturierungsphase mehrere ineinandergreifende Teilprozesse. Zu Beginn steht die Analyse und Vorstrukturierung des Zielunternehmens. Auf

Basis der bisherigen Kontakte, Unternehmensinformationen und ersten Indikatoren (Finanzkennzahlen, Marktposition, Managementstruktur, Eigentümerintentionen) entwickelt der Suchende gemeinsam mit Beratern oder Investoren ein vorläufiges Transaktionskonzept. Dieses Konzept bestimmt nicht nur den ökonomischen Rahmen, also Kaufpreis, Zahlungsstruktur und Finanzierungsanteile, sondern auch die institutionelle Architektur des Erwerbs. Typische Fragestellungen beziehen sich auf die Gestaltung der Transaktion als Asset Deal oder als Share Deal, der Sinn- und Zweckmäßigkeit zur Einrichtung Holdingstruktur oder die Vereinbarung von Earn-Out oder Verkäuferdarlehen, um Anreizkompatibilität zwischen alter und neuer Eigentümerschaft zu sichern (Hoffmann, 2023). Diese Fragen verdeutlichen, dass die Strukturierungsphase sowohl juristische Präzision als auch verhaltenspsychologisches Feingefühl verlangt. Transaktionen im Mittelstand sind selten rein rational. Vielmehr sind sie eingebettet in emotionale, familiäre und identitätsbezogene Kontexte. Entsprechend hängt die Akzeptanz des gewählten Transaktionsdesigns oft stärker von Vertrauen und Fairnesswahrnehmung ab als von theoretischer Effizienz. Der Erwerber muss daher eine Sprache finden, die wirtschaftliche Rationalität mit empathischer Verhandlungskommunikation verbindet. Studien zur Nachfolgepsychologie zeigen, dass Verkäufer ihre Entscheidung häufig an der Wahrnehmung von Respekt und Kontinuität ausrichten, weniger an der Preismaximierung (Holt et al., 2017).

In der internationalen ETA-Forschung hat sich die Strukturierungsphase als *„institutional turning point"* erwiesen (Braun & Grichnik, 2023). Während in den USA standardisierte Verfahren und Due-Diligence-Prozesse dominieren, ist die DACH-Region durch stärker individuelle, von Vertrauensbeziehungen geprägte Vertragsverhandlungen charakterisiert. Die rechtliche Komplexität, insbesondere im deutschen Gesellschafts- und Steuerrecht, führt dazu, dass die Transaktionsstruktur häufig iterativ zwischen juristischer Machbarkeit, ökonomischer Tragfähigkeit und persönlicher Beziehung ausgehandelt wird. Diese Triangulation erfordert von ETA-Entrepreneuren ausgeprägte Integrationskompetenzen, d. h. die Fähigkeit, ökonomische, juristische und psychologische Logiken simultan zu managen. Ein zentrales Element der Strukturierungsphase ist die Bewertungslogik. Der Erwerber muss ein Angebot entwickeln, das ökonomisch plausibel und psychologisch anschlussfähig ist. Die klassische Unternehmensbewertung mittels Discounted-Cashflow-Verfahren, Multiplikatoren oder Substanzwerten wird im ETA-Kontext durch subjektive Einschätzungen über Stabilität, Wachstumspotenzial und kulturelle Passung ergänzt. Die Forschung spricht in diesem Zusammenhang von einer *„dual valuation logic"*, die quantitative und qualitative Bewertung integriert (Hunt & Fund, 2012). Die Akzeptanz eines Transaktionspreises hängt nicht ausschließlich von dessen finanzwirtschaftlich ermittelter Höhe ab, sondern auch von der wahrgenommenen Fairness des Ergebnisses. Diese Wahrnehmung beruht auf sozialen Vergleichsmaßstäben, Referenzpunkten und subjektiven Anspruchsvorstellungen und kann die Zufriedenheit sowie die Bereitschaft zum Vertragsabschluss beeinflussen (Kahneman et al., 1986; Kristensen, 2000; Loewenstein et al., 1989). Parallel zur Bewertung erfolgt die Strukturierung der Finanzierung. In selbstfinanzierten Modellen besteht die Herausforderung darin, einen effizienten Leverage zu erreichen, ohne die operative Flexibilität zu gefährden. In Search-Fund- und Hybridmodellen tritt zusätzlich die Dimension der Investoreninteressen hinzu. Kapitalgeber erwarten eine klare, konsistente Darstellung von Risiko-Rendite-Profil, Incentive-Struktur und Governance-Mechanismen (IESE Business School, 2024). Die Finanzierungsstruktur muss sowohl regulatorischen Anforderungen als auch psychologischen Realitäten entsprechen: Eine zu starke Fremdfinanzierung kann operative Entscheidungsfreiheit einschränken, während zu viele Eigenkapitalgeber zu Koordinationsproblemen führen können.

Der Letter of Intent (LOI) bildet in der Regel den formalen Abschluss dieser Phase. Er fixiert die zentralen Parameter der Transaktion, insbesondere Kaufpreis, Zeitplan, Vertraulichkeit, Exklusivität, Prüfungsrechte und dient als Brücke zur nachfolgenden Due-Diligence. Obwohl rechtlich häufig unverbindlich, hat der LOI hohe symbolische Bedeutung und markiert den Moment, in dem beide Seiten Vertrauen in die Realisierbarkeit der Transaktion ausdrücken. Im deutschen Kontext ist die Balance zwischen rechtlicher Absicherung und relationaler Offenheit besonders heikel, da ein überregulierter LOI-Misstrauen erzeugen kann, während ein zu vager Entwurf Unsicherheit birgt. Professionelle Strukturierung erfordert daher ein tiefes Verständnis der kulturellen Feinmechanik mittelständischer Verhandlungen. Schließlich dient die Strukturierungsphase auch der Vorbereitung der Integrationslogik. Schon im Transaktionsdesign sollte reflektiert werden, wie Führungsübergang, Mitarbeiterkommunikation und operative Kontinuität gestaltet werden können. In dieser Vorwegnahme späterer Integrationsentscheidungen liegt ein entscheidender Erfolgsfaktor, denn die Art der Strukturierung präfiguriert den Handlungsspielraum in der Post-Akquisitionsphase. Eine zu enge vertragliche Bindung des Verkäufers kann Autonomie behindern, während ein zu abrupter Rückzug Wissen und Beziehungen gefährdet. Die Kunst besteht darin, eine Übergangsarchitektur zu schaffen, die Vertrauen erhält und Handlung ermöglicht (Holt et al., 2017).

5.4.1 Praktische Implikationen und Erfolgsfaktoren der Strukturierungsphase

In der Strukturierungsphase wird das zuvor erarbeitete Wissen über Zielunternehmen, Eigentümer, Markt und Finanzierung zu einem verbindlichen Transaktionsrahmen verdichtet. Während sich die theoretische Literatur auf Agency-Mechanismen, Vertragsdesign und Principal-Agent-Problematiken konzentriert (Eisenhardt, 1989; Williamson, 1985), zeigen empirische Beobachtungen aus der ETA-Praxis, dass der Erfolg dieser Phase in hohem Maße von kommunikativer Sensibilität, Verhandlungstaktik und institutioneller Kohärenz abhängt (Hoffmann, 2023; Braun & Grichnik, 2023). Als Brücke zwischen Absicht und Realität entscheidet sich in der Strukturierungsphase, ob ökonomische, psychologische und kulturelle Logiken kohärent zusammenfinden. Eine vorausschauende und empathische Gestaltung schafft nicht nur die formalen Grundlagen der Transaktion, sondern legt auch das symbolische Fundament für die spätere Führung und Integration.

Im Folgenden werden zentrale Praxisimplikationen herausgearbeitet, die es Suchenden ermöglichen, diese kritische Phase methodisch, professionell und kontextsensibel zu gestalten.

Transaktionsstruktur als strategisches Führungsinstrument
In der Praxis wird die Vertragsstruktur oft ausschließlich als juristisch-finanzielle Notwendigkeit betrachtet. Tatsächlich ist sie jedoch ein strategisches Steuerungsinstrument, das die Machtbalance, Anreizstruktur und Kooperationsdynamik zwischen Käufer und Verkäufer langfristig prägt. Eine erfolgreiche Struktur berücksichtigt deshalb nicht nur steuerliche und finanzielle Parameter, sondern auch psychologische Anschlussfähigkeit. So kann eine maßvolle Verkäuferbeteiligung („Vendor Equity") Vertrauen schaffen, weil sie die Idee der Kontinuität stützt und die Übergabe entdramatisiert. ETA-Entrepreneure sollten daher die Struktur als kommunikatives Vehikel begreifen: Sie übersetzt ökonomische Logik in Beziehungslogik.

Der Letter of Intent (LOI) als psychologisch sensibles Signal
Der LOI markiert nicht nur den juristischen Übergang von der Such- zur Prüfungsphase, sondern ist ein symbolischer Vertrauensvertrag. In der Praxis entscheidet die Tonalität des LOI über die Fortsetzung oder den Abbruch der Verhandlungen. Er sollte weder als juristische Machtdemonstration noch als unverbindliches „Soft Paper" formuliert sein, sondern als klarer, respektvoller Ausdruck von Verbindlichkeit bei gleichzeitiger Offenheit.

Erfolgreiche Suchende achten auf:

- eine ausgewogene Sprache („gemeinsames Verständnis", „gegenseitiges Ziel" statt „Käufer verpflichtet sich"),
- transparente Darstellung der Prozessschritte (Due Diligence, Zeitrahmen, Verantwortlichkeiten),
- eine faire Vertraulichkeitsklausel und
- ein explizites Bekenntnis zu Kontinuität und Mitarbeiterverantwortung.

Gerade im deutschen Mittelstand wird ein LOI als Gradmesser der Ernsthaftigkeit und Charakterstärke des Nachfolgers gelesen. Daher ist Sorgfalt in der Formulierung nicht nur juristisch, sondern auch reputationsstrategisch relevant (DIHK, 2025).

Integrationslogik frühzeitig mitdenken
Ein häufiger Fehler in der Praxis besteht darin, Integrationsfragen erst nach dem Closing zu adressieren. Die Strukturierungsphase bietet jedoch die Chance, Integrationsmechanismen frühzeitig proaktiv zu verankern, z. B. über Vereinbarungen zur Übergabephase, Wissenstransfer, Kommunikationspläne und Mitarbeitereinbindung. Integrationskosten und -risiken können signifikant sinken, wenn diese bereits im LOI und Kaufvertrag antizipiert werden (Hunt & Fund, 2012). Als Beispiel kann hier eine vertraglich definierte Übergabephase dienen, die mit klaren Verantwortlichkeiten und Kommunikationsroutinen

(„Shadowing-Phase" von drei bis sechs Monaten) Vertrauen und Stabilität fördert. Ebenso kann die Vereinbarung regelmäßiger Übergabemeetings zwischen Verkäufer und Käufer während der ersten 100 Tage nach Closing die operative Anschlussfähigkeit sichern.

Steuerliche und rechtliche Strukturierung als Wettbewerbsvorteil
In der DACH-Region hat die rechtliche und steuerliche Strukturierungslogik besonders hohe Relevanz. Während im angloamerikanischen Raum Standardvehikel dominieren, ist der deutschsprachige Mittelstand durch vielfältige Rechtsformen und steuerliche Wechselwirkungen geprägt. Eine fundierte Steuerstrukturierung (z. B. durch eine Holding, Erwerbsgesellschaft oder Vermögensübertragungen) kann nicht nur Liquiditätsvorteile sichern, sondern auch Vertrauen schaffen. Steuerliche Intelligenz ist zugleich Beziehungskompetenz und signalisiert Professionalität und Zuverlässigkeit. Praktisch empfehlen sich daher eine frühzeitige Einbindung eines Steuerjuristen mit M&A-Erfahrung sowie die Simulation verschiedener Erwerbsszenarien (Asset Deal vs. Share Deal) unter Liquiditäts- und Steueraspekten. Auch eine Prüfung von Beteiligungsholdings für Reinvestitionen oder spätere Add-on-Akquisitionen ist empfehlenswert.

Governance und Risikoteilung bewusst gestalten
Die Strukturierungsphase definiert die Governance-Architektur des künftigen Unternehmens. In hybriden Finanzierungsmodellen mit externen Investoren müssen Rechte und Pflichten präzise geregelt werden: Sitz im Beirat, Vetorechte, Reporting-Pflichten und Exit-Klauseln. Fehlende Klarheit in dieser Phase ist eine Hauptursache späterer Konflikte zwischen ETA-Entrepreneur und Kapitalgebern (IESE Business School, 2024). Empfehlenswert ist hier ein dreistufiger Ansatz, der strukturierend auf dem Verlauf der Strukturierungsphase wirkt. Vor dem LOI hilft ein Governance Blueprint, in dem klar formuliert wird, wie Entscheidungen grundsätzlich getroffen werden sollen. Während der Verhandlung selbst können in einem Term-Sheet-Governance-Addendum Vetorechte, Reporting-Frequenz und KPI-System definiert werden. Nach dem Abschluss unterstützt ein formuliertes Post-Closing-Governance-Charter bei der Integration von Investor Relations und Kommunikationsmechanismen. Diese Form der strukturierten Governance-Architektur reduziert Agency-Konflikte und stärkt das Vertrauen der Kapitalgeber (Eisenhardt, 1989).

Verhandlungspsychologie und kulturelle Sensibilität
Ein unterschätzter Erfolgsfaktor ist die interkulturelle und generationsübergreifende Kommunikation. Nachfolgetransaktionen in der DACH-Region finden in der Regel zwischen älteren Eigentümern (60–75 Jahre) und jüngeren Suchenden (30– 45 Jahre) statt. Hier lassen sich durchaus Differenzen in Kommunikationsstil, Tempo und Risikowahrnehmung beobachten. Eine adaptive Kommunikationskompetenz, die das emotionale Tempo des Gegenübers aufnimmt, Werte spiegelt und auf Beziehung vor Transaktion setzt, kann daher für ETA-Unternehmerinnen und Unternehmer hilfreich sein. Verhandlungstechniken wie Interest-Based Negotiation (Fisher et al., 2011) eignen sich hier besser als kompetitive

Ansätze, da Eigentümer meist positiv auf offene, kooperative Haltung und klar artikulierte Zukunftsvisionen reagieren, die Kontinuität mit Entwicklung verbinden.

Dokumentation und Wissensmanagement
Die Strukturierungsphase produziert eine Vielzahl rechtlicher und finanzieller Dokumente. Professionelle Suchende strukturieren diese Dokumente über eine Transaktionsmappe oder Deal Room mit klarer Versionierung, Zugriffskontrolle und Audit Trail. Diese Vorgehensweise ist nicht nur organisatorisch nützlich, sondern auch reputationsfördernd, da Investoren und Verkäufer Transparenz und Ordnung als Zeichen von Verlässlichkeit bewerten. Typische Inhalte eines strukturierten Transaktionsarchivs sind:

- Letter of Intent (LOI),
- Finanzierungsplan und Kapitalarchitektur,
- Vertragsentwürfe, NDA, Verkäuferdarlehen, Earn-Out-Vereinbarungen,
- Steuerliche Gutachten und Bewertungsdokumente,
- Integrationsplan (Übergabekonzept, Verantwortlichkeitsmatrix).

Eine professionelle Dokumentation dient somit nicht nur der Nachvollziehbarkeit, sondern wirkt als Signal rationaler Professionalität in einem emotional aufgeladenen Prozess.

Ethik, Transparenz und persönliche Integrität
Die Gestaltung der Transaktion ist auch ein Test der unternehmerischen Haltung. In der Praxis asymmetrischer Verhandlungssituationen ist die Versuchung nicht selten groß, taktisch zu agieren, Informationen zu verzögern oder Druck aufzubauen. Für langfristig erfolgreiche ETA-Unternehmerinnen und -Unternehmer ist es jedoch wichtig zu verinnerlichen, dass ethische Transparenz ökonomisches Kapital ist. So zeigt sich in der Nachfolgeforschung, dass Transaktionen mit hoher wahrgenommener Fairness signifikant höhere Post-Closing-Erfolgsraten aufweisen (Holt et al., 2017). Integrität, Klarheit und Einhaltung von Zusagen sind deshalb nicht moralische, sondern strategische Erfolgsfaktoren.

5.4.2 Strategische und psychologische Verhandlungsarchitekturen in eigentümergeführten ETA-Transaktionen

Verhandlungen im Rahmen eigentümergeprägter Unternehmensnachfolgen unterscheiden sich in ihrer Struktur, Dynamik und psychologischen Tiefendimension von jenen, die in klassischen Corporate-M&A-Prozessen beobachtet werden. Während institutionelle Akquisitionen in hohem Maße von formalisierten Entscheidungsregeln, datenbasierten Bewertungsmodellen und arbeitsteiligen Verhandlungsarchitekturen geprägt sind, beruhen Transaktionen im mittelständischen ETA-Kontext häufig auf persönlichen Vertrauensbeziehungen, biografisch verankerten Bedeutungszuschreibungen und einer ausgeprägt identitätsbezogenen Perspektive auf Eigentum. Verhandlungen sollten daher nicht als rationale Austauschprozesse verstanden werden, sondern als soziale Praktiken, die von Emotionen, subjektiven Wertlogiken und mentalen Modellen geprägt sind (Bazerman & Neale, 1992). In eigentümergeführten Transaktionen wird nicht nur ökonomisches Kapital, sondern auch symbolisches, soziales und identitätsbezogenes Kapital verhandelt. Die theoretischen Fundamente für das Verständnis solcher Verhandlungsprozesse ergeben sich aus mehreren Forschungssträngen. Die verhaltensökonomische Perspektive hebt hervor, dass Verkäufer unter Bedingungen hoher Unsicherheit und persönlicher Betroffenheit systematisch kognitiven Verzerrungen unterliegen. Die Prospect Theory von Kahneman und Tversky verdeutlicht, dass Menschen Verluste psychologisch stärker gewichten als Gewinne, was bei Unternehmensverkäufen zu erheblichen Abweichungen gegenüber objektiven Bewertungen führt (Kahneman & Tversky, 1979). Für eigentümergeführte Unternehmen bedeutet dies, dass der Kaufpreis häufig nicht als ökonomischer Wert, sondern als symbolischer Anerkennungsmarker gelesen wird. Reale und imaginierte Verluste beziehen sich nicht nur auf den monetären Wert des Unternehmens, sondern auch auf Status, Einfluss, Lebenswerk und soziale Einbettung. Der Verhandlungsprozess ist daher untrennbar an psychologische Verlustvermeidung gekoppelt. Parallel dazu zeigen Erkenntnisse der Familienunternehmensforschung, dass Eigentum in vielen mittelständischen Unternehmen nicht primär als ökonomischer Besitz, sondern als Bestandteil familialer Identität verstanden wird (Dyer, 2006). Eigentümer nehmen daher nicht nur eine wirtschaftliche, sondern auch eine moralische Rolle ein. Das Unternehmen verkörpert biografische Kontinuität, familiäre Reputation und die Sicherung intergenerationeller Werte. In solchen Kontexten wird der Käufer nicht nur als Transaktionspartner bewertet, sondern als möglicher Nachfolger in einer moralischen Verantwortungslinie. Die Entscheidung, an eine externe Person zu verkaufen, ist deshalb oft ambivalent und mit Identitätsarbeit verbunden. Der Verhandlungsprozess wird zu einem Aushandlungsraum, in dem nicht nur Zahlen, sondern auch Werte, Zukunftsbilder und Verantwortungszuschreibungen verhandelt werden (Lambrecht & Lievens, 2008). Aus soziologischer Perspektive lassen sich diese Dynamiken mithilfe der Systemtheorie erklären. Luhmann beschreibt Vertrauen als Mechanismus zur Reduktion komplexer Unsicherheit, der es ermöglicht, Entscheidungen trotz unvollständiger Information zu treffen (Luhmann, 1979). In eigentümergeführten Verhandlungen fungiert Vertrauen als zentrale Entscheidungsressource, da der Verkäufer häufig nicht über formale Due-Diligence-Strukturen, digitale Dokumentation oder professionalisierte Governance verfügt und daher stark auf den persönlichen Eindruck des Käufers angewiesen ist. Vertrauen ersetzt in solchen Transaktionen sowohl formale Sicherheiten als auch institutionelle Garantien. In diesem Sinne sind ETA-Verhandlungen nicht primär kognitive, sondern interaktive Prozesse, die durch die Beziehung zwischen Erwerber und Eigentümer geprägt werden. Neben diesen Vertrauenserwartungen spielen kulturelle Deutungssysteme eine zentrale Rolle. Schein betont, dass tief verankerte kulturelle Grundannahmen darüber bestimmen, wie Organisationen Veränderungen interpretieren (Schein, 2017). Verkäufer interpretieren Verhandlungsangebote daher oft nicht anhand ihres sachlichen Gehalts, sondern vor dem Hintergrund der Unternehmenskultur, die sie selbst über Jahre geprägt haben. Fragen wie „Wird mein Lebenswerk fortgeführt?“, „Wie bleibt mein Team geschützt?“ oder „Was bedeutet der Verkauf für meine Reputation?“ sind Ausdruck kultureller Erwartungen, die in den Verhandlungsprozess hineinwirken. Der Käufer muss diese Fundamentalmotive erkennen, übersetzen und in ein Verhandlungsdesign integrieren, das sowohl ökonomisch tragfähig als auch kulturell anschlussfähig ist. Eine weitere, in der ETA- und M&A-Literatur bislang nahezu unbeachtete Einflussgröße auf die psychologische Architektur eigentümergeführter Verhandlungen betrifft die persönliche finanzielle Versorgungssituation der Verkäufer. Gerade im deutschsprachigen Mittelstand ist die Altersvorsorge vieler Senior-Unternehmer unzureichend diversifiziert, da Vermögensaufbau und Absicherung häufig nahezu vollständig über das eigene Unternehmen erfolgen. Studien zur privaten Absicherung selbstständiger Unternehmer zeigen konsistent, dass ein erheblicher Teil von Inhabern kleiner und mittlerer Unternehmen weder in ausreichendem Maße in die gesetzliche Rentenversicherung eingezahlt noch alternative kapitalgedeckte Vorsorgesysteme aufgebaut hat (Börsch-Supan, 2013). Diese strukturelle Unterversorgung führt dazu, dass der Unternehmensverkauf nicht als strategische Option im Rahmen eines Lebenszyklus, sondern als notwendiger Baustein persönlicher Existenzsicherung wahrgenommen wird. Für den Transaktionsprozess hat dieser Befund weitreichende Konsequenzen. Der Kaufpreis wird aus Sicht des Verkäufers nicht allein als ökonomischer Wert des Unternehmens interpretiert, sondern als unmittelbare Grundlage der eigenen finanziellen Zukunftsfähigkeit. Die Prospect Theory legt nahe, dass Menschen unter Bedingungen potenzieller existenzieller Verluste zu überproportional risikovermeidendem Verhalten neigen und hohe Erwartungen an Kompensationswerte entwickeln (Kahneman & Tversky, 1979). Für Senior-Unternehmer bedeutet dies, dass selbst objektiv realistische Kaufpreisangebote als unzureichend empfunden werden, wenn sie nicht die subjektiv erwartete Altersabsicherung gewährleisten. Preisverhandlungen werden damit zu Aushandlungen über die Vorstellung eines sicheren oder unsicheren Lebensabends und besitzen dadurch eine emotionale Intensität, die weit über rationale Bewertungsmethoden hinausgeht. Zugleich beeinflusst die Abhängigkeit vom Unternehmensverkauf die Verhandlungsmacht und das Verhaltensmuster des Verkäufers. Eine hohe finanzielle Bedürftigkeit kann einerseits zu verhärteten Preisforderungen führen, da der Verkäufer subjektiv keine Alternative wahrnimmt. Andererseits können Situationen entstehen, in denen Verkäufer aufgrund von Erschöpfung, gesundheitlichen Belastungen oder finanziellen Sorgen zu früh kompromissbereit werden, was zu Instabilitäten im Transaktionsverlauf führt. Ökonomische Unsicherheit verzerrt Entscheidungsprozesse systematisch und prägt die Präferenzbildung stärker emotional als deliberativ (Heckhausen et al., 2010). Im ETA-Kontext wird diese Dynamik verstärkt, da Verkäufe häufig von Einzelpersonen verantwortet werden, die keine institutionelle Backup-Struktur besitzen. Für Searcher und ETA-Unternehmer kann daraus in Verhandlungssituationen ein Balanceakt entstehen, die finanzielle Lebenssituation des Verkäufers frühzeitig und sensibel zu erfassen, ohne diese jedoch in unangemessener Weise zu thematisieren. Verhandlungen über Transaktionsstrukturen werden damit zu simultanen Aushandlungen über ökonomische Fairness und subjektive Zukunftssicherheit. Aus Sicht der Sensemaking-Theorie entsteht Verhandlungserfolg in solchen Konstellationen nicht aus perfekten Argumenten, sondern aus der Fähigkeit, ambivalente Situationen mit Bedeutung zu versehen. Weick zeigt, dass Menschen sich Veränderungen dadurch erschließen, dass sie Erzählungen entwickeln, die Unsicherheit reduzieren und Handlungsfähigkeit ermöglichen (Weick, 1995). In eigentümergeführten ETA-Transaktionen wird der Käufer daher zum Sinnstifter: Er formuliert ein Zukunftsbild, das für den Verkäufer plausibel, moralisch tragfähig und emotional akzeptabel ist. Dabei ersetzt das Zukunftsnarrativ die vertragliche Logik nicht, vielmehr legitimiert es diese.

► Als **digitales Zusatzmaterial** zu diesem Buch finden Sie ein **ETA-Verhandlungsdiagnostik-Tool** als Downloadmöglichkeit auf SpringerLink. Dieses Tool unterstützt dabei, die prozessrelevanten nicht-finanziellen Erfolgsfaktoren einer Transaktion strukturiert und frühzeitig zu erfassen.

5.5 Die Due-Diligence-Phase

Die Due-Diligence-Phase bildet den Übergang von der konzeptionellen und verhandlungstechnischen Vorbereitung zur rationalen Verifikation der angestrebten Transaktion. Ihr primäres Ziel besteht darin, die tatsächliche ökonomische, rechtliche und kulturelle Beschaffenheit des Zielunternehmens zu prüfen und zu validieren, ob dieses mit den strategischen Zielsetzungen, den persönlichen Kompetenzen und der finanziellen Architektur des Erwerbers in Einklang steht. Sie ist nicht allein Instrument der Risikominimierung, sondern zugleich ein Erkenntnisprozess, in dem der Suchende die faktische Realität des Unternehmens und seine eigene unternehmerische Eignung überprüft (Hunt & Fund, 2012; Hoffmann, 2023). So dient sie einerseits der analytischen Verifizierung von Annahmen, andererseits der Reflexion darüber, ob der Erwerber das Unternehmen führen, kulturell integrieren und weiterentwickeln kann. Insofern ist die Due Diligence nicht nur technokratisch, sondern zutiefst unternehmerisch. In der praktischen Umsetzung beginnt eine professionell geführte Due Diligence mit einer präzisen Definition ihres Scopes. Der Erwerber muss festlegen, welche Dimensionen des Unternehmens, z. B. finanzielle, steuerliche, rechtliche, operative, technische oder kulturelle, in welchem Umfang geprüft werden sollen. Diese Definition hängt unmittelbar von Transaktionsvolumen, Branchenkontext und strategischer Zielrichtung ab. Anschließend wird ein interdisziplinäres Prüferteam zusammengestellt, das sowohl externe Expertise als auch internes Verständnis vereint. Besonders in mittelständischen Akquisitionen empfiehlt es sich, die Prüfung als zeitlich und inhaltlich klar strukturiertes Projekt zu organisieren, um Informationsverluste und Koordinationsdefizite zu vermeiden. Ein initiales Kick-off-Meeting zwischen allen Beteiligten schafft dabei Klarheit über Prioritäten, Zuständigkeiten und Kommunikationswege. Auf dieser Basis wird eine detaillierte Informationsanforderungsliste, die sogenannte Data Request List, erstellt und über einen gesicherten virtuellen Datenraum bereitgestellt. Der Erwerber selbst bleibt während des gesamten Prozesses koordinierende Instanz und sollte ein Due-Diligence-Journal führen, in dem alle wesentlichen Erkenntnisse, Rückfragen und Anpassungen an der Erwerbshypothese systematisch dokumentiert werden. Diese fortlaufende Reflexion ist nicht nur organisatorisch bedeutsam, sondern Ausdruck methodischer Professionalität und Lernfähigkeit.

Der Kern der Due Diligence liegt in der finanziellen und kommerziellen Analyse des Unternehmens. Die Finanz-Due-Diligence dient der Validierung der Ertragslage, der Kapitalstruktur und der Cashflow-Stabilität. Sie soll die Frage beantworten, ob die finanziellen Annahmen, die der Kaufpreisgestaltung und der geplanten Verschuldung zugrunde liegen, realistisch sind. Dazu werden historische Bilanzen, Gewinn- und Verlustrechnungen sowie Liquiditätsflüsse der vergangenen Jahre analysiert. Entscheidend ist hierbei die Identifikation von Sondereffekten, Einmalerträgen oder bilanziellen Unschärfen, die den nachhaltigen Ertrag verzerren könnten. Die kommerzielle Due Diligence erweitert diesen Blick auf Markt, Wettbewerb und Kundenstruktur. Sie prüft die Robustheit des Geschäftsmodells und die strategische Position des Unternehmens innerhalb seiner Branche. Für ETA-Unternehmerinnen und -Unternehmer, die häufig außerhalb der eigenen Branchenexpertise agieren, ist die Einbindung externer Branchenberater von besonderem Wert. Eine vertiefte Kunden- und Wettbewerbsanalyse trägt maßgeblich zur Risikoreduktion bei und erhöht die Erfolgswahrscheinlichkeit der Post-Closing-Phase signifikant (Braun & Grichnik, 2023). Neben der wirtschaftlichen Analyse spielt die rechtliche und steuerliche Due Diligence eine zentrale Rolle. Sie zielt auf die Aufdeckung formaler Risiken in Gesellschaftsstruktur, Vertragsarchitektur, steuerlicher Compliance und regulatorischen Verpflichtungen ab. In mittelständischen Unternehmen der DACH-Region treten dabei regelmäßig spezifische Herausforderungen auf, etwa unklare Eigentumsverhältnisse, Gesellschafterdarlehen, nicht dokumentierte Nebenabreden, Pensionsrückstellungen oder steuerliche Altlasten. Der Erwerber sollte daher gemeinsam mit seinen Beratern eine Risikomatrix erstellen, in der identifizierte Sachverhalte nach Eintrittswahrscheinlichkeit und potenzieller Schadenshöhe bewertet und mit konkreten Gegenmaßnahmen verknüpft werden. Diese Matrix dient als Instrument zur argumentativen Vorbereitung von Preisverhandlungen und Vertragsklauseln. Zugleich ist sie Ausdruck einer rationalen und transparenten Verhandlungshaltung, die Vertrauen stärkt und die Anschlussfähigkeit zum Verkäufer erhält. Ergänzend zur ökonomischen und rechtlichen Prüfung kommt der operativen und technischen Due Diligence eine nicht selten unterschätzte Bedeutung zu. In ihr wird überprüft, wie tragfähig und skalierbar die betrieblichen Strukturen tatsächlich sind. Der Erwerber sollte daher alle Produktions- oder Dienstleistungsstandorte persönlich besuchen, um Prozesse, Materialflüsse, IT-Systeme und Schnittstellen kennenzulernen. Gespräche mit Schlüsselmitarbeitenden, insbesondere aus Produktion, Vertrieb und Verwaltung, ermöglichen es, das informelle Organisationsgefüge zu verstehen und potenzielle operative Risiken frühzeitig zu identifizieren. Die gewonnenen Erkenntnisse gehen über technische Aspekte hinaus. Sie eröffnen Einblicke in die gelebte Unternehmenskultur und damit in jene immateriellen Faktoren, die für die spätere Integrationsfähigkeit entscheidend sind (Holt et al., 2017). Gerade im ETA-Kontext kommt der kulturellen Due Diligence eine herausragende Rolle zu. Sie erfasst die Werte, Kommunikationsmuster und Entscheidungslogiken, die das Unternehmen prägen, und prüft, ob diese mit den persönlichen Überzeugungen und dem Führungsstil des Erwerbers kompatibel sind. Diese Prüfung kann nicht standardisiert erfolgen, sondern verlangt Beobachtungsgabe, Empathie und Reflexion. Das Verhalten der Mitarbeitenden, der Umgang mit Fehlern und die nonverbalen Dynamiken in Gesprächen mit der Eigentümerfamilie liefern oft tiefere Einsichten als formelle Leitbilder. Die zentrale Frage lautet, ob der Erwerber in diese Kultur eintreten und zugleich neue Impulse setzen kann, ohne ihre Identität zu zerstören. Eine Due Diligence, die ausschließlich auf Zahlen fokussiert, greift daher zu kurz; sie muss das Unternehmen als sozioökonomisches System begreifen, das sowohl ökonomischen als auch psychologischen Gesetzen folgt.

Nach Abschluss der Einzelprüfungen gilt es, die gewonnenen Informationen zu synthetisieren und zu gewichten. Der Erwerber steht vor der Aufgabe, eine Vielzahl heterogener Befunde zu integrieren und daraus eine konsistente Entscheidung abzuleiten. Die Kunst der Due Diligence liegt dabei weniger im Sammeln von Daten als in ihrer Interpretation. Professionelle ETA-Unternehmerinnen und -Unternehmer formulieren am Ende des Prozesses eine komprimierte Entscheidungsgrundlage, die wesentliche Risiken, Stärken und offene Fragen darstellt und diese in Beziehung zur eigenen Such- und Finanzierungslogik setzt. Sie bewerten nicht nur, ob die Transaktion tragfähig ist, sondern ob sie sich in die langfristige persönliche und strategische Biografie einfügt. In diesem Sinne ist die Due Diligence nicht nur eine Phase der Kontrolle, sondern der Selbstprüfung. Sie zwingt den Erwerber, die eigene Hypothese über das Unternehmen und seine Zukunft kritisch zu hinterfragen und zu präzisieren. Damit fungiert die Due Diligence gleichzeitig auch als Beziehungstest. Die Offenheit, mit der Verkäufer Informationen bereitstellen, und die Art, wie sie auf kritische Fragen reagieren, sind Indikatoren für Vertrauen, Transparenz und die spätere Kooperationsfähigkeit. Ein defensives oder ausweichendes Verhalten kann auf verdeckte Konflikte oder ein mangelndes Commitment zum Nachfolgeprozess hinweisen. Ein kooperativer, lösungsorientierter Umgang hingegen signalisiert Reife und unternehmerische Verantwortung. Somit liefert die Due Diligence nicht nur eine faktische, sondern auch eine emotionale Diagnose des Transaktionsumfeldes.

5.5.1 Praktische Implikationen und Prüfbereiche der Due-Diligence-Phase

Die Due-Diligence-Phase verlangt vom ETA-Unternehmer die Fähigkeit, analytische Tiefe mit praktischem Urteilsvermögen zu verbinden. Sie ist weit mehr als ein standardisiertes Prüfverfahren; sie ist ein Erkenntnisprozess, der darauf abzielt, die Strukturen, Dynamiken und Potenziale eines Unternehmens in ihrer Gesamtheit zu verstehen. In der Praxis gliedert sich dieser Prozess in mehrere miteinander verbundene Prüfbereiche, die jeweils spezifische Zielsetzungen, Methoden und kritische Erfolgsfaktoren aufweisen. Eine professionell durchgeführte Due Diligence folgt dabei dem Prinzip der Integrationslogik: Die Ergebnisse der einzelnen Prüffelder werden miteinander in Beziehung gesetzt, um ein möglichst holistisches Bild der Unternehmensrealität zu gewinnen (Hoffmann, 2023; Hunt & Fund, 2012).

Finanzielle Due Diligence

Zentrales Ziel der finanziellen Due Diligence ist die Validierung der wirtschaftlichen Stabilität und Ertragskraft des Zielunternehmens. Sie konzentriert sich auf die Analyse von Umsatz-, Kosten- und Margenentwicklungen, Cashflow-Stabilität sowie Bilanzqualität. Im Unterschied zu institutionellen Investorenprozessen liegt der Fokus im ETA-Kontext weniger auf komplexen Bewertungsmodellen, sondern auf der Identifikation nachhaltiger Ertragsquellen und potenzieller Liquiditätsrisiken. Der Erwerber prüft, ob die operative Profitabilität die geplante Verschuldung langfristig tragen kann, ob stille Reserven oder Lasten bestehen und in welchem Maße die wirtschaftlichen Ergebnisse durch Einmaleffekte oder buchhalterische Gestaltung beeinflusst sind. Eine besondere Bedeutung kommt der Cashflow-Analyse zu, da sie den tatsächlichen Kapitalrückfluss anzeigt, der für Fremdkapitalbedienung und Reinvestition verfügbar ist. Eine solide finanzielle Due Diligence sollte daher auf mindestens drei bis fünf Jahre geprüfter Jahresabschlüsse basieren und um Forecast-Analysen ergänzt werden, um die Tragfähigkeit der geplanten Finanzierungsstruktur zu evaluieren (Braun & Grichnik, 2023).

Rechtliche Due Diligence

Die rechtliche Due Diligence verfolgt das Ziel, Eigentumsverhältnisse, Haftungsrisiken und vertragliche Verpflichtungen des Unternehmens zu überprüfen. Der Fokus liegt auf der Prüfung von Gesellschaftsverträgen, Beteiligungsstrukturen, Gesellschaftervereinbarungen und Geschäftsführerverträgen. Darüber hinaus werden wesentliche Verträge mit Kunden, Lieferanten, Banken und Mitarbeitern hinsichtlich Laufzeit, Kündigungsfristen, Change-of-Control-Klauseln und Gewährleistungsrisiken analysiert. Ein zentraler Aspekt ist die Feststellung, ob sämtliche Verträge tatsächlich unterzeichnet, rechtlich wirksam und im operativen Gebrauch sind – ein Punkt, der in mittelständischen Familienunternehmen nicht selbstverständlich ist. Darüber hinaus sind bestehende oder potenzielle Rechtsstreitigkeiten, anhängige Verfahren, Umweltauflagen und Genehmigungspflichten zu prüfen. In Branchen mit technischer Komponente gewinnt der Schutz geistigen Eigentums zunehmend an Bedeutung; hier sind Markenrechte, Patente, Gebrauchsmuster und Lizenzverträge systematisch zu erfassen und auf Aktualität zu prüfen. Der Erwerber sollte zudem bewerten, inwieweit das Unternehmen Compliance-Strukturen etabliert hat – etwa in Bezug auf Datenschutz (DSGVO), Arbeitssicherheit oder Exportkontrolle. Die rechtliche Due Diligence schafft somit nicht nur rechtliche Klarheit, sondern auch Indikatoren für die institutionelle Professionalität des Unternehmens.

Steuerliche Due Diligence

Die steuerliche Due Diligence ergänzt die rechtliche Prüfung um eine finanzielle Perspektive auf steuerliche Verpflichtungen und Optimierungsmöglichkeiten. Sie umfasst die Analyse von Steuerbescheiden, Betriebsprüfungsberichten, latenten Steuerpositionen und konzerninternen Verrechnungsmechanismen. Ziel ist es, steuerliche Risiken, etwa aus verdeckten Gewinnausschüttungen, fehlerhaften Abschreibungen oder Pensionsverpflichtungen, zu erkennen und ihre potenzielle Auswirkung auf Kaufpreis und Liquidität zu bewerten. Für ETA-Entrepreneure ist die steuerliche Due Diligence zugleich ein Gestaltungsinstrument, da sie Aufschluss über mögliche Strukturierungsoptionen (z. B. Share Deal, Asset Deal, Holding-Strukturen) gibt. Die Fähigkeit, steuerliche Aspekte nicht isoliert, sondern strategisch einzubeziehen, wird in der Praxis zu einem wesentlichen Differenzierungsmerkmal professioneller Käufer (IfM Bonn, 2024).

Operative Due Diligence

Die operative Due Diligence richtet den Blick auf die interne Funktionsfähigkeit des Unternehmens. Sie untersucht Produktions- und Leistungsprozesse, Lieferketten, Qualitätsmanagement, IT-Systeme und organisatorische Abläufe. Ihr Ziel ist es, die Effizienz, Skalierbarkeit und Robustheit der betrieblichen Strukturen zu beurteilen. Besonders im industriellen Mittelstand können operative Prüfungen häufig Optimierungspotenziale, etwa durch Prozessstandardisierung oder Digitalisierung, offenbaren. Der Erwerber sollte dabei die kritischen Wertschöpfungsprozesse selbst nachvollziehen, um die operative Logik des Geschäftsmodells zu verstehen. Besuche an Produktions- oder Servicestandorten sind hilfreich, um die Leistungsfähigkeit der Organisation nicht nur auf Basis von Kennzahlen, sondern aus eigener Anschauung zu bewerten. Die operative Due Diligence liefert zudem zentrale Erkenntnisse für die spätere Integrationsplanung, da sie Schwachstellen und Abhängigkeiten offenlegt, die nach dem Closing strategisch adressiert werden müssen.

Personal- und kulturelle Due Diligence

Während institutionelle Investoren den Faktor „Managementqualität" oft abstrakt bewerten, steht beim Unternehmenskauf durch Einzelpersonen die zwischenmenschliche und kulturelle Anschlussfähigkeit im Vordergrund. Ziel ist die Einschätzung, ob Führungsstil, Werte und soziale Dynamiken des Unternehmens mit der Persönlichkeit und Vision des Erwerbers kompatibel sind. Der kulturelle Prüfprozess beginnt nicht mit Fragebögen, sondern mit Beobachtung. Der Umgangston im Unternehmen, die Art der Entscheidungsfindung, die Haltung gegenüber Veränderung und der Führungsstil des bisherigen Eigentümers sind entscheidende Indikatoren. Ein zu stark auf Loyalität und Stabilität fokussiertes System kann für den neuen Eigentümer ebenso herausfordernd sein wie eine stark hierarchische, patriarchale Kultur. Der Erwerber sollte in Gesprächen mit Schlüsselpersonen nicht nur nach Fakten, sondern nach Sinnstrukturen fragen. Hierzu gehört beispielsweise, eine Definition von „Erfolg" im Selbstverständnis des Unternehmens oder wie man intern mit Fehlern umgeht. Die Personal-Due-Diligence schließlich erfasst Strukturen, Verträge, Vergütungsmodelle, Demografie und Qualifikationen der Mitarbeitenden. Sie identifiziert Schlüsselpersonen, deren Know-how für den Unternehmenserhalt zentral ist, und prüft, ob Nachfolge- oder Bindungsregelungen existieren. Im Mittelstand hängt der langfristige Erfolg einer Übernahme oft davon ab, ob Mitarbeitende den Searcher als neuen Eigentümer akzeptieren und Vertrauen in seine Führung entwickeln (Holt et al., 2017). Weiter- und Fortbildungsangebote sollten in die Betrachtung ebenso einfließen wie die Frage, ob der Zielbetrieb aktiv Berufsausbildungen anbietet. Für Ausbildungsbetriebe gelten in der Regel besondere gesetzliche Pflichten, die das Verhältnis zwischen

Ausbildungsbetrieb und Auszubildenden regelt, wie die sachliche und zeitliche Gliederung, die Ausbildungsvergütung und die Probezeit.

5.5.2 Komplementäre Wirkung der Prüffaktoren und integrative Bewertungslogik der Due-Diligence-Ergebnisse

Die unterschiedlichen Due Diligence-Dimensionen wirken komplementär. Eine Schwäche in einem Bereich, etwa kulturelle Resistenz gegen Wandel, kann ökonomische oder operative Risiken erheblich verstärken. Daher ist die Synthese der Befunde entscheidend. Der Erwerber muss die Erkenntnisse aus den Einzelanalysen in ein konsistentes Gesamtbild überführen. In der Praxis bewährt sich dabei ein integriertes Bewertungsmodell, das Risiken nicht isoliert erfasst, sondern nach ihrer Wechselwirkung bewertet. So kann beispielsweise eine moderate finanzielle Unsicherheit durch eine starke Marktposition kompensiert werden, während kulturelle Spannungen selbst ein wirtschaftlich gesundes Unternehmen destabilisieren können. Eine professionell geführte Due Diligence schließt daher stets mit einer bewertenden Reflexion und beantwortet nicht nur, *ob* das Unternehmen erworben werden kann, sondern *wie* es erfolgreich geführt werden kann. In diesem Sinne stellt die Due Diligence nicht den Abschluss, sondern den Beginn unternehmerischer Verantwortung dar. Sie ist die Schwelle, an der ökonomische Rationalität, persönliche Urteilskraft und ethisches Bewusstsein erstmals in vollem Umfang aufeinandertreffen (Braun & Grichnik, 2023; Hoffmann, 2023). So entfalten auch finanzielle Kennzahlen beispielsweise erst dann Bedeutung, wenn sie in Beziehung zu operativen Ressourcen und kulturellen Faktoren gesetzt werden. Ein hoher Free Cashflow verliert an Substanz, wenn er von einem einzigen Großkunden abhängt oder auf einer informellen Führungsstruktur beruht, die nach dem Eigentümerwechsel instabil werden könnte. Umgekehrt kann ein Unternehmen mit moderater Profitabilität dennoch ein attraktives Ziel darstellen, wenn es über robuste operative Prozesse, eine loyale Belegschaft und eine Kultur verfügt, die Veränderung zulässt und durch den neuen Eigentümer positiv weiterentwickelt werden kann.

In wissenschaftlichen Analysen komplexer Entscheidungssituationen haben sich strukturierte Gewichtungsmodelle als nützlich erwiesen, um Heterogenität zu ordnen und Prioritäten sichtbar zu machen. Überträgt man diesen Ansatz auf die Due Diligence im ETA-Kontext, ergibt sich eine Bewertungslogik, die nicht auf „objektive" Punktwerte abzielt, sondern auf kohärente Bewertungssysteme, die Gewichtungen nach strategischer Relevanz vornehmen. Finanzielle Stabilität erhält in der Regel ein höheres Gewicht als operative Detailrisiken, sofern diese beherrschbar sind. Kulturelle Passung wiederum kann, insbesondere in familiengeführten Unternehmen, eine stärkere Bedeutung entfalten als kurzfristige Renditekennzahlen. Diese Gewichtungen sind abhängig von den Fähigkeiten, Ressourcen und Zielsetzungen des Erwerbers. Ein technisch erfahrenes Duo aus

Searchern kann operative Risiken leichter kompensieren als kulturelle Inkompatibilitäten, während ein betriebswirtschaftlich geprägter Single Searcher möglicherweise größere Sensibilität für stabile Cashflows und klare Governance-Strukturen entwickeln muss. Es ist daher empfehlenswert, dass Erwerber zu jedem Prüfbereich eine qualitative Einschätzung formulieren, die sowohl den Schweregrad als auch die Behebbarkeit identifizierter Risiken berücksichtigt. Die Kombination aus „Risikointensität" und „Interventionsfähigkeit" bildet den Kern der integrativen Analyse. Ein Risiko hoher Intensität kann akzeptabel sein, wenn es rasch und mit vertretbarem Aufwand lösbar ist. Hingegen kann ein moderates Risiko transaktionskritisch werden, wenn es strukturell unveränderlich ist. Typische Beispiele für nicht beeinflussbare Risiken sind extreme Kundenkonzentration, fest verankerte Führungskulturen oder akute regulatorische Problemlagen. Die integrative Logik verlangt daher stets eine doppelte Perspektive: die statische Bewertung des Ist-Zustands und die dynamische Bewertung der Veränderbarkeit. Auf dieser Grundlage entsteht ein zunehmend klareres Bild der Gesamttransaktion, das der Erwerber in einer übergreifenden Synthese verdichtet. Diese Synthese, oftmals in Form eines kurzen Entscheidungsmemorandums, verbindet quantitative Kennzahlen wie EBITDA-Marge, Working-Capital-Quote, Eigenkapitalquote, ROIC, DSCR oder Kundenkonzentrationsrate mit qualitativen Einschätzungen zu Kultur, Führung, operativer Resilienz und organisatorischer Lernfähigkeit. Sie beantwortet nicht nur die Frage, ob die Transaktion ökonomisch tragfähig ist, sondern ob sie im umfassenderen Sinn „führbar" ist. Dieser Begriff, spielt im Kontext kleiner und mittelständischer Unternehmen eine zentrale Rolle, da Erfolg hier maßgeblich von persönlicher Anschlussfähigkeit, Vertrauensbildung und wertschätzender Organisationsführung abhängt (Holt et al., 2017).

Die integrative Bewertungslogik schließt mit einer bewussten Entscheidung, die sowohl rational als auch normativ legitimiert sein muss. Eine Due Diligence kann belastbare Daten liefern, doch sie ersetzt nicht die Fähigkeit des Unternehmers, eine verantwortungsvolle Entscheidung zu treffen, die sowohl die Zukunftsfähigkeit des Unternehmens als auch die eigene unternehmerische Lebensplanung berücksichtigt. In diesem Sinne ist die Synthese der Due Diligence weniger ein Abschlussbericht als eine unternehmerische Standortbestimmung. Damit erhält die Due Diligence im ETA-Kontext einen doppelten Charakter: Sie dient der Überprüfung des Unternehmens und zugleich der Kalibrierung des Unternehmers.

▶ Eine **integrierte Bewertungsmatrix der Due-Diligence-Prüffelder** finden Sie als operationalisierbares Instrument (s. Abb. 5.3) und als **digitales Zusatzmaterial** zu diesem Buch als Download über SpringerLink. Diese übersetzt die sechs zentralen Due-Diligence-Dimensionen in ein strukturiertes Bewertungsmodell, das sowohl quantitative Kennzahlen als auch qualitative Beobachtungen sowie deren Gewichtung der Prüffelder berücksichtigt.

Prüffeld	Finanzielle Due Diligence	Rechtliche Due Diligence	Steuerliche Due Diligence	Operative Due Diligence	Personal- und kulturelle Due Diligence	Commerical Market Due Diligence
Beispielindikatoren	EBITDA-Marge, Free Cashflow, ROIC, DSCR, Working-Capital-Quote, Kunden-konzentration, Liquiditätsreserve, Eigenkapitalquote	Gesellschaftsvertrag, wesentliche Verträge, Change-of-Control-Klauseln, IP-Rechte, anhängige Verfahren, Gewährleistungs-risiken, Bürgschaften	Nachzahlungen aus Betriebsprüfungen, latente Steuern, verdeckte Gewinnaus-schüttungen, Pensions-rückstellungen	Produktivität pro Vollzeitkraft, Durchlaufzeiten, Ausschussquote, Maschinen-auslastung, Prozess-digitalisierung, ERP-Modernität, Lieferanten-abhängigkeit, Logistikkette.	Fluktuationsrate, durchschnittliche Betriebs-zugehörigkeit, Führungssysteme, Fehlerkultur, soziale Dynamik, Veränderungs-bereitschaft, Loyalität, informelle Machtstrukturen	Marktvolumen, Wettbewerbsdichte, Eintrittsbarrieren, Kundenloyalität, Wiederkaufraten, Preissetzungs-spielraum
Beispielrisiken	verzerrte Margen, Einmaleffekte, instabile Cashflows, überhöhte Lagerbestände, hohe Abhängigkeit von Einzelkunden	Altverträge, nicht dokumentierte Abreden, unklare Eigentumsverhältnisse	strukturelle Mängel, lückenhafte Dokumentation, latente Risiken in Rückstellungen.	ineffiziente Prozesse, Investitionsstau, fehlende Transparenz, Engpässe in kritischen Wertschöpfungsstufen	starke Personen-abhängigkeit, patriarchale Strukturen, Kultur der Wissens-monopolisierung, Mitarbeiter-unsicherheit	schrumpfender Markt, technologischer Wandel, Preisverfall durch neue Wettbewerber.
Risikointensität (1-5)						
Interventionsfähigkeit (1-5)						
Strategisches Gewicht (%)	25	15	10	20	20	10
Bereichsscore Risikointensität x Interventionsfähigkeit x Strategisches Gewicht in %						
Gesamtscore (Summe der Bereichsscores)						

Abb. 5.3 Integrierte Bewertungsmatrix für Due Diligence Prüffelder. (Eigene Darstellung)

5.6 Die Finanzierungsphase

Die Finanzierungsphase markiert innerhalb des ETA-Prozesses einen strategischen Wendepunkt. Sie verbindet die analytischen Erkenntnisse der Due Diligence mit den institutionellen, rechtlichen und kapitalseitigen Anforderungen, die den Übergang von der Kaufabsicht zur tatsächlichen Transaktionsfähigkeit ermöglichen. Ihre Bedeutung liegt nicht allein in der Sicherstellung der finanziellen Mittel, sondern in der Gestaltung einer Kapitalarchitektur, die ökonomische Tragfähigkeit, strategische Flexibilität und governancebezogene Balance miteinander vereint. Die Finanzierungsphase bildet damit den institutionellen Kern der späteren Eigentümerstruktur und bestimmt, wie viel unternehmerische Autonomie, Risikoexposition und langfristige Handlungsfähigkeit dem Erwerber zur Verfügung stehen. In ETA-Transaktionen gewinnt diese Phase zudem eine besondere psychologische und beziehungsorientierte Dimension, da sie das Zusammenwirken von Sucher, Fremdkapitalgebern, privaten Investoren und Verkäufer strukturiert und damit eine komplexe Multi-Stakeholder-Architektur formt, die den Erfolg der Übernahme langfristig mitbestimmt (Hunt & Fund, 2012; Braun & Grichnik, 2023). Die Finanzierung einer ETA-Transaktion unterscheidet sich fundamental von klassischen Private-Equity-Strukturen. Während institutionelle Investoren häufig auf standardisierte Kapitalrahmen zurückgreifen, verlangt der mittelständische Erwerbsprozess eine individualisierte, an Unternehmensgröße, Cashflow-Struktur und Stabilität orientierte Konstruktion. Die Kapitalarchitektur entsteht daher nicht als normiertes Konstrukt, sondern als Ergebnis einer sorgfältigen Abstimmung zwischen betriebswirtschaftlichen Erfordernissen, Risikobereitschaft der Kapitalgeber, regulatorischen Rahmenbedingungen und der persönlichen

Tragfähigkeit des Erwerbers. Der Prozess beginnt mit der Entwicklung einer präzisen Finanzierungslogik, die den Kapitalbedarf entlang der Transaktionsstruktur abbildet. Dieser Kapitalbedarf umfasst den Kaufpreis, Nebenkosten, Liquiditätspuffer, Investitionsbedarfe sowie etwaige Integrations- und Transformationskosten. Eine realistische Abschätzung dieser Positionen ist entscheidend, da Finanzierungsengpässe nach dem Closing zu erheblichen operativen Einschränkungen führen können. Das Prinzip der „Post-Closing-Liquiditätssuffizienz", d. h. die Verfügbarkeit ausreichender Mittel für die ersten 6 bis 18 Monate nach Übernahme, zählt daher zu den grundlegenden Erfolgsfaktoren mittelständischer M&A-Prozesse (IESE Business School, 2024).

Zentraler Bestandteil der Finanzierungsphase ist die Strukturierung des Fremdkapitals. Banken, Sparkassen und andere Kreditinstitute prüfen in dieser Phase nicht nur reine Kennzahlen und die Eigenkapitalausstattung, sondern insbesondere die Persönlichkeitsmerkmale des Erwerbers, die Plausibilität des Geschäftsmodells und die Stabilität der Cashflows. Anders als in großvolumigen Finanzierungen existiert im deutschsprachigen Mittelstand eine starke personenbezogene Kreditkultur, in der Vertrauen, Integrität und Führungsreife des Erwerbers eine ebenso große Rolle spielen wie EBITDA-Margen oder Sicherheiten. Die bankseitige Analyse konzentriert sich auf betriebswirtschaftliche Kennzahlen wie EBITDA, Debt-Service-Coverage-Ratio, Kapitaldienstfähigkeit, Eigenkapitalquote und Cashflow-Volatilität. Für ETA-Transaktionen mit KMU-Charakter gilt die Faustformel, dass die Cashflows mindestens das 1,2- bis 1,5-fache des erwarteten Kapitaldienstes abdecken sollten, um sowohl konjunkturelle Schwankungen als auch Integrationsrisiken aufzufangen. Eine weitere Besonderheit liegt darin, dass viele mittelständische Unternehmen über begrenzte werthaltige Sicherheiten verfügen, sodass Banken verstärkt auf persönliche Garantien, Verkäuferdarlehen oder öffentliche Bürgschaften zurückgreifen. Der Einsatz mezzaniner Instrumente, etwa nachrangiger Darlehen, kann in dieser Konstellation eine kapitalstrukturelle Entlastung darstellen, indem er die Eigenkapitalbasis stärkt, ohne Kontrollrechte zu übertragen. Neben dem Fremdkapital bildet das Eigenkapital den zweiten tragenden Pfeiler der Finanzierungsarchitektur. Im ETA-Kontext setzt es sich typischerweise aus privaten Investoren, Family Offices, unternehmerischen Einzelinvestoren, institutionellen Searchfundsinvestoren sowie natürlich dem Sucher selbst zusammen. Die Einbindung dieser Kapitalgeber dient dabei einerseits der finanziellen Absicherung, andererseits beeinflusst sie Governance, Entscheidungsdynamik und strategische Ausrichtung des Unternehmens. Investoren prüfen in dieser Phase nicht nur die finanziellen Kennzahlen, sondern insbesondere die Führungspersönlichkeit des Suchers, seine Suchlogik, seine Fähigkeit zur Risikoabwägung und die Konsistenz zwischen strategischer Vision und operativen Planungen. Ein überzeugendes Funding-Paket erfordert daher narrative Klarheit, strategische Kohärenz und ein hohes Maß an persönlicher Glaubwürdigkeit. Die Finanzierungsphase wird so zu einem Test der kommunikativen und visionären Reife des Erwerbers, da Investoren weniger in das Unternehmen der Gegenwart investieren als in das Unternehmen der Zukunft – und damit in die Person, die es führen wird. Im Zentrum der Eigenkapitalvereinbarungen stehen die Bedingungen der Beteiligung, insbesondere Stimmrechte, Vetorechte,

Exit-Mechanismen, Incentive-Strukturen und Kommunikationspflichten. Diese Vereinbarungen haben langfristige Konsequenzen für die Entscheidungsautonomie des Erwerbers. Ein ausbalanciertes Governance-Design ist daher essenziell, um die Interessen heterogener Kapitalgeber mit der Handlungsmacht des Suchers in Einklang zu bringen. Theoretische Perspektiven wie die Agency-Theory verdeutlichen, dass klare Governance-Regeln notwendig sind, um spätere Konflikte zu minimieren und die Anreizstrukturen zwischen Kapitalgebern und operativer Führung zu harmonisieren (Eisenhardt, 1989). Die Gestaltung dieser Strukturen zählt zu den subtilsten und zugleich sensibelsten Aufgaben der Finanzierungsphase, da sie den institutionellen Rahmen der Eigentümerschaft definiert.

Das Verkäuferdarlehen ist in mittelständischen ETA-Transaktionen eines der wirkungsvollsten Instrumente zur Kapitaloptimierung, Vertrauensbildung und Risikoverteilung. Es kann sowohl als Brückenfinanzierung, als Kaufpreisbestandteil oder als strategisches Vertrauenselement fungieren, da es den Verkäufer am Erfolg des Unternehmens beteiligt und gleichzeitig die Finanzierungslast des Erwerbers reduziert. Darüber hinaus signalisiert ein substantielles Verkäuferdarlehen gegenüber Banken und Investoren, dass der Verkäufer von der zukünftigen Stabilität des Unternehmens überzeugt ist. Dieses Signal wirkt vertrauensbildend und beeinflusst die Risikowahrnehmung der Kapitalgeber positiv. Zugleich ist das Verkäuferdarlehen psychologisch relevant: Es erleichtert die Übergangsphase, schafft Verpflichtungskontinuität und mildert die emotionale Spannung, die mit dem Abschied des bisherigen Eigentümers verbunden ist. Auch die Strukturierung staatlicher Förderinstrumente gewinnt an Bedeutung. Programme der KfW, Bürgschaftsbanken oder regionaler Wirtschaftsförderinstitutionen können Kapitaldienstlasten senken und zusätzliche Sicherheiten bieten. Sie fungieren als entlastende Puffer in Branchen mit hoher Investitionsintensität oder Unsicherheiten und werden im europäischen ETA-Kontext zunehmend als strategisches Finanzierungsinstrument genutzt. Gleichzeitig können sie die Komplexität der Transaktionsarchitekturerhöhen und erfordern eine präzise Abstimmung der Förderkonditionen mit der Gesamtfinanzierungsstruktur. Die Finanzierungsphase ist daher nicht nur ein mechanistischer Vorgang der Kapitalbeschaffung, sondern ein integrativer Prozess, in dem betriebswirtschaftliche Logik, strategische Weitsicht und psychologische Sensibilität miteinander verschränkt werden. Vom Erwerber verlangt sie die Fähigkeit, finanzielle Risiken nicht isoliert, sondern im Zusammenspiel mit operativen, kulturellen und marktspezifischen Faktoren zu bewerten. Die Qualität dieser Phase entscheidet darüber, ob der Erwerber nach dem Closing finanziell robust, strategisch handlungsfähig und institutionell legitimiert ist. In ihrer Gesamtheit bildet die Finanzierungsphase somit das Rückgrat des Überganges in die Eigentümerschaft und stellt somit einen. Institutionellen Gründungsmoment der künftigen unternehmerischen Identität dar (Braun & Grichnik, 2023; Hunt & Fund, 2012; IESE Business School, 2024).

5.6.1 Praktische Implikationen der Finanzierungsphase

Die Finanzierungsphase im ETA-Prozess ist ein sensibler strategischer und psychologisch hochwirksamer Übergangsprozess, der den weiteren Verlauf der Transaktion entscheidend prägt. Während die formalen Elemente, wie die Fremdkapitalstruktur, Eigenkapitalzusagen, Covenants, Sicherheiten oder mezzanine Instrumente, die sichtbare Oberfläche bilden, entscheidet sich der Erfolg der Finanzierungsphase in der Tiefe durch das Zusammenwirken von Glaubwürdigkeit, Timing, Informationsqualität und Erwartungsmanagement. Praktisch bedeutet dies, dass der ETA-Unternehmer weniger einen einzelnen Finanzierungsschritt vollzieht, sondern einen mehrdimensionalen Aushandlungsraum moderiert, der Kapitalgeber, Verkäufer, Berater und interne Stakeholder in ein konsistentes Narrativ integrieren muss. Daher gilt es, die Finanzierungsarchitekt bereits in frühen Prozessstadien anzulegen. Kapitalgeber erwarten ein schlüssiges, belastbares Bild des Erwerbers, seiner persönlichen Risikotoleranz, seiner Führungsfähigkeit und seines Verständnisses der Zielorganisation. Glaubwürdigkeit entsteht hierbei nicht durch später vorgelegte Zahlenwerke, sondern durch die Stabilität der früheren Interaktionen. Wer in den ersten Wochen Professionalität, Disziplin und analytische Tiefe vermittelt, verfügt in der Finanzierungsphase über einen Vertrauensvorsprung, der oft entscheidender ist als einzelne finanzwirtschaftliche Kennziffern. Eng damit verbunden ist die Notwendigkeit, Informationsasymmetrien konsequent zu reduzieren. Banken, Debt Funds und Eigenkapitalgeber orientieren sich nicht nur an den vorliegenden Jahresabschlüssen des Zielunternehmens, sondern auch an der Qualität der vom Käufer bereitgestellten Unterlagen. Transparenz und Nachvollziehbarkeit stehen daher vor Geschwindigkeit. Modelle müssen konsistent, Annahmen realistisch, Sensitivitätsanalysen plausibel und Szenarien vollständig sein. Finanzierer reagieren erfahrungsgemäß sensibel auf Unsauberkeiten, inkonsistente Zahlen oder unstimmige Prognosen, da diese als Indikatoren mangelnder Professionalität oder übermäßiger Risikoakzeptanz interpretiert werden können. Eine weitere praktische Implikation betrifft die Orchestrierung der Interessenlagen unterschiedlicher Kapitalgeber. Während Banken häufig auf Stabilität, Kapitaldienstfähigkeit, Sicherheiten und langfristige Rückführbarkeit ausgerichtet sind, verfolgen Private-Equity-Investoren oder Search-Fund-Investoren renditeorientierte und zeitlich begrenzte Strategien. Diese divergierenden Logiken können in der Finanzierungsphase aufeinanderprallen. Der ETA-Unternehmer muss diese Unterschiede aktiv moderieren. Empfehlenswert ist, die Kapitalarchitektur bewusst als Balanceakt zu gestalten: Zu viel Fremdkapital führt zu umfassenden Covenant-Anforderungen und reduziert den Handlungsraum unmittelbar nach der Übernahme, während zu viel Eigenkapital die Renditeerwartungen der Investoren erhöht und langfristigen Entscheidungsspielraum einschränkt. Die Kunst dieser Phase liegt darin, die unterschiedlichen Erwartungshorizonte zu synchronisieren und eine Struktur zu schaffen, die den operativen Realitäten des Zielunternehmens entspricht. Gleichzeitig gewinnt die Kommunikation mit dem Verkäufer in dieser Phase besondere Bedeutung. Verkäufer betrachten Finanzierungszusagen nicht nur unter strukturellen Gesichtspunkten, sondern auch als Indikatoren der Zuverlässigkeit des Käufers. Verzögerungen, widersprüchliche Signale oder Wechsel der Finanzierungsstrategie können das Vertrauen stören. Daher ist es für Käufer empfehlenswert, den Verkäufer eng, klar und unaufgeregt über den Stand der Finanzierung informiert, ohne ihn in Details zu überfordern oder Unsicherheiten zu verstärken. Ein strukturiertes Kommunikationsregime durch regelmäßige Updates, konsistente Botschaften, transparente Zeitpläne ist in dieser Phase daher essenziell. Weiterhin spielt das persönliche Risikoprofil des ETA-Unternehmers eine Rolle. Kapitalgeber achten stark auf die Frage, in welchem Umfang der Käufer eigenes Kapital, persönliche Garantien und Bürgschaften oder sonstige Verpflichtungen übernimmt. Die Bereitschaft, eigenes Risiko zu tragen, wirkt in der Praxis als starkes Glaubwürdigkeits- und Commitment-Signal. Gleichzeitig muss der Käufer sorgfältig abwägen, in welchem Umfang persönliche Haftungsrisiken tragfähig sind, ohne die eigene Zukunfts- und Handlungsfähigkeit zu gefährden. Diese Spannung zwischen erforderlichem Commitment und wirtschaftlicher Selbstschutzarchitektur gehört zu den anspruchsvollsten praktischen Entscheidungen in der Finanzierungsphase. Auch die interne Orchestrierung der Zeitlogik stellt eine praktische Herausforderung dar. Nicht selten ist die Finanzierungsphase geprägt von engen Fristen, parallelen Arbeitsströmen und hohem Druck. Praktisch bedeutet dies, dass der ETA-Unternehmer über ein präzises Projektmanagement verfügen muss, das Abstimmungen, Unterlagen, Rückfragen, Gutachten, Risikoanalysen und Terminketten sauber koordiniert. Banken und Investoren interpretieren Prozessdisziplin als Proxy für operative Führungskompetenz. Die Fähigkeit, unter Unsicherheit geordnet zu agieren, wird damit zu einem Kernmerkmal der künftigen unternehmerischer Eignung. Schließlich besitzt die Finanzierungsphase eine wichtige psychologische Funktion, die über die Kapitalbereitstellung hinausgeht. Sie prägt das Selbstverständnis des Käufers als Unternehmer, definiert seine Beziehung zu Geldgebern und beeinflusst seine Risikowahrnehmung. Wer in dieser Phase Klarheit über seine Prioritäten, seine Risikobereitschaft und seine langfristigen Ziele gewinnt, geht mit größerer Stabilität und innerer Festigkeit in die anschließende Integrations- und Entwicklungsphase.

► An **digitales Zusatzmaterial** zu diesem Buch finden Sie eine **Checkliste zur Konzeption, Bewertung und Dokumentation der individuellen Kapitalarchitektur für ETA- und Search-Fund-Entrepreneure** zum Download auf SpringerLink. Sie dient dazu, finanzielle, strukturelle und governance-bezogene Komponenten der Akquisitionsfinanzierung transparent zu planen, zu vergleichen und frühzeitig auf Kohärenz zu prüfen.

5.6.2 Psychologische und institutionelle Due Diligence des Searchers durch Kapitalgeber

Die gängige Darstellung der Finanzierungsphase im Entrepreneurship-Through-Acquisition-Prozess konzentriert sich auf die Analyse des Zielunternehmens, die Bewertung der Geschäftsmodelle und die Strukturierung der Kapitalarchitektur. Fast vollständig unbeachtet bleibt hingegen jene zweite, weniger sichtbare, aber entscheidende Prüfungsebene, die sich nicht auf das zu akquirierende Zielunternehmen, sondern auf den Searcher selbst richtet. Kapitalgeber im ETA-Kontext führen eine implizite, häufig nicht formal artikulierte, aber äußerst einflussreiche Due Diligence durch, bei der nicht nur ökonomische Leistungsmerkmale, sondern vor allem persönliche, psychologische, identitäre und institutionelle Faktoren des potenziellen Unternehmenskäufers im Fokus stehen. Diese Form der Due Diligence nimmt eine zentrale Rolle ein, weil die Leistung des Searchers in der Frühphase kaum durch track records oder quantitative Erfolgsmuster belegt werden kann und daher über narrative Kohärenz, Vertrauenswürdigkeit und persönliche Eignung beurteilt wird. Investoren investieren in frühen Phasen nicht primär in Geschäftsmodelle sondern in Menschen. Der Entrepreneur wird in diesen Konstellationen selbst zur zentralen Bewertungsgröße. Seine kognitiven Fähigkeiten, seine Entscheidungsarchitektur und seine Persönlichkeit werden zu zentralen Indikatoren zukünftigen Unternehmenserfolgs (Hall & Hofer, 1993). Im ETA-Kontext verstärkt sich dieser Mechanismus, da der Searcher ein bestehendes Unternehmen übernimmt und dessen Stabilität nicht durch technologische Innovation, sondern durch Führungsleistung, Integrationsfähigkeit und Entscheidungsqualität sichern muss. Kapitalgeber prüfen daher, ob der Searcher jene persönlichen Eigenschaften besitzt, die in der nachfolgenden Integrations- und Führungsphase erfolgskritisch sind. Diese Prüfung orientiert sich weniger an formalen Kriterien als an Verhaltensbeobachtungen, die in der Interaktion mit Investoren und Finanzierungspartnern entstehen. Einen theoretischen Rahmen hierfür liefert die Signaling-Theorie, die davon ausgeht, dass Akteure mit asymmetrischen Informationsständen auf Signale zurückgreifen, um die Qualität der Gegenpartei zu beurteilen (Spence, 1973). Kapitalgeber im ETA-Kontext sind mit einer ausgeprägten Informationsasymmetrie konfrontiert: Sie können weder die tatsächliche Führungsfähigkeit noch die spätere operative Resilienz des Searchers verlässlich voraussagen. Daher greifen sie auf sekundäre Signale zurück, die sich beispielsweise aus Kommunikationsverhalten, Professionalität, Fristentreue, Reflexionsvermögen und der Kohärenz der biografischen Narrative des Searchers ergeben. Die Art und Weise, wie der Searcher Risiken beschreibt, Unsicherheiten kommuniziert, Fragen beantwortet und Rückschläge erklärt, wird zum Gegenstand einer impliziten Qualifikationsanalyse, die den ökonomischen Due-Diligence-Aspekt überlagert. Investoren achten insbesondere auf drei psychologische Merkmale: die Fähigkeit zur Selbstregulation, die Resilienz in volatilen Kontexten und die Ausprägung von Lernorientierung (Hmieleski & Baron, 2009). Diese Merkmale wirken in eigentümergeprägten ETA-Transaktionen deshalb besonders stark, weil der Searcher nach Closing unmittelbar und ohne organisationsinterne Pufferstrukturen in eine Rolle eintritt, die hohe Entscheidungsautonomie und gleichzeitig hohe Verantwortungsdichte verlangt. Kapitalgeber prüfen daher nicht nur analytische Fähigkeiten, sondern die Erwartbarkeit des Verhaltens des Searchers über verschiedene Kontexte hinweg und die Stabilität seines professionellen Habitus. Das hierfür notwendige Vertrauen entsteht durch Konsistenz in zeitkritischen Momenten und durch glaubhafte Selbstpositionierung. Neben der psychologischen findet jedoch auch eine institutionelle Due Diligence statt. Kapitalgeber interessieren sich dafür, ob der Searcher über die Fähigkeit verfügt, stabile institutionelle Arrangements aufzubauen. Diese Prüfung ist aus der Theorie der neuen Institutionenökonomik erklärbar, die davon ausgeht, dass die Qualität von Governance-Strukturen maßgeblich die Transaktionskosten und damit die langfristige Wettbewerbsfähigkeit beeinflusst (North, 1990). Kapitalgeber erwarten daher vom Searcher, dass er ein Mindestmaß an organisatorischer Disziplin, Dokumentationsfähigkeit, Governance-Kompetenz und Prozesssicherheit demonstriert. Die Fähigkeit des Searchers, Geschäftspläne nachvollziehbar zu strukturieren, Datenräume sauber zu organisieren und Entscheidungslogiken konsistent darzulegen, fungiert als Proxy für die Fähigkeit, später professionelle Strukturen im Zielunternehmen aufzubauen. Auch vertrauenssoziologische Mechanismen spielen eine wesentliche Rolle. Luhmann beschreibt Vertrauen als eine riskante Vorleistung, die notwendig ist, um Entscheidungen unter Unsicherheit zu treffen und Handlungssysteme zu stabilisieren (Luhmann, 1979). Kapitalgeber stehen im ETA-Kontext vor der Entscheidung, beträchtliches Kapital in eine einzelne Person zu investieren, deren zukünftige Handlungen sie nicht kontrollieren können. Das Vertrauen in den Searcher wird daher aus einer Mischung aus relationaler Nähe, moralischer Integrität und dem Eindruck institutioneller Verlässlichkeit abgeleitet. Weiterhin prüfen Kapitalgeber auch den Umgang des Searchers mit Fehlern, Unsicherheiten und Widersprüchen. Authentizität, Reflexionsfähigkeit und Offenheit werden in dieser Phase nicht als Weichheit, sondern als Kompetenzmarker interpretiert. Ein weiterer, in der Forschung bislang eher wenig beachteter Faktor betrifft die narrative Kohärenz der unternehmerischen Identität des Searchers. Die Sensemaking-Theorie betont, dass Menschen Situationen nicht aufgrund von Fakten verstehen, sondern auf Basis von Narrativen, die Dinge miteinander in Beziehung setzen (Weick, 1995). Kapitalgeber antizipieren daher, ob der Searcher in der Lage ist, ein glaubwürdiges Zukunftsnarrativ für das zu erwerbende Unternehmen zu entwickeln und dieses Narrativ gegenüber Mitarbeitern, Kunden und Banken zu verkörpern. Narrative Kompetenz wird damit zu einem Bewertungskriterium, weil sie als Indikator dafür dient, ob der Searcher später in der Lage sein wird, eine Organisation durch Übergänge, Unsicherheiten und Transformationsphasen zu führen.

5.6.3 Risikoarchitektur zwischen Searcher und Kapitalgeber

Die Beziehung zwischen Searcher und Kapitalgeber im ETA-Prozess ist durch eine vielschichtige Risikoarchitektur geprägt, die sich nicht auf finanzielle Unsicherheiten beschränkt, sondern psychologische, institutionelle und kulturelle Dimensionen umfasst. Diese Risikoarchitektur entwickelt sich dynamisch im Verlauf des Such- und Transaktionsprozesses und stabilisiert oder destabilisiert die Interaktion zwischen beiden Seiten abhängig davon, wie Risiken wahrgenommen, kommuniziert und kollektiv interpretiert werden. Die besonders enge Kopplung zwischen Person und Kapital, die den ETA-Kontext kennzeichnet, erzeugt eine Situation, in der Risiko nicht allein aus numerischen Wahrscheinlichkeiten besteht, sondern aus relationalen Erwartungen, Wahrnehmungen von Integrität und Prognosen zukünftigen Verhaltens. Aus Sicht der Kapitalgeber ergibt sich das Risiko zunächst aus der strukturellen Asymmetrie der Beziehung. Während institutionelle Investoren im klassischen Private-Equity-Kontext auf umfangreiche historische Daten, Organisationsteams und vergangenheitsbasierte Leistungsindikatoren zurückgreifen können, steht im ETA-Kontext eine einzelne Person im Mittelpunkt der Entscheidung. Die Person des Searchers fungiert als Träger zukünftiger Wertschöpfung und als zentraler Unsicherheitsfaktor zugleich. Theorien der Ungewissheitsreduktion zeigen, dass Individuen unter Bedingungen hoher Nichtvorhersehbarkeit zu verstärktem Screening, misstrauischer Informationsverarbeitung und erhöhter Sensibilität für Abweichungen vom Erwartbaren neigen (March & Shapira, 1987). Kapitalgeber reagieren daher auf jede Form inkonsistenter Kommunikation, unscharfer Argumentation oder mangelnder Fristentreue mit erhöhter Risikoantizipation. Aufseiten des Searchers entsteht Risiko vor allem aus der doppelten Abhängigkeit, die seine Position kennzeichnet. Er hängt sowohl ökonomisch als auch identitär vom Vertrauen der Kapitalgeber ab, da sein Erwerbsmodell ohne institutionelle Unterstützung in der Regel nicht realisierbar ist. Gleichzeitig birgt die enge Bindung an Kapitalgeber die Gefahr einer Überanpassung, die zu defensiven oder unreflektierten Entscheidungsprozessen führen kann. Forschung zu unternehmerischen Selbstkonzepten zeigt, dass Entrepreneure unter Bedingungen potenzieller Ablehnung verstärkt dazu tendieren, antizipierte Erwartungen zu erfüllen, auch wenn diese den Erfordernissen der Zielorganisation widersprechen (Cardon et al., 2009). Die Risikoarchitektur wirkt damit nicht nur auf Kapitalgeber, sondern auch auf die psychologische Entscheidungsfreiheit des Searchers. Ein weiterer Bestandteil der Risikoarchitektur ist die Zeitdimension. Während Kapitalgeber Risiken häufig entlang portfoliologischer Logiken bewerten und daher die Möglichkeit besitzen, einzelne Fehlentwicklungen durch andere Investments zu kompensieren, trägt der Searcher eine nicht diversifizierbare Lebensrisikoposition. Sein persönliches, soziales und finanzielles Risiko ist in hohem Maße konzentriert und zeitlich unteilbar. Dies erzeugt eine asymmetrische Risikostruktur, in der Kapitalgeber zwar ökonomisch exponiert, aber psychologisch entkoppelt sind, während der Searcher psychologisch exponiert, aber ökonomisch vergleichsweise klein im Verhältnis zum Portfolio des Investors bleibt. Diese ungleiche Verteilung führt zu unterschiedlichen Risikowahrnehmungen und kann zu Spannungen führen, wenn Kapitalgeber Entscheidungen fordern, die aus ihrer Perspektive rational, aus der Perspektiven des Searchers jedoch existenziell riskant erscheinen. Auch auf institutioneller Ebene prägt die Risikoarchitektur die Interaktion. Kapitalgeber verfügen über etablierte Entscheidungsprozesse, Gremienstrukturen, Mandatslogiken und Legitimitätsanforderungen, die ihnen helfen, Risiken zu verarbeiten und zu institutionalisieren. Der Searcher verfügt über keine solchen Pufferstrukturen. Seine Risikoexposition ist direkt und unmittelbar. Institutionenökonomische Theorien zeigen, dass Akteure mit starken institutionellen Rückhaltstrukturen eher bereit sind, Risiken einzugehen, während Akteure ohne solche Strukturen zur Risikoaversion tendieren (North, 1990). Dies kann in ETA-Konstellationen zu einem Spannungsfeld zwischen der strategischen Risikobereitschaft des Investors und der operativen Risikoabwägung des Searchers führen, weshalb die Fähigkeit, diese Spannungslogik produktiv zu integrieren, einen Erfolgsfaktor für den gemeinsamen Weg durch Due Diligence, Transaktionsdesign und frühe Post-Closing-Phase darstellt. Einen weiteren Einfluss auf die Risikoarchitektur hat die narrative Dimension des ETA-Prozesses. Kapitalgeber interpretieren die Handlungen des Searchers nicht nur inhaltlich, sondern auch symbolisch. Jede Verzögerung, jede Korrektur der eigenen Annahmen und jede Veränderung im Vorgehen kann als Indikator für Entscheidungsstärke oder Unsicherheit interpretiert werden. Gleichzeitig entwickelt der Searcher Narrative über die Kapitalgeber, die seine Handlungsfreiheit prägen. Werden Investoren als stabil, unterstützend und wertschätzend wahrgenommen, erhöht dies die Risikobereitschaft des Searchers. Werden sie jedoch als wechselhaft, druckausübend oder distanziert erlebt, führt dies zu Selbstschutzmechanismen, die strategische Optionen frühzeitig einschränken. Weicks Sensemaking-Ansatz verdeutlicht, dass solche Narrative handlungsleitend wirken, da sie unscharfe Situationen strukturieren und Orientierungsrahmen schaffen (Weick, 1995). Nicht zu unterschätzen ist schließlich die Rolle moralischer Erwartungslogiken. Kapitalgeber erwarten verantwortungsvolle Hebelung, Transparenz über Risiken und redliches Reporting. Der Searcher erwartet im Gegenzug Fairness, Unterstützung und rechtzeitige Kommunikation. Enttäuschungen dieser moralischen Erwartungen haben Auswirkungen auf die Beziehungsstabilität. Mangelnde Kommunikation oder plötzlich veränderte Konditionen verursachen häufig stärkere Verwerfungen als objektive Risikoentwicklungen, da das Risiko nicht nur wirtschaftlich, sondern moralisch interpretiert wird. Der Erfolg der Finanzierungs- und frühen Integrationsphase hängt wesentlich davon ab, ob beide Seiten in der Lage sind, ihre Risikowahrnehmungen wechselseitig zu verstehen, Erwartungen offen zu kommunizieren und institutionelle wie kommunikative Strukturen zu schaffen, die Vertrauen stabilisieren. Die Fähigkeit des Searchers, diese Risikoarchitektur aktiv zu gestalten, ist damit ein zutiefst unternehmerisches Kompetenzmerkmal.

5.7 Closing und Eigentumsübergang

Die Phase des Closings und des Eigentumsübergangs markiert den juristischen und institutionellen Kulminationspunkt des gesamten ETA-Prozesses. Sie stellt den Übergang von der verhandelten, geplanten und finanzierten Transaktion zur rechtlich vollzogenen Übernahme dar und bildet damit die formale Schwelle, an der der Suchende zum Unternehmer wird. Dennoch wäre es eine grobe Vereinfachung, diese Phase lediglich als mechanischen Vollzug eines Vertragswerkes zu begreifen. Vielmehr handelt es sich hierbei um einen hochkomplexen Vorgang, in dem rechtliche Präzision, finanzielle Abstimmung, psychologische Balance und kommunikative Sensibilität zusammenfallen müssen, um einen reibungslosen Übergang zu ermöglichen. Die Qualität dieser Phase wirkt erheblich auf die unmittelbar anschließende Integrations- und Führungsphase zurück und beeinflusst sowohl die Stabilität des Übergangs als auch die Legitimität des neuen Eigentümers im Auge der Belegschaft, der Stakeholder und des scheidenden Unternehmers. Im juristischen Sinn bezeichnet das Closing den Moment, in dem die im Kaufvertrag definierten Vollzugsbedingungen erfüllt und die Eigentumsrechte wirksam übertragen werden. Dieser Moment ist das Ergebnis einer engen Abstimmung zwischen Rechtsanwälten, steuerlichen Beratern, Banken, Investoren und dem Verkäufer. Die Vorbereitungen des Closings umfassen die Finalisierung und Gegenzeichnung des Kaufvertrags, die Einrichtung der Zahlungskanäle, die rechtliche Prüfung der Vollzugsbedingungen sowie die Bereitstellung der relevanten Unterlagen zur Übertragung von Anteilen, Rechten und Pflichten. In der DACH-Region erfordert dieser Prozess eine notarielle Begleitung, was ihm nicht nur rechtliche, sondern auch rituelle Bedeutung verleiht: Der Notartermin ist häufig der symbolische Moment der Stabübergabe und besitzt gerade in familiengeführten Unternehmen einen emotionalen Stellenwert, der weit über seine formale Funktion hinausgeht. Der Closing-Prozess ist daher nicht nur rechtliches Ereignis, sondern ein Akt symbolischer Legitimation.

Gleichzeitig beinhaltet der Eigentumsübergang eine Vielzahl finanzieller Transaktionen, die präzise orchestriert werden müssen. Dazu zählen die Auszahlung des Kaufpreises, die Bereitstellung von Kreditmitteln, die Aktivierung oder Freigabe von Sicherheiten, die Einbuchung von Verkäuferdarlehen und die Einrichtung der neuen Holding- oder Erwerbsstruktur. Diese Vorgänge bedürfen einer engen Synchronisation, da die Wirksamkeit des Closings häufig an die gleichzeitige Erfüllung aller Bedingungen gebunden ist. Die Bereitstellung von Fremdkapital unterliegt in vielen Fällen eigenen Closing-Conditions, die nicht nur die wirtschaftliche Lage des Zielunternehmens, sondern auch die persönliche Bonität und Integrität des Erwerbers betreffen. Fehlende Unterlagen, unklare Vertragsklauseln oder abweichende Risikobewertungen können das Closing verzögern oder sogar gefährden. Daher ist diese Phase nicht nur Vollzug, sondern auch eine letzte Belastungsprobe der strukturellen Kohärenz der gesamten Transaktion.

Über die juristischen und finanziellen Aspekte hinaus besitzt das Closing eine erhebliche psychologische Dimension. Der Eigentümerwechsel markiert einen biografischen Einschnitt für den Verkäufer, insbesondere wenn dieser das Unternehmen selbst aufgebaut oder über Jahrzehnte geführt hat. Der Eigentumsübergang vollzieht sich nicht nur formal, sondern emotional. Dies geschieht oft erst in dem Moment, in dem der Verkäufer im Rahmen der Übergabe symbolisch „loslässt" und die neue Führung akzeptiert. Die Literatur zur Familienunternehmensforschung zeigt, dass dieser Moment ein kritischer Faktor für die spätere Kooperationsbereitschaft ist und dass ein respektvoll gestalteter Übergang spätere Spannungen deutlich reduziert (Holt et al., 2017). Im mittelständischen ETA-Kontext bedeutet dies, dass der Erwerber die psychologische Lage des Verkäufers antizipieren und berücksichtigen muss. Wertschätzung, Transparenz und eine feinfühlige Kommunikation sind in dieser Phase ebenso bedeutsam wie notarielle Präzision oder finanzielle Stabilität. Der Eigentumsübergang hat zudem eine organisationssoziologische Komponente. Für die Mitarbeitenden ist das Closing der Moment, in dem Unsicherheit, Gerüchte oder spekulative Erwartungen in faktische Realität übergehen. Obwohl ETA-Übernahmen typischerweise auf Kontinuität ausgerichtet sind, interpretieren Belegschaften den Eigentümerwechsel stets als potenzielle Strukturveränderung, unabhängig davon, ob diese tatsächlich geplant sind. Der neue Eigentümer muss diese Erwartungsräume aktiv gestalten, um Vertrauen zu schaffen und die anschließende Integrationsphase zu stabilisieren. Eine transparente Kommunikationsstrategie, die zum Zeitpunkt des Closings vorbereitet ist, gehört daher zu den zentralen Erfolgsfaktoren. Dies gilt umso mehr, als der Suchende im Unterschied zu institutionellen Käufern selbst zur Führungsfigur wird und seine Legitimität nicht aus institutioneller Größe, sondern aus persönlicher Glaubwürdigkeit bezieht.

In praktischer Hinsicht umfasst die Closing-Phase zudem die Übergabe operativer Schlüsselressourcen, etwa Bankvollmachten, Zugänge zu ERP-Systemen, Kunden- und Lieferantendaten, Warenbeständen oder Produktionsanlagen. Diese operative Übergabe ist ebenso sensibel wie die rechtliche Übertragung, da Versäumnisse in diesem Bereich unmittelbar die Funktionsfähigkeit des Unternehmens beeinträchtigen können. In vielen Fällen ist der Verkäufer in der Frühphase nach dem Closing noch operativ eingebunden, sei es durch vertragliche Verpflichtungen, Earn-Out-Regelungen oder ein Verkäuferdarlehen. Diese Phase erfordert eine klare Definition von Rollen und Verantwortlichkeiten, um Rollenkonflikte, Kompetenzüberschneidungen oder Missverständnisse zu vermeiden. Die Qualität dieser Kooperationsphase hängt wiederum entscheidend von der Art des Closings ab: Ein geordnetes, respektvolles und gut vorbereitetes Closing erleichtert die Übergangszeit erheblich und fördert die Akzeptanz des neuen Eigentümers in der Belegschaft. Der Wert eines professionell durchgeführten Closings liegt nicht allein in der rechtlichen Transaktion, sondern in der Schaffung eines tragfähigen Fundaments für die nachgelagerte Integrationsphase. In diesem Sinne bildet das Closing den Übergang von der gestalteten Übernahme zur gelebten Führung (Braun & Grichnik, 2023; Holt et al., 2017; Hunt & Fund, 2012).

5.7.1 Praktische Implikationen des Closing und Eigentumsübergang

Während der notarielle Vollzug den formalen Übergang der Eigentumsrechte besiegelt, entscheidet sich der Erfolg dieser Phase maßgeblich in jenen Zwischenräumen, die weder vertraglich geregelt noch operativ standardisiert sind. In diesen symbolischen, emotionalen und organisationalen Übergangszonen zeigt sich, ob der Erwerber in der Lage ist, den Übergang von der Transaktionslogik zur Führungslogik überzeugend zu gestalten. Diese Phase erfordert eine besonders hohe Sensibilität, da sie zugleich einen biografischen, psychologischen und institutionellen Wendepunkt darstellt (Holt et al., 2017).

In praktischer Hinsicht beginnt die Closing-Phase bereits vor dem eigentlichen Notartermin. Ein professionelles Closing erfordert eine strukturelle Vorbereitung, in der sämtliche Vollzugsbedingungen, vertragliche Komponenten und finanzielle Abläufe präzise abgestimmt werden. Die Funktion dieser Vorbereitung besteht in der Sicherstellung operativer Anschlussfähigkeit. Fehler oder Lücken in der Übergabe von Bankvollmachten, Zugangsrechten zu ERP-Systemen, Kunden- und Lieferantendaten oder produktionstechnischen Schlüsselinfrastrukturen können die operative Stabilität beeinträchtigen. Dies gilt insbesondere im deutschsprachigen Mittelstand, in dem Prozesse häufig personenbezogen organisiert sind und zentrale operative Arbeitsabläufe an einzelne Akteure, Gewohnheiten oder implizites Wissen gebunden sind (IfM Bonn, 2024). Die Transition stellt einen Prozess der operativen Re-Identifikation des Unternehmens unter neuer Eigentümerschaft dar. Obwohl der Notartermin aus rechtlicher Perspektive primär eine Formalität ist, besitzt er im mittelständischen Kontext eine tiefgreifende symbolische Bedeutung. Der Moment der Beurkundung ist oft der Augenblick, in dem Verkäufer die emotionale Realität des Loslassens erleben und der Erwerber erstmals in die Rolle des Verantwortlichen tritt. Dieser Moment kann eine hohe psychologische Dichte besitzen und sowohl Vertrauen als auch spätere Kooperationsbereitschaft prägen (Holt et al., 2017). Die Art und Weise, wie der Erwerber diesen Moment gestaltet, z. B. durch respektvolle Kommunikation, Transparenz und wertschätzende Haltung, beeinflusst die Bereitschaft des Verkäufers, in der Übergangsphase unterstützend mitzuwirken. Da viele mittelständische ETA-Transaktionen ein Verkäuferdarlehen oder Earn-Out-Komponenten enthalten, die eine Post-Closing-Zusammenarbeit implizieren, ist diese Bereitschaft von praktischer Bedeutung (Hunt & Fund, 2012). Über den juristischen Akt hinaus besitzt der Eigentumsübergang eine kommunikative Dimension, die für die Stabilisierung des Unternehmens essenziell ist. Für Mitarbeitende stellt das Closing den Moment dar, in dem Spekulationen und Unsicherheiten einer neuen unternehmerischen Realität weichen. Die ersten Informationen und Signale des neuen Eigentümers prägen die Mitarbeitererwartungen überproportional und haben langfristige Effekte auf Vertrauen, Leistung und Identifikation (Holt et al., 2017). Ein professionell gestaltetes Erstgespräch mit der Belegschaft, idealerweise gemeinsam mit dem scheidenden Eigentümer, wirkt dabei vertrauensbildend und reduziert kulturelle und emotionale Unsicherheiten. Diese Kommunikation sollte den Grundsatz der

Kontinuität betonen, klare Perspektiven vermitteln und zugleich die Werteorientierung des neuen Eigentümers sichtbar machen, ohne vorschnell strategische Neuerungen anzukündigen, die als Bedrohung wahrgenommen werden könnten. In ETA-Übernahmen gleicht dieser Moment einem Führungsritual, in dem der Erwerber erstmals als Legitimationsfigur in Erscheinung tritt.

Der Eigentumsübergang hat darüber hinaus eine governancebezogene Implikation, die häufig unterschätzt wird. Der Erwerber muss unmittelbar nach dem Closing institutionelle Führungsfähigkeit herstellen. Dazu gehören die Einrichtung neuer Reportingstrukturen, die Übernahme bankseitiger Verpflichtungen, die Etablierung der neuen Organisations- und Zeichnungsbefugnisse und die Implementierung einer strukturierenden Agenda für die ersten Wochen. Die ersten 30 bis 100 Tage nach dem Closing haben somit eine überproportionale Wirkung auf den späteren Integrationserfolg, da in dieser Phase die Wahrnehmung von Kompetenz, Präsenz und kultureller Anschlussfähigkeit entsteht (Braun & Grichnik, 2023). Der Erwerber sollte diesen Zeitraum als strategisches Zeitfenster begreifen, in dem Vertrauen aufgebaut, Stabilität vermittelt und gleichzeitig die Grundlage für spätere Weiterentwicklungen gelegt wird.

5.7.2 Erfolgsfaktoren des Closings und Eigentumsübergangs

Ein zentraler Erfolgsfaktor der Phase des Closings und Eigentumsübergangs liegt in der bereits beschriebenen sorgfältigen orchestrierten Vorbereitung des Closings. Die Qualität dieser Vorbereitung zeigt sich in der Fähigkeit, operative Anschlussfähigkeit sicherzustellen. Ein Closing, das formal korrekt ist, aber operative Brüche erzeugt, gefährdet das Vertrauen von Mitarbeitenden und Stakeholdern unmittelbar. Der Erwerber muss daher frühzeitig jene infrastrukturellen, administrativen und systemischen Abhängigkeiten identifizieren, die für die Funktionsfähigkeit des Unternehmens essenziell sind, und dafür Sorge tragen, dass diese am Tag des Eigentumsübergangs ohne Unterbrechung bestehen bleiben. Die Literatur verdeutlicht, dass operative Disruptionen in der frühen Übergangsphase einen signifikanten negativen Einfluss auf die spätere Integrationsfähigkeit haben, da sie Unsicherheit verstärken und das Vertrauen in die neue Führung beeinträchtigen (Hoffmann, 2023). Ein weiterer Erfolgsfaktor beruht auf der unmittelbaren Herstellung institutioneller Führungsfähigkeit. Denn allein die formale Eigentümerschaft begründet noch keine Führungskompetenz im organisationalen Sinne. Entscheidend ist, ob der Erwerber unmittelbar nach dem Closing jene Strukturen implementiert, die seine Rolle legitimieren und handlungsfähig machen. Dazu zählen die Etablierung eines transparenten Kommunikationsrhythmus mit Kapitalgebern, die formale Übernahme operativer Entscheidungsbefugnisse, die Einrichtung eines verlässlichen Informationssystems und die Wahrnehmung zentraler Repräsentationsaufgaben. Die ersten Wochen nach dem Closing wirken in der Logik der „Primacy-Effekte“ besonders stark, da sich Mitarbeitende in dieser Phase unbewusst Orientierungsmuster aneignen, die für die spätere Zusammenarbeit prägend bleiben (Holt et al., 2017). Eine früh hergestellte Struktur von Verlässlichkeit,

Ruhe und Präsenz hat bereits in der frühen Integrationsphase signifikante Auswirkungen auf Vertrauen, Effizienz und Stabilität (Hoffmann, 2023). Schließlich ist ein wesentlicher Erfolgsfaktor die persönliche Selbststeuerungsfähigkeit des Erwerbers. Der Übergang von einer analytischen Rollenidentität als Suchender, Verhandler und Finanzierer zu einer führenden Rollenidentität als Eigentümer, Entscheider und Repräsentant, stellt eine psychologische Transformation dar, die in der Literatur als „entrepreneurial role transition" beschrieben wird (Hunt & Fund, 2012). In dieser Phase tritt die Fähigkeit in den Vordergrund, mit Ambiguität umzugehen, emotionale Belastungen zu regulieren, externe Erwartungen zu managen und gleichzeitig ein authentisches Führungsprofil zu entwickeln. Der Eigentumsübergang verlangt vom Erwerber, eine Balance zwischen Zurückhaltung und Präsenz zu finden: zu früh gesetzte Impulse können die Organisation destabilisieren, zu große Zurückhaltung wiederum kann zu Verunsicherung führen. In dieser Phase gilt für die neuen Eigentümer, eine Form von „situativer Reife" und damit die Fähigkeit zu entwickeln, zunächst den Rhythmus der Organisation aufzunehmen, bevor sie ihn verändern (Holt et al., 2017).

5.8 Die Integrationsphase

Die Integrationsphase bildet den Übergang von der formalen Eigentümerschaft zur tatsächlichen Führungspraxis. Während das Closing die rechtliche und finanzielle Übertragung der Verantwortung abschließt, entscheidet sich in der Integration, ob der neue Eigentümer in der Lage ist, die Organisation zu verstehen, zu stabilisieren und in einen tragfähigen Entwicklungsmodus zu überführen. Insbesondere in kleinen und mittleren Unternehmen des deutschsprachigen Mittelstands ist diese frühe Übergangsphase von einer hohen psychologischen und organisatorischen Fragilität geprägt, da bestehende Routinen, implizites Wissen und kollektive Erwartungen auf einen neuen Führungsstil treffen (Holt et al., 2017). Anders als in institutionell geführten M&A-Prozessen tritt der Käufer im ETA-Kontext nicht als abstrakte Eigentümerstruktur, sondern als konkrete Person in Erscheinung, was die Bedeutung der frühen Integrationsphase erheblich verstärkt (Hunt & Fund, 2012). Im Zentrum der Integrationsphase steht ein wechselseitiger Interpretationsprozess. Die Organisation versucht zu verstehen, wer der neue Eigentümer ist, welche Werte er vertritt und welche Art von Führung er verkörpert, während der Erwerber seinerseits bemüht ist, die Funktionslogik, die informellen Strukturen und die kulturellen Muster des Unternehmens zu erfassen. Diese gegenseitige Beobachtung erzeugt ein hohes Maß an Sensibilität, da beide Seiten versuchen, aus den frühen Eindrücken stabile Erwartungen für die Zukunft abzuleiten. FDie wechselseitige Erwartungsbildung beeinflusst die Wahrnehmung späterer Handlungen des Eigentümers (Holt et al., 2017). Eine gelungene Integration erfordert daher eine Haltung des aktiven Zuhörens, der systematischen Beobachtung und der bewussten Selbstreflexion. Eine zentralerr Auffgabe in der Integrationsphase ist die Stabilisierung der operativen Grundstrukturen. Nach dem Eigentumsübergang befindet sich die Organisation in einer ambigen Phase erhöhter Sensibilität, in der sie zugleich Kontinuität erwartet und

Veränderung antizipiert. Stabilisierung meint daher die Sicherstellung der täglichen Funktionsfähigkeit, insbesondere in jenen Prozessen, die die Wertschöpfung tragen oder für die soziale Ordnung der Organisation bedeutsam sind. Ein Erwerber, der vorschnell in operative Prozesse eingreift, ohne deren implizite Logik zu verstehen, riskiert hingegen unbeabsichtigte Störungen und kulturelle Irritationen (Hoffmann, 2023). Die kulturelle Integration ist ein weiterer zentraler Bestandteil dieser Phase. Organisationskultur ist kein explizites Regelwerk, sondern ein Gefüge aus implizitem Wissen, sozialen Routinen und historisch gewachsenen Symbolen. Gerade in eigentümergeprägten Unternehmen besitzt sie eine starke identitätsstiftende Funktion. Die Kultur einer Organistaion ist in Übergangssituationen besonders wirkmächtig, da sie Orientierung bietet und Unsicherheit reduziert (Holt et al., 2017). Neue Eigentümer sollten daher zunächst die kulturellen Ankerpunkte erkennen, die das Unternehmen tragen, bevor sie versuchen, Veränderungsprozesse einzuleiten. Diese Sensibilität verhindert kulturelle Fehlinterpretationen und bildet die Grundlage für späteres, organisationsadäquates Wachstum. Auf struktureller Ebene umfasst die Integrationsphase die Etablierung institutioneller Führungsfähigkeit. Diese manifestiert sich in klaren Kommunikationsrhythmen, definierten Entscheidungswegen und einem systematischen Reporting, das Transparenz schafft und Orientierung bietet. Anders als in reifen Organisationen, in denen formale Strukturen bereits etabliert sind, muss ein ETA-Unternehmer diese Ordnung häufig erst herstellen. Ihre Wirkung ist weitreichend: Sie signalisieren Professionalität und Verlässlichkeit, entlasten die Organisation von interpretativen Unsicherheiten und schaffen eine Grundlage für strategische Weiterentwicklung (Braun & Grichnik, 2023). In diesem Sinne werden institutionelle Strukturen zu Werkzeugen der Führungslegitimation. Zugleich besitzt die Integrationsphase eine strategische Dimension. In den ersten Monaten nach der Übernahme entsteht eine wachsende Tiefe des organisatorischen und kulturellen Verständnisses, die es dem Erwerber ermöglicht, erste strategische Synthesen vorzunehmen. Diese Synthesen sind noch keine ausformulierten Strategien, sondern strukturierende Hypothesen darüber, wie das Unternehmen sich angesichts seiner Ressourcenbasis, Marktposition und kulturellen Muster weiterentwickeln kann. Solche Hypothesen sollten in einem dialogischen Prozess gemeinsam mit Schlüsselpersonen entwickelt werden, damit sie sowohl Akzeptanz als auch inhaltliche Schärfe erreichen (Hunt & Fund, 2012). Die Strategie erhält damit den Charakter eines gemeinsam getragenen Entwicklungsrahmens.

Schließlich stellt die Integrationsphase auch eine psychologische Transformation für den Erwerber selbst dar. Die Rolle des Suchenden, der analysiert, bewertet und verhandelt, unterscheidet sich grundlegend von der Rolle des Eigentümers, der entscheidet, repräsentiert und führt. Diese Transformation verlangt Selbstregulation, Ambiguitätstoleranz und die Fähigkeit, Unsicherheit in konstruktive Orientierung zu übersetzen. Gerade die Fähigkeit, eigene Erwartungen zu kalibrieren und die psychologische Dynamik des Übergangs bewusst zu gestalten, ist ein Kernelement nachhaltiger Führungsfähigkeit ist (Hoffmann, 2023).

5.8.1 Praktische Implikationen der Integrationsphase

In ihrer Gesamtheit lässt sich die Integrationsphase als ein reflexiver, dialogischer und struktureller Übergangsprozess begreifen, in dem Beobachtung, Stabilisierung, kulturelles Verständnis, institutionelle Ordnung und strategische Orientierung miteinander verwoben sind. Sie entscheidet darüber, ob der neue Eigentümer mit kultureller Anschlussfähigkeit, organisatorischer Stabilität und institutioneller Legitimität in die Entwicklungs- und Reifephase eintritt. Die Integration ist daher kein randständiger Abschnitt des ETA-Prozesses, sondern der eigentliche Beginn nachhaltiger Führung. Die praktischen Implikationen der Integrationsphase ergeben sich aus der besonderen Doppelnatur dieser Phase: Sie ist zugleich eine Phase des Verstehens und eine Phase des Gestaltens. Der neue Eigentümer muss sich in eine bestehende Organisationslogik einfügen, ohne sich darin zu verlieren, und gleichzeitig die Grundlagen einer neuen Führungsarchitektur schaffen, ohne die Organisation zu überfordern. Hierfür bedarf es einer operativen Architektur, die den besonderen Bedingungen von Entrepreneurship through Acquisition Rechnung trägt. Die einschlägige ETA-Forschung befindet sich weiterhin in einem frühen Entwicklungsstadium und bietet bislang nur begrenzte empirische Erkenntnisse über die Führung des erworbenen Unternehmens nach dem Vollzug der Transaktion. Eine erste Konsequenz betrifft daher die zeitliche Strukturierung der Integration. Die gebotene Offenheit gegenüber der bestehenden Organisation darf nicht zu einer führungspraktischen Unbestimmtheit führen. Zweckmäßig ist ein hypothesengeleiteter Plan für die ersten hundert Tage, der den Übergang in aufeinander bezogene Lern- und Gestaltungsphasen gliedert. Während der ersten Wochen stehen die Sicherung der Handlungsfähigkeit, die Erfassung akuter Risiken und das Verständnis der betrieblichen Funktionslogik im Vordergrund. Daran schließt sich eine Phase an, in der erste Annahmen über Ursachen, Abhängigkeiten und Entwicklungsmöglichkeiten systematisch überprüft werden. Erst auf dieser Grundlage sollten begrenzte Veränderungen eingeleitet werden. Der Plan erfüllt damit eine Ordnungsfunktion, ohne den Erkenntnisprozess durch vorab festgelegte Transformationsziele zu verengen. Er sollte Beobachtungsfragen, Verantwortlichkeiten, Prüftermine und Entscheidungskriterien enthalten. Maßnahmen bleiben überprüfbare Hypothesen, bis ihre betrieblichen Voraussetzungen und möglichen Nebenfolgen hinreichend verstanden sind. Die Integrationsforschung zeigt, dass sachbezogene und soziale Integration unterschiedlichen zeitlichen Logiken folgen und erst in ihrer wechselseitigen Abstimmung zur Wertschöpfung beitragen. Ein wirksames Integrationsmanagement folgt deshalb einer sequenziellen Logik, die frühe Stabilisierung, zwischenmenschliche Anschlussfähigkeit und spätere strukturelle Veränderung miteinander verbindet (Birkinshaw et al., 2000; Graebner et al., 2017). Besondere Aufmerksamkeit erfordert die Rolle des bisherigen Eigentümers. Seine weitere Mitwirkung kann den Wissenstransfer erleichtern, Kundenbeziehungen stabilisieren und die soziale Legitimation des Nachfolgers fördern. Eine unbestimmte Übergangsrolle birgt jedoch erhebliche Risiken. Bleibt ungeklärt, wer Entscheidungen trifft, gegenüber

Mitarbeitern Weisungen erteilt oder strategische Fragen mit wichtigen Geschäftspartnern erörtert, entsteht eine konkurrierende Autoritätsordnung. Die Organisation erhält widersprüchliche Signale und kann Konflikte zwischen Kontinuität und Veränderung auf zwei Führungspersonen verteilen. Der ETA-Unternehmer sollte daher bereits vor dem Vollzug der Transaktion eine verbindliche Übergabearchitektur vereinbaren. Sie bestimmt Aufgaben, Entscheidungsrechte, Kommunikationswege, zeitliche Verfügbarkeit und Rückzugsschritte des Verkäufers. Ebenso bedarf es einer Regelung für den Fall, dass beide Seiten eine betriebliche Situation unterschiedlich beurteilen. Die Rolle des Verkäufers kann beratend, repräsentativ oder wissensvermittelnd ausgestaltet werden. Operative Letztentscheidungen müssen gleichwohl eindeutig zugeordnet bleiben. Diese Klarheit besitzt auch kulturelle Bedeutung. Empirische Befunde zur Führungsnachfolge weisen darauf hin, dass der fortbestehende Einfluss des Vorgängers die kulturelle Gestaltungskraft des Nachfolgers begrenzen kann (Li et al., 2024). Daraus folgt keine generelle Forderung nach einem möglichst schnellen Ausscheiden des Verkäufers. Ein abruptes Ende kann gerade in stark personengebundenen Unternehmen wertvolles Wissen und soziales Kapital vernichten. Erforderlich ist vielmehr eine kontrollierte Entflechtung. Die Übergangsphase sollte so lange dauern, wie sie einen erkennbaren Beitrag zur Übertragung kritischer Fähigkeiten und Beziehungen leistet. Sobald die fortgesetzte Präsenz des Verkäufers die Autoritätsbildung des Nachfolgers beeinträchtigt oder die Organisation in einer dauerhaften Erwartung an die frühere Führungsordnung hält, verliert sie ihre funktionale Rechtfertigung. Eng mit der Verkäuferrolle verbunden ist die Sicherung personengebundenen Wissens. In eigentümergeprägten Unternehmen konzentrieren sich erfolgskritische Kenntnisse häufig auf wenige Personen. Dazu gehören technische Erfahrungswerte, Kalkulationslogiken, Besonderheiten einzelner Kunden, informelle Absprachen mit Lieferanten, historisch gewachsene Preiszugeständnisse und die Fähigkeit, betriebliche Störungen aufgrund impliziter Erfahrung frühzeitig zu erkennen. Der bloße Fortbestand von Arbeitsverträgen gewährleistet den Erhalt dieses Wissens nicht. Für den ETA-Unternehmer empfiehlt sich daher eine systematische Schlüsselpersonen- und Wissensrisikoanalyse. Sie sollte erfassen, welche Kenntnisse oder Beziehungen für den Geschäftsbetrieb unverzichtbar sind, wie stark sie bei einzelnen Personen konzentriert sind, wie kurzfristig sie ersetzt werden könnten und wie hoch das jeweilige Abwanderungsrisiko einzuschätzen ist. Aus dieser Analyse ergeben sich differenzierte Maßnahmen. Bei gefährdeten Schlüsselpersonen können frühzeitige Bindungsgespräche, nachvollziehbare Perspektiven, angepasste Verantwortungsbereiche oder zeitlich begrenzte Bindungsvereinbarungen angezeigt sein. Wissenssicherung verlangt daneben Formen gemeinsamer Arbeit, begleitete Übergaben, dokumentierte Entscheidungsfälle und den schrittweisen Aufbau von Stellvertretungen. Reine Prozessdokumentationen erfassen implizites Wissen nur unvollständig. Gerade komplexe Fähigkeiten werden häufig durch Beobachtung, gemeinsame Problemlösung und wiederholte Anwendung übertragen. Die Akquisitionsforschung belegt, dass der Erhalt zentraler Mitarbeiter und die Gestaltung geeigneter sozialer Austauschprozesse wesentliche Voraussetzungen für den Transfer erworbener Fähigkeiten bilden (Ranft & Lord, 2002). Loyalität gegenüber dem bisherigen Eigentümer darf dabei nicht vorschnell als mangelnde Offenheit gegenüber dem Nachfolger interpretiert werden. Sie kann Ausdruck gewachsener Bindungen und eines ausgeprägten Verantwortungsgefühls für das Unternehmen sein. Neben der personellen Kontinuität bildet die Liquiditätssicherung einen eigenständigen Integrationsauftrag. Diese Anforderung besitzt für ETA-Unternehmen besondere Tragweite, da ein erheblicher Teil der Transaktionen fremdfinanziert wird und der Kapitaldienst unmittelbar nach dem Eigentumsübergang einsetzt. Eine positive Ergebnisrechnung schützt unter diesen Bedingungen nicht vor Zahlungsengpässen. Forderungslaufzeiten, saisonale Schwankungen, Lageraufbau, Steuerzahlungen, Investitionsrückstände und einmalige Transaktionsfolgekosten können die finanzielle Belastbarkeit erheblich mindern. Der ETA-Unternehmer sollte deshalb bereits zum Zeitpunkt des Vollzugs über eine rollierende Liquiditätsplanung verfügen, die mindestens die folgenden dreizehn Wochen detailliert abbildet und regelmäßig aktualisiert wird. Ergänzend sind der Kapitaldienst, etwaige Kreditauflagen, Steuertermine und absehbare Investitionsbedarfe in einem verbindlichen Finanzkalender zu erfassen. Die finanzielle Steuerung sollte zwischen Ergebnis, Cashflow und verfügbarer Liquidität unterscheiden. Gerade in der frühen Integrationsphase kann ein scheinbar stabiles Ergebnis verdecken, dass Kunden später zahlen, Vorräte stärker anwachsen als erwartet oder Investitionen aufgeschoben wurden. Neben einem realistischen Basisszenario empfiehlt sich daher ein Belastungsszenario, das etwa den Verlust eines bedeutenden Kunden, eine verzögerte Forderungsbegleichung oder einen vorübergehenden Margenrückgang berücksichtigt. Die Forschung zu finanzieller Anspannung zeigt, dass hoch verschuldete Unternehmen in wirtschaftlich schwierigen Situationen operative Nachteile und Marktanteilsverluste erleiden können, weil ihre finanziellen Handlungsspielräume eingeschränkt sind (Opler & Titman, 1994). Für ETA-Unternehmer folgt daraus, dass Liquiditätsreserven keine unproduktive Vorsicht darstellen. Sie sichern die strategische Entscheidungsfähigkeit und verhindern, dass kurzfristiger Finanzierungsdruck zu übereilten Eingriffen in Personal, Kundenbeziehungen oder notwendige Investitionen führt. Die Integrationskommunikation muss sich zugleich auf den gesamten Kreis relevanter Anspruchsgruppen erstrecken. Neben den Mitarbeitern beobachten insbesondere Schlüsselkunden, Lieferanten, Kreditgeber, Vermieter und Kooperationspartner, welche Folgen der Eigentümerwechsel für die Verlässlichkeit des Unternehmens haben könnte. Die Kommunikation sollte deshalb nach Bedeutung, Informationsbedarf und möglicher Risikowirkung differenziert werden. Für zentrale Geschäftspartner sind persönliche Gespräche regelmäßig angemessener als standardisierte Mitteilungen. Im Mittelpunkt stehen die Kontinuität der Leistungserbringung, die Erreichbarkeit des neuen Eigentümers und der Umgang mit bestehenden Vereinbarungen. Umfassende strategische Ankündigungen oder vorschnelle Wachstumsversprechen erhöhen demgegenüber die Gefahr späterer Glaubwürdigkeitsverluste. Auch gegenüber den Mitarbeitern ist Transparenz mit epistemischer Redlichkeit zu verbinden. Der neue Eigentümer sollte benennen, was bereits entschieden wurde, welche Fragen noch geprüft werden und wann mit weiteren Informationen zu rechnen ist. Diese Differenzierung schützt vor dem Eindruck taktischer Beschwichtigung und verringert den Raum für Gerüchte. Schweiger und DeNisi (1991) konnten in einer longitudinalen Feldstudie zeigen, dass realistische und kontinuierliche Kommunikation dysfunktionale Reaktionen auf eine Unternehmensverbindung reduzieren kann. Für die ETA-Praxis bedeutet dies, dass Glaubwürdigkeit weniger durch vollständige Gewissheit als durch Verlässlichkeit im Umgang mit bestehender Ungewissheit entsteht. Parallel dazu benötigt das Unternehmen ein schlankes, verlässlich praktiziertes Führungs- und Steuerungssystem. In vielen mittelständischen Zielunternehmen beruhen Entscheidungen auf unmittelbarer Abstimmung mit dem bisherigen Eigentümer. Nach dessen Rückzug entsteht eine institutionelle Leerstelle, sofern keine neuen Entscheidungsroutinen geschaffen werden. Ein wöchentliches operatives Steuerungsgespräch, ein monatlicher Finanz- und Leistungsreview, eine begrenzte Zahl aussagekräftiger Kennzahlen sowie eine nachvollziehbare Dokumentation wesentlicher Entscheidungen können bereits eine tragfähige Grundordnung bilden. Der Wert dieser Instrumente liegt in ihrer Regelmäßigkeit, nicht in ihrer formalen Komplexität. Ein umfangreiches Berichtssystem mit ungeprüfter Datenqualität erzeugt Scheingenauigkeit und bindet Aufmerksamkeit, ohne die Entscheidungsfähigkeit zu verbessern. Die Kennzahlen sollten sich auf jene Größen konzentrieren, die das Geschäftsmodell und seine gegenwärtigen Risiken tatsächlich abbilden. Hierzu können Auftragseingang, Auftragsbestand, Rohertrag, Auslastung, Reklamationen, Forderungsalter, Liquidität und Personalfluktuation gehören. Für jede Kennzahl bedarf es einer eindeutigen Definition, einer verantwortlichen Person und eines festgelegten Auswertungsrhythmus. Zugleich sollte der ETA-Unternehmer wesentliche Entscheidungen mit ihren Annahmen und erwarteten Wirkungen dokumentieren. Auf diese Weise entsteht eine organisationale Lernspur, anhand derer sich später beurteilen lässt, welche Annahmen tragfähig waren und wo Wahrnehmungs- oder Bewertungsfehler vorlagen. Besondere Zurückhaltung ist gegenüber dem verbreiteten Postulat früher Erfolge geboten. Der Begriff des schnellen Erfolgs suggeriert, dass sichtbare Aktivität bereits einen eigenständigen Wert besitze. Für die Integrationsphase ist diese Annahme riskant. Frühe Maßnahmen sollten anhand ihrer Reversibilität, ihrer betrieblichen Abhängigkeiten, ihrer Informationsgrundlage, ihrer Liquiditätswirkung und ihrer symbolischen Bedeutung ausgewählt werden. Geeignet sind vor allem Veränderungen, deren Nutzen für die Organisation erkennbar ist und deren mögliche Nebenfolgen begrenzt bleiben. Dazu können die Beseitigung administrativer Hindernisse, die Klärung lange ungeklärter Zuständigkeiten oder die Behebung offenkundiger technischer Mängel zählen. Eingriffe in Führungsstrukturen, Personalbestand, Marke, Vergütungssysteme oder strategische Positionierung besitzen demgegenüber eine hohe Pfadwirkung. Sie sollten erst erfolgen, wenn ihre sachlichen Voraussetzungen, sozialen Folgen und finanziellen Konsequenzen hinreichend geprüft wurden. Zur Sicherung dieser Disziplin empfiehlt sich ein eigenständiges Integrationsrisikoregister. Es sollte die wichtigsten Gefährdungen, ihre Frühindikatoren, Eintrittswahrscheinlichkeiten, möglichen Auswirkungen, Verantwortlichkeiten und Gegenmaßnahmen enthalten. Typische Risikofelder betreffen den Verlust von Schlüsselpersonen oder bedeutenden Kunden, Liquiditätsengpässe, Liefer- und Qualitätsprobleme, ungeklärte rechtliche Verpflichtungen, Schwächen der Informationstechnik, widersprüchliche Interventionen des Verkäufers und die persönliche Überlastung des Nachfolgers. Das Register ersetzt keine unternehmerische Beurteilung. Es zwingt jedoch dazu, diffuse Befürchtungen in beobachtbare Sachverhalte und vorbereitete Reaktionsmöglichkeiten zu überführen. Damit wird die Integrationsfähigkeit weniger von situativer Aufmerksamkeit und persönlicher Belastbarkeit abhängig. Ein weiteres Risiko entsteht, wenn der ETA-Unternehmer selbst zum Engpass der übernommenen Organisation wird. Der Übergang vom Suchprozess in die operative Führung begünstigt die Vorstellung, jede wesentliche Entscheidung persönlich kontrollieren zu müssen. Dieses Verhalten ist angesichts der eigenen finanziellen Exponierung nachvollziehbar, führt jedoch rasch zu einer Überlastung der Führungsspitze und zur Entmündigung vorhandener Mitarbeiter. Der Searcher sollte deshalb frühzeitig unterscheiden, welche Entscheidungen aufgrund ihrer strategischen, finanziellen oder rechtlichen Tragweite bei ihm verbleiben müssen und welche Aufgaben delegiert werden können. Delegation setzt klare Entscheidungsspielräume, definierte Eskalationsgrenzen und regelmäßige Rückkopplung voraus. Sie ist damit Ausdruck institutionalisierter Führung und keine bloße Entlastungsmaßnahme. Bei investorenfinanzierten Search Funds kommt die Beziehung zum Beirat oder zu den Kapitalgebern hinzu. Berichtsrhythmen, zustimmungspflichtige Entscheidungen und Eingriffsschwellen sollten vor Beginn der operativen Führung geklärt sein. Eine unbestimmte Governance erhöht die Gefahr, dass der Searcher zwischen den kurzfristigen Erwartungen der Organisation und den finanziellen oder strategischen Erwartungen der Investoren vermittelt, ohne über ein eindeutiges Mandat zu verfügen. Self-Funded-Searcher besitzen häufig größere formale Autonomie, tragen dafür jedoch ein höheres persönliches Finanzierungsrisiko und verfügen meist über geringere personelle Unterstützung. Beide Modelle verlangen daher unterschiedliche Formen der Selbstbegrenzung und externen Reflexion. Der ETA-Unternehmer benötigt einen Kreis kompetenter Gesprächspartner, der operative Verantwortung weder ersetzt noch durch unverbindliche Ratschläge erschwert. Die Forschung zu ETA weist gerade bei Governance, persönlichem Risiko und der Führung während der Haltephase noch erhebliche Erkenntnislücken auf, bestätigt jedoch die strukturellen Unterschiede zwischen den verschiedenen Erwerbsmodellen (Hoffmann et al., 2024). Schließlich sollte das Ende der Integrationsphase anhand sachlicher Kriterien bestimmt werden. Der bloße Ablauf einer festgelegten Frist bietet hierfür keine ausreichende Grundlage. Der Übergang in eine Entwicklungs- oder Transformationsphase ist erst verantwortbar, wenn die operative Leistung stabilisiert, die kurzfristige Liquidität gesichert, kritisches Wissen übertragen und die Rolle des Verkäufers geklärt ist. Hinzukommen belastbare Führungs- und Berichtsstrukturen, eine hinreichende Bindung der Schlüsselpersonen sowie strategische Annahmen, die anhand betrieblicher Informationen und im Dialog mit relevanten Akteuren überprüft wurden. Eine zu frühe Transformation erhöht die Gefahr, auf unvollständiger Kenntnis irreversible Entscheidungen zu treffen. Eine übermäßig verlängerte Integration kann dagegen Unsicherheit verstetigen und den Eindruck mangelnder Orientierung erzeugen. Die Integrationsphase endet somit weder mit vollständiger Kenntnis noch mit abschließender kultureller Einfügung. Ein solcher Zustand ist in sozialen Systemen kaum erreichbar. Ihr Abschluss ist erreicht, wenn der neue Eigentümer über eine hinreichend belastbare Grundlage verfügt, um Veränderungen mit kalkulierbarem Risiko einzuleiten und ihre Wirkungen systematisch zu beurteilen. Praktische Integrationskompetenz zeigt sich daher vor allem in der Qualität der zeitlichen Abfolge. Der ETA-Unternehmer muss wissen, welche Entscheidungen sofort erforderlich sind, welche zunächst vorbereitet werden müssen und welche bewusst aufzuschieben sind. In dieser Fähigkeit zur begründeten Sequenzierung verbindet sich unternehmerische Entschlossenheit mit organisationaler Urteilskraft.

5.8.2 Dynamiken von Macht, Vertrauen und informeller Autorität im Integrationsprozess: Integrationsrisiken und Frühwarnindikatoren

Die Integrationsphase eines ETA-Prozesses ist nicht allein ein organisatorischer Übergang, sondern ein hochsensibler sozialer und psychologischer Macht- und Bedeutungsraum, in dem formale Eigentümerschaft, informelle Einflussstrukturen und kollektive Erwartungen aufeinanderprallen. Gerade in kleinen und mittelständischen Unternehmen entfalten diese Dynamiken eine Intensität, die weit über klassische Post-Merger-Integrationsprozesse hinausgeht, da die bisherige Eigentümerfigur oft nicht nur formale, sondern auch symbolische und kulturelle Autorität verkörperte (Holt et al., 2017). Der neue Eigentümer tritt folglich nicht in ein neutrales Machtfeld ein, sondern in ein Gefüge aus gewachsenen Beziehungen, impliziten Loyalitäten und informellen Machtzentren. Solche Strukturen entfalten eine ebenso große, oft sogar größere Wirkung auf Verhalten und Entscheidungsprozesse wie formale Führungsstrukturen (French & Raven, 1959; Pfeffer, 2010). In der frühen Integrationsphase entsteht daher eine paradoxe Situation: Der neue Eigentümer verfügt über formale Autorität, während informelle Autorität noch vollständig im Besitz anderer Akteure ist. Informelle Autorität speist sich nicht aus Titeln, sondern aus Glaubwürdigkeit, Beziehungsqualität, Expertise, historischer Legitimität und der Fähigkeit, interpretative Orientierung zu bieten (Magee & Galinsky, 2008). In eigentümergeprägten Unternehmen sind diese Autoritätsformen häufig über Jahrzehnte hinweg personalisiert worden und haben sich tief in die soziale Struktur der Organisation eingeschrieben. Der neue Eigentümer steht damit vor der Herausforderung, seine formale Autorität in informelle Autorität zu transformieren, ohne in Konkurrenz zu bestehenden informellen Machtfiguren zu geraten. Dieser Transformationsprozess gelingt nicht über Anordnungen oder schnelle Entscheidungen, sondern über die Fähigkeit, konsistente Verhaltenssignale, verlässliche Präsenz und strukturelle Klarheit zu vermitteln (Hunt & Fund, 2012).

Vertrauen ist in diesem Kontext die zentrale Währung der Integration. Doch Vertrauen wird in Übergangssituationen im Modus „Suspension" gebildet. Dieser wirkt als eine Art vorläufiger Vertrauensvorschuss, der durch die ersten Verhaltens- und Kommunikationsmuster des neuen Eigentümers rasch bestätigt oder widerlegt wird (Lewicki et al., 2006). Der kritische Punkt besteht darin, dass Vertrauen in Übergangsorganisationen ein flüchtiges Gut ist. Eine einzige irritierende Handlung kann überproportional negative Wirkung entfalten, während mehrere konsistente positive Signale notwendig sind, um Vertrauen aufzubauen und nachhaltig zu festigen. Dieses Ungleichgewicht macht die Integrationsphase anfällig für Fehlinterpretationen und symbolische Überladungen, insbesondere wenn der Erwerber unbewusst eigene Unsicherheiten durch operative Eingriffe oder übermäßige Präsenz kompensiert (Hoffmann, 2023). Die Dynamik informeller Machtzentren stellt in dieser Phase ein Integrationsrisiko dar. Informelle Macht kann konstruktiv wirken, wenn sie kulturelle Kontinuität und implizites Wissen trägt und damit Veränderungsprozesse unterstützt. Sie kann jedoch destruktiv werden, wenn sie sich in Opposition zum neuen Eigentümer formiert, etwa aus verletzten Loyalitäten, aus Angst vor Kontrollverlust oder aufgrund falsch interpretierter Frühsignale. Verdeckte Oppositionen, die nicht offen artikuliert werden, können die Umsetzung von Entscheidungen subtil blockieren, Informationsflüsse verlangsamen oder Interpretationsräume verzerren (Holt et al., 2017). Diese Dynamiken zeigen sich oft in mikrosozialen Verhaltensmustern. Deshalb ist die Fähigkeit des neuen Inhabers entscheidend, Frühwarnindikatoren solcher Integrationsrisiken zu erkennen. Zu den empirisch gut belegten Indikatoren zählen Veränderungen in der Kommunikationsqualität, insbesondere wenn Informationen langsamer oder selektiver fließen als zuvor (Pfeffer, 2010). Ebenso gehören nonverbale Distanzierungsphänomene, das Ausweichen vor Gesprächen, das Zurückhalten impliziten Wissens oder subtile Loyalitätsverschiebungen zu jenen ersten Anzeichen, dass die Organisation den neuen Eigentümer nicht als legitim akzeptiert. Weitere Signale sind Rückzugstendenzen bei Schlüsselpersonen, erhöhte Fluktuationsabsichten oder eine übermäßige Fixierung der Mitarbeitenden auf die Figur des alten Eigentümers (Holt et al., 2017). Ein besonders kritischer Frühindikator besteht in der Ausbildung konkurrierender Interpretationsnarrative. Organisationen orientieren sich in Übergangsphasen nicht primär an Fakten, sondern an kollektiven Deutungsmustern, die in informellen Gesprächen erzeugt und verstärkt werden (Weick, 1995). Wenn Mitarbeitende beginnen, das Verhalten des neuen Eigentümers systematisch zu reinterpretieren, etwa als unsicher, als distanziert oder als übergriffig, entsteht ein Deutungsrahmen, der schwer zu korrigieren ist. Diese Signale gilt es frühzeitig zu erkennen und Deutungsräume der Organisation durch klare, konsistente und transparente Kommunikation zu stabilisieren (Braun & Grichnik, 2023). Ein weiteres Risiko besteht in der Überforderung informeller Machtträger, wenn sie durch den Eigentumswechsel plötzlich in eine Vermittlerrolle zwischen Vergangenheit und Zukunft gedrängt werden. Nicht selten werden langjährige Mitarbeitende als „Brückenpersonen" betrachtet und in diese Funktion gesetzt, ohne dass sie die psychologische und soziale Kapazität besitzen, diese doppelte Loyalität produktiv zu managen. Dadurch können sie unbewusst in Rollenkonflikte geraten, die ihre Arbeitsfähigkeit beeinträchtigen, ihre Loyalität fragmentieren und sie anfällig für Überidentifikation oder verdeckte Resignation machen (Holt et al., 2017). Die praktische Konsequenz besteht darin, diese Personen nicht aus funktionalem Kalkül zu instrumentalisieren, sondern sie durch klare Rollenklärung, Anerkennung und dialogische Einbindung zu stabilisieren. Schließlich entsteht ein Integrationsrisiko aus dem Missverhältnis zwischen dem Veränderungsdruck des neuen Eigentümers und der Adaptionsfähigkeit der Organisation. Der Erwerber befindet sich nach dem Closing häufig in einem Zustand erhöhter Aktivierungsenergie: Er will gestalten, verbessern, optimieren. Die Organisation hingegen sucht Orientierung, Kontinuität und psychologische Sicherheit. Dieses Asynchronitätsphänomen führt oft zu Fehlanpassungen, die sich in Misstrauen, Überinterpretation von Veränderungen oder Blockadehaltungen äußern (Hoffmann, 2023). Die erfolgreiche Gestaltung der Integrationsphase setzt daher voraus, dass der neue Eigentümer nicht sein eigenes Tempo zum Maßstab macht, sondern die organisationale Adaptionsgeschwindigkeit als normative Größe begreift.

▶ Das **Framework für ETA-Entrepreneure für die ersten 100 Tage**, das Sie als **digitales Zusatzmaterial** zu diesem Buch zum Download auf SpringerLink finden, bietet ein praktisch anwendbares, integratives Orientierungsmodell für die frühe Führungsphase. Es beschreibt, wie sich Wahrnehmungsmanagement, Vertrauensaufbau, Sinnstiftung und frühe Strukturstabilisierung verbinden lassen, um eine Grundlage für nachhaltige Führung und Entwicklung zu schaffen.

5.9 Die Entwicklungs- und Reifephase

Die Entwicklungs- und Reifephase beginnt, sobald die Integrationsphase abgeschlossen ist und der neue Eigentümer eine ausreichende soziale, kulturelle und institutionelle Legitimität erworben hat, um das Unternehmen nicht nur zu stabilisieren, sondern aktiv weiterzuentwickeln. Während die Integrationsphase primär durch die wechselseitige Adaptation von Eigentümer und Organisation charakterisiert ist, verschiebt sich das Zentrum der Führungsarbeit in der Entwicklungs- und Reifephase auf die bewusste Gestaltung von Veränderungsprozessen, die Stärkung der organisationalen Widerstandsfähigkeit und die strategische Positionierung des Unternehmens im Markt. In dieser Phase wird die langfristige Wirkung der neuen Eigentümerschaft sichtbar und das zuvor aufgebauten Vertrauens- und Wissensstrukturen in tatsächliche Innovations- und Entwicklungskraft übersetzt (Holt et al., 2017; Hoffmann, 2023). Der Übergang von der Sicherung des Bestehenden zur Gestaltung des Zukünftigen ist dabei keineswegs linear. Vielmehr handelt es sich um einen Prozess schrittweiser Ausdifferenzierung, in dem die Organisation in eine neue strategische Identität hineinwächst. Veränderungen sollten dabei nicht als radikale Brüche, sondern als kontinuierliche Neuausrichtung entlang vorhandener Stärken, Routinen und kultureller Muster gedacht werden (Hunt & Fund, 2012). Dieser Ansatz verbindet Stabilität und Wandel, indem er die organisationale Geschichte respektiert und gleichzeitig deren Begrenzungen erkennt. Die Entwicklungsphase ist daher eine Phase strategischer Sensibilität: Der neue Eigentümer muss entscheiden, welche Elemente der bestehenden Unternehmenslogik bewahrt werden sollen, welche entwickelt werden können und welche im Sinne langfristiger Wettbewerbsfähigkeit und der Erreichung der Entwicklungsziele behutsam transformiert werden müssen.

Eine zentrale Entwicklungslinie betrifft die Professionalisierung der Organisation. Während viele mittelständische Unternehmen auf impliziten Wissensbeständen und informellen Koordinationsmechanismen beruhen, entsteht in der Reifephase die Notwendigkeit, diese Muster zu institutionalisieren, ohne deren Agilität zu verlieren. Die Einführung standardisierter Prozesse, systematischer Führungsinstrumente und strukturierter Reportingmechanismen bildet die Grundlage für die Skalierungsfähigkeit des Unternehmens. Gleichzeitig wird diese Professionalisierung nur dann nachhaltige Wirkung entfalten, wenn sie kulturell kompatibel ist und als Unterstützung erlebt wird (Braun & Grichnik, 2023). Der neue Eigentümer muss daher gestaltend wirken, ohne die organisationale Identität zu überformen. Parallel dazu gewinnt die Innovations- und Erneuerungsfähigkeit des Unternehmens an Bedeutung. In der Entwicklungs- und Reifephase entstehen jene strategischen Initiativen, die über den operativen Horizont hinausreichen: die Erschließung neuer Kundensegmente, die Weiterentwicklung von Produkten und Dienstleistungen, die Digitalisierung zentraler Wertschöpfungsprozesse oder die Einführung neuer Geschäftsmodelle. Innovation gehen dabei nicht primär aus Ideen, sondern aus strukturierten Lernschleifen hervor, in denen Experimente ermöglicht, Fehler toleriert und Rückkopplungsprozesse institutionalisiert werden (Weick, 1995). Der Eigentümer übernimmt in dieser Phase die Rolle eines Architekten organisationaler Lernbedingungen, indem er die Rahmenbedingungen schafft, in denen Neues entstehen kann, ohne das Vorhandene zu destabilisieren. Ein wesentlicher Bestandteil dieser Phase ist die Entwicklung des Führungsteams. Während in der Integrationsphase die soziale Anschlussfähigkeit zwischen Eigentümer und Schlüsselpersonen im Vordergrund steht, verlagert sich der Fokus nun auf die systematische Stärkung und Erweiterung der Führungskompetenzen. Hierfür müssen zukünftige Führungskräfte identifiziert, bestehende Rollenprofileweiterentwickelt und Teams gegebenenfalls durch externe Expertise ergänzt werden. Führung wird damit von einer individuellen zu einer kollektiven Kompetenz. Darüber hinaus tritt in der Reifephase die kapitalstrategische Ausrichtung des Unternehmens in den Vordergrund. Der Eigentümer muss entscheiden, wie Weiterentwicklung finanziert, wie Risiken verteilt und wie langfristige Stabilität gewährleistet werden können. Gerade im ETA-Kontext, in dem häufig Debt-Komponenten oder Investorenstrukturen bestehen, gewinnt diese Frage an Bedeutung. Die Herausforderung besteht darin, Wachstumschancen wahrzunehmen, ohne die finanzielle Tragfähigkeit zu überdehnen. Finanzielle Steuerungslogik, operative Realität und kulturelle Anschlussfähigkeit dürfen nicht auseinanderfallen (Hunt & Fund, 2012). Nicht zuletzt gilt es in der Entwicklungs- und Reifephase auch darum, die Identität des Unternehmens strategisch auszubilden. Der neue Eigentümer muss definieren, wofür das Unternehmen langfristig stehen soll und wie diese Identität sowohl intern als auch extern kommuniziert wird. Identität fungiert als normativer Rahmen, der Entscheidungen strukturiert, Handlungen legitimiert und die Organisation in ihrer kollektiven Selbstwahrnehmung stärkt.

5.9.1 Praktische Implikationen der Entwicklungs- und Reifephase

Die praktischen Implikationen der Entwicklungs- und Reifephase ergeben sich aus der besonderen strukturellen Verfassung mittelständischer Unternehmen sowie aus den spezifischen Anforderungen, die ein ETA-Erwerber an die Weiterentwicklung der Organisation stellt. Die Reifephase verlangt vom neuen Eigentümer eine aktive, reflektierte und zugleich fein ausbalancierte Gestaltung der Zukunft sowie die Fähigkeit, strategische Ambitionen mit kultureller Anschlussfähigkeit, Wachstumsimpulse mit finanzieller Disziplin und professionelle Strukturierung mit organisationaler Adaptivität in Einklang zu bringen. Der ETA-Unternehmer steht vor die Aufgabe, aus einer Vielzahl grundsätzlich plausibler Entwicklungsoptionen eine begrenzte Zahl tatsächlich tragfähiger Vorhaben auszuwählen. Diese Auswahl bildet einen eigenständigen unternehmerischen Kompetenzbereich. Nach Abschluss der Integration verfügt der neue Eigentümer gewöhnlich über ein differenzierteres Verständnis des Unternehmens als zum Zeitpunkt der Transaktion. Zugleich wächst die Zahl denkbarer Maßnahmen. Vertriebliche Expansion, Digitalisierung, Personalentwicklung, Prozessverbesserung, Produktinnovation, geografische Ausweitung und ergänzende Akquisitionen konkurrieren nun um dieselben finanziellen, zeitlichen und personellen Ressourcen. Die größere Kenntnis des Unternehmens reduziert die strategische Komplexität daher keineswegs zwangsläufig. Häufig macht sie erst sichtbar, wie viele wechselseitige Abhängigkeiten und aufgeschobene Entwicklungsbedarfe bestehen. Die Bezeichnung als Entwicklungs- und Reifephase darf dabei keine zwangsläufige oder chronologisch gleichförmige Unternehmensentwicklung suggerieren. Unternehmen durchlaufen keine empirisch gesicherte Abfolge einheitlicher Entwicklungsstufen. Reife ist deshalb weniger als zeitlich bestimmbares Stadium denn als temporäre Konfiguration von Ressourcen, Strukturen, Fähigkeiten und Marktanforderungen zu verstehen (Levie & Lichtenstein, 2010). Für die ETA-Praxis folgt daraus, dass der Eigentümer den Entwicklungsstand seines Unternehmens anhand tatsächlich vorhandener Fähigkeiten beurteilen muss. Das Alter des Unternehmens, die Dauer seit der Übernahme oder das erreichte Umsatzniveau bieten dafür lediglich begrenzte Anhaltspunkte. Ein traditionsreiches Unternehmen kann in einzelnen Funktionsbereichen hoch entwickelt und in anderen weiterhin stark personengebunden, datenarm oder strukturell fragil sein. Eine erste weiterführende Implikation betrifft deshalb die Errichtung einer verbindlichen Architektur strategischer Prioritäten. Der ETA-Unternehmer sollte Entwicklungsinitiativen als Portfolio führen und für jede Initiative offenlegen, welchen strategischen Beitrag sie leisten soll, welche Ressourcen sie beansprucht, welche Abhängigkeiten bestehen und anhand welcher Beobachtungen über Fortführung, Anpassung oder Beendigung entschieden wird. Eine bloße Sammlung sinnvoll erscheinender Vorhaben erzeugt noch keine Strategie. Strategie gewinnt praktische Wirksamkeit erst durch die begründete Zurückstellung konkurrierender Möglichkeiten. Für kleinere und mittlere Unternehmen des deutschsprachigen Mittelstands empfiehlt sich daher eine strenge Begrenzung gleichzeitig verfolgter Schwerpunktinitiativen. Die konkrete Zahl hängt von Größe, Führungskapazität und Geschäftsmodell ab. Maßgeblich bleibt, dass jede Initiative über eine verantwortliche Person, ein eindeutig formuliertes Ziel, einen realistischen Ressourcenrahmen und festgelegte Überprüfungspunkte verfügt. Für die Auswahl können fünf Kriterien herangezogen werden: der erwartete Beitrag zur Wettbewerbsposition, die finanzielle Tragweite, der Bedarf an knappen Führungsressourcen, die Reversibilität der Maßnahme und das Risiko unerwünschter Wechselwirkungen. Hinzutreten sollten Abbruchkriterien, die bereits vor Beginn festlegen, unter welchen Bedingungen ein Vorhaben beendet oder grundlegend verändert wird. Diese Vorkehrung begrenzt die Gefahr, dass einmal begonnene Projekte aufgrund persönlicher Identifikation, politischer Rücksichtnahme oder bereits getätigter Aufwendungen fortgeführt werden. Die Forschung zur strategischen Ressourcenallokation verweist darauf, dass die Aufteilung von Mitteln auf vorab definierte strategische Kategorien die Verbindung von übergeordneter Richtung und dezentralem Wissen unterstützen kann (Hutchison-Krupat & Kavadias, 2015). Für ETA-Unternehmen kann dies bedeuten, Budgets ausdrücklich zwischen Bestandssicherung, Effizienzsteigerung, organischem Wachstum und explorativen Vorhaben zu unterscheiden. Mit dieser Priorisierungsaufgabe ist die Balance zwischen der Ausschöpfung vorhandener Stärken und der Erkundung neuer Möglichkeiten verbunden. Das etablierte Geschäft benötigt Verbindlichkeit, Qualitätskontrolle, Wiederholbarkeit und klare Leistungserwartungen. Explorative Vorhaben benötigen zeitlich und finanziell begrenzte Freiräume, in denen Lernen auch dann stattfinden kann, wenn ein unmittelbarer Ergebnisbeitrag ausbleibt (March, 1991; O'Reilly & Tushman, 2013). Für den ETA-Unternehmer ergibt sich daraus die Aufgabe, die beiden Logiken der Exploitation und Exploration institutionell erkennbar zu trennen und auf Führungsebene wieder zusammenzuführen. Ein neues digitales Angebot, die Erprobung eines zusätzlichen Kundensegments oder die Entwicklung einer neuen Dienstleistung sollte in der frühen Phase weder nach denselben Kennzahlen noch nach denselben Planungshorizonten bewertet werden wie das bestehende Kerngeschäft. Explorative Projekte benötigen Lernziele, überprüfbare Annahmen und begrenzte Experimentierbudgets. Nach jeder Erprobungsphase muss entschieden werden, ob zusätzliche Evidenz eine Ausweitung rechtfertigt. Das Kerngeschäft verlangt demgegenüber Ergebnisziele, Qualitätsstandards und operative Verlässlichkeit. Der Eigentümer schützt auf diese Weise neue Vorhaben vor einem zu frühen Effizienzdruck und bewahrt das Gesamtunternehmen zugleich vor unbegrenzter Experimentierfreude. Organisatorische Ambidextrie bezeichnet gerade diese Fähigkeit, bestehende Erfolgsquellen auszuschöpfen und zugleich zukünftige aufzubauen, ohne die Unterschiede beider Aufgaben einzuebnen (O'Reilly & Tushman, 2013). Eine weitere praktische Implikation betrifft die Prüfung der tatsächlichen Skalierungsfähigkeit. Wachstum wird in ETA-Kontexten häufig als unmittelbarer Ausdruck erfolgreicher Eigentümerschaft verstanden. Diese Gleichsetzung greift jedoch zu kurz. Umsatzwachstum kann den Unternehmenswert erhöhen, zugleich jedoch verborgene Kapazitätsgrenzen, Qualitätsprobleme und Liquiditätsbelastungen verschärfen. Vor einer umfangreicheren Expansion sollte daher eine Skalierbarkeitsprüfung erfolgen, die Vertrieb, Leistungserstellung, Personal, Führung, IT, Lieferfähigkeit und Finanzierung gemeinsam betrachtet. Zu prüfen ist insbesondere, an welchen Stellen zusätzliche Nachfrage nicht proportional zu zusätzlicher Wertschöpfung führt, welche Funktionen bereits an ihren Belastungsgrenzen arbeiten und welche Ressourcen vor Beginn des Wachstums aufgebaut werden müssen. Penrose (1959/1995) hat herausgearbeitet, dass das Wachstum eines Unternehmens durch die verfügbaren Managementleistungen und die Fähigkeit zur produktiven Nutzung zusätzlicher Ressourcen begrenzt wird. Diese Überlegung besitzt für ETA-Unternehmen besondere Relevanz. Der neue Eigentümer kann finanzielle Mittel für Vertrieb, Technik oder Personal bereitstellen. Die Aufnahme, Koordination und produktive Verbindung dieser Ressourcen benötigt jedoch Managementkapazität, betriebliches Wissen und institutionelle Verarbeitungsgeschwindigkeit. Ein Unternehmen kann deshalb über attraktive Marktchancen verfügen und dennoch vorübergehend nicht über die organisationale Fähigkeit verfügen, sie ohne Substanzverlust zu nutzen. Wachstum sollte erst dann beschleunigt werden, wenn die hierfür benötigten Führungs-, Prozess- und Informationskapazitäten in ausreichendem Maße vorhanden sind. In der Praxis empfiehlt sich ein Skalierbarkeitsstresstest. Dabei wird simuliert, welche Folgen ein Anstieg von Auftragseingang, Umsatz oder Beschäftigung um einen festgelegten Umfang für die gesamte Wertschöpfungskette hätte. Die Prüfung sollte mindestens die Kapazität kritischer Mitarbeiter, die Verfügbarkeit von Vorleistungen, die Dauer der Einarbeitung neuer Beschäftigter, die Belastbarkeit der Qualitätssicherung, die Stabilität der IT-Systeme und den zusätzlichen Bedarf an Working Capital erfassen. Besondere Aufmerksamkeit verlangt die zeitliche Differenz zwischen wachstumsbedingten Auszahlungen und späteren Einzahlungen. Ein wirtschaftlich attraktiver Auftrag kann die Liquidität vorübergehend erheblich beanspruchen, wenn Material, Personal oder externe Leistungen lange vor dem Zahlungseingang finanziert werden müssen. Die operative Skalierungsentscheidung ist daher stets auch eine Entscheidung über die Finanzierung des Geschäftsmodells. Damit gewinnt die Kapitalallokation eine Bedeutung, die über die bereits behandelte Einführung von Controlling und Liquiditätsplanung hinausreicht. In der Reifephase genügt es nicht mehr, Transparenz über die finanzielle Lage herzustellen. Der Eigentümer muss bestimmen, nach welcher Rangordnung verfügbare Mittel zwischen Kapitaldienst, Liquiditätsreserve, Erhaltungsinvestitionen, Wachstumsinvestitionen, Mitarbeiterbindung, Ausschüttungen und möglichen Akquisitionen verteilt werden. Diese Rangordnung sollte vor konkreten Einzelentscheidungen formuliert werden. Anderenfalls besteht die Gefahr, dass besonders sichtbare oder persönlich attraktive Projekte Mittel erhalten, während weniger prestigeträchtige Erhaltungsmaßnahmen aufgeschoben werden. Für fremdfinanzierte ETA-Erwerbe empfiehlt sich eine kapitalpolitische Grundordnung, die Mindestgrößen für Liquiditätsreserven und Erhaltungsinvestitionen, Zielwerte für Verschuldung und Schuldendienstfähigkeit sowie Anforderungen an Wachstumsprojekte festlegt. Investitionen sollten neben ihrem erwarteten Ergebnisbeitrag auch nach ihrer Cashflow-Wirkung, ihrer Rückzahlungsdauer, ihrer Risikostruktur und ihrem Bedarf an Managementaufmerksamkeit beurteilt werden. Der ETA-Unternehmer muss hierbei eine doppelte Verzerrung vermeiden. Ein hoher Fremdkapitalanteil kann zu übermäßiger Vorsicht führen und wirtschaftlich sinnvolle Investitionen verhindern. Umgekehrt kann der Wunsch nach beschleunigter Wertsteigerung dazu verleiten, operative Risiken und Kapitalbindung zu unterschätzen. Die Qualität der Kapitalallokation zeigt sich daher in der Fähigkeit, knappe Mittel über längere Zeiträume auf jene Verwendungen zu konzentrieren, die Wettbewerbsfähigkeit, Schuldentragfähigkeit und strategische Beweglichkeit gemeinsam stärken. Managementkontrollsysteme können diesen Prozess unterstützen, sofern sie über die reine Abweichungskontrolle hinausgehen. Simons (1994) zeigt, dass neu eingesetzte Führungskräfte formale Steuerungssysteme auch nutzen, um strategische Prioritäten zu kommunizieren, Aufmerksamkeit auf kritische Unsicherheiten zu richten und organisationale Erneuerung anzustoßen. Für ETA-Unternehmer liegt der praktische Wert eines Berichtssystems deshalb nicht allein in der Feststellung, ob Budgetwerte erreicht wurden. Es sollte zugleich sichtbar machen, welche strategischen Annahmen sich bestätigen, wo neue Risiken entstehen und welche Initiative zusätzliche Aufmerksamkeit der Führung verlangt. Ein monatliches Reporting, das ausschließlich vergangene Finanzdaten wiedergibt, bleibt für diese Aufgabe unzureichend. Erforderlich ist eine Verbindung aus Ergebniskennzahlen, Cashflow-Größen, operativen Frühindikatoren und einer knappen Bewertung strategischer Entwicklungsprojekte. Die Reifephase verlangt darüber hinaus eine institutionelle Weiterentwicklung der Eigentümerführung. In der Integrationsphase kann eine starke persönliche Präsenz des Erwerbers notwendig sein, um Orientierung zu geben, Wissen aufzunehmen und Vertrauen aufzubauen. Auf Dauer kann dieselbe Präsenz eine neue Abhängigkeit erzeugen. Das Unternehmen hätte dann zwar den früheren Eigentümer überwunden, wäre jedoch erneut auf eine einzelne Person zugeschnitten. Für ETA-Unternehmer bildet die Verringerung der eigenen Unersetzbarkeit daher ein wesentliches Reifekriterium. Eine leistungsfähige Organisation muss auch bei vorübergehender Abwesenheit des Eigentümers entscheidungsfähig, auskunftsfähig und operativ stabil bleiben. Diese Eigentümerunabhängigkeit lässt sich anhand konkreter Fragen prüfen. Bleiben Entscheidungen liegen, sobald der Eigentümer mehrere Tage nicht erreichbar ist? Verfügen Führungskräfte über ausreichende finanzielle und personelle Befugnisse? Sind wesentliche Kundenbeziehungen institutionell verankert oder erneut auf die Person des Geschäftsführers konzentriert? Existieren Stellvertretungs-, Zeichnungs- und Eskalationsregelungen? Kann das Unternehmen einen unerwarteten längeren Ausfall des Eigentümers bewältigen? Ist die betriebliche Kontinuität auch im Notfall sichergestellt? Der praktische Prüfstein liegt weniger in Organigrammen als im tatsächlichen Verhalten der Organisation. Ein zeitlich begrenzter Abwesenheitstest kann sichtbar machen, an welchen Stellen Informationen, Freigaben oder Beziehungen weiterhin bei einer einzelnen Person zusammenlaufen. Damit berührt die Entwicklungs- und Reifephase auch Fragen der Governance. Ein qualifiziert besetzter Beirat oder ein vergleichbares Beratungsgremium kann gerade bei inhabergeführten ETA-Unternehmen einen institutionellen Raum schaffen, in dem strategische Annahmen, Kapitalentscheidungen und unternehmerische Risiken außerhalb des operativen Tagesgeschäfts geprüft werden. Der Nutzen eines solchen Gremiums hängt von einem klaren Mandat, geeigneten Kompetenzen und einer belastbaren Arbeitsweise ab. In kleinen und mittleren Unternehmen erfüllen Aufsichtsgremien neben Kontrollaufgaben häufig eine beratende und ressourcenvermittelnde Funktion. Sie können fachliche Perspektiven ergänzen, Zugang zu Netzwerken eröffnen und die Qualität komplexer Entscheidungen verbessern (Heuvel et al., 2006). Für Self-Funded-Searcher besitzt eine solche Governance besondere Bedeutung, weil persönliche Kapitalexposition und operative Entscheidungsgewalt häufig stark konzentriert sind. Diese Konstellation beschleunigt Entscheidungen, erhöht jedoch zugleich das Risiko, dass Überzeugung, Hoffnung und wirtschaftliches Eigeninteresse kaum voneinander getrennt werden. Bei investorenfinanzierten Search Funds besteht eine andere Gefahr. Eine Vielzahl erfahrener Kapitalgeber kann wertvolle Unterstützung bieten, zugleich aber widersprüchliche Erwartungen und einen erheblichen Abstimmungsaufwand erzeugen. In beiden Fällen sollten Zuständigkeiten, Informationsrechte, zustimmungspflichtige Geschäfte und Eskalationswege präzise bestimmt werden. Governance erfüllt ihren Zweck, wenn sie die Qualität der Eigentümerentscheidung erhöht und deren Umsetzung nicht unnötig lähmt. Die weiterhin geringe Zahl spezifischer ETA-Studien verlangt allerdings Zurückhaltung gegenüber pauschalen Aussagen über die Überlegenheit einzelner Governance-Modelle (Hoffmann et al., 2024). Ein weiterer Reifeschritt besteht in der systematischen Entwicklung organisationaler Resilienz. Die zuvor aufgebaute operative Stabilität schützt vor unmittelbaren Übergaberisiken. In der Entwicklungsphase richtet sich der Blick auf strukturelle Verwundbarkeiten, die erst unter außergewöhnlichen Belastungen sichtbar werden. Dazu gehören eine hohe Abhängigkeit von einzelnen Kunden, Lieferanten, Mitarbeitern, Technologien, Standorten oder Finanzierungsquellen. Auch ein stark wachsendes Unternehmen kann fragil bleiben, wenn zentrale Leistungen nur über einen einzigen Engpass erbracht werden oder das Geschäftsmodell auf dauerhaft günstigen Rahmenbedingungen beruht. Der ETA-Unternehmer sollte daher regelmäßig untersuchen, welche Ereignisse die Fortführungsfähigkeit des Unternehmens substanziell gefährden könnten. Für die wichtigsten Risikofelder sind plausible Szenarien, Frühindikatoren und vorbereitete Reaktionsmöglichkeiten zu entwickeln. Ein solcher Ansatz unterscheidet sich von einer bloßen Risikoliste. Er verbindet die Beobachtung externer und interner Veränderungen mit konkreten Entscheidungsschwellen. Die Konzeption dynamischer Fähigkeiten beschreibt die langfristige Wettbewerbsfähigkeit als Fähigkeit, relevante Veränderungen wahrzunehmen, Chancen und Risiken zu bewerten und Ressourcen daraufhin neu zu konfigurieren (Teece, 2007). Für ETA-Unternehmen bedeutet dies, dass Resilienz aus institutionalisierter Wahrnehmungs- und Anpassungsfähigkeit hervorgeht. Finanzielle Puffer, alternative Lieferquellen und Vertretungsregelungen bleiben wichtig, entfalten ihren Wert jedoch erst in Verbindung mit einem Managementsystem, das Veränderungen rechtzeitig erkennt und handlungsfähig verarbeitet. Eine spezifische Versuchung der Reifephase liegt in der Prüfung ergänzender Unternehmenskäufe. Sobald das erste Unternehmen stabilisiert ist und eine positive Entwicklung aufweist, können Add-on-Akquisitionen als Möglichkeit erscheinen, Wachstum, Marktzugang oder operative Synergien zu beschleunigen. Für ETA-Unternehmer ist hierbei Zurückhaltung geboten. Der erfolgreiche Erwerb eines ersten Unternehmens belegt noch keine wiederholbare Akquisitions- und Integrationsfähigkeit. Jede weitere Transaktion beansprucht Managementaufmerksamkeit, Finanzierungsspielraum und soziale Integrationskapazität. Sie kann bestehende Schwächen verdecken, indem zusätzliches Umsatzvolumen als strategischer Fortschritt interpretiert wird. Vor einer Folgeakquisition sollte deshalb geprüft werden, ob das bestehende Unternehmen ohne dauernde operative Intervention des Eigentümers funktioniert, ob eine belastbare zweite Führungsebene besteht, ob Reporting und Liquiditätssteuerung zuverlässig arbeiten und ob ausreichend personelle Kapazität für die Integration des zusätzlichen Unternehmens vorhanden ist. Ferner bedarf es einer expliziten Akquisitionslogik. Sie muss erläutern, welche Fähigkeit, Marktposition oder Ressource durch den Erwerb hinzugewonnen wird und weshalb dieser Zweck durch organische Entwicklung nicht wirtschaftlicher erreicht werden kann. Für die Zeit nach dem Vollzug sind Verantwortliche, Integrationsumfang, finanzielle Reserven und Erfolgskriterien vorab festzulegen. Die M&A-Forschung zeigt, dass Integration einen eigenständigen, komplexen Prozess bildet und Akquisitionserfahrung nur dann zu einer tragfähigen Fähigkeit wird, wenn Erfahrungen ausgewertet, artikuliert und in wiederverwendbare Routinen überführt werden (Graebner et al., 2017; Zollo & Winter, 2002). Eine Folgeakquisition sollte daher aus einer entwickelten strategischen Position heraus erfolgen. Sie eignet sich kaum als Ersatz für ungelöste Probleme des Kerngeschäfts. Schwache Vertriebsprozesse, unzureichende Führungsstrukturen oder mangelnde Datenqualität werden durch einen weiteren Erwerb regelmäßig komplexer. Für den ETA-Unternehmer empfiehlt sich eine schriftliche Transaktionsverfassung, die Suchkriterien, maximale Verschuldungsgrade, erforderliche Rendite- und Liquiditätspuffer, Ausschlusskriterien und Integrationsvoraussetzungen festhält. Diese Selbstbindung reduziert das Risiko, dass die Faszination einer konkreten Gelegenheit die zuvor geltenden Maßstäbe verdrängt. Schließlich umfasst unternehmerische Reife die bewusste Herstellung strategischer Optionalität. Für investorenfinanzierte Search Funds kann zu einem späteren Zeitpunkt eine Veräußerung des Unternehmens relevant werden. Auch Self-Funded-Searcher müssen damit rechnen, dass persönliche, gesundheitliche oder wirtschaftliche Gründe einen Wechsel der Eigentums- oder Führungsstruktur erforderlich machen. Eine frühzeitige Beschäftigung mit solchen Möglichkeiten bedeutet keine Vorfestlegung auf einen Verkauf. Sie stärkt vielmehr die Fähigkeit, zwischen mehreren Handlungswegen wählen zu können. Strategische Optionalität entsteht, wenn das Unternehmen über verlässliche Finanzdaten, belastbare Verträge, dokumentierte Prozesse, institutionalisierte Kundenbeziehungen und ein eigenständig handlungsfähiges Führungsteam verfügt. Hinzu kommen eine nachvollziehbare Eigentumsstruktur, geklärte Schutzrechte, beherrschte rechtliche Risiken und eine konsistente Darstellung der Unternehmensentwicklung. Viele dieser Voraussetzungen verbessern bereits im laufenden Betrieb die Qualität der Führung. Die Vorbereitung möglicher Eigentumsoptionen bildet daher keinen isolierten Verkaufsprozess. Sie ist Ausdruck einer Organisationsform, deren Funktionsfähigkeit nicht an die dauerhafte Präsenz eines bestimmten Eigentümers gebunden bleibt. Die Entrepreneurship-Forschung betrachtet den unternehmerischen Exit als eigenständigen Bestandteil des unternehmerischen Prozesses und unterscheidet verschiedene Ausstiegswege, deren Voraussetzungen und Folgen erheblich voneinander abweichen (DeTienne, 2010; Wennberg et al., 2010). Für ETA-Unternehmer folgt daraus, dass Eigentumsziele, Investoreninteressen und persönliche Lebensplanung in angemessenen Abständen überprüft werden sollten. Ein geplanter langfristiger Besitz verlangt andere Kapital-, Führungs- und Governanceentscheidungen als eine mittelfristig angestrebte Veräußerung. Unabhängig von der bevorzugten Option sollte das Unternehmen so entwickelt werden, dass ein Eigentumswechsel weder seinen operativen Fortbestand noch seine kulturelle Integrität gefährdet. Der Reifegrad eines ETA-Unternehmens lässt sich damit an einer Reihe miteinander verbundener Fähigkeiten ablesen. Das Unternehmen kann Entwicklungsinitiativen priorisieren und erfolglose Vorhaben beenden. Es verbindet die Verlässlichkeit des Kerngeschäfts mit kontrollierter Exploration. Wachstum wird durch belastbare Prozesse, Managementkapazität und Finanzierung getragen. Kapital wird nach nachvollziehbaren Regeln eingesetzt. Strategische Entscheidungen unterliegen qualifizierter Prüfung. Abhängigkeiten von einzelnen Personen und Ressourcen werden systematisch reduziert. Die Organisation erkennt Veränderungen frühzeitig und kann ihre Ressourcen neu ordnen. Schließlich verfügt sie über mehrere realistische Eigentums- und Entwicklungsoptionen. Die praktische Aufgabe des ETA-Unternehmers besteht in dieser Phase daher vor allem darin, die Entwicklungsfähigkeit des Unternehmens von der eigenen permanenten Intervention zu lösen. Persönliche Energie und unternehmerischer Gestaltungswille bleiben bedeutsam. Nachhaltige Reife zeigt sich jedoch darin, dass die Organisation strategische Impulse aufnehmen, bewerten und umsetzen kann, ohne bei jeder Abweichung auf den Eigentümer als alleinige Entscheidungsinstanz zurückzufallen. Erst unter dieser Voraussetzung wird aus einer gelungenen Übernahme ein dauerhaft entwicklungsfähiges Unternehmen.

5.9.2 Organisationspsychologische und kulturelle Transformation in der Entwicklungs- und Reifephase

Die organisationspsychologische und kulturelle Transformation in der Reifephase ist der Abschnitt des ETA-Prozesses, in dem sich entscheidet, ob ein übernommenes Unternehmen unter neuer Eigentümerschaft tatsächlich zu einer zukunftsfähigen, lernfähigen und strategisch klar positionierten Organisation heranreift oder in einer lediglich verwalteten Vergangenheit verharrt. Während die Integrationsphase vor allem darauf abzielt, Anschlussfähigkeit herzustellen und bestehende kulturelle Muster zunächst zu verstehen und zu respektieren, verschiebt sich der Fokus in der Reifephase auf die bewusste Gestaltung dieser Muster. Kultur wird damit von einem zu berücksichtigenden Kontext zu einem zentralen strategischen Hebel. Forschung zu Entrepreneurship Through Acquisition zeigt zugleich, dass gerade für ETA die empirische Evidenz zur Gestaltung dieser späteren Phasen bislang begrenzt ist, auch wenn die Bedeutung der postakquisitorischen Entwicklung explizit betont wird (Hoffmann et al., 2023). Die Lücke wird teilweise durch Erkenntnisse aus der Familienunternehmens- und Nachfolgeforschung gefüllt, die deutlich machen, wie stark kulturelle Strukturen und psychologische Prozesse den Erfolg langfristiger Übergänge beeinflussen (Dias & Nunes, 2025). Im Zentrum steht die Frage, wie tief verwurzelte Annahmen, Routinen und Symbole einer Organisation unter neuer Eigentümerschaft so weiterentwickelt werden können, dass sie sowohl Identität sichern als auch Anpassung ermöglichen. Schein beschreibt Organisationskultur als ein vielschichtiges System aus Artefakten, bekundeten Werten und tiefen, meist unbewussten Grundannahmen, das im Zeitverlauf durch gemeinsame Bewältigung von Problemen der externen Anpassung und internen Integration entsteht (Schein, 2017). Kulturveränderung in reifen Organisationen ist nach dieser Perspektive kein punktuelles Ereignis, sondern ein längerfristiger Lern- und Umlernprozess, der mit einem gewissen „Lernschmerz" und der Überwindung von Verunsicherung einhergeht. Erfolgreiche Transformation setzt deshalb die Etablierung psychologischer Sicherheit voraus, also eines Klimas, in dem Mitarbeitende neue Sichtweisen artikulieren, bestehende Praktiken hinterfragen und Fehler als Lernanlässe nutzen können, ohne Sanktionen befürchten zu müssen (Shih, 2020). Für einen ETA-Eigentümer bedeutet dies, dass die Reifephase nicht mit einem Set an „Kulturmaßnahmen" beginnt, sondern mit der systematischen Reduktion von Angst vor Veränderung und der Eröffnung sicherer Räume für Experimente und Kritik.

In eigentümergeprägten Unternehmen, die in einem Großteil der für ETA relevanten Zielunternehmenist Organisationskultur eng mit Fragen der Identität verbunden. Identität fungiert hier nicht nur als abstraktes Selbstverständnis, sondern als gelebte Verknüpfung von Geschichte, Familie, Eigentum und Geschäft. Studien zur Identitätskonstruktion in Familienunternehmen zeigen, dass diese Identität durch das Balancieren von Dualitäten, wie etwa Tradition und Erneuerung, Familie und Markt, Kontinuität und Wandel, sozial ausgehandelt wird (Boers, 2013). Nachfolgeprozesse führen dabei zu tiefgreifenden Identitätsverschiebungen, da sowohl die Selbstkonzepte der scheidenden wie der übernehmenden Führungspersonen als auch das kollektive Organisationsbild neu justiert werden müssen (Li et al., 2023). Im ETA-Kontext verschärft sich diese Dynamik, weil der neue Eigentümer häufig nicht aus der bisherigen Eigentümerfamilie stammt, sondern als „lateraler" Akteur in eine historisch gewachsene Identitätsstruktur eintritt. Die Reifephase ist daher nicht nur Phase strategischer Weiterentwicklung, sondern auch Phase der Identitätsarbeit: Die Organisation muss lernen, sich nicht mehr primär über die Person des Altinhabers, sondern über eine neue, stärker institutionalisierte Identität zu definieren, während der ETA-Unternehmer seine eigene Unternehmeridentität mit dieser organisationalen Identität in Einklang bringt. Organisationspsychologisch betrachtet gelingt diese Transformation nur, wenn das Unternehmen von einem primär reaktiven, an gewohnten Mustern orientierten Lernmodus in einen reflexiven, hypothesengetriebenen Lernmodus übergeht. Argyris beschreibt diesen Übergang als Wechsel von single-loop zu double-loop learning: Statt lediglich Fehler innerhalb bestehender Handlungslogiken zu korrigieren, werden in double-loop-Prozessen die zugrunde liegenden Annahmen, Normen und Zielsetzungen selbst hinterfragt (Argyris, 1977). Für die Reifephase eines ETA-Unternehmens bedeutet dies, dass nicht nur Prozesse optimiert, sondern auch die „vererbten" Grundannahmen über Markt, Kunden, Wachstum oder Führung überprüft werden. Ambidextrieforschung unterstreicht, dass langfristig erfolgreiche Organisationen jene sind, die Effizienz in bestehenden Geschäftsfeldern (Exploitation) und Erkundung neuer Möglichkeiten (Exploration) gleichzeitig bewältigen können (O'Reilly & Tushman, 2013). Studien zur Verbindung von Ambidextrie und organisationalem Lernen verdeutlichen, dass diese Kopplung nur gelingt, wenn Lernmechanismen bewusst gestaltet und nicht dem Zufall überlassen werden (Brix, 2019). In der Reifephase wird der ETA-Unternehmer damit zum Architekten eines Lernsystems, das einerseits vorhandene Stärken nutzt und andererseits die mentalen Modelle der Organisation bewusst infrage stellen darf. Kulturelle Transformation in der Reifephase vollzieht sich dabei nicht in Form radikaler Brüche, sondern typischerweise über eine graduelle Verschiebung von Bedeutungen, Ritualen und Narrativen. Die Sensemaking-Forschung hebt hervor, dass Organisationen Veränderungen nicht über formale Entscheidungen, sondern über geteilte Deutungsprozesse verarbeiten, in denen sich Menschen fragen, was neue Signale bedeuten, wie sie zu bisherigen Erfahrungen passen und welche Zukunftserwartungen daraus abgeleitet werden (Weick, 1995). In dieser Logik ist der ETA-Eigentümer weniger „Kulturdesigner" im technischen Sinne, sondern vielmehr „Chief Sensemaker", der narrative Brücken zwischen Vergangenheit und Zukunft baut. Praktisch zeigt sich dies in der Art, wie über die Unternehmensgeschichte gesprochen wird, wie die Rolle des Altinhabers gewürdigt wird, wie neue strategische Initiativen in bestehende Werte übersetzt und welche Symbole der Kontinuität und des Aufbruchs gewählt werden. Studien zur kulturellen Dynamik in Nachfolgesituationen belegen, dass gerade die Art, wie Traditionen neu interpretiert und weitergeführt werden, darüber entscheidet, ob Mitarbeitende Veränderungen als Verlust oder als Weiterentwicklung erleben (Dias & Nunes, 2025). Gleichzeitig birgt die Reifephase erhebliche Risiken kultureller Fehltransformation. Werden kulturelle Muster zu schnell oder zu technokratisch verändert, besteht die Gefahr eines Identitätsbruchs, der sich in stiller Resignation, verdecktem Widerstand oder der Reaktivierung nostalgischer Vergangenheitsbilder manifestiert. Werden sie hingegen gar nicht verändert, verfestigen sich Pfadabhängigkeiten, die die Organisation gegenüber Marktveränderungen unempfindlich machen und die ursprüngliche unternehmerische Chance des ETA-Prozesses unterlaufen. Empirische Arbeiten zu Kulturveränderungen in Familienunternehmen zeigen, dass diese Risiken besonders ausgeprägt sind, wenn Nachfolgeprozesse nicht als längerfristige Lern- und Aushandlungsprozesse angelegt, sondern als rein strukturelle Übergaben verstanden werden (Boers, 2013; Dias & Nunes, 2025). Vor diesem Hintergrund wird deutlich, dass kulturelle und organisationspsychologische Transformation in der Reifephase weniger eine Frage einzelner Maßnahmen ist als die bewusste Steuerung eines langfristigen Balanceaktes: zwischen Bewahrung und Erneuerung, zwischen persönlicher Unternehmeridentität und institutionalisierter Organisationsidentität, zwischen Effizienz und Erkundung, zwischen Sicherheit und Zumutung.

5.9.3 Strategische Ambidextrie, Pfadabhängigkeit und Ressourcenrekonfiguration in der Entwicklungs- und Reifephase

Die Entwicklungs- und Reifephase eines durch Entrepreneurship Through Acquisition erworbenen Unternehmens ist nicht nur eine Phase struktureller Professionalisierung und kultureller Neuausrichtung, sondern zugleich der Abschnitt, in dem grundlegende strategische Weichenstellungen vorgenommen werden. Diese betreffen insbesondere die Balance zwischen Exploitation und Exploration, die Überwindung historischer Pfadabhängigkeiten sowie die Rekonfiguration der Ressourcen- und Kompetenzbasis. In ihrer Gesamtheit markieren diese Transformationsprozesse jene tiefere Ebene unternehmerischer Gestaltungskraft, in der sich entscheidet, ob ein Unternehmen unter neuer Eigentümerschaft lediglich effizienter geführt wird oder ob es gelingt, es langfristig adaptiv, innovationsfähig und strategisch belastbar zu machen. Die strategische Ambidextrie, d. h. die Fähigkeit einer Organisation, gleichzeitig bestehende Stärken auszuschöpfen (Exploitation) und neue Möglichkeiten zu erkunden (Exploration), gehört zu den zentralen Herausforderungen wachsender Unternehmen. O'Reilly und Tushman zeigen, dass Organisationen, denen es gelingt, diese beiden Tätigkeitsmodi auszubalancieren, langfristig eine signifikant höhere Resilienz gegenüber Marktveränderungen entwickeln und nachhaltigere Wertschöpfungsmuster erzeugen (O'Reilly & Tushman, 2013). Für den ETA-Kontext besitzt Ambidextrie besondere Relevanz, weil der neue Eigentümer häufig ein Unternehmen übernimmt, das über Jahre hinweg primär exploitativ geprägt war: Prozesse sind eingespielt, Routinen stabil, Märkte bekannt. Diese Stabilität bildet den operativen Kern des Unternehmens, ist aber zugleich ein potenzielles Hindernis für Innovation und Anpassung. In der Reifephase steht der ETA-Unternehmer daher vor der praktischen Aufgabe, jene Strukturen zu schaffen, die Exploration ermöglichen, ohne die Funktionsfähigkeit der Exploitation zu gefährden. Der Übergang zu ambidextren Strukturen ist organisationspsychologisch anspruchsvoll, da Exploitation und Exploration unterschiedliche Denk- und Handlungslogiken erfordern. Exploitation basiert auf Effizienz, Vorhersagbarkeit und Optimierung; Exploration auf Offenheit, Variation und Experimenten. Mitarbeitende, die über Jahre hinweg in exploitativ geprägten Routinen gearbeitet haben, müssen lernen, Unsicherheit und Ambiguität nicht als Bedrohung, sondern als Entwicklungsimpuls zu verstehen. Die Reifephase verlangt deshalb nicht nur strukturelle Anpassungen, etwa in Form kleinerer, autonomer Explorationsräume oder projektbezogener Experimentierräume, sondern auch eine kulturelle Transformation hin zu einem mentalen Modell, das Lernen, Variation und Fehler als integrale Bestandteile organisationaler Entwicklung begreift (Brix, 2019). Ambidextrie im ETA-Kontext stellt somit ein soziales und kulturelles Lernprogramm dar.

Parallel zur Ambidextrie stellt die Überwindung strategischer Pfadabhängigkeiten eine zweite zentrale Herausforderung der Reifephase dar. Pfadabhängigkeit bezeichnet das Phänomen, dass Organisationen im Zeitverlauf Routinen, Strukturen und Entscheidungslogiken ausbilden, die ursprünglich funktional waren, sich jedoch durch positive Rückkopplungen verfestigen und spätere Alternativen blockieren können. Nelson und Winter beschreiben diese Entwicklung als evolutionären Prozess, in dem Routinen nicht nur technische Abläufe, sondern auch kollektive Erwartungen und Identitätsmuster prägen (Nelson & Winter, 1982). In eigentümergeprägten Unternehmen sind diese Pfadabhängigkeiten besonders ausgeprägt, weil sie über Jahrzehnte hinweg von denselben Akteuren gestaltet und bestätigt wurden. Die Reifephase unter neuer Eigentümerschaft eröffnet die Chance, diese Routinen zu hinterfragen. Zugleich birgt sie das Risiko, dass tief verankerte Muster organisationalen Widerstand oder kulturelle Irritationen auslösen. Die Überwindung von Pfadabhängigkeiten beginnt nicht mit radikalen Interventionen, sondern mit diagnostischer Klarheit. Der ETA-Eigentümer muss verstehen, welche Routinen tatsächlich wertstiftend sind, welche lediglich historische Artefakte darstellen und welche fälschlicherweise als „unveränderlich“ wahrgenommen werden. Prozessstudien zu Transformationen in etablierten Unternehmen zeigen, dass erfolgreiche Veränderung dort gelingt, wo historische Stärke als Ressource genutzt wird, während dysfunktionale Routinen schrittweise dekonstruiert werden. Die Reifephase wird so zu einem Prozess der „Ressourcendifferenzierung“: Historische Ressourcen werden nicht verworfen, sondern in ihrer Struktur, Funktion und strategischen Anschlussfähigkeit neu bewertet. Eng verbunden mit der Überwindung von Pfadabhängigkeiten ist die Rekonfiguration der Ressourcenbasis. Teece beschreibt dies als „Dynamic Capabilities“, d. h. die Fähigkeit einer Organisation, Ressourcen zu erkennen, zu integrieren und zu rekonfigurieren. Sie bilden den Kern nachhaltiger Wettbewerbsvorteile (Teece, 2007). ETA-Unternehmer sollten daher Ressourcen nicht als fixe Bestände, sondern als potenziell neu kombinierbare und strategisch nutzbare Bausteine betrachten. Die Reifephase ist die Phase, in der diese Rekonfiguration faktisch stattfindet. Der neue Eigentümer entscheidet, ob bestehende Ressourcen, wie Produktkompetenzen, Kundenbeziehungen oder technologische Fähigkeiten, erweitert, transformiert oder substituiert werden sollen. Besonders die Rekombination von bestehenden Stärken mit neuen Fähigkeiten schafft jene Innovationsimpulse, die für die nächste Entwicklungsstufe entscheidend sind. Organisationspsychologisch setzt Ressourcenrekonfiguration voraus, dass die Beschäftigten die Veränderung nicht als Verlust ihrer bisherigen Kompetenzbasis wahrnehmen, sondern als Erweiterung. Dies verlangt sorgfältig gestaltete Kommunikationsprozesse, die Sinn vermitteln, Entwicklungsräume eröffnen und die Angst vor Kompetenzentwertung reduzieren. Lernforschung und Sensemaking-Theorien betonen, dass Menschen Veränderungen nur dann als sinnvoll interpretieren, wenn sie verstehen, wie neue Ressourcen in ihr eigenes Kompetenz- und Rollenprofil integriert werden können (Weick, 1995).

5.9.4 Corporate Governance und Führungsarchitektur im postakquirierten Mittelstandsunternehmen

Die Governance-Strukturen mittelständischer Unternehmen, insbesondere solcher, die über Jahrzehnte eigentümergeführt waren, unterscheiden sich fundamental von Modellen, die in kapitalmarktorientierten Organisationen oder in technologieorientierten Start-ups vorzufinden sind. Diese Unterschiede betreffen vor allem durch tief verwurzelte kulturelle Muster, informelle Machtstrukturen und historisch gewachsene Rollenerwartungen geprägt. Wird ein solches Unternehmen im Rahmen des ETA-Prozesses erworben, entsteht ein Spannungsfeld, in dem die Governance- und Führungsarchitektur des neuen Eigentümers mit der organisationalen Logik des erworbenen Unternehmens in Kontakt tritt. Dieser Kontakt ist weder friktionsfrei noch mechanisch konfigurierbar, sondern folgt komplexen psychologischen, institutionellen und kulturellen Dynamiken, die über den langfristigen Erfolg der Übernahme entscheiden. Governance erfüllt in diesem Kontext die

Funktion, Unsicherheit zu reduzieren, Handlungsfähigkeit herzustellen und Vertrauen in Entscheidungsprozesse zu erzeugen. Die Forschung zur Corporate Governance betont, dass Governance-Systeme nicht primär als Kontrollmechanismen, sondern als institutionelle Arrangements zu verstehen sind, die Erwartungen stabilisieren, Konflikte strukturieren und die Verantwortungsverteilung in Organisationen präzisieren (Aguilera & Jackson, 2010). Im eigentümergeführten Mittelstand war diese Funktion traditionell an die Person des Inhabers gekoppelt, dessen Autorität auf einer Mischung aus persönlicher Reputation, faktischer Sachkompetenz und sozialer Nähe beruhte. In der postakquirierten Situation muss diese personalgebundene Autorität in eine systemgebundene Autorität überführt werden, die es dem ETA-Unternehmer ermöglicht, legitime und wirksame Entscheidungen zu treffen, ohne die gewachsenen kulturellen Strukturen zu destabilisieren. Aus institutionenökonomischer Sicht besteht die zentrale Herausforderung darin, Governance-Strukturen zu etablieren, die Transaktionskosten zu reduzieren, ohne die kulturelle Flexibilität des Mittelstands zu zerstören. Die Theorie der institutionellen Komplementarität, die davon ausgeht, dass Organisationen nur dann stabil funktionieren, wenn sich formale und informelle Regeln gegenseitig stärken, verdeutlicht, dass Governance im KMU-Kontext nur dann wirksam ist, wenn sie nicht gegen, sondern mit der bestehenden Kultur operiert (Aoki, 2001). Für den ETA-Unternehmer bedeutet dies, dass eine Übernahme nicht als Anlass genutzt werden kann, umfassende Kontrollmechanismen oder vertraute Corporate-Governance-Modelle aus größeren Unternehmen einzuführen. Vielmehr müssen Governance-Elemente so gestaltet werden, dass sie die Responsivität, operative Nähe und schnelle Entscheidungsfähigkeit, die den Mittelstand auszeichnen, bewahren und zugleich neue Formen der Verantwortungs- und Rechenschaftsarchitektur etablieren.

Die Führungsarchitektur in postakquirierten mittelständischen Unternehmen folgt einer ähnlichen Logik. Führung lässt sich nach Weicks Sensemaking-Ansatz als Prozess interpretieren, in dem durch kommunikative und symbolische Praktiken Orientierung geschaffen wird (Weick, 1995). Der ankommende ETA-Unternehmer wird in den ersten Monaten nicht nach seinen strategischen Konzepten, sondern nach seiner Fähigkeit beurteilt, Orientierung, Stabilität und eine glaubwürdige Zukunftsinterpretation zu erzeugen. Die Führungssituation ist dadurch gekennzeichnet, dass zentrale Stakeholder wie Mitarbeitende, Kunden, Lieferanten und mitunter auch Banken die Übernahme als potenziell kritisches Ereignis wahrnehmen, das bestehende Erwartungen infrage stellt und Unsicherheiten auslöst. Die Führungsarchitektur muss daher in der Frühphase weniger Effizienz, sondern vor allem Sinnstiftung, Erwartungskohärenz und psychologische Sicherheit erzeugen. Gleichzeitig markiert die Übernahme den Übergang von personaler zu professioneller Führung. Studien zu Familienunternehmen zeigen, dass Mitarbeitende in eigentümergeführten Organisationen nicht primär auf formale Rollen reagieren, sondern auf Beziehungsqualität, moralische Integrität und die Passung zur kulturellen Identität des Unternehmens (Le Breton-Miller & Miller, 2006). Ein ETA-Unternehmer übernimmt damit keine abstrakte Position, sondern einen symbolisch aufgeladenen sozialen Ort. Dies erklärt, warum rein technische Führungsmodelle in dieser Phase häufig scheitern. Es ist nicht das Instrumentarium moderner Führungstheorien, das zum Tragen kommt, sondern die Fähigkeit, Beziehung zu gestalten, Autorität glaubhaft zu verkörpern und das Unternehmen nicht schlicht zu managen, sondern in seinem Selbstverständnis zu verstehen.

Die Corporate Governance in einem postakquirierten Mittelstandsunternehmen wird jedoch nicht ausschließlich von der Unternehmensgeschichte oder der psychologischen Situation der Belegschaft geprägt, sondern auch durch institutionelle Erwartungen der Kapitalgeber. Gerade im ETA-Kontext führen Banken, Investoren und Debt-Funds oftmals implizite Governance-Erwartungen ein, die auf Standardisierungen, Berichtslogiken und Risikomanagementstrukturen beruhen. Kapitalgeber erwarten, dass der neue Eigentümer organisatorische Professionalität herstellt, finanzielle Transparenz gewährleistet und verlässliche Reporting-Mechanismen etabliert. Der ETA-Unternehmer muss daher eine Governance-Struktur konstruieren, die sowohl die kulturellen Erwartungen der Mitarbeitenden als auch die institutionellen Erwartungen der Kapitalgeber bedient. Die Herausforderung besteht darin, beide Erwartungslogiken in ein kohärentes Modell zu integrieren, ohne dass eine Seite den Eindruck erhält, das Unternehmen verliere seine Identität oder seine Handlungsfreiheit. In dieser Konstellation entstehen charakteristische Spannungsfelder. Das Spannungsfeld zwischen Kontrolle und Vertrauen ist besonders ausgeprägt. Während Investoren Kontrollmechanismen einfordern, benötigen Belegschaften Vertrauen, um sich auf die neue Führung einzulassen. Die Transformationsforschung zeigt, dass Vertrauen nicht durch Abwesenheit von Kontrolle entsteht, sondern durch Transparenz, Kommunikationsqualität und die Stabilität von Erwartungen (Dirks & Ferrin, 2002). Der ETA-Unternehmer muss daher eine Balance herstellen, in der Governance nicht als Misstrauenssignal interpretiert wird und Vertrauen nicht als Abwesenheit von Struktur missverstanden wird. Ein weiteres Spannungsfeld ergibt sich aus der Frage der Verantwortungsdelegation. Viele mittelständische Unternehmen verfügen über flache, informelle Machtstrukturen, in denen zentrale Entscheidungen vom Eigentümer selbst getroffen wurden. Die Einführung delegierter Verantwortung erfordert nicht nur strukturelle Veränderungen, sondern kulturelle Reinterpretationen. Erfolgreiche Delegation setzt voraus, dass sowohl der neue Eigentümer als auch die Mitarbeitenden eine veränderte Rollenlogik akzeptieren. Studien zur organisationalen Transformation zeigen, dass Delegation in solchen Kontexten nur dann gelingt, wenn sie schrittweise erfolgt, von klaren Erwartungsrahmen begleitet wird und die Mitarbeitenden ihre Handlungsspielräume als legitim erlebt (Kotter, 1996). Die langfristige Wirksamkeit der Governance- und Führungsarchitektur hängt davon ab, ob es dem ETA-Unternehmer gelingt, ein Gleichgewicht zwischen personenzentrierter Führung, systembasierter Governance und institutioneller Professionalität herzustellen. Dieses Gleichgewicht bildet den Kern dessen, was als hybride Governance bezeichnet werden kann: ein Modell, das die Stärken mittelständischer Nähe und Flexibilität mit den Vorteilen formaler Strukturen verbindet. Die Effektivität dieses Modells zeigt sich nicht unmittelbar nach dem Closing, sondern in der späteren Entwicklungs- und Reifephase, wenn strategische Entscheidungen getroffen, Wachstumsschritte umgesetzt oder Krisen bewältigt werden müssen. Ein Governance-Modell, das zu Beginn nur als kulturell sensibler Rahmen erscheint, entwickelt sich dann zu einem robusten institutionellen Fundament, das professionalisierte Entscheidungsprozesse ermöglicht, ohne die Identität des Unternehmens zu gefährden.

5.10 Strategische Handlungsoptionen: Weiterführung, Exit und Reinvestition

Mit Abschluss der Integrations- und Reifephase erreicht ein durch Entrepreneurship Through Acquisition erworbenes Unternehmen einen Punkt, an dem sich der neue Eigentümer nicht mehr primär mit Stabilisierung, kultureller Anschlussfähigkeit oder struktureller Professionalisierung befasst, sondern vor der Frage steht, wie der langfristige Entwicklungspfad des Unternehmens gestaltet werden soll. Die strategischen Handlungsoptionen umfassen typischerweise drei grundlegende Richtungen: die langfristige Weiterführung, die Vorbereitung und Durchführung eines Exits sowie die Reinvestition in Form weiterer Akquisitionen, strategischer Portfolioerweiterungen oder wachstumsorientierter Kapitalmaßnahmen. Diese drei Optionen bilden kein alternatives Entweder-oder, sondern ein strategisches Kontinuum, das von der Fähigkeit des Eigentümers abhängt, die Ressourcenbasis, Marktposition und kulturelle Verfasstheit des Unternehmens realistisch einzuschätzen sowie eigene unternehmerische Zielsetzungen und zeitliche Horizonte klar zu definieren. Die langfristige Weiterführung („Long-Term Ownership") ist historisch der typische Pfad in eigentümergeprägten europäischen Unternehmen sowie im deutschsprachigen Mittelstand. Und er gewinnt im ETA-Kontext zunehmend an Bedeutung, da viele Unternehmer, die über diesen Weg ein Unternehmen erwerben, nicht primär an der schnellen Realisierung eines Kapitalertrags, sondern am Aufbau einer dauerhaften Unternehmeridentität interessiert sind. Nachhaltiger Unternehmenserfolgberuht in diesem Modell auf drei Faktoren: die institutionelle Einbettung stabiler Entscheidungsprozesse, die Fähigkeit, Lern- und Innovationsmechanismen kontinuierlich weiterzuentwickeln, und die langfristige Balance zwischen Risiko und Resilienz (Miller & Le Breton-Miller, 2005). Eine langfristige Weiterführung erfordert daher weniger strategische Brüche als die stetige Weiterentwicklung der bestehenden Ressourcenbasis. Diese Option ist besonders attraktiv, wenn das Unternehmen über starke Kernkompetenzen, stabile Cashflows und eine robuste Marktposition verfügt. Zugleich erfordert sie vom Eigentümer ein hohes Maß an persönlicher Bindung an das Unternehmen sowie die Fähigkeit, nicht nur strategisch zu denken, sondern operative Exzellenz über Jahre hinweg zu sichern. Im Gegensatz dazu steht die strategische Option des Exits, die im ETA-Kontext oft nach einem Haltezeitraum von sechs bis zehn Jahren in Betracht gezogen wird, insbesondere in Search-Fund-Modellen oder bei partizipationsbasierten Finanzierungen. Ein Exit kann unterschiedlich ausgestaltet sein, etwa als Verkauf an ein anderes mittelständisches Unternehmen (Trade Sale), an ein Private-Equity-Haus, an ein Family Office oder als Übergabe an interne Führungskräfte (Management-Buy-Out) bzw. Mitarbeitende (Workers-Buy-Out). Die strategische Logik eines Exits basiert auf der Realisierung unternehmerischer Wertsteigerung, die in der Reifephase durch Professionalisierung, operative Exzellenz, Systematisierung von Prozessen, Entwicklung neuer Geschäftsfelder oder durch Wachstumsstrategien erzeugt wurde. Erfolgreiche Exits finden dort statt, wo strukturelle und strategische Maßnahmen nicht nur kurzfristige Effizienzgewinne, sondern nachhaltige Leistungsverbesserungen erzeugt haben (Kaplan & Strömberg, 2009). Ein Exit ist allerdings nicht nur eine wirtschaftliche, sondern auch eine kulturelle Entscheidung. Ein Unternehmen, das stark durch die Persönlichkeit des ETA-Eigentümers geprägt wurde, kann durch einen zu plötzlichen oder rein finanzorientierten Exit destabilisiert werden, wenn die Übergangsarchitektur nicht sorgfältig vorbereitet ist. Strategisch erfordert ein Exit daher die frühzeitige institutionelle Verankerung von Wissen, Strukturen und Führungssystemen sowie die narrative Vorbereitung der Organisation auf einen erneuten Eigentümerwechsel. Die dritte Option, die Reinvestition, verbindet Elemente beider vorherigen Modelle und stellt eine Form der Wachstumsstrategie dar, in der der Eigentümer nicht aus dem Unternehmen aussteigt, sondern dessen Ressourcenbasis erweitert. Reinvestition kann in mehreren Formen erfolgen: durch organisches Wachstum, durch den Aufbau neuer Geschäftseinheiten, durch geographische Expansion oder durch akquisitorisches Wachstum. Akquisitorische Entwicklungsstrategien sind erfolgreich, wenn sie eine klare strategische Logik aufweisen, bestehender Kompetenzen ergänzen oder den Zugang zu neuen Märkten ermöglichen und die Integrationsfähigkeit des Unternehmens ausreichend ausgeprägt ist (Hitt et al., 2001). Die Reinvestition schließlich stellt für ETA-Unternehmer eine attraktive Option dar, da sie an die im Such- und Erwerbsprozess entwickelten Fähigkeiten anknüpft und die Möglichkeit eröffnet, ein unternehmerisches Portfolio aufzubauen. Gleichzeitig ist dies die risikoreichste der drei Optionen, da sie das Unternehmen vor erneute Integrationsherausforderungen stellt und eine fortgeschrittene organisatorische Ambidextrie voraussetzt. Entscheidungen in der Reifephase werden stark von den zuvor etablierten Routinen, Identitätsmustern und strategischen Narrativen beeinflusst (Nelson & Winter, 1982). Ein Eigentümer, der eine Kultur der langfristigen Stabilität etabliert hat, wird einen Exit schwerer legitimieren und operationalisieren können als ein Eigentümer, der die Organisation auf Wachstumsorientierung und unternehmerische Erkundung ausgerichtet hat. Entscheidungen über strategische Handlungsoptionen sind daher zutiefst institutionalisiert und spiegeln nicht nur betriebswirtschaftliche, sondern auch kulturelle und psychologische Realitäten wider. Darüber hinaus beeinflussen die eigenen zeitlichen Horizonte des Eigentümers, wie etwa persönliche Lebensentwürfe, unternehmerische Ambitionen oder familiäre Erwartungen, die Wahl der strategischen Option. Die Entscheidung, ein Unternehmen langfristig zu halten oder zu veräußern, ist von der Passung zwischen persönlicher Identität und organisationaler Identität geprägt (Fauchart & Gruber, 2011). Ein Eigentümer, der seine Identität in der Rolle des Unternehmensentwicklers findet, wird sich eher für eine Reinvestitionen. Ein Eigentümer, dessen Identitätslogik stärker auf Transaktionen ausgerichtet ist, wird hingegen einen Exit als natürlichen Schritt betrachten.

5.10.1 Praktische Implikationen der Phase strategischer Handlungsoptionen

Die Identifikation und Bewertung strategischer Handlungsoptionen markiert jene Phase des ETA-Prozesses, in der sich operative Steuerung und strategische Weitsicht miteinander verschränken. Entscheidungen über Weiterführung, Exit oder Reinvestition sind nicht bloß

Resultat analytischer Modelle, sondern Ausdruck eines tiefen Verständnisses der eigenen Organisation, ihres Entwicklungspotenzials und der persönlichen Ambition des Eigentümers. Praktisch verlangt diese Phase daher ein Höchstmaß an strategischer Klarheit, diagnostischer Sensibilität und identitärer Selbstreflexion. Mit der Verdichtung einer strategischen Präferenz beginnt eine Phase, in der die Eigentümerabsicht in institutionelle Regeln, organisatorische Vorkehrungen und verbindliche Handlungsschritte übersetzt werden muss. Eine Entscheidung für langfristige Weiterführung, Exit oder Reinvestition entfaltet allein noch keine steuernde Wirkung. Sie gewinnt erst dann praktische Verbindlichkeit, wenn sie die Kapitalverwendung, die Governance, die Führungsrolle des Eigentümers und die Entwicklung der Organisation erkennbar prägt. Strategische Ausstiegsorientierungen können bereits vor der eigentlichen Transaktion auf Ressourcenentscheidungen, Organisationsgestaltung und Verhaltensweisen des Eigentümers einwirken (DeTienne, 2010; DeTienne et al., 2015). Entsprechendes gilt für langfristige Eigentümerschaft und Reinvestition. Jede Option erzeugt eine eigene institutionelle Logik, die sich in unterschiedlichen Zeithorizonten, Risikobereitschaften, Kontrollbedürfnissen und Anforderungen an die Organisation ausdrückt. Bei einer langfristigen Weiterführung besteht die erste praktische Aufgabe darin, Eigentümerschaft als eigenständige institutionelle Funktion auszugestalten. In eigentümergeführten Unternehmen fallen Kapitalbereitstellung, strategische Richtungsentscheidung und operative Führung häufig in einer Person zusammen. Diese Konzentration ermöglicht schnelle Entscheidungen, erschwert jedoch die Unterscheidung zwischen den Interessen des Unternehmens, den Präferenzen des Geschäftsführers und den Vermögensinteressen des Eigentümers. Langfristige Eigentümerschaft verlangt daher eine schrittweise funktionale Trennung dieser Rollen, selbst wenn sie personell weiterhin durch denselben ETA-Unternehmer wahrgenommen werden. Auf Eigentümerebene bedarf es einer verbindlichen Kapital- und Ausschüttungspolitik, einer Festlegung des gewünschten Risikoprofils sowie klarer Erwartungen an die Geschäftsführung. Auf Governanceebene sind strategische Kontrolle, Beratung und die Überwachung wesentlicher Risiken zu verankern. Die operative Unternehmensleitung verantwortet demgegenüber die Umsetzung innerhalb der eingeräumten Entscheidungsräume. Diese Differenzierung schützt das Unternehmen vor spontanen Entnahmen, situativ wechselnden Zielsetzungen und einer übermäßigen Personalisierung strategischer Entscheidungen. Sie erleichtert zugleich eine spätere Übergabe der Geschäftsführung, ohne dass damit zwangsläufig eine Veränderung der Eigentumsverhältnisse verbunden sein muss. Die langfristige Orientierung des Eigentümers besitzt grundsätzlich das Potenzial, Investitionen in Fähigkeiten, Beziehungen und Reputation zu ermöglichen, deren Nutzen sich erst über längere Zeiträume realisiert. Ein langer Eigentumshorizont gewährleistet jedoch weder nachhaltige Unternehmensführung noch strategische Erneuerungsfähigkeit. Kavadis und Thomsen (2023) kommen in ihrer Forschungsübersicht zu dem Ergebnis, dass langfristige Eigentümerschaft eine begünstigende, für sich genommen jedoch keine hinreichende Bedingung nachhaltiger Unternehmensentwicklung darstellt. Entscheidend bleibt, ob der Eigentümer seine Stellung im Sinne verantwortlicher Stewardship nutzt. Für den ETA-Unternehmer folgt daraus die Notwendigkeit, langfristige Bindung durch strategische Gegenkräfte zu ergänzen. Ein qualifiziert besetzter Beirat, wiederkehrende externe Markt- und Strategiereviews sowie die systematische Gegenüberstellung eigener Leistungsannahmen mit relevanten Vergleichsunternehmen können verhindern, dass Vertrautheit mit dem Unternehmen in Selbstbestätigung übergeht. Ebenso sollte ein Teil der Führungsaufmerksamkeit ausdrücklich der Erneuerung vorhandener Fähigkeiten gewidmet bleiben. Die langfristige Weiterführung darf nicht mit der dauerhaften Fortschreibung des gegenwärtigen Geschäftsmodells verwechselt werden. Ihre Stärke liegt gerade in der Möglichkeit, Veränderungen ohne den unmittelbaren Verwertungsdruck eines bevorstehenden Verkaufs vorzubereiten. Zur verantwortlichen langfristigen Eigentümerschaft gehört ferner eine vorsorgliche Regelung für den Ausfall oder Rückzug des ETA-Unternehmers. Diese Anforderung besteht unabhängig von seinem Alter oder einer konkreten Veräußerungsabsicht. Vertretungsbefugnisse, Notfallzugänge, Vollmachten, Eigentumsnachfolge und die vorübergehende oder dauerhafte Übernahme der Geschäftsführung sollten so geregelt sein, dass ein persönliches Ereignis nicht unmittelbar zu einer Unternehmenskrise führt. Ein langfristig gebundener Eigentümer beweist seine Verantwortung auch dadurch, dass er die Organisation auf die Möglichkeit seiner eigenen Abwesenheit vorbereitet. Entscheidet sich der ETA-Unternehmer für einen Exit, verlagert sich die praktische Aufgabe auf die Herstellung von Transaktionsfähigkeit. Dabei ist begrifflich zwischen dem Ausscheiden des Eigentümers und der Beendigung des Unternehmens zu unterscheiden. Ein unternehmerischer Exit kann mit der Fortführung des Unternehmens unter neuer Eigentümerschaft verbunden sein und stellt daher weder notwendig einen Misserfolg noch eine Beendigung der unternehmerischen Wertschöpfung dar (DeTienne, 2010; Wennberg et al., 2010). Die Qualität eines Exits lässt sich nicht allein am Kaufpreis, sondern auch an der Fortführungsfähigkeit des Unternehmens nach dem Eigentümerwechsel beurteilen. Die Vorbereitung sollte als eigenständiges, zeitlich abgegrenztes Transformationsprojekt organisiert werden. Im Zentrum steht zunächst eine kritische Prüfung sämtlicher Sachverhalte, die während einer käuferseitigen Due Diligence zu Unsicherheit, Kaufpreisanpassungen oder Vertragsrisiken führen könnten. Dazu zählen Inkonsistenzen zwischen internem Reporting und Jahresabschluss, nicht marktgerechte Verträge mit nahestehenden Personen, unklare Schutzrechte, ungeklärte steuerliche Positionen, arbeitsrechtliche Risiken, unvollständige Genehmigungen sowie Abhängigkeiten von einzelnen Kunden, Lieferanten oder Schlüsselpersonen. Wie einst der ETA-Unternehmer in der Suchphase selbst, muss der Verkäufer nun nachvollziehbar zwischen wiederkehrender operativer Ertragskraft, einmaligen Effekten, persönlichen Aufwendungen des Eigentümers und tatsächlich nachhaltigen Ergebnisverbesserungen unterscheiden. Parallel dazu ist eine käuferspezifische Darstellung des Unternehmens zu entwickeln. Die Vorbereitung eines Exits sollte gleichwohl keine kurzfristige Ergebnisoptimierung zulasten der Unternehmenssubstanz auslösen. Unterlassene Instandhaltung, der Abbau notwendiger Personalreserven oder die Verschiebung unvermeidbarer Ausgaben können den ausgewiesenen Gewinn vorübergehend erhöhen, werden in einer sorgfältigen Due Diligence jedoch regelmäßig als zukünftiger Finanzierungsbedarf sichtbar. Ein qualitativ überzeugender Exit beruht auf nachvollziehbarer und fortführbarer Ertragskraft. Er verlangt daher eine Unternehmensführung, deren Entscheidungen auch unter einem neuen Eigentümer wirtschaftlich vertretbar bleiben. Die Reinvestitionsoption stellt andere Anforderungen. Sobald ein ETA-Unternehmer weitere Unternehmen erwirbt, neue Geschäftseinheiten aufbaut oder wesentliche Beteiligungen eingeht, verändert sich seine unternehmerische Rolle. Der Schwerpunkt verschiebt sich schrittweise von der Führung eines einzelnen Unternehmens zur Allokation von Kapital, Managementaufmerksamkeit und Fähigkeiten über mehrere Einheiten hinweg. Diese Veränderung erfordert eine Gruppenarchitektur, die über die Prüfung einzelner Investitionsgelegenheiten hinausgeht. Am Anfang steht ein verbindliches Investitionsmandat. Es bestimmt, in welchen Märkten, Größenklassen und Geschäftsmodellen investiert werden darf, welche strategische Beziehung zum bestehenden Unternehmen erforderlich ist und welche Risiken ausgeschlossen bleiben. Ebenso sollten Obergrenzen für Kapitalbindung, Verschuldung und die gleichzeitige Zahl laufender Entwicklungsprojekte festgelegt werden. Ein solches Mandat schützt vor einer schleichenden Ausweitung des Suchfeldes, bei der jede neue Gelegenheit mit einer nachträglich konstruierten strategischen Begründung versehen wird. Mit dem Aufbau mehrerer Unternehmenseinheiten ist sodann zu klären, welche Entscheidungen auf Ebene einer Holding oder Gruppenleitung gebündelt und welche dezentral belassen werden. Kapitalallokation, Finanzierung, Risikosteuerung, Rechnungswesen und grundlegende Governancefragen sprechen häufig für eine zentrale Verantwortung. Kundenbeziehungen, Leistungserstellung, Personalführung und lokale Marktanpassung können demgegenüber eine weitgehende Autonomie der einzelnen Gesellschaften verlangen. Die geeignete Verteilung hängt von der Art der erworbenen Fähigkeiten und den beabsichtigten Wertschöpfungsbeziehungen ab. Ranft und Lord (R2002) zeigen, dass der erfolgreiche Transfer von Wissen und Fähigkeiten sowohl von deren Beschaffenheit als auch von der konkreten Gestaltung der Akquisitionsintegration abhängt. Eine pauschale Zentralisierung kann gerade jene Ressourcen beschädigen, deren Erwerb die Transaktion ursprünglich rechtfertigte. Der ETA-Unternehmer sollte deshalb bereits vor einer Reinvestition eine Integrationsdoktrin formulieren, die festlegt, welche Bereiche grundsätzlich vereinheitlicht werden, welche unter bestimmten Voraussetzungen zusammengeführt werden können und welche dauerhaft eigenständig bleiben sollen. Diese Doktrin schafft Berechenbarkeit, ohne jede spätere Integrationsentscheidung vorwegzunehmen. Sie erleichtert zugleich die Kommunikation gegenüber den Führungskräften eines Zielunternehmens, weil sie den Umfang der erwartbaren Eingriffe begrenzt und nachvollziehbar macht. Auch die organisatorische Verantwortung für Transaktion und Integration bedarf einer klaren Trennung. Personen, die eine Akquisition initiiert und wirtschaftlich begründet haben, neigen dazu, deren Erfolgsaussichten auch nach dem Closing günstig zu beurteilen. Eine unabhängige Integrationsverantwortung und ein späterer Post-Acquisition-Review können diese Verzerrung begrenzen. Die ursprünglichen Annahmen über Synergien, Wachstum, Kosten, Investitionen und Managementkapazität sollten nach festgelegten Zeiträumen mit den tatsächlich eingetretenen Ergebnissen verglichen werden. Abweichungen sind auf ihre

Ursachen zu untersuchen und in künftige Akquisitionsentscheidungen zu überführen. Frühere Transaktionserfahrung verbessert die Qualität späterer Akquisitionen nicht automatisch. Haleblian und Finkelstein (1999) identifizierten einen nichtlinearen Zusammenhang zwischen Akquisitionserfahrung und Akquisitionserfolg. Eine bewährte Vorgehensweise bleibt nur dann hilfreich, wenn die neue Transaktion in ihren entscheidenden Merkmalen hinreichend ähnlich ist. Der ETA-Unternehmer muss daher zwischen wiederverwendbaren Prozesskenntnissen und kontextspezifischen Erfahrungen unterscheiden. Für eine wiederholbare Reinvestitionsfähigkeit empfiehlt sich die systematische Dokumentation des gesamten Akquisitionszyklus. Dazu gehören die ursprüngliche Investitionsthese, verworfene Alternativen, zentrale Due-Diligence-Erkenntnisse, Bewertungsannahmen, Vertragsentscheidungen, Integrationsmaßnahmen und später eingetretene Ergebnisse. Der Erkenntniswert liegt vor allem in der Analyse von Abweichungen. Eine Transaktion, deren Ergebnis hinter den Erwartungen zurückbleibt, kann wertvolle Lernprozesse auslösen, sofern Ursachen differenziert untersucht werden. Ein unerwartet erfolgreicher Erwerb verdient dieselbe Aufmerksamkeit, da auch positive Abweichungen auf nicht wiederholbaren Zufällen beruhen können. Besondere Disziplin verlangt die Kaufpreisfindung. Strategische Synergien können einen höheren Wert für einen konkreten Erwerber begründen, dürfen jedoch keine unbegrenzte Rechtfertigung für Preisaufschläge liefern. Jede Investition benötigt deshalb eine eigenständige Ergebnisrechnung, eine nachvollziehbare Zuordnung zentraler Leistungen und eine Bewertung anhand der ursprünglichen Investitionsthese. Neben finanziellen Größen sind der Transfer angestrebter Fähigkeiten, die Entwicklung des Managements, die Bindung kritischer Mitarbeiter und die Realisierung tatsächlich beabsichtigter Verbundvorteile zu erfassen. Unabhängig von der gewählten Option muss schließlich das Vergütungs- und Anreizsystem mit dem Eigentümermandat übereinstimmen. Bei langfristiger Weiterführung sollten mehrjährige Leistungsfähigkeit, Widerstandsfähigkeit und Kompetenzentwicklung angemessen berücksichtigt werden. Im Exitfall dürfen Anreize nicht ausschließlich an den Abschluss der Transaktion geknüpft sein, da dies die Gefahr erhöht, Kaufpreis, Vertragsrisiken und Fortführungsfähigkeit gegeneinander auszuspielen. Bei einer Reinvestitionsstrategie sollten Vergütungen die Rendite auf das eingesetzte Kapital und die nachhaltige Entwicklung erworbener Einheiten berücksichtigen. Reines Umsatz- oder Transaktionswachstum bietet hierfür keine ausreichende Grundlage. Die praktische Qualität dieser Phase zeigt sich daran, ob der ETA-Unternehmer den gewählten Pfad umsetzen kann, ohne die Funktionsfähigkeit des Unternehmens seiner persönlichen Zielsetzung unterzuordnen. Zwar gewinnen Eigentümerentscheidungen ihre Legitimität aus dem Recht zur Verfügung über das investierte Kapital. Ihre unternehmerische Qualität erweist sich jedoch in der Fähigkeit, dieses Recht mit der Verantwortung für die Fortführungsfähigkeit der Organisation zu verbinden. Erst diese Verbindung ermöglicht eine langfristige Weiterführung, einen verantwortbaren Exit oder eine Reinvestition, die über die bloße Vervielfachung von Transaktionen hinausreicht.

5.10.2 Entscheidungsarchitektur zwischen Weiterführung, Exit und Reinvestition

Die Wahl zwischen Weiterführung, Exit und Reinvestition stellt eine der anspruchsvollsten strategischen Entscheidung im gesamten ETA-Prozess dar, da sie das übernommene Unternehmen nicht nur in unterschiedliche Zukunftsverläufe, sondern auch in unterschiedliche Identitäten führt. Zugleich handelt es sich um eine Entscheidung, die nicht isoliert getroffen werden kann, sondern aus einem komplexen Gefüge ökonomischer, kultureller, zeitlicher und psychologischer Bedingungen hervorgeht. Die Entscheidungsarchitektur, die dieser Wahl zugrunde liegt, ist daher weniger ein analytischer Algorithmus als ein strukturiertes Zusammenspiel aus Diagnose, Prognose, Reflexion und institutioneller Einbettung. Ihr Kern besteht darin, die organisationale Realität mit der persönlichen Ambition des Eigentümers und der langfristigen Entwicklungslogik des Unternehmens in Einklang zu bringen.

Im Zentrum dieser Architektur steht die Erkenntnis, dass strategische Optionen asymmetrische Anforderungen stellen und nicht aus derselben Ausgangslage heraus gleich gut realisierbar sind. Unternehmen mit hoher organisatorischer Stabilität und klar institutionalisierten Prozessen verfügen über eine strukturelle Grundlage, die eine langfristige Weiterführung begünstigt. Unternehmen mit schnellem Wachstum, überdurchschnittlicher Skalierbarkeit oder hoher Externattraktivität hingegen eignen sich eher für einen Exit. Organisationen mit dynamischen Kompetenzen, explorativen Potenzialen oder vorhandener Integrationsfähigkeit wiederum bilden eine besonders tragfähige Ausgangsbasis für Reinvestitionen oder akquisitorisches Wachstum. Die Entscheidungsarchitektur besteht damit zunächst aus einer präzisen Diagnose der organisationsinternen Ressourcen und Routinen sowie der äußeren Marktlogiken, die das Unternehmen rahmen. Gleichzeitig besitzt die Entscheidung eine psychologische Dimension, die in der Forschung zur Unternehmeridentität zunehmend Beachtung findet. Eigentümer entwickeln im Verlauf der Reifephase ein spezifisches Selbstverständnis, das beeinflusst, welche Option als attraktiv empfunden wird und welche als Belastung. Die Weiterführung entspricht einer Identitätslogik, die auf Kontinuität, langfristige Existenzsicherung und persönliche Verantwortung ausgerichtet ist. Der Exit folgt einer transaktionalen Identitätslogik, die Wertschöpfung durch Transformation und Übergabe als Teil des unternehmerischen Zyklus sieht. Reinvestition schließlich entspricht einer identitätsprägenden Logik, die Wachstum, Gestaltung und Multiplikation unternehmerischer Wirkung in den Mittelpunkt stellt. Die Entscheidungsarchitektur muss daher die Passung zwischen organisationaler Entwicklungsfähigkeit und persönlicher Identität ebenso berücksichtigen wie finanzielle und strategische Parameter. Eine dritte zentrale Dimension betrifft die zeitlichen Strukturen der Entscheidung. Entscheidungen über Weiterführung, Exit oder Reinvestition erfolgen nicht in einem synchronen, sondern in einem diachronen Horizont: Sie verdichten sich über mehrere Jahre hinweg. Früh getroffene Weichenstellungen limitieren oder erleichtern spätere Optionen. So erzeugt eine starke kulturelle Bindung an den Eigentümer strukturelle Herausforderungen für einen späteren Exit, während eine in hohem Maße explorative Führungskultur die langfristige Weiterführung erschweren kann, wenn operative Disziplin nicht gleichermaßen etabliert wird. In diesem Sinne ist die Entscheidungsarchitektur ein Aufbauprozess, der die strategische Freiheit des Eigentümers in der Zukunft bestimmt. Jede Wahl enthält damit implizite Pfadabhängigkeiten, die nicht erst im Moment der Entscheidung entstehen, sondern im laufenden Handeln geformt werden. Auf organisationaler Ebene spielt die institutionelle Reife eine entscheidende Rolle. Unternehmen, die über eine klar definierte Führungsarchitektur, standardisierte Prozesse und ein robustes Controlling verfügen, können sowohl für einen Exit geöffnet als auch für langfristige Weiterführung stabilisiert werden. Unternehmen, deren Strukturen stark informalisiert und personalisiert sind, verfügen zwar häufig über hohe Anpassungsfähigkeit, jedoch über begrenzte Transparenz und Skalierbarkeit. Die Entscheidungsarchitektur muss diese institutionellen Faktoren sorgfältig in die Bewertung einbeziehen und erkennen, dass nicht jede Option gleichzeitig aufgebaut werden kann, ohne die Organisation in widersprüchliche Entwicklungsimpulse zu zwingen. Eine Organisation, die gleichzeitig maximal transparent für potenzielle Käufer und maximal identitätsstark für langfristige Weiterführung sein soll, kann unter Umständen in ihrer kulturellen und operativen Kohärenz überfordert werden. Die Wahl der Option ist daher auch eine Wahl der Prioritäten. Ebenso wesentlich ist die externe Perspektive. Marktbedingungen, Branchentrends, Wettbewerbsdynamiken und Kapitalmarkterwartungen beeinflussen die strategische Realisierbarkeit der Optionen. Ein Unternehmen in einer reifen, konsolidierenden Branche wird unter Umständen geringere Exitmöglichkeiten besitzen als eines in einem wachstumsorientierten Marktumfeld. Zugleich kann eine Marktdynamik, die akquisitorische Möglichkeiten eröffnet, Reinvestitionen begünstigen, während stagnierende Konjunkturen eher zur langfristigen Konsolidierung einladen. Die Entscheidungsarchitektur muss diese externen Faktoren nicht nur beobachten, sondern in Szenarien übersetzen, die unterschiedliche Zukünfte sichtbar machen und so den Weg zu strategischer Klarheit ebnen. Eine entscheidende Rolle spielt schließlich die narrative Kohärenz. Organisationen orientieren sich an impliziten und expliziten Zukunftsbildern. Strategische Optionen werden nur dann wirksam realisiert, wenn sie in ein tragfähiges Narrativ eingebettet sind, das Verlässlichkeit, Sinn und Richtung vermittelt. Die Entscheidungsarchitektur umfasst daher auch die Entwicklung eines Zukunftsnarrativs, das sowohl intern als auch extern anschlussfähig ist. Eine langfristige Weiterführung verlangt ein Narrativ der Beständigkeit und der schrittweisen Weiterentwicklung; ein Exit ein Narrativ des Übergangs und der Verantwortung für das künftige Eigentümerregime; Reinvestition ein Narrativ des Wachstums, der Offenheit und der dynamischen Erneuerung. Die Wahl des Narrativs ist damit Teil der Strategie selbst.

Literatur

Aldrich, H. E., & Cliff, J. E. (2003). The pervasive effects of family on entrepreneurship: Toward a family embeddedness perspective. *Journal of Business Venturing, 18*(5), 573–596.

Allen, D. (2001). *Getting things done: The art of stress-free productivity.* Penguin Books.

Allen, T. D., & Eby, L. T. (2007). *The Blackwell handbook of mentoring: A multiple perspectives approach.* Blackwell Publishing.

Amit, R., Brander, J., & Zott, C. (1998). Why do venture capital firms exist? Theory and Canadian evidence. *Journal of Business Venturing, 13*(6), 441–466.

Argyris, C. (1977). Double loop learning in organizations. *Harvard Business Review, 55*(5), 115–125.

Argyris, C., & Schön, D. A. (1978). Organizational learning: A theory of action perspective. Addison-Wesley.

Akerlof, G. A. (1970). The Market for „Lemons": Quality Uncertainty and the Market Mechanism. The Quarterly Journal of Economics, 84(3), 488–500

Bandura, A. (1997). *Self-efficacy: The exercise of control.* Freeman.

Barney, J. B. (1991). Firm resources and sustained competitive advantage. *Journal of Management, 17*(1), 99–120.*.

Barringer, B. R., & Ireland, R. D. (2019). *Entrepreneurship: Successfully launching new ventures* (6. Aufl.). Pearson.

Bazerman, M. H., & Neale, M. A. (1992). *Negotiating rationally.* Free Press.

Becker, G. S. (1964). *Human capital: A theoretical and empirical analysis.* University of Chicago Press.

Becker, G. S. (1993). *Human capital: A theoretical and empirical analysis, with special reference to education* (3. Aufl.). University of Chicago Press.

Berens, W., Brauner, H. U., Strauch, J., & Knauer, T. (2013). *Due Diligence bei Unternehmensakquisitionen* (7. Aufl.). Schäffer-Poeschel.

Birkinshaw, J., Bresman, H., & Håkanson, L. (2000). Managing the post-acquisition integration process: How the human integration and task integration processes interact to foster value creation. Journal of Management Studies, 37(3), 395–425. https://doi.org/10.1111/1467-6486.00186

Boers, B. (2013). *Organizational identity construction in family businesses: A dualities perspective.* Dissertation, Jönköping International Business School. DIVA Portal

Börsch-Supan, A. (2013). Myths, scientific evidence and economic policy in the German pension debate. *Journal of the Economics of Ageing, 1–2*, 23–29.

Bower, J. L. (2001). Not all M&As are alike – and that matters. *Harvard Business Review, 79*(3), 92–101.

Braun, F., & Grichnik, D. (2023). *Entrepreneurship through acquisition in Europe: Emerging patterns and models.* Springer Nature.

Brix, J. (2019). Ambidexterity and organizational learning: Revisiting and reconnecting the literatures. *The Learning Organization, 26*(4), 337–351. https://doi.org/10.1108/TLO-04-2019-0058

Bruton, G., Khavul, S., Siegel, D., & Wright, M. (2015). New financial alternatives in seeding entrepreneurship: Microfinance, crowdfunding, and peer-to-peer innovations. *Entrepreneurship Theory and Practice, 39*(1), 9–26.

Budner, S. (1962). Intolerance of ambiguity as a personality variable. *Journal of Personality, 30*(1), 29–50.

Bühner, C. J. & Grichnik, D. (2005). Entrepreneurial Finance. https://doi.org/10.1007/b137996

Cardon, M. S., Wincent, J., Singh, J., & Drnovsek, M. (2009). The nature and experience of entrepreneurial passion. *Academy of Management Review, 34*(3), 511–532.

Cain, M. D., Denis, D. J., & Denis, D. K. (2011). Earnouts: A study of financial contracting in acquisition agreements. Journal of Accounting and Economics, 51(1–2), 151–170.

Christensen, C. M. (1997). *The innovator's dilemma.* Harvard Business School Press.

Church, A. H., & Bracken, D. W. (1997). Advancing the state of the art of 360-degree feedback. *Group & Organization Management, 22*(2), 149–161.

Cialdini, R. B. (2006). *Influence: The psychology of persuasion* (Revised. Aufl.). Harper Business.

Coenenberg, A. G., Haller, A., & Schultze, W. (2016). *Jahresabschluss und Jahresabschlussanalyse* (24. Aufl.). Schäffer-Poeschel.

Collins, J. (2001). *Good to great: Why some companies make the leap and others don't.* HarperBusiness.

Cope, J. (2005). Toward a dynamic learning perspective of entrepreneurship. *Entrepreneurship Theory and Practice, 29*(4), 373–397.

Cope, J. (2011). Entrepreneurial learning from failure: An interpretative phenomenological analysis. *Journal of Business Venturing, 26*(6), 604–623.

Cumming, D., & Johan, S. (2013). *Venture capital and private equity contracting: An international perspective* (2. Aufl.). Academic.

Dabbagh, N., & Kitsantas, A. (2012). Personal learning environments, social media, and self-regulated learning: A natural formula for connecting formal and informal learning. *Internet and Higher Education, 15*(1), 3–8.

Damodaran, A. (2012). *Investment valuation: Tools and techniques for determining the value of any asset* (3. Aufl.). Wiley.

Danes, S. M., Stafford, K., Haynes, G., & Amarapurkar, S. S. (2009). Family capital of family firms: Bridging human, social, and financial capital. *Family Business Review, 22*(3), 199–215.

De Massis, A., Sharma, P., Chua, J. H., & Chrisman, J. J. (2016). Family business studies: An annotated bibliography. *Academy of Management Annals, 10*(1), 87–243.

DeTienne, D. R. (2010). Entrepreneurial exit as a critical component of the entrepreneurial process: Theoretical development. Journal of Business Venturing, 25(2), 203–215.

DeTienne, D. R., McKelvie, A., & Chandler, G. N. (2015). Making sense of entrepreneurial exit strategies: A typology and test. Journal of Business Venturing, 30(2), 255–272.

Deutsche Industrie- und Handelskammer & Evers, M. (2025). DIHK-REPORT UNTERNEHMENSNACHFOLGE 2025 [Report]. https://www.dihk.de/resource/blob/134302/195174566635ef655907ea91b0ec327a/unternehmensentwicklung-dihk-report-unternehmensnachfolge-2025-data.pdf

Dias, M. M., & Nunes, S. C. (2025). *Change management and organizational culture in family business succession: A case study of a Brazilian mining company.* Unpublished Manuscript/Working. paper.murillodias.com

Drukarczyk, J., & Schüler, A. (2016). *Unternehmensbewertung* (7. Aufl.). Vahlen.

DUB. (2021). *DUB Unternehmensnachfolge-Report 2021.* Deutsche Unternehmerbörse.

Dweck, C. S. (2006). *Mindset: The new psychology of success.* Random House.

Dyer, W. G. (2006). Examining the "family effect" on firm performance. *Family Business Review, 19*(4), 253–273.

Dyer, W. G., Nenque, E., & Hill, E. J. (2019). Toward a theory of family capital and entrepreneurship: Antecedents and outcomes. *Journal of Small Business Management, 52*(2), 266–285.

Eisenhardt, K. M. (1989). Agency theory: An assessment and review. *Academy of Management Review, 14*(1), 57–74.

Ericsson, K. A., Krampe, R. T., & Tesch-Römer, C. (1993). The role of deliberate practice in the acquisition of expert performance. *Psychological Review, 100*(3), 363–406.

Fauchart, E., & Gruber, M. (2011). Darwinians, communitarians, and missionaries: The role of founder identity in entrepreneurship. *Academy of Management Journal, 54*(5), 935–957.

Feld, B., & Mendelson, J. (2011). *Venture deals: Be smarter than your lawyer and venture capitalist.* Wiley.

Finkelstein, S., & Haleblian, J. (2002). Understanding acquisition performance: The role of transfer effects. Organization Science, 13(1), 36–47.

Fisher, R., & Ury, W. (1981). *Getting to yes: Negotiating agreement without giving in.* Houghton Mifflin.

Fisher, R., Ury, W., & Patton, B. (2011). *Getting to yes: Negotiating agreement without giving in.* Penguin Books.

Fredrickson, B. L. (2001). The role of positive emotions in positive psychology: The broaden-and-build theory of positive emotions. *American Psychologist, 56*(3), 218–226.*.

French, J. R. P., & Raven, B. (1959). The bases of social power. In D. Cartwright (Hrsg.), *Studies in social power* (S. 150–167). University of Michigan Press.

Goleman, D. (1998). *Working with emotional intelligence.* Bantam Books.

Gollwitzer, P. M. (1999). Implementation intentions: Strong effects of simple plans. *American Psychologist, 54*(7), 493–503.

Gompers, P., Kaplan, S., & Mukharlyamov, V. (2016). What do private equity firms say they do? *Journal of Financial Economics, 121*(3), 449–476.

Graebner, M. E., Heimeriks, K. H., Huy, Q. N., & Vaara, E. (2017). The process of postmerger integration: A review and agenda for future research. Academy of Management Annals, 11(1), 1–32. https://doi.org/10.5465/annals.2014.0078

Granovetter, M. S. (1973). The strength of weak ties. *American Journal of Sociology, 78*(6), 1360–1380.

Grichnik, D., Brettel, M., Koropp, C., & Mauer, R. (2017). *Entrepreneurship: Unternehmerisches Denken, Entscheiden und Handeln in innovativen und technologieorientierten Unternehmungen* (2. Aufl.). Schäffer-Poeschel.

Hall, J., & Hofer, C. W. (1993). Venture capitalists' decision criteria in new venture evaluation. *Journal of Business Venturing, 8*(1), 25–42.

Haleblian, J., & Finkelstein, S. (1999). The influence of organizational acquisition experience on acquisition performance: A behavioral learning perspective. Administrative Science Quarterly, 44(1), 29–56.

Heckhausen, J., Wrosch, C., & Schulz, R. (2010). A motivational theory of life-span development. *Psychological Review, 117*(1), 32–60.

Helbling, C. (1998). Unternehmensbewertung und Steuern: Unternehmensbewertung in Theorie und Praxis, insbesondere die Berücksichtigung der Steuern aufgrund der Verhältnisse in der Schweiz und in Deutschland (9., nachgeführte Aufl.). IDW-Verlag

Hitt, M. A., Harrison, J. S., & Ireland, R. D. (2001). *Mergers and acquisitions: A guide to creating value for stakeholders.* Oxford University Press.

Hmieleski, K. M., & Baron, R. A. (2009). Entrepreneurs' optimism and new venture performance: A social cognitive perspective. *Academy of Management Journal, 52*(3), 473–488.

Hoffmann, A. (2023). Entrepreneurship through acquisition: A scoping review. *Management Review Quarterly, 73*(4), 867–899.

Hoffmann, A., Kanbach, D. K., & Stubner, S. (2023). Entrepreneurship through acquisition: A scoping review. *Management Review Quarterly, 74*(4), 1981–2012. SpringerLink.

Hofstetter, R. (2026). Unternehmensbewertung: die Praktiker-Methode. VZ VermögensZentrum. https://www.vermoegenszentrum.ch/wissen/unternehmensbewertung-die-praktiker-methode

Holt, D. T., Pearson, A. W., Payne, G. T., & Sharma, P. (2017). Family business succession: An organizational learning perspective. *Academy of Management Perspectives, 31*(4), 450–467.

Hunt, K. (2018). *How to buy a small business.* CreateSpace Independent Publishing.

Hunt, R. A., & Fund, B. (2012). Reassessing the practical and theoretical influence of entrepreneurship through acquisition. *Journal of Entrepreneurial Finance, 16*(1), 29–52.

Hutchison-Krupat, J., & Kavadias, S. (2015). Strategic resource allocation: Top-down, bottom-up, and the value of strategic buckets. Management Science, 61(2), 391–412.

IESE Business School. (2022). *International search fund study 2022.* University of Navarra.

IESE Business School. (2024). *International search fund study 2024.* University of Navarra.

INSEAD. (2021). *Executive Education Programme Catalogue.* INSEAD.

Institut der Wirtschaftsprüfer. (2026). Grundsätze zur Durchführung von Unternehmensbewertungen (IDW S 1 i.d.F. 2026). IDW Verlag

International Business Brokers Association. (2021). *Market Pulse Survey, Q4*, 2021.

Kabat-Zinn, J. (1990). *Full catastrophe living: Using the wisdom of your body and mind to face stress, pain, and illness*. Delacorte Press.

Kahneman, D. (2011). *Thinking, fast and slow*. Farrar, Straus and Giroux.

Kahneman, D., Knetsch, J. L., & Thaler, R. H. (1986). Fairness as a constraint on profit seeking: Entitlements in the market. American Economic Review, 76(4), 728–741.

Kahneman, D., & Tversky, A. (1979). Prospect theory: An analysis of decision under risk. *Econometrica, 47*(2), 263–291.

Kammer der Steuerberater:innen und Wirtschaftsprüfer:innen. (2025). Fachgutachten des Fachsenats für Unternehmensbewertung der Kammer der Steuerberater:innen und Wirtschaftsprüfer:innen zur Unternehmensbewertung.

Kaplan, S.N. and Ruback, R.S. (1995) The Valuation of Cash Flow Forecasts: An Empirical Analysis. The Journal of Finance, 50, 1059-1093. https://doi.org/10.1111/j.1540-6261.1995.tb04049.x

Kaplan, S. N., & Strömberg, P. (2009). Leveraged buyouts and private equity. *Journal of Economic Perspectives, 23*(1), 121–146.

Katz, R. L. (1970). *Cases and concepts in corporate strategy*. Prentice Hall.

Kavadis, N., & Thomsen, S. (2023). Sustainable corporate governance: A review of research on long-term corporate ownership and sustainability. Corporate Governance: An International Review, 31(1), 198–226.

Kelly, C., & Harding, R. (2020). The search fund model in Europe: Emergence and evolution. *Venture Capital, 22*(4), 327–345.

KfW Research & Schwartz, M. (2026). Nachfolge-Monitoring Mittelstand 2025: Pläne für Geschäftsaufgaben wachsen erneut – Kaufpreisvorstellungen deutlich gestiegen. In KfW Research. https://www.kfw.de/PDF/Download-Center/Konzernthemen/Research/PDF-Dokumente-Fokus-Volkswirtschaft/Fokus-2026/Fokus-Nr.-526-Januar-2026-Nachfolge-Monitoring.pdf

Kipping, M., & Clark, T. (2012). *The Oxford handbook of management consulting*. Oxford University Press.

Klotz, A. C., & Neubaum, D. O. (2016). Research on the dark side of personality traits in entrepreneurship: Observations from an organizational behavior perspective. *Entrepreneurship Theory and Practice, 40*(1), 7–17.

Knight, F. H. (1921). *Risk*. Uncertainty and profit.

Kolb, D. A. (1984). *Experiential learning: Experience as the source of learning and development*. Prentice Hall.

Koller, T., Goedhart, M., & Wessels, D. (2020). Valuation: Measuring and Managing the Value of Companies (7th ed.). Wiley.

Koptyug, N., Persson, L., & Tåg, J. (2020). Should we worry about the decline of the public corporation? A brief survey of the economics and external effects of the stock market. *The North American Journal of Economics and Finance, 51*, 100846.

Kram, K. E. (1985). Mentoring at work: Developmental relationships in organizational life.

Kristensen, H. (2000). Does fairness matter in corporate takeovers? Journal of Economic Psychology, 21(1), 43–56. https://doi.org/10.1016/S0167-4870(99)00035-5

Krueger, N. F., Reilly, M. D., & Carsrud, A. L. (2000). Competing models of entrepreneurial intentions. *Journal of Business Venturing, 15*(5–6), 411–432.*.

Kummer, C., & Steger, U. (2008). Why Mergers and Acquisitions (M&A) waves reoccur: The vicious circle from pressure to failure. *Strategic Management Journal, 29*(11), 1229–1239.

Lambrecht, J., & Lievens, J. (2008). Pruning the family tree: An unexplored path to family business continuity and family harmony. *Family Business Review, 21*(4), 295–313.

Lewicki, R. J., Tomlinson, E. C., & Gillespie, N. (2006). Models of interpersonal trust development. *Journal of Management, 32*(6), 991–1022.

Levie, J., & Lichtenstein, B. B. (2010). A terminal assessment of stages theory: Introducing a dynamic states approach to entrepreneurship. Entrepreneurship Theory and Practice, 34(2), 317–350.

Li, W., Kellermanns, F. W., & Bai, E. (2023). Identities of the incumbent and the successor in the family business succession process: A systematic review from an identity perspective. *Frontiers in Psychology, 14*, 1062829.Frontiers.

Li, X., Chen, G., & Shen, R. (2024). Steering the intangible wheel: Chief executive officer effect on corporate cultural change. Organization Science, 35(5), 1770–1794. https://doi.org/10.1287/orsc.2022.17210

Loewenstein, G. F., Thompson, L., & Bazerman, M. H. (1989). Social utility and decision making in interpersonal contexts. Journal of Personality and Social Psychology, 57(3), 426–441. https://doi.org/10.1037/0022-3514.57.3.426

Luhmann, N. (1979). *Trust and power*. Wiley.

Magee, J. C., & Galinsky, A. D. (2008). Social hierarchy: The self-reinforcing nature of power and status. *Academy of Management Annals, 2*(1), 351–398.

March, J. G., & Shapira, Z. (1987). Managerial perspectives on risk and risk taking. *Management Science, 33*(11), 1404–1418.

McGrath, R. G. (1999). Falling forward: Real options reasoning and entrepreneurial failure. *Academy of Management Review, 24*(1), 13–30.

McGrath, R. G., & MacMillan, I. C. (2000). *The entrepreneurial mindset*. Harvard Business School Press.

Miller, D., & Le Breton-Miller, I. (2005). *Managing for the long run: Lessons in competitive advantage from great family businesses*. Harvard Business School Press.

Nahapiet, J., & Ghoshal, S. (1998). Social capital, intellectual capital, and the organizational advantage. *Academy of Management Review, 23*(2), 242–266.*.

Nelson, R. R., & Winter, S. G. (1982). *An evolutionary theory of economic change*. Harvard University Press.

North, D. C. (1990). *Institutions, institutional change, and economic performance*. Cambridge University Press.

O'Reilly, C. A., III, & Tushman, M. L. (2013). Organizational ambidexterity: Past, present, and future. *Academy of Management Perspectives, 27*(4), 324–338. https://doi.org/10.5465/amp.2013.0025

Opler, T. C., & Titman, S. (1994). Financial distress and corporate performance. The Journal of Finance, 49(3), 1015–1040. https://doi.org/10.1111/j.1540-6261.1994.tb00086.x

Penrose, E. T. (1995). The theory of the growth of the firm (3rd ed.). Oxford University Press. (Original work published 1959)

Pfeffer, J. (2010). *Power: Why some people have it—and others don't*. HarperCollins.

Porter, M. E. (1980). *Competitive strategy: Techniques for analyzing industries and competitors*. Free Press.

Porter, M. E. (1985). *Competitive advantage: Creating and sustaining superior performance*. Free Press.

Ranft, A. L., & Lord, M. D. (2002). Acquiring new technologies and capabilities: A grounded model of acquisition implementation. Organization Science, 13(4), 420–441. https://doi.org/10.1287/orsc.13.4.420.2952

Rieger-Fels, M., Dr., Schlömer-Laufen, N., Dr., Suprinovič, O., Rauch, A. & Institut für Mittelstandsforschung Bonn. (2025). Unternehmensnachfolgen in Deutschland 2026 bis 2030. In Daten und Fakten (report Nr. 37; S. III). https://www.ifm-bonn.org/fileadmin/data/redaktion/publikationen/daten_und_fakten/dokumente/Daten-und-Fakten-37_2025.pdf (Ursprünglich veröffentlicht 2025)

Rosenbaum, J., & Pearl, J. (2020). Investment banking: Valuation. In *LBOs, M&A, and IPOs* (3. Aufl.). Wiley.
Ruback, R. S., & Yudkoff, R. (2017). *HBR guide to buying a small business*. Harvard Business Review Press.
Sarasvathy, S. D. (2001). Causation and effectuation: Toward a theoretical shift from economic inevitability to entrepreneurial contingency. *Academy of Management Review, 26*(2), 243–263.
Schein, E. H. (2010). *Organizational culture and leadership* (4. Aufl.). Jossey-Bass.
Schein, E. H. (2017). *Organizational culture and leadership* (5. Aufl.). Wiley.
Schweiger, D. M., & DeNisi, A. S. (1991). Communication with employees following a merger: A longitudinal field experiment. Academy of Management Journal, 34(1), 110–135. https://doi.org/10.5465/256304
Searchfunder.nnn (2019). 2019 Search fund study. Stanford Graduate School of Business.
Seligman, M. E. P. (2006). *Learned optimism: How to change your mind and your life*. Vintage Books.
Shane, S. (2008). *The illusions of entrepreneurship: The costly myths that entrepreneurs, investors, and policy makers live by*. Yale University Press.
Shih, Y.-W. (2020). *Psychological safety for organizational culture change*. Master's thesis, Umeå University.DIVA Portal
Simons, R. (1994). How new top managers use control systems as levers of strategic renewal. Strategic Management Journal, 15(3), 169–189.
Southwick, S. M., & Charney, D. S. (2012). *Resilience: The science of mastering life's greatest challenges*. Cambridge University Press.
Spence, M. (1973). Job market signaling. *Quarterly Journal of Economics, 87*(3), 355–374.
Staatssekretariat für Wirtschaft SECO. (2023). *Schweizer KMU-Bericht: Nachfolgesituation und Herausforderungen im Mittelstand*. SECO.
Stanford Graduate School of Business (2020). 2020 Search fund study: Selected observations.
Stanford Graduate School of Business, Center for Entrepreneurial Studies. (2022). *Search fund study 2022*. Stanford University.
Stanford Graduate School of Business. (2022). *Search fund primer*. Stanford University.
Teece, D. J. (2007). Explicating dynamic capabilities: The nature and microfoundations of sustainable enterprise performance. *Strategic Management Journal, 28*(13), 1319–1350. https://doi.org/10.1002/smj.640
Ucbasaran, D., Westhead, P., & Wright, M. (2008). Opportunity identification and pursuit: Does an entrepreneur's human capital matter? *Small Business Economics, 30*(2), 153–173.
Uzzi, B. (1997). Social structure and competition in interfirm networks: The paradox of embeddedness. *Administrative Science Quarterly, 42*(1), 35–67.
Van den Heuvel, J., Van Gils, A., & Voordeckers, W. (2006). Board roles in small and medium-sized family businesses: Performance and importance. Corporate Governance: An International Review, 14(5), 467–485
Wasserman, N. (2012). *The Founder's Dilemmas: Anticipating and avoiding the pitfalls that can sink a startup*. Princeton University Press.
Wasserman, N. (2017). The throne vs. the kingdom: Founder control and value creation in startups. *Strategic Management Journal, 38*(2), 255–277.
Weick, K. E. (1995). *Sensemaking in organizations*. Sage.
Wennberg, K., Wiklund, J., DeTienne, D. R., & Cardon, M. S. (2010). Reconceptualizing entrepreneurial exit: Divergent exit routes and their drivers. Journal of Business Venturing, 25(4), 361–375.
Wiesehahn, A. (2020). Unternehmensnachfolge: Praxishandbuch für Familienunternehmen. Springer Gabler.

Williamson, O. E. (1985). *The economic institutions of capitalism.* Free Press.
Wirtschaftskammer Österreich. (2025). *Nachfolgebörse der Wirtschaftskammer Österreich.* WKO.
Zander, R. S., & Zander, B. (2005). *The art of possibility: Transforming professional and personal life.* Penguin Books.
Zollo, M., & Winter, S. G. (2002). Deliberate learning and the evolution of dynamic capabilities. Organization Science, 13(3), 339–351.

Teil III

Search Funds: Spezifikationen und Handlungsfelder

Der Search-Fund-Prozess stellt eine spezifische institutionalisierte Ausprägung des übergeordneten Konzepts des Entrepreneurship Through Acquisition (ETA) dar. Während ETA in seiner Grundidee die unternehmerische Übernahme eines bestehenden Unternehmens als Eintrittsweg in das Unternehmertum beschreibt, ist der Search Fund ein formalisiertes Finanzierungs- und Organisationsmodell, das eben diesen Prozess strukturiert, institutionell absichert und skalierbar macht. Beide Modelle teilen die grundlegende Zielsetzung einer neuen Generation von Unternehmerinnen und Unternehmern den Zugang zu etablierten, profitablen Unternehmen zu ermöglichen. Die entscheidende Differenz liegt jedoch in der Formalisierung, Governance-Struktur, Kapitalarchitektur und Investorenlogik, die den jeweiligen Prozess prägen. Während ETA ein Oberbegriff ist, der eine Vielzahl individueller, oft selbstfinanzierter oder hybrid organisierter Erwerbsformen umfasst, fungiert der Search Fund als klar definierte institutionelle Variante mit standardisiertem Lebenszyklus, spezifischer Stakeholder-Struktur und normierten Prozessmechanismen, die in diesem Buchteil theoretisch fundiert und mit praktischen Implikationen verschränkt werden. Der Search Fund basiert auf einer zweistufigen, formalisierten Finanzierungsarchitektur, die bereits in der Suchphase institutionelles Kapital einbindet. In der ersten Phase, der sogenannten Search Phase, sammeln die Suchenden (oft MBA-Absolventinnen und -Absolventen) Kapital von einem Kreis erfahrener Unternehmer und Investoren, um ihre Suchkosten und Lebenshaltungskosten für eine Dauer von meist 18 bis 24 Monaten zu finanzieren. Diese Investoren erwerben zugleich das Vorkaufsrecht, sich später an der Akquisition zu beteiligen. Die zweite Phase, die Acquisition Phase, beginnt mit dem Erwerb eines konkreten Zielunternehmens, wobei dieselben Investoren in der Regel Eigenkapital beisteuern und so Teilhaber des erworbenen Unternehmens werden. Damit institutionalisiert der Search Fund den sonst oft individuellen und idiosynkratischen ETA-Prozess. Er transformiert ein persönliches unternehmerisches Vorhaben in ein finanzmarktfähiges, standardisierbares Vehikel, das Anreiz- und Risikostrukturen klar definiert und wiederholbar macht. Ein wesentlicher Unterschied zwischen ETA und Search Fund liegt in der Kapitalarchitektur und Governance. Der ETA-Prozess kann sich aus unterschiedlichsten Kapitalquellen wie Eigenmitteln, privaten Darlehen, Partnerbeteiligungen, Bankfinanzierungen oder Family Offices speisen und ist somit von hoher struktureller Heterogenität geprägt. Die Governance ist individuell verhandelt und oft informell ausgestaltet. Der Search Fund dagegen ist institutionell vorstrukturiert und folgt einem von akademischen Institutionen wie Stanford, Harvard oder IESE kodifizierten Modell, das klare Leitplanken für Investoren, Suchende und Zielunternehmen definiert. Investoren erhalten bereits in der Suchphase Beteiligungsrechte, standardisierte Berichtspflichten und vertraglich fixierte Entscheidungsbefugnisse. Während der klassische ETA-Unternehmer also weitgehend autonom agiert, bewegt sich der Search-Fund-Unternehmer innerhalb eines Netzwerks von Kapitalgebern, Mentoren und institutionellen Erwartungen, die zugleich Unterstützung und Begrenzung darstellen. Auch im Risikoprofil unterscheiden sich die beiden Modelle deutlich. ETA in seiner generischen Form weist eine hohe Heterogenität der Risikoexposition auf, abhängig von Kapitalstruktur, Branchenfokus und persönlicher Risikotoleranz des Suchers. Der Search Fund dagegen basiert auf einer kollektiven Risikoverteilung. Das Suchrisiko (dass kein geeignetes Ziel gefunden wird) wird durch die Suchfinanzierung abgefedert, während das Investitionsrisiko auf mehrere institutionelle Kapitalgeber verteilt wird. Kapitalgeber von Search Funds bestehen typischerweise aus früheren Unternehmerinnen und Unternehmern, Private-Equity-Partnern und Family Offices, die nicht nur Kapital, sondern auch Beratungskompetenz einbringen (IESE, 2024). Diese Struktur verleiht dem Search Fund ein günstigeres Chancen-Risiko-Profil für den Suchenden, limitiert jedoch seine unternehmerische Unabhängigkeit. Während im klassischen ETA-Modell der Unternehmer in vollem Umfang Eigentümer wird und langfristige Führungsverantwortung übernimmt, teilt der Search-Fund-Unternehmer die Eigentümerschaft und folgt häufig einer mittel- bis langfristigen Exit-Logik, die durch die Kapitalgeber determiniert ist. Der Zeithorizont eines Search Funds ist in der Regel auf einen Zyklus von etwa acht bis zehn Jahren ausgelegt: zwei Jahre Suche, ein bis zwei Jahre Transaktion und Integration, gefolgt von einer fünf- bis siebenjährigen Entwicklungs- und Wertschöpfungsphase, die typischerweise in einen Exit mündet. Der klassische ETA-Prozess ist dagegen zeitlich offen und kann in eine langfristige Eigentümerrolle, eine Familiennachfolge oder eine unbestimmte Fortführung münden. Theoretisch betrachtet spiegelt die Abgrenzung von ETA und Search Fund zwei unterschiedliche Governance-Paradigmen wider. Der ETA-Prozess beruht auf unternehmerischer Autonomie und der individuellen Kontrolle über Kapital, Strategie und Zielauswahl, während der Search Fund ein Modell institutionalisierter Kooperation zwischen Individuum und Kapitalmarkt darstellt. In der Terminologie der theoretischen Unternehmensführung ließe sich sagen, dass ETA einer eigentümergeführten Logik, der Search Fund hingegen einer investorengesteuerten Logik folgt. Diese Differenz wird im internationalen Vergleich besonders deutlich. Während der Search Fund in den USA und zunehmend auch in Westeuropa durch akademische Institutionen, Alumni-Netzwerke und spezialisierte Fondsstrukturen professionalisiert wurde, bleibt der klassische ETA-Prozess in der DACH-Region stärker unternehmerisch geprägt. Hier dominieren eigeninitiierte Suchprozesse, oft ohne formalisierte Suchfinanzierung, aber mit hoher persönlicher Bindung an regionale Märkte und Nachfolgeunternehmen.

Grundlagen, historische Entwicklung und quantitatives Potenzial von Search Funds in der DACH-Region

6

Zusammenfassung

Die historische Entwicklung und institutionellen Grundlagen des Search-Fund-Modells begann Anfang der 1980er-Jahre an der Stanford Graduate School of Business. Es besetzte eine institutionelle Nische zwischen Private Equity und Venture Capital, charakterisiert durch hybride Governance aus unternehmerischer Autonomie und institutioneller Einbettung. Die Professionalisierung erfolgte durch systematische empirische Studien und globale Diffusion alternativer Modellvarianten. Für die DACH-Region ergeben sich spezifische institutionenökonomische Voraussetzungen, die eine kulturelle Passung, relationale Verträge und narrative Legitimation erfordern. Die quantitative Potenzialeinschätzung identifiziert 4000–17.000 hochwertige Targets in der DACH-Region, gefiltert nach Eigentümerdemografie, EBITDA-Qualität, Finanzierbarkeit und kultureller Anschlussfähigkeit. Die Analyse folgt institutionenökonomischen, ressourcenorientierten, wettbewerbsstrukturellen sowie verhaltensökonomischen Perspektiven und betont die Notwendigkeit institutioneller Passfähigkeit über reine Marktlogiken hinaus.

Das Search-Fund-Modell hat sich seit seiner Entstehung in den frühen 1980er-Jahren zu einer eigenständigen, institutionell anerkannten Form des Unternehmertums entwickelt, das junge Gründerinnen und Gründer in die Lage versetzt, nicht durch Gründung, sondern

Ergänzende Information Die elektronische Version dieses Kapitels enthält Zusatzmaterial, auf das über folgenden Link zugegriffen werden kann [https://doi.org/10.1007/978-3-658-52650-4_6].

C. Schuchardt, *Entrepreneurship Through Acquisition und Search Funds im deutschsprachigen Mittelstand*, https://doi.org/10.1007/978-3-658-52650-4_6

durch den Erwerb eines bestehenden Unternehmens unternehmerische Verantwortung zu übernehmen. Seine Wurzeln liegen in einem spezifischen akademischen und ökonomischen Umfeld, das durch ein wachsendes Interesse an alternativen Formen unternehmerischer Karrierewege, durch die zunehmende Professionalisierung von Private Equity und durch eine zunehmende Offenheit institutioneller Investoren gegenüber innovativen Finanzierungsmodellen geprägt war. Die Entwicklung des Modells verlief weder linear noch zufällig, sondern reflektiert Veränderungen in den institutionellen Logiken kapitalmarktorientierter Wirtschaftssysteme ebenso wie Verschiebungen im Verständnis von Unternehmertum selbst. Das Modell entstand im Kontext der Stanford Graduate School of Business, wo H. Irving Grousbeck Anfang der 1980er-Jahre die Idee formulierte, dass junge, talentierte MBA-Absolventen durch den Erwerb kleiner und mittlerer Unternehmen in unternehmerische Positionen gelangen könnten, ohne die für eine Gründung typischen Marktrisiken tragen zu müssen. Die theoretische Grundlage dieser Idee lässt sich mit dem Konzept des Entrepreneurial Acquisition Path beschreiben, das Unternehmertum als Prozess des Kongruent-Machens von Opportunitäten und individueller Kompetenz versteht (Grousbeck, 1995). Während die Start-up-Logik auf der Kreation neuer Märkte basiert, verschiebt das Search-Fund-Modell den Fokus auf die Übernahme bestehender, stabiler Geschäftsmodelle, deren Wertschöpfung, Kundenbeziehungen und Cashflows bereits etabliert sind. Diese Konzeptualisierung steht im Einklang mit der Logik der Ressourcenorientierung, die davon ausgeht, dass nachhaltige Wettbewerbsvorteile häufig aus der Übernahme und Weiterentwicklung bereits vorhandener Ressourcen entstehen (Barney, 1991). Bereits in den frühen Tagen des Modells zeigte sich, dass Search Funds auf eine spezifische institutionelle Nische trafen. Die private Risikokapitallandschaft in den USA war durch ein wachsendes Interesse an kleineren, cashflow-starken Unternehmen geprägt, die für klassische Private-Equity-Modelle zu klein und für Venture Capital zu wenig skalierbar waren. Search Funds besetzten diesen Zwischenraum und entwickelten sich damit zu einem Bindeglied zwischen persönlichem Unternehmertum und institutionellem Kapital. Gleichzeitig reagierten Investoren positiv auf die narrative Kohärenz des Modells. Der Searcher verkörperte einen hochqualifizierten, persönlich investierten und stark motivierten Unternehmer, dessen Interessen nahezu vollständig mit denen der Investoren übereinstimmten. Diese prinzipal-agentenökonomische Konstellation wirkte als wichtiger Mechanismus zur Reduktion von Kontrollaufwand und Informationsasymmetrien und trug dazu bei, dass das Modell in den folgenden Jahrzehnten zunehmend institutionelle Unterstützung gewann (Jensen & Meckling, 1976).

Die weitere Entwicklung des Search-Fund-Modells wurde von mehreren Faktoren geprägt. Einerseits wuchs die Zahl erfolgreicher Sucher, die als sichtbare Belege der Funktionsfähigkeit des Modells dienten und eine positive Feedbackschleife für neue Kohorten erzeugten. Andererseits entstanden akademische Infrastrukturen, die das Modell zunehmend kodifizierten. Besonders der alle zwei Jahre von der Stanford Graduate School of Business herausgegebene Search Fund Study Report von Sara H. D. Hamilton spielte eine zentrale Rolle, indem er erstmals systematisch Daten zu Renditen, Branchen, Suchstrategien und Erfolgsfaktoren sammelte und das Modell damit empirisch legitimierte.

Diese empirische Untermauerung förderte eine Professionalisierung der Investorenseite, die zunehmend standardisierte Termsheets, Bewertungslogiken und Governance-Strukturen entwickelte. Parallel dazu wandelte sich das Verständnis dessen, was einen Search Fund ausmacht. Während das ursprüngliche Modell als „funded search" konzipiert war, entstanden im Laufe der Zeit alternative Formen wie selbstfinanzierte Suchen, hybride Modelle und accelerator-basierte Programme. Diese Entwicklungen spiegeln nicht nur die wachsende Vielfalt der Kapitalquellen und Karrieremodelle wider, sondern auch die institutionelle Anpassungsfähigkeit des Search-Fund-Modells an unterschiedliche wirtschaftliche und kulturelle Umfelder. Theorien der institutionellen Diffusion verdeutlichen, dass sich Organisationsformen dann verbreiten, wenn sie sowohl funktional als auch symbolisch in neue institutionelle Kontexte übertragbar sind (Tolbert & Zucker, 1983). Die globale Expansion des Search-Fund-Modells in Europa, Lateinamerika, Asien und Afrika in den letzten zwanzig Jahren bestätigt diese Beobachtung und zeigt, dass das Modell eine institutionelle Flexibilität besitzt, die es erlaubt, national unterschiedliche Finanzierungs- und Eigentumslogiken produktiv zu adaptieren. Besonders bemerkenswert ist, dass das Search-Fund-Modell im Kern eine ungewöhnliche Form hybriden Unternehmertums darstellt. Es verbindet unternehmerische Autonomie mit institutioneller Einbettung, persönliche Verantwortung mit kollektiver Kapitalstruktur und individuelle Entscheidungsfreiheit mit struktureller Governance. Diese Hybridität unterscheidet das Modell sowohl vom klassischen Solounternehmertum als auch vom rein institutionell getriebenen Private Equity. Forschung zur Hybrid Governance legt nahe, dass genau solche Mischformen besonders leistungsfähig sind, sofern sie klare Regeln, konsistente Erwartungsstrukturen und stabile Vertrauensbeziehungen aufweisen (Battilana & Lee, 2014). Die langfristige Entwicklung des Search-Fund-Modells bestätigt diese Annahme und zeigt, dass die institutionelle Stabilität des Modells keineswegs selbstverständlich ist, sondern das Ergebnis einer kontinuierlichen Balanceleistung zwischen Markt, Institutionen und persönlichem Unternehmertum.

Im deutschsprachigen Raum wurde das Search-Fund-Modell erst spät rezipiert. Die Gründe hierfür liegen weniger in einer mangelnden Attraktivität als in langfristig gewachsenen institutionellen Strukturen, die Eigentumsübergänge traditionell in familieninternen oder regional eingebetteten Kontexten verorten. Erst durch den demografischen Wandel, den steigenden Nachfolgedruck und die zunehmende Offenheit institutioneller Investoren gegenüber alternativen Assetklassen begann sich das Modell seit den 2010er-Jahren in Deutschland, Österreich und der Schweiz zu etablieren. Die institutionellen Voraussetzungen, wie sie zuvor detailliert beschrieben wurden, prägen dabei maßgeblich die Anpassungsfähigkeit und den Erfolg von Search Funds im DACH-Raum. Heute ist das Search-Fund-Modell ein global etabliertes Vehikel für Entrepreneurship Through Acquisition, dessen Entwicklung nicht nur ökonomische Trends widerspiegelt, sondern auch einen grundlegenden Wandel im Verständnis von Unternehmertum selbst markiert. Es steht für ein Konzept, in dem Unternehmertum nicht primär als kreative Schöpfung, sondern als verantwortungsvolle Weiterentwicklung bestehender sozialer und ökonomischer Strukturen verstanden wird. Die historische Entwicklung des Modells zeigt, dass seine

Erfolgslogik weder zufällig noch rein finanziell erklärbar ist, sondern tief in den institutionellen Ordnungen verankert ist, die Vertrauen, Risikobereitschaft und unternehmerische Identität strukturieren. Die Analyse dieser Entwicklung bildet daher eine notwendige Grundlage für das Verständnis der Funktionsweise und des Potenzials von Search Funds in der DACH-Region.

6.1 Institutionsökonomische Voraussetzungen für Search Funds in Deutschland, Österreich und der Schweiz

Die Übertragbarkeit des Search-Fund-Modells auf die Länder des deutschsprachigen Raums hängt in erheblichem Maße von den jeweiligen institutionenökonomischen Rahmenbedingungen ab. Während das Modell in den Vereinigten Staaten und zunehmend in Teilen Lateinamerikas und Südeuropas auf ein institutionelles Umfeld trifft, das Risikokapital, Eigentumsübertragungen und unternehmerische Karrieren stark fördert, zeichnet sich der deutschsprachige Raum durch eine historisch gewachsene Konstellation aus, in der mittelständische Eigentumsordnungen, bankdominierte Finanzierungsstrukturen und komplexe Regulierungsrahmen das Verhalten von Nachfolgeakteuren tiefgreifend prägen. Diese institutionellen Strukturen bestimmen, in welchem Ausmaß Search Funds operativ anschlussfähig sind, welche Formen der Kapitalbildung möglich sind und welche Arten von Zielunternehmen in einer solchen Umgebung realisierbar erscheinen.

Die neue Institutionenökonomik weist seit langem darauf hin, dass wirtschaftliches Verhalten nicht isoliert entsteht, sondern durch formale Regeln, informelle Normen und die historische Entwicklung von Institutionen geprägt wird (North, 1990). Gerade im Bereich unternehmerischer Nachfolgeprozesse manifestieren sich diese Institutionen in charakteristischer Weise. Die Eigentümerstruktur des DACH-Mittelstands ist stark durch Personenunternehmen und Familiengesellschaften geprägt. Diese Organisationsformen sind in hohem Maße auf langfristige Stabilität, Reputation und intergenerationale Kontinuität ausgerichtet und folgen damit einer institutionellen Logik, die von relationalen Verträgen, stabilen Stakeholderbeziehungen und hohem Vertrauen in gewachsene interne Strukturen geprägt ist. Diese strukturellen Bedingungen beeinflussen das Such- und Erwerbsverhalten von Search Funds auf mehreren Ebenen, weil Eigentümer, Banken und andere Stakeholder die Übernahme durch einen jungen, externen Erwerber nicht entlang reiner Marktlogiken beurteilen, sondern in der Tradition dieser relationalen Institutionen interpretieren. Zentrales Merkmal des deutschsprachigen Wirtschaftsraums ist der hohe Stellenwert von Banken als primäre Finanzierungsquellen für mittelständische Unternehmen. Das in Deutschland besonders ausgeprägte Hausbankprinzip beruht auf langfristigen Beziehungen, Informationsvorteilen und einem tief verwurzelten Vertrauen zwischen Unternehmen und Kreditinstituten. Empirische Forschung zeigt, dass diese bankbasierte Finanzierungsstruktur im Vergleich zur stärker kapitalmarktorientierten US-Struktur zu risikoaverseren Kreditvergaberoutinen führt und Eigentumsübertragungen an junge, unerfahrene Unternehmer besonders kritisch geprüft werden (Hackethal & Schmidt, 2004).

Für Search Funds bedeutet dies, dass der Zugang zu Fremdkapital in der DACH-Region stärker von persönlicher Glaubwürdigkeit, Beziehungspflege und der Fähigkeit abhängig ist, institutionelle Anschlussfähigkeit herzustellen. Kapitalstrukturmodelle, wie sie in den USA weit verbreitet sind, stoßen in diesem Kontext an Grenzen, wenn die risikoneutralen Annahmen des US-amerikanischen Modells mit europäischen Kreditvergaberoutinen kollidieren. Hinzu kommt die rechtliche und steuerliche Komplexität, die insbesondere in Deutschland und Österreich die Transaktionsstrukturierung beeinflusst. Das deutsche Umwandlungs- und Steuerrecht bietet vielfältige Gestaltungsmöglichkeiten, fordert jedoch hohe Professionalisierung und eine enge Zusammenarbeit mit spezialisierten Beratern. Die institutionenökonomische Literatur betont, dass solche komplexen Regelwerke Markteintrittsbarrieren erhöhen und den Vorteil inkrementeller, erfahrungsbasierter Wissensakkumulation gegenüber neuen Marktteilnehmern verstärken (Williamson, 1985). In der Praxis bedeutet dies, dass Search Fund Entrepreneure in der DACH-Region nicht nur unternehmerisch kompetent sein müssen, sondern zugleich regulatorische Lernprozesse bewältigen müssen, die in liberaleren Rechtsregimen weniger ausgeprägt sind.

Eine besondere Rolle spielt die kulturelle und psychologische Struktur der Unternehmensnachfolge im deutschsprachigen Raum. Studien zu familiengeführten Unternehmen zeigen, dass Nachfolgeentscheidungen stark identitätsgebunden sind und durch normative Erwartungen geprägt werden, die Stabilität und wertebasierte Kontinuität in den Vordergrund stellen (Le Breton-Miller & Miller, 2006). In diesem institutionellen Kontext wird der Verkauf an externe Käufer häufig als Bruch mit der eigenen unternehmerischen Biografie empfunden. Die Entscheidung zugunsten eines jungen Searchers, der nicht aus dem Umfeld des Unternehmens stammt, erfordert daher eine überzeugende narrative Legitimation. Anders ausgedrückt ist die soziale Lizenz zur Übernahme ein institutionell reguliertes Gut. Der Searcher muss nicht nur ökonomisch überzeugen, sondern kulturelle Passung demonstrieren und Evidenz dafür erbringen, dass er die Werte und Logiken des Unternehmens respektieren und weiterentwickeln kann. Österreich und die Schweiz weisen zwar ebenfalls bankdominierte Finanzierungsstrukturen auf, unterscheiden sich jedoch durch eine stärker ausgeprägte unternehmerische Offenheit gegenüber innovativen Eigentumsmodellen. Die Schweiz verfügt über eine differenziertere Risikokapitallandschaft und ein regulierungsfreundliches Umfeld für Unternehmensübertragungen, was die institutionelle Anschlussfähigkeit des Search Fund Modells erhöht (Stenholm et al., 2013). Österreich wiederum ist durch eine geringe Marktkonzentration, eine hohe Dichte kleinster und kleiner Unternehmen und eine historisch gewachsene Nähe zwischen Unternehmern und regionalen Banken geprägt, was den Zugang zu bankbasierter Finanzierung erleichtert, aber gleichzeitig die kulturelle Trägheit in Nachfolgeprozessen verstärkt. In beiden Ländern jedoch spielt die Eigentümersozialisation eine zentrale Rolle, die die empirische Forschung als kritischen Faktor für die Entscheidung identifiziert, ob ein Unternehmen an die nächste Generation weitergegeben oder an externe Käufer verkauft wird (Bjuggren & Sund, 2002).

Ein entscheidender institutioneller Unterschied zwischen der DACH-Region und den USA betrifft die Risikowahrnehmung im unternehmerischen Lebenszyklus. In Deutschland ist die soziale Absicherung von Selbstständigen traditionell schwach ausgeprägt, wodurch Eigentümer häufig auf den Unternehmensverkauf als zentrale Quelle der Altersvorsorge angewiesen sind. Diese strukturelle Unterversorgung führt zu höheren Kaufpreiseerwartungen und geringerer Risikobereitschaft im Verhandlungsprozess, was mit den Annahmen der Verhaltensökonomik konsistent ist, wonach existenzielle Risiken Verlustaversion und defensive Preisstrategien verstärken (Kahneman & Tversky, 1979). Für Search Funds impliziert dies, dass Verhandlungsarchitekturen im DACH-Raum stärker psychologisch gerahmt werden müssen als in anderen Regionen, da Verkäufer nicht nur den institutionellen Übergang, sondern die persönliche Zukunftssicherung im Sinne einer sozial-ökonomischen Notwendigkeit betrachten. Die Kombination aus bankdominierter Finanzierung, institutioneller Komplexität, identitätsgebundenen Nachfolgeprozessen und konservativen Risikokulturen führt zu einer Search Fund Landschaft, die sich strukturell von den US-amerikanischen Ursprüngen unterscheidet. Institutionenökonomisch betrachtet bedeutet dies, dass das Search Fund Modell in der DACH-Region nicht einfach repliziert, sondern an die bestehende Ordnung angepasst werden muss. Erfolgreiche Search Funds operieren daher typischerweise in Branchen, die zur mittelständischen Governance-Logik passen, in denen fragmentierte Märkte existieren und in denen die Eigentümerpsychologie eine strukturelle Offenheit für externe Nachfolger aufweist. Ebenso erfordert der Markteintritt institutionelle Brückenschläge, die Vertrauen zwischen Searcher, Banken, Beratern und Eigentümern herstellen. Das Modell erweist sich daher als institutionell kompatibel, aber nur unter Bedingungen, die sowohl ökonomische als auch soziale Anschlussfähigkeit herstellen. Diese institutionelle Komplexität macht die DACH-Region zugleich herausfordernd und chancenreich und bildet die Grundlage einer eigenständigen europäischen Spielart des Search Fund Modells.

6.2 Potenzialeinschätzung von Search-Fund-Targets in der DACH-Region

Die Bewertung des Marktpotenzials von Search-Fund-Targets in der DACH-Region erfordert eine differenzierte Betrachtung der ökonomischen, demografischen, institutionellen und kulturellen Strukturen, die den deutschsprachigen Mittelstand prägen. Während das Search-Fund-Modell ursprünglich in einem US-amerikanischen Kontext entstand, der durch hohe Kapitalmarktorientierung, ausgeprägte Transaktionskulturen und eine große Anzahl kleiner, fragmentierter Dienstleistungsunternehmen gekennzeichnet ist, operieren Search Funds im deutschsprachigen Raum in einem Umfeld, das durch eine spezifische Kombination aus hoher technischer Kompetenz, langfristigem Eigentum, geringer Markttransparenz und starker bankbasierter Finanzierung geprägt ist. Diese Besonderheiten beeinflussen, welche Unternehmen als geeignete Targets gelten, wie Suchstrategien ausgestaltet werden können und in welchem Umfang Sucher in der Lage sind, Transaktionen mit angemessener Risiko-Rendite-Struktur zu realisieren.

Die DACH-Region zeichnet sich durch einen außergewöhnlich hohen Anteil inhabergeführter Unternehmen aus, die über Jahrzehnte hinweg organisch gewachsen sind und eine starke Bindung zwischen Eigentümer, Organisation und Region aufweisen. Empirische Studien belegen, dass der deutschsprachige Mittelstand in besonderer Weise durch langlebige Kundenbeziehungen, hohe technische Spezialisierung und starke Pfadabhängigkeiten geprägt ist (Audretsch & Lehmann, 2016). Diese Faktoren begünstigen Geschäftsmodelle, die über wiederkehrende Umsätze, stabile Cashflows und begrenzte Wettbewerbsdynamiken verfügen – genau jene Merkmale, die ein klassisches Search-Fund-Target definieren. Gleichzeitig führt die starke Identität von Eigentümer und Unternehmen zu einer Nachfolgepsychologie, die von normativer Kontinuitätsorientierung und hoher Wertebindung geprägt ist (Le Breton-Miller & Miller, 2006). Diese strukturelle Besonderheit wirkt ambivalent auf das Search-Fund-Potenzial: Sie schafft einerseits einen hohen Bedarf an externen Nachfolgelösungen, reduziert andererseits aber die Bereitschaft vieler Eigentümer, an junge externe Käufer, ohne familiären oder regionalen Bezug zu verkaufen. Ein zentraler Treiber des Potenzials in der DACH-Region ist der demografische Wandel. Die Altersstruktur der Eigentümer mittelständischer Unternehmen zeigt eine deutliche Verschiebung in Richtung des Renteneintrittsalters, was eine steigende Zahl von Nachfolgefällen erzeugt. Untersuchungen des Instituts für Mittelstandsforschung identifizieren für die kommenden Jahre eine signifikante Zahl an Unternehmen, deren Eigentümer über 60 Jahre alt sind und mittelfristig über eine Übergabe entscheiden müssen. Die Nachfolgeforschung zeigt zudem, dass in Deutschland, Österreich und der Schweiz ein zunehmender Anteil der Unternehmen keine innerfamiliären Nachfolger mehr findet, was die Bedeutung externer Käuferschaften erhöht (Fels et al., 2021). Die strukturelle Knappheit geeigneter Nachfolger wirkt daher als institutioneller Öffnungsmechanismus für Search Funds, die als professionelle, werteorientierte Lösung auftreten können. Die Potenzialeinschätzung erfordert jedoch nicht nur eine Betrachtung der Eigentümerstruktur, sondern auch der branchenspezifischen Gegebenheiten. Die DACH-Region ist weniger dienstleistungsdominiert als die USA, sondern weist einen besonders hohen Anteil spezialisierter Industrie- und Technologieunternehmen auf, deren Wertschöpfung auf tiefem Ingenieurswissen, langfristigen Kundenbeziehungen und spezifischen menschlichen und organisationalen Fähigkeiten beruht. Diese Strukturen entsprechen den Annahmen der ressourcenorientierten Theorie der Unternehmung, wonach nachhaltige Wettbewerbsvorteile aus schwer imitierbaren, historisch gewachsenen Kompetenzen resultieren (Barney, 1991). Für Search Funds entstehen daraus attraktive Potenziale in jenen Bereichen, in denen technische Spezialisierung mit wiederkehrenden Umsätzen und hoher Kundenloyalität verbunden ist, gleichzeitig jedoch Skalierbarkeit möglich bleibt. Allerdings erfordern diese Branchen häufig ein technisches oder betriebswirtschaftliches Verständnis, das über reine Managementkompetenz hinausgeht, was die Rolle des Searchers komplexer macht und die Bedeutung früher technischer Due Diligence erhöht.

Gleichzeitig eröffnet die Struktur des DACH-Mittelstands Potenziale in jenen Segmenten, die durch hohe Fragmentierung, geringe digitale Durchdringung und ein strukturelles Professionalisierungsdefizit gekennzeichnet sind. Die Transformationsforschung zeigt, dass Unternehmen mit geringer organisatorischer Formalisierung besonders empfänglich für neue Eigentümer mit Professionalitäts- und Wachstumsorientierung sind, sofern kulturelle Anschlussfähigkeit gewährleistet ist (Mainiero et al., 1994). In vielen Dienstleistungsnischen und technischen Servicebereichen existieren Unternehmen, die operativ erfolgreich, aber strategisch unterentwickelt sind, was einen erheblichen Werthebel für Search Funds bietet. Diese Potenziale sind jedoch asymmetrisch verteilt, da bestimmte Branchen wie hochregulierte Gesundheitsbereiche oder kapitalintensive Industrien aufgrund hoher Eintrittsbarrieren oder komplexer Compliance-Strukturen für Search Funds nur begrenzt geeignet sind. Die institutionelle Struktur des DACH-Raums beeinflusst zudem die Typen von Geschäftsmodellen, die realistisch erworben werden können. Die bankbasierte Finanzierung führt zu einer konservativen Bewertung jener Unternehmen, die als kreditwürdig gelten. Unternehmen mit stabilen Cashflows, langfristigen Kundenverträgen und geringer konjunktureller Volatilität werden von Banken bevorzugt, was sich direkt auf die Finanzierungsfähigkeit der Akquisition auswirkt (Elsas, 2005). Für Search Funds bedeutet dies, dass potenzielle Targets nicht nur unternehmerisch attraktiv sein müssen, sondern auch den institutionellen Kriterien der Kreditgeber entsprechen müssen, da Fremdkapital ein zentraler Bestandteil der Kapitalstruktur bleibt. Dies schränkt die Auswahl ein, erhöht aber zugleich die Erfolgswahrscheinlichkeit der erworbenen Targets, da die institutionelle Logik risikoaverser Kreditvergabe stabile Geschäftsmodelle strukturell privilegiert. Ein weiterer Faktor für die Potenzialeinschätzung ist die kulturelle Anschlussfähigkeit an neue Eigentümer. Studien zu postakquisitorischen Integrationsprozessen zeigen, dass gerade im KMU-Kontext kulturelle Passung zwischen Erwerber und Belegschaft ein entscheidender Erfolgsfaktor ist (Nahavandi & Malekzadeh, 1988). In der DACH-Region sind Organisationskulturen häufig durch Langfristigkeit, handwerkliche Professionalität, persönliche Loyalität und informelle Entscheidungsprozesse gekennzeichnet. Diese Merkmale begünstigen Sucher, die authentisch auftreten, klare persönliche Werte transportieren und eine respektvolle Übernahme kommunizieren. Die kulturelle Passung wird so zu einem strukturellen Potenzialfaktor, da sie den Zugang zu Unternehmen erleichtert, deren Eigentümer besonderen Wert auf Kontinuität und nachhaltige Entwicklung legen. Schließlich beeinflusst die besondere Struktur des DACH-Mittelstands die potenziellen Wertsteigerungshebel, die Search Funds nach der Übernahme realisieren können. Die Forschung zeigt, dass in eigentümergeführten Unternehmen häufig ungenutzte operative Potenziale, strategische Ineffizienzen und latente Professionalisierungschancen bestehen (Bloom & Van Reenen, 2007). In vielen Fällen fehlen systematische Vertriebsstrukturen, digitale Prozesse, strukturiertes Controlling oder professionelle Personalentwicklung. Diese strukturellen Lücken entsprechen genau jenen Bereichen, in denen ETA-Entrepreneure typischerweise Wert schaffen können. Die Potenzialeinschätzung hängt daher auch von der Frage ab, ob ein Unternehmen eine ausreichende Basisstruktur besitzt, um professionelle Skalierung zu ermöglichen, und gleichzeitig ausreichend ungenutztes Potenzial mitbringt, um signifikante Wertentwicklung zu generieren. Die Potenzialeinschätzung für Search Funds im DACH-Raum ist ein Balanceakt zwischen industrie- und unternehmensspezifischen Chancen, institutionellen Logiken und kultureller Passfähigkeit. Diese besondere Struktur führt dazu, dass ein eigenständiges europäisches Search-Fund-Profil entsteht, das sich nicht durch simple Übertragung des US-Modells, sondern durch tiefes institutionelles Verständnis und differenziertes Target-Screening auszeichnet.

6.3 Quantitative Potenzialeinschätzung von Search-Fund-Targets in der DACH-Region

Wie groß ist der Markt für Unternehmen, die in Deutschland, Österreich und der Schweiz grundsätzlich für eine Übernahme durch einen traditionellen Search Fund oder einen Self-Funded Searcher geeignet sind? Eine exakte Antwort ist nicht möglich, weil amtliche Unternehmensstatistiken und Nachfolgestudien unterschiedliche Merkmale erfassen. Verfügbar sind Angaben zu Umsatz, Beschäftigtenzahl, Wirtschaftszweig, Eigentümeralter oder bevorzugter Nachfolgelösung. Eine gemeinsame Datenbasis, die zugleich Übergabereife, externe Verkaufsbereitschaft, Ertragskraft, Finanzierbarkeit und organisatorische Übertragbarkeit abbildet, existiert nicht. Daher ist die folgende Schätzung als szenariobasierte Approximation zu verstehen. Sie verbindet beobachtete Unternehmensbestände und empirisch ermittelte Nachfolgequoten mit transparent ausgewiesenen Annahmen zu nicht direkt messbaren Qualitätsmerkmalen. Unterschieden werden zwei Target-Segmente: Das erste ist das Segment des Self-Funded ETA, das Unternehmen mit einem Jahresumsatz von etwa 1 bis 10 Mio. Euro und einem nachhaltigen EBITDA von 0,25 bis unter 1 Mio. Euroumfasst. Vorausgesetzt werden eine positive operative Ertragslage, eine gewisse organisatorische Mindestsubstanz und ein grundsätzlich übertragbares Geschäftsmodell. Eine begrenzte Abhängigkeit vom bisherigen Eigentümer kann akzeptabel sein, sofern sie während einer Übergangsphase reduziert werden kann. Das zweite Segment beschreibt traditionelle Search Funds, die auf Unternehmen mit etwa 5 bis 30 Mio. Euro Umsatz und einem EBITDA von 1 bis 5 Mio. Euro abzielen. Bei diesem Segment kommen zudem höhere Anforderungen an Cashflow-Stabilität, Fremdfinanzierbarkeit und organisatorische Fortführungsfähigkeit hinzu. Traditionelle Akquisitionen liegen regelmäßig deutlich oberhalb typischer Kleinsttransaktionen liegen (IESE Business School, 2024). Da sich beide Segmente im Umsatzbereich von 5 bis 10 Mio. Euro überschneiden, erfolgt die analytische Trennung vorrangig anhand des EBITDA. Wo entsprechende Daten fehlen, wird die überlappende Umsatzklasse näherungsweise auf beide Segmente verteilt. Somit unterscheidet das Berechnungsmodell zur quantitativen Potenzialenschätzung drei Ebenen: Zunächst wird der strukturell ETA-fähige Unternehmensbestand geschätzt. Danach wird ermittelt, bei wie vielen dieser Unternehmen im Zeitraum von 2026 bis 2030 tatsächlich eine Übergabe ansteht. Abschließend wird der Teil bestimmt, der grundsätzlich für externe Erwerber offen ist. Der daraus entstehende Fünfjahrespool wird auf ein durchschnittliches Jahrespotenzial übertragen. Dieser annualisierte Wert beschreibt potenzielle Markteintritte, nicht tatsächlich begonnene oder abgeschlossene Transaktionen. Für Merkmale, die statistisch nicht gemeinsam beobachtet werden, wird ein kombinierter Qualitätsfilter verwendet. Er berücksichtigt insbesondere die Wahrscheinlichkeit, dass ein Unternehmen den jeweiligen EBITDA-Korridor erreicht, stabile Cashflows erwirtschaftet, fremdfinanzierbar ist, organisatorisch übertragen werden kann und keinen grundlegenden Sanierungsfall darstellt. Für Self-Funded ETA werden im konservativen, mittleren und erweiterten Szenario Filterquoten von 20, 30 und 40 Prozent angesetzt. Für traditionelle Search Funds betragen sie 25, 35 und 45 Prozent. Diese Werte sind keine empirisch gemessenen Marktanteile, sondern die zentrale Sensitivitätsannahme des Modells, die als kombinierte Restquote nach Anwendung der nicht beobachtbaren Filter EBITDA-Passung, wie nachhaltige Profitabilität, Cashflow-Stabilität, Finanzierbarkeit, organisatorische Übertragbarkeit und fehlender Sanierungsbedarf kalibriert. Die um fünf Prozentpunkte höheren Werte für traditionelle Search Funds beruhen auf der Annahme, dass größere Unternehmen bereits häufiger über professionellere Strukturen und stabilere Cashflows verfügen. Für Deutschland besteht die beste Datengrundlage. Das Statistische Bundesamt weist für 2024 rund 198.400 rechtliche Einheiten mit 1 bis unter 2 Mio. Euro Umsatz, 215.200 Einheiten mit 2 bis unter 10 Mio. Euro und 59.400 Einheiten mit 10 bis unter 50 Mio. Euro aus (Statistisches Bundesamt, 2025). Für die Nachfolgedimension wird auf die Prognose des Instituts für Mittelstandsforschung Bonn zurückgegriffen. Danach stehen zwischen 2026 und 2030 rund 186.000 wirtschaftlich übernahmewürdige Familienunternehmen zur Übergabe an. Von diesen erzielen 47.900 Unternehmen 1 bis unter 2 Mio. Euro Umsatz, 29.800 Unternehmen 2 bis unter 5 Mio. Euro, 10.700 Unternehmen 5 bis unter 10 Mio. Euro, 5.600 Unternehmen 10 bis unter 25 Mio. Euro und 2.200 Unternehmen 25 bis unter 50 Mio. Euro (Rieger-Fels et al., 2025). Unter Berücksichtigung der segmentbezogenen Größenklassen ergeben sich vor Anwendung des Qualitätsfilters rund 83.050 potenzielle Self-Funded- und 11.390 potenzielle traditionelle Search-Fund-Targets mit anstehender Übergabe. Im Basisszenario verbleiben rund 24.900 beziehungsweise 4.000 Unternehmen. Da nach der Metaanalyse des IfM Bonn etwa 29 Prozent der Familienunternehmen an externe Dritte übertragen werden, resultiert für Deutschland ein adressierbarer Fünfjahrespool von rund 7.200 Self-Funded-Targets und 1.200 traditionellen Search-Fund-Targets. Dies entspricht durchschnittlich etwa 1.450 beziehungsweise 230 Unternehmen pro Jahr (Rieger-Fels et al., 2025). Für Österreich bietet die Studie von Dorr et al., 2021) die geeignetste Grundlage. Sie geht von rund 227.000 Arbeitgeberunternehmen aus, von denen etwa 198.000 eine nachfolgerelevante Eigentümerstruktur besitzen. Für den Zeitraum von 2020 bis 2029 werden rund 51.500 potenzielle Übergaben geschätzt. Da keine gleichwertige Prognose für 2026 bis 2030 vorliegt, wird dieser Zehnjahreswert linear auf fünf Jahre übertragen. Daraus ergibt sich ein Ausgangspotenzial von rund 25.750 Übergaben. Mangels österreichischer Detaildaten nach ETA-relevanten Umsatz- und EBITDA-Klassen wird die Größenstruktur der deutschen Nachfolgeprognose als Kalibrierungsgröße verwendet. Im Basisszenario verbleiben nach Anwendung der Größen- und Qualitätsfilter rund 3.450 Self-Funded- und 550 traditionelle Search-Fund-Targets. Aus den Angaben zur geplanten externen Übergabe wird eine näherungsweise Drittverkaufsquote von 34 Prozent abgeleitet. Damit ergibt sich ein adressierbarer Fünfjahrespool von rund 1.170 Self-Funded- und 190 traditionellen Targets, entsprechend etwa 235 beziehungsweise 40 Unternehmen pro Jahr (Dorr et al., 2021). Für die Schweiz ist die Datenlage schwächer. Das Bundesamt für Statistik weist rund 51.400 kleine Unternehmen mit 10 bis 49 Beschäftigten und rund 9.300 mittlere Unternehmen mit 50 bis 249 Beschäftigten aus. Etwa 94,8 Prozent der Schweizer KMU sind eigenständig und gehören keiner Unternehmensgruppe an (Bundesamt für Statistik, 2023). Mangels geeigneter Umsatzdaten werden kleine Unternehmen als Proxy für Self-Funded ETA und mittlere Unternehmen als Proxy für traditionelle Search Funds verwendet. Diese Abgrenzung ist konservativ. Dun & Bradstreet identifizierte 2025 rund 90.700 KMU beziehungsweise 13,7 Prozent des Bestands mit potenziell offenem Nachfolgebedarf (Dun & Bradstreet, 2025). Unter Einbeziehung größenbezogener Nachfolgequoten und einer externen Übergabequote von 24 Prozent ergibt sich im Basisszenario ein adressierbarer Fünfjahrespool von rund 510 Self-Funded- und gut 50 traditionellen Search-Fund-Targets. Dies entspricht etwa 100 beziehungsweise 10 Unternehmen pro Jahr (Dun & Bradstreet, 2024; Staatssekretariat für Wirtschaft o. J.). Für die DACH-Region ergibt sich im konservativen Szenario ein strukturell ETA-fähiger Bestand von rund 114.600 Unternehmen, im Basisszenario von rund 175.900 und im erweiterten Szenario von rund 241.300 Unternehmen. Davon stehen zwischen 2026 und 2030 schätzungsweise 23.200, 35.300 beziehungsweise 47.800 Unternehmen vor einer Übergabe. Nach zusätzlicher Berücksichtigung der Offenheit für externe Erwerber verbleibt ein adressierbarer Target-Pool von rund 5.700 Unternehmen im konservativen, 10.300 im mittleren und 16.500 im erweiterten Szenario. Dies entspricht einem durchschnittlichen jährlichen Potenzial von rund 1.100, 2.100 beziehungsweise 3.300 Unternehmen. Im Basisszenario entfallen etwa 8.900 der 10.300 adressierbaren Unternehmen auf Self-Funded ETA und rund 1.400 auf traditionelle Search Funds. Damit liegen etwa 86 Prozent des Potenzials im kleineren ETA-Segment. Auf Jahresbasis entspricht dies rund 1.800 potenziellen Self-Funded-Targets und knapp 280 traditionellen Search-Fund-Targets. Die Dominanz des Self-Funded-Segments spiegelt die kleinteilige Struktur des DACH-Mittelstands wider. Traditionelle Search Funds treffen auf einen engeren Markt, weil nur ein begrenzter Teil der übergabereifen Unternehmen gleichzeitig die erforderliche EBITDA-Größe, organisatorische Substanz, Cashflow-Stabilität und Fremdfinanzierungsfähigkeit aufweist. Die Ergebnisse sind jedoch mit Einschränkungen verbunden. Zunächst sind die Ausgangsdaten der drei Länder methodisch nicht vollständig harmonisiert. Deutschland verfügt über Übergabeprognosen nach Umsatzklassen, Österreich über eine ältere Zehnjahresschätzung und die Schweiz überwiegend über beschäftigungsbezogene und altersbasierte Indikatoren. Zudem werden zentrale Target-Merkmale wie EBITDA-Höhe, Ergebnisvolatilität, Kundenkonzentration, Investitionsbedarf, Eigentümerabhängigkeit und Schuldendienstfähigkeit statistisch nicht gemeinsam erfasst. Die verwendeten Filterquoten sind deshalb als Szenarioannahmen zu verstehen. Auch der annualisierte Wert von rund 2.100 Unternehmen im Basisszenario ist keine Prognose tatsächlich realisierter ETA-Akquisitionen. Searcher konkurrieren mit strategischen Käufern, Management-Buy-in-Kandidaten, Family Offices und Beteiligungsgesellschaften. Hinzu kommen Kaufpreisabweichungen, regionale und sektorale Suchpräferenzen sowie das mögliche Scheitern von Finanzierung, Due Diligence oder Vertragsverhandlung. Die quantitative Analyse spricht dennoch für ein substanzielles, zugleich stark selektives ETA-Potenzial in der DACH-Region. Der plausible Korridor für den Zeitraum von 2026 bis 2030 liegt bei rund 5.700 bis 16.500 extern adressierbaren Unternehmen. Das Basisszenario ergibt rund 10.300 Unternehmen beziehungsweise einen durchschnittlichen jährlichen Zufluss von etwa 2.100 potenziellen Targets. Somit liegt der Engpass weniger im generellen Fehlen übergabereifer Unternehmen als in der begrenzten

Schnittmenge aus wirtschaftlicher Qualität, externer Verkaufsbereitschaft, Finanzierungskompatibilität, organisatorischer Übertragbarkeit und tatsächlicher Erreichbarkeit.

6.4 Branchen- und Geschäftsmodell-spezifische Erfolgsfaktoren

Die Analyse branchen- und geschäftsmodellspezifischer Erfolgsfaktoren stellt eine der anspruchsvollsten, zugleich jedoch zentralsten Aufgaben im Search-Fund-Prozess dar. Während das klassische ETA-Modell eine weitgehend branchenagnostische Logik nahelegt, zeigen empirische Untersuchungen, dass die Erfolgswahrscheinlichkeit akquirierter Unternehmen stark von strukturellen Eigenschaften der Branche, der Wettbewerbskonfiguration und der Geschäftsmodellarchitektur abhängt (Porter, 1980; Ganco & Agarwal, 2009). Für den DACH-Mittelstand gilt dies in besonderem Maße, da viele Unternehmen in engen Nischenmärkten operieren, häufig nur begrenzte Transparenz aufweisen und von besonderen Abhängigkeiten gegenüber Kunden, Technologiezyklen oder Fachkräften geprägt sind. Die Fähigkeit des Searchers, diese Strukturen zu verstehen, zu bewerten und in eine strategische Reifeprognose zu übersetzen, bildet daher einen wesentlichen Baustein der professionellen ETA-Praxis.

Ein zentraler Erfolgsfaktor für ETA im europäischen Kontext besteht in der Identifikation von Branchen mit stabilen, wiederkehrenden Erlösen, hohen Wechselkosten und ausgeprägter Kundenbindung. Geschäftsmodelle, die durch etablierte Prozesse, langfristige Verträge oder regelmäßige Abnahmeverpflichtungen strukturiert sind, weisen eine geringere Cashflow-Volatilität auf und eignen sich daher besonders für Sucher, die in ihrer Post-Akquisitionsphase gleichzeitig die Rolle des CEOs und des Transformationsgestalters übernehmen müssen. Die Forschung zu Lock-in-Effekten und Wiederkaufraten zeigt, dass Unternehmen mit wiederkehrenden oder habitualisierten Kaufentscheidungen eine höhere Planbarkeit aufweisen und Suchern ein günstiges Lernumfeld bieten, da Fehlerfolgen weniger unmittelbar und existenzbedrohend ausfallen (Reinartz & Kumar, 2003). Diese Logik spiegelt sich auch in der europäischen Sucher-Praxis wider, die häufig auf B2B-Dienstleistungen, Healthcare-Services, technische Wartungsmodelle und spezialisierte Software-Lösungen fokussiert. Im Gegensatz dazu sind Branchen mit zyklischen Nachfrageverläufen, hoher Preisvolatilität oder starker Abhängigkeit von Rohstoffpreisen für Search Funds deutlich ungeeigneter. Die Literatur zur Industrieökonomik zeigt, dass hohe Wettbewerbsdynamik und geringe Differenzierung die Wahrscheinlichkeit eines späteren operativen Turnarounds senken und gleichzeitig die Anforderungen an das Management erhöhen (Bain, 1956). Da Searcher in der Regel auf ein Kompetenzprofil zurückgreifen, das stärker durch strategische, analytische und finanzielle Fähigkeiten geprägt ist als durch spezifische Fachexpertise, sind Unternehmen mit hohen technischen Spezialisierungsbarrieren oder komplexen regulatorischen Anforderungen nur bedingt geeignet. Diese Diskrepanz zwischen Kompetenzen des Searchers und den Anforderungen der Branche stellt eine zentrale Hürde dar und wurde wiederholt als Ursache für schwache Post-Akquisitionsleistung identifiziert (Gompers et al., 2010). Neben den strukturellen Eigenschaften der Branche spielt die Geschäftsmodellarchitektur eine entscheidende Rolle. Der Searcher muss in der Lage sein, die Wertschöpfungslogik des Unternehmens präzise zu analysieren und deren Robustheit gegenüber externen Schocks, technologischem Wandel und Wettbewerbsdruck zu beurteilen. Die Literatur zur Geschäftsmodellforschung legt nahe, dass drei Eigenschaften besonders relevant für den ETA-Kontext sind: Skalierbarkeit, Replizierbarkeit und Resilienz (Teece, 2010). Scalability, oder Skalierbarkeit, meint die Fähigkeit eines Unternehmens, Umsatzwachstum ohne proportional steigende operative Kosten zu realisieren. Dies ist insbesondere im europäischen Mittelstand häufig eingeschränkt, da viele Unternehmen in personengebundenen Dienstleistungsmodellen operieren. Der Searcher muss daher erkennen, inwieweit organisatorische Engpässe, Abhängigkeiten von Schlüsselpersonen oder mangelnde Digitalisierung die spätere Wachstumsfähigkeit limitieren. Replizierbarkeit betrifft die Fähigkeit, Geschäftspraxis, Kundenbeziehungen und operative Exzellenz systematisch auf neue Regionen oder Segmente zu übertragen. Resilienz beschreibt die Fähigkeit, externe Störungen wie Nachfrageschwankungen, Lieferkettenprobleme oder technologische Disruption zu absorbieren.

Für den DACH-Raum ist die Analyse dieser Faktoren besonders anspruchsvoll, da viele mittelständische Unternehmen durch „hidden champion"-typische Strukturen geprägt sind, deren strategische Assets aus implizitem Wissen, langjährigen Kundenbeziehungen oder technologischen Nischen bestehen (Simon, 2009). Diese Form impliziter Wettbewerbsvorteile bietet Searchern einerseits erhebliche Chancen, weil sie Markteintrittsbarrieren schaffen und langfristig stabile Erträge ermöglichen, andererseits aber auch Risiken, da solches Wissen schwer transferierbar ist und die Abhängigkeit vom bestehenden Management verstärken kann. Die Fähigkeit des Searchers, diese Wissensarchitektur zu verstehen und die Risiken eines Know-how-Verlusts zu mitigieren, bildet daher einen zentralen Bestandteil fortgeschrittener ETA-Methodik. Ein weiterer kritischer Erfolgsfaktor betrifft die Analyse entscheidungsrelevanter Stakeholder-Strukturen innerhalb der Branche. Branchen, die durch konzentrierte Kundenstrukturen geprägt sind, etwa im Maschinenbau oder in technischen Dienstleistungsnischen, neigen zu höheren Abhängigkeiten und erhöhen das Klumpenrisiko des Geschäftsmodells. In solchen Fällen muss der Searcher nicht nur die bestehenden Cashflows, sondern auch die strukturellen Machtbeziehungen verstehen, die die Geschäftsbeziehungen prägen. Forschung zu Verhandlungsmacht und Wertabschöpfung zeigt, dass Unternehmen mit begrenzter Preissetzungsmacht langfristig geringere strategische Freiheitsgrade aufweisen (Porter, 1980). Diese Einschränkung kann für Searcher zu einem erheblichen Risiko werden, insbesondere wenn simultan hohe Investitionsbedarfe bestehen. Für Branchen mit hohen regulatorischen Anforderungen, wie Pharma-Dienstleistungen, Pflege oder sicherheitsrelevante Industrien, müssen zusätzlich regulatorische Risiken berücksichtigt werden. Europäische Unternehmen sind häufig in stärker regulierten Rahmenbedingungen eingebettet, was den Suchprozess ebenso wie die spätere Führung komplexer macht. Die Fähigkeit des Searchers, regulatorische Pfade zu verstehen und deren Veränderungspotenziale einzuschätzen, ist daher von strategischer Relevanz. Schließlich spielen technologische Dynamiken eine erhebliche Rolle für die Eignung von Branchen und Geschäftsmodellen im ETA-Kontext. Unternehmen, deren Wertschöpfung durch digitale Prozesse, wiederkehrende Lizenzmodelle oder datenbasierte Dienstleistungen stabilisiert wird, gelten als besonders geeignet. Gleichzeitig müssen Sucher erkennen, wo technologische Substitution droht oder die Wertschöpfungslogik durch disruptive Wettbewerber gefährdet ist. Die Literatur zu technologischer Innovation zeigt, dass Unternehmen, die Innovationszyklen nicht aktiv gestalten, sondern nur adaptieren, besonders anfällig für Wettbewerbsdruck sind (Christensen, 1997). Ein Searcher muss daher nicht nur statische Geschäftsmodellanalysen durchführen, sondern dynamische Szenarien entwickeln, die technologische Unsicherheit und Investitionsfähigkeit berücksichtigen.

▶ Als **digitales Zusatzmaterial** zu diesem Buch finden Sie eine **Checkliste für die strategische Vorbereitung des Search-Funds-Prozess** zum Download auf SpringerLink.

Literatur

Audretsch, D. B., & Lehmann, E. E. (2016). *The seven secrets of Germany: Economic resilience in an era of global turbulence.* Oxford University Press.

Bain, J. S. (1956). *Barriers to new competition.* Harvard University Press.

Barney, J. (1991). Firm resources and sustained competitive advantage. *Journal of Management, 17*(1), 99–120.

Battilana, J., & Lee, M. (2014). Advancing research on hybrid organizing. *Academy of Management Annals, 8*(1), 397–441.

Bjuggren, P.-O., & Sund, L.-G. (2002). A transition cost rationale for transition of the firm within the family. *Small Business Economics, 19*(2), 123–133.

Bloom, N., & Van Reenen, J. (2007). Measuring and explaining management practices across firms and countries. *The Quarterly Journal of Economics, 122*(4), 1351–1408.

Bundesamt für Statistik. (2023). Porträt der Schweizer KMU, 2011–2021. Schweizerische Eidgenossenschaft. https://www.swissstats.bfs.admin.ch/data/webviewer/appId/ch.admin.bfs.swissstat/article/issue230616612100-01/package

Christensen, C. M. (1997). *The innovator's dilemma.* Harvard Business School Press.

Dorr, A., Hosner, D., Heckl, E., & Gavac, K. (2021). Unternehmensübergaben und -nachfolgen in Österreich: Endbericht. KMU Forschung Austria. https://www.kmuforschung.ac.at/wp-content/uploads/2023/07/Nachfolge2021_Endbericht_final.pdf

Dun & Bradstreet. (2024). Mehr als 100.000 Unternehmen müssen ihre Nachfolge regeln. https://www.dnb.com/de-ch/news/nachfolge-kmu-schweiz-2024.html

Dun & Bradstreet. (2025). Dringender Handlungsbedarf bei KMU-Nachfolge. https://www.dnb.com/de-ch/news/nachfolge-kmu-schweiz-2025.html

Elsas, R. (2005). Empirical determinants of relationship lending. *Journal of Financial Intermediation, 14*(1), 32–57.

Fels, M., Suprinovič, O., Schlömer-Laufen, N., Kay, R. & Institut für Mittelstandsforschung Bonn. (2021). Unternehmensnachfolgen in Deutschland 2022 bis 2026. In Daten und Fakten Nr. 27. https://www.ifm-bonn.org/fileadmin/data/redaktion/publikationen/daten_und_fakten/dokumente/Daten-und-Fakten-27_2021.pdf

Ganco, M. & Agarwal, R. (2009). Performance Differentials Between Diversifying Entrants and Entrepreneurial start-ups: A Complexity Approach. Academy Of Management Review, 34(2), 228–252. https://doi.org/10.5465/amr.2009.36982618. Zugegriffen: 4. Dez. 2025.

Gompers, P., Kaplan, S. N., & Mukharlyamov, V. (2010). What do private equity firms say they do? *Journal of Financial Economics, 110*(2), 227–246.

Grousbeck, H. I. (1995). Entrepreneurship Through Acquisition. Harvard Business School Note 9-802-122.

IESE Business School. (2024). Search funds asset class maintains global growth. https://www.iese.edu/insight/articles/search-funds-global-growth/

Hackethal, A., & Schmidt, R. H. (2004). *Financing patterns: Measurement concepts and empirical results.* Goethe University Working Paper.

Hamilton, S. H. D. (jährliche und biennale Ausgaben). Search Fund Study. Stanford Graduate School of Business.

Jensen, M. C., & Meckling, W. H. (1976). Theory of the firm: Managerial behavior, agency costs and ownership structure. *Journal of Financial Economics, 3*(4), 305–360.

Kahneman, D., & Tversky, A. (1979). Prospect theory: An analysis of decision under risk. *Econometrica, 47*(2), 263–291.

Le Breton-Miller, I., & Miller, D. (2006). Why do some family businesses out-compete? Governance, long-term orientations, and sustainable capability. *Entrepreneurship Theory and Practice, 30*(6), 731–746.

Mainiero, L., Tromley, C., & Greiner, L. E. (1994). Evolution and Revolution as Organizations Grow. In *Developing Managerial Skills in Organizational Behavior: Exercises, Cases, And Readings* (2d. Aufl., S. 322–329). Prentice Hall. https://ils.unc.edu/daniel/131/cco4/Greiner.pdf

Nahavandi, A., & Malekzadeh, A. R. (1988). Acculturation in mergers and acquisitions. *Academy of Management Review, 13*(1), 79–90.

North, D. C. (1990). *Institutions, institutional change, and economic performance.* Cambridge University Press.

Porter, M. E. (1980). *Competitive strategy.* Free Press.

Reinartz, W., & Kumar, V. (2003). The impact of customer relationship characteristics on profitable lifetime duration. *Journal of Marketing, 67*(1), 77–99.

Rieger-Fels, M., Schlömer-Laufen, N., Suprinovič, O., & Rauch, A. (2025). Unternehmensnachfolgen in Deutschland 2026 bis 2030 (Daten und Fakten Nr. 37). Institut für Mittelstandsforschung Bonn. https://www.ifm-bonn.org/fileadmin/data/redaktion/publikationen/daten_und_fakten/dokumente/Daten-und-Fakten-37_2025.pdf

Staatssekretariat für Wirtschaft. (o. J.). KMU in Zahlen: Nachfolgeregelungen. Schweizerische Eidgenossenschaft. https://www.kmu.admin.ch/de/kmu-in-zahlen-nachfolgeregelungen

Statistisches Bundesamt. (2025). Rechtliche Einheiten nach Umsatzgrößenklassen im Berichtsjahr 2024. https://www.destatis.de/DE/Themen/Branchen-Unternehmen/Unternehmen/Unternehmensregister/Tabellen/unternehmen-umsatzgroessenklassen-wz08.html

Simon, H. (2009). *Hidden champions of the twenty-first century.* Springer.

Stenholm, P., Hyvärinen, V., & Wuebker, R. (2013). Exploring cultural influences on entrepreneurial intention: The role of individualism and collectivism. *Journal of Small Business Management, 51*(2), 205–224.

Teece, D. J. (2010). Business models, business strategy and innovation. *Long Range Planning, 43*(2–3), 172–194.

Tolbert, P. S., & Zucker, L. G. (1983). Institutional sources of change in the formal structure of organizations. *Administrative Science Quarterly, 28*(1), 22–39.

Williamson, O. E. (1985). *The economic institutions of capitalism.* Free Press.

Investorensuche im Search-Funds-Prozess 7

Zusammenfassung

Die Investorensuche in Seach-Funds stellt einen konstitutiven, vielschichtigen Übergang zwischen unternehmerischem Potenzial und institutioneller Kapitalallokation dar. Der Prozess repräsentiert keine rein technische Kapitalbeschaffung, sondern einen relationalen, institutionell eingebetteten Vorgang, in dem Erwartungen, Reputation, Risikoallokation und narrative Kohärenz zusammenwirken. Im Zentrum steht die Überwindung asymmetrischer Informationsstrukturen, da das Investitionsobjekt zunächst nur als Wahrscheinlichkeitsraum existiert. Dies erfordert glaubhafte, schwer imitierbare Signalisierung durch akademische Merkmale, Berufsbiografien, Referenzen und Interaktionsqualität. Die Investorensuche konstituiert sich als soziales Aushandeln des Risikoverständnisses und als „People-Bet", wobei persönliche Integrität, reflektiertes Selbstverständnis und narrative Glaubwürdigkeit zentrale Prädiktoren bilden. Im DACH-Raum prägen relationale Kapitalismusmodelle, konservative Risikokulturen und Erwartungen an kaufmännische Bodenständigkeit, Besonnenheit und Verantwortungsbewusstsein die Investorenselektion. Affektive Heuristiken gewinnen unter Unsicherheit an Bedeutung, da implizite Muster, Intuition und soziale Resonanz neuronal bevorzugt werden.

Ergänzende Information Die elektronische Version dieses Kapitels enthält Zusatzmaterial, auf das über folgenden Link zugegriffen werden kann [https://doi.org/10.1007/978-3-658-52650-4_7].

C. Schuchardt, *Entrepreneurship Through Acquisition und Search Funds im deutschsprachigen Mittelstand*, https://doi.org/10.1007/978-3-658-52650-4_7

Die Investorensuche stellt einen konstitutiven Bestandteil des Search-Fund-Modells dar und bildet den Übergang zwischen unternehmerischem Potenzial und institutioneller Kapitalallokation. Sie ist weder ein rein technischer Prozess der Kapitalbeschaffung noch eine formalistische Verhandlung einzelner Vertragsbedingungen, sondern ein vielschichtiger, relationaler und institutionell eingebetteter Vorgang, in dem Erwartungen, Reputation, Risikoallokation und narrative Kohärenz zusammenwirken. Die Suche nach Investoren fungiert damit als jener kritische Moment, in dem der Searcher erstmals in eine Rolle tritt, die zugleich unternehmerisch, finanzwirtschaftlich und identitätsbezogen ist. Sie ist Ausdruck dessen, was die Entrepreneurial-Finance-Forschung als den Übergang von einer „entrepreneurial opportunity" zu einer „financeable opportunity" bezeichnet (Amit et al., 1990), und konkretisiert den institutionellen Rahmen, innerhalb dessen sich der gesamte weitere Search-Fund-Prozess entfalten wird. Im Zentrum der Investorensuche steht die Herausforderung, asymmetrische Informationsstrukturen zu überwinden. Klassische Theorien des Entrepreneurial Finance betonen, dass Gründer–Investor-Beziehungen durch ausgeprägte Informationsasymmetrien geprägt sind, die zu adverser Selektion und moralischem Risiko führen können (Jensen & Meckling, 1976). Im Search-Fund-Kontext zeigt sich dieses Problem in spezifischer Form. Der Searcher besitzt weder ein bestehendes Unternehmen noch ein ausgereiftes Geschäftsmodell, sondern einen Prozess, eine Kompetenz und eine Absicht. Das Objekt der Investition existiert in diesem frühen Stadium lediglich als Wahrscheinlichkeitsraum, was die Notwendigkeit effektiver Signalisierung verstärkt. Aus Sicht der Signaling-Theorie sind Searcher daher gefordert, glaubhafte Hinweise auf ihre Fähigkeiten, Integrität und Lernkompetenz zu geben, die nicht oder nur schwer imitierbar sind (Spence, 1973). Dies können akademische Merkmale sein, Berufsbiografien, Referenzen oder die Qualität der Interaktion selbst. Für Investoren fungieren diese Signale als Indikatoren zukünftigen Verhaltens und damit als Grundlage der Entscheidung, ob der Searcher als vertrauenswürdiger Agent agieren kann.

Die Investorensuche ist jedoch nicht allein ein Informationsprozess, sondern ein soziales Aushandeln des Risikoverständnisses. Empirische Forschung zeigt, dass Investoren in Entrepreneurial-Finance-Kontexten Entscheidungen nicht nur nach ökonomischen Kriterien treffen, sondern ebenso auf relationaler Passung, Vertrauen und konsistenter Werteorientierung basieren (Fried & Hisrich, 1994). Diese Befunde werden im Search-Fund-Modell besonders sichtbar, da die frühe Phase der Suche ein nahezu reines „People-Bet", d. h. eine Wette auf Personen, darstellt. Die Entscheidung zugunsten eines Searchers reflektiert weniger Erwartungen an ein spezifisches Target als das Vertrauen in dessen Fähigkeit, ein geeignetes Unternehmen zu finden, eine Transaktion zu strukturieren und anschließend als Unternehmer verantwortlich zu führen. Damit werden persönliche Integrität, reflektiertes Selbstverständnis und narrative Glaubwürdigkeit zu zentralen Prädiktoren erfolgreicher Investorensuche. Zugleich wird die Investorensuche im Search-Fund-Kontext durch institutionelle Rahmenbedingungen geprägt. In den USA existiert eine lange Tradition suchfondsaffiner Investoren, deren Erfahrungen, Prozesse und Erwartungen standardisiert sind und eine institutionalisierte Infrastruktur bilden. Im DACH-Raum hingegen ist die Landschaft heterogener, fragmentierter und stärker durch individuelle Beziehungslogiken geprägt. Kapitalgeber müssen das Modell häufig erst verstehen, bevor sie Vertrauen fassen können. Das bedeutet, dass die Investorensuche nicht nur auf persönliche Überzeugungskraft, sondern auf die Fähigkeit zur institutionellen Übersetzungsarbeit angewiesen ist. Der Searcher muss erklären, wie Suchintensität, Dealflow, Target-Selektion, Transaktionsdesign und Agency-Strukturen funktionieren, und diese in ökonomische, psychologische und governanceorientierte Narrative einbetten. Diese institutionelle Übersetzung ist kein Randaspekt, sondern ein konstitutiver Teil der Investorensuche in einem Umfeld, das die Logiken des Search-Fund-Modells nicht bereits internalisiert hat. Eine weitere zentrale Dynamik betrifft die Gestaltung der Erwartungsarchitektur zwischen Searcher und Investor. Die Principal-Agent-Theorie verweist darauf, dass Vertragsbeziehungen dann stabil sind, wenn Anreizstrukturen und Kontrollmechanismen kohärent gestaltet sind (Jensen & Meckling, 1976). Im Search-Fund-Kontext bedeutet dies, dass die Investorensuche zugleich Erwartungsmanagement ist. Der Searcher muss Erwartungen hinsichtlich der Geschwindigkeit des Dealflows, der Art der Zielunternehmen, der Wahrscheinlichkeit einer Transaktion und der zukünftigen Governance-Strukturen klar formulieren. Viele Suchprozesse scheitern nicht an mangelndem Dealflow, sondern an divergierenden, unausgesprochenen Erwartungen zwischen Sucher und Kapitalgebern. Diese Erwartungsdivergenzen sind empirisch gut dokumentiert, insbesondere in Kontexten mit unsicheren, schwer prognostizierbaren Opportunitäten (Fleming, 2021). Eine erfolgreiche Investorensuche im DACH-Raum erfordert daher nicht nur Anziehungskraft, sondern Reflexivität, Konsistenz und eine klare Governance-Vorstellung. Psychologisch betrachtet ist die Investorensuche ein Identitätsbildungsprozess. Der Searcher tritt nicht als klassischer Gründer auf, der eine Produktvision präsentiert, sondern als zukünftiger Unternehmer, der seine Fähigkeit unter Beweis stellt, ein bestehendes System zu erwerben und sinnvoll weiterzuentwickeln. Diese Identitätskonstellation unterscheidet sich fundamental von traditionellen Entrepreneurship-Modellen und erzeugt spezifische Spannungen zwischen Selbstpräsentation, Bescheidenheit und Anspruch. Die Forschung zur unternehmerischen Identität zeigt, dass erfolgreiche Entrepreneure überzeugende narrative Kohärenz besitzen, die Vergangenheit, Kompetenz und zukünftige Handlungsperspektive in einem stimmigen Selbstbild verbindet (Miscenko & Day, 2016). Genau diese narrative Kohärenz bildet einen Kern der Investorensuche im Search-Fund-Modell, da sie das Vertrauen in ein zukünftiges Verhalten stärkt, das bisher empirisch nicht beobachtbar ist. Ein weiterer Aspekt, der im DACH-Kontext besondere Bedeutung hat, ist die Rolle der sozialen und reputationalen Netzwerke. Die Entrepreneurial-Finance-Forschung zeigt, dass „warm introductions" signifikant höhere Erfolgswahrscheinlichkeiten im Fundraising generieren, da Vertrauen und soziale Legitimation über Netzwerke transportiert werden (Shane & Cable, 2002). Im Search-Fund-Kontext, der auf persönliche Glaubwürdigkeit angewiesen ist, verstärkt sich dieser Effekt. In Deutschland, Österreich und der Schweiz, wo Unternehmerkultur stärker auf relationaler Glaubwürdigkeit und weniger auf risikoorientierten Kapitalmärkten basiert, sind diese Netzwerke noch bedeutender. Der Searcher muss daher nicht nur Kapitalgeber identifizieren, sondern ein soziales Legitimitätsfeld aufbauen, das seine Zugangschancen überhaupt erst erzeugt. Dieser Prozess kann

Monate oder Jahre dauern und stellt eine zentrale, oft unterschätzte Komponente der Investorensuche dar.

7.1 Erwartungsarchitekturen zwischen Searcher und Investor

Die Beziehung zwischen Searcher und Investor wird in besonderer Weise durch die gegenseitige Strukturierung von Erwartungen geprägt. Diese Erwartungsarchitekturen schaffen den normativen, psychologischen und institutionellen Rahmen, innerhalb dessen Suchphase, Transaktionsgestaltung und spätere Unternehmensführung stattfinden. Erwartungsarchitekturen fungieren damit als konstitutive Strukturmuster, die Handlungen koordinieren, Unsicherheit reduzieren und die Grundlage für vertrauensbasierte Zusammenarbeit schaffen. In der Entrepreneurial-Finance-Forschung wird zunehmend anerkannt, dass Erwartungen nicht lediglich kognitive Vorannahmen darstellen, sondern sozial konstruierte Orientierungsgrößen, die das Verhalten beider Parteien antizipativ steuern und damit performative Wirkung entfalten (Meyer & Rowan, 1977; Suchman, 1995). Im Search-Fund-Modell gewinnt diese Dynamik besondere Bedeutung, da die Beziehung zwischen Searcher und Investor bereits in einer Phase entsteht, in der das zentrale Objekt der Zusammenarbeit, d. h. das spätere Zielunternehmen, noch gar nicht existiert oder zumindest nicht identifiziert ist. Anders als in klassischen Venture-Capital-Beziehungen, in denen Investoren ein klar umrissenes Geschäftsmodell, ein bestehendes Produkt oder erste Marktindikatoren bewerten können, basiert die Search-Fund-Beziehung auf der Erwartung zukünftigen Handelns. Sie ist damit ein Paradebeispiel für eine Situation radikaler Unsicherheit im Sinne der ökonomischen Theorie von Knight, in der nicht berechenbare Möglichkeiten durch Vertrauen, Reputation und narrative Kohärenz strukturiert werden (Knight, 1921). Erwartungsarchitekturen erfüllen in diesem Kontext die Funktion, Unsicherheit in kalkulierbare und belastbare Koordinationsmechanismen zu überführen. Auf theoretischer Ebene bildet die Principal-Agent-Theorie einen zentralen Rahmen zur Analyse dieser Erwartungsstrukturen. Sie beschreibt, dass Verträge und Beziehungen dann stabil sind, wenn Anreize, Kontrollmechanismen und Rollenverständnisse wechselseitig eindeutig gestaltet und wechselseitig verstanden werden (Jensen & Meckling, 1976). Für die Search-Fund-Beziehung bedeutet dies, dass nicht nur monetäre Anreizmechanismen, sondern insbesondere ex ante definierte Erwartungen bestimmen, wie viel Zeit ein Suchprozess dauern darf, welche Branchen adressiert werden sollen, welche Risikoprofile akzeptabel sind und welche Governance-Strukturen nach der Akquisition umgesetzt werden, entscheidend sind. Viele Konflikte in Search-Fund-Partnerschaften entstehen nachweislich nicht aufgrund der Qualität des Deals oder der operativen Leistung des Searchers, sondern aufgrund divergierender oder unausgesprochener Erwartungen zu Tempo, Transparenz oder Entscheidungsautonomie (Fleming, 2021). Die Architektur gemeinsamer Erwartungen fungiert daher als präventiver Koordinationsmechanismus, der potenzielle Principal-Agent-Konflikte reduziert, bevor sie faktisch entstehen. Erwartungsstrukturen umfassen nicht nur formale Elemente, sondern auch psychologische und normative

Komponenten. Die Forschung zur unternehmerischen Identität zeigt, dass Investoren nicht ausschließlich auf explizite Leistungsversprechen reagieren, sondern auf narrative Glaubwürdigkeit, die Fähigkeit zur Selbstreflexion und die Passung zwischen angestrebter entrepreneurischer Rolle und gelebter Persönlichkeit (Miscenko & Day, 2016). Ein Searcher, der in der Investorensuche eine realistische, kohärente und differenziert reflektierte Erwartungsstruktur kommuniziert, erzeugt bei Kapitalgebern ein höheres Maß an Vertrauen, da Konsistenz als Signal für zukünftige Führungsfähigkeit interpretiert wird. Der Prozess der Erwartungsaushandlung ist damit zugleich ein Prozess der Rollen- und Identitätsklarheit: Ein Searcher kommuniziert nicht nur, was er vorhat, sondern wer er ist, wie er entscheidet und wie er in unvorhersehbaren Situationen handeln wird. In der DACH-Region kommt hinzu, dass Erwartungen besonders stark durch institutionelle Logiken und kulturelle Muster geprägt sind. Die Finanzierung des Mittelstands beruht traditionell auf relationalen Kapitalstrukturen, langfristigen Bankbeziehungen und einem stabilitätsorientierten Risikoverständnis (Elsas, 2005). Diese institutionelle Prägung wirkt sich auch auf die Investorensuche im Search-Fund-Modell aus. Kapitalgeber erwarten häufig eine höhere Tiefe an Planung, eine vorsichtigere Risikokalibrierung und ein stärkeres Augenmerk auf kulturelle Passung des späteren Targets als in stärker marktgetriebenen Ökosystemen. Erwartungsarchitekturen müssen daher nicht nur zwischen Individuen, sondern zwischen institutionellen Logiken vermittelt werden. Der Searcher moderiert damit nicht nur persönliche, sondern strukturelle Erwartungswelten. Ein weiterer zentraler Aspekt betrifft die zeitliche Dimension. Erwartungen im Search-Fund-Modell sind dynamisch und müssen über den Zeitverlauf hinweg gepflegt werden. Die Forschung zur relationalen Vertragstheorie zeigt, dass langfristige Verträge in unsicheren Kontexten nur dann stabil bleiben, wenn Erwartungen regelmäßig rekalibriert werden, um veränderte Umweltdynamiken und Lernprozesse zu integrieren (Macneil, 1980). Im Suchprozess betrifft dies insbesondere Situationen, in denen Dealflow geringer ausfällt als erwartet, bestimmte Branchen wider Erwarten nicht bearbeitet werden können oder der Zugang zu Unternehmenseigentümern schwieriger ist als prognostiziert. Investoren interpretieren die Fähigkeit des Searchers, diese Entwicklungen transparent, reflektiert und proaktiv zu kommunizieren, als Indikator für zukünftige Führungsfähigkeit und Integrität. Damit wird deutlich, dass Erwartungsarchitekturen im Search-Fund-Modell nicht nur Koordinationsinstrumente sind, sondern Performanzindikatoren. Ein Searcher, der die Erwartungen seiner Investoren klar, realistisch und konsistent managt, signalisiert strukturelle Kompetenz, Stabilität und Professionalität und damit Eigenschaften, die im eigentümergeprägten DACH-Mittelstand entscheidend für spätere Akquisitionen und Integrationsprozesse sind. Umgekehrt können divergierende oder unausgesprochene Erwartungen zu Misalignment, Vertrauensverlust oder suboptimalen Entscheidungsarchitekturen führen, selbst wenn das zugrunde liegende Target ökonomisch attraktiv ist. Die Gestaltung und Pflege gemeinsamer Erwartungsarchitekturen ist daher ein zentrales Element langfristiger Search-Fund-Erfolgschancen und ein wesentlicher Bestandteil professioneller Investor Relations im ETA-Kontext.

▶ Als **digitales Zusatzmaterial** zu diesem Buch finden Sie ein **ETA-Branchen- und Geschäftsmodell Screening-Tool** zum Download auf SpringerLink. Das Tool dient der systematischen Bewertung, ob eine Branche und ein konkretes Geschäftsmodell für einen Search Fund in der DACH-Region geeignet ist und ob die Searcher-Passung ein Wertsteigerungspotenzial zeigt. Jeder Bereich enthält konkret prüfbare Indikatoren, die Searcher und Investoren nutzen können, um eine rationale Vorauswahl potenzieller Targets vorzunehmen. Die Logik ermöglicht eine Kombination aus quantitativer Bewertung und qualitativer Interpretation, wodurch sowohl datenbasierte als auch psychologische Faktoren erfasst werden.

7.2 Psychologie der Investorenauswahl im Search-Fund-Prozess

Die Investorenauswahl im Search-Fund-Modell vollzieht sich an der Schnittstelle zwischen individueller Entscheidungslogik, sozialer Wahrnehmung, institutionellen Erwartungen und finanziellen Heuristiken. Sie unterscheidet sich in wesentlichen Punkten von klassischen Investorenauswahlprozessen im Venture-Capital- oder Private-Equity-Kontext, da die Entscheidung nicht auf der Bewertung eines existierenden Geschäftsmodells, sondern auf der Einschätzung zukünftiger Performanz und persönlicher Integrität eines noch unternehmerisch „unbewiesenen" Suchers basiert. Damit entsteht ein Entscheidungsraum, der durch ausgeprägte Unsicherheit, hohe Informationsasymmetrien und die Notwendigkeit glaubwürdiger Signalisierung strukturiert wird. Aus psychologischer Sicht fungiert die Investorenauswahl als ein Balanceakt zwischen rationaler Kalkulation und sozial-kognitiver Zuschreibung, zwischen Risikoaversion und Chancenerkennung sowie zwischen evaluativen und relationalen Urteilsdimensionen. Ein zentrales theoretisches Fundament für die Analyse der Investorenauswahl bildet die Forschung zu Entscheidungsprozessen unter radikaler Unsicherheit. Knight (1921) unterschied bereits früh zwischen probabilistisch quantifizierbarem Risiko und Unsicherheit, die sich gerade dadurch auszeichnet, dass Wahrscheinlichkeiten unbekannt oder nicht definierbar sind. Die Bewertung eines Searchers fällt eindeutig in die zweite Kategorie, da weder der Suchprozess, noch die Interaktion mit Unternehmenseigentümern, noch die spätere Führungsleistung ex ante verlässlich prognostizierbar sind. Verhaltensökonomische Forschung zeigt, dass Menschen in solchen Situationen systematisch heuristische Strategien anwenden, etwa Repräsentativitätsheuristiken, übermäßiges Selbstvertrauen *(Overconfidence)* oder narrative Verzerrungen *(Narrative Bias)* (Tversky & Kahneman, 1974). Investoren bewerten Searcher unter Unsicherheit daher nicht primär anhand objektiver Leistungsdaten, sondern anhand narrativer Plausibilität, Persönlichkeitsindikatoren, wahrgenommener Konsistenz und der Fähigkeit, kognitiv anschlussfähige Zukunftsbilder zu konstruieren. Die Investorenauswahl ist damit ein zutiefst psychologischer Prozess, in dem die Glaubwürdigkeit des Searchers und die Stimmigkeit seiner Rolle eine entscheidende Rolle spielen. In diesem Kontext gewinnen Signaling-Prozesse besondere Bedeutung. Da Searcher typischerweise aufstrebende Manager sind, die über keine dokumentierten Transaktions- oder Führungserfolge verfügen, müssen sie auf Signale zurückgreifen, die glaubhafte Hinweise auf zukünftige Leistungsfähigkeit geben. Die Signaling-Theorie postuliert, dass solche Signale dann wirksam sind, wenn sie kostspielig, schwer imitierbar und eng an die angestrebte Rolle gekoppelt sind (Spence, 1973). Im Search-Fund-Kontext können akademische Leistungen, berufliche Stationen, Referenzen und die Qualität der eigenen Search-Thesis als solche Signale fungieren. Studien zu Emerging Managers zeigen, dass besonders jene Signale wirksam sind, die eine Kombination aus kognitiver Kompetenz, Reife, Werteorientierung und Selbstwirksamkeit vermitteln (Ewens, 2022). Hinzu kommt, dass im Search-Fund-Modell auch die Art und Weise, wie ein Searcher Gespräche führt, Fragen beantwortet oder mit Unsicherheit umgeht, als performative Signale gelesen werden. Investoren interpretieren diese Verhaltensmuster als Indikatoren zukünftiger Problemlösefähigkeit, Resilienz und Führungsqualität. Signaling bildet damit eine wesentliche psychologische Grundlage für die Überzeugungsarbeit eines Searchers.

Zugleich wird die Investorenauswahl durch die asymmetrische Risikoexposition zwischen Searcher und Investor strukturiert. Aus psychologischer Perspektive handelt es sich um ein Problem divergierender Referenzpunkte und Risikoarchitekturen. Der Searcher trägt typischerweise ein erheblicheres persönliches Risiko, da sein Einkommen, seine Karriereentwicklung und seine Reputation unmittelbar an den Erfolg des Suchprozesses gekoppelt sind. Für viele Investoren hingegen stellt ein Search-Fund ein kleiner Baustein in einem diversifizierten Portfolio dar und wird häufig unter Opportunitätsgesichtspunkten bewertet. Die Prospect Theory zeigt, dass Individuen Risiken asymmetrisch beurteilen und insbesondere Verluste stärker gewichten als Gewinne (Tversky & Kahnemann, 1974). Während der Searcher aufgrund hoher persönlicher Betroffenheit in einer Verlustvermeidungslogik handelt, agieren Investoren häufig aus einer Portfolio-Perspektive, die das Risiko einzelner Engagements relativiert. Diese divergierenden Risikoarchitekturen haben tiefgreifende psychologische Konsequenzen für die Investorenauswahl: Investoren neigen dazu, Searcher danach zu beurteilen, ob diese in der Lage sind, Risiken realistisch einzuschätzen, sie klar zu kommunizieren und dennoch unternehmerisch zu handeln, während Searcher dazu tendieren, Risiken defensiv zu framen, um Vertrauensverluste zu vermeiden. Aus neurowissenschaftlicher Perspektive moduliert diese Asymmetrie die Risikowahrnehmung beider Parteien auf fundamentale Weise. Für Searcher, deren persönliches Einkommen, Karriere und Reputation direkt vom Erfolg des Search Funds abhängen, aktiviert die Risikowahrnehmung häufig Amygdala-basierte Stressreaktionen und führt zu vorsichtigeren Entscheidungsstrategien. Investoren hingegen nutzen häufig dorsolaterale präfrontale Netzwerke, die mit kognitiver Distanzierung, Portfoliovergleichen und rationaler Bewertung verbunden sind (Knutson et al., 2005). Diese asymmetrischen neuropsychologischen Modi führen dazu, dass Sucher und Investoren Risiken unterschiedlich kommunizieren, bewerten und emotional verarbeiten. Die Investorenauswahl wird deshalb entscheidend davon beeinflusst, ob ein Searcher in der Lage ist, seine persönliche Betroffenheit in eine professionelle, reflektierte und ruhig strukturierte Risikonarration zu überführen. Darüber hinaus spielt die soziale und emotionale Dimension der

Investorenauswahl eine bedeutende Rolle. Die Forschung zu Entrepreneurial Finance zeigt, dass Investoren in unsicheren Kontexten nicht nur ökonomische Variablen, sondern ebenso affektive und relationale Kriterien bewerten, etwa Sympathie, Vertrauenswürdigkeit und Wahrgenommenheit als kompetenter sozialer Interaktionspartner (Huang & Pearce, 2015). Im Search-Fund-Modell ist diese Dynamik besonders ausgeprägt, da die frühe Phase keine objektiven Leistungsdaten bietet und Vertrauen damit primär über persönliche Interaktion hergestellt werden muss. Die Psychologie der Beziehungsgestaltung zwischen Searcher und Investor beeinflusst daher unmittelbar die Selektionswahrscheinlichkeit. Narrative Psychologie zeigt, dass authentische, konsistente und reflexive Selbstpräsentationen stärker überzeugen als rein analytische Argumente, insbesondere wenn die Rolle des zukünftigen Unternehmers mit einer Erwartung von Verantwortungsbewusstsein und Integrität verbunden ist (McAdams, 2013). So zeigt die Identitätsforschung, dass Menschen dazu neigen, anderen Stabilität zuzuschreiben, wenn diese kohärente narrative Identitäten präsentieren. Eine reflektive Selbstbeschreibung, die Ambivalenzen benennt, Lernprozesse darstellt und realistische Selbsteinschätzung kommuniziert, wird als Zeichen von Reife und emotionaler Intelligenz bewertet. Diese Merkmale korrelieren empirisch mit höherer Führungswirksamkeit und adaptiver Entscheidungsfähigkeit, die im Search-Fund-Modell aufgrund späterer postakquisitorischer Herausforderungen besonders relevant sind (Hannah et al., 2011). Zudem werden Unsicherheiten und Schwächen dann positiv bewertet, wenn sie eingebettet sind in eine glaubwürdige Selbstwirksamkeitserwartung. Dies erzeugt die affektive Reaktion, dass ein Searcher nicht nur analytisch kompetent, sondern auch menschlich vertrauenswürdig erscheint. Neurowissenschaftliche Forschung zeigt, dass Glaubwürdigkeit und Authentizität stark mit der Aktivierung des anterioren cingulären Cortex und des medialen präfrontalen Cortex verknüpft sind, die für die Verarbeitung sozialer Kohärenz und Selbst–Fremd-Kongruenz verantwortlich sind (Mitchell et al., 2006). Ein konsistenter Auftritt einer Person, der ihre Intentionen klar kommuniziert und Widersprüche vermeidet, erzeugt bei Beobachtenden ein Gefühl kognitiver Leichtigkeit, das wiederum mit positiven sozialen Urteilen und erhöhter Vertrauensbereitschaft korreliert (Reber et al., 2004). Im Rahmen der Investorenselektion erzeugt ein Searcher, der ein stimmiges Selbstbild vermittelt und eine klare Verbindung zwischen Vergangenheit, Kompetenzen, Motivation und zukünftiger Rolle herstellt, eine neuropsychologische Reaktion auslöst, die Vertrauen stärkt und Unsicherheit reduziert. Authentizität stellt hier einen neurobiologisch wirksamen Mechanismus sozialer Entscheidungsfindung dar. Die Forschung zur sozialen Neurowissenschaft zeigt weiterhin, dass Vertrauen insbesondere dann entsteht, wenn Personen als fähig wahrgenommen werden, ihre eigenen Emotionen zu regulieren und gleichzeitig empathisch auf die Bedürfnisse anderer einzugehen (Singer & Klimecki, 2014). Im Search-Fund-Kontext bedeutet dies, dass Investoren nicht nur die analytische Kompetenz eines Searchers beurteilen, sondern insbesondere seine emotionale Stabilität, Selbstregulation und Fähigkeit, in konfliktträchtigen Situationen rational zu bleiben. Diese Fähigkeiten sind wesentliche Prädiktoren der unternehmerischen Handlungsfähigkeit und beeinflussen daher die Investorenselektion in hohem Maße. Weiterhin wird die Investorenauswahl durch kulturelle und institutionelle Erwartungsmuster geprägt, die im DACH-Raum besonders stark ausgeprägt sind. Im Unterschied zu stärker marktgetriebenen Ökonomien weist die deutschsprachige Unternehmenslandschaft traditionell ein relationales Kapitalismusmodell auf, das durch langfristige Geschäftsbeziehungen, konservative Risikokulturen, bankbasierte Finanzierung und ein hohes Maß an Vertrauensbildung gekennzeichnet ist (Elsas, 2005). Diese institutionelle Prägung erzeugt spezifische Erwartungen an die Seriosität, Verlässlichkeit und Haltung eines zukünftigen Unternehmers. Searcher werden nicht primär danach beurteilt, ob sie risikobereit oder visionär sind, sondern danach, ob sie als neue, vertrauenswürdige Träger mittelständischer Kontinuität erscheinen. Die kulturelle Erwartung an kaufmännische Bodenständigkeit, Besonnenheit und Verantwortungsbewusstsein ist tief in der Tradition eigentümergeführter Unternehmen verankert und beeinflusst deshalb unmittelbar die Investorenselektion. Le Breton-Miller und Miller (2006) zeigen, dass Familienunternehmen in besonderer Weise jene Führungspersönlichkeiten bevorzugen, die eine werteorientierte, langfristige und kulturell anschlussfähige Haltung verkörpern. Diese kulturelle Norm wirkt auch auf Investoren von Search Funds. Sie antizipieren, dass der Searcher später in ähnlichen milieuspezifischen Erwartungsstrukturen agieren muss. Die neurowissenschaftliche Forschung zur sozialen Entscheidungsfindung zeigt, dass Vertrauensentscheidungen nicht primär auf analytischen, sondern zu einem erheblichen Teil auf affektiven Prozessen beruhen. Functional-MRI-Studien belegen, dass das Vertrauen in soziale Interaktionspartner eng mit der Aktivität des ventromedialen präfrontalen Cortex (vmPFC), der Amygdala und des Striatums verbunden ist, die gemeinsam an der Bewertung sozialer Signale, an der Abschätzung von Vertrauenswürdigkeit und an Belohnungsantizipation beteiligt sind (Delgado et al., 2005; Zaki & Ochsner, 2012). Diese Befunde zeigen, dass Investoren Sucher nicht nur kognitiv einschätzen, sondern dass ihre Bewertung unbewusst durch emotionale Resonanz, intuitive Sympathie und die Wahrnehmung von Authentizität moduliert wird. In Situationen hoher Unsicherheit gewinnen affektive Heuristiken sogar an Bedeutung, da das Gehirn unter unklaren Informationsbedingungen stärker auf implizite Muster, Intuition und soziale Resonanz zurückgreift (Bechara et al., 1997).

Literatur

Amit, R., Brander, J., & Zott, C. (1990). Why do venture capital firms exist? Theory and Canadian evidence. *Journal of Business Venturing, 6*(4), 247–257.

Bechara, A., Damasio, H., & Damasio, A. R. (1997). Deciding advantageously before knowing the advantageous strategy. *Science, 275*(5304), 1293–1295.

Delgado, M. R., Frank, R. H., & Phelps, E. A. (2005). Perceptions of moral character modulate the neural systems of reward during the trust game. *Nature Neuroscience, 8*(11), 1611–1618.

Elsas, R. (2005). Empirical determinants of relationship lending. *Journal of Financial Intermediation, 14*(1), 32–57.

Ewens, M. (2022). Race and Gender in Entrepreneurial Finance.

Fleming, G. (2021). Behavioral dynamics in entrepreneurial finance: How expectations shape investment decisions. *Journal of Business Venturing Insights, 15*, 1–10.

Fried, V. H., & Hisrich, R. D. (1994). Toward a model of venture capital investment decision making. *Financial Management, 23*(3), 28–37.

Hannah, S. T., Balthazard, P., Waldman, D. A., Jennings, P. L., & Thatcher, R. W. (2011). The psychological and neurological bases of leader self-complexity and self-concept clarity. *Leadership Quarterly, 22*(2), 233–247.

Huang, L. & Pearce, J. L. (2015). Managing the Unknowable. Administrative Science Quarterly, 60(4), 634–670. https://doi.org/10.1177/0001839215597270. Zugegriffen: 4. Dez. 2025.

Jensen, M. C., & Meckling, W. H. (1976). Theory of the firm: Managerial behavior, agency costs and ownership structure. *Journal of Financial Economics, 3*(4), 305–360.

Knight, F. H. (1921). *Risk, uncertainty and profit.* Houghton Mifflin.

Knutson, B., Taylor, J., Kaufman, M., Peterson, R., & Glover, G. (2005). Distributed neural representation of expected value. *Journal of Neuroscience, 25*(19), 4806–4812.

Le Breton-Miller, I., & Miller, D. (2006). Why do some family businesses out-compete? Governance, long-term orientations, and sustainable capability. *Entrepreneurship Theory and Practice, 30*(6), 731–746.

Macneil, I. R. (1980). *The new social contract: An inquiry into modern contractual relations.* Yale University Press.

McAdams, D. P. (2013). *The redemptive self: Stories Americans live by* (2. Aufl.). Oxford University Press.

Meyer, J. W., & Rowan, B. (1977). Institutionalized organizations: Formal structure as myth and ceremony. *American Journal of Sociology, 83*(2), 340–363.

Miscenko, D., & Day, D. V. (2016). Identity and identity orientation in leadership development. *The Leadership Quarterly, 27*(2), 367–389.

Mitchell, J. P., Macrae, C. N., & Banaji, M. R. (2006). Dissociable medial prefrontal contributions to judgments of similar and dissimilar others. *Neuron, 50*(4), 655–663.

Reber, R., Schwarz, N., & Winkielman, P. (2004). Processing fluency and aesthetic pleasure. *Personality and Social Psychology Review, 8*(4), 364–382.

Shane, S., & Cable, D. (2002). Network ties, reputation, and the financing of new ventures. *Management Science, 48*(3), 364–381.

Singer, T., & Klimecki, O. M. (2014). Empathy and compassion. *Current Biology, 24*(18), R875–R878.

Spence, M. (1973). Job market signaling. *Quarterly Journal of Economics, 87*(3), 355–374.

Suchman, M. C. (1995). Managing legitimacy: Strategic and institutional approaches. *Academy of Management Review, 20*(3), 571–610.

Tversky, A., & Kahneman, D. (1974). Judgment under uncertainty: Heuristics and biases. *Science, 185*(4157), 1124–1131.

Zaki, J. & Ochsner, K. N. (2012). The neuroscience of empathy: progress, pitfalls and promise. Nature Neuroscience, 15(5), 675–680. https://doi.org/10.1038/nn.3085. Zugegriffen: 4. Dez. 2025.

8 Der Searcher als Unternehmer und Fondsmanager: Duale Rollenidentität und präventive Resilienzarchitektur im ETA-Kontext

Zusammenfassung

Searcher sind im ETA-/Search-Fund-Modell Akteure mit einer strukturell widersprüchlichen Doppelrolle: Sie sind Unternehmer in spe und zugleich Fondsmanager mit Investorenzwang. Diese duale Rollenidentität erzeugt dauerhafte Spannungen in Entscheidungslogik, Loyalität, emotionaler Regulation und Selbstführung. Unternehmerische Wertschöpfungs- und Verantwortungsperspektiven kollidieren systematisch mit kapitalmarktorientierter Kontroll-, Rendite- und Reportinglogik. Erfolg setzt daher keine klare Rollentrennung, sondern eine integrierte metareflexive Identität voraus, die situativ zwischen beiden Logiken wechseln kann, ohne inkonsistent zu wirken. Der Search-Fund-Prozess erzwingt eine nicht-lineare Lernkurve entlang drei Achsen: kognitiv, emotional und organisatorisch. Diese Lernfelder sind systemisch gekoppelt. Psychisch und gesundheitlich stellt ETA eine Risikokonstellation dar, in der Searcher Unsicherheit, Rollenüberlastung, emotionale Arbeit und soziale Isolation bündeln. Zentral ist daher eine präventive Resilienzarchitektur, die klare Governance, realistische Erwartungssynchronisation mit Investoren, soziale Sparringssysteme, physiologische Regenerationsroutinen und ein kohärentes persönliches Narrativ umfasst.

Die Rolle des Searchers im ETA- und Search-Fund-Modell ist durch eine eigentümliche, doppelte Identitätsstruktur geprägt, die sich fundamental von klassischen Gründern, Investoren oder Unternehmensnachfolgern unterscheidet. Während traditionelle Entrepreneurship-Modelle den Gründer primär als Initiator neuer Wertschöpfung und Innovator verstehen und während Investoren in erster Linie als Kapitalallokatoren mit

C. Schuchardt, *Entrepreneurship Through Acquisition und Search Funds im deutschsprachigen Mittelstand*, https://doi.org/10.1007/978-3-658-52650-4_8

delegierter Entscheidungsbefugnis auftreten, vereint der Searcher beide Rollen in einer Form, die sowohl psychologisch als auch institutionell komplex ist. Der Searcher agiert als zukünftiger Unternehmer, der die Verantwortung für ein bestehendes Unternehmen übernehmen wird, und zugleich als Manager eines Fonds, der die Erwartungen seiner Investoren erfüllen muss. Diese Dualität erzeugt Spannungen, Rollenkonflikte und spezifische Anforderungen an Persönlichkeit, Selbstführung, Entscheidungsfähigkeit und Loyalitätsarchitekturen, die in der bisherigen Forschung nur am Rande beleuchtet wurden, aber für das Verständnis des Search-Fund-Modells zentral sind.

In der psychologischen Forschung stellt die Identität kein statisches Konstrukt, sondern ein dynamisches Gefüge aus Rollen, Bedeutungen und Selbstzuschreibungen (Stryker & Burke, 2000). Im Fall des Searchers entstehen zwei Identitätskerne, die unterschiedliche Logiken in sich tragen und durch divergierende Erwartungen strukturiert werden. Die Identität des Unternehmers folgt einer Logik der Wertschöpfung, der kreativen Problemlösung, der Verantwortung gegenüber Mitarbeitern und der langfristigen strategischen Entwicklung eines Unternehmens. Sie ist normativ, relational und zukunftsorientiert. Die Identität des Fondsmanagers hingegen folgt einer kapitalmarktorientierten, performativen und kontrolllogischen Struktur, die durch Reportingpflichten, Investoreninteressen, Renditeerwartungen und die Notwendigkeit finanzieller Disziplin geprägt ist. In der Terminologie der Role-Identity-Theorie handelt es sich um zwei Rollen, die nicht vollständig komplementär sind, sondern unterschiedliche normative Systeme in sich tragen, die zu strukturellen Spannungen führen können (Thoits, 2013). Besonders sichtbar werden diese Spannungen im Umgang mit Unsicherheit. Der Unternehmeridentität liegt ein Zukunftsbild zugrunde, das von Gestaltung, Vision und strategischem Denken geprägt ist, während die Fondsmanageridentität stark auf Risikokontrolle, Erwartungsmanagement und finanzieller Disziplin beruht. Untersuchungen zur Ambiguitäts- und Unsicherheitsregulation zeigen, dass Individuen mit multiplen Rollen häufig versuchen, widersprüchliche Erwartungssysteme durch kognitive Partitionierung zu bewältigen, also durch die zeitweilige Fokussierung auf eine der Rollen und die temporäre Distanzierung von der anderen (Rothbard & Ramarajan, 2009). Für Searcher bedeutet dies, dass sie situativ zwischen Unternehmer- und Fondsmanagerlogik wechseln müssen, etwa wenn sie auf Eigentümer treffen, die eine werteorientierte, langfristige und kulturell eingebettete Nachfolge erwarten, während Investoren im Hintergrund Kennzahlen, Dealflow und Renditeprofile evaluieren. Die Fähigkeit, diese Identitäten flexibel zu modulieren, ist ein entscheidender Faktor für Erfolg oder Scheitern im Search-Fund-Modell. Die Dualität der Identität zeigt sich auch in der Entscheidungsarchitektur. Während klassische Gründer Entscheidungen autonom treffen, muss der Searcher Entscheidungen simultan entlang zweier Bezugspunkte legitimieren: gegenüber seinen Investoren und gegenüber dem späteren Zielunternehmen. Die Principal-Agent-Theorie beschreibt, dass Konflikte entstehen, wenn der Agent verschiedenen Auftraggebern verpflichtet ist, die unterschiedliche Interessen verfolgen (Jensen & Meckling, 1976). Genau dies ist in der Search-Fund-Struktur angelegt: Die Fondsmanageridentität verlangt Effizienz, Schnelligkeit und finanzielle Rationalität, während die Unternehmeridentität Empathie, Nachfolgepsychologie und kulturelle Passungsorientierung verlangt. Die Forschung zur Entscheidungsdynamik unter multiple-role-constraints zeigt, dass solche Doppelrollen zu erhöhtem kognitivem Druck, Selbstkomplexität und der Notwendigkeit emotionaler Selbstregulation führen (Hannah et al., 2011). Ein Searcher, der diese duale Identität nicht aktiv integriert, läuft Gefahr, in einen strukturellen Rollenkonflikt zu geraten, der sowohl Investor Relations als auch den späteren Nachfolgeprozess destabilisieren kann. Ein weiterer zentraler Aspekt betrifft die Frage der Loyalität. Die Fondsmanageridentität erfordert eine Loyalität gegenüber Investoren, die auf Rendite, Professionalität und Verlässlichkeit ausgerichtet ist. Die Unternehmeridentität hingegen erfordert Loyalität gegenüber Mitarbeitenden, Kunden, Lieferanten und der sozialen Struktur des späteren Unternehmens. Diese Loyalitäten sind nicht antagonistisch, aber sie folgen unterschiedlichen zeitlichen und normativen Logiken. Investoren agieren aus einer Portfolio-Perspektive, während Mitarbeiter und Eigentümer eines Targets in langfristigen, oftmals generationenübergreifenden Zeiträumen denken. Identitätsforschung zeigt, dass Personen mit multiplen sozialen Identitäten dazu neigen, Loyalitätskonflikte nicht durch Eliminierung, sondern durch Integration zu lösen, indem sie einen übergeordneten Identitätsrahmen konstruieren, der beide Rollen einschließt (Ashforth & Johnson, 2001). Für Searcher bedeutet dies, dass ihre zentrale Entwicklungsaufgabe darin besteht, eine metareflexive Identität zu bilden, die sowohl die Rolle des disziplinierten Kapitalmanagers als auch die des verantwortungsbewussten Unternehmers integriert. Auch die emotionale Dynamik der dualen Identität ist nicht zu unterschätzen. Die Forschung zur Emotional Labor Theory zeigt, dass das Balancieren divergierender Erwartungen emotional belastend sein kann, wenn Individuen Rollen spielen müssen, die teilweise widersprüchliche Affektanforderungen stellen (Grandey, 2000). Der Searcher muss in Gesprächen mit Investoren analytisch-kühl und eindrucksstark argumentieren, während er in Gesprächen mit Unternehmenseigentümern empathisch, respektvoll und persönlich wirken muss. Dieser Wechsel zwischen „kognitiver Dominanz" und „emotionaler Präsenz" erfordert erhebliche Selbstregulation. Neurowissenschaftliche Studien zeigen, dass solche transitions zwischen kognitiven und affektiven Netzwerken eine erhöhte Aktivität im dorsolateralen präfrontalen Cortex und im anterioren cingulären Cortex verursachen, die mit Konfliktmonitoring und Selbstkontrolle verbunden sind (Shenhav et al., 2012). Die Fähigkeit, diesen Wechsel mühelos und authentisch zu gestalten, ist ein entscheidender Erfolgsfaktor im Search-Fund-Prozess. Schließlich weist die duale Identität eine besondere Wirkung auf die Selbstdarstellung des Searchers auf. Die Identitätsforschung zeigt, dass erfolgreiche Führungskräfte häufig durch ein kohärentes „narratives Selbst" gekennzeichnet sind, das vergangene Erfahrungen, aktuelle Ziele und zukünftige Ambitionen zu einer glaubwürdigen Geschichte verknüpft (McAdams, 2013). Im Search-Fund-Modell muss dieses narrative Selbst jedoch zwei unterschiedliche Zielgruppen überzeugen. Zum einen die Investoren, die analytische Kohärenz und professionelle Disziplin erwarten, und zum anderen auch die Unternehmenseigentümer, die menschliche Reife, kulturelle Sensibilität und langfristige Verlässlichkeit suchen. Die Fähigkeit, diese beiden Narrative in einer kohärenten Identitätspräsentation zu integrieren, entscheidet maßgeblich über die Erfolgswahrscheinlichkeit eines Suchers. Sie bildet die Grundlage für Vertrauen in einem Umfeld, das durch Unsicherheit, Informationsasymmetrie und hohe emotionale Anforderungen geprägt ist.

8.1 Die Lernkurve des Searchers: Kognitive, emotionale und organisatorische Entwicklungsphasen

Der Search-Fund-Prozess zwingt den Searcher in eine Folge intensiver Lernzyklen, die sich in hoher Geschwindigkeit entfalten und für die es kaum institutionalisierte Vorbereitungsmuster gibt. Der Searcher agiert zugleich als Lernender, Entscheider und strukturierender Akteur, was eine außergewöhnliche Gleichzeitigkeit von Kompetenzaufbau, Reflexion und performativer Umsetzung erfordert. Diese Dynamik unterscheidet den Searcher grundlegend von klassischen Gründern oder Nachfolgern, da die Lernanforderungen nicht sequentiell, sondern simultan auftreten und sich im Verlauf des ETA-Prozesses gegenseitig verstärken. Die kognitiven Entwicklungsphasen sind zunächst durch eine rapide Erweiterung des domänenspezifischen Wissens gekennzeichnet. Die Search-Phase fungiert als intensiver Erfahrungsraum, in dem der Searcher die Fähigkeit ausbildet, unstrukturierte Informationen zu ordnen, mentale Modelle über Branchen, Geschäftsmodelle und Erfolgsfaktoren zu entwickeln und Hypothesen über Wertschöpfungsmechanismen zu prüfen. Die Forschung zur Expertiseentwicklung zeigt, dass solche Lernprozesse nicht nur auf der Akkumulation expliziten Wissens beruhen, sondern auf der Ausbildung tieferer Schemata und Mustererkennungen, die es ermöglichen, komplexe Situationen effizient zu interpretieren (Chi, 2006). Im Search-Fund-Kontext ist diese Musterbildung besonders relevant, da der Searcher Entscheidungen nicht auf Basis stabiler Daten trifft, sondern auf der Grundlage fragmentierter Informationen, die er in ein kohärentes Entscheidungsbild integrieren muss. Der kognitive Lernprozess vollzieht sich daher in Zyklen aus Hypothesenbildung, Realitätstestung, Feedback und Re-Interpretation, wie es die Erkenntnisse zum „deliberate practice" nahelegen (Ericsson, 2018). Die Qualität dieser Zyklen beeinflusst maßgeblich die Fähigkeit des Searchers, valide Selektionsentscheidungen zu treffen und opportunistische Fehleinschätzungen zu vermeiden. Parallel zu den kognitiven Lernprozessen entstehen emotionale Entwicklungsphasen, die für die langfristige Handlungsfähigkeit des Searchers entscheidend sind. Der Search-Fund-Prozess ist durch hohe emotionale Volatilität gekennzeichnet, da Rückschläge, Unsicherheiten, Eigentümerabsagen und frustrane Verhandlungsverläufe integraler Bestandteil der Sucherfahrung sind. Studien zur Emotionsregulation zeigen, dass Individuen in solchen Kontexten wirksame Mechanismen der Reappraisal-Strategie entwickeln müssen, um negative Emotionen in handlungsorientierte Interpretationen zu transformieren (Gross, 2015). Der Searcher durchläuft daher Lernschritte, die eng mit der Fähigkeit verbunden sind, Enttäuschungen zu steuern, Gelassenheit zu entwickeln und die eigene Selbstwirksamkeit trotz äußerer Ungewissheit aufrechtzuerhalten. Neurowissenschaftliche Forschung legt nahe, dass diese emotionalen Lernprozesse mit der Stärkung präfrontaler Kontrollnetzwerke verbunden sind, die langfristig adaptives Entscheidungsverhalten und

Resilienz fördern (Ochsner & Gross, 2008). Die emotionale Lernkurve ist daher kein beiläufiger Aspekt, sondern tief mit der Kompetenz des Searchers verknüpft, unter Druck stabil und reflektiert agieren zu können, insbesondere in Situationen hoher sozialer Komplexität.

Die organisatorische Lernkurve manifestiert sich schließlich in der Fähigkeit, den eigenen Arbeitsprozess zu strukturieren, Prioritäten zu setzen und eine belastbare Systematik im Umgang mit Dealflow, Investorenkommunikation und Eigentümerkontakten aufzubauen. In der Frühphase dominiert häufig ein exploratives Arbeitsmuster, das durch hohe Energie, breite Recherche und flexible Anpassung gekennzeichnet ist. Mit zunehmender Erfahrung entwickelt der Searcher jedoch stabilere Routinen, die besonders in der Organisationspsychologie als Ausdruck eines Übergangs von „novice performance" zu „adaptive expertise" beschrieben werden (Hatano & Inagaki, 1986). Die Fähigkeit, flexible Suchstrategien zu etablieren, bestehende Prozesse zu verbessern und gleichzeitig skalierbare Strukturen aufzubauen, bildet den organisationalen Kern der Lernkurve. Dieser Lernprozess umfasst nicht nur operative Fähigkeiten, sondern auch metakognitive Kompetenzen wie Selbstreflexion, Priorisierung und Entscheidungsökonomie. Untersuchungen zur Selbstregulation im unternehmerischen Kontext belegen, dass diese Fähigkeiten starke Prädiktoren langfristiger Erfolgswahrscheinlichkeit sind (Baumeister & Vohs, 2007). Diese drei Lernfelder des kognitiven, des emotionalen und des organisatorischen Lernens bilden ein interdependentes System. In diesem beeinflussen kognitive Lernprozesse die emotionale Stabilität, emotionale Selbstregulation verstärkt die Fähigkeit zu klaren Entscheidungen, und organisatorische Routinen schaffen die Grundlage für fokussiertes, reflektiertes Denken. Die Entwicklungsdynamik des Searchers ist daher nicht sequenziell, sondern systemisch. Die Qualität dieses Zusammenspiels entscheidet darüber, ob ein Searcher in der Lage ist, komplexe Eigentümerinteraktionen zu meistern, valide Entscheidungen unter Unsicherheit zu treffen und später als Unternehmer eine Organisation zu führen, die kulturelle, finanzielle und operative Herausforderungen vereint.

8.2 Persönliche Risiken, Gesundheit und Burnout-Risiko des Searchers und ETA-CEOs

Der duale Berufspfad des Searchers und späteren ETA-CEOs gilt in der öffentlichen Wahrnehmung als attraktiver alternativer Weg ins Unternehmertum, der Autonomie, persönliches Wachstum und potenzielle finanzielle Upside miteinander verbindet. Hinter dieser Erzählung verbirgt sich jedoch eine strukturell überdurchschnittlich hohe psychische und physische Belastung, die sich aus der besonderen Rollenarchitektur, der Unsicherheit der Suchphase, der asymmetrischen Verantwortungsverteilung gegenüber Investoren sowie der emotional anspruchsvollen Übernahme eigentümergeführter Unternehmen ergibt. Während die Entrepreneurship-Forschung wiederholt auf die erhöhten Stress- und Burnout-Raten unter Unternehmerinnen und Unternehmern hingewiesen hat (Stephan, 2018), zeigt sich im ETA-Kontext eine zusätzliche Verdichtung dieser Risikofaktoren, da

Searcher und ETA-CEOs gleichzeitig die emotionalen Zumutungen von Gründung, Akquisition, Integration und Führung durchlaufen. Der Prozess erzeugt damit eine seltene Kombination aus finanzieller Unsicherheit, identitärer Transformation, permanenter Leistungsüberwachung und exponierter sozialer Rolle.

Bereits die Suchphase stellt psychologisch eine chronische Stressarena dar. Sie ist durch permanente Unsicherheit, hohe Erfolgsabhängigkeit und ein asymmetrisches Machtverhältnis gegenüber Kapitalgebern geprägt. Studien aus der Stressforschung zeigen, dass Unsicherheit, fehlende Vorhersagbarkeit und Kontrollverlust zentrale Treiber von Stressreaktionen sind, die langfristig das Risiko für Erschöpfung, depressive Episoden und Burnout erhöhen (McEwen, 2008). Für Searcher verschärft sich dieses Risiko durch die emotionale Logik der „narrativen Identitätsbindung“, da die Suchphase nicht nur als beruflicher, sondern als existenzieller Selbsterweis wahrgenommen wird. Der Searcher steht unter dem impliziten Druck, seine Eignung gegenüber Investoren, Eigentümern und sich selbst fortlaufend zu legitimieren. Diese Dynamik macht die Suchphase zu einem emotional hochvolatilen Abschnitt, der häufig von Selbstzweifeln, Verlustangst, Überidentifikation und sozialer Isolation begleitet wird. Mit dem Rollenwechsel zum CEO transformiert sich der Belastungscharakter, verschwindet jedoch nicht. Vielmehr entsteht ein qualitativ neuer Belastungstypus, der aus der simultanen Verantwortung für Organisation, Menschen, Investoren und die eigene Karriere besteht. Die Rolle des ETA-CEOs ist strukturell durch „Rollenüberlastung“ *(role overload)* und „Rollenkonflikte“ *(role conflict)* geprägt, zwei zentrale Risikofaktoren organisationalen Stresses (Kahn et al., 1964). Der CEO übernimmt die operative Führung eines fremden, häufig historisch gewachsenen Systems, während er gleichzeitig eine professionelle Beziehung zu Investoren pflegen und deren Renditeerwartungen erfüllen muss. Diese doppelte Rollenlogik erfordert eine permanente emotionale Selbstregulation, die aus der psychologischen Forschung als besonders energieintensiv und burnoutfördernd bekannt ist (Gross, 2015). Hinzu kommt, dass der CEO in mittelständischen Unternehmen der DACH-Region zusätzlich in die sozialen Erwartungen der Belegschaft hineinwächst, die traditionell ein hohes Maß an persönlicher Authentizität, Präsenz und Fürsorge einfordern.

Ein weiterer Belastungsfaktor ergibt sich aus dem Modellcharakter eigentümergeführter Strukturen, in denen häufig ein hohes implizites Beziehungserbe existiert. Der neue CEO bewegt sich in einer Umgebung, deren informelle Ordnung, implizite Normen und soziale Machtzentren evolutionär gewachsen und emotional stark aufgeladen sind. Die Integration in solche Systeme bedarf häufig ein hohes Maß an emotionaler Arbeit, insbesondere wenn der neue CEO-Erwartungen erfüllen muss, die jenen eines klassischen Eigentümers ähneln, während seine tatsächliche Rolle strukturell von Investoren abhängig bleibt. Forschungsergebnisse zeigen, dass hohe Anforderungen emotionaler Arbeit direkt mit Burnout-Symptomen korrelieren, insbesondere in Kontexten, in denen Wertschätzung und Rollenklarheit fehlen (Hülsheger & Schewe, 2011). Ein systematisch unterschätzter Aspekt ist der *work–family conflict,* der im ETA-Kontext überdurchschnittlich ausgeprägt ist. Während die Entrepreneurship-Literatur seit Jahren belegt, dass Gründerinnen und Gründer deutlich häufiger Konflikte zwischen beruflichen und privaten Verpflichtungen erleben (Jennings & McDougald, 2007), führt die zeitliche und emotionale Intensität der ETA-Rolle zu einer weiteren Verstärkung dieses Musters. Die Such- und Integrationsphase verlangen eine hohe zeitliche Präsenz, ständige Erreichbarkeit und eine emotionale Verfügbarkeit für multiple Stakeholder. Dies führt typischerweise zu einer Reduktion regenerativer Zeitfenster, sozialer Isolation und einer schleichenden Verschiebung der persönlichen Prioritäten, die langfristig zu gesundheitlichen Risiken, familiären Belastungen und einem Verlust biografischer Balance führen kann. Aus neurowissenschaftlicher Perspektive sind viele dieser Belastungen durch die Logik chronischer Stressreaktionen erklärbar. Dauerhafte Unsicherheit, hohe Verantwortungsasymmetrien und ein ständiges Erwartungsmonitoring aktivieren den Hypothalamus-Hypophysen-Nebennieren-Achsen-Komplex, was zu erhöhten Cortisolspiegeln, eingeschränkter exekutiver Funktion und reduzierter kognitiver Flexibilität führt (Arnsten, 2009). Gerade im ETA-Kontext, der hohe analytische, strategische und soziale Kompetenzen verlangt, kann dieser neurobiologische Mechanismus das Risiko für Fehlentscheidungen, Erschöpfung und langfristige Gesundheitsfolgen verschärfen.

Die Summe dieser Belastungsfaktoren macht deutlich, dass die Rolle des Searchers und ETA-CEOs weit mehr ist als eine ökonomische oder strategische Position. Sie ist eine psychologische Extremsituation, die ein hohes Maß an Resilienz, Selbstregulation und sozialer Unterstützung erfordert. Resilienz versteht sich dabei nicht als individuelle Robustheit, sondern als dynamisches Zusammenspiel aus personalen, sozialen und organisationalen Ressourcen (Luthans et al., 2007). Im ETA-Kontext umfasst dies insbesondere klare Rollenarchitekturen, professionell gestaltete Governance-Strukturen, realistische Erwartungsrahmen seitens der Investoren, den Zugang zu Mentoren und Sparringspartnern sowie institutionalisierte Räume für Reflexion und Regeneration. Die kritische Betrachtung legt nahe, dass Gesundheit und psychische Belastbarkeit im ETA-Kontext nicht als private Angelegenheit des Searchers verstanden werden dürfen. Sie sind vielmehr systemische Faktoren, die direkten Einfluss auf Wertschöpfung, Führungsqualität, Stakeholdervertrauen und Nachhaltigkeit der gesamten ETA-Transaktion haben. Ein CEO, der unter chronischem Stress, Rollenkonflikten oder emotionaler Überlastung leidet, trifft schlechtere Entscheidungen, kommuniziert weniger wirksam, verliert an Integrationsfähigkeit und gefährdet damit den Erfolg des gesamten Modells. Die Integration von Resilienzarchitekturen, individuellen Entwicklungsprozessen und organisationalen Schutzmechanismen ist daher auch eine zentrale betriebswirtschaftliche Erfolgsvoraussetzung.

8.3 Mentale Gesundheit und präventive Resilienzarchitektur im ETA-Kontext

Eine präventive Resilienzarchitektur setzt nicht erst im Moment der Überlastung an, sondern als integraler Bestandteil der professionellen Identitätsbildung des Searchers. Resilienz wird dabei nicht als stabile Eigenschaft verstanden, sondern als dynamisches Zusammenspiel aus psychologischen Fähigkeiten, sozialen Ressourcen und organisationalen Schutzmechanismen, die gemeinsam die Vulnerabilität gegenüber Stress reduzieren und die Wiederherstellungsfähigkeit erhöhen (Luthans et al., 2007). Im ETA-Kontext bedeutet dies, dass Resilienz sowohl individuell als auch strukturell durch professionelle Selbstführung, institutionelle Regenerationsräume, sozial-vertrauensbasierte Netzwerke und klare Rollenarchitekturen geschaffen werden muss.

Auf individueller Ebene ist die Fähigkeit zur emotionalen Selbstregulation zentral. Die Forschung zeigt, dass adaptive Formen der Emotion Regulation, wie kognitive Neubewertung oder achtsamkeitsbasierte Metakognition, Stressbelastungen signifikant reduzieren und langfristig die psychische Gesundheit schützen (Gross, 2015). Für Searcher, die über Monate oder Jahre mit Unsicherheit, Zurückweisungen, Ambiguitäten und hohem Erwartungsdruck konfrontiert sind, stellt diese Fähigkeit ein entscheidendes Schutzsystem dar. Eine reflektierte Selbstwahrnehmung, die zwischen realistischen und dysfunktionalen Leistungs- und Identitätsansprüchen differenziert, wirkt als Puffer gegen Überidentifikation und Perfektionismus, beides Faktoren, die in Hochleistungsrollen eng mit Burnout korrelieren (Hill & Curran, 2016). Zugleich besitzt die Stärkung physiologischer Resilienz eine wesentliche Bedeutung. Neurowissenschaftliche Befunde zeigen, dass chronischer beruflicher Stress die Funktionsfähigkeit präfrontaler Netzwerke beeinträchtigt, die für exekutive Kontrolle, Problemlösung und Impulshemmung entscheidend sind (Arnsten, 2009). Sucher und CEOs sind jedoch genau auf diese Fähigkeiten angewiesen. Regenerationsschleifen, Schlafqualität, körperliche Aktivität und Ernährung sind daher keine Wellness-Aspekte, sondern neurobiologische Voraussetzungen für entscheidungs- und führungsbezogene Leistungsfähigkeit. Präventive Resilienzarchitektur umfasst damit die bewusste Gestaltung biophysiologischer Routinen, die die Belastbarkeit des prefrontalen Systems stabilisieren.

Von zentraler Bedeutung ist auch das soziale Umfeld des Searchers. Die Forschung zu sozialen Unterstützungsmechanismen *(social support)* zeigt, dass soziale Ressourcen nicht nur psychische Belastbarkeit erhöhen, sondern auch als moderierende Variablen zwischen Stress und Burnout wirken (Cohen & Wills, 1985). Dies stellt jedoch Searcher vor ein systemisches Problem, denn die Suchphase ist strukturell stark von Isolation geprägt. Investoren erwarten Professionalität und Effizienz, Eigentümer begegnen dem Searcher mit Skepsis, und es existiert kein bestehendes internes Team. Eine präventive Resilienzarchitektur muss daher bewusst externe soziale Gegenpole erzeugen, etwa durch Peer-Gruppen, Mentoren, Coaches oder professionelle Sparringspartner, die emotionale Entlastung, kognitive Reframing-Impulse und praktische Hilfestellungen bieten. Für ETA-CEOs gilt dies in der postakquisitorischen Phase ebenso, da sie häufig die soziale Vertrautheit verlieren, die bisherigen Eigentümern über Jahre oder Jahrzehnte zuteilwurde. Darüber hinaus sind klare Rollen- und Erwartungsarchitekturen ein zentraler Schutzmechanismus. Untersuchungen zu Rollenkonflikten und -überforderungen zeigen, dass Unklarheit und Überdehnung der Verantwortlichkeiten starke Prädiktoren für Burnout und gesundheitliche Beeinträchtigungen sind (Kahn et al., 1964). Im ETA-Modell, in dem der CEO gleichzeitig Integrator, Innovator, Eigentümervertreter und Kulturübersetzer ist, entsteht ein besonders hohes Risiko. Präventive Resilienz bedeutet hier, durch klare Governance-

Mechanismen, professionell aufgesetzte Reporting-Pfade, definierte Eskalationslogiken und realistische Zeitpläne strukturellen Schutz zu schaffen. Eine präzise Erwartungssynchronisation zwischen CEO und Investoren wirkt dabei entlastend, weil sie Unsicherheit reduziert und dysfunktionale Kontrollmechanismen vermeidet, die ihrerseits Stress erzeugen und die Selbstwirksamkeit untergraben.

Ein weiterer zentraler Bestandteil präventiver Resilienzarchitektur liegt in der bewussten Gestaltung persönlicher Narrative. Die narrative Identitätsforschung zeigt, dass Menschen Belastungen besser verarbeiten, wenn sie diese in ein kohärentes und sinnstiftendes Selbstbild integrieren können (McAdams, 2013). Für ETA-CEOs bedeutet dies, den eigenen Weg nicht als sequenzielles Abarbeiten von Herausforderungen, sondern als intentionalen Entwicklungsprozess zu interpretieren. Eine solche „neu definierte Identität" *(reframed Identity)* reduziert die empfundenen Kontrollverluste und stärkt das Gefühl von Selbstwirksamkeit, das als protektiver Faktor zentral ist (Bandura, 1997). Schließlich sind auch organisationsseitige Schutzmechanismen notwendig, die Burnout präventiv verhindern und nicht erst adressieren, wenn er sichtbar wird. Dazu gehören Delegationsstrukturen, die Überkontrolle vermeiden, verlässliche Sparringsschleifen zwischen CEO und unabhängigen Advisors, regelmäßige Reflexionsräume, familienintegrierte Zeitarchitekturen sowie belastungsrealistische Jahresrhythmen, die Integrations-, Entwicklungs- und Wachstumsphasen voneinander trennen. Im Mittelstand sind solche Strukturen traditionell wenig ausgeprägt, da die vorangegangenen Eigentümer häufig über informelle, historisch gewachsene Selbstregulationsmechanismen verfügten. Daher müssen diese Mechanismen für ETA-CEOs erst geschaffen werden.

8.4 Das Verhandlungsparadox im Search-Fund-Prozess

Verhandlungen im Search-Fund-Kontext weisen eine besondere Struktur auf, die sich weder mit klassischen M&A-Rahmenwerken noch mit etablierten Modellen verhandlungstheoretischer Rationalität vollständig erfassen lässt. Sie sind geprägt von einem paradoxen Spannungsverhältnis zwischen ökonomischer Logik, persönlicher Identität, institutioneller Einbettung und asymmetrischen Motivlagen. Dieses Spannungsverhältnis, das sich als Verhandlungsparadox des Search-Fund-Modells beschreiben lässt, entsteht aus der besonderen Rollenarchitektur des Searchers, aus der psychologischen Lage mittelständischer Eigentümer im DACH-Raum und aus der institutionellen Logik eines Finanzierungsmodells, das langfristige menschliche Bindungen und kurzfristige finanzielle Effizienzanforderungen zugleich erfüllen muss. Das Paradox beginnt mit der asymmetrischen Dringlichkeit der Parteien. Searcher befinden sich in einem strukturellen Zeitdruck, der aus der begrenzten Laufzeit ihres Suchfonds, dem Erwartungsrahmen ihrer Investoren und der Tatsache resultiert, dass ihr persönlicher Karriereweg eng mit dem Gelingen einer einzigen Transaktion verknüpft ist. Eigentümer mittelständischer Unternehmen hingegen agieren häufig in einem Zeitraum, der durch Jahrzehnte an Unternehmenshistorie, emotionalen Bindungen und familiären Verpflichtungen geprägt ist. Dieses zeitliche Ungleichgewicht erzeugt einen fundamentalen asynchronen Erwartungshorizont. Die Verhandlungsforschung zeigt, dass ungleich verteilte Zeitpräferenzen die Art und Weise beeinflussen, wie Angebote bewertet, Risiken eingeschätzt und Kompromisse eingegangen werden (Pruitt & Rubin, 1986). Im Search-Fund-Modell führt diese Diskrepanz dazu, dass Rationalität und Emotionalität in paradoxer Weise miteinander verschränkt werden: Während der Searcher rational kalkulieren muss, erlebt der Eigentümer die Verhandlung nicht selten als zutiefst persönliche Lebensentscheidung.

Das Paradox verstärkt sich durch die kulturelle und institutionelle Struktur des deutschsprachigen Mittelstands. Anders als in stärker marktbasierten M&A-Systemen wird die Übergabe eines Unternehmens im DACH-Raum häufig nicht als primär finanzieller Akt verstanden, sondern als Fortführung einer biografischen, familiären und sozialen Verantwortung (Witt, 2008). Eigentümer suchen daher nicht den „besten Preis", sondern den „richtigen Nachfolger". Dies verschiebt die Verhandlung von einem ökonomischen Austausch zu einem relationalen Aushandlungsprozess, in dem Vertrauen, Wertekompatibilität und Persönlichkeit zentrale Rollen spielen. Der Searcher muss daher zwei Logiken gleichzeitig bedienen: die finanzielle Rationalität seiner Investoren und die emotionale, kontingenzsensitive Logik der Eigentümer. Diese Doppeladressierung erzeugt eine paradoxe Struktur, in der der Searcher als Vertreter einer Renditelogik auftreten muss, während er zugleich glaubhaft eine langfristige unternehmerische Identität verkörpert.

Neurowissenschaftliche Forschung zu Verhandlungen zeigt, dass Menschen in Situationen hoher Emotionalität und Unsicherheit verstärkt limbische Netzwerke aktivieren, die auf den Schutz persönlicher Ressourcen ausgerichtet sind (Sanfey, 2003). Eigentümer, die über den Verkauf eines Lebenswerks verhandeln, erleben die Situation daher häufig als Bedrohung ihrer Identität und Kontrolle. Der Searcher hingegen aktiviert eher präfrontale Netzwerke, die auf analytische Bewertung, Zukunftsprognose und kognitive Kontrolle gerichtet sind. Diese unterschiedlichen neuropsychologischen Modi führen zu einer paradoxen asymmetrischen Wahrnehmung der gleichen Situation: Ein Angebot, das der Searcher als fair und strategisch sinnvoll empfindet, kann vom Eigentümer als Eingriff in seine biografische Selbstbestimmung erlebt werden. Dadurch entstehen Missverständnisse, die nicht ökonomischer, sondern psychologischer Natur sind. Ein weiteres Element des Verhandlungsparadoxons betrifft die institutionelle Bewertung von Wert und Risiko. Während Search-Fund-Investoren eine Portfolioperspektive einnehmen, betrachten Eigentümer ihr Unternehmen als singuläres, emotional aufgeladenes Objekt. Die Prospect Theory zeigt, dass Individuen Verluste stärker gewichten als Gewinne (Tversky & Kahneman, 1974). Für Eigentümer bedeutet dies, dass Preisabschläge, Earn-Out-Strukturen oder risikoadjustierte Bewertungsmodelle nicht als rationale Marktmechanismen erlebt werden, sondern als persönliche Kränkung oder Bedrohung. Für den Searcher entsteht daraus das Dilemma, dass er einerseits die Bewertungsdisziplin seiner Investoren wahren muss, andererseits aber die Verlustaversion des Eigentümers moderieren muss, ohne die Vertrauensbeziehung zu gefährden. Die Interaktion zwischen kognitiver und emotionaler Risikobewertung bildet damit einen Kern des Paradoxons. Hinzu kommt, dass der Searcher in der Verhandlung eine Identität verkörpert, die gleichzeitig weich und hart sein muss.

Eigentümer erwarten Empathie, Respekt und kulturelles Verständnis, während Investoren klare Strukturen, rationale Verhandlungsführung und Disziplin verlangen. Die Identitätsforschung zeigt, dass solche multiplen Rollen kognitive Dissonanz erzeugen können, wenn sie nicht in ein kohärentes Selbstkonzept integriert werden (Burke & Stets, 2009). In Verhandlungen äußert sich dies in ambivalenten Kommunikationsmustern, etwa wenn Searcher einerseits verbindliche Nähe signalisieren, andererseits aber klar ökonomische Grenzen ziehen müssen. Dieses Spannungsverhältnis kann, wenn es nicht reflektiert wird, zu Inkonsistenzen führen, die sowohl Eigentümervertrauen als auch Investorenglaubwürdigkeit untergraben. Zentral für das Verhandlungsparadox ist auch der Umstand, dass die Search-Fund-Struktur eine ungewöhnliche Form von Machtbalance erzeugt. Formal besitzt der Eigentümer die stärkere Machtposition, da er das Unternehmen kontrolliert und das Tempo diktiert. Informell jedoch verfügt der Searcher über strukturelle Macht, da er Zugang zu Kapital, Transaktionswissen und Alternativen besitzt. Machtforschung zeigt, dass solche paradoxen Machtkonstellationen zu ambivalenten Entscheidungsprozessen führen, die sich nicht rein strategisch erklären lassen (Magee & Galinsky, 2008). Eigentümer erleben den Searcher oft gleichzeitig als Bittsteller und als Bedrohung, während der Searcher sich gleichzeitig abhängig und steuernd erlebt. Diese Ambivalenz erzeugt ein einzigartiges psychologisches Verhandlungsfeld, das weder mit klassischen Käufer–Verkäufer-Logiken noch mit traditionellen Nachfolgemodellen vergleichbar ist.

Das Verhandlungsparadox im Search-Fund-Modell lässt sich daher als strukturelle, psychologische und institutionelle Konstellation beschreiben, in der wirtschaftliche Rationalität, persönliche Identität, kulturelle Logik und zeitliche Asymmetrie miteinander kollidieren. Erfolgreiche Searcher erkennen, dass Verhandlungen nicht durch Argumente, Zahlen oder Mechanismen gewonnen werden, sondern durch das Verständnis dieser paradoxen Struktur. Sie begreifen, dass jede rationale Verhandlungsposition eine emotionale Gegenposition erzeugt, dass Vertrauen zugleich Voraussetzung und Ergebnis ist und dass die Auflösung des Paradoxons nicht in der Maximierung eines einzelnen Zieles liegt, sondern in der Integration der divergierenden Logiken in einen gemeinsamen Entscheidungsraum. Das Verhandlungsparadox ist damit kein Fehler des Modells, sondern sein konstitutives Element: Es macht deutlich, dass ETA nicht primär ein Transaktionsmodell ist, sondern ein multidimensionales, relationales, psychologisches und kulturell eingebettetes System unternehmerischer Übergänge.

Literatur

Arnsten, A. F. T. (2009). Stress signalling pathways that impair prefrontal cortex structure and function. *Nature Reviews Neuroscience, 10*(6), 410–422.

Ashforth, B. E., & Johnson, S. A. (2001). Which hat to wear? The relative salience of multiple identities in organizational contexts. In M. A. Hogg & D. J. Terry (Hrsg.), *Social identity processes in organizational contexts* (S. 31–48). Psychology Press.

Bandura, A. (1997). *Self-efficacy: The exercise of control.* Freeman.

Baumeister, R. F., & Vohs, K. D. (2007). Self-regulation, ego depletion, and motivation. *Social and Personality Psychology Compass, 1*(1), 115–128.
Burke, P. J., & Stets, J. E. (2009). *Identity theory*. Oxford University Press.
Chi, M. T. H. (2006). Two approaches to the study of experts' characteristics. In K. Ericsson et al. (Hrsg.), *The Cambridge handbook of expertise and expert performance* (S. 21–30). Cambridge University Press.
Cohen, S., & Wills, T. A. (1985). Stress, social support, and the buffering hypothesis. *Psychological Bulletin, 98*(2), 310–357.
Ericsson, K. A. (2018). Superior performance: Structure and acquisition of expert performance. *Current Directions in Psychological Science, 27*(5), 346–352.
Grandey, A. A. (2000). Emotion regulation in the workplace: A new way to conceptualize emotional labor. *Journal of Occupational Health Psychology, 5*(1), 95–110.
Gross, J. J. (2015). Emotion regulation: Current status and future prospects. *Psychological Inquiry, 26*(1), 1–26.
Hannah, S. T., Balthazard, P., Waldman, D. A., Jennings, P. L., & Thatcher, R. W. (2011). The psychological and neurological bases of leader self-complexity and self-concept clarity. *Leadership Quarterly, 22*(2), 233–247.
Hatano, G., & Inagaki, K. (1986). Two courses of expertise. In H. Stevenson, H. Azuma, & K. Hakuta (Hrsg.), *Child development and education in Japan* (S. 262–272). Freeman.
Hill, A. P., & Curran, T. (2016). Multidimensional perfectionism and burnout. *Personality and Social Psychology Review, 20*(3), 269–288.
Hülsheger, U. R., & Schewe, A. F. (2011). On the costs and benefits of emotional labour. *Journal of Applied Psychology, 96*(2), 351–362.
Jennings, J. E., & McDougald, M. S. (2007). Work–family interface experiences and coping strategies: Implications for entrepreneurship research. *Academy of Management Review, 32*(3), 747–760.
Jensen, M. C., & Meckling, W. H. (1976). Theory of the firm: Managerial behavior, agency costs and ownership structure. *Journal of Financial Economics, 3*(4), 305–360.
Kahn, R. L., Wolfe, D. M., Quinn, R. P., Snoek, J. D., & Rosenthal, R. A. (1964). *Organizational Stress: Studies in Role Conflict and Ambiguity*. Wiley.
Luthans, F., Vogelgesang, G. R., & Lester, P. B. (2007). Developing the psychological capital of resiliency. *Human Resource Development Review, 6*(1), 25–44.
Magee, J. C., & Galinsky, A. D. (2008). Social hierarchy: The self-reinforcing nature of power and status. *Academy of Management Annals, 2*(1), 351–398.
McAdams, D. P. (2013). The psychological self as storyteller. In J. A. Valsiner (Hrsg.), *Oxford handbook of culture and psychology* (S. 150–170). Oxford University Press.
McEwen, B. S. (2008). Central effects of stress hormones in health and disease: Understanding the protective and damaging effects of stress and stress mediators. *European Journal of Pharmacology, 583*(2–3), 174–185.
Ochsner, K. N., & Gross, J. J. (2008). Cognitive control of emotion. *Trends in Cognitive Sciences, 12*(5), 242–249.
Pruitt, D. G., & Rubin, J. Z. (1986). *Social conflict: Escalation, stalemate, and settlement.* McGraw-Hill.
Rothbard, N. P., & Ramarajan, L. (2009). *Checking your identities at the door? Positive relationships between Nonwork and Work Identities*. Psychology Press.
Sanfey, A. G. (2003). The neural basis of economic decision-making in the ultimatum game. *Science, 300*(5626), 1755–1758.

Shenhav, A., Barrett, L. F. & Bar, M. (2012). Affective value and associative processing share a cortical substrate. Cognitive Affective & Behavioral Neuroscience, 13(1), 46–59. https://doi.org/10.3758/s13415-012-0128-4. Zugegriffen: 4. Dez. 2025.

Stephan, U. (2018). Entrepreneurs' mental health and well-being: A review and research agenda. *Academy of Management Perspectives, 32*(3), 290–322.

Stryker, S., & Burke, P. J. (2000). The past, present, and future of an identity theory. *Social Psychology Quarterly, 63*(4), 284–297.

Thoits, P. A. (2013). Self, identity, stress, and mental health. In C. S. Aneshensel et al. (Hrsg.), *Handbook of the sociology of mental health* (S. 357–377). Springer.

Tversky, A., & Kahneman, D. (1974). Judgment under uncertainty: Heuristics and biases. *Science, 185*(4157), 1124–1131.

Witt, P. (2008). Strategies for family business succession: Experiences from Europe. *International Journal of Entrepreneurship and Small Business, 6*(3), 299–314.

9 Adaptionserfordernisse des US-Search-Funds-Modells für die DACH-Region

Zusammenfassung

Das US-amerikanische Search-Funds-Modell ist nicht ohne tiefgreifende Anpassungen auf die DACH-Region übertragbar. Zwar schafft der hohe Nachfolgedruck im Mittelstand einen strukturellen Bedarf für ETA-Lösungen, doch unterscheiden sich die institutionellen, kulturellen und finanziellen Rahmenbedingungen fundamental. Während das US-Modell in einem liberalen Marktkapitalismus mit standardisierten Vertragswerken, hoher Markttransparenz, risikofreudigen Investoren und starker Shareholder-Orientierung eingebettet ist, ist die DACH-Region durch koordinierten Marktkapitalismus, bankbasierte Finanzierung, langfristige Eigentümerlogiken, Stakeholder-Governance und ausgeprägte Risikoaversion geprägt. Diese Unterschiede betreffen nicht nur Finanzierung und Recht, sondern auch Nachfolgeverständnis, Entscheidungsprozesse und Verhandlungskulturen. Unternehmensübergaben werden im DACH-Raum primär als relationale, biografische und kulturelle Prozesse verstanden, nicht als reine Transaktionen. Entsprechend müssen Search Funds hier stärker vertrauensbasiert, langfristig orientiert und kulturell sensibel ausgestaltet werden. In Europa haben sich vielfältige Modellvarianten herausgebildet, die auf fragmentierte Investorenlandschaften, geringere Frühphasen-Risikobereitschaft und höhere Governance-Anforderungen reagieren. Erfolgreiche Adaption bedarf einer institutionellen, evidenzbasierten Übersetzung mit relationaler Ausrichtung auf die Nachfolgepsychologie des Mittelstands in der DACH-Region.

C. Schuchardt, *Entrepreneurship Through Acquisition und Search Funds im deutschsprachigen Mittelstand*, https://doi.org/10.1007/978-3-658-52650-4_9

Ursprünglich an Institutionen wie der Stanford Graduate School of Business und der Harvard Business School entwickelt, diente das Search-Funds-Modell seit den 1980er-Jahren einer wachsenden Zahl ambitionierter Entrepreneure als Weg zur Unternehmensführung (Maas et al., 2022). Doch obwohl das Modell in den USA vergleichsweise gut funktioniert, ist eine direkte Übertragung auf die deutschsprachige Region weder trivial noch ohne Anpassung möglich. Mehrere Entwicklungen im DACH-Mittelstand machen die Adaption dieses Modells nicht nur sinnvoll, sondern nahezu erforderlich. Zunächst befindet sich der deutschsprachige Mittelstand gegenwärtig in einer Phase historisch hoher Nachfolgedrucke. Viele eigentümergeführte Unternehmen stehen vor der Übergabe, finden jedoch keine familieninterne Lösung oder strategischen Käufer. Diese strukturelle Lücke schafft einen praktischen Ausgangspunkt für alternative Nachfolgeformen, einschließlich des Search-Fund-Ansatzes. Zweitens zeigen Studien, dass herkömmliche Gründungsaktivitäten im Mittelstand vermehrt begrenzt sind durch Fachkräftemangel, Digitalisierungslücken und Markteintrittsbarrieren. Ein bestehendes Unternehmen mit bewährtem Geschäftsmodell zu übernehmen, kann daher eine rationale Option sein (Audretsch & Lehmann, 2016). Drittens existieren in der internationalen Literatur Hinweise darauf, dass sich das Search-Fund-Modell zunehmend auch außerhalb der USA etabliert, jedoch dort auf institutionelle, rechtliche und kulturelle Hürden trifft (Yale School of Management, 2023).

Während die ökonomische Logik des Modells durch den Zugang für unternehmerisch ambitionierte Personen zu bestehenden Unternehmen, Potenzial für operative Wertsteigerung, Möglichkeit von Investorenbeteiligung grundsätzlich attraktiv ist, zeigt die Erfahrung in Europa, dass zahlreiche Adaptionserfordernisse bestehen. Im „A Reference Guide on European Search Funds“ der Yale School of Management wird explizit ausgeführt, dass der europäische Kontext durch weniger standardisierte Termsheets, geringere Zahl erfahrener Rechts- und Finanzberater im Segment und eine kürzere Markt-Evolutionsdauer gekennzeichnet ist als der US-Markt. (Yale School of Management, 2023). Diese Befunde unterstreichen, dass die Übertragung nicht lediglich eine Kopie des US-Modells ist, sondern eine institutionelle Umsetzung, die Anpassung erfordert. Die Perspektive der institutionellen Ökonomie verdeutlicht den Anpassungsbedarf. Ein Vorgehensmodell ist dann erfolgreich übertragbar, wenn es funktionale Äquivalente in der Zielregion findet und symbolisch akzeptiert wird (Tolbert & Zucker, 1983). Im Fall von Search Funds heißt dies, dass die Strukturen, Erwartungshaltungen, Finanzierungsmuster und Governance-Mechanismen des US-Modells in der DACH-Region neu interpretiert und angepasst werden müssen. Beispielsweise sind in den USA Renditeorientierung, rechtlich standardisierte Beteiligungsverträge und ein hoher Grad an Markttransparenz normative Referenzpunkte des Modells. In den meisten Teilen der DACH-Region dagegen prägen bankbasierte Finanzierungslogiken, langfristige Eigentümerbindungen, Informationsasymmetrien im Mittelstand und eine stärkere normative Einbettung von Nachfolgelösungen das Umfeld. Diese Differenz verlangt eine bewusste Adaption des Modells. Die Notwendigkeit zur Adaption ergibt sich folglich sowohl aus der Nachfolge- und Mittelstandskrise der DACH-Region als auch aus der Unterschiedlichkeit der institutionellen und kulturellen Rahmenbedingungen. Das Modell bedarf eines Konzepts strukturierter Übersetzung mit Anpassungen in der Finanzierung, im Governance-Design, in der Eigentümeransprache, in der Risikobewertung und in der Rollen- und Kommunikationsausgestaltung des Searchers.

9.1 Institutionelle Grundlagen und Systemlogiken: USA versus DACH

Die unterschiedlichen institutionellen Grundlagen und ökonomischen Systemlogiken der Vereinigten Staaten und der DACH-Region bilden den strukturellen Rahmen, der maßgeblich darüber entscheidet, inwieweit das Search-Fund-Modell übertragbar ist und welche Adaptionsleistungen notwendig werden. Diese Unterschiede sind nicht oberflächlich oder rein regulatorischer Natur, sondern tief in den jeweiligen wirtschaftlichen Koordinationssystemen verankert und bestimmen die Art und Weise, wie Kapital bereitgestellt, unternehmerische Nachfolge verstanden, Risiko bewertet und Governance gestaltet wird. Die institutionenökonomische Literatur zeigt, dass solche Systeme keine kurzfristig veränderbaren Umgebungsvariablen darstellen, sondern historisch gewachsene, selbststabilisierende Muster wirtschaftlicher Interaktion (North, 1990). Damit ist die Übertragung des Search-Fund-Modells nicht lediglich eine Frage der rechtlichen Anpassung, sondern eine Herausforderung institutioneller Kompatibilität. Die Vereinigten Staaten sind paradigmatisch für einen „liberalen Marktkapitalismus", wie ihn Hall und Soskice (2001) in ihrem einflussreichen Ansatz der *Varieties of Capitalism* beschreiben. Dieses System ist gekennzeichnet durch hoch entwickelte Kapitalmärkte, eine große Anzahl spezialisierter Investoren, geringe Regulierungshürden, eine ausgeprägte Bereitschaft zur Risikokapitalgabe und eine hohe Mobilität unternehmerischer Ressourcen. Das US-Modell erlaubt flexible Eigentumsübertragungen, schnelle Transaktionszyklen und standardisierte Beteiligungsstrukturen. Sucher profitieren dort von einer institutionellen Infrastruktur, in der Venture-Capital-ähnliche Finanzierungen, Angel-Investoren-Netzwerke, Serial Entrepreneurs und spezialisierte Anwälte für ETA-Transaktionen selbstverständlich sind. Die unternehmerische Finanzierung erfolgt primär marktgetrieben, mit einer ausgeprägten Logik der Portfoliodiversifikation und Renditeoptimierung (Gompers & Lerner, 2001). Search Funds sind hier Ausdruck eines institutionell verankerten Verständnisses, dass Eigentum ein handelbares Asset und Unternehmertum ein skalierbares Investment ist. Demgegenüber steht die DACH-Region, die traditionell durch einen „koordinierten Marktkapitalismus" gekennzeichnet ist. Die ökonomische Koordination erfolgt dort stärker über Beziehungen, Institutionen, Sozialpartnerschaft und langfristig orientierte Finanzierungsstrukturen. Die Unternehmenslandschaft im deutschsprachigen Raum ist in hohem Maße von kleinen und mittleren Unternehmen geprägt, deren Eigentumslogik auf Kontinuität, informeller Governance und langfristigen Bindungen basiert. Banken spielen eine zentrale Rolle bei der Unternehmensfinanzierung, während Eigenkapitalmärkte und Risikofinanzierungsmodelle vergleichsweise schwächer entwickelt sind (Deeg, 2005). Die Kapitalallokation ist stark reguliert, der Eigentümerwechsel ist kulturell sensibel, und die

Nachfolge wird häufig als biografischer und familiärer Vorgang verstanden, nicht als rein ökonomische Transaktion (Witt, 2008). Diese strukturellen Charakteristika schaffen eine völlig andere Ausgangsbasis für die Implementierung eines Search-Fund-Modells. Die unmittelbare Konsequenz dieser unterschiedlichen Systemlogiken betrifft die Verfügbarkeit institutionalisierter Komplementärstrukturen. Während das US-Modell auf ein dichtes Ökosystem spezialisierter ETA-Investoren, standardisierter Vertragswerke, erfahrener Sucher und definierter Erfolgsmetriken zurückgreifen kann, müssen Searcher in der DACH-Region ein solches Ökosystem oftmals in Teilen selbst erst aufbauen oder „erklären". Die europäische ETA-Forschung, insbesondere die umfassende Marktanalyse der Yale School of Management (2023), bestätigt, dass sich Search Funds in Europa in einem frühen institutionellen Diffusionsstadium befinden, das durch Fragmentierung, fehlende Standardisierung und eine geringe Zahl erfahrener Investoren gekennzeichnet ist. Dies führt zu höherer Unsicherheit sowohl aufseiten der Sucher als auch der Kapitalgeber und erhöht die Bedeutung individueller Glaubwürdigkeit und Vertrauensbildung im Finanzierungsprozess. Ein weiterer zentraler institutioneller Unterschied betrifft die Transparenz und Datenverfügbarkeit im Mittelstand. Der US-Markt verfügt über deutlich größere Informationsdichte und öffentlich zugängliche Unternehmensdatenbanken, was Suchprozesse beschleunigt und systematisiert. Die DACH-Region hingegen ist geprägt von traditionell niedriger Transparenz privater Unternehmen, eingeschränktem Zugang zu proprietären Finanzdaten und ausgeprägten Informationsasymmetrien zwischen Eigentümern und potenziellen Käufern (Franks et al., 2012). Der Prozess der Eigentümeransprache ist daher stärker relational und weniger datengetrieben, was wiederum kulturelle Kompetenz und langfristigen Vertrauensaufbau erfordert. Zudem unterscheiden sich die beiden Systeme fundamental in ihren Governance-Logiken. In den USA dominieren shareholder-orientierte Modelle, während die DACH-Region stärker stakeholder-orientiert strukturiert ist, mit Mitbestimmungsrechten, sozialpartnerschaftlichen Institutionen und normativen Erwartungsmustern gegenüber Führungspersönlichkeiten. Diese Governance-Strukturen beeinflussen insbesondere die Phase nach der Akquisition: Während das US-Modell die operative Transformation eines Targets relativ schnell und aggressiv umsetzt, erfordert die DACH-Region häufig eine behutsame, kulturell eingebettete Veränderungslogik, die stärker auf Erhalt informeller Strukturen und schrittweise Vertrauensbildung setzt (Aoki, 2001). Die Konsequenz für Search-Fund-Searcher ist, dass sie nicht lediglich als neue Eigentümer auftreten, sondern als Moderatoren eines institutionell sensiblen Übergangs. Schließlich beeinflusst die institutionelle Grundlage auch die Risikokultur. Die US-Wirtschaft zeichnet sich durch höhere gesellschaftliche Toleranz für Scheitern, experimentelle Geschäftsmodelle und unternehmerische Volatilität aus. Die DACH-Region hingegen ist kulturell geprägt von Risikoaversion, hoher Planungsorientierung und negativem sozialem Stigma des Scheiterns (Hofstede, 2001), was die psychologische Barriere sowohl für Searcher als auch für Eigentümer erhöht. Eigentümer im DACH-Raum verlangen einen Nachfolger, der Stabilität und Kontinuität symbolisiert, während das Search-Fund-Modell gleichzeitig personengebundene Unsicherheit erzeugt.

9.2 Modellvarianten von Search Funds im europäischen Kontext

Die Entwicklung und institutionelle Einbettung von Search Funds in Europa hat zu einer zunehmenden Differenzierung des ursprünglichen US-amerikanischen Modells geführt. Während in den Vereinigten Staaten über mehrere Jahrzehnte hinweg eine relativ einheitliche Struktur entstanden ist, die durch klar definierte Phasen, standardisierte vertragliche Rahmenwerke und wiederkehrende Muster der Kapitalallokation gekennzeichnet ist, zeigt der europäische Kontext eine deutlich stärkere Varianz. Diese Variation ist Ausdruck einer noch jungen Marktform, die sich in einem institutionellen Umfeld etabliert, das durch unterschiedliche regulatorische Systeme, heterogene Kapitalmärkte, kulturelle Besonderheiten und divergierende Eigentümerstrukturen geprägt ist. Die europäische Entwicklung lässt sich weniger als Übernahme eines Modells begreifen, sondern vielmehr als experimentelle Hybridisierung, die verschiedene Funktionslogiken kombiniert, um den lokalen Realitäten gerecht zu werden.

Die klassische Form des Search Funds, wie sie in den USA vorherrscht, zeichnet sich durch eine zweiphasige Struktur aus, die zunächst die Finanzierung der Suchphase und anschließend die Finanzierung des Unternehmenskaufs vorsieht. Dieses Modell setzt einen standardisierten Kapitalgebermarkt voraus, der sowohl die Person des Suchers bewertet als auch bereit ist, Finanzierungszusagen unter Unsicherheit zu treffen. Europäische Märkte hingegen sind durch geringere Standardisierung und eine stärker fragmentierte Investorenlandschaft geprägt. Die Yale School of Management (2023) hebt hervor, dass europäische Sucher häufig von einer geringeren Zahl spezialisierter ETA-Investoren abhängig sind und dass institutionelle Kapitalgeber im europäischen Markt eine größere Heterogenität in ihren Renditeerwartungen, Governance-Vorstellungen und Risikobewertungen aufweisen. Dadurch entstehen Modellvarianten, die vom US-Prototyp unverkennbar abweichen. Eine dieser Varianten manifestiert sich im selbstfinanzierten oder „self-funded“ Search, der im europäischen Kontext weitaus häufiger vorkommt als im US-Modell. Die Ursache liegt im Fehlen eines breit institutionalisierten ETA-Investorenmarktes, was dazu führt, dass Sucher ihre Suchphase durch persönliche Ersparnisse, Einkünfte aus Beratungsprojekten oder sehr kleine Investorengruppen finanzieren. Die Literatur zu Entrepreneurial Finance beschreibt diese Form als typisch für Ökosysteme in frühen Entwicklungsstadien, in denen institutionelle Strukturen erst im Entstehen begriffen sind und finanzielle Ressourcen stärker personenbezogen organisiert werden (Cumming & Johan, 2019). Diese Form erzeugt jedoch andere Anreiz- und Risikokonstellationen, da der Searcher im selbstfinanzierten Modell eine erheblich höhere persönliche Kapitalexposition trägt, was die spätere Bewertungsauseinandersetzung mit Eigentümern, aber auch die Investorensuche für die Akquisitionsphase maßgeblich beeinflusst. Eine weitere europäische Modellvariante ist der Accelerator-ähnliche Search Fund, der sich in Ländern mit stärker entwickelten Entrepreneurial-Training-Programmen herausbildet. Hierbei treten Universitäten, Unternehmernetzwerke oder spezialisierte Plattformen als strukturierende Akteure auf, die Sucher nicht nur finanziell, sondern auch operativ und pädagogisch begleiten. Im Gegensatz zu US-Acceleratoren, die häufig auf Gründungen abzielen, unterstützen europäische Programme verstärkt die Identitätsbildung und Kompetenzentwicklung von Suchern, um die kulturellen und psychologischen Anforderungen der Nachfolge im Mittelstand zu bewältigen. Dies steht im Einklang mit Erkenntnissen der europäischen Nachfolgeforschung, die zeigt, dass kulturelle Passungsprozesse und wertebasierte Übergangsmechanismen im europäischen Mittelstand eine zentrale Rolle spielen (Howorth et al., 2016). Ein drittes Modell, das im europäischen Kontext häufig beobachtet wird, ist die hybride Struktur, in der Sucher einen Teil der Suchphase selbstfinanzieren, während einzelne Investoren erst im späteren Verlauf einsteigen. Dieses Modell spiegelt die institutionelle Realität wider, dass europäische Kapitalgeber häufig erst nach einer ersten Validitätsschleife, oft in Form eines fortgeschritteneren Dealflows, bereit sind, Zusagen zu geben. Die Early-Commitment-Kultur der USA, in der Investoren bereits in der frühen Suchphase substanzielle Zusagen machen, ist im europäischen Kontext deutlich weniger etabliert. Die Hybridform ist somit Ausdruck eines institutionellen Anpassungsprozesses, in dem Vertrauen, Risiko und Informationsasymmetrien auf andere Weise ausgeglichen werden müssen. Eine vierte Variante ist der institutionalisierte Beteiligungsfonds mit Search-Komponente, der insbesondere in Europa an Bedeutung gewinnt. Diese Fonds verbinden klassische Private-Equity-Strukturen mit Search-Elementen, indem sie Sucher nicht nur finanzieren, sondern teilweise auch anstellen, trainieren oder in Teams organisieren. Dies widerspricht zwar der personengebundenen Logik des ursprünglichen Modells, passt jedoch besser zu europäischen Kapitalgeberstrukturen, die häufig stärkere Governance-Kontrolle und institutionelle Verankerung wünschen. Studien zur europäischen Private-Equity-Szene zeigen, dass Fondsstrukturen mit höheren Kontrollmechanismen in Europa traditionell stärker akzeptiert sind als in den USA (Wright et al., 2000). Die Integration des Search-Gedankens in institutionelle Fondsstrukturen ist daher als Ausdruck kultureller und institutioneller Adaption zu verstehen. Die europäische Modellvielfalt verdeutlicht schließlich, dass sich Search Funds im europäischen Kontext nicht als monolithisches Phänomen darstellen, sondern als ein pluraler Satz von institutionell angepassten Varianten. Diese Varianten entstehen aus den strukturellen Bedingungen des jeweiligen Ökosystems. Die Yale-Analyse (2023) zeigt, dass europäische Sucher in stärker regulierten Märkten, mit weniger Risikokapital und mit einer ausgeprägteren Eigentümerbindung operieren. Dies führt zu Modellen, die stärker relational, fragmentierter finanziert und kulturell an die Nachfolgelogik des Mittelstands angepasst sind. Die Varianz der Modelle ist daher Ausdruck eines institutionellen Übersetzungsprozesses, der sich in zunehmender Marktstandardisierung weiter ausdifferenzieren wird.

9.3 Hybridisierungsstrategien und Hybridmodelle im europäischen Search-Fund-Kontext

Die Übertragung des US-amerikanischen Search-Fund-Modells auf Europa und insbesondere auf die DACH-Region erfordert nicht nur kulturelle Sensibilität und regulatorische Anpassungen, sondern auch strukturelle Innovationen in der Gestaltung des Modells selbst. Die institutionellen Unterschiede, insbesondere die geringere Kapitalmarkttiefe, die fragmentierte Investorenlandschaft, die starke Eigentümerbindung des Mittelstands und die hohe Risikoaversion, führen dazu, dass das klassische zweiphasige Modell des Search Funds nur eingeschränkt anschlussfähig ist. Aus diesem Spannungsfeld heraus entwickeln sich zunehmend Hybridmodelle, die eine Brücke schlagen zwischen dem personenzentrierten US-Modell und den relational geprägten Strukturen der europäischen Nachfolge. Diese Hybridisierungsstrategien sind nicht lediglich Varianten, sondern Ausdruck eines institutionellen Anpassungsprozesses, der das ETA-Modell in einen neuen kulturellen und ökonomischen Kontext übersetzt. Eine zentrale Hybridisierungsstrategie besteht in der Umkehrung der klassischen zeitlichen Logik des Search-Fund-Modells. Während in den USA Investoren in der Frühphase Kapital für ein noch unbekanntes Unternehmen bereitstellen und dabei primär auf die Person des Searchers vertrauen, zeigt der europäische Markt eine deutlich geringere Bereitschaft, frühe und unstrukturierte Risiken zu tragen. Die Yale School of Management (2023) weist darauf hin, dass europäische Investoren eine stärkere Präferenz für konkrete, datenbasierte Entscheidungsgrundlagen und reduzierte Unsicherheit aufweisen. Diese institutionelle Realität führt dazu, dass Sucher das Modell teilweise invertieren: Statt Kapital für die Suchphase im Voraus einzuwerben, identifizieren sie zunächst ein Akquisitionsobjekt, führen frühe Due-Diligence-Prüfungen durch, sichern sich einen LOI und präsentieren erst dann einen konkreten Investmentcase. Dieses Vorgehen ermöglicht eine risikominimierende, evidenzbasierte Argumentation, die den Anforderungen europäischer Investoren näherkommt und gleichzeitig die Selektionsfunktion des Suchers bewahrt. Die hybride Struktur, in der die Suchphase überwiegend selbstfinanziert oder kostenneutral durch Beratungsmandate getragen wird, während die Investoren erst nach einer ersten Validierung des Targets einsteigen, verändert die Anreizlogik fundamental. Im US-Modell ist die frühe Kapitalzusage ein Ausdruck der Risikobereitschaft und ein Signal institutioneller Erfahrung. Im europäischen Hybridmodell wird Vertrauen nicht ex ante, sondern ex post der Zielidentifikation aufgebaut. Dies entspricht den Erkenntnissen der Institutionenökonomie, wonach in koordinierten Marktwirtschaften Vertrauen stärker durch konkrete Hinweise auf Kompetenz und Verlässlichkeit entsteht als durch abstrakte Signale (Aoki, 2001). Für Investoren reduziert diese Variante das Risiko eines „Blind Pools“, während Searcher eine höhere persönliche Vorleistung erbringen, die sowohl ihre Glaubwürdigkeit erhöht als auch ihre spätere Verhandlungsposition stärkt. Eine weitere Spielart hybrider Modelle besteht in strukturierten Co-Investment-Architekturen, die zwischen selbstfinanzierten und klassischen Search Funds angesiedelt sind. Dabei tragen Sucher und wenige initiale Micro-Investoren die Kosten der frühen Suchphase, während sich größere Kapitalgeber erst nach Vorlage eines LOI oder eines vertieften Branchen-Thesensets beteiligen. Diese Modelle reflektieren die Beobachtung, dass europäische Kapitalgeber weniger bereit sind, in personale Optionen ohne Bezug zur späteren Unternehmensrealität zu investieren, jedoch durchaus Interesse an klar strukturierten, risikoarmen Beteiligungen zeigen, sobald ein glaubwürdiges Target vorhanden ist. Dieses Vorgehen entspricht damit der europäischen Varianz von Entrepreneurial Finance, die stärker auf Realoptionen, Meilensteinlogik und sukzessive Risikoübernahme setzt (Cumming & Johan, 2019). Eine dritte Hybridform basiert auf der partiellen Institutionalisierung des Suchprozesses. Während das US-Modell stark auf individuelle Freiheit und Eigenverantwortung setzt, zeigt der europäische Markt eine zunehmende Tendenz zur Integration von Suchern in institutionelle Strukturen wie Unternehmernetzwerke, Nachfolgeprogramme, universitäre ETA-Plattformen oder spezialisierte Family-Office-Acceleratoren. Diese Strukturen bieten Suchern Zugang zu Dealflow, Mentoren und operativer Unterstützung, während sie gleichzeitig die kulturelle Kompatibilität und kommunikative Anschlussfähigkeit der Sucher stärken. Die europäische Familienunternehmensforschung betont, dass Nachfolgelösungen besonders erfolgreich verlaufen, wenn Nachfolger nicht nur finanzielle Kompetenz, sondern auch kulturelle Sensibilität und wertebasierte Führungsfähigkeiten aufweisen (Howorth et al., 2016). Hybridisierte Modelle, die Sucher in kuratierte Netzwerke einbetten, unterstützen diese Anforderungen und erhöhen gleichzeitig die Wahrscheinlichkeit, dass Eigentümer den Sucher als glaubwürdigen Träger ihres Lebenswerks wahrnehmen. Eine vierte Hybridvariante ergibt sich aus der Kombination klassischer Search-Fund-Strukturen mit fondsähnlichen ETA-Vehicles, in denen mehrere Sucher parallel agieren oder in Teams organisiert werden. Diese Modelle, die im europäischen Kontext häufiger auftreten, spiegeln die institutionelle Präferenz für stärkere Governance-Strukturen und geringere Personalisierungsrisiken wider. Investoren sehen in Team-Search-Modellen eine Möglichkeit, Ausfallrisiken zu reduzieren und gleichzeitig den Kompetenzumfang zu erweitern. Während dieses Modell vom klassischen „Single-Entrepreneur"-Narrativ abweicht, entspricht es der europäischen Präferenz für kollektive Führung und strukturierte Governance (Wright et al., 2000). Eine Hybridisierung des Modells ist daher nicht als Abweichung, sondern als institutionelle Evolution zu verstehen. Sie verdeutlicht, dass das Search-Fund-Modell nur dann erfolgreich übertragen werden kann, wenn es die Eigenlogik des europäischen Mittelstands, insbesondere seine Risikokultur, seine relationalen Strukturen und seine Nachfolgepsychologie, integriert. Der europäische Kontext fordert eine Neudefinition des ETA-Modells, das stärker relational, stärker evidenzbasiert und stärker institutionell eingebettet ist als sein US-amerikanisches Pendant.

Literatur

Audretsch, D. B., & Lehmann, E. E. (2016). *The seven secrets of Germany: Economic resilience in an era of global turbulence*. Oxford University Press.

Aoki, M. (2001). *Towards a comparative institutional analysis*. MIT Press.

Cumming, D., & Johan, S. (2019). Government venture capital research: fake science and bad public policy. Venture Capital, 21(1), 121–131. https://doi.org/10.1080/13691066.2018.1558508. Zugegriffen: 5. Dez. 2025.

Deeg, R. (2005). Path dependency, institutional complementarity, and change in national business systems. In G. Morgan et al. (Hrsg.), *Changing capitalisms?* (S. 21–52). Oxford University Press.

Franks, J., Mayer, C., & Rossi, S. (2012). Ownership and control of European corporations. *Economic Policy, 27*(69), 179–231.

Gompers, P., & Lerner, J. (2001). The venture capital revolution. *Journal of Economic Perspectives, 15*(2), 145–168.

Hall, P. A., & Soskice, D. (2001). *Varieties of capitalism: The institutional foundations of comparative advantage.* Oxford University Press.

Hofstede, G. (2001). *Culture's consequences: Comparing values, behaviors, institutions and organizations across nations* (2). Sage.

Howorth, C.,Wright, M., Westhead, P., & Allcock, D. (2016). Company metamorphosis: professionalization waves, family firms and management buyouts. In *Small Business Economics* (S. 803–817), Springer, Bd. 47(3), October. https://doi.org/10.1007/s11187-016-9761-6. Zugegriffen: 5. Dez. 2025.

Maas, M., McDonald, J., & Rachwalski, J. (2022). *Search Fund Study.* Stanford Graduate School of Business.

North, D. C. (1990). *Institutions, institutional change, and economic performance.* Cambridge University Press.

Tolbert, P. S., & Zucker, L. G. (1983). Institutional sources of change in the formal structure of organizations. *Administrative Science Quarterly, 28*(1), 22–39.

Witt, P. (2008). Strategies for family business succession: Experiences from Europe. *International Journal of Entrepreneurship and Small Business, 6*(3), 299–314.

Wright, M., Hoskisson, R. E., Busenitz, L. W., & Dial, J. (2000) Entrepreneurial Growth through Privatization: The Upside of Management Buyouts. Academy of Management Review, 25(3), 591–601. https://doi.org/10.2307/259312. Zugegriffen: 5. Dez. 2025.

Yale School of Management. (2023). A Reference Guide on European Search Funds. Yale University.https://som.yale.edu/sites/default/files/2025-04/A%20Reference%20Guide%20on%20European%20Search%20Funds.pdf. Zugegriffen: 7. Dez. 2025.

Search Funds aus Investorenperspektive 10

Zusammenfassung

Search Funds sind kein „Searcher-Produkt", sondern ein kapitalgebergetriebenes Governance-Arrangement, dessen Funktionsfähigkeit aus der Kombination unternehmerischer Initiative und investorenseitiger Strukturierung entsteht. Investoren finanzieren nicht ein vorhandenes Geschäftsmodell, sondern eine personale Option unter extremer Unsicherheit. Damit werden Anreizdesign, Kontrollmechanismen und Erwartungsnormen zum konstitutiven Fundament des Modells. In den USA existiert hierfür ein standardisiertes Erwartungssystem spezialisierter ETA-Investoren; in Europa entsteht dieses institutionelle Feld erst, weshalb Investoren zugleich Kapitalgeber und Feldgestalter sind. Rendite- und Risikoarchitekturen sind stark streuend, pfad- und personenbezogen, oft durch Leverage verstärkt und wenig diversifizierbar. Sie folgen dem Credo „Selektion schlägt Portfolio". Entsprechend wird die „Due Diligence des Searchers" zur prognostischen Prüfung von Kognition, Resilienz, Integrität, Lernagilität, sozialer Anschlussfähigkeit und Bias-Risiken. Governance wird als Balance von Vertrauen und Monitoring verstanden, während verhaltensökonomische Verzerrungen sowie Konflikt- und Vertrauensdynamiken die Erfolgswahrscheinlichkeit wesentlich mitbestimmen.

Ein vertieftes Verständnis des Search-Fund-Modells ist ohne die systematische Analyse der Investorensicht unvollständig. Während der öffentliche und auch ein wesentlicher Teil des wissenschaftlichen Diskurses in den vergangenen Jahren die Perspektive des Searchers betont hat, bilden die Investoren in theoretischer und praktischer Hinsicht das konstitutive Fundament des gesamten Modells. Das Search-Fund-Modell ist nicht lediglich

C. Schuchardt, *Entrepreneurship Through Acquisition und Search Funds im deutschsprachigen Mittelstand*, https://doi.org/10.1007/978-3-658-52650-4_10

eine alternative Form der Unternehmensnachfolge, sondern eine spezifische institutionelle Konstellation, die erst durch die Kombination unternehmerischer Initiative und kapitalgeberseitiger Strukturierung ihre Funktionsfähigkeit entfaltet. Aus dieser doppelten Natur des Modells ergibt sich, dass die Rolle der Investoren nicht als ergänzender Aspekt, sondern als integraler Bestandteil verstanden werden muss, der die Entstehungslogik, die Entwicklungspfade und die Erfolgswahrscheinlichkeit von Search Funds maßgeblich beeinflusst.

Die ökonomische und institutionelle Forschung zeigt, dass hybride Modelle der Unternehmensführung wie Search Funds nur dann langfristig stabil sind, wenn sie in ein funktionales System von Anreizstrukturen, Kontrollmechanismen und Erwartungsnormen eingebettet sind. Diese Strukturen werden in erheblichem Maße durch die Investoren geschaffen und aufrechterhalten. Die Agency-Theorie verdeutlicht, dass die Finanzierung unter Unsicherheit stets ein Spannungsverhältnis zwischen Vertrauen und Kontrolle erzeugt, das nur durch institutionelle Arrangements stabilisiert werden kann (Jensen & Meckling, 1976). Search Funds stellen einen besonders ausgeprägten Fall dieser Dynamik dar, da Investoren nicht nur Kapital in ein Unternehmen investieren, sondern zuvor in die noch unbestimmte, personale Option eines Suchenden. Der Suchende repräsentiert kein bestehendes Geschäftsmodell, sondern ein antizipiertes, hypothetisches unternehmerisches Potenzial. Nur durch die Bereitschaft der Investoren, dieses Potenzial vorzufinanzieren, entsteht die Möglichkeit, im Markt zu agieren und eine Nachfolgesituation erfolgreich zu gestalten. Die Perspektive der institutionellen Ökonomie unterstreicht diese Funktion der Investoren noch deutlicher. Institutionen definieren die Regeln, die Erwartungen und die Handlungsspielräume wirtschaftlicher Akteure und bestimmen damit sowohl den Grad der Legitimität als auch die Stabilität eines Modells (North, 1990). Im Falle von Search Funds kommt den Investoren eine institutionelle Doppelrolle zu. Einerseits fungieren sie als Kapitalgeber, die das Modell durch ihre Finanzierungsentscheidungen ermöglichen. Andererseits fungieren sie als Träger normativer Erwartungen und kollektiver Erfahrungswerte, die den Handlungsrahmen des Suchenden strukturieren. In den USA haben spezialisierte ETA-Investoren ein hochgradig standardisiertes Erwartungssystem entwickelt, das sowohl die Suchphase als auch die Akquisitionsphase und die frühe Unternehmensführung prägt. In Europa hingegen ist dieses Erwartungssystem erst im Entstehen begriffen, was die Rolle der Investoren noch stärker hervorhebt, da sie nicht lediglich innerhalb eines bestehenden institutionellen Feldes agieren, sondern dieses Feld erst mitgestalten. Die zentrale Bedeutung der Investorenperspektive ergibt sich zudem aus der besonderen Form der Risikoverteilung im Search Fund Modell. Die empirische Forschung zeigt, dass die Renditeprofile von Search-Fund-Beteiligungen sich durch eine hohe Varianz und ausgeprägte Pfadabhängigkeit auszeichnen und dass der Einfluss der Person des Suchenden und die Qualität der Investorenbeziehung entscheidend für die langfristige Performance sind (Maas et al., 2022). Investoren tragen ein erhebliches Frühphasenrisiko, das sich nicht über Portfolioeffekte diversifiziert, sondern durch die rigide Struktur des Modells und die lange Haltedauer verstärkt wird. Dadurch kommt der Investorenseite eine weitreichende Rolle bei der Bewertung der Persönlichkeit, der Motivation und der Lernfähigkeit des Suchenden zu, die im klassischen Private-Equity-Kontext in dieser Form selten ist. Das Search-Fund-Modell ist weniger ein Finanzierungsinstrument als ein zwischenmenschlich und institutionell strukturiertes Kooperationsmodell, in dem Vertrauen, psychologische Kompatibilität und gemeinsame Werte die Grundlage ökonomischer Entscheidungen bilden. Die wissenschaftliche Analyse dieses Modells muss diese Besonderheiten berücksichtigen, um die Erfolgs- und Misserfolgsmuster angemessen zu verstehen. Investoren agieren zudem nicht lediglich als passive Kapitalgeber, sondern nehmen aktiv Einfluss auf die strategische Entwicklung und Governance des akquirierten Unternehmens. Studien zur Entrepreneurial Governance belegen, dass die Qualität der Interaktion zwischen Unternehmer und Kapitalgeber, die Klarheit der Rollenverteilung und die Struktur der Kontrollmechanismen maßgeblich darüber entscheiden, ob ein junges oder transformierendes Unternehmen erfolgreich skaliert oder in dysfunktionale Konflikte gerät (Kaplan & Strömberg, 2001). Im Search-Fund-Kontext ist diese Interaktionslogik nochmals komplexer, da der Übergang von der Suchphase in die CEO-Rolle einen empfindlichen Rollenwechsel markiert, der nur durch ein funktionierendes Governance-Verhältnis stabilisiert werden kann. Investoren übernehmen dabei eine doppelte Funktion. Sie fungieren als Aufsichtspartner, die Risiken kontrollieren und strategische Leitplanken setzen, und als Mentoren, die den Sucher beim Übergang in die Rolle des Eigentümerunternehmers begleiten. Diese hybride Rolle erfordert eine spezifische Form relationaler Kompetenz und institutioneller Professionalität, die im Search-Fund-Modell konstitutiv ist und in der Praxis häufig über Erfolg und Misserfolg entscheidet.

10.1 Das Investorensystem im Search-Fund-Modell: Rollen, Typen und Entscheidungslogiken

Das Investorensystem im Search-Fund-Modell bildet die institutionelle und ökonomische Grundlage, auf der die Suchphase, die Akquisition und die anschließende Wertschöpfung aufbauen. Obwohl das Modell in der öffentlichen Wahrnehmung oft als ein unternehmerisches Vehikel des Searchers präsentiert wird, ist es aus theoretischer Perspektive ein vielschichtiges, arbeitsteiliges Koordinationssystem, das nur aufgrund seiner besonderen Kapitalgeberarchitektur funktioniert. Das Investorensystem stellt nicht lediglich Kapital bereit, sondern erzeugt jene institutionellen Strukturen der Kontrolle, Erwartungsbildung, Risikoallokation und Informationsdisziplin, die das Modell funktionsfähig machen. Die internationale Literatur zum Thema Search Funds, insbesondere die empirischen Erhebungen der Stanford Graduate School of Business (Maas et al., 2022) und die europäische Marktanalyse der Yale School of Management (2023), verdeutlichen, dass die Investoren einen erheblichen Einfluss auf das Verhalten der Searcher, die Suchstrategie, das Transaktionsdesign und die spätere Governance des akquirierten Unternehmens ausüben. Das Search-Fund-Ökosystem ist daher nicht primär ein Gründerökosystem, sondern ein kapitalgebergetriebenes Governance-Arrangement, in dem die Rolle des Unternehmers in symbiotischer Interdependenz mit den Erwartungen und Kontrolllogiken der Investoren steht.

Das Investorensystem umfasst eine heterogene Gruppe ökonomischer Akteure, deren Rollen und Entscheidungslogiken sich signifikant unterscheiden. Zu den zentralen Typen gehören institutionalisierte ETA-Investoren, klassische Private-Equity-Investoren im Small-Cap-Segment, Family Offices, erfolgreiche ehemalige Searcher, High-Net-Worth Individuals, Unternehmernetzwerke sowie zunehmend Corporate-Investoren mit strategischem Interesse an dezentralisierten Wachstumsplattformen. Die empirische Forschung zeigt, dass das Search-Fund-Modell im US-Markt historisch durch hochspezialisierte „ETA-Investoren" geprägt wurde, die über jahrzehntelange Erfahrung im Screening, Coaching und Kontrollieren von Searchern verfügen und die Lernkurve des Modells aktiv strukturieren (Maas et al., 2022). Diese Investoren agieren nicht primär als Kapitalgeber, sondern als institutionelle Wissensvermittler und Normsetzer, die Best Practices, Vertragsstandards und Entscheidungsprotokolle über das gesamte Ökosystem hinweg verbreiten. Damit übernehmen sie die Rolle eines institutionellen Ankers, der in Märkten wie der DACH-Region bislang nur in Ansätzen existiert. Im Gegensatz dazu ist das europäische Investorensystem deutlich weniger standardisiert und wesentlich fragmentierter. Die Analyse der Yale School of Management (2023) zeigt, dass europäische Search-Fund-Investoren häufiger aus Family Offices, Unternehmernetzwerken oder informellen Angel-Clustern stammen und weniger aus institutionellen ETA-Spezialisten. Diese strukturelle Heterogenität führt zu divergierenden Renditeerwartungen, Governance-Präferenzen und Kontrollbedürfnissen. Während US-Investoren überwiegend auf kapitalmarktorientierte Logiken zurückgreifen und ein klar definiertes Erwartungsdreieck aus Rendite, Risiko und zeitlicher Laufzeit verwenden, orientieren sich europäische Investoren teilweise an relationalen oder strategischen Kriterien, die nicht ausschließlich finanzwirtschaftlicher Natur sind. Dies erzeugt eine komplexere Erwartungsarchitektur, die Searcher stärker moderieren müssen und die zugleich die Rollenverteilung asymmetrischer macht als im US-Modell.

Theoretisch lässt sich das Investorensystem des Search-Fund-Modells am besten über die Perspektive der Agency-Theorie und der institutionellen Ökonomie verstehen. Aus Agency-Sicht besteht zwischen Searcher und Investor eine strukturelle Informationsasymmetrie: Der Searcher verfügt über Wissen über seine Fähigkeiten, seine Lernkurve und seine tatsächliche Suchaktivität, das für den Investor nur eingeschränkt beobachtbar ist. Der Investor wiederum verfügt über Kapital und normative Erwartungen, die der Searcher erfüllen muss, ohne bereits im frühen Prozess über externe Leistungsindikatoren zu verfügen. Viele Elemente des Search-Fund-Modells, von der zweiphasigen Finanzierung über die Meilenstein-Logik bis hin zur engen Governance-Struktur, können als Antwort auf diese asymmetrische Informationsverteilung verstanden werden (Jensen & Meckling, 1976). Das Modell kombiniert Vertrauen in die Person des Searchers mit institutionellen Mechanismen, die opportunistisches Verhalten erschweren und gleichzeitig Lernprozesse ermöglichen. Ein zweites theoretisches Fundament liegt in der institutionellen Perspektive. Nach North (1990) entstehen funktionierende Marktmodelle durch stabile, wiederholte Muster sozialer Regeln und Erwartungen. Das US-amerikanische Search-Fund-Modell basiert auf einem institutionellen System, in dem Risikokapital, experimentelle Geschäftsmodelle und hohe Toleranz für unternehmerisches Scheitern normativ verankert sind. Investoren interpretieren das Modell als Portfolio-Instrument, bei dem einzelne Fehlschläge durch hohe Erfolgsfälle überkompensiert werden. In der DACH-Region hingegen ist Risikokapital knapper, Erfolgsdefinitionen sind konservativer, und die Akquisition mittelständischer Unternehmen wird normativ stärker mit Stabilität und Verantwortlichkeit verbunden. Diese institutionellen Unterschiede wirken sich direkt auf die Rollen und Entscheidungsprozesse der Investoren aus und machen deutlich, weshalb das europäische Investorensystem zwangsläufig hybridisiert und stärker kontrollorientiert ist.

Die Entscheidungslogik der Investoren lässt sich empirisch in drei Ebenen gliedern. Zunächst die Bewertung der Person des Searchers, die Evaluierung der Investmentthese und schließlich die Einschätzung der Governance-Kompatibilität. Die Stanford-Studien zeigen, dass US-Investoren die Person des Searchers als primären Prädiktor des späteren Erfolgs betrachten und dabei auf Merkmale wie analytische Fähigkeiten, emotionale Stabilität, Lernfähigkeit, Integrität und langfristige Orientierung Wert legen (Maas et al., 2022). Europäische Investoren hingegen gewichten aufgrund institutioneller Risikokultur stärker die Tragfähigkeit der Suchstrategie, die Plausibilität des Sektorfokus und die institutionelle Absicherung des Modells. Während US-Investoren zur frühen Kapitalgabe tendieren, bevorzugen europäische Investoren ihr Commitment erst nach Vorlage erster Due-Diligence-Ergebnisse oder eines Letter of Intent. Diese Verschiebung der Entscheidungslogik verändert das Verhältnis von Vertrauen und Kontrolle fundamental und zeigt, dass das Investorensystem in Europa weniger auf die Option, sondern stärker auf den „validierten Case" fokussiert. Schließlich bestimmt das Investorensystem auch maßgeblich die normative Struktur der späteren Unternehmensführung. Investoren übernehmen nicht nur die Rolle der Kapitalgeber, sondern fungieren als Mentoren, Aufsichtspartner und strategische Sparringspartner. Studien aus der Entrepreneurial-Finance-Forschung zeigen, dass solche hybriden Rollen systematisch Einfluss auf die Entwicklungspfadabhängigkeiten des Unternehmens haben, insbesondere in Phasen hoher Unsicherheit oder strategischer Neuorientierung (Kaplan & Strömberg, 2001). Die Governance-Struktur, die Investoren präferieren, board-zentriert, beratend, kontrollierend oder hands-off, prägt die Identität des Searchers als CEO und beeinflusst seine strategische Entscheidungsfreiheit nachhaltig.

10.2 Spezifikationen von Investoren in der DACH-Region: Kulturelle Besonderheiten, Verhaltenstendenzen und Einflussfaktoren im internationalen Vergleich

Investoren in der DACH-Region weisen im Kontext von Search Funds eine Reihe kulturell geprägter Spezifika auf, die deren Entscheidungslogik, Risikobereitschaft, Erwartungsstrukturen, Interaktionsverhalten und Kapitalallokation fundamental beeinflussen. Diese Spezifika lassen sich nicht nur auf individuelle Präferenzen zurückführen, sondern sind Ausdruck tiefer institutioneller Pfadabhängigkeiten, die das wirtschaftliche und gesellschaftliche Handeln im deutschsprachigen Raum prägen. Das Zusammenspiel aus historisch begründetem Misstrauen gegenüber hochriskanten Anlageformen, stark regulierten Finanzsystemen, hoher normativer Erwartungsdichte und einer traditionell sachlichkeitsorientierten Entscheidungslogik schafft ein Investorenprofil, das sich deutlich vom US-amerikanischen ETA-Investorentypus unterscheidet und zugleich relevante Unterschiede im Vergleich zu westeuropäischen Märkten aufweist. Ein profundes Verständnis dieser Besonderheiten ist Voraussetzung für die erfolgreiche Etablierung des Search-Fund-Modells in Deutschland, Österreich und der Schweiz.

Aus institutionenökonomischer Perspektive ist die DACH-Region durch ein strikt bankorientiertes Finanzsystem geprägt, das unternehmerische Finanzierung traditionell über Fremdkapital und langfristige Kreditbeziehungen organisiert (Hall & Soskice, 2001). Diese Struktur wirkt als kultureller Filter für alternative Anlageklassen, da sie die Risikowahrnehmung und Renditeerwartungen der Akteure beeinflusst. Während US-Investoren in einem kapitalmarktbasierten Finanzsystem sozialisiert werden, das hohe Unsicherheit und unternehmerische Volatilität als integrale Bestandteile ökonomischer Dynamik betrachtet, agieren Investoren in der DACH-Region in einem Umfeld, das Sicherheit, Stabilität und Planbarkeit normativ privilegiert. Die Behavioral-Finance-Forschung bestätigt, dass institutionelle Sozialisation signifikanten Einfluss auf Risikoaversion, Entscheidungsambiguität und Erwartungsbildung hat (Weber & Hsee, 1998). Für Search Funds bedeutet dies, dass Investoren in der DACH-Region Risiken anders gewichten, stärker auf Absicherung pochen und deutlich später zu einer Kapitalzusage bereit sind als ihre US-amerikanischen Pendants. Kulturelle Besonderheiten der Region verstärken diese Tendenzen. Die deutsche und österreichische Wirtschaftskultur ist durch eine ausgeprägte Präferenz für Gründlichkeit, langfristige Orientierung und systematische Analyse geprägt. Der sogenannte deutschsprachige Sachlichkeitsstil, der in der Wirtschaftssoziologie beschrieben wird, erzeugt eine Konsistenzorientierung, die sich in einer besonderen Sensibilität gegenüber Unsicherheit und einer hohen Bedeutung von Reputation und persönlicher Integrität äußert (Schmidt, 2017). Investoren in der DACH-Region reagieren daher eher skeptisch auf Geschäftsmodelle, deren Erfolg stark personenabhängig ist, und erwarten frühzeitig nachvollziehbare Evidenz für die Marktfähigkeit eines Projekts. Diese kulturelle Erwartungsstruktur steht im direkten Gegensatz zum US-amerikanischen Search-Fund-Paradigma, das auf der Identifikation und Förderung individueller unternehmerischer Potenziale basiert, selbst wenn diese zum Zeitpunkt der Finanzierung noch nicht durch belastbare Leistungsdaten unterlegt sind. Ein weiterer zentraler Aspekt betrifft die persönliche Interaktionskultur der Investoren. Während US-Investoren häufig durch institutionelle Routine, standardisierte Verträge und etablierte Kommunikationsmechanismen agieren, basiert das DACH-Investorensystem stärker auf persönlichen Beziehungen, ausgedehnten Vertrauensphasen und detaillierter Prüfung des Charakters und der Wertorientierung des Searchers. Die Nachfolge- und Mittelstandsforschung zeigt, dass persönliche Integrität, Authentizität und kulturelle Passung für deutschsprachige Unternehmer und Kapitalgeber weitgehend konstitutiv sind und als zentraler Legitimitätsfaktor in Transaktionen gelten (Witt, 2008). Diese kulturelle Struktur überträgt sich auch auf Search-Fund-Investoren, die häufig aus Unternehmerfamilien, Family Offices oder regional verankerten Netzwerken stammen. Der Suchende muss daher nicht nur analytisch überzeugen, sondern in besonderem Maße kulturell anschlussfähig agieren und eine glaubwürdige Wertehaltung verkörpern, die den Erwartungen an verantwortliches Unternehmertum im deutschsprachigen Raum entspricht.

Ein unterscheidendes Merkmal der DACH-Investorenspezifika liegt in der stärkeren Betonung formaler Sorgfalt und Risikoabsicherung. Während US-Investoren häufig die unternehmerische Lernkurve des Searchers als wertvollen Bestandteil des Modells betrachten und experimentelle Suchpfade tolerieren, verlangen Investoren in der DACH-Region häufig präzise formulierte Suchstrategien, belastbare Marktanalysen und detaillierte Risikoabschätzungen bereits vor Beginn der finanzierten Suchphase. Die Studien zur europäischen Entwicklung von Search Funds zeigen, dass Investorengruppen in Europa vorsichtiger sind, Kapital in frühe und unstrukturierte Phasen zu investieren, und selektiver hinsichtlich Track Records und beruflicher Erfahrung vorgehen (Yale School of Management, 2023). Diese Tendenz manifestiert sich häufig in hybriden Modellen, bei denen Investoren erst nach Vorlage konkreter Akquisitionsmöglichkeiten oder LOIs finanzielle Verpflichtungen eingehen. Der Fokus verschiebt sich somit von einer personenzentrierten Option zu einer evidenzbasierten Entscheidung. Somit unterscheidet sich auch die Risikoaffinität deutlich. Die Forschung zu internationalen Risikowahrnehmungen bestätigt, dass in ostasiatischen und deutschsprachigen Kulturen höhere Risikoaversion und stärkere Orientierung an Verlustvermeidung vorherrschen als in angelsächsischen Ökonomien (Weber & Hsee, 1998). Diese kulturelle Disposition führt dazu, dass DACH-Investoren die Risiken der frühen Suchphase, der Akquisitionsverhandlungen und der Übergabeprozesse stärker gewichten. Insbesondere die starke personelle Abhängigkeit der Search-Fund-Logik wirkt auf viele Investoren in der Region zunächst kontraintuitiv, da ihr institutioneller Hintergrund traditionell auf unternehmerische Stabilität, Professionalität und planbare Führungsstrukturen ausgerichtet ist. Umso stärker fällt daher die Bedeutung von Existenzsicherung, Stressstabilität und strukturiertem Risikomanagement im Selektionsprozess aus. Die Spezifika des DACH-Investorenverhaltens zeigen sich auch in den bevorzugten Investmentcases. Während US-Investoren eine höhere Bereitschaft zeigen, in stark wachsende Sektoren oder in Modelle mit technologischer Hebelwirkung zu investieren, bevorzugen DACH-Investoren häufig Unternehmen mit langfristig stabilen Cashflows, klaren Kundenbeziehungen und geringer regulatorischer Dynamik. Diese Präferenz reflektiert die kulturelle Wertschätzung für Beständigkeit sowie die historische Prägung mittelständischer Geschäftsmodelle in der Region. Searcher müssen daher nicht nur die universellen Kriterien erfolgreicher ETA-Thesen berücksichtigen, sondern diese spezifischen regionalen Präferenzen aktiv in ihre Thesis-Struktur einarbeiten. Schließlich unterscheidet sich auch die Rolle von Governance in der DACH-Region erheblich. Investoren in Deutschland, Österreich und der Schweiz erwarten eine intensivere Einbindung, eine stärkere Formalisierung der Kontrollrechte und eine höhere Dichte an Reporting-Strukturen als im US-Modell. Dies spiegelt die in der Region ausgeprägte Präferenz für Verlässlichkeit, Dokumentation und Transparenz wider. Die Corporate-Governance-

Forschung bestätigt, dass in stakeholderorientierten Ökonomien wie Deutschland ein stärker balanciertes Verhältnis zwischen Kontrolle und Kooperation besteht, das notwendig ist, um institutionelle Risikoreduktion und Vertrauen gleichermaßen zu gewährleisten (Aguilera & Jackson, 2003). Im Search-Fund-Modell führt dies zu Governancearchitekturen, die stärker formell, aber zugleich relational eingebettet sind.

10.3 Rendite und Risikoarchitekturen von Search-Fund-Investoren

Während in der öffentlichen Wahrnehmung oft der Suchende im Zentrum steht, ist aus finanzwirtschaftlicher Perspektive die Position der Investoren tragend für das Funktionieren des finanziellen und strategischen Fundaments, auf dem das gesamte Search-Fund-Modell beruht. Investoren verfolgen in diesem keine rein opportunistische Kapitalallokation, sondern bewegen sich in einem strukturell komplexen Gefüge aus erwarteten finanziellen Ergebnissen, risikoadjustierter Entscheidungslogik, agency-theoretischen Überwachungsmechanismen und institutionellen Restriktionen. Das Modell verbindet in einzigartiger Weise Elemente des Venture Capital, des Private Equity im Small-Cap-Segment und der Nachfolgefinanzierung, wodurch eine hybride Form der Risikoallokation entsteht, die sich nur durch eine integrierte Betrachtung ökonomischer, psychologischer und institutioneller Faktoren vollständig erklären lässt.

Renditen von Search-Fund-Investoren unterscheiden sich in ihrer Struktur deutlich von klassischen Private Equity Investments. Während erstere typischerweise über einen längeren Zeitraum an die Person des Suchenden gebunden sind und eine signifikante Phase finanzieller Vorleistung enthalten, basiert die Wertschöpfungslogik des Modells im Kern auf dem Übergang von unternehmerischem Potenzial in reale operative Leistungssteigerung. Die Langzeitstudien der Stanford Graduate School of Business zeigen, dass erfolgreiche Search Funds überdurchschnittliche interne Renditen erzielen können, häufig mit annualisierten IRR Werten, die weit über denen traditioneller Private Equity Fonds liegen, während jedoch gleichzeitig eine signifikante Streuung der Ergebnisse vorliegt, die ein hohes idiosynkratisches Risiko signalisiert (Maas et al., 2022). Die Renditeerwartung ist damit nicht primär marktrisikogetrieben, sondern personengebunden, erfahrungsabhängig und pfadabhängig. Investoren setzen weniger auf die Skalierbarkeit eines Geschäftsmodells, sondern auf die Fähigkeit des Suchenden, ein kleines oder mittelgroßes Unternehmen wertschöpfend zu führen. Dieses narrative Element unternehmerischer Kompetenz ersetzt im Search-Fund-Modell teilweise die analytische Detailtiefe anderer Asset-Klassen und schafft eine Risikoarchitektur, die enger und persönlicher ist als im institutionellen Private Equity. Die Risikoarchitektur lässt sich nur im Kontext der zweiphasigen Struktur des Modells korrekt verstehen. Im klassischen amerikanischen Modell übernehmen Investoren zunächst eine begrenzte Vorfinanzierung für die Suchphase und sichern sich dabei das Recht auf anteilige Beteiligung an der späteren Akquisition. Dieses Vorgehen ist ökonomisch als Realoption interpretierbar, da die anfängliche Finanzierung nicht auf Cashflow basierenden Analysen, sondern auf der persönlichen Erfolgserwartung gegenüber dem Suchenden beruht. Jensen und Meckling (1976) betonen in ihrer Agency-Theorie, dass Informationsasymmetrien in solchen Situationen die Rolle von Signalen, Reputationsmechanismen und normativen Erwartungen verstärken. Die Vorfinanzierung fungiert daher als eine Art Vertrauenstransfer, bei dem Investoren nicht nur Kapital, sondern auch normative Unterstützung bereitstellen. Dieses Vertrauen ist jedoch nicht bedingungslos, da das Modell in seiner ökonomischen Logik klare Kontrollmechanismen vorsieht, die in Meilensteine, Berichtsanforderungen und Governance-Strukturen übersetzt werden. Die Risikoarchitektur europäischer Search-Fund-Investoren unterscheidet sich hiervon erheblich. Die Daten der Yale School of Management (2023) zeigen, dass europäische Investoren seltener bereit sind, eine Suchphase ohne konkreten Unternehmensbezug vorzufinanzieren. Stattdessen bevorzugen sie Modelle, bei denen erst nach Vorlage einer formalen Absichtserklärung *(Letter of Intent, LOI)* oder nach ersten Ergebnissen der Due Diligence Kapital bereitgestellt wird. Diese Verschiebung der Risikobereitschaft reflektiert die institutionellen Besonderheiten der DACH-Region, in der die Kapitalallokation stärker bankorientiert, konservativer und kontrollintensiver ausgestaltet ist. Aus Sicht der Investoren ist die frühe Phase des Search-Fund-Modells in Europa ein Bereich hoher Unsicherheit, in dem weder die Qualität des Dealflows noch die tatsächliche Suchkompetenz des Suchenden validiert werden können. Die Risikoarchitektur verschiebt sich damit von einer personenzentrierten auf eine evidenzbasierte Entscheidungspraxis. Diese Veränderung mindert zwar das Frühphasenrisiko der Investoren, verändert jedoch gleichzeitig die Anreizlogik und Rollenverteilung zwischen Investor und Suchendem. Die Renditearchitektur wird zudem durch die spezifische Kapitalstruktur der Akquisition determiniert. Search-Fund-Akquisitionen weisen häufig einen vergleichsweise hohen Fremdkapitalanteil auf, was zu einer Hebelwirkung führt, die sowohl Chancen als auch Risiken verstärkt. Die klassische Private-Equity-Theorie betont, dass hohe Leverage-Effekte die IRR Werte steigern können, aber gleichzeitig die Wahrscheinlichkeit finanzieller Distress Szenarien erhöhen (Kaplan & Strömberg, 2001). Im Search-Fund-Kontext ist dieser Hebeleffekt jedoch besonders sensibel, da das akquirierte Unternehmen häufig durch implizite Wissensstrukturen, informelle Autoritätssysteme und personengebundene Kundenbeziehungen geprägt ist. Der Übergang in eine neue Eigentümerstruktur birgt somit operationale Risiken, die im Modell der Risikobewertung berücksichtigt werden müssen. Investoren sehen sich daher einer doppelten Risikoquelle gegenüber: dem finanziellen Risiko des strukturierten Leverage und dem operationellen Risiko des Eigentümerwechsels. Eine besondere Herausforderung für die Risikoarchitektur besteht in der Person des Suchenden. Da Search-Fund-Investoren in frühphasigen Entscheidungen überwiegend auf Signale statt auf Leistungsdaten angewiesen sind, spielt die psychologische Bewertung eine deutlich größere Rolle als in anderen alternativen Anlageklassen. Die Forschung zu Entrepreneurial Cognition zeigt, dass individuelle Unterschiede in Risikowahrnehmung, Entscheidungsstil und Überzeugungskraft signifikant die Wahrscheinlichkeit eines späteren Erfolgs beeinflussen (Baron, 2008). Investoren müssen daher nicht nur kognitive Fähigkeiten und berufliche Kompatibilität beurteilen, sondern auch Persönlichkeitsmerkmale wie emotionale Stabilität, Ambiguitätstoleranz und Selbstregulationsfähigkeit, da diese Merkmale das Verhalten in kritischen Phasen der Due Diligence, Preisverhandlung und Integration maßgeblich bestimmen. Das Search-Fund-Modell verlangt dadurch eine Form der Due Diligence, die klassische Finanzanalyse um psychologische Diagnostik erweitert. Die Komplexität der Risikoarchitektur wird weiterhin verstärkt durch die lange Halteperiode von Search Fund Investments. Während viele Private Equity Fonds Investitionen mit klar definierten Haltedauern tätigen, sind Search-Fund-Beteiligungen typischerweise langfristiger und stärker von der operativen Leistung einzelner Personen abhängig. Diese Pfadabhängigkeit führt dazu, dass frühe Entscheidungen der Investoren, insbesondere die Auswahl des Suchenden, eine außergewöhnlich hohe Bedeutung haben. Fehler in dieser Phase können nicht durch Portfoliologiken kompensiert werden, da das Modell auf eine begrenzte Zahl an Beteiligungen ausgelegt ist. Die Risikoarchitektur ist daher weniger durch Diversifikation als durch Selektion geprägt.

Im DACH-Raum verstärken institutionelle Faktoren diese Dynamik. Die geringere Transparenz privater Unternehmen, die häufig höhere Komplexität der Eigentümerstrukturen, die kulturelle Bedeutung von Nachfolge und die stärkere Regulierung operativer Branchen führen dazu, dass europäische Investoren ein anderes Risikoprofil kalkulieren müssen als ihre US-amerikanischen Pendants. Die europäische Risikoarchitektur ist dadurch hybrid: Sie verbindet persönliche Einschätzung mit objektiven Kriterien, sie basiert gleichzeitig auf Vertrauen und Kontrolle und sie verlangt eine Balance zwischen kapitalmarktorientierter Rationalität und mittelstandsspezifischer Kontextsensibilität. Dies macht die Rolle europäischer Search-Fund-Investoren besonders anspruchsvoll, da sie in einem Umfeld agieren, in dem das Modell erst im Aufbau ist und institutionalisierte Erwartungen erst entstehen.

10.4 Die Due Diligence des Searchers aus Investorensicht

Während die klassische Unternehmens-Due-Diligence auf objektiv prüfbare Daten, dokumentierte Leistungsindikatoren und institutionalisierte Prüfverfahren zurückgreift, richtet sich die Due Diligence des Searchers durch die Investoren auf eine Person, die zu diesem frühen Zeitpunkt weder operative Ergebnisse vorweisen kann noch über eine historisch gewachsene Führungserfahrung in einem mittelständischen Unternehmen verfügt. Investoren bewegen sich damit in einem Entscheidungsfeld, das durch extreme Informationsasymmetrie, eingeschränkte Beobachtbarkeit und psychologische Komplexität gekennzeichnet ist. Diese Form der Due Diligence ist daher nicht lediglich eine Variante klassischer Personaldiagnostik, sondern ein hochkomplexer Analyseprozess, der Elemente des unternehmerischen Denkens *(entrepreneurial cognition)*, Führungspsychologie, Agency-Theorie und institutioneller Kontextsensibilität miteinander verbindet. Die Due Diligence des Searchers durch die Investoren stellt damit einen der konstitutiven, zugleich jedoch am wenigsten formalisierten Bausteine des Search-Fund-Modells dar.

Im Zentrum der sucherbezogenen Due Diligence steht die Einschätzung der unternehmerischen Kompetenz im Sinne eines zukunftsbezogenen Leistungsversprechens. Die Forschung zur unternehmerischen Persönlichkeitsentwicklung betont, dass unternehmerische Eignung nicht durch singuläre Merkmale, sondern durch die Kombination kognitiver, motivationaler, affektiver und sozialer Faktoren bestimmt wird (Rauch & Frese, 2007). Für Investoren stellt sich daher nicht die Frage, ob der Suchende bereits ein kompetenter Unternehmer ist, sondern ob er über die Voraussetzungen verfügt, um sich in die Rolle eines mittelständischen Eigentümerunternehmers hineinzuentwickeln. Diese Rolle ist im DACH-Raum durch spezifische Anforderungen geprägt, die über reine Managementkompetenzen hinausgehen und Aspekte wie Glaubwürdigkeit in einer hochsozial eingebetteten Unternehmensumgebung, intergenerative Vertrauensbildung und kulturelle Anschlussfähigkeit umfassen (Witt, 2008). Die Due Diligence des Searchers muss daher die Frage beantworten, ob der Suchende in der Lage ist, die normative Erwartungsstruktur des Mittelstands zu erfüllen und zugleich die strategische Transformation des Unternehmens zu gestalten. Ein zentrales Bewertungskriterium ist die kognitive Leistungsfähigkeit des Searchers, insbesondere im Hinblick auf analytische Intelligenz, Problemlösungskompetenz, Ambiguitätstoleranz und Entscheidungsfähigkeit unter Unsicherheit. Empirische Studien aus der Entrepreneurial-Cognition-Forschung zeigen, dass erfolgreiche Unternehmer über eine überdurchschnittliche Fähigkeit verfügen, Muster in komplexen Informationsumgebungen zu erkennen und Handlungsoptionen dynamisch zu priorisieren (Baron, 2008). Für Investoren ist diese Fähigkeit deshalb entscheidend, weil der Searcher in der frühen Phase ohne institutionelle Unterstützung operiert und Entscheidungen mit hoher Tragweite auf Basis fragmentierter Daten treffen muss. Anders als klassische Gründer, die Geschäftsmodelle gestalten, bewegen sich Searcher in realen Unternehmen, deren Strukturen historisch gewachsen sind und deren Dynamiken nur durch vertiefte Kontextanalyse verstanden werden können. Eine hohe kognitive Beweglichkeit erhöht die Wahrscheinlichkeit, dass ein Searcher den Suchprozess effizient führt, potenzielle Targets kritisch beurteilt und Fehlentscheidungen frühzeitig erkennt. Neben der kognitiven Dimension spielt die Persönlichkeit des Searchers eine zentrale Rolle. Die psychologische Forschung zu unternehmerischem Verhalten zeigt, dass Eigenschaften wie emotionale Stabilität, Gewissenhaftigkeit, intrinsische Motivation, ausgeprägte Selbstregulationsfähigkeit und die Fähigkeit zum konstruktiven Umgang mit Misserfolg entscheidend für den langfristigen Erfolg sind (Zhao & Seibert, 2006). Für Search-Fund-Investoren sind diese Merkmale besonders relevant, da die Suchphase durch hohe Unsicherheit, wiederkehrende Ablehnungserfahrungen, anspruchsvolle Verhandlungen und intensive Selbststeuerungsanforderungen geprägt ist. Die literaturgestützte Erkenntnis, dass Stressresilienz und Selbstwirksamkeitserwartung zentrale Prädiktoren für unternehmerische Leistungsfähigkeit darstellen, bildet daher ein wichtiges Auswahlkriterium (Bandura, 1997). Die Due Diligence muss folglich nicht nur die Vergangenheit des Suchers analysieren, sondern auch seine psychologische Kapazität, anspruchsvolle und sozial sensible Übergangsprozesse zu gestalten.

Ein weiterer Kernbereich betrifft die Einschätzung der sozialen Kompetenz und relationalen Führungsfähigkeit. Der DACH-Mittelstand ist institutionell in ein Gefüge aus Vertrauensbeziehungen, sozialer Nähe und historisch gewachsenen Interaktionsformen eingebettet, die sich nicht ohne Weiteres von außen erschließen. Witt (2008) zeigt, dass Nachfolgeprozesse in Familienunternehmen durch informelle Normen, implizite Erwartungen und eine hohe Bedeutung persönlicher Integrität geprägt sind. Für Investoren ist daher die Fähigkeit des Searchers, authentische, vertrauensbasierte Beziehungen zu Eigentümern, Mitarbeitenden und Stakeholdern aufzubauen, ein wesentlicher Erfolgsfaktor. Die relationalen Kompetenzen des Searchers bestimmen maßgeblich die Wahrscheinlichkeit eines erfolgreichen LOI sowie den Integrationsverlauf nach der Akquisition. Die Due Diligence muss daher die Fähigkeit zur Perspektivübernahme, kommunikative Klarheit, kulturelle Sensitivität und das Potenzial zur informellen Autoritätsentfaltung erfassen. Die Bewertung der Motivation und Werthaltung des Suchers bildet einen weiteren zentralen Schwerpunkt. Die Erforschung von Entrepreneurial Motivation zeigt, dass intrinsisch motivierte Unternehmer langfristig stabilere Verhaltensmuster und höhere Persistenz aufweisen als extrinsisch motivierte Akteure (Carsrud & Brännback, 2011). Für Investoren stellt sich daher die Frage, ob der Sucher primär durch finanzielle Anreize, statusbezogene Motive oder durch die authentische Ambition getrieben ist, ein Unternehmen verantwortungsvoll zu führen. Die DACH-Region verlangt in besonderem Maße eine wertorientierte Grundhaltung, da Eigentümer Nachfolger bevorzugen, die Kontinuität, Verantwortung und unternehmerische Demut signalisieren. Die Überprüfung der Werthaltung ist daher nicht lediglich ein moralisches, sondern ein ökonomisches Kriterium, da sie direkt mit der Akzeptanz durch den Verkäufer und die langfristige Führung des Unternehmens verknüpft ist. Einen besonderen Stellenwert hat die Analyse des Lernvermögens des Searchers. Die Forschung zu organisationalem und individuellem Lernen zeigt, dass Unternehmer, die über sogenannte Lernagilität verfügen, besser auf unerwartete Herausforderungen reagieren und schneller in der Lage sind, neue Rollen zu internalisieren (DeRue & Ashford, 2010). Da der Übergang vom Sucher zum CEO eine radikale Rollenveränderung darstellt, müssen Investoren beurteilen, ob der Searcher in der Lage ist, seine kognitive und emotionale Identität flexibel weiterzuentwickeln. Die Fähigkeit, Feedback anzunehmen, strukturiert zu reflektieren und Verhalten adaptiv anzupassen, ist ein entscheidender Prädiktor für die spätere Führungskompetenz. Auch die vergangene Biografie des Searchers spielt eine Rolle, jedoch weniger im Sinne formaler Qualifikation als im Sinne der Analyse biografischer Erfahrungsmuster. Lebensläufe, die Stationen intensiver Lernkurven, anspruchsvoller Projekte oder internationaler Interaktionssituationen enthalten, bieten Hinweise auf Problemlösungskompetenz und Ambiguitätstoleranz. Studien zur Entrepreneurial Experience zeigen, dass vielfältige Vorerfahrungen die Wahrscheinlichkeit erfolgreicher unternehmerischer Handlungen erhöhen, da sie die kognitive Basis für Mustererkennung und Transferleistung stärken (Ucbasaran et al., 2008). Dennoch ist die Due Diligence nicht mit einer klassischen Analyse in Personalauswahlverfahren von HR-Abteilungen vergleichbar, da nicht die Vergangenheit, sondern die Prognosefähigkeit im Zentrum steht. Aus Investorensicht ist schließlich die Einschätzung des Risikoverhaltens von hoher Bedeutung. Die verhaltensökonomische Forschung belegt, dass kognitive Verzerrungen wie übermäßiges Selbstvertrauen *(Overconfidence)*, der Bestätigungs-Bias *(Confirmation Bias)* und die Optimismusverzerrung *(Optimism Bias)* unter Unternehmern besonders häufig auftreten und die Qualität strategischer Entscheidungen erheblich beeinflussen können (Kahneman, 2011). Ein Searcher, der Risiken systematisch unterschätzt oder Rückmeldungen selektiv verarbeitet, stellt für Investoren ein erhebliches agency-theoretisches Risiko dar. Die sucherbezogene Due Diligence muss daher auch die Fähigkeit zur realistischen Selbsteinschätzung, zur analytischen Präzision und zur Balance zwischen Zuversicht und Vorsicht erfassen.

10.5 Governance und Entscheidungsarchitektur zwischen Investor und Searcher

Der Search-Fund-Prozess stellt eine seltene Form unternehmerischer Stellvertretung dar, in der Kapitalgeber ihre Investitionsentscheidung auf die potenzielle zukünftige Leistung einer einzelnen Person stützen. Daher sind die Governance-Mechanismen wesentlich ausgeprägter und zugleich stärker personalisiert als in klassischen Private-Equity-Strukturen. Governance dient in diesem Kontext nicht allein der Kontrolle, sondern ebenso der Stabilisierung der Identitäts-, Rollen- und Beziehungskonfiguration, die zwischen beiden Parteien entsteht. Ein Search Fund ist somit keine rein finanzielle Transaktion, sondern ein relational-institutionelles Arrangement, in dem die Architektur der Entscheidungsprozesse wesentlich darüber bestimmt, ob Vertrauen produktiv wirkt oder in strukturelle Konflikte umschlägt. Somit lässt sich konstatieren, dass die Governance und Entscheidungsarchitektur zwischen Investor und Searcher das institutionelle Rückgrat des Search-Fund-Modells bilden und die zentrale Struktur darstellen, durch die Vertrauen, Kontrolle, Risikoallokation und strategische Handlungsfähigkeit in ein funktionierendes Gleichgewicht gebracht werden. Ein zentraler theoretischer Bezugsrahmen für die Analyse dieser Architektur ist die Agency-Theorie, die auf die prinzipielle Spannung zwischen delegierter Entscheidungsbefugnis und asymmetrisch verteilter Information verweist (Eisenhardt, 1989). Im Search-Fund-Modell besteht diese Spannung in besonders ausgeprägter Form, da Investoren das unternehmerische Handeln an eine Person delegieren, deren tatsächliche Fähigkeiten erst im Verlauf der Such-, Akquisitions- und frühen Managementphase sichtbar werden. Die Governance-Struktur muss daher jene Mechanismen implementieren, die es ermöglichen, die Handlungen des Suchers zu beobachten, ohne dessen unternehmerische Wirksamkeit durch übermäßige Kontrolle zu unterminieren. Dies erfordert eine balancierte Ausgestaltung der Entscheidungsarchitektur, die einerseits wirksame Monitoring-Strukturen etabliert und andererseits genügend Autonomie gewährt, um den Searcher in die Lage zu versetzen, kontextuelle Chancen effektiv zu nutzen. Aus diesem Grund wird im Search-Fund-Modell eine intermediäre Form der Governance gewählt, die zwischen den engen Vertragsstrukturen des klassischen Venture Capital und der strategischen Autonomie familiärer Eigentümerschaften angesiedelt ist.

Die Governance-Beziehung wird in der Praxis durch verschiedene Ebenen strukturiert, die jeweils eigene normative und funktionale Aufgaben erfüllen. Die erste Ebene betrifft die Kontrolle und Steuerung in der Suchphase. Da in dieser Phase keine operativen Leistungsindikatoren existieren, wird Governance primär durch strukturierte Kommunikation, Erwartungsklarheit und verhaltensbasierte Indikatoren umgesetzt. Regelmäßige Berichte, strukturierte Updates und transparente Offenlegung von Pipeline-Entwicklungen fungieren als zentrale Kontrollinstrumente. Diese Mechanismen dienen nicht nur der Risikominimierung, sondern auch der Vertrauensbildung, da sie die Unsicherheit reduzieren, die durch die Unbeobachtbarkeit der tatsächlichen Aktivität des Suchers entsteht. In der DACH-Region erhält diese Form der Governance eine besondere Bedeutung, da institutionelle Erwartungen an Transparenz und formale Strukturen stärker ausgeprägt sind als im US-Modell, das traditionell durch informellere und beziehungsorientierte Steuerungsmechanismen geprägt ist (Yale School of Management, 2023). Eine zweite Ebene betrifft die Governance im Transaktionsdesign und der Unternehmensakquisition. In dieser Phase verdichten sich die agency-theoretischen Spannungen erheblich, da der Searcher die Rolle eines Verhandlungsführers übernimmt, dessen Entscheidungen unmittelbare finanzielle Konsequenzen für die Investoren haben. Die internationale Forschung zeigt, dass die Qualität der Entscheidungsarchitektur in dieser Phase maßgeblich über den Erfolg einer Akquisition bestimmt, da strukturelle Fehlanreize entstehen können, die den Searcher zu überoptimistischen Preisbewertungen oder voreiligen Transaktionen verleiten (Kaplan & Strömberg, 2001). Governance muss daher Entscheidungsmechanismen bereitstellen, die sicherstellen, dass die Bewertung, Verhandlung und Strukturierung der Transaktion nicht ausschließlich den kognitiven und emotionalen Mustern des Searchers überlassen bleiben. Die Rolle der Investoren ist in dieser Phase die eines analytischen und strategischen Korrektivs, das die Perspektive des Suchers erweitert und zugleich als institutionelle Begrenzung fungiert. Die dritte Ebene betrifft die Governance nach Abschluss der Akquisition, in der der Übergang vom Searcher zum CEO stattfindet. Diese Phase ist besonders komplex, da sie einen doppelten Rollenwechsel beinhaltet. Der Searcher transformiert sich von einem kapitalwerbenden Gründer zu einem operativ verantwortlichen Führungskräftenachfolger, während die Investoren von Mentoren und Evaluatoren zu Aufsichtspartnern werden. Governance muss daher nicht nur Regeln setzen, sondern auch Rollen neu definieren. Die Corporate Governance Forschung zeigt, dass gerade in postakquisitorischen Transformationsphasen die Qualität der Board-Struktur, die Klarheit der Entscheidungsprozesse und die institutionelle Rollenkohärenz entscheidend über langfristige Unternehmensentwicklung bestimmen (Huse, 2007). Im Search-Fund-Modell stellt das Board of Directors das zentrale Organ der Governance dar. Anders als in klassischen mittelständischen Nachfolgesituationen übernimmt es eine aktive Rolle in der strategischen Begleitung und Überwachung und stellt damit eine institutionelle Stütze für den noch unerfahrenen, aber lernfähigen CEO dar. Die Qualität der Governance hängt maßgeblich von der relationalen Infrastruktur ab, die zwischen Searcher und Investoren entsteht. Vertrauen, psychologische Sicherheit und Kommunikationsqualität bilden dabei wesentliche Voraussetzungen für funktionale Entscheidungsarchitekturen. Die Forschung zeigt, dass Governance nur dann effektiv ist, wenn sie nicht als Kontrollinstrument, sondern als integrativer Bestandteil eines gemeinsamen strategischen Rahmens verstanden wird (Gulati & Nickerson, 2008). Ein Governance-Verhältnis, das von Misstrauen geprägt ist, führt zu defensivem Entscheidungsverhalten, erhöhter Konfliktwahrscheinlichkeit und einer Verringerung der unternehmerischen Flexibilität. Ein Governance-Verhältnis, das ausschließlich auf Vertrauen basiert, erhöht hingegen das agency-theoretische Risiko. Die Kunst der Governance im Search-Fund-Modell besteht daher darin, die Schwelle zwischen Kontrolle und Autonomie präzise zu kalibrieren.

Von besonderem Interesse sind zudem die institutionellen Besonderheiten europäischer Governance. Während das US-Modell auf einer langen Tradition standardisierter Vertragsstrukturen und erprobter Erwartungssysteme beruht, bewegt sich der DACH-Raum in einem Umfeld, das stärker durch bankorientierte Finanzierungslogiken, normative Erwartungskulturen und eine ausgeprägte Bedeutung persönlicher Reputation geprägt ist. Diese Faktoren führen dazu, dass europäische Governance-Strukturen häufig formaler, detaillierter und kontrollorientierter ausgestaltet sind. Gleichzeitig spielen persönliche Beziehungen, Vertrauenswürdigkeit und kulturelle Kompatibilität eine stärkere Rolle als im US-Modell. Governance wird in der DACH-Region nicht nur als institutionelle Struktur, sondern auch als kulturelle Passungslogik verstanden, die darüber entscheidet, ob die Rolle des neuen Eigentümers in der sozialen Ordnung des Unternehmens legitimiert wird (Witt, 2008). Governance muss daher sowohl formale als auch kulturelle Anschlussfähigkeit gewährleisten. Schließlich muss die Entscheidungsarchitektur im Search-Fund-Modell so ausgelegt sein, dass sie langfristige strategische Resilienz ermöglicht. Die Forschung zu strategischen Entscheidungsprozessen zeigt, dass Entscheidungen unter Unsicherheit dann besonders robust sind, wenn sie auf einer Kombination aus analytischer Stringenz, dezentraler Informationsintegration und kontrollierter Experimentierfähigkeit beruhen (Eisenhardt & Zbaracki, 1992). In diesem Sinne fungiert Governance im Search-Fund-Kontext als institutionelle Intelligenz, die die individuelle Entscheidungskapazität des Searchers erweitert und absichert. Entscheidend ist, dass Governance nicht als Einschränkung unternehmerischer Freiheit verstanden wird, sondern als Struktur, die diese Freiheit erst ermöglicht.

10.6 Verhaltensökonomische Fehlannahmen von Investoren im Search-Fund-Modell

Die verhaltensökonomische Perspektive eröffnet einen analytisch wertvollen Zugang zum Verständnis der Investorenrolle im Search-Fund-Modell, da sie systematisch jene kognitiven und emotionalen Verzerrungen sichtbar macht, die Entscheidungen unter Unsicherheit beeinflussen. Während die klassische Finanztheorie Investoren als rational kalkulierende Akteure modelliert, belegt die verhaltensökonomische Forschung seit Kahneman und Tversky, dass Entscheidungsprozesse in hohem Maße durch Heuristiken, Biases und unbewusste Präferenzen geprägt sind (Kahneman, 2011; Tversky & Kahneman, 1974). Im

Kontext von Search Funds gewinnen diese Verzerrungen eine besondere Bedeutung, da Investoren in einer Situation extremer Informationsasymmetrie agieren und zugleich Entscheidungen über Personen treffen müssen, deren zukünftige Leistung nur bedingt prognostizierbar ist. Die verhaltensökonomischen Mechanismen sind daher Determinanten der Kapitalallokation, der Governance-Qualität und der Erfolgswahrscheinlichkeit des gesamten Modells.

Ein zentraler Bias, der in Search-Fund-Kontexten regelmäßig beobachtet wird, ist der Overconfidence Bias. Investoren überschätzen nicht selten ihre Fähigkeit, die Eignung eines Searchers auf Basis kurzer Interaktionen, narrativer Selbstpräsentation oder vermeintlich aussagekräftiger biografischer Indikatoren zu beurteilen. Die Forschung zeigt, dass gerade erfahrene Investoren dazu tendieren, ihre diagnostischen Fähigkeiten überzubewerten, da frühere Erfolge als vermeintlicher Beweis persönlicher Urteilskraft interpretiert werden (Biais et al., 2005). Im Search-Fund-Modell führt dieser Mechanismus zu einer übermäßigen Gewichtung subjektiver Eindrücke, etwa der rhetorischen Eleganz, der Selbstsicherheit oder der akademischen Herkunft eines Searchers, während schwer beobachtbare, aber entscheidende Merkmale wie Lernfähigkeit, emotionale Regulation oder konfliktfähige Integrität weniger systematisch bewertet werden. Die Verzerrung verstärkt sich im DACH-Raum, wo persönliche Passung, Habitus und Auftrittsnormen stärker kulturell kodiert sind, sodass Investoren nicht selten ästhetische oder soziale Ähnlichkeitsindikatoren mit unternehmerischer Kompetenz verwechseln. Eng verbunden hiermit ist der Halo-Effekt, der dazu führt, dass einzelne positive Merkmale des Searchers eine überproportionale Wirkung auf die Gesamtwahrnehmung haben. Empirisch gut belegt ist die Tendenz, akademische Exzellenz oder berufliche Stationen in prestigeträchtigen Unternehmen als globale Indikatoren unternehmerischer Eignung zu interpretieren (Nisbett & Wilson, 1977). Im Search-Fund-Kontext kann dies zur Fehlannahme führen, dass analytische Brillanz automatisch in operative Führungsfähigkeit übersetzt werden kann, obwohl die Forschung zeigt, dass kognitive Exzellenz und Führungsverhalten nur partiell korrelieren (Zaccaro, 2007). Investoren übersehen in diesen Fällen die spezifischen Anforderungen des mittelständischen Unternehmensumfelds, das weniger fundierte Theoriekenntnisse als vielmehr soziale Anschlussfähigkeit, Pragmatismus, Konfliktkompetenz und langfristige Vertrauensbildung verlangt. Ein weiterer relevanter Verzerrungsmechanismus ist der Confirmation Bias. Investoren neigen dazu, Informationen selektiv wahrzunehmen und zu interpretieren, die ihre anfängliche Einschätzung bestätigen. Dieser Prozess ist besonders virulent, wenn Investoren früh eine emotionale Präferenz für einen Searcher entwickeln, etwa aufgrund einer positiven Erstinteraktion oder eines starken Narrativs. Studien zeigen, dass Investoren unter solchen Bedingungen dazu tendieren, widersprüchliche Informationen zu relativieren oder kontextuell abzuwerten (Rabin & Schrag, 1999). Im Search-Fund-Modell führt dies dazu, dass Warnzeichen in der Persönlichkeitsstruktur, der Entscheidungslogik oder der Risikowahrnehmung eines Suchers nicht als Warnsignale, sondern als zufällige Abweichungen interpretiert werden. Diese Verzerrung verstärkt die Gefahr einer Fehlallokation von Kapital und ist besonders problematisch in Märkten wie Europa, in denen die institutionelle Erfahrung mit Search-Fund-Modellen noch gering ist und Investoren weniger auf standardisierte Screening-Prozesse zurückgreifen können. Ein vierter Bias, der für Search-Fund-Investoren besonders relevant ist, ist die Vertrautheitsverzerrung *(familiarity bias)*. Die Forschung zeigt, dass Menschen Investitionen bevorzugen, die ihnen kulturell, sozial oder biografisch vertraut erscheinen (Huberman, 2001). Im Search-Fund-Kontext führt dies dazu, dass Investoren Searcher bevorzugen, die aus ähnlichen sozialen, akademischen oder beruflichen Milieus stammen. Dies erzeugt eine strukturelle Homogenität, die die Diversität des Ökosystems reduziert und potenziell besonders geeignete Kandidaten ausschließt, deren Profile nicht dem impliziten kulturellen Erwartungsbild entsprechen. In der DACH-Region, deren Corporate-Elite-Strukturen relativ geschlossen sind, wirkt dieser Bias besonders stark. Er erzeugt ein Paradox, da Search Funds eigentlich gerade durch die Heterogenität unternehmerischer Biografien profitieren könnten. Stattdessen kann ein implizites Replikationsverhalten entstehen, bei dem Investoren unbewusst versuchen, den archetypischen US-amerikanischen MBA-Searcher zu reproduzieren, obwohl dieser Typus im europäischen Mittelstandskontext nicht immer optimal anschlussfähig ist. Ein weiterer bedeutender Verzerrungsmechanismus ist der Herding-Effekt, der dazu führt, dass Investoren ihre Entscheidungen am Verhalten anderer Marktteilnehmer ausrichten, insbesondere in Situationen hoher Unsicherheit. In jungen Ökosystemen wie dem europäischen Search-Fund-Markt sind normative Erwartungen und Erfahrungswerte noch schwach ausgebildet. Daher orientieren sich Investoren häufig an den Entscheidungen erfahrener Akteure, Elite Institutionen oder prominenter ETA-Investoren. Die Behavioral-Finance-Forschung zeigt, dass Herding insbesondere in Märkten mit geringen Informationssignalen und begrenzter Transparenz auftritt (Bikhchandani et al., 1992). Im Search-Fund-Kontext führt dies zu übermäßiger Konvergenz von Entscheidungen, redundanter Kapitalallokation und einer Verzerrung der tatsächlichen Qualitätsbewertung. Gleichzeitig entsteht ein Risiko systematischer Fehlurteile, wenn kollektive Trendentwicklungen auf gemeinsamen Biases beruhen. Nicht minder relevant ist der Optimism Bias, der dazu führt, dass Investoren zukünftige Erfolge systematisch überschätzen und potenzielle Risiken unterschätzen. Dieser Bias ist im Search-Fund-Kontext besonders ausgeprägt, da das Modell narrativ stark durch Erfolgsbeispiele geprägt ist, die den Eindruck vermitteln, Search Funds seien bei richtiger Auswahl des Suchers nahezu deterministisch erfolgreich. Die empirischen Studien zeigen jedoch eine erhebliche Ergebnisstreuung, hohe Dropout-Raten in der Suchphase und signifikante operative Risiken nach der Akquisition (Maas et al., 2022). Der Optimism Bias führt dazu, dass Investoren eine verzerrte Wahrnehmung der tatsächlichen Risikostruktur entwickeln und die Möglichkeit substanzieller Fehlentwicklung unterschätzen. Besonders gefährlich ist dieser Bias, wenn er durch eine starke emotionale Bindung an die Person des Searchers verstärkt wird. Schließlich spielt der Sunk-Cost-Bias eine zentrale Rolle, insbesondere in der Phase, in der Investoren bereits in die Suche investiert haben. Die verhaltensökonomische Forschung zeigt, dass Menschen dazu tendieren, einmal getätigte Investitionen durch weiteres Engagement zu rechtfertigen, auch wenn objektive Informationen gegen eine Fortsetzung sprechen (Arkes & Blumer, 1985). Im Search-Fund-Modell führt dies dazu, dass Investoren die Unterstützung eines Suchers aufrechterhalten, obwohl deutliche Hinweise auf mangelnde Passung, fehlende Lernfähigkeit oder übermäßige Risikoexposition vorliegen. Die Fehlannahme verstärkt sich, wenn Investorensyndikate durch soziale Normen, gemeinsame Reputation oder wechselseitige Erwartungsbindungen geprägt sind. Eine professionelle und reflektierte Investorensicht erfordert insgesamt nicht nur analytische Kompetenz, sondern ebenso ein tiefes Bewusstsein für kognitive und emotionale Verzerrungen. Durch die systematische Integration verhaltensökonomischer Erkenntnisse in die Entscheidungsarchitektur kann die langfristige Funktionsfähigkeit des Search-Fund-Ökosystems und die Qualität der Kapitalallokation nachhaltig gewährleistet werden.

10.7 Konflikt- und Vertrauensdynamiken im Investoren-Searcher-Verhältnis: Ursachen, Mechanismen und Lösungsansätze

Das dynamische Verhältnis ist geprägt durch ein komplexes Spannungsfeld aus Vertrauen, Kontrolle, Abhängigkeit, asymmetrischer Information, divergierenden Zeitpräferenzen und teilweise konträren Erwartungshorizonten. Dieses Spannungsfeld stellt ein konstitutives Strukturelement des Modells selbst dar. Search Funds erzeugen eine Beziehungskonfiguration, in der eine einzelne Person langfristig die treuhänderische Verantwortung über investiertes Kapital übernimmt, ohne dass in der frühen Phase belastbare Leistungsindikatoren vorliegen. Die Beziehung ist daher durch eine außergewöhnlich hohe Vulnerabilität gegenüber Konflikten, Missverständnissen und Vertrauenserschütterungen gekennzeichnet. Umso wichtiger ist es, die Mechanismen der Vertrauensbildung und Konfliktentstehung wissenschaftlich zu verstehen, da sie maßgeblich über den Erfolg eines Search Funds entscheiden.

Aus agency-theoretischer Perspektive ist die Beziehung zwischen Investor und Searcher durch einen strukturellen Zielkonflikt geprägt, da der Principal den Agenten mit Handlungsautonomie ausstattet, aber gleichzeitig Informationsasymmetrien bestehen, die das Risiko opportunistischen Verhaltens erhöhen können (Eisenhardt, 1989). Im Search-Fund-Modell besteht diese Asymmetrie in besonders ausgeprägter Form. Der Searcher verfügt über Informationen über seine tatsächlichen Aktivitäten im Dealflow, seine kognitive Belastbarkeit, seine persönlichen Zweifel und seine strategische Intuition, während Investoren lediglich die selektiv kommunizierten Auszüge dieser Informationen erhalten. Diese Konstellation schafft ein hohes Maß an Unsicherheit und macht Vertrauen zu einer unverzichtbaren Ressource. Vertrauen reduziert die wahrgenommene Komplexität der Beziehung und erlaubt Investoren, Handlungsspielräume zu gewähren, die für unternehmerische Kreativität notwendig sind. Gleichzeitig erhöht Vertrauen aber auch die Verletzlichkeit, da Investoren auf Narrative, Charakterurteile und implizite Signale angewiesen sind, um Entscheidungen zu treffen, die finanzielle Tragweite besitzen. Die Vertrauensbildung in dieser Beziehung folgt nicht einem linearen Prozess, sondern entsteht im Zusammenspiel kognitiver, normativer und affektiver Faktoren. Mayer et al.

(1995) zeigen, dass Vertrauen durch die drei Dimensionen Fähigkeit, Wohlwollen und Integrität bestimmt wird. Im Search-Fund-Kontext bedeutet dies, dass Investoren nicht nur die intellektuelle Kompetenz des Searchers einschätzen, sondern auch dessen moralische Verlässlichkeit und sein tatsächliches Interesse an der langfristigen Wertschöpfung. Der DACH-Raum verstärkt diese Dynamik, da mittelständische Nachfolgesituationen eine starke normative Erwartungsstruktur besitzen, in der Authentizität, Beständigkeit und verantwortungsvolle Handlungsorientierung besonders hoch bewertet werden. Investoren übertragen diese kulturelle Erwartungsstruktur häufig unbewusst auch auf den Searcher, was den Vertrauensaufbau erleichtern oder erschweren kann, abhängig davon, wie gut die impliziten kulturellen Codes erfüllt werden. Konflikte entstehen in dieser Konstellation typischerweise nicht aufgrund klar definierter und bewusst divergierender Ziele, sondern aufgrund unterschiedlicher Interpretationen, impliziter Erwartungen und emotionaler Dynamiken, die den objektiven Entscheidungsprozess überlagern. Die Konfliktforschung zeigt, dass in Beziehungen mit hoher Unsicherheit und gegenseitiger Abhängigkeit Konflikte eine quasi strukturelle Qualität besitzen, da jede Partei die Handlungen der anderen mit Interpretationsspielräumen füllt, die von individuellen Erfahrungen, emotionalen Zuständen und mentalen Heuristiken geprägt sind (Deutsch, 1973). In Search Funds sind diese Interpretationen besonders anfällig für Verzerrungen, da Investoren und Searcher oftmals unterschiedliche kognitive Modelle darüber besitzen, was ein „guter Suchprozess" ist, wie schnell Fortschritte erwartet werden können oder wie Risiken einzuordnen sind. Diese Erwartungsdivergenzen können sich insbesondere dann verschärfen, wenn der Dealflow stagnierend ist oder wenn sich die Verhandlungen mit Eigentümern unerwartet verzögern.

Ein besonders kritischer Moment für Konflikte ist der Übergang von der Suchphase zur Akquisitionsphase. In dieser Phase verdichten sich die emotionalen und analytischen Herausforderungen, da der Searcher die Rolle des Verhandlungsführers übernimmt und damit die zentrale Schnittstelle zwischen Investor, Eigentümer und Zielunternehmen bildet. Emotionale Überidentifikation des Searchers mit einem Target, Überoptimismus oder konflikthemmende Tendenzen können von Investoren als mangelnde Objektivität oder als Abweichung von deren Risikoerwartungen interpretiert werden. Gleichzeitig kann aus Sicht des Searchers eine zu starke Einflussnahme der Investoren als Vertrauensentzug oder als Eingriff in die unternehmerische Handlungsfreiheit erscheinen. Diese Dynamik erzeugt ein Spannungsfeld, das sowohl aus kontrolltheoretischer als auch aus psychologischer Perspektive anspruchsvoll ist. Auch die Phase nach der Akquisition ist anfällig für Vertrauens- und Konfliktdynamiken. Der Searcher übernimmt in kurzer Zeit eine komplexe Führungsrolle, während die Investoren ihre Position von Evaluatoren zu Aufsichtspartnern verändern müssen. Diese Rollenverschiebung erzeugt eine Instabilität, die als sogenannte role transition ambiguity beschrieben wurde (Ashforth, 2001). Wenn Rollen nicht klar neu definiert werden, entsteht das Risiko struktureller Fehlinterpretationen. Investoren können fortgesetzte Einmischung für notwendig halten, während der Searcher sie als Einschränkung seiner Handlungskompetenz interpretiert. Ebenso kann der Searcher aus Unsicherheit heraus zu wenig kommunizieren, was die Investoren in ihren latent vorhandenen agency-theoretischen Sorgen bestätigt und Misstrauen verstärkt.

Wissenschaftlich fundierte Lösungsansätze für diese Dynamiken müssen sowohl institutionelle als auch psychologische Ebenen integrieren. Die Forschung zur relationalen Governance zeigt, dass Vertrauen und Kontrolle nicht im Widerspruch stehen, sondern sich wechselseitig stützen können, wenn sie klar strukturiert sind (Poppo & Zenger, 2002). Ein zentraler Lösungsansatz besteht deshalb in der sorgfältigen Definition von Rollen, Erwartungen und Entscheidungsrechten in jeder Phase des Search-Fund-Prozesses. Transparente Governance-Vereinbarungen reduzieren die Interpretationsspielräume und verhindern, dass implizite Erwartungen zu Konflikten führen. Institutionelle Klarheit dient als kognitiver Anker, der es beiden Parteien ermöglicht, emotionale oder situative Irritationen einzuordnen, ohne sie auf die gesamte Beziehungsqualität zu generalisieren. Ein weiterer Lösungsmechanismus ergibt sich aus der Forschung zu High-Quality Relationship Management. Hohe Qualität der Beziehung beruht auf Offenheit, wechselseitigem Respekt, psychologischer Sicherheit und der Fähigkeit zu konstruktiver Konfliktbearbeitung (Ragins, 2012). In der Sucher-Investoren-Beziehung bedeutet dies, dass Kommunikation nicht ausschließlich auf Berichte und Kennzahlen reduziert werden darf, sondern Raum für Reflexion, Kontextualisierung und den Austausch mentaler Modelle bieten muss. Die Transformation individueller Interpretationen in gemeinsame Bedeutungssysteme reduziert Konfliktpotenziale und stärkt das Vertrauen. Die Forschung zur dialogorientierten Governance legt nahe, dass insbesondere regelmäßige, strukturierte Gespräche über strategische Leitfragen, Werte und langfristige Visionen eine stabilisierende Wirkung entfalten. Ein dritter Lösungsansatz betrifft die psychologische Governance. Hierzu gehört die bewusste Erarbeitung eines gemeinsamen Verständnisses über Risiko, Unsicherheit und Entscheidungskriterien. Studien zeigen, dass geteilte mentale Modelle die Qualität von Teamentscheidungen massiv verbessern und die Wahrscheinlichkeit eskalierender Konflikte reduzieren (Mathieu et al., 2000). Für Search Funds bedeutet dies, dass Investoren und Searcher frühzeitig ihre Risikopräferenzen, Zeitpräferenzen, Opportunitätskosten und strategischen Ambitionen explizit austauschen müssen, um spätere Divergenzen zu minimieren. Dieser Prozess schafft ein metakognitives Referenzsystem, das Konflikte nicht verhindert, aber ihre Intensität verringert und ihre Bearbeitbarkeit erhöht. Schließlich bietet die Forschung zu Vertrauenserholung wichtige Anhaltspunkte für den Umgang mit Vertrauensbrüchen, die in Search-Fund-Prozessen nahezu unvermeidlich auftreten. Kim et al. (2004) zeigen, dass Vertrauenserholung dann besonders erfolgreich ist, wenn Verantwortungsübernahme, transparente Kommunikation und glaubwürdige Korrekturmaßnahmen kombiniert werden. Für die Search-Fund-Beziehung bedeutet dies, dass sowohl Investoren als auch Searcher in der Lage sein müssen, Fehler offen zu adressieren, ohne sie in den Bereich moralischer Zuschreibung zu verschieben. Eine Kultur der Attribution struktureller statt persönlicher Ursachen trägt dazu bei, Konflikte zu deeskalieren und Vertrauen wiederherzustellen.

Literatur

Aguilera, R. V., & Jackson, G. (2003). The cross-national diversity of corporate governance. *Academy of Management Review, 28*(3), 447–465.

Arkes, H. R., & Blumer, C. (1985). The psychology of sunk cost. *Organizational Behavior and Human Decision Processes, 35*(1), 124–140.

Ashforth, B. E. (2001). *Role transitions in organizational life*. Routledge.

Bandura, A. (1997). *Self-efficacy: The exercise of control*. Freeman.

Baron, R. A. (2008). The role of affect in the entrepreneurial process. *Academy of Management Review, 33*(2), 328–340.

Biais, B., Hilton, D., Mazurier, K., & Pouget, S. (2005). Judgmental overconfidence, self-monitoring, and trading performance. *Review of Economic Studies, 72*(2), 287–312.

Bikhchandani, S., Hirshleifer, D., & Welch, I. (1992). A theory of fads, fashion, custom, and cultural change as informational cascades. *Journal of Political Economy, 100*(5), 992–1026.

Carsrud, A., & Brännback, M. (2011). Entrepreneurial motivations: What do we still need to know. *Journal of Small Business Management, 49*(1), 9–26.

DeRue, D. S., & Ashford, S. J. (2010). Who will lead and who will follow. *Academy of Management Review, 35*(4), 627–647.

Deutsch, M. (1973). *The resolution of conflict*. Yale University Press.

Eisenhardt, K. M. (1989). Agency theory: An assessment and review. *Academy of Management Review, 14*(1), 57–74.

Eisenhardt, K. M., & Zbaracki, M. (1992). Strategic decision making. *Strategic Management Journal*, 13(2), 17–37.

Gulati, R., & Nickerson, J. A. (2008). Interorganizational trust, governance choice, and exchange performance. *Organization Science, 19*(5), 688–708.

Hall, P. A., & Soskice, D. (2001). *Varieties of capitalism: The institutional foundations of comparative advantage*. Oxford University Press.

Huberman, G. (2001). Familiarity breeds investment. *Review of Financial Studies, 14*(3), 659–680.

Huse, M. (2007). *Boards, governance and value creation*. Cambridge University Press.

Jensen, M. C., & Meckling, W. H. (1976). Theory of the firm: Managerial behavior, agency costs and ownership structure. *Journal of Financial Economics, 3*(4), 305–360.

Kahneman, D. (2011). *Thinking, fast and slow*. Farrar, Straus and Giroux.

Kaplan, S. N., & Strömberg, P. (2001). Venture capitalists as principals: Contracting, screening, and monitoring. *American Economic Review, 91*(2), 426–430.

Kim, P. H., Ferrin, D. L., Cooper, C. D., & Dirks, K. T. (2004). Removing the shadow of suspicion. *Academy of Management Journal, 47*(3), 368–384.

Maas, M., McDonald, J., & Rachwalski, J. (2022). *Search Fund Study*. Stanford Graduate School of Business.

Mathieu, J. E., Heffner, T. S., Goodwin, G. F., Salas, E., & Cannon-Bowers, J. A. (2000). The influence of shared mental models. *Journal of Applied Psychology, 85*(2), 273–283.

Mayer, R. C., Davis, J. H., & Schoorman, F. D. (1995). An integrative model of organizational trust. *Academy of Management Review, 20*(3), 709–734.

Nisbett, R. E., & Wilson, T. D. (1977). The halo effect. *Journal of Personality and Social Psychology, 35*(4), 250–256.

North, D. C. (1990). *Institutions, institutional change, and economic performance*. Cambridge University Press.

Poppo, L., & Zenger, T. (2002). Do formal contracts and relational governance function as substitutes or complements. *Strategic Management Journal, 23*(8), 707–725.

Rabin, M., & Schrag, J. L. (1999). First impressions matter: A model of confirmatory bias. *Quarterly Journal of Economics, 114*(1), 37–82.

Ragins, B. R. (2012). Reflections on relational mentoring. *Journal of Management, 38*(1), 220–227.

Rauch, A., & Frese, M. (2007). Let us put things into perspective: Entrepreneurial personality. *European Journal of Work and Organizational Psychology, 16*(4), 353–385.

Schmidt, V. A. (2017). *The temporality of ideas and institutions.* Cambridge University Press.

Tversky, A., & Kahneman, D. (1974). Judgment under uncertainty: Heuristics and biases. *Science, 185*(4157), 1124–1131.

Ucbasaran, D., Westhead, P. & Wright, M. (2008). The extent and nature of opportunity identification by experienced entrepreneurs. Journal Of Business Venturing, 24(2), 99–115. https://doi.org/10.1016/j.jbusvent.2008.01.008. Zugegriffen: 5. Dez. 2025.

Weber, E. U., & Hsee, C. (1998). Cross-cultural differences in risk perception. *Management Science, 44*(9), 1205–1217.

Witt, P. (2008). Strategies for family business succession: Experiences from Europe. *International Journal of Entrepreneurship and Small Business, 6*(3), 299–314.

Yale School of Management. (2023). A Reference Guide on European Search Funds. Yale University.https://som.yale.edu/sites/default/files/2025-04/A%20Reference%20Guide%20on%20European%20Search%20Funds.pdf. Zugegriffen: 7. Dez. 2025.

Zaccaro, S. J. (2007). Trait-based perspectives of leadership. *American Psychologist, 62*(1), 6–16.

Zhao, H., & Seibert, S. (2006). The Big Five personality dimensions and entrepreneurial status. *Journal of Applied Psychology, 91*(2), 259–271.

11 Dynamiken, Herausforderungen und strukturelle Besonderheiten der postakquisitorischen Phase im ETA-Kontext

Zusammenfassung

Die postakquisitorische Phase stellt den eigentlichen Prüfstein des ETA-Modells dar. Nicht die Suche nach einem geeigneten Zielunternehmen oder das Closing entscheiden über nachhaltigen Erfolg, sondern die ersten Monate nach der Übernahme, in denen Identität, Organisation, Governance und Wertschöpfung real wirksam werden. Diese Phase ist strukturell untererforscht, zugleich aber hoch pfadprägend und nur begrenzt korrigierbar. Zentral ist der Rollen- und Identitätsübergang vom Searcher zum CEO. Der Wechsel von narrativer Potenzialbehauptung zu performativer Führungsverantwortung erzeugt hohe psychologische Vulnerabilität. Führungserfolg hängt weniger von Instrumenten als von diagnostischer Präsenz, kultureller Sensibilität und der Fähigkeit ab, Vertrauen vor Intervention aufzubauen. Organisational trifft der neue Eigentümer auf stark pfadabhängige, informell strukturierte Mittelstandsunternehmen. Wertschöpfung entsteht hier nicht durch schnelle Reorganisation, sondern durch präzise Diagnose von Kultur, Routinen und informeller Ordnung sowie durch kontextsensible Sequenzierung von Veränderungen. Die Governance muss ausreichend formal für Kapitalgeber und ausreichend relational für Belegschaft und regionale Stakeholder sein. Die Wertsteigerungsarchitektur erfordert die iterative Übersetzung der Suchthesis in operative Realität, die stets kulturell gerahmt ist. Typische Scheitermuster liegen in der Überforderung, Entscheidungsparalyse, Kulturbrüche, Schlüsselpersonenverlust, Stakeholder-Vertrauensverluste und Burnout.

Ergänzende Information Die elektronische Version dieses Kapitels enthält Zusatzmaterial, auf das über folgenden Link zugegriffen werden kann [https://doi.org/10.1007/978-3-658-52650-4_11].

C. Schuchardt, *Entrepreneurship Through Acquisition und Search Funds im deutschsprachigen Mittelstand*, https://doi.org/10.1007/978-3-658-52650-4_11

Mit der postakquisitorischen Phase wird der eigentliche Beginn des unternehmerischen Handelns im Rahmen eines Search-Fund- oder ETA-Modells markiert. Sie stellt damit jene kritische Übergangszone dar, in der sich entscheidet, ob der zuvor konzipierte Such- und Transaktionsprozess in nachhaltige Wertschöpfung, organisationales Wachstum und langfristige Unternehmensentwicklung überführt werden kann. Während die internationale Literatur den Such- und Akquisitionsprozess vergleichsweise gut dokumentiert hat, bleibt die Phase nach dem Closing bisher weitgehend untererforscht, obwohl empirische Evidenz zeigt, dass gerade die ersten Monate und Jahre nach der Übernahme maßgeblich über Erfolg oder Scheitern des gesamten Modells entscheiden (Hunt & Fund, 2012; Yale School of Management, 2023). Diese Forschungslücke ist im deutschsprachigen Raum besonders ausgeprägt, da hier sowohl die institutionelle Erfahrung mit ETA-Modellen als auch die empirische Datenbasis zur postakquisitorischen Unternehmensentwicklung noch in einem frühen Stadium sind. Die Besonderheit der postakquisitorischen Phase im ETA-Kontext ergibt sich aus der einzigartigen Rollenarchitektur, die sich aus der Transformation des Searchers hin zu einer vollverantwortlichen unternehmerischen Führungskraft ergibt. Dieser Rollenübergang ist nicht nur ein organisatorischer Wechsel, sondern eine tiefgreifende Identitätsverschiebung. Der Searcher tritt aus einem Modus der opportunitätsgetriebenen Exploration in eine Position ein, die durch Kontinuität, Führungsautorität, operative Detailkenntnis, Verantwortung gegenüber Mitarbeitern und Stakeholdern sowie multidimensionale Risikosteuerung gekennzeichnet ist. Solche Übergänge sind durchaus vulnerabel, da sie simultan eine kognitive Neustrukturierung, emotionale Anpassung und soziale Re-Legitimation erfordern (Ashforth, 2001). ETA-CEOs treten häufig ohne umfangreiche operative Führungserfahrung in eine historisch gewachsene Organisation ein, deren soziale Ordnung, implizite Werte und informelle Machtstrukturen eingespielt, aber für Außenstehende schwer durchschaubar sind. Zudem zeichnet sich die organisationale Realität postakquirierter Mittelstandsunternehmen typischerweise durch hohe Pfadabhängigkeit, starke kulturelle Kohäsion, implizite Regelwerke und ein dichtes Netz informeller Beziehungen aus. Die Organisationsforschung zeigt, dass eingefahrene Routinen und historisch gewachsene Strukturlogiken einen erheblichen Einfluss auf die Transformationsfähigkeit und Veränderungsresistenz kleiner und mittlerer Unternehmen haben (Becker, 2004). Der neue Eigentümer muss somit die bestehende Kultur, die informelle Machtarchitektur und die organisationale Erwartungslogik zunächst präzise diagnostizieren. Diese eingehende Analyse ist besonders relevant im deutschsprachigen Raum, dessen mittelständische Unternehmenslandschaft durch langfristige Mitarbeiterbindung, starke regionale Verwurzelung und eine ausgeprägte Funktionslogik von Vertrauensbeziehungen geprägt ist (Witt, 2008).

Ein weiterer entscheidender Aspekt betrifft die dynamische Balance zwischen Stabilität und Veränderung in der postakquisitorischen Phase. Die Forschung zur organisationalen Ambidextrie zeigt, dass Unternehmen langfristig erfolgreich sind, wenn sie die Effizienz bestehender Wertschöpfung (Exploitation) sichern und gleichzeitig Innovations-, Professionalisierungs- oder Wachstumsimpulse (Exploration) integrieren können (O'Reilly & Tushman, 2016). ETA-CEOs stehen damit vor einem strategisches Dilemma: Einerseits müssen sie die Kerngeschäfte stärken, das Vertrauen der Mitarbeiter sichern und die operationale Kontinuität gewährleisten. Andererseits stehen Investoren, Thesis-Logiken und Erwartungskonfigurationen, die häufig implizit oder explizit schnelle Wertsteigerung erwarten, in einem Spannungsverhältnis zur erforderlichen Stabilität. Der Erfolg dieser Balance hängt wesentlich von der Fähigkeit ab, Tempo, Intensität und Sequenzierung von Veränderungen kontextsensibel zu steuern. Die postakquisitorische Phase ist damit eine Phase hoher Komplexität, die durch die Gleichzeitigkeit multiple Herausforderungsdimensionen gekennzeichnet ist: der psychologischen Transition des neuen Eigentümers, der strukturellen und kulturellen Diagnose der Organisation, der Führungs- und Governance-Neuausrichtung, der Wertsteigerungsarchitektur, dem Management kritischer Stakeholder und der Navigationsfähigkeit in einer typischerweise ressourcenlimitierten Umgebung. Zugleich handelt es sich um eine Phase hoher strategischer Bedeutung, da grundlegende Fehlentscheidungen in den ersten Monaten kaum korrigierbar sind und langfristige Pfadabhängigkeiten erzeugen. Ergebnisse der organisationalen Transformationsforschung weisen darauf hin, dass frühe Weichenstellungen in jungen CEO-Tenures langfristige Wirkung haben und oftmals die spätere Leistungsfähigkeit determinieren (Hambrick & Fukutomi, 1991). Für das Search-Fund-Modell im DACH-Raum ergibt sich daraus ein besonderer Forschungs- und Reflexionsbedarf. Die Kombination aus mittelständischen Strukturen, kultureller Risikopräferenz, hoher Bedeutung von persönlicher Integrität und lokalen Erwartungsnormen macht die postakquisitorische Phase zu einem hochsensiblen Interaktionsfeld zwischen neuen Eigentümern, Belegschaft, Führungsteam, Kunden, Lieferanten, Banken und Investoren. Ein fundiertes Verständnis dieser Phase ist daher nicht nur für ETA-Unternehmer selbst, sondern auch für Kapitalgeber, Berater, Family Offices und akademische Institutionen zentral, die das Modell weiterentwickeln und professionalisieren möchten.

11.1 Vom Searcher zum CEO: Rollenübergang, Identitätsarbeit und die psychologische Architektur der neuen Machtposition

Der Übergang vom Searcher zum CEO stellt einen tiefgreifenden sowohl persönlichen als auch professionellen Transformationsprozess im gesamten ETA-Modell dar. Während die Suchphase durch Exploration, Opportunitätensichtung, narrative Selbstpositionierung und hohe Freiheitsgrade gekennzeichnet ist, tritt der Searcher mit dem Closing abrupt in eine Rolle ein, die von Verantwortung, Kontinuität, Führungsmacht, organisationaler Erwartungsdichte und langfristiger Bindung geprägt ist. Dieser Übergang kann als umfassende Rekonstruktion personaler Identität, sozialer Rollenarchitektur und psychischer Selbstorganisation verstanden werden. Die wirtschaftspsychologische Disziplin der organizationale Verhaltensforschung zeigt, dass solcherart „tiefe Rollenwechsel" zu den anspruchsvollsten Übergängen im Berufsleben zählen. Sie erfordern simultan kognitive, emotionale und soziale Neujustierung (Ashforth, 2001). Diese Transition ist im Kontext des Search-Fund-Modells besonders komplex, da sie unter Bedingungen hoher Unsicherheit, asymmetrischer Machtstrukturen und intensiver Stakeholderbeobachtung erfolgt. Die Identitätsdimension dieses Übergangs ist hierbei zentral, denn Identität bildet die Grundlage für Orientierung, Konsistenz und Selbstwirksamkeit. In der Suchphase konstruiert der Searcher zunächst ein Selbstbild, das analytische Exzellenz, unternehmerische Ambition, Lernfähigkeit und narrative Überzeugungskraft kombiniert. Dieses Selbstbild ist zutiefst prospektiv. Es basiert auf dem Versprechen künftiger Leistung, nicht auf deren historischer Evidenz. Mit dem Eintritt in die CEO-Rolle jedoch verschiebt sich der Bezugsrahmen fundamental. Die Organisation erwartet nicht länger potenzielle Leistung, sondern tatsächliche Gestaltungskraft, Entscheidungsfestigkeit und kontinuierliche Verantwortungsübernahme. In der Identitätsforschung wird dieser Übergang als Dimensionswechsel von narrativer Identität zu performativer Identität beschrieben, da die soziale Umwelt nicht mehr die Geschichte, sondern das Verhalten bewertet (Ibarra & Barbulescu, 2010). Diese Verschiebung erzeugt einen psychologischen Druck, den viele ETA-CEOs unterschätzen. Die Verantwortung für Mitarbeiter, deren Existenzen unmittelbar vom unternehmerischen Erfolg abhängen, erzeugt eine emotionale Schwere, die sich fundamental von der projektförmigen Leichtigkeit der Suchphase unterscheidet. Zugleich ist die Rolle mit strukturellen Ambivalenzen verbunden, da der neue CEO zwar Macht besitzt, diese aber zu Beginn stark fragil ist. Die in der Sozialpsychologie und Organisationsforschung beheimatete Erforschung sozialer Hierarchien und Macht in Organisationen zeigt, dass neue Machthaber in etablierten sozialen Systemen oftmals über nominale, jedoch nicht über soziale Macht verfügen. Vielmehr müssen Legitimität, Akzeptanz, Vertrauen und informelle Autorität zunächst aufgebaut werden (Magee & Galinsky, 2008). Diese Phase ikann als hochgradig vulnerabel beschrieben werden. Fehltritte, unangemessene Eingriffe oder missverständliche Symbolhandlungen können schnell langfristige Vertrauensschäden erzeugen.

Die organisatorische Dimension verschärft den Rollenübergang. Mittelständische Unternehmen in der DACH-Region weisen typischerweise dichte informelle Ordnungen auf, die schwer zugänglich sind und deren Logiken von implizitem Wissen, langjähriger sozialer Verflechtung und kultureller Kontinuität geprägt sind (Witt, 2008). Der neue CEO muss diese Ordnung zunächst verstehen, bevor er sie gestalten kann. Die Fähigkeit zur „diagnostischen Präsenz“, also zur wahrnehmungsorientierten, nicht-interventionistischen Exploration sozialer Systeme, stellt hierbei eine zentrale Voraussetzung für erfolgreiche Führung in bestehenden Organisationen dar (Weick, 1995). Für ETA-CEOs bedeutet dies, dass die ersten Wochen und Monate primär der Erkundung dienen sollten, bevor strukturelle Eingriffe vorgenommen werden. Auch wenn die Versuchung groß ist, vorschnelle Veränderungen vorzunehmen ist es aus organisationspsychologischer Sicht ratsam, zunächst Legitimität und Kontextwissen zu akkumulieren. Schließlich ist der Rollenübergang vom Searcher zum CEO zugleich eine emotionale Transformation. Der Searcher handelt in einem Modus hoher Selbstbestimmung, in dem Erfolg und Misserfolg primär auf persönliches Engagement zurückgeführt werden. Der CEO hingegen agiert in einem relationalen Gefüge multipler Erwartungen. Mitarbeiter erwarten Orientierung und Stabilität, Kunden erwarten Kontinuität, Investoren erwarten professionelle Berichterstattung und strategische Stringenz. Diese multiplen Erwartungsebenen erzeugen das, was die Führungspsychologie als „role overload" bezeichnet, eine Überlagerung divergierender Rollenanforderungen, die insbesondere für junge und erstmals führende CEOs eine erhebliche psychische Belastung darstellen (Kahn et al., 1964). Ein praktisches Risiko besteht darin, dass der neu CEO versucht, allen Erwartungen simultan gerecht zu werden, was zu Entscheidungsparalyse, Überkompensation oder dysfunktionalem Perfektionismus führen kann. Eine weitere psychologische Herausforderung liegt in der sogenannten Machtambivalenz. Die neue Rolle gibt dem ETA-CEO formal erhebliche Entscheidungsmacht. Gleichzeitig besteht Unsicherheit gegenüber dieser Macht, weil ihre Legitimität noch nicht unternehmensgesellschaftlich, organisatorisch oder emotional abgesichert ist. Eben diese Ambivalenz führt häufig zu übermäßiger Vorsicht oder zu kompensatorischer Härte (Fast et al., 2012). Im Kontext ETA sind beide Reaktionsformen riskant. Übermäßige Vorsicht unterminiert die Wahrnehmung der Führungskraft und schwächt das Vertrauen in die neue Rolle. Kompensatorische Härte hingegen zerstört soziale Anschlussfähigkeit und gefährdet kulturelle Kontinuität. Der Übergang vom Searcher zum CEO ist daher auch eine Phase, in der die psychologische Architektur der Macht erlernt werden muss: souverän, verantwortungsvoll und kontextsensibel.

Die Identitätsforschung zeigt, dass tiefgreifende Rollenübergänge gelingen, wenn Individuen sogenannte „provisorische Identitäten" entwickeln, also vorläufige Selbstkonzepte, die ihnen erlauben, neue Verhaltensweisen zu testen, ohne ihr gesamtes Identitätssystem zu destabilisieren (Ibarra, 1999). ETA-CEOs benötigen eine flexible Identitätszone, die sowohl die Unsicherheit der neuen Rolle als auch die Notwendigkeit klarer Führung integriert. Entscheidend ist dabei die reflektierte Auseinandersetzung mit der eigenen Motivation, den eigenen Werten und der eigenen Risikoneigung. Selbstreflexion, Peer-Exchange, Mentoring und professionelle Begleitung können die Transition signifikant erleichtern, da sie emotionale Selbstregulation fördern und kognitive Verzerrungen in Übergangsphasen reduzieren (Kegan & Lahey, 2009). Ein zentraler Faktor im Rollenübergang ist die soziale Legitimation der neuen CEO-Rolle. Mitarbeiter beobachten den neuen Eigentümer mit hoher Sensibilität für Zeichen von Kompetenz, Respekt, Integrationsfähigkeit und Fairness. Diese Beobachtung erfolgt nicht primär über formale Entscheidungen, sondern über Mikrointeraktionen. Sozialpsychologisch ist gut belegt, dass Vertrauen und Legitimität häufig über sehr feine soziale Signale entstehen. Zu diesen gehören etwa die Art der Begrüßung, die Präsenz im Betrieb, die Fähigkeit zum aktiven Zuhören oder die respektvolle Auseinandersetzung mit der Unternehmensgeschichte (Bohns & Flynn, 2013). In der ETA-Praxis entscheidet die Qualität dieser frühen Interaktionen häufig darüber, ob Mitarbeiter die Transformation als Bedrohung oder als Chance interpretieren. Schließlich ist die postakquisitorische Identitätsarbeit auch durch die Interaktion mit Investoren geprägt. Während der Searcher sich in der Suchphase in erster Linie als Projektmanager eines transaktionalen Vorhabens versteht, muss er in der CEO-Rolle eine gleichzeitige Doppelbeziehung zu Investoren und Organisation aufrechterhalten. Diese Doppelrolle ist durchaus anspruchsvoll, weil sie unterschiedliche Loyalitätsmuster, Kommunikationsstile und

Verantwortungsrelationen erfordert (Huse, 2007). Der Übergang gelingt vor allem dann, wenn der neue CEO die Fähigkeit entwickelt, diese Beziehungen nicht als Belastung, sondern als komplementäre Ressourcensysteme zu verstehen, die kontextabhängig aktiviert werden. In der DACH-Region, deren mittelständische Strukturen besonders stark durch kulturelle Kontinuität und persönliche Vertrauensbeziehungen geprägt sind, gewinnt diese Dimension zusätzliche Bedeutung. Der neue Eigentümer muss lernen, nicht nur Entscheidungen zu treffen, sondern ein kollektives Bedeutungsfeld zu gestalten, in dem Stabilität, Orientierung und Zukunftsfähigkeit gleichermaßen verankert sind. Dieser Prozess ist konstitutiv für die Wirksamkeit des ETA-Modells im deutschsprachigen Raum.

11.2 Organisationsarchitektur im postakquirierten Mittelstand: Struktur, Prozesse, informelle Ordnung

Die Analyse und Gestaltung der Organisationsarchitektur eines frisch akquirierten mittelständischen Unternehmens entscheidet wesentlich darüber, welche Handlungsspielräume der neue CEO besitzt. Zudem zeigt sie, welche Wertschöpfungspotenziale realisierbar sind und wie stabil die Beziehung zwischen Organisation, Eigentümerschaft und Investoren in den ersten Monaten und Jahren sein wird. Organisationen des deutschsprachigen Mittelstands zeichnen sich durch eine historisch gewachsene, oftmals implizite und hochgradig kontextspezifische Strukturlogik aus, deren Funktionsmechanismen sich nur bedingt aus formalen Organigrammen, Dokumentationen oder Prozesshandbüchern erschließen lassen. Gerade kleine und mittlere Unternehmen sind durch ein dichtes Geflecht informeller Normen, Routinen und Beziehungspfadabhängigkeiten geprägt, die entscheidende Bedeutung für Stabilität und Leistungsfähigkeit haben (Becker, 2004). ETA-CEOs müssen diese Architektur nicht nur zu erkennen, sondern sie in angemessener Geschwindigkeit, mit kultureller Sensibilität und strategischem Bewusstsein weiterzuentwickeln.

Die formale Struktur bildet in vielen Mittelstandsunternehmen lediglich die sichtbare Oberfläche eines weitaus komplexeren organisationalen Systems. Organigramme, Stellenbeschreibungen und Ablaufdiagramme vermitteln eine Ordnung, die in der Praxis häufig durch informelle Machtzentren, historisch gewachsene Verantwortlichkeiten und implizite Erwartungskulturen überlagert wird. In der Organisationssoziologie wird dieses Spannungsfeld zwischen formaler und informeller Struktur als charakteristisch für eigentümergeführte oder familienhistorisch geprägte Unternehmen beschrieben, in denen die Bedeutung persönlicher Autorität, kollektiver Erfahrung und impliziter Entscheidungsroutinen wesentlich höher ist als in größeren, stärker formalisierten Organisationen (Mintzberg, 1983). Für ETA-CEOs bedeutet dies, dass Diagnosen der Organisationsarchitektur nicht bei der Analyse formaler Strukturmerkmale stehen bleiben dürfen. Vielmehr erfordert der Kontext eine vertiefende Exploration dessen, was Karl Weick als *sensemaking* bezeichnet: das Erschließen kollektiver Bedeutungssysteme, die für Außenstehende zunächst unsichtbar bleiben (Weick, 1995). Die Prozessarchitektur des postakquirierten Mittelstandsunternehmens weist ähnliche Charakteristika auf, ist häufig historisch entstanden, fragmentiert dokumentiert und abhängig von individuellen Erfahrungswissensträgern. Solche Routinen sind Ausdruck eines evolutionären Anpassungsprozesses, der Effizienz, Vertrauen und Stabilität ermöglicht (Pentland & Feldman, 2005). Eingriffe in dieses Routinenetzwerk führen daher häufig zu unerwarteten Störungen, da sie nicht nur Abläufe, sondern auch psychologische Sicherheiten und soziale Rollen berühren. Für ETA-CEOs besteht die praktische Implikation darin, Prozessdiagnosen stärker relational als technisch zu denken. Eine scheinbar ineffiziente Routine kann in Wirklichkeit ein zentrales Vertrauensterrain darstellen, das für das Funktionieren der Organisation maßgeblich ist. Veränderungen dieser Routinen müssen daher in Sequenzen erfolgen, die den Erhalt psychologischer Sicherheit ermöglichen. Besondere Bedeutung kommt in mittelständischen Organisationskontexten der informellen Ordnung zu, die in der Forschung als „shadow structure" bezeichnet wird (Krackhardt & Hanson, 1993). Diese Struktur umfasst informelle Meinungsführer, implizite Gatekeeper, emotionale Integrationsfiguren und sozial akzeptierte Konfliktvermittler. Sie bildet die Infrastruktur sozialer Kohäsion und beeinflusst maßgeblich, ob Veränderungen akzeptiert oder blockiert werden. In solchen Systemen ist der formale Machthaber nicht notwendigerweise derjenige, der funktionale Führung ausübt (Le Breton-Miller et al., 2004). Diese Einsicht ist für ETA-CEOs zentral, da strukturelle Entscheidungen, die ohne Berücksichtigung informeller Ordnung getroffen werden, organisatorische Abwehrreaktionen auslösen können, die sich als stille Widerstände, Leistungsabfall oder Vertrauensverlust manifestieren. Die praktische Konsequenz besteht darin, die informelle Ordnung systematisch zu kartieren, indem Gespräche, Beobachtung, informelle Begegnungen und die Analyse informeller Kommunikationskanäle genutzt werden, um ein präzises Bild der tatsächlichen Macht- und Einflussverhältnisse zu gewinnen. Die organisationsarchitektonische Diagnose erfordert daher eine mehrdimensionale Annäherung, die gleichzeitig formal, kulturell, relational und prozessual ist. Die Forschung zu organisationaler Diagnostik empfiehlt eine sequentielle Vorgehensweise, die zunächst Wahrnehmung, dann Hypothesenbildung und erst in einem späteren Schritt Intervention vorsieht (Burke & Litwin, 1992). Für den ETA-Kontext lässt sich daraus eine praxisnahe, aber wissenschaftlich fundierte Logik ableiten: Die ersten Wochen nach der Übernahme bzw. Akquisition sollten primär der Beobachtung und der Sinnstiftung dienen, nicht unmittelbaren Reorganisationsentscheidungen. Dieser Ansatz widerspricht häufig der Erwartung der Investoren, die unmittelbar nach dem Closing sichtbare Aktivität erwarten, entspricht jedoch der empirischen Evidenz, dass zu frühe Strukturinterventionen in vertrautheitsbasierten Systemen kontraproduktiv sind.

In der DACH-Region kommt hinzu, dass mittelständische Organisationen nicht nur betrieblich, sondern kulturell eingebettet sind. Die deutschsprachige Unternehmenslandschaft zeichnet sich durch langfristige Beschäftigungsbeziehungen, ausgeprägte Loyalitätsnormen und hohe Authentizitätserwartungen aus (Witt, 2008). Die Organisationsarchitektur ist daher nicht nur ein Strukturthema, sondern Teil eines sozial-moralischen Gefüges, das durch Werte, Rituale, Kommunikationsstile und kollektive Deutungsmuster geprägt wird. Für ETA-CEOs besteht die Herausforderung darin, diese kulturellen Elemente nicht als weiche Faktoren zu unterschätzen, sondern sie als integrale Bestandteile organisationaler Funktionslogik zu begreifen. Jede Veränderungsmaßnahme, die kulturelle Werte verletzt oder zentrale Rituale missachtet, kann weit größere Widerstände erzeugen als ihre rein betriebswirtschaftliche Tragweite vermuten lässt. Gleichzeitig eröffnet eine präzise Diagnostik der Organisationsarchitektur erhebliche Wertsteigerungspotenziale. Viele mittelständische Unternehmen in der DACH-Region verfügen über hochkompetente Belegschaften, starke Marktbeziehungen und spezifische technische Kompetenzen, jedoch über unzureichend institutionalisierte Managementsysteme. Die Professionalisierung von Reporting-Strukturen, Vereinheitlichung von Prozessen, Einführung datenbasierter Entscheidungsmechanismen und systematische Priorisierung strategischer Initiativen können erhebliche Effizienz- und Wachstumseffekte bieten, wenn sie in angemessener Geschwindigkeit und mit kultureller Sensibilität und sequenziert umgesetzt werden. Die Organisationsforschung zeigt, dass Transformation nicht erfolgreich ist, wenn sie auf Geschwindigkeit, sondern wenn sie auf Passung optimiert wird (Kotter, 1996). Die Reihenfolge der Maßnahmen, die Wahl des Timings und die Integration zentraler organisatorischer Akteure sind damit mindestens genauso wichtig sind wie die Maßnahmen selbst. Schließlich ist die Organisationsarchitektur auch in eine Governance- und Stakeholder-Landschaft eingebettet. Finanzierer, Banken, Kunden, Lieferanten und ehemalige Gesellschafter beobachten die frühen organisatorischen Entscheidungen des neuen CEOs mit hoher Sensibilität. Die organisationspsychologische Forschung zeigt, dass externe Stakeholder frühe Strukturmaßnahmen als Signale interpretieren, die Rückschlüsse auf die strategische Ausrichtung, das Führungsverständnis und die Stabilität des Unternehmens zulassen (Gulati & Higgins, 2003). Eine übermäßige oder ungeschickt kommunizierte Umstrukturierung kann daher Vertrauen in die neue Eigentümerschaft schwächen. Eine behutsame, aber konsequente Organisationsdiagnose wirkt hingegen vertrauensstiftend, da sie Kompetenz und Kontextverständnis signalisiert. Die praktische Implikation für ETA-CEOs ist damit eindeutig: Organisationsarchitektur ist nicht primär eine Frage des Eingreifens, sondern des Verstehens. Sie erfordert eine analytische Haltung, die strukturelle Komplexität, kulturelle Tiefe und soziale Ordnung gleichermaßen berücksichtigt. Der neue CEO muss lernen, die Organisation als lebendiges System zu lesen, dessen formale und informelle Dimensionen sich gegenseitig bedingen. Durch dieses Verständnis sind gezielte Veränderungen möglich, die nicht nur Effizienz steigern, sondern die Organisation stabilisieren, weiterentwickeln und in die Lage versetzen, die strategische Vision des neuen Eigentümers zu tragen.

11.3 Corporate Governance und Führungsarchitektur im postakquirierten Mittelstandsunternehmen

Governance-Strukturen in mittelständischen Unternehmen, insbesondere solcher, die über Jahrzehnte eigentümergeführt waren, unterscheiden sich fundamental von Modellen, die in kapitalmarktorientierten Organisationen oder in technologieorientierten Start-ups vorzufinden sind. Diese Unterschiede betreffen nicht lediglich formale Mechanismen wie Berichtswege oder Aufsichtsgremien, sondern werden vor allem durch tief verwurzelte kulturelle Muster, informelle Machtstrukturen und historisch gewachsene Rollenerwartungen geprägt. Wird ein solches Unternehmen im Rahmen des ETA-Prozesses erworben, entsteht ein Spannungsfeld, in dem die Governance- und Führungsarchitektur des neuen Eigentümers mit der organisationalen Logik des erworbenen Unternehmens in Kontakt tritt. Dieser Kontakt ist weder friktionsfrei noch mechanisch konfigurierbar, sondern folgt komplexen psychologischen, institutionellen und kulturellen Dynamiken, die über den langfristigen Erfolg der Übernahme entscheiden. Governance erfüllt in diesem Kontext die Funktion, Unsicherheit zu reduzieren, Handlungsfähigkeit herzustellen und Vertrauen in Entscheidungsprozesse zu erzeugen. Die Forschung zur Corporate Governance betont, dass Governance-Systeme nicht primär als Kontrollmechanismen, sondern als institutionelle Arrangements zu verstehen sind, die Erwartungen stabilisieren, Konflikte strukturieren und die Verantwortungsverteilung in Organisationen präzisieren (Aguilera & Jackson, 2010). Im eigentümergeführten Mittelstand war diese Funktion traditionell an die Person des Inhabers gekoppelt, dessen Autorität auf einer Mischung aus persönlicher Reputation, faktischer Sachkompetenz und sozialer Nähe beruhte. In der postakquirierten Situation muss diese personalgebundene Autorität in eine systemgebundene Autorität überführt werden, die es dem ETA-Unternehmer ermöglicht, legitime und wirksame Entscheidungen zu treffen, ohne die gewachsenen kulturellen Strukturen zu destabilisieren. Aus institutionenökonomischer Sicht besteht die zentrale Herausforderung darin, Governance-Strukturen zu etablieren, die Transaktionskosten zu reduzieren, ohne die kulturelle Flexibilität des Mittelstands zu zerstören. Die Theorie der institutionellen Komplementarität, die davon ausgeht, dass Organisationen nur dann stabil funktionieren, wenn sich formale und informelle Regeln gegenseitig stärken, verdeutlicht, dass Governance im KMU-Kontext nur dann wirksam ist, wenn sie nicht gegen, sondern mit der bestehenden Kultur operiert (Aoki, 2001). Für den ETA-Unternehmer bedeutet dies, dass eine Übernahme nicht als Anlass genutzt werden kann, umfassende Kontrollmechanismen oder vertraute Corporate-Governance-Modelle aus größeren Unternehmen einzuführen. Vielmehr müssen Governance-Elemente so gestaltet werden, dass sie die Responsivität, operative Nähe und schnelle Entscheidungsfähigkeit, die den Mittelstand auszeichnen, bewahren und zugleich neue Formen der Verantwortungs- und Rechenschaftsarchitektur etablieren. Die Führungsarchitektur in postakquirierten mittelständischen Unternehmen folgt einer ähnlichen Logik. Führung lässt sich nach Weicks Sensemaking-Ansatz als Prozess interpretieren, in dem durch kommunikative und symbolische Praktiken Orientierung geschaffen wird (Weick, 1995). Der ankommende ETA-Unternehmer wird in den ersten Monaten nicht nach seinen strategischen Konzepten, sondern nach seiner Fähigkeit beurteilt, Orientierung, Stabilität und eine glaubwürdige Zukunftsinterpretation zu erzeugen. Die Führungssituation ist dadurch gekennzeichnet, dass zentrale Stakeholder wie Mitarbeitende, Kunden, Lieferanten und mitunter auch Banken die Übernahme als potenziell kritisches Ereignis wahrnehmen, das bestehende Erwartungen infrage stellt und Unsicherheiten auslöst. Die Führungsarchitektur muss daher in der Frühphase weniger Effizienz, sondern vor allem Sinnstiftung, Erwartungskohärenz und psychologische Sicherheit erzeugen.

Gleichzeitig markiert die Übernahme den Übergang von personaler zu professioneller Führung. Studien zu Familienunternehmen zeigen, dass Mitarbeitende in eigentümergeführten Organisationen nicht primär auf formale Rollen reagieren, sondern auf Beziehungsqualität, moralische Integrität und die Passung zur kulturellen Identität des Unternehmens (Le Breton-Miller & Miller, 2006). Ein ETA-Unternehmer übernimmt damit keine abstrakte Position, sondern einen symbolisch aufgeladenen sozialen Ort. Dies erklärt, warum rein technische Führungsmodelle in dieser Phase häufig scheitern. Es ist nicht das Instrumentarium moderner Führungstheorien, das zum Tragen kommt, sondern die Fähigkeit, Beziehung zu gestalten, Autorität glaubhaft zu verkörpern und das Unternehmen nicht schlicht zu managen, sondern in seinem Selbstverständnis zu verstehen. Die Corporate Governance in einem postakquirierten Mittelstandsunternehmen wird jedoch nicht ausschließlich von der Unternehmensgeschichte oder der psychologischen Situation der Belegschaft geprägt, sondern auch durch institutionelle Erwartungen der Kapitalgeber. Gerade im ETA-Kontext führen Banken, Investoren und Debt-Funds oftmals implizite Governance-Erwartungen ein, die auf Standardisierungen, Berichtslogiken und Risikomanagementstrukturen beruhen. Kapitalgeber erwarten, dass der neue Eigentümer organisatorische Professionalität herstellt, finanzielle Transparenz gewährleistet und verlässliche Reporting-Mechanismen etabliert. Der ETA-Unternehmer muss daher eine Governance-Struktur konstruieren, die sowohl die kulturellen Erwartungen der Mitarbeitenden als auch die institutionellen Erwartungen der Kapitalgeber bedient. Die Herausforderung besteht darin, beide Erwartungslogiken in ein kohärentes Modell zu integrieren, ohne dass eine Seite den Eindruck erhält, das Unternehmen verliere seine Identität oder seine Handlungsfreiheit. In dieser Konstellation entstehen charakteristische Spannungsfelder. Das Spannungsfeld zwischen Kontrolle und Vertrauen ist besonders ausgeprägt. Während Investoren Kontrollmechanismen einfordern, benötigen Belegschaften Vertrauen, um sich auf die neue Führung einzulassen. Die Transformationsforschung zeigt, dass Vertrauen nicht durch Abwesenheit von Kontrolle entsteht, sondern durch Transparenz, Kommunikationsqualität und die Stabilität von Erwartungen (Dirks & Ferrin, 2002). Der ETA-Unternehmer muss daher eine Balance herstellen, in der Governance nicht als Misstrauenssignal interpretiert wird und Vertrauen nicht als Abwesenheit von Struktur missverstanden wird. Ein weiteres Spannungsfeld ergibt sich aus der Frage der Verantwortungsdelegation. Viele mittelständische Unternehmen verfügen über flache, informelle Machtstrukturen, in denen zentrale Entscheidungen vom Eigentümer selbst getroffen wurden. Die Einführung delegierter Verantwortung erfordert nicht nur strukturelle Veränderungen, sondern kulturelle Reinterpretationen. Erfolgreiche Delegation setzt voraus, dass sowohl der neue Eigentümer als auch die Mitarbeitenden eine veränderte Rollenlogik akzeptieren. Studien zur organisationalen Transformation zeigen, dass Delegation in solchen Kontexten nur dann gelingt, wenn sie schrittweise erfolgt, von klaren Erwartungsrahmen begleitet wird und die Mitarbeitenden ihre Handlungsspielräume als legitim erlebt (Kotter, 1996). Die langfristige Wirksamkeit der Governance- und Führungsarchitektur somit hängt davon ab, ob es dem ETA-Unternehmer gelingt, ein Gleichgewicht zwischen personenzentrierter Führung, systembasierter Governance und institutioneller Professionalität herzustellen. Dieses Gleichgewicht bildet den Kern dessen, was als hybride Governance bezeichnet werden kann: ein Modell, das die Stärken mittelständischer Nähe und Flexibilität mit den Vorteilen formaler Strukturen verbindet. Die Effektivität dieses Modells zeigt sich nicht unmittelbar nach dem Closing, sondern in der späteren Entwicklungs- und Reifephase, wenn strategische Entscheidungen getroffen, Wachstumsschritte umgesetzt oder Krisen bewältigt werden müssen. Ein Governance-Modell, das zu Beginn nur als kulturell sensibler Rahmen erscheint, entwickelt sich dann zu einem robusten institutionellen Fundament, das professionalisierte Entscheidungsprozesse ermöglicht, ohne die Identität des Unternehmens zu gefährden.

11.4 Wertsteigerungsarchitektur: Von der Thesis zur Realität

Während die Suchphase auf abstrahierten Modellen, sektoralen Hypothesen und komparativen Marktlogiken basiert, beginnt mit der Übernahme erst jener Prozess, in dem Wertschöpfung als konkrete, im organisationalen Alltag verankerte Praxis sichtbar werden muss. Die Wertsteigerungsarchitektur eines ETA-Targets bildet damit die konzeptionelle und operative Brücke zwischen der Suchthesis des Searchers und der tatsächlichen unternehmerischen Wertschöpfung nach der Akquisition. Diese Transformation ist komplex, da mittelständische Unternehmen der DACH-Region häufig über gewachsene, teilweise idiosynkratische Strukturen verfügen, deren Logiken nicht ohne Weiteres auf strategische Business-Cases übertragbar sind. Der Übergang von der Thesis zur Realität stellt daher weniger eine lineare Umsetzung dar als vielmehr eine rekursive Adaptation, in der das Unternehmen ebenso den neuen Eigentümer verändert, wie dieser das Unternehmen gestaltet.

Die theoretische Grundlage der Wertsteigerungsarchitektur lässt sich als Zusammenspiel dreier Elemente beschreiben: wirtschaftliche Potenziale, organisatorische Voraussetzungen und kulturelle Anschlussfähigkeit. Die internationale Forschung im Bereich Entrepreneurial Finance und Buy-and-Build-Strategien zeigt, dass Wertsteigerung nur dann nachhaltig erfolgt, wenn wirtschaftliche Hebel mit struktureller und kultureller Machbarkeit verknüpft werden (Kaplan & Strömberg, 2009). Für ETA-CEOs bedeutet dies, dass die im Suchprozess identifizierten Werttreiber nach dem Closing neu kalibriert werden müssen, da viele der zuvor angenommenen Informationsgrundlagen erst in der Post-Akquisitionsphase präzise überprüfbar sind. Ein zentraler Schritt besteht in der Validierung der ökonomischen Werttreiber. Hierzu gehört die Analyse der Preiselastizität, der Vertriebsleistung, der Kundenstruktur, der Angebotsbreite und des tatsächlichen betriebswirtschaftlichen Ergebnispotenzials. Gerade im deutschsprachigen Mittelstand finden sich vielfach konservativ kalkulierte Preisstrukturen, historisch gewachsene Rabattsysteme oder unzureichend monetarisierte Serviceleistungen, die erhebliche Wertsteigerungspotenziale bergen. Die Forschung zeigt, dass Pricing-Verbesserungen in fragmentierten, historisch gewachsenen Unternehmen häufig den höchsten Hebel aller operativen Maßnahmen darstellen (Hinterhuber & Liozu, 2014). Gleichwohl erfordern sie kulturelle Sensibilität, da Kundenbeziehungen in der DACH-Region oft stark durch persönliche Vertrauensverhältnisse geprägt sind. Ein weiterer Hebel liegt in der Professionalisierung der Vertriebsarchitektur. Viele mittelständische Unternehmen verfügen über technisch exzellente Produkte oder Dienstleistungen, jedoch über unterentwickelte Verkaufsstrukturen. Der Vertrieb wird oft von wenigen Personen getragen, deren Wissen und Kundenverständnis nicht institutionell verankert ist. Forschung zur Vertriebsorganisation in KMU zeigt, dass die systematische Einführung standardisierter Vertriebsroutinen, digitaler CRM-Infrastrukturen und klar definierter Akquisitionslogiken zu erheblichen Effizienzsteigerungen führen kann (Zoltners et al., 2008). Für ETA-CEOs besteht die praktische Herausforderung darin, diese Professionalisierung schrittweise und ohne Demotivierung erfahrener Vertriebsmitarbeiter einzuführen, deren Rollenidentität häufig stark auf persönlicher Autonomie basiert. Auch operative Effizienzsteigerung bildet einen häufig unterschätzten Werttreiber. Mittelständische Unternehmen in der DACH-Region weisen oft hohe technische Kompetenz, aber begrenzte Prozessstandardisierung auf. Die Organisationsforschung betont, dass routinierte Abläufe, klare Schnittstellenbeschreibungen und digitale Prozessunterstützung zu deutlichen Verbesserungen von Durchsatz, Qualität und Termintreue führen können (Becker, 2004). Gleichzeitig besteht das Risiko, dass zu frühe oder zu umfangreiche Prozessinterventionen die informellen Stabilitätsmechanismen der Organisation stören. Für ETA-CEOs ergibt sich daraus die Notwendigkeit eines schrittweisen Vorgehens, das zunächst Transparenz herstellt, bevor tiefgreifende Standardisierungen implementiert werden. Ein weiterer zentraler Bereich der Wertsteigerung betrifft die Finanzarchitektur des Unternehmens. Viele mittelständische Unternehmen nutzen vorhandene Finanzierungsspielräume nicht aus oder führen ihre Liquiditätssteuerung stark erfahrungsbasiert. Die internationale Forschung zur Kapitalstruktur zeigt, dass eine präzise Steuerung von Working Capital, Cash Conversion Cycle und Investitionssystematik erhebliche Wertsteigerungspotenziale bietet (Petersen & Rajan, 1997). Für ETA-CEOs ist dies besonders relevant, da die Finanzierung der Akquisition in der Regel mit Covenants, Amortisationsplänen und Liquiditätsanforderungen verbunden ist, die ein hohes Maß an finanztechnischer Disziplin erfordern. Eine systematische Einführung analytischer Finanzsteuerungsinstrumente ist daher ein wesentlicher Bestandteil der Wertsteigerungsarchitektur.

Die größte Herausforderung liegt jedoch nicht auf der technischen, sondern auf der kulturellen Ebene. Wertsteigerung ist kein mechanistischer Prozess, sondern ein sozial vermittelter Veränderungsprozess, der Akzeptanz, Vertrauen und Stabilität erfordert. Die Transformationsforschung betont, dass erfolgreiche Veränderung weniger von der objektiven Güte der Maßnahmen als von der Wahrnehmung ihrer Legitimität abhängt (Kotter, 1996). Im ETA-Kontext ist dies von besonderer Bedeutung, da die Organisation von einem oft charismatischen, langjährigen Eigentümer geprägt wurde, dessen Leitbilder, Werte und Interaktionsweisen tief in der Unternehmenskultur verankert sind. Jede Veränderung wird daher auf ihre Übereinstimmung mit organisationalen Identitätsmustern geprüft. Für ETA-

CEOs bedeutet dies, dass Wertsteigerung zu einem aktiven Prozess kultureller Rahmung wird: Maßnahmen müssen so begründet, kommuniziert und sequenziert werden, dass sie Anschluss an bestehende kollektive Selbstbilder finden. Von besonderer Relevanz ist die Identifikation sogenannter organisationaler Hebelpunkte. Dies sind Bereiche, in denen kleine Interventionen große systemische Wirkung entfalten können. Beispiele hierfür sind die Professionalisierung der Führungskreistreffen, die Einführung klarer Entscheidungsregeln, die Strukturierung von Projektportfolios oder die Etablierung eines regelmäßigen KPI-basierten Führungsdialogs. Die Forschung zeigt, dass solche Formen institutionalisierter Führungskommunikation erhebliche Auswirkungen auf Klarheit, Priorisierung, Effizienz und Teamkohäsion haben (Edmondson & Lei, 2014). Sie sind in mittelständischen Unternehmen oft kaum institutionalisiert, sodass ihre Einführung einen strukturellen Modernisierungsschub darstellt. Ein weiterer Werttreiber liegt in der systematischen Weiterentwicklung bestehender Produkte und Dienstleistungen. Viele mittelständische Unternehmen verfügen über tiefes technisches Know-how, jedoch über begrenzte kommerzielle Innovationssysteme. Die Forschung zu KMU-Innovationsfähigkeit zeigt, dass inkrementelle, marktorientierte Innovationen häufig realistische und schnell wirksame Optionen darstellen, während radikale Innovationen in ressourcenlimitierten Kontexten schwer umsetzbar sind (Vanhaverbeke et al., 2014). Für ETA-CEOs bedeutet dies, dass die Implementierung eines strukturierten, aber pragmatischen Innovationsprozesses einen erheblichen Beitrag zur Wertsteigerung leisten kann. Schließlich ist die Übersetzung der Suchthesis in die Realität ein iterativer Prozess strategischer Anpassung. Die ursprüngliche Thesis ist ein Modell, kein Mandat. Nach der Akquisition zeigt sich regelmäßig, dass manche Hypothesen bestätigt werden, während andere angepasst werden müssen. Die Forschung zur Strategieentwicklung in KMU unterstreicht, dass erfolgreiche Unternehmen in dynamischen Kontexten jene sind, die strategische Lernfähigkeit besitzen, also Hypothesen, Experimente und datenbasierte Reflektionen in kontinuierlichen Abständen verknüpfen (Mintzberg et al., 1998). Für ETA-CEOs bedeutet dies, dass die Wertsteigerungsarchitektur nicht starr implementiert wird, sondern einer systematischen Reflexion unterzogen werden muss, die den Abgleich von Erwartung und Realität ermöglicht. Sie erfordert eine Synthese aus analytischer Schärfe, organisatorischer Diagnostik, kultureller Empathie, finanzieller Disziplin und strategischer Lernfähigkeit. Für den mittelständischen DACH-Kontext bedeutet dies, dass Wertsteigerung nicht in erster Linie durch radikale Transformation entsteht, sondern durch präzise Eingriffe, die im Einklang mit den kulturellen und organisatorischen Logiken des Unternehmens stehen. Der ETA-CEO agiert dabei nicht als externer Transformator, sondern als Architekt eines subtilen Anpassungsprozesses, der das Bestehende stabilisiert und zugleich zukunftsfähig macht.

> Die **ETA Wertsteigerungs-Checkliste mit Scoring-System,** die Sie als **digitales Zusatzmaterial** zu diesem Buch zum Download auf SpringerLink finden, unterstützt ETA-CEO die entscheidenden ökonomischen, operativen, organisatorischen und kulturellen Wertsteigerungshebel im akquirierten Unternehmen systematisch zu identifizieren und priorisiert zu entwickeln. Durch die Kombination aus

ökonomischen Kennzahlen, organisatorischen Strukturanalysen, kultureller Passungsprüfung und Risikoindikatoren ermöglicht das Tool eine ganzheitliche Bewertung der Post-Akquisitionssituation und hilft, typische Fehlallokationen zu vermeiden, die aus einer Überbetonung rein finanzieller Kennzahlen resultieren.

11.5 People & Talent: Schlüsselpersonen, Führungskreise und Teamarchitektur

Während finanzielle und operative Hebel im postakquirierten Mittelstandsunternehmen im ETA-Kontext klar identifizierbar erscheinen, ist die Personaldimension häufig nur implizit sichtbar, obwohl sie in mittelständischen Organisationen eine überproportional hohe Systemrelevanz besitzt. Die Forschung zeigt, dass gerade kleine und mittlere Unternehmen in der DACH-Region stark personen- und erfahrungsgetrieben sind und sich durch ein dichtes Geflecht informeller Rollen, kollektiver Identitäten und stabiler psychologischer Vertragsbeziehungen auszeichnen (Witt, 2008). Für ETA-CEOs ergibt sich daraus eine strukturelle Paradoxie: Wertsteigerung verlangt Veränderung, doch Veränderung erfordert Vertrauen, das wiederum nur über stabile Personen- und Rollenbeziehungen entsteht.

Im Zentrum der People-Architektur mittelständischer Unternehmen stehen deshalb Schlüsselpersonen, deren Bedeutung weit über ihre formalen Rollen hinausreicht. Die Human-Capital-Forschung zeigt, dass Schlüsselpersonen häufig Träger kritischen Wissens, kultureller Kontinuität und informeller Autorität sind (Campbell et al., 2012). Sie stabilisieren Routinen, vermitteln implizites Know-how und fungieren als kulturelle Übersetzungsfiguren. Der Verlust solcher Personen führt in kleinen Unternehmen oftmals zu deutlichen Produktivitätsverlusten, Wissensabfluss und kulturellen Verwerfungen. Für ETA-CEOs ist die frühzeitige Identifikation dieser Personen von zentraler Bedeutung. Dabei reicht es nicht aus, formale Hierarchien zu analysieren. Vielmehr müssen informelle Einflussnetzwerke, Kooperationsverhalten und interpersonelle Vertrauensbeziehungen systematisch beobachtet werden. Die Netzwerkanalyse hat gezeigt, dass informelle Meinungsführer oftmals nicht diejenigen sind, die formale Leitung tragen, sondern jene, die soziale Akzeptanz, Glaubwürdigkeit und langjährige organisationsinterne Biografien verkörpern (Krackhardt & Hanson, 1993). Ein zweites zentrales Element stellt der Führungskreis dar. Viele mittelständische Unternehmen verfügen nicht über ein formal etabliertes Führungsteam, sondern über einen historisch entstandenen Kreis von Personen, die der Altinhaber aufgrund langjähriger Loyalität und gemeinsamer Erfahrungsbestände einbezogen hat. Dieses implizite Führungsgefüge weist eine hohe Stabilität, aber häufig eine geringe strukturelle Klarheit auf. Die Führungspsychologie betont, dass gerade in Übergangsphasen klare Rollen, gemeinsame Entscheidungsroutinen und interpersonale Vertrauensstrukturen für die Effektivität des Führungskreises entscheidend sind (Hackman, 2002). Der neue ETA-CEO steht vor der Herausforderung, diesen Kreis zu analysieren, seine Funktionslogik zu verstehen und ihn schrittweise zu professionalisieren, ohne dessen kulturelle Kohäsion zu zerstören. Eine vorschnelle Reorganisation oder der Austausch zentraler Personen würde nicht nur individuelles Wissen eliminieren, sondern auch die psychosoziale Integrationsfunktion des bisherigen Führungskerns unterminieren. In DACH-Mittelstandsunternehmen besitzt der Führungskreis zudem eine besondere Identitätsfunktion. Er ist häufig der Ort, an dem Werte, Erzählungen und implizite Erwartungen des Unternehmens verhandelt und weitertraditiert werden. Die Forschung zur organisationalen Identität zeigt, dass solche Narrative konstitutiv für Stabilität und kollektive Handlungsmotivation sind (Gioia et al., 2013). Der ETA-CEO muss deshalb sensibel mit diesen narrativen Traditionen umgehen, da sie nicht nur Geschichte, sondern auch normative Zukunftsrahmen repräsentieren. Veränderungen in der Teamarchitektur greifen daher immer auch in Identitätsprozesse ein und müssen entsprechend sorgfältig sequenziert werden.

Die Teamarchitektur des Unternehmens bildet die operative Ausführungsbasis für Wertschöpfung und Transformation. Mittelständische Teams sind häufig stabil, wenig formalisiert und stark auf informelle Kooperation ausgerichtet. Dieser Zusammenhalt ist ein wesentlicher Erfolgsfaktor. Gleichzeitig können eingespielte Teams gegenüber Veränderungen widerstandsfähig sein, insbesondere wenn sie als Bedrohung für bewährte Rollenverteilungen wahrgenommen werden. Die Forschung zu organisationalem Wandel zeigt, dass Mitarbeitende Veränderung vor allem dann akzeptieren, wenn sie die Möglichkeit zur Mitgestaltung erhalten, ihre Rolle als relevant erleben und die Veränderungsimpulse in die bestehende Identitätslogik integrierbar sind (Armenakis et al., 1999). Für ETA-CEOs bedeutet dies, dass Teamarchitektur nicht primär durch strukturelle Eingriffe, sondern über kommunikative Einbettung, gemeinsame Reflexionsprozesse und den Aufbau psychologischer Sicherheit gestaltet werden muss. Besondere Aufmerksamkeit erfordert die Frage nach Talentevaluierung und Talententwicklung. Viele mittelständische Unternehmen verfügen über erhebliche personelle Leistungsreserven, die jedoch aufgrund fehlender Entwicklungsstrukturen, geringer Feedbackkultur oder fehlender Karrierepfade ungenutzt bleiben. Die Talentforschung zeigt, dass Talent nicht primär durch angeborene Merkmale, sondern durch Entwicklungsgelegenheiten entsteht, die Lernräume, Autonomie, Feedback und anspruchsvolle Aufgaben kombinieren (DeRue & Workman, 2012). Für ETA-CEOs ergibt sich daraus die Notwendigkeit, systematisch jene Mitarbeitenden zu identifizieren, die hohes Entwicklungspotenzial besitzen und gleichzeitig organisational anschlussfähig sind. Eine zentrale Herausforderung besteht darin, zwischen lokal verankerten Loyalitätspersonen, die kulturelle Stabilität garantieren, und wachstumsorientierten Leistungsträgern zu differenzieren, die Transformation aktiv vorantreiben können. Die Kunst liegt in der Integration beider Gruppen in ein harmonisiertes Führungssystem. Von besonderer Bedeutung ist zudem das Wechselspiel von expliziten und impliziten psychologischen Verträgen. Mitarbeitende mittelständischer Unternehmen verstehen ihre Beziehung zum Unternehmen selten als rein transaktional. Vielmehr beruhen sie auf impliziten Normen von Loyalität, Fürsorge, Kontinuität und persönlicher Wertschätzung (Rousseau, 2001). Der Übergang zu einem neuen Eigentümer stellt diese impliziten Verträge infrage und erzeugt emotionale Unsicherheiten. Die Forschung zeigt, dass die Verletzung psychologischer Verträge zu Misstrauen, Rückzug, Leistungseinbruch und erhöhter Fluktuation führen kann. Für ETA-CEOs ist deshalb die präzise Wahrnehmung dieser impliziten Erwartungen zentral, da sie wesentlich darüber entscheidet, ob das Unternehmen seine Leistungsfähigkeit behält oder ob instabile Zustände entstehen.

Auch die Führung des neuen CEOs selbst wirkt auf die People-Architektur zurück. Die Führungspsychologie belegt, dass neue Führungskräfte in Übergangssituationen besonders stark beobachtet werden und dass ihre frühen Interaktionen die Basis für langfristige Vertrauensmuster legen (Bohns & Flynn, 2013). Für ETA-CEOs ist dies deshalb besonders relevant, weil sie nicht nur eine Führungsrolle einnehmen, sondern zugleich die Eigentümerrolle tragen, die im DACH-Mittelstand eine symbolische Bedeutung besitzt, die weit über formale Autorität hinausgeht. Präsenz, Glaubwürdigkeit, Bescheidenheit und kontextangemessene Selbstsicherheit wirken in dieser Phase als zentrale Vertrauenssignale. Die Qualität dieser frühen Führungsinteraktionen beeinflusst maßgeblich die Bereitschaft der Mitarbeitenden, dem neuen Eigentümer die nötige Legitimität für spätere Veränderungen zu gewähren. Schließlich ist die People-Architektur eng mit der Wertsteigerungsarchitektur verknüpft. Viele Werttreiber lassen sich nur dann realisieren, wenn die organisationale Kompetenzbasis ausreichend entwickelt ist, wenn Führungskreise funktional zusammenarbeiten und wenn Teams in der Lage sind, neue Prozesse, Technologien oder Marktstrategien zu tragen. Die Forschung zur organisationalen Leistungsfähigkeit zeigt, dass Unternehmen besonders erfolgreich sind, wenn sie Personalentwicklung nicht als isolierte Funktion, sondern als integralen Bestandteil strategischer Transformation begreifen (Ulrich et al., 2012). Für den ETA-CEO besteht die Herausforderung darin, dieses Feld nicht mit den Instrumenten technokratischer Reorganisation zu bearbeiten, sondern als Dialog- und Beziehungsraum, in dem Vertrauen, Wertschätzung, Klarheit und Entwicklungsmöglichkeiten die Grundlage für nachhaltige Transformation bilden.

11.6 Stakeholder-Ökologie: Banken, Lieferanten, Kunden und regionale Netzwerke

Die Stakeholder-Ökologie eines mittelständischen Unternehmens in der DACH-Region stellt ein hochkomplexes soziales und institutionelles Gefüge dar. In diesem sind Unternehmen nicht isolierte ökonomische Akteure, sondern relational eingebettete Systeme, deren Stabilität, Wachstum und Legitimität maßgeblich durch ihre Interaktionen mit Banken, Lieferanten, Kunden und ihrem regionalen Umfeld bestimmt werden. Die Forschung zur sozialen Einbettung wirtschaftlicher Aktivitäten zeigt, dass gerade kleine und mittlere Unternehmen durch dichte Netzwerkverflechtungen, langfristige Austauschbeziehungen und informelle Vertrauensstrukturen charakterisiert sind (Granovetter, 1985). Für ETA-CEOs bedeutet dies, dass die erfolgreiche Führung eines akquirierten Unternehmens nicht primär auf internen Strukturen aufbaut, sondern auf der Fähigkeit, die externen Stakeholder-Ökosysteme zu verstehen, zu stabilisieren und weiterzuentwickeln.

Die zentrale Rolle von Banken in der DACH-Region ist historisch und institutionell verankert. Das Hausbankprinzip gilt bis heute als Kern der deutschen und österreichischen

Mittelstandsfinanzierung und steht im Gegensatz zu stärker kapitalmarktorientierten Finanzierungssystemen angelsächsischer Prägung (Schuster, 2021). Die Hausbank fungiert nicht nur als Kreditgeber, sondern als wirtschaftlicher Sparringspartner, Risikokatalysator und Legitimationsquelle. Ihre Risikowahrnehmung beeinflusst maßgeblich den finanziellen Handlungsspielraum des Unternehmens. Die Nachfolgeforschung zeigt, dass Eigentümerwechsel häufig zu einer Erhöhung der wahrgenommenen Unsicherheit führen, da das Vertrauen in die neue Führung erst aufgebaut werden muss (Witt, 2008). ETA-CEOs sind daher gut beraten, frühzeitig persönliche Beziehungen zur Hausbank aufzubauen, Transparenz über strategische Ziele herzustellen und ein Reporting aufzusetzen, das Stabilität, Kompetenz und Verlässlichkeit signalisiert. Empirische Studien belegen, dass Banken in solchen Situationen weniger auf Businesspläne als auf persönliche Glaubwürdigkeit und die Qualität relationaler Kommunikation reagieren (Elsas & Krahnen, 1998).

Lieferantenbeziehungen weisen im Mittelstand eine ähnliche Struktur auf. Sie sind häufig langfristig, stabil und stark personengeprägt. In vielen Branchen der DACH-Region basiert Versorgungssicherheit nicht auf formalisierten Lieferverträgen, sondern auf Vertrauen, Kontinuität und persönlicher Zuverlässigkeit. Die Forschung zur relationalen Governance zeigt, dass solche Beziehungen effiziente Koordinationsmechanismen darstellen, da sie Transaktionskosten reduzieren und Anpassungsfähigkeit erhöhen (Dyer & Singh, 1998). Für neue Eigentümer birgt dies jedoch Risiken: Lieferanten bewerten Eigentümerwechsel sensibel, insbesondere wenn sie befürchten, dass neue Einkaufslogiken, aggressive Konditionenverhandlungen oder Internationalisierungsvorhaben bestehende Balancepunkte gefährden. Ein vorschnelles Eingreifen in Preis- oder Vertragsstrukturen kann daher zu gerichteten Rückzugsreaktionen, Prioritätsverlusten oder sogar Lieferengpässen führen. Für ETA-CEOs besteht die praktische Implikation darin, zunächst Stabilität zu signalisieren, persönliche Beziehungen zum Lieferantenmanagement aufzubauen und erst danach schrittweise Effizienz- oder Konditionsverbesserungen anzustreben.

Kundenbeziehungen im mittelständischen DACH-Kontext zeichnen sich durch hohe Loyalität, lange Vertragszyklen und eine starke Betonung persönlicher Interaktion aus. Sie sind häufig nicht der Austausch anonymer Markttransaktionen, sondern verkörpern langfristige soziale Beziehungen, die von Vertrauen, Fairness und Reputation getragen werden. Forschung zur Service- und Kundenbindung zeigt, dass solche stabilen Beziehungen erhebliche Wertschöpfungspotenziale besitzen, gleichzeitig jedoch störanfällig sind, wenn neue Eigentümer kulturelle Erwartungen verletzen (Homburg & Fürst, 2005). Besonders kritisch ist die Gefahr, dass Kunden die Akquisition als Zeichen möglicher Disruption interpretieren und sich alternative Anbieter suchen. Dies tritt insbesondere dann auf, wenn Kunden bislang sehr starke persönliche Bindungen zum Altinhaber hatten. ETA-CEOs müssen daher frühzeitig präsent sein, die unternehmerische Kontinuität betonen und aktiv in die Kundenkommunikation eintreten. Die symbolische Wirkung eines persönlichen Besuchs zentraler Kunden innerhalb der ersten Wochen nach dem Closing ist empirisch gut belegt und wirkt als Vertrauenssignal mit hoher Reichweite. Die regionale Einbettung mittelständischer Unternehmen ist ein im internationalen Vergleich spezifisches Merkmal der DACH-Region. Viele Unternehmen sind nicht nur wirtschaftliche, sondern soziale Anker in ihren Regionen. Sie prägen die lokale Identität, beschäftigen Familien über mehrere Generationen hinweg und fungieren als zentrale gesellschaftliche Bezugspunkte. Studien zur regionalen Wirtschaftssoziologie zeigen, dass Unternehmen in solchen Kontexten nicht als reine Marktakteure betrachtet werden, sondern als integrale Bestandteile des sozialen Gefüges (Rau & Gelléri, 2015). Gleichzeitig existieren in vielen Regionen informelle Erwartungsstrukturen, etwa zu gesellschaftlichem Engagement, regionaler Verantwortung oder Arbeitsplatzsicherung. ETA-CEOs, die diese Erwartungen nicht erkennen oder verletzen, riskieren Reputationsschäden, politischen Gegenwind und einen Vertrauensverlust in der lokalen Community. Ein erfolgreiches Navigieren regionaler Netzwerke erfordert daher Sensibilität für lokale Narrative, Dialogfähigkeit mit regionalen Institutionen und die Bereitschaft, sich als legitimer Akteur im Sozialraum zu verorten. Die Stakeholder-Ökologie wird in der DACH-Region zusätzlich durch Kammern, Verbände, Branchencluster und informelle Wirtschaftsnetzwerke geprägt. Diese Netzwerke fungieren als Informationsplattformen, Legitimationsmechanismen und Vertrauensräume. Forschung zu unternehmerischen Netzwerken zeigt, dass erfolgreiche Mittelstandsakteure Netzwerke nicht als Reputationsinstrument, sondern als strategische Infrastruktur nutzen, um Marktinformationen, Technologieimpulse oder Rekrutierungschancen zu generieren (Hoang & Antoncic, 2003). Für ETA-CEOs ist es daher essenziell, frühzeitig Beziehungen zu Handelskammern, Branchenverbänden oder regionalen Innovationsclustern aufzubauen. Dies erleichtert nicht nur die Integration, sondern bietet Zugang zu sozialen Ressourcen, die im formalen Transaktionskontext nicht verfügbar sind. Von besonderer Relevanz ist die Tatsache, dass Stakeholder in mittelständischen Ökosystemen stark auf Signale achten. Signaling-Theorie zeigt, dass Stakeholder Unsicherheit durch die Interpretation sichtbarer Verhaltensweisen reduzieren (Spence, 1973). Im ETA-Kontext wirken insbesondere folgende Signale stark: Präsenz vor Ort, persönliche Termine mit Kunden und Lieferanten, transparente Kommunikation gegenüber Banken, Wertschätzung gegenüber der Altinhabergeneration und klare Hinweise auf kulturelle Kontinuität. Umgekehrt wirken Signale extremer Prozessdigitalisierung, rascher Kostensenkungsprogramme oder aggressiver Verhandlungsstrategien häufig als Warnsignale und destabilisieren Vertrauen.

11.7 Typische Fehlentwicklungen und Scheitermuster in der Post-Akquisitionsphase

Als kritischster Abschnitt des gesamten ETA-Prozesses werden in der Post-Akquisitionsphase jene Diskrepanzen sichtbar, die zwischen den analytischen Annahmen der Suchphase und der gelebten Realität des akquirierten Unternehmens bestehen. Zahlreiche empirische Studien zeigen, dass der Übergang in die operative Verantwortung für junge CEOs besonders vulnerabel ist und erhebliche Risiken für Fehlentscheidungen, Überlastung und strategische Fehlallokationen birgt (Hambrick & Fukutomi, 1991; Wasserman, 2012). Im ETA-Kontext verschärfen sich diese Risiken durch die spezifische Rollenarchitektur des Searcher-zu-CEO-Übergangs, durch die kulturelle Sensibilität mittelständischer Unternehmen in der DACH-Region und durch die strukturellen Erwartungen der Investoren. In der Summe entsteht ein Spannungsfeld, das charakteristische Scheitermuster hervorbringt. Die folgende analytische Typologie fasst diese Fehlentwicklungen systematisch zusammen und bietet damit eine wissenschaftlich fundierte Diagnostik jener Dynamiken, die den langfristigen Erfolg gefährden können.

Ein zentrales Scheitermuster ist die Überforderung des neuen CEO, die sich aus einer Kombination aus Rollenambiguität, hoher Erwartungsdichte und unzureichender Ressourcenbasis ergibt. Forschung zur CEO-Tenure-Dynamik zeigt, dass gerade die ersten Monate durch eine Überlastung geprägt sind, die zu kognitiver Überdehnung, starker Selbstzweifel und dysfunktionalen Bewältigungsstrategien führen kann (Hambrick & Fukutomi, 1991). Im ETA-Kontext entsteht die Überforderung häufig durch die simultane Verantwortung für operative Führung, strategische Neuausrichtung, Stakeholdermanagement und Investorenkommunikation. Die Stress- und Burnoutforschung belegt, dass solche Multilast-Situationen insbesondere bei jungen Führungskräften zu emotionaler Erschöpfung, Depersonalisation und Leistungsabfall führen können (Maslach & Leiter, 2016). In mittelständischen Unternehmen verstärkt zusätzlich die soziale Erwartung, als „neuer Inhaber" stets souverän auftreten zu müssen, den psychologischen Druck. Eine eng verwandte Fehlentwicklung ist die Entscheidungsparalyse, die aus einem Zusammenspiel aus Unsicherheit, mangelnder Kontextkenntnis und hoher sozialer Beobachtung entsteht. Die Entscheidungsforschung zeigt, dass Individuen unter Bedingungen hoher Unsicherheit und sozialer Erwartungstension dazu neigen, Entscheidungen aufzuschieben oder zu überanalysieren (Kahneman, 2011). Für ETA-CEOs ist dies besonders riskant, da Unternehmen in der Post-Akquisitionsphase Orientierung benötigen und fehlende Entscheidungen als Führungsschwäche deuten. Im kulturellen Kontext der DACH-Region, in dem Stabilität und Verlässlichkeit zentral sind, wirkt Entscheidungsparalyse als besonders starkes Negativsignal. Ein drittes Scheitermuster besteht in strategischer Überdehnung und dem Versuch, zu viele Projekte gleichzeitig anzustoßen. Die Transformationsforschung zeigt, dass Unternehmen nur eine begrenzte Veränderungskapazität besitzen und dass parallele Initiativen die organisationale Aufmerksamkeit überfordern, was zu Ineffektivität und kultureller Erschöpfung führt (Kotter, 1996). Business-School-Analysen von Buyouts weisen darauf hin, dass junge CEOs häufig versuchen, durch ein hohes Tempo Handlungsstärke zu demonstrieren, was jedoch zu Fragmentierung, Prioritätsverlust und struktureller Instabilität führen kann (Kaplan & Strömberg, 2009). Im ETA-Kontext tritt dieses Muster verstärkt auf, da Investoren implizit schnelle Wertsteigerungen erwarten, während die Organisation gleichzeitig Zeit für die kulturelle und strukturelle Integration benötigt. Ebenfalls häufig ist der Fehler eines zu schnellen Wandels ohne Rücksicht auf kulturelle Anschlussfähigkeit. Mittelständische Unternehmen der DACH-Region weisen eine hohe Pfadabhängigkeit, starke Identitätssysteme und stabile informelle Ordnungen auf (Witt, 2008). Veränderungen, die diese kulturellen Muster missachten, erzeugen Widerstand, Vertrauensverluste und im Extremfall offene oder verdeckte Sabotage.

Studien zur organisationalen Identität belegen, dass Mitarbeiter Veränderung nicht anhand ihrer objektiven Qualität, sondern ihrer Passung zu kollektiven Selbstbildern beurteilen (Gioia et al., 2013). Kulturbrüche zählen daher zu den gravierendsten Fehlentwicklungen in der Post-Akquisitionsphase.

Ein besonders folgenreiches Scheitermuster ist die Abwanderung von Schlüsselpersonen. In mittelständischen Unternehmen sind Wissen, Kundenbeziehungen und Prozessstabilität häufig stark personalisiert. Die Human-Capital-Forschung zeigt, dass der Verlust solcher Schlüsselpersonen die Performance eines Unternehmens nachhaltig beeinträchtigen kann (Campbell et al., 2012). Im ETA-Kontext tritt Fluktuation oft dann auf, wenn der neue Eigentümer unbewusst etablierte informelle Strukturen stört, psychologische Verträge verletzt oder zentrale Rollen entwertet. Abwanderung ist daher ein Indikator für tiefer liegende kulturelle oder relationale Fehlentwicklungen. Auch die Beziehungen zu Ex-Eigentümern können riskant werden. Viele Verkäufer bleiben im DACH-Mittelstand nach dem Closing in beratender Funktion oder als informelle Autoritätsfiguren präsent. Konflikte entstehen häufig durch divergierende Führungsverständnisse, unausgesprochene Rollenerwartungen oder ungelöste emotionale Abschiedsprozesse. Die Nachfolgeforschung zeigt, dass ehemalige Eigentümer ambivalente Gefühle zwischen Loslassen und Festhalten erleben, die sich in Mikrointeraktionen, subtiler Einmischung oder passivem Widerstand äußern können (Le Breton-Miller et al., 2004). Für ETA-CEOs stellt dies eine besondere Herausforderung dar, da sie sowohl Respekt als auch klare Autorität signalisieren müssen. Ebenso problematisch können Beziehungen zu Investoren werden, insbesondere wenn Erwartungsarchitektur, Kommunikationsroutinen oder Zeitlogiken nicht sauber abgestimmt sind. Die PE-Forschung zeigt, dass Missverständnisse in der frühen Phase häufig zu eskalierenden Kontrollinterventionen, Vertrauensverlust oder strategischer Fehlsteuerung führen (Huse, 2007). Im ETA-Modell verschärft sich dies, da Search-Fund-Investoren eine Doppelrolle als Mentoren und Kontrolleure einnehmen, die für junge CEOs emotional und strukturell anspruchsvoll ist. Eine weitere typische Fehlentwicklung betrifft den Vertrauensverlust bei Kunden und Lieferanten. Kunden interpretieren Eigentümerwechsel als potenzielle Bedrohung für Kontinuität, Qualität oder persönliche Beziehungen. Studien zur Kundenbindung belegen, dass Loyalität stark über Vertrauen, persönliche Interaktion und Erwartungskonsistenz vermittelt wird (Homburg & Fürst, 2005). Fehlende Präsenz des neuen Eigentümers, unbedachte Preismaßnahmen oder Veränderungen im Service-Level können daher zu rascher Erosion von Kundenvertrauen führen. Ähnlich reagieren Lieferanten empfindlich auf konditionelle oder verhaltensbezogene Änderungen des Unternehmens. Vertrauensverluste in diesen externen Stakeholdergruppen erzeugen eine gefährliche Dynamik, da sie die Stabilität operativer Wertschöpfung gefährden.

Finanzielle Fehlsteuerung zählt zu den häufigsten und folgenreichsten Scheitermustern. ETA-finanzierte Übernahmen basieren häufig auf engen Liquiditätsspielräumen, Covenants und Amortisationslogiken. Die Entrepreneurial-Finance-Forschung zeigt, dass insbesondere Working-Capital-Bedürfnisse und CAPEX-Anforderungen systematisch unterschätzt werden, da sie in Due-Diligence-Prozessen häufig nur teilweise sichtbar werden

(Petersen & Rajan, 1997). Nach dem Closing führt dies zu Liquiditätsspannungen, unangemessenen Finanzierungskosten oder covenant-bedingten Restriktionen, die den finanziellen Handlungsspielraum erheblich einengen. Fehlende oder unzureichende finanzielle Frühwarnsysteme verstärken dieses Risiko.

Schließlich stellt auch ein potenzielles Burn-out-Risiko ein reales und häufig tabuisiertes Scheitermuster dar. Die psychologische Forschung belegt, dass unternehmerische Verantwortung, soziale Isolation, Zeitdruck und hohe Erwartungsbelastung ein Risikoprofil erzeugen, das besonders bei jungen und erstmals führenden CEOs zu chronischer Erschöpfung und Funktionsverlust führt (Maslach & Leiter, 2016). Im ETA-Kontext sind diese Risiken erhöht, da der CEO gleichzeitig Gründer, Eigentümervertreter, Organisationsarchitekt und Kulturanführer ist. Burn-out führt nicht nur zu persönlicher Schädigung, sondern auch zu Fehlentscheidungen, Kommunikationsabbrüchen und organisatorischer Instabilität.

▶ Als **digitales Zusatzmaterial** zu diesem Buch finden Sie eine **ETA-Fehlentwicklungs-Frühwarnmatrix** zum Download unter Springer Link, die sich sowohl als Selbstdiagnosetool des ETA-CEOs als auch für Investor Reporting, Board-Überwachung und interne Führungskreise eignet. Sie trägt dazu bei, Fehlentwicklungen zu antizipieren, bevor sie sichtbar werden.

Literatur

Aguilera, R. V., & Jackson, G. (2010). Comparative and international corporate governance. *Academy of Management Annals, 4*(1), 485–556.

Aoki, M. (2001). *Towards a comparative institutional analysis*. MIT Press.

Armenakis, A. A., Harris, S. G., & Mossholder, K. W. (1999). Creating readiness for organizational change. *Human Relations, 52*(6), 681–703.

Ashforth, B. E. (2001). *Role transitions in organizational life: An identity-based perspective*. Routledge.

Becker, M. C. (2004). Organizational routines: A review of the literature. *Industrial and Corporate Change, 13*(4), 643–678.

Bohns, V. K., & Flynn, F. J. (2013). The overlooked influence of requests on social dynamics. *Current Directions in Psychological Science, 22*(3), 227–232.

Burke, W. W., & Litwin, G. H. (1992). A causal model of organizational performance and change. *Journal of Management, 18*(3), 523–545.

Campbell, B. A., Coff, R., & Kryscynski, D. (2012). Rethinking sustained competitive advantage from human capital. *Academy of Management Review, 37*(3), 376–395.

DeRue, D. S., & Workman, K. M. (2012). Toward a positive and dynamic theory of leadership development. *Academy of Management Learning & Education, 11*(3), 421–438.

Dirks, K. T., & Ferrin, D. L. (2002). Trust in leadership: Meta-analytic findings and implications for research and practice. *Journal of Applied Psychology, 87*(4), 611–628.

Dyer, J. H., & Singh, H. (1998). The relational view: Cooperative strategy and sources of interorganizational competitive advantage. *Academy of Management Review, 23*(4), 660–679.

Edmondson, A. C., & Lei, Z. (2014). Psychological safety: The history, renaissance, and future of an interpersonal construct. *Annual Review of Organizational Psychology and Organizational Behavior, 1*, 23–43.

Elsas, R., & Krahnen, J. P. (1998). Is relationship lending special? Evidence from credit-file data in Germany. *Journal of Banking & Finance, 22*(10–11), 1283–1316.

Fast, N. J., Gruenfeld, D. H., Sivanathan, N., & Galinsky, A. D. (2012). Illusory control and the illusion of power. *Journal of Experimental Social Psychology, 48*(3), 703–705.

Gioia, D. A., Patvardhan, S. D., Hamilton, A. L., & Corley, K. G. (2013). Organizational identity formation and change. *Academy of Management Annals, 7*(1), 123–193.

Granovetter, M. (1985). Economic action and social structure: The problem of embeddedness. *American Journal of Sociology, 91*(3), 481–510.

Gulati, R., & Higgins, M. C. (2003). Which ties matter when? The contingent effects of interorganizational partnerships. *Strategic Management Journal, 24*(2), 127–144.

Hackman, J. R. (2002). *Leading teams: Setting the stage for great performances*. Harvard Business School Press.

Hambrick, D. C., & Fukutomi, G. D. (1991). The seasons of a CEO's tenure. *Academy of Management Review, 16*(4), 719–742.

Hinterhuber, A., & Liozu, S. (2014). Is innovation in pricing your next source of competitive advantage. *Business Horizons, 57*(3), 413–423.

Hoang, H., & Antoncic, B. (2003). Network-based research in entrepreneurship: A critical review. *Journal of Business Venturing, 18*(2), 165–187.

Homburg, C., & Fürst, A. (2005). How organizational complaint handling drives customer loyalty: Evidence from the banking industry. *Journal of Service Research, 8*(2), 173–187.

Hunt, R. A., & Fund, B. (2012). Reassessing the practical and theoretical influence of entrepreneurship through acquisition. *Journal of Entrepreneurial Finance, 16*(1), 29–52.

Huse, M. (2007). *Boards, governance and value creation: The human side of corporate governance*. Cambridge University Press.

Ibarra, H. (1999). Provisional selves: Experimenting with image and identity in professional adaptation. *Administrative Science Quarterly, 44*(4), 764–791.

Ibarra, H., & Barbulescu, R. (2010). Identity as narrative: Prevalence, effectiveness, and consequences of narrative identity work in macro role transitions. *Academy of Management Review, 35*(1), 135–154.

Kahn, R. L., Wolfe, D. M., Quinn, R. P., Snoek, J. D., & Rosenthal, R. A. (1964). *Organizational stress: Studies in role conflict and ambiguity*. Wiley.

Kahneman, D. (2011). *Thinking, fast and slow*. Farrar.

Kaplan, S. N., & Strömberg, P. (2009). Leveraged buyouts and private equity. *Journal of Economic Perspectives, 23*(1), 121–146.

Kegan, R., & Lahey, L. L. (2009). *Immunity to change: How to overcome it and unlock the potential in yourself and your organization*. Harvard Business Press.

Kotter, J. P. (1996). *Leading change*. Harvard Business School Press.

Krackhardt, D., & Hanson, J. R. (1993). Informal networks: The company behind the chart. *Harvard Business Review, 71*(4), 104–111.

Le Breton-Miller, I., & Miller, D. (2006). Why do some family businesses out-compete? Governance, long-term orientations, and sustainable capability. *Entrepreneurship Theory and Practice, 30*(6), 731–746.

Le Breton-Miller, I., Miller, D., & Steier, L. (2004). Toward an integrative model of effective FOB succession. *Entrepreneurship Theory and Practice, 28*(4), 305–328.

Magee, J. C., & Galinsky, A. D. (2008). Social hierarchy: The self-reinforcing nature of power and status. *Academy of Management Annals, 2*(1), 351–398.

Maslach, C., & Leiter, M. P. (2016). Understanding the burnout experience: Recent research and its implications for psychiatry. *World Psychiatry, 15*(2), 103–111.

Mintzberg, H. (1983). *Power in and around organizations*. Prentice Hall.

Mintzberg, H., Ahlstrand, B., & Lampel, J. (1998). *Strategy safari*. Free Press.

O'Reilly, C. A., & Tushman, M. L. (2016). *Lead and disrupt: How to solve the innovator's dilemma*. Stanford University Press.

Pentland, B. T., & Feldman, M. S. (2005). Organizational routines as a unit of analysis. *Industrial and Corporate Change, 14*(5), 793–815.

Petersen, M. A., & Rajan, R. G. (1997). Trade credit: Theories and evidence. *Review of Financial Studies, 10*(3), 661–691.

Rau, C., & Gelléri, P. (2015). Regional embeddedness and corporate social responsibility: Empirical findings from German SMEs. *Journal of Business Ethics, 126*(3), 519–530.

Rousseau, D. M. (2001). Schema, promise and mutuality: The building blocks of the psychological contract. *Journal of Occupational and Organizational Psychology, 74*(4), 511–541.

Schuster, T. (2021). Das Hausbankprinzip in Deutschland: Struktur, Funktion und Bedeutung für den Mittelstand. *Zeitschrift für Bankrecht und Bankwirtschaft, 33*(4), 251–268.

Spence, M. (1973). Job market signaling. *Quarterly Journal of Economics, 87*(3), 355–374.

Ulrich, D., Brockbank, W., Johnson, D., Sandholtz, K., & Younger, J. (2012). *HR competencies: Mastery at the intersection of people and business*. Society for Human Resource Management.

Vanhaverbeke, W., Vermeersch, I., & De Zutter, S. (2014). Open innovation in SMEs. *Research-Technology Management, 57*(1), 20–27.

Wasserman, N. (2012). *The founder's dilemmas*. Princeton University Press.

Weick, K. E. (1995). *Sensemaking in organizations*. Sage.

Witt, P. (2008). Strategies for family business succession. *International Journal of Entrepreneurship and Small Business, 6*(3), 299–314.

Yale School of Management. (2023). *A reference guide on European search funds*. Yale University.

Zoltners, A. A., Sinha, P., & Lorimer, S. E. (2008). Sales force effectiveness. *Journal of Personal Selling & Sales Management, 28*(2), 115–131.

Teil IV

Postakquisition und Unternehmensentwicklung im ETA-Kontext

Was entscheidet darüber, ob eine Unternehmensübernahme im Rahmen von Entrepreneurship Through Acquisition langfristig Wert schafft oder schleichend an Dynamik verliert? Worin liegt der eigentliche unternehmerische Kern von ETA, jenseits von Transaktionsstruktur, Finanzierung und Vertragsdesign? Und weshalb zeigt sich der Erfolg dieses Modells nicht im Closing, sondern erst im organisatorischen Alltag nach dem Eigentumsübergang? Die postakquisitorische Phase stellt den entscheidenden Prüfstein des Entrepreneurship-Through-Acquisition-Modells dar und bildet den inhaltlichen Kern dieses Buchteils. Während die Such-, Transaktions- und Finanzierungsphase häufig im Fokus der Aufmerksamkeit stehen, entscheidet sich der nachhaltige Erfolg von ETA erst nach dem Eigentumsübergang, im operativen, kulturellen und strategischen Alltag des übernommenen Unternehmens. In dieser Phase transformiert sich ETA von einem transaktionalen Projekt zu einem langfristigen unternehmerischen Entwicklungsprozess, der weit über klassische Integrationslogiken hinausgeht. Die Postakquisition ist damit der eigentliche Ort unternehmerischer Wertschöpfung, in dem strategische Ambitionen, organisationale Realität und persönliche Führungsverantwortung aufeinandertreffen. Im Zentrum dieser Phase stehen spezifische Dynamiken und Herausforderungen, die sich aus der besonderen Struktur eigentümergeführter mittelständischer Unternehmen ergeben. Die Übernahme markiert häufig einen tiefgreifenden Einschnitt in gewachsene soziale Ordnungen, implizite Machtstrukturen und kulturelle Selbstverständnisse. Der neue ETA-CEO übernimmt nicht nur formale Entscheidungsgewalt, sondern tritt in ein komplexes Geflecht aus Beziehungen, Erwartungen und informellen Regeln ein, das die Entwicklungsfähigkeit des Unternehmens maßgeblich prägt. Postakquisition bedeutet daher stets auch eine Phase erhöhter organisationaler Sensibilität, in der Vertrauen aufgebaut, Legitimität hergestellt und neue Führungslogiken schrittweise verankert werden müssen. Diese Dynamiken sind nicht linear, sondern verlaufen häufig spannungsreich, geprägt von Ambivalenzen zwischen Kontinuität und Veränderung, Stabilisierung und Transformation. Gleichzeitig eröffnet die postakquisitorische Phase einen strategischen Möglichkeitsraum für gezielte Unternehmensentwicklung und Innovation. Viele ETA-Targets verfügen über robuste Geschäftsmodelle, loyale Kundenbeziehungen und tiefes operatives Know-how, sind jedoch in ihrer strategischen Weiterentwicklung durch begrenzte Ressourcen, fehlende Strukturen oder eine starke Pfadabhängigkeit gehemmt. ETA schafft hier die Möglichkeit, bestehende Stärken systematisch zu exploitieren und zugleich neue Entwicklungsfelder zu explorieren. Diese doppelte Anforderung macht Ambidextrie zu einem zentralen konzeptionellen Leitmotiv der Unternehmensentwicklung im ETA-Kontext. Die Fähigkeit, operative Exzellenz im Kerngeschäft mit innovationsorientierter Erneuerung zu verbinden, wird zur Schlüsselkompetenz des ETA-CEOs und zur Voraussetzung nachhaltiger Wertsteigerung. Die organisatorische Umsetzung dieser Ambidextrie stellt besondere Anforderungen an Struktur, Prozesse und Führungslogik. Mittelständische Unternehmen sind häufig funktional schlank, personenzentriert und durch informelle Koordination geprägt. Die Einführung neuer Steuerungsmechanismen, datenbasierter Entscheidungslogiken oder innovationsbezogener Governance-Strukturen muss daher mit hoher Kontextsensibilität erfolgen, um die organisationale Leistungsfähigkeit nicht zu destabilisieren. Unternehmensentwicklung im ETA-Kontext ist weniger eine Frage radikaler Restrukturierung als vielmehr ein Prozess gradueller, sequenzieller Transformation, der operative Stabilität mit strategischer Öffnung verbindet. Die Herausforderung besteht darin, Entwicklung nicht als episodische Intervention, sondern als kontinuierliche organisatorische Fähigkeit zu etablieren.

In diesem Zusammenhang gewinnt auch die Buy-and-Build-Strategie als strategische Option im ETA-Kontext besondere Bedeutung. Aufbauend auf einer stabilisierten Kernorganisation eröffnet sie die Möglichkeit, Wachstum durch gezielte Akquisitionen entlang der horizontalen oder vertikalen Wertschöpfungskette zu realisieren. Buy-and-Build ist dabei nicht als bloße Skalierungslogik zu verstehen, sondern als komplexer Integrations- und Entwicklungsprozess, der zusätzliche Anforderungen an Governance, Kultur und Führungsarchitektur stellt. Die erfolgreiche Umsetzung setzt voraus, dass das ursprüngliche ETA-Target bereits über ausreichende organisationale Reife, Integrationskompetenz und strategische Klarheit verfügt. Damit wird die Buy-and-Build-Strategie zu einem Indikator für den Entwicklungsstand des Unternehmens und zugleich zu einem Katalysator weiterer Transformation.

Das vorliegende Kapitel widmet sich daher der postakquisitorischen Phase als eigenständigem, hochkomplexem Entwicklungsraum im ETA-Kontext. Es analysiert die strukturellen Besonderheiten eigentümergeführter Organisationen, die psychologischen und kulturellen Dynamiken des Führungsübergangs sowie die strategischen Logiken von Innovation und Wachstum. Ziel ist es, die Postakquisition nicht als nachgelagerte Implementierungsphase zu begreifen, sondern als zentralen Gestaltungsraum unternehmerischer Verantwortung, in dem sich entscheidet, ob ETA sein Potenzial als nachhaltiges Modell mittelständischer Erneuerung entfalten kann. Auf dieser Grundlage wird die postakquisitorische Unternehmensentwicklung als integrativer Prozess verstanden, der Führung, Struktur, Dynamik und Strategie in einer kohärenten Entwicklungslogik verbindet.

12 Unternehmensentwicklung und -innovation im ETA-Kontext: Ambidextrie, Struktur, Dynamik und Führungslogik

Zusammenfassung

Unternehmensentwicklung und Innovation sind zentrale Wertschöpfungsphasen im ETA-Modell. Als anspruchsvolle Führungsaufgabe wirken sie unter Bedingungen struktureller Pfadabhängigkeit, begrenzter Ressourcen und erhöhter Governance-Anforderungen. Eine nachhaltige Wertsteigerung im postakquirierten Mittelstand entsteht weniger aus Kosteneffekten als aus der institutionellen Verankerung von Innovationsfähigkeit. Ausgangspunkt ist die ambivalente Innovationslage vieler DACH-KMU, die hohe operative Exzellenz und tiefes Erfahrungswissen bei gleichzeitig schwach ausgeprägten Innovations-, Digital- und Steuerungsstrukturen umfasst. Zentral ist das Konzept organisationaler Ambidextrie, in der ETA-CEOs bestehende Geschäftsmodelle stabil exploitieren und zugleich neue Wachstumsoptionen explorieren müssen, ohne kulturelle Brüche zu erzeugen. Hierbei spielen integrative Führung, psychologische Sicherheit und sequenzierte Entwicklungslogiken sowie Innovation eine entscheidende Rolle und müssen als sozialer Lernprozess verstanden werden. Vertrieb/Pricing, Prozesse, datenbasierte Steuerung, Angebotserweiterung und Marktexpansion bilden zentrale Entwicklungsachsen, die klar priorisiert werden müssen. Digitalisierung fungiert dabei als institutioneller Ersatz für personengebundene Steuerung und als Hebel für Transparenz, Skalierbarkeit und Governance-Fähigkeit. Die Unternehmensentwicklung umfasst auch die Etablierung einer Fehlerkultur mit Raum für Lernroutinen. Auch externe Innovationsökosysteme sowie branchenspezifische Innovationslogiken und Buy-and-Build-Strategien bieten skalierende Entwicklungsoptionen. Innovationsnarrative und strategische Finanzkommunikation spielen eine zentrale Rolle als zentrale Bewertungs-, Legitimitäts- und Exit-Treiber.

C. Schuchardt, *Entrepreneurship Through Acquisition und Search Funds im deutschsprachigen Mittelstand*, https://doi.org/10.1007/978-3-658-52650-4_12

Die strategische Weiterentwicklung eines mittelständischen Unternehmens nach einer Akquisition stellt im ETA-Kontext eine ebenso anspruchsvolle wie konstitutive Aufgabe dar. Während der Suchprozess überwiegend analytisch geprägt ist und die Integrationsphase vor allem Stabilisierung erfordert, markiert die Entwicklungsphase den Übergang von der unternehmerischen Absicht zur unternehmerischen Realität. Sie verlangt vom ETA-CEO eine Balance aus strategischer Weitsicht, operativer Disziplin, kultureller Sensibilität und innovationsorientierter Führung. Empirische Studien belegen, dass der langfristige Wert eines akquirierten Unternehmens weniger aus Kostensynergien oder Strukturmaßnahmen resultiert, sondern primär aus der Fähigkeit, neue Wertschöpfung zu generieren, Märkte zu erweitern und Innovationsfähigkeit nachhaltig zu institutionalisieren (Teece, 2014).

Die Ausgangssituation mittelständischer Unternehmen in der DACH-Region ist durch einen ambivalenten Innovationscharakter geprägt. Viele Unternehmen verfügen über tiefes technisches oder handwerkliches Wissen, starke Kundenbeziehungen und hohe operative Exzellenz, gleichzeitig jedoch über strukturelle Innovationshemmnisse, die aus Ressourcenknappheit, begrenzter Professionalisierung oder historisch gewachsenen Entscheidungskulturen resultieren (Kinkel & Som, 2012). Innovationsfähigkeit ist deshalb selten ein natürlicher Bestandteil der Organisationsarchitektur, sondern muss nach einer Akquisition häufig bewusst aufgebaut werden. Für ETA-CEOs ist die Herausforderung besonders groß, weil sie die Innovationslogik nicht von außen oktroyieren können, sondern sie mit der bestehenden Identität des Unternehmens verbinden müssen. Forschung zu organisationaler Transformation zeigt, dass Innovation in stabilen, pfadabhängigen Umgebungen nur dann gelingt, wenn sie nicht als Bruch, sondern als Weiterentwicklung bestehender Stärken wahrgenommen wird (Sydow et al., 2009). Zentral für die Unternehmensentwicklung im ETA-Kontext ist das Verständnis von Ambidextrie, also der Fähigkeit, bestehende Geschäftsmodelle effizient zu exploitieren und gleichzeitig neue Optionen zu explorieren (O'Reilly & Tushman, 2013). Mittelständische Unternehmen besitzen häufig eine ausgeprägte Exploitationsorientierung, die sich aus langfristigen Kundenbeziehungen, technologischen Routinen und hoher Qualitätsorientierung speist. Gleichzeitig zeigt die Forschung, dass Innovationsfähigkeit nur dann nachhaltig entsteht, wenn Organisationen bewusst Räume schaffen, in denen Exploration möglich wird, ohne die operative Stabilität zu gefährden. Für den ETA-CEO bedeutet dies, eine zweifache Lernbewegung zu moderieren: Einerseits müssen die bestehenden Prozesse, Produkte und Kundenbeziehungen stabilisiert und weiterentwickelt werden, andererseits müssen Suchbewegungen nach neuen Märkten, Technologien oder Geschäftsmodellen initiiert werden, die die langfristige Zukunftsfähigkeit sichern. Die größte praktische Schwierigkeit besteht darin, diese beiden Logiken nicht gegeneinander auszuspielen, sondern komplementär zu gestalten. Studien zu dynamischen Fähigkeiten zeigen, dass erfolgreiche Unternehmen solche komplexen Balanceakte nicht über strukturelle Separation, sondern über „Integrative Leadership" bewältigen, das auf Koordination, Kommunikation und psychologische Sicherheit setzt (Teece et al., 2016). Für ETA-CEOs bedeutet dies, dass sie Entwicklungsinitiativen nicht technokratisch als Projekte steuern, sondern als soziale Prozesse verstehen müssen, die die kollektive Interpretationsfähigkeit des Unternehmens erweitern. Innovation entsteht weniger durch Methoden wie Design Thinking oder OKRs, sondern durch die Fähigkeit, neue Denkweisen in stabile Routinen einzubetten.

Ein weiterer zentraler Aspekt der Unternehmensentwicklung ist die strategische Entlastung des Unternehmens von wachstumshemmenden Pfadabhängigkeiten. Mittelständische Organisationen in der DACH-Region haben oft eine tief verankerte Tradition, die aus der langen Eigentümerführung resultiert. Diese Tradition schafft Stabilität, erzeugt jedoch auch strukturelle Lock-in-Effekte, die Innovation erschweren. Die Pfadabhängigkeitsforschung zeigt, dass solche Lock-ins häufig nicht durch rationale Entscheidungen entstehen, sondern durch historische Erfolge, die zu Selbstverstärkung und Alternativlosigkeit führen (Sydow et al., 2009). ETA-CEOs müssen daher sensibel analysieren, welche Elemente der Tradition Stärke bedeuten und welche als Innovationhemmnis wirken. Die Kunst besteht darin, diese Unterscheidung weder wertend noch destruktiv vorzunehmen, sondern als gemeinsame Reflexion über die Zukunftsfähigkeit des Unternehmens zu gestalten. Unternehmensentwicklung im ETA-Kontext bedeutet auch, strategische Hebel systematisch zu identifizieren und sequenziert auszubauen. Die Forschung zeigt, dass Wertsteigerung in KMU nicht durch ein breites Portfolio an Initiativen entsteht, sondern durch klare Priorisierung und Fokussierung auf wenige, aber wirkungsvolle Entwicklungsachsen (Eisenhardt & Sull, 2001). Für ETA-CEOs lassen sich typischerweise fünf Entwicklungsfelder beobachten, die sich empirisch als besonders relevant erweisen: Professionalisierung von Vertrieb und Pricing, Optimierung von Wertschöpfungsprozessen, Einführung datenbasierter Managementfunktionen, Entwicklung neuer Produkt- oder Serviceangebote sowie Erweiterung der Marktpräsenz durch geografische oder sektorale Expansion. Jede dieser Achsen erfordert eine andere Art von Führung, Ressourcenlogik und kultureller Anschlussfähigkeit.

Besonders kritisch ist dabei die Gestaltung von Innovationsprozessen. Die Innovationsforschung betont, dass Innovation in KMU weniger durch formalisierte Innovationsabteilungen entsteht, sondern durch cross-funktionale Interaktion, informelle Kreativräume und schnelle Feedbackschleifen (Rammer & Czarnitzki, 2009). Für ETA-CEOs bedeutet dies, Innovationsfähigkeit nicht über große Programme oder externe Berater einzuführen, sondern über interne Lernschleifen, Pilotprojekte und explorative Experimentierräume. Innovation entsteht dort, wo Mitarbeitende die Möglichkeit erhalten, Hypothesen zu formulieren, Risiken zu kontrollieren und aus Fehlern zu lernen. Der Aufbau psychologischer Sicherheit ist hierfür der zentrale Treiber. Forschung zeigt, dass Teams mit hoher psychologischer Sicherheit signifikant innovativer, schneller lernfähig und bereit für experimentelle Arbeit sind (Edmondson, 1999). Innovations- und Entwicklungsprozesse sind im ETA-Kontext jedoch nie rein technischer Natur, sondern eng mit Macht- und Identitätsfragen verknüpft. Neue Geschäftsmodelle, veränderte Prozesse oder strategische Kurswechsel erzeugen in Organisationen eine Umverteilung von Bedeutungen, Ressourcen und Einfluss. Die Leadership-Forschung zeigt, dass solche Transformationen nur gelingen, wenn Machtverschiebungen reflektiert und nicht verdeckt erfolgen (Pettigrew, 1987). ETA-CEOs müssen daher aktiv kommunikative Räume schaffen, in denen die organisationale Zukunft gemeinsam verhandelt wird. Eine konsequente Einbindung des

Führungskreises, klare Entscheidungsarchitekturen und transparente Priorisierung wirken als Stabilitätsanker.

Zugleich verlangt Unternehmensentwicklung im ETA-Kontext eine finanzielle und operative Realismusprüfung. Viele Entwicklungsinitiativen scheitern, weil sie finanzielle Tragfähigkeit, Working-Capital-Bedarf oder Kapitalbindung unterschätzen. Die Entrepreneurial-Finance-Forschung zeigt, dass insbesondere wachstumsstarke Mittelstandsunternehmen durch Liquiditätsengpässe ausgebremst werden, die nicht durch Profitabilität, sondern durch Kapitalumschlag entstehen (Petersen & Rajan, 1997). Für ETA-CEOs ist deshalb die enge Kopplung von Wachstumspfaden und Liquiditätssteuerung ein zwingender Bestandteil der Entwicklungsarchitektur.

12.1 Innovations-Governance und Ressourcenarchitektur im ETA-Mittelstand

Erfolgreiche Innovationsprozesse im postakquirierten mittelständischen Unternehmen setzen eine spezifische Governance- und Ressourcenarchitektur voraus, die den Rahmenbedingungen des ETA-Modells ebenso gerecht werden wie den kulturellen und strukturellen Besonderheiten der DACH-Region. Innovationsfähigkeit entsteht nicht primär aus Kreativität oder Methodenkompetenz, sondern aus institutionellen Arrangements, die entscheiden, wer über Innovationsprojekte verfügt, wer sie verantwortet, wie Risiken verteilt werden und welche Ressourcen für explorative Aktivitäten organisatorisch legitimiert sind. In mittelständischen Unternehmen ist diese Governance häufig historisch gewachsen und stark an den Altinhaber gebunden, dessen persönliche Intuition, Erfahrungswissen und Mikrolenkung in der Vergangenheit als primärer Innovationsfilter fungierten (Witt, 2008). Mit dem Übergang zu einem ETA-CEO entsteht eine tiefgreifende Systemlücke. Die bislang personifizierte Innovationssteuerung muss in institutionalisierte Strukturen überführt werden, die sowohl die Kontinuität der Organisation wahren als auch neue explorative Impulse ermöglichen.

Ein erster zentraler Aspekt betrifft die Klärung von Rollen und Entscheidungsrechten im Innovationsprozess. Forschung zur strategischen Governance zeigt, dass unklare Zuständigkeiten zu Verzögerungen, Verantwortungsdiffusion und strategischer Ambiguität führen, was besonders in ressourcenarmen KMU schwerwiegende negative Effekte hat (Huse, 2007). Im ETA-Kontext treten zusätzliche Spannungsfelder auf. Der neue CEO verfügt typischerweise über analytische Klarheit, aber begrenzte Branchen- und Kontextkenntnis; der Führungskreis besitzt operative Expertise, aber häufig nur begrenzte Erfahrung in systematischer Innovationssteuerung; die Investoren fungieren gleichzeitig als Kapitalgeber, Mentoren und Kontrollinstanz. Diese Dreiecksarchitektur erzeugt potenzielle Ziel-, Rollen- und Zeithorizontkonflikte. ETA-CEOs müssen deshalb eine explizite Innovations-Governance etablieren, die klare Prozessverantwortlichkeiten, Eskalationslogiken und Entscheidungsinstanzen definiert. Governance-Forschung zeigt, dass innovationsförderliche Systeme jene sind, in denen Entscheidungsgeschwindigkeit,

Feedbackschleifen und Lernfähigkeit höher priorisiert werden als formale Kontrolle (Teece et al., 2016). Ein zweites wesentliches Element ist die Ressourcenarchitektur, insbesondere die Frage, wie Zeit, Kapital und organisatorische Aufmerksamkeit für Innovationsvorhaben bereitgestellt werden. Mittelständische Unternehmen der DACH-Region weisen häufig eine hohe Auslastung und eine historisch gewachsene Fokussierung auf operative Exzellenz auf. Die Ressourcenallokation folgt dabei oft einem impliziten Primat des Tagesgeschäfts, während Explorationsvorhaben als störend oder riskant empfunden werden. Die Innovationsforschung bestätigt, dass KMU strukturell dazu neigen, kurzfristige operative Effizienz über langfristige explorative Projekte zu stellen (Rammer & Czarnitzki, 2009). Für ETA-CEOs stellt dies eine besondere Herausforderung dar, weil sie Innovation nicht nur als unternehmerische Notwendigkeit, sondern zugleich als integralen Bestandteil ihrer Wertsteigerungslogik gegenüber Investorinnen und Investoren vermitteln müssen. Die zentrale Aufgabe besteht darin, ein Minimum an Ressourcen strukturell zu schützen, um die organisationale Fähigkeit zur Exploration überhaupt erst zu ermöglichen.

Die Kapitalallokation stellt dabei einen besonders sensiblen Bereich dar. Die Entrepreneurial-Finance-Forschung zeigt, dass wachstumsorientierte KMU häufig nicht an mangelnder Profitabilität, sondern an Engpässen im Working Capital oder zu geringer Liquiditätsreichweite scheitern (Petersen & Rajan, 1997). ETA-finanzierte Transaktionen verstärken dieses Risiko durch Fremdkapitalstrukturen, Covenants und die Notwendigkeit eines stringenten Cash-Managements. Innovationsvorhaben, die keine kurzfristigen Cashflows erzeugen, konkurrieren daher direkt mit der Notwendigkeit, finanzielle Stabilität zu wahren. Für die Governance bedeutet dies, dass Innovationsbudgets explizit gegen Liquiditätsrisiken abgewogen werden müssen. Ein verlässlicher Prozess zur Kapitalzuweisung, der die strategische Relevanz eines Innovationsvorhabens bewertet und gleichzeitig die finanzielle Tragfähigkeit im Blick behält, ist unerlässlich. Sinnvoll ist der Aufbau eines „Innovation Commitment“, also eines fest definierten, vom CEO verantworteten und vom Board legitimierten jährlichen Budgets, das nicht ad hoc, sondern strukturiert für explorative Projekte verwendet wird.

Ein weiterer zentraler Bestandteil der Ressourcenarchitektur betrifft die Allokation von Zeit und organisationaler Aufmerksamkeit. Die Dynamic-Capabilities-Forschung zeigt, dass Innovationsfähigkeit vor allem dann entsteht, wenn Organisationen explizit Zeitfenster schaffen, in denen Reflexion, Experimentieren und Lernen möglich sind (Teece, 2014). In mittelständischen Unternehmen ist Zeit jedoch die knappste Ressource. Mitarbeitende sind meist voll im Tagesgeschäft gebunden, wodurch explorative Aktivitäten als zusätzlicher Aufwand wahrgenommen werden. ETA-CEOs müssen daher Mechanismen etablieren, die Innovation zeitlich legitimieren. Dies kann durch feste Innovationsmeetings, kurze Experimentzyklen oder die Einführung eines systematisierten Verbesserungsprozesses erfolgen. Besonders wirksam sind aus der KVP- und Lean-Forschung bekannte „Mikro-Experimente“, die in kleinen Zeiteinheiten schnelle Erkenntnisse liefern (Becker, 2004). Innovations-Governance umfasst zudem die institutionelle Legitimation von Risiko. Innovationsvorhaben sind naturgemäß unsicher, und in KMU existiert oft eine implizite Fehlervermeidungskultur, die auf hoher Compliance, Kundenorientierung und Produktionsstabilität basiert. Forschung aus der Lern- und Fehlerkultur belegt jedoch, dass Unternehmen ohne Raum für kalkulierte Risiken mittelfristig an Wettbewerbsfähigkeit verlieren (Edmondson, 1999). ETA-CEOs stehen deshalb vor der Aufgabe, eine risikoadaptierte Governance zu etablieren, in der kleine, kontrollierte Experimente als legitimes Führungsinstrument anerkannt werden. Zentral ist dabei die Differenzierung zwischen „guten" und „schlechten" Fehlern: Gute Fehler sind lernorientiert, reversibel und strukturiert; schlechte Fehler sind unreflektiert, unstrukturiert und riskieren Kernprozesse. Diese Unterscheidung muss explizit kommuniziert werden, da sie kulturelle Orientierung bietet und gleichzeitig Innovationsmut ermöglicht. Ein weiterer kritischer Bestandteil der Innovations-Governance im ETA-Kontext ist die Einbindung des Führungskreises. In mittelständischen Organisationen spielt der Führungskreis eine doppelte Rolle: Er ist sowohl Träger operativer Expertise als auch kulturelle Legitimationsinstanz. Innovationsprozesse scheitern häufig daran, dass Führungskräfte sie zwar rational unterstützen, aber emotional oder implizit blockieren, weil sie Machtverschiebungen, Rollenerosion oder Kontrollverlust befürchten. Macht- und Mikropolitikforschung zeigt, dass solche impliziten Blockaden nicht durch Anweisungen, sondern durch Beteiligungsprozesse adressiert werden müssen (Pettigrew, 1987). ETA-CEOs sollten daher frühzeitig einen Innovationsdialog im Führungskreis etablieren, der nicht nur auf Ideenfokussierung, sondern auf Rollenklärung, Priorisierung und Machtbalance abzielt.

Innovations-Governance umfasst schließlich die institutionelle Verankerung von Lern- und Entwicklungsprozessen. Unternehmen entwickeln Innovationsfähigkeit nicht durch einzelne Projekte, sondern durch die kontinuierliche Akkumulation und Wiederverwendung von Wissen. Die Forschung zu organisationalem Lernen zeigt, dass erfolgreiche Unternehmen Lernschleifen systematisieren und Erkenntnisse aus Experimenten in Prozesse und Routinen überführen (Argote, 2013). Für ETA-CEOs bedeutet dies, dass Innovation nicht als episodisches Projekt, sondern als kontinuierlicher Prozess etabliert werden muss, der in Meetingstrukturen, Reportingarchitekturen und Führungsroutinen eingebettet ist. Dies erfordert wiederum eine Governance, die Innovation als dauerhaften Bestandteil der Unternehmensagenda etabliert und nicht als einmalige Initiative. Der ETA-CEO übernimmt somit die Rolle eines Systemarchitekten, der die organisationale Fähigkeit zur Exploration öffnet, ohne die Stabilität der Wertschöpfung zu gefährden. In der Etablierung einer effektiven Innovations-Governance liegt somit ein zentraler Schlüssel für die langfristige Entwicklung und Resilienz des akquirierten Unternehmens.

12.2 Digitalisierung und datenbasierte Steuerung als Entwicklungshebel im ETA-Mittelstand

Digitalisierung stellt im postakquirierten mittelständischen Unternehmen einen der zentralen Entwicklungs- und Wertsteigerungshebel dar, weil sie die strukturellen Voraussetzungen schafft, unternehmerische Entscheidungen präziser, schneller und weniger personenbezogen zu treffen. Im ETA-Kontext besitzt sie eine besondere Relevanz, da die neue Eigentümer- und Führungsstruktur in der Regel eine höhere Transparenz, Standardisierung und Steuerungsfähigkeit erfordert, als sie im traditionellen, inhabergeführten Mittelstand üblich ist. Die Transformationsforschung belegt, dass Digitalisierung nicht lediglich eine technologische Modernisierung, sondern eine tiefgreifende Reorganisation von Informationsflüssen, Entscheidungsarchitekturen und kulturellen Routinen darstellt (Bharadwaj et al., 2013). Für ETA-CEOs ergibt sich daraus die doppelte Herausforderung, digitale Strukturen aufzubauen und gleichzeitig die organisationale Anschlussfähigkeit sicherzustellen. Der entscheidende Punkt ist, dass Digitalisierung im DACH-Mittelstand nicht primär an fehlender Technologie scheitert, sondern an kulturellen, organisatorischen und ressourcenbezogenen Hürden (Kinkel & Som, 2012).

Die Ausgangslage mittelständischer Unternehmen ist durch typische digitale Fragmentierungen gekennzeichnet. Viele Betriebe arbeiten mit historisch gewachsenen Insellösungen, Excel-gestützten Steuerungsroutinen und informellen Wissensspeichern, die funktional eingespielt, aber hochgradig vulnerabel sind. Diese Strukturen spiegeln eine Epoche wider, in der persönliche Präsenz, handwerkliche Expertise und implizites Erfahrungswissen im Zentrum standen. Für inhabergeführte Unternehmen war dies in der Regel ausreichend, da der Unternehmer als kognitives Zentrum fungierte und Entscheidungen durch unmittelbare Nähe zum operativen Geschehen abgesichert waren. Mit dem Übergang zu einem ETA-CEO entfällt dieses personengebundene Steuerungsmodell, und die Digitalisierung wird zu einem institutionellen Ersatzmechanismus für die vormals persönlich verankerte Unternehmenssteuerung. Studien zur digitalen Transformation im Mittelstand zeigen, dass erfolgreiche Digitalisierung vor allem dort gelingt, wo sie nicht als IT-Projekt, sondern als Neuordnung der Unternehmenslenkung verstanden wird (Matt et al., 2015). Ein zentraler Aspekt betrifft die Einführung einer datenbasierten Führungs- und Entscheidungsarchitektur. Mittelständische Unternehmen verfügen zwar über operative Daten, nutzen diese aber selten systematisch für Steuerungszwecke. Informationsasymmetrien, fehlende Strukturierung der Datenquellen, mangelnde Integration zwischen Produktion, Vertrieb, Einkauf und Finanzen sowie geringe analytische Kompetenzen verhindern, dass Daten in Entscheidungen übersetzt werden. Die Forschung zu Management Accounting und Data-Driven Decision Making zeigt, dass Unternehmen, die ihre Entscheidungen systematisch datenfundiert treffen, schneller, präziser und resilienter auf Umweltveränderungen reagieren (Brynjolfsson et al., 2011). Für ETA-CEOs bedeutet dies, dass die Einführung eines integrierten Daten- und Steuerungssystems nicht als technisches Modernisierungsprojekt, sondern als zentrale Grundlage strategischer Wertsteigerung zu behandeln ist.

Besonders relevant ist der Aufbau eines durchgängigen ERP-CRM-BI-Systems, das operative Datenextraktion, finanzielle Steuerung und Kundeninteraktionen zusammenführt. Die deutsche Mittelstandsforschung zeigt, dass Unternehmen, die über integrierte Informationssysteme verfügen, signifikant produktiver und wachstumsstärker sind als jene, die auf fragmentierten Tools basieren (Rammer & Czarnitzki, 2009). Für ETA-Unternehmen gilt dies in besonderer Weise: Erst durch integrierte Datenarchitekturen lässt sich ein belastbares Reporting gegenüber Investoren aufbauen, können Wachstumshebel identifiziert und operative Risiken frühzeitig erkannt werden. Zudem erzeugt Digitalisierung eine neue Transparenz, die Entscheidungsprozesse depersonalisiert und damit kulturell anspruchsvoller, aber strategisch stabiler macht. Digitalisierung wirkt im ETA-Kontext als Hebel für vier zentrale Steuerungsdimensionen: Transparenz, Geschwindigkeit, Konsistenz und Skalierbarkeit. Transparenz entsteht, wenn Datenströme nicht mehr in lokalen Wissensspeichern oder isolierten Systemen zirkulieren, sondern organisationseinheitlich verfügbar sind. Geschwindigkeit ergibt sich aus der Reduktion manueller Prozesse und der Fähigkeit, Zustände in Echtzeit zu erkennen. Konsistenz entsteht durch die Harmonisierung von Stammdaten, Prozessen und KPI-Definitionen. Skalierbarkeit wird möglich, wenn Prozesse digitalisiert und damit replizierbar werden. Diese vier Dimensionen entsprechen grundlegenden Voraussetzungen für die Professionalisierung von Strukturen, die im inhabergeführten Mittelstand bislang nicht notwendig waren, im ETA-Modell jedoch unverzichtbar sind.

Von besonderer Bedeutung ist zudem die kulturelle Dimension der Digitalisierung. Forschung zu organisationalem Wandel belegt, dass Mitarbeitende technologische Veränderungen nicht primär nach ihrer funktionalen Logik bewerten, sondern nach ihren kulturellen und identitätsbezogenen Implikationen (Orlikowski, 2000). Digitalisierung kann im Mittelstand daher als Bedrohung empfunden werden, da sie informelle Wissensvorsprünge reduziert, Rollen neu definiert und bisherige Routinen infrage stellt. Viele Mitarbeitende interpretieren digitale Tools als Kontrollinstrumente oder als Zeichen mangelnden Vertrauens. Ein rein technischer Einführungsprozess verstärkt diese Abwehrreaktionen. Erfolgreiche Digitalisierung im ETA-Kontext verlangt daher eine sensible kulturelle Einbettung: Sie muss als Unterstützung, Entlastung und Professionalisierung vermittelt werden, nicht als Rationalisierungsprogramm. Die Forschung zur psychologischen Sicherheit zeigt, dass digitale Transformation nur dann erfolgreich verläuft, wenn Mitarbeitende Fehler im Umgang mit neuen Systemen ohne Angst vor Sanktionierung kommunizieren können (Edmondson, 1999). Ein weiterer zentraler Aspekt ist die datenbasierte Priorisierung von Entwicklungsinitiativen. ETA-CEOs stehen häufig vor einer Vielzahl potenzieller Maßnahmen, die sich sowohl auf operative Exzellenz als auch auf strategische Entwicklung beziehen. Datenbasierte Steuerung ermöglicht es, Initiativen nicht nach subjektivem Eindruck, sondern nach objektiven Kriterien wie Impact, Ressourcenbedarf und Risiko zu priorisieren. Besonders relevant ist hier die Einführung von Leading Indicators, etwa Produktionsdurchlaufzeiten, Wiederkaufraten, Service-Level-Kennzahlen oder Angebotskonversionsraten, die frühzeitig auf Trends hinweisen und präventives Handeln ermöglichen. Die Forschung zeigt, dass Unternehmen, die Leading Indicators nutzen, strategisch signifikant robuster agieren als solche, die sich auf rein finanzielle Lagging Indicators verlassen (Davenport & Harris, 2007). Weiterhin ist die digitale Befähigung des Vertriebs von Bedeutung im ETA-Kontext. Viele mittelständische Unternehmen arbeiten mit traditionellen Vertriebsstrukturen, persönlichen Beziehungen und wenig dokumentierten Kundeninteraktionen. CRM-Systeme, datenbasierte Segmentierung und Vertriebsanalytik ermöglichen es, Cross-Selling-Potenziale zu erkennen,

Kundenabwanderung frühzeitig zu identifizieren und Pricing systematisch zu steuern. Empirische Studien zeigen, dass KMU mit CRM-basierter Vertriebssteuerung durchschnittlich höhere Margen, stabilere Kundenbeziehungen und eine stärkere Skalierungsfähigkeit aufweisen (Homburg & Pflesser, 2000).

Digitalisierung stellt darüber hinaus einen zentralen Enabler für nachhaltige Prozessoptimierung dar. Viele Wertschöpfungsprozesse in mittelständischen Unternehmen sind durch Medienbrüche, manuelle Arbeitsschritte und geringe Datenintegration geprägt. Prozessdigitalisierung ermöglicht eine deutliche Reduktion von Durchlaufzeiten, Fehlerquoten und Kosten, gleichzeitig aber auch eine Erhöhung der Transparenz und Qualität. Lean-Digitalisierung, also die Verbindung schlanker Prozesse mit digitalen Tools, hat sich als besonders effektives Instrument erwiesen, da sie sowohl kulturell anschlussfähig als auch schnell wirksam ist. Die Forschung zeigt, dass die Kombination aus Lean und Digitalisierung die Produktivität von KMU überproportional steigert (McKinsey, 2018). Der ETA-CEO übernimmt in diesem Prozess die Rolle eines Übersetzers verschiedenster Logiken: Er muss Investoren gegenüber Professionalität und Skalierungsfähigkeit signalisieren, dem Führungskreis die strategische Notwendigkeit verdeutlichen und gleichzeitig bei Mitarbeitenden Vertrauen in den Wandel schaffen. Digitalisierung ist daher weniger ein technologisches als ein führungspsychologisches Projekt. Ihre erfolgreiche Umsetzung entscheidet maßgeblich darüber, ob das akquirierte Unternehmen langfristig wachsen, innovieren und strategisch resilient agieren kann.

12.3 Portfolio- und KPI-basierte Steuerung von Entwicklungs- und Innovationsinitiativen

Die systematische Steuerung von Entwicklungs- und Innovationsinitiativen stellt im ETA-Mittelstand einen zentralen Mechanismus dar, um strategische Ambitionen, operative Ressourcen und finanzielle Bedingungen in ein kohärentes Gesamtbild zu überführen. Während Innovationsprozesse in traditionellen inhabergeführten Unternehmen häufig informell, intuitiv und personengebunden verlaufen, erfordern sie im ETA-Kontext eine explizite und institutionalisierte Entscheidungs- und Steuerungsarchitektur. Dies liegt nicht allein an den höheren Transparenzanforderungen der Investoren, sondern an der Tatsache, dass junge ETA-CEOs Entwicklungsinitiativen nicht aus langjähriger Erfahrung, sondern aus analytischer Evidenz priorisieren müssen. Die Forschung zeigt, dass Unternehmen mit klar strukturierten Innovationsportfolios und KPI-basierten Steuerungsmechanismen signifikant höhere Erfolgsraten in Transformations- und Wachstumsprozessen aufweisen (Cooper et al., 2001). Ein innovationsorientiertes Portfolio unterscheidet sich dabei deutlich von einem Projektportfolio im klassischen Sinne. Es beschreibt nicht lediglich eine Sammlung von Maßnahmen, sondern eine strukturierte Landkarte strategischer Entwicklungsachsen, die sowohl Exploitation als auch Exploration abbildet. Die Ambidextrie-Forschung betont, dass Unternehmen langfristig erfolgreich sind, wenn sie effizient bestehende Wertschöpfungslogiken nutzen und gleichzeitig neue Optionen entwickeln (O'Reilly & Tushman, 2013). Für ETA-Unternehmen ist diese Balance besonders kritisch, da sie nach einer Akquisition häufig operative Stabilisierung benötigen und gleichzeitig gegenüber Investoren Innovations- und Wachstumspotenziale realisieren müssen. Ein innovationsorientiertes Portfolio ermöglicht es, beide Logiken parallel sichtbar und steuerbar zu machen, anstatt sie in impliziten Priorisierungen gegeneinander auszuspielen. Eine besondere Herausforderung im ETA-Mittelstand besteht darin, Prioritäten nicht ausschließlich nach kurzfristiger finanzieller Wirkung zu setzen. Fremdkapitalstrukturen, Covenants und Reportingpflichten können dazu führen, dass Projekte mit unmittelbarem Cash-Effekt bevorzugt werden, während strategisch bedeutsame, aber langfristige Maßnahmen vernachlässigt werden. Forschung zu strategischer Erneuerung zeigt jedoch, dass Unternehmen ohne langfristige Innovationsinvestitionen mittelfristig an Wettbewerbsfähigkeit einbüßen, insbesondere in dynamischen Branchen (Teece, 2014). Ein Portfoliokonzept zwingt das Unternehmen dazu, unterschiedliche Zeithorizonte – kurzfristige Effizienz, mittelfristige Optimierung und langfristige strategische Innovation – simultan zu berücksichtigen. Damit wird die Entscheidungsarchitektur rationalisiert und der Einfluss kognitiver Verzerrungen reduziert, die in unsicheren und reaktiven Umfeldern besonders stark wirken (Kahneman, 2011).

Für eine effektive Portfolio-Steuerung ist die Entwicklung klarer Bewertungskriterien unerlässlich. Im ETA-Kontext sollten Kriterien nicht nur finanzielle Aspekte berücksichtigen, sondern auch kulturelle Anschlussfähigkeit, Umsetzbarkeit, Ressourcenbedarf und Risiken. Die empirische Forschung zeigt, dass Innovationsprojekte in KMU weniger an technischen oder finanziellen als an organisatorischen Faktoren scheitern, insbesondere an mangelnder interner Akzeptanz oder Überlastung kritischer Ressourcen (Rammer & Czarnitzki, 2009). Eine ausgewogene Bewertung berücksichtigt daher Faktoren wie strategische Relevanz, Beitrag zur Differenzierung, Implementierbarkeit, kulturelle Kompatibilität und Kapitalbindung. Diese Kriterien ermöglichen es, Entwicklungsinitiativen nicht als isolierte Projekte, sondern als Elemente einer längerfristigen, kohärenten Wertsteigerungsstrategie zu betrachten. Ein weiterer zentraler Bestandteil der Portfolio-Logik ist die Visualisierung von Initiativen entlang dimensionsübergreifender Achsen. In der Praxis haben sich Modelle wie das McKinsey-Dreihorizonte-Modell oder die Kern–Adjazent–Neues-Portfolioarchitektur bewährt, die Unternehmen dabei unterstützen, Initiativen in verschiedene strategische Kategorien einzuordnen. Für den ETA-Mittelstand ist jedoch eine angepasste Form dieser Modelle erforderlich, die insbesondere die Ressourcenknappheit, die starke operative Einbindung des Führungsteams und die spezifischen Anforderungen der Investoren berücksichtigt. Sinnvoll ist die Unterscheidung zwischen Kernoptimierungsinitiativen, adjazenten Wachstumsoptionen und explorativen Zukunftsprojekten. Diese Dreiteilung erlaubt es, den notwendigen Fokus auf operative Exzellenz zu wahren, ohne explorative Aktivitäten zu marginalisieren. Neben der Portfoliostruktur bildet die KPI-basierte Steuerung ein zweites zentrales Element der Entwicklungsarchitektur. KPIs dienen nicht nur der Kontrolle von Fortschritt und Ergebnissen, sondern der Synchronisierung der Organisation. Forschung zur strategischen Steuerung zeigt, dass klare, konsistente und sinnvoll ausgewählte Kennzahlen die Ausrichtung der Organisation, die Koordination zwischen Bereichen und die Lernfähigkeit signifikant erhöhen (Kaplan & Norton, 1996). Voraussetzung ist jedoch, dass KPIs nicht als starre Zielvorgaben interpretiert werden, sondern als Hypothesentests über die Wirksamkeit von Initiativen. In diesem Sinne sind KPIs im ETA-Kontext weniger Instrumente der Überwachung als vielmehr operative Manifestationen strategischer Annahmen. Besonders wichtig ist die Unterscheidung zwischen Leading und Lagging Indicators. Während Lagging Indicators wie Umsatz, EBITDA oder Netto-Cashflow die Wirkung vergangener Entscheidungen abbilden, geben Leading Indicators Aufschluss über zukünftige Entwicklungen. In der Entwicklungsphase sind Leading Indicators weit entscheidungsrelevanter, da sie frühzeitig signalisieren, ob eine Initiative in die gewünschte Richtung wirkt. Typische Leading Indicators im ETA-Mittelstand sind Produktionsdurchlaufzeiten, Angebotskonversionsraten, Kundenabwanderungsindikatoren, Reklamationsquoten, Service-Level-Kennzahlen, Innovationspipeline-Fortschritte oder Zeit bis zur Validierung eines neuen Angebots. Unternehmen, die systematisch Leading Indicators nutzen, sind empirisch nachweislich anpassungsfähiger und innovativer (Brynjolfsson et al., 2011). Ein KPI-System entfaltet jedoch erst dann seine volle Wirksamkeit, wenn es in die sozialen und kulturellen Prozesse der Organisation eingebettet ist. KPIs steuern nicht nur Verhalten, sondern erzeugen auch Wahrnehmungsrahmen und Prioritäten. In mittelständischen Unternehmen, in denen Kultur und Identität traditionell stark personen- und erfahrungsbasiert sind, kann die Einführung datenbasierter Steuerung als Bedrohung empfunden werden. Forschung zu technologisch-induzierten Rollenveränderungen zeigt, dass Mitarbeitende numerische Transparenz oft mit Kontrollverlust oder Leistungsdruck assoziieren (Orlikowski, 2000). Ein sensibler Implementierungsprozess ist daher zentral. KPIs müssen als Unterstützung und Orientierung vermittelt werden, nicht als Disziplinierungsinstrument. Werden sie dagegen autoritär eingeführt, entstehen Widerstände, die Innovations- und Entwicklungsprozesse blockieren. Ein abschließender Aspekt betrifft die Verbindung von Portfolio- und KPI-Logik in einem integrierten Steuerungssystem. Erfahrungen aus Corporate Innovation und Private Equity zeigen, dass Unternehmen am erfolgreichsten sind, wenn Initiativen nicht isoliert gemessen, sondern im Kontext des gesamten Portfolios bewertet werden. Dies ermöglicht sowohl Transparenz über relative Prioritäten als auch die iterative Anpassung des Portfolios. Der ETA-CEO übernimmt dabei die Rolle eines systemischen Übersetzers, der KPIs nicht als Selbstzweck, sondern als Instrument der strategischen Fokussierung und organisationalen Lernarchitektur nutzt. Die Kombination aus Portfolio- und KPI-basierten Ansätzen bildet damit das zentrale Fundament einer rationalen, adaptiven und wertsteigerungsorientierten Entwicklungslogik im postakquirierten Mittelstand.

12.4 Fehlerkultur, Lernprozesse und externe Innovationsökosysteme im ETA-Mittelstand

Die Fähigkeit eines mittelständischen Unternehmens, nach einer Akquisition nachhaltig zu innovieren und sich strategisch weiterzuentwickeln, hängt nicht allein von Ressourcen, Strukturen oder Technologien ab, sondern in erheblichem Maße von der Qualität seiner Lernprozesse. Forschung zur organisationalen Lernfähigkeit zeigt, dass Unternehmen langfristig erfolgreicher sind, wenn sie Fehler als Informationsquelle interpretieren, Lernschleifen systematisieren und externes Wissen aktiv in ihre eigene Wissensbasis integrieren (Argote, 2013). Im ETA-Kontext wird diese Lernlogik besonders bedeutsam, weil die Organisation sich nicht nur an neue Führungsstrukturen, sondern an neue strategische Ambitionen anpassen muss. ETA-Unternehmen werden in der Regel nicht akquiriert, um stabil fortgeführt zu werden, sondern um Entwicklungs- und Wertsteigerungsprozesse umzusetzen. Diese Zielsetzung erfordert ein organisationales Umfeld, das Fehler toleriert, Reflexion erlaubt und Experimente ermöglicht.

Fehlerkultur stellt dabei einen zentralen Baustein organisationaler Lernprozesse dar. Der Begriff wird häufig missverstanden als romantisierte „Fehlerfreundlichkeit", obwohl empirische Forschung zeigt, dass erfolgreiche Organisationen nicht Fehler feiern, sondern sie präzise klassifizieren und konstruktiv nutzen (Edmondson, 1999). In hochzuverlässigen Organisationen existiert eine klare Unterscheidung zwischen vermeidbaren Fehlern, die aus mangelnden Routinen oder fehlender Kompetenz resultieren, und sinnvollen Fehlern, die aus experimentellen Aktivitäten entstehen. Für ETA-CEOs ergibt sich daraus die Notwendigkeit, eine Fehlerkultur zu etablieren, die nicht grenzenlos toleriert, sondern intelligent differenziert. Insbesondere in DACH-KMU, in denen Fehler traditionell mit Schuld, Scham oder Kompetenzzweifeln assoziiert sind, ist eine solche Differenzierung essenziell, um psychologische Sicherheit aufzubauen und gleichzeitig operative Qualität zu wahren. Eine konstruktive Fehlerkultur entsteht jedoch nicht durch Appelle oder Kommunikationsmaßnahmen, sondern durch institutionelle Routinen, die Lernen ermöglichen und sanktionierende Dynamiken verhindern. Studien zeigen, dass Teams dann lernfähig sind, wenn sie über sichere Räume verfügen, in denen Hypothesen formuliert, Probleme offen kommuniziert und Annahmen hinterfragt werden können (Edmondson, 1999). Für ETA-CEOs bedeutet dies, Reflexionsroutinen zu institutionalisieren, die jenseits von Krisensituationen stattfinden. Dies kann durch kurze, regelmäßig stattfindende Lernzirkel, Retrospektiven oder bereichsübergreifende Problemlösungsforen erfolgen. Entscheidend ist, dass Fehler nicht retrospektiv moralisch bewertet werden, sondern prospektiv zur Verbesserung von Routinen, Prozessen und Annahmen genutzt werden. Lernprozesse in mittelständischen Unternehmen beruhen darüber hinaus auf dem Zusammenspiel von implizitem und explizitem Wissen. In KMU dominieren erfahrungsbasierte Wissensformen, die über persönliche Netzwerke, biografische Erfahrungen und informelle Routinen vermittelt werden. Diese Wissensform ist robust und kontextsensibel, aber schwer skalierbar und anfällig für personelle Abhängigkeiten (Nonaka & Takeuchi, 1995). Im ETA-Kontext verschärft sich dieses Spannungsfeld, da der neue CEO selten über die gleiche

Erfahrungsbasis verfügt wie der vorherige Eigentümer. Die systematische Codifizierung von Wissen, etwa in Prozessbeschreibungen, Standards, Wissensdatenbanken oder Checklisten, wird deshalb zu einem zentralen Entwicklungshebel. Gleichzeitig muss implizites Erfahrungswissen respektiert, sichtbar gemacht und schrittweise in die organisationale Wissensbasis integriert werden. Eine rein technokratische Wissensstandardisierung würde die gewachsene organisatorische Identität unterminieren und kulturelle Widerstände hervorrufen. Die Lernforschung betont zudem die Bedeutung von Feedbackschleifen für die Entwicklung von Kompetenzen und Routinen (Argote, 2013). In vielen KMU existiert jedoch eine kulturelle Praxis, Probleme erst dann anzusprechen, wenn sie sich finanziell manifestieren, statt frühzeitig über Prozessschwächen zu sprechen. ETA-CEOs sollten daher eine Architektur schaffen, in der Feedback systematisch, dialogisch und zukunftsorientiert stattfindet. Dies umfasst sowohl operative Feedbackschleifen (etwa Qualitätskennzahlen, Kundenfeedback, Produktionsdaten) als auch strategische Reflexionsformate, die den Führungskreis in die Lage versetzen, Hypothesen über Markt- oder Organisationsveränderungen zu formulieren. Die Kombination aus quantitativen und qualitativen Feedbackkanälen ermöglicht es, Lernprozesse zu entpersonalisierten und damit anschlussfähig zu machen. Ein weiterer zentraler Aspekt der Lern- und Innovationsfähigkeit betrifft die Einbindung externer Innovationsökosysteme. Mittelständische Unternehmen der DACH-Region sind traditionell tief regional eingebettet, arbeiten mit stabilen Lieferanten- und Kundenbeziehungen und verfügen über hohe technologische und handwerkliche Kompetenz. Gleichzeitig zeigt die Innovationsforschung, dass Unternehmen, die stark in lokale und überregionale Innovationsnetzwerke eingebunden sind, signifikant innovativer und resilienter sind (Rammer & Czarnitzki, 2009). Externe Ökosysteme fungieren als Quellen neuen Wissens, als Korrektiv organisationaler Blindstellen und als Schutzraum für riskante Experimente. Für ETA-CEOs bieten sie darüber hinaus die Möglichkeit, Wissens- und Erfahrungsdefizite auszugleichen, die zu Beginn der Übernahmeprozesse systemisch unvermeidbar sind.

Externe Innovationsökosysteme umfassen vielfältige Akteurstypen: Hochschulen, Fachhochschulen, Fraunhofer-Institute, Technologiecluster, Branchenverbände, regionale Wirtschaftsförderungsinstitutionen, Start-ups oder Technologieanbieter. Die Forschungslandschaft im deutschsprachigen Raum bietet ETA-Unternehmen zahlreiche Kooperationsoptionen, die häufig wenig genutzt werden, weil ihnen organisational die Anschlussfähigkeit fehlt oder historische Routinen externe Kooperationen als unnötig interpretieren. Forschung zu Open Innovation zeigt jedoch, dass Unternehmen, die externe Wissensquellen strukturiert nutzen, schneller Innovationszyklen durchlaufen und eine höhere Überlebenswahrscheinlichkeit aufweisen (Chesbrough, 2010). Der ETA-CEO sollte daher aktiv eine Netzwerkstrategie formulieren, die das Unternehmen mit relevanten Wissens- und Technologiequellen verbindet. Besonders relevant ist die Kooperation mit Hochschulen und Forschungsinstitutionen, die einen Zugang zu technologischem Wissen, analytischen Tools und qualifizierten Nachwuchskräften bieten. In Branchen mit hoher technologischer Dynamik, etwa Maschinenbau, Elektronik oder Software, sind solche Kooperationen häufig ein entscheidender Wettbewerbsfaktor. Für kleinere und mittlere Unternehmen bietet dies die Möglichkeit, größere Innovationsprojekte zu realisieren, die intern weder finanziell noch kompetenzseitig abbildbar wären. Externe Ökosysteme können außerdem als Evaluationsinstanz dienen, um strategische Hypothesen zu überprüfen und Entwicklungsprojekte zu validieren. Ein häufig unterschätzter Teil externer Innovationsökosysteme sind Kunden- und Lieferantenpartnerschaften. In vielen KMU besitzen Kunden ein tiefes Verständnis der Anwendungssituationen, das für innovationsorientierte Weiterentwicklungen genutzt werden kann. Lieferanten wiederum verfügen häufig über technologisches Know-how, das in der Fertigung oder Produktentwicklung genutzt werden kann. In einem ETA-Unternehmen, das typischerweise begrenzte Branchenkenntnis im Top-Management hat, können diese partnerschaftlichen Wissensquellen besonders wertvoll sein. Forschung zu kooperativer Innovation zeigt, dass solche horizontalen und vertikalen Austauschbeziehungen besonders dann erfolgreich sind, wenn sie formal strukturiert, aber kulturell informell eingebettet sind (Von Hippel, 2005).

12.5 Branchenspezifische Entwicklungs- und Innovationslogiken im ETA-Mittelstand

Die Entwicklung und Innovation mittelständischer Unternehmen ist in erheblichem Maße durch die spezifische Struktur, Technologieintensität, Wettbewerbsdynamik und kulturelle Verfasstheit der jeweiligen Branche geprägt. Die Wirksamkeit strategischer Initiativen hängt daher maßgeblich davon ab, ob sie mit den impliziten Systemregeln des jeweiligen Sektors kompatibel sind. Während klassische Managementliteratur branchenübergreifende Transformationsmodelle bevorzugt, zeigt die organisationsökonomische Forschung deutlich, dass Innovations- und Entwicklungsprozesse spezifische Pfade, Restriktionen und Möglichkeitsräume besitzen, die aus technologischen, regulatorischen und sozialen Strukturen hervorgehen (Teece, 2014). In der mittelständisch geprägten DACH-Region verstärkt sich diese Pfadabhängigkeit durch langfristige Kundenbeziehungen, regionale Einbettung und qualifikationsbasierte Wertschöpfung (Welter, 2011). Ein ETA-CEO kann daher nur dann nachhaltige Entwicklung und Innovation erzeugen, wenn die jeweilige Branchenlogik präzise verstanden und in die Transformationsarchitektur integriert wird.

Die industrielle Produktion und maschinennahe Bereiche, die zu den dominierenden Sektoren mittelständischer ETA-Targets in der DACH-Region gehören, zeichnen sich durch technologische Spezifität, lange Entwicklungszyklen und hohe Qualitätsnormen aus. Innovationsprozesse in diesen Branchen sind häufig inkrementell, kontinuierlich und eng an Kundenanforderungen gekoppelt. Forschung zu High-Tech-KMU zeigt, dass erfolgreiche Innovationen in diesem Bereich stärker aus kumulativen Verbesserungen und anwendergetriebenem Lernen hervorgehen als aus radikalen Innovationssprüngen (Rammer & Czarnitzki, 2009). Für ETA-CEOs bedeutet dies, dass Wertsteigerung typischerweise weniger durch disruptive Neuerfindungen entsteht, sondern durch Prozessoptimierung, Automatisierung, digitale Produktionssteuerung, Erweiterung serviceorientierter Angebote und Professionalisierung der Produktentwicklung. Wissenschaftlich fundierte Strategiepfade konzentrieren sich daher vor allem auf drei Bereiche: Effizienzsteigerung durch Prozessoptimierung und Automatisierung, Ausbau serviceorientierter Geschäftsmodelle wie Wartungs-, Monitoring- oder Retrofit-Angebote sowie Professionalisierung der Produktentwicklungsprozesse. Empirische Forschung zeigt zudem, dass Hersteller in dieser Kategorie erhebliche Wertsteigerung erzielen, wenn sie von rein produktorientierten Geschäftsmodellen zu hybriden Leistungsbündeln und recurring-revenue-Strukturen übergehen (Ulaga & Reinartz, 2011). Gleichzeitig besitzen Maschinenbau- und Produktionsunternehmen ein hohes implizites Erfahrungswissen, das tief in Werkstätten, Entwicklungsabteilungen und langjährigen Mitarbeitenden verankert ist. Die Innovationslogik ist daher wissenslokalisiert, praxisnah und diffusionsresistent gegenüber exogenen Impulsen. Der Transformationshebel liegt folglich nicht in radikaler Veränderung, sondern in strukturierten Lernschleifen, Prozessdigitalisierung und Stärkung der internen Entwicklungsroutinen.

Im Gegensatz dazu weisen projektbasierte Branchen wie Anlagenbau, technische Dienstleistungen oder Projektentwicklung eine deutlich andere Entwicklungslogik auf. Hier dominieren individuelle Kundenlösungen, komplexe Projektarchitekturen und hohe Kontextabhängigkeit der Wertschöpfung. Innovationsfähigkeit entsteht weniger aus technologischer Tiefe als aus organisatorischer Exzellenz, insbesondere aus Kompetenz in Projektmanagement, Kapazitätssteuerung und Angebotskalkulation. Forschung zeigt, dass in projektgetriebenen KMU die größten Hebel in der Professionalisierung der Angebotsprozesse, des Projektmanagements, der Schärfung der Leistungsversprechen, Standardisierung wiederkehrender Leistungsbestandteile, Implementierung digitaler Tools zur Kapazitäts- und Ressourcensteuerung sowie Segmentierung des Kundenportfolios und der Optimierung der internen Durchlaufzeiten liegen (Winch, 2010). Die Innovationslogik ist daher weniger technologisch, sondern vor allem prozessual geprägt. Neue Geschäftsmodelle können durch modulare Angebotsstrukturen, wiederkehrende Servicepakete oder digitale Projektabwicklung entstehen. Die Herausforderung liegt dabei häufig nicht in fehlender Kompetenz, sondern in struktureller Überlastung und mangelnden Routinen. Veränderungen müssen daher stabilisierend, entlastend und substanziell anschlussfähig sein.

Service- und wissensintensive Branchen, etwa IT-Dienstleistungen, Marketingdienstleister oder beratungsnahe KMU, folgen wiederum anderen Logiken. Die Innovationsdynamik ist in diesen Bereichen geprägt durch geringe Kapitalintensität, hohe Abhängigkeit von Humanressourcen sowie schnelle Marktentwicklungen. Forschung zur wissensintensiven Dienstleistungsökonomie zeigt, dass Wettbewerbsvorteile vor allem aus intellektuellen Ressourcen, organisationalem Lernen, Wissensmanagement, Personalentwicklung, Talentbindung und der Fähigkeit entstehen, neue Problemlösungen schnell zu konfigurieren (Miles, 2005). Entwicklungs- und Innovationsprozesse sind primär an die Organisationskultur und Teamarchitektur geknüpft. Wertsteigerung entsteht hier vor allem durch Professionalisierung des Vertriebs, Segmentierung des Leistungsportfolios, Skalierung durch Standardisierung oder digitale Tools sowie Bindung und Entwicklung von Schlüsselpersonen. Gleichzeitig sind serviceorientierte KMU oft kulturell flexibel und lernfähig, reagieren jedoch sensibel auf wahrgenommene Eingriffe in Autonomie oder

Expertise. ETA-CEOs müssen daher mit hoher psychologischer Feinfühligkeit agieren und Entwicklungsinitiativen als kollektive Professionalisierungsbewegung statt als Top-down-Intervention gestalten.

Besondere Herausforderungen bieten regulierte Branchen wie Medizintechnik, Energieversorgung oder Sicherheits- und Umwelttechnik. Hier entstehen Innovationsprozesse in einem Spannungsfeld aus technologischer Entwicklung, gesetzlicher Normierung und hoher Haftungsrelevanz. Die Forschung zu regulierten Märkten zeigt, dass Entwicklung weniger aus Kreativität als aus Navigationskompetenz entsteht: Akteure müssen regulatorische Trends antizipieren, Compliance-Strukturen aufbauen und systematisch mit externen Institutionen interagieren (Gunningham, 2012). Im ETA-Kontext bedeutet dies, dass ein tiefes Verständnis regulativer Pfade und institutioneller Netzwerke essenziell ist. Wertsteigerung entsteht häufig durch Professionalisierung der Compliance-Funktionen, Aufbau von Qualitätsmanagement, Prozessstabilisierung, Sicherung der Dokumentation und systematische Vorbereitung auf Audits. Auch eine Erweiterung regulatorisch kompatibler Portfolios und systematischer Prozessstandardisierung erweisen sich wertsteigernd. Innovationslogik ist hier risikosensitiv, dokumentationsintensiv und strukturiert. Eine experimentelle Exploration muss daher sorgfältig kanalisiert werden. Gleichzeitig bieten solche Branchen Potenziale durch Nischenfokussierung, Zertifizierungsexzellenz und Eintritt in angrenzende regulierte Märkte.

Handwerks- und lokal eingebundene Branchen, etwa Baugewerbe, Gebäudetechnik oder spezialisierte Handwerksbetriebe, zeigen hingegen eine Innovationslogik, die stark von kultureller Identität und regionaler Einbettung geprägt ist. Forschung zu kleinbetrieblichen Organisationsformen belegt, dass Innovation hier oft durch implizite Meisterschaft, Präzision und lokale Kundenbeziehungen vermittelt wird (Welter, 2011). Einer Innovationslogik sollte daher dem Ansatz folgen, wenig formalisiert, aber funktional robust zu sein. Professionalisierung von Prozessen, Digitalisierung, strukturiertes Recruiting, Kapazitätsplanung und Preispolitik bieten häufig große Hebel. Gleichzeitig müssen Eingriffe in die kulturelle Identität des Betriebs sensibel und partizipativ erfolgen, da sie sonst Widerstände erzeugen, die tief in der handwerklichen Selbstverständnislogik verwurzelt sind.

Über diese branchenspezifischen Unterschiede hinaus zeigt die Forschung, dass Innovation und Entwicklung in weitgehend unregulierten, wissensintensiven oder dynamischen Branchen stärker explorativ geprägt sind, während tief verankerte, kapitalintensive oder regulierte Branchen eher inkrementellen Innovationspfaden folgen (Teece, 2014). Die strategische Aufgabe des ETA-CEO besteht darin, diese Pfade nicht zu negieren, sondern zu verstehen und die Entwicklungsarchitektur daran auszurichten. Ein branchenblinder Innovationsansatz, der generische Methoden auf spezifische Kontexte überträgt, verfehlt deshalb häufig seine Wirkung. Unterschiede in Produkten, Technologien oder Märkten, Lernprozessen, sozialen Praktiken, Risikologiken und organisatorischen Identitäten erfordern die Fähigkeit, branchenspezifischen Logiken zu entschlüsseln und Transformationsprozesse daran auszurichten.

12.6 Innovationsnarrativ und Story gegenüber Investoren und potenziellen Käufern

Ein kohärentes Innovationsnarrativ bildet im ETA-Kontext einen zentralen Bestandteil der langfristigen Wertsteigerungsarchitektur und ist zugleich wesentlich für die Kommunikation gegenüber Investoren, Kapitalgebern und potenziellen Käufern. Während operative und strategische Innovation die Substanz eines Unternehmens verändern, bestimmt das Narrativ die symbolische Wahrnehmung dieser Veränderungen und damit die Bewertungslogik am Markt. Forschung aus der strategischen Narrativtheorie und dem Bereich „Impression Management" zeigt, dass Unternehmen, deren Transformationsprozesse in ein konsistentes, glaubwürdiges und empirisch unterfüttertes Narrativ eingebettet sind, signifikant höhere Bewertungspremien erzielen (Fiss & Zajac, 2006). Für ETA-CEOs stellt das Innovationsnarrativ deshalb eine eigenständige Führungsleistung dar, die Wertzuschreibungen strukturiert, Unsicherheiten reduziert und zukünftige Erwartungshorizonte gestaltet. Ein Innovationsnarrativ im postakquirierten Mittelstand unterscheidet sich grundlegend von jenen, die in Start-ups oder stark kapitalmarktorientierten Unternehmen dominieren. Mittelständische ETA-Targets verfügen in der Regel über etablierte Geschäftsmodelle, regionale Einbettung, historisches Wissen und funktionierende Wertschöpfungsketten. Ihr Narrativ muss daher auf Weiterentwicklung statt Disruption, auf Professionalisierung statt radikalem Wandel beruhen. Die Forschung zur Identity Work in organisationalen Kontexten zeigt, dass Transformationsprozesse dann besonders erfolgreich sind, wenn sie als logische Fortsetzung historischer Stärken und nicht als Bruch mit der Unternehmensidentität kommuniziert werden (Ravasi & Schultz, 2006). Ein ETA-spezifisches Innovationsnarrativ muss daher die Spannung zwischen Tradition und Erneuerung produktiv auflösen. Es muss plausibel erklären, warum das Unternehmen gerade *jetzt* Entwicklungsschritte vollzieht, welche Ressourcen diese Entwicklung ermöglichen und wie der Übergang in eine zukunftsfähige Positionierung gelingen kann.

Zentral ist die Rolle des ETA-CEOs als Architekt und Träger dieses Narrativs. Narrativforschung und Entrepreneurial Storytelling zeigen, dass Führungspersonen nicht lediglich Informationen vermitteln, sondern Sinn, Richtung und Legitimation erzeugen (Martens, et al. 2007). Für ETA-CEOs besitzt dies besondere Bedeutung, da sie naturgemäß eher über analytische als über biografische Legitimation verfügen. Während der Altinhaber seine Entscheidungen über jahrzehntelange Branchen-, Personen- und Reputationsgeschichte absichern konnte, muss der ETA-CEO Legitimation durch Strategie, Klarheit, Konsistenz und kommunikative Kohärenz erzeugen. Ein überzeugendes Innovationsnarrativ ist dafür ein zentrales Instrument, weil es die Organisation, Investoren und potenzielle Käufer an ein gemeinsames Verständnis der Positionierung und Zukunftsausrichtung bindet.

Ein wirkungsvolles Innovationsnarrativ im ETA-Kontext ruht wissenschaftlich betrachtet auf den drei Säulen Vergangenheitsverankerung, Gegenwartsdiagnose und Zukunftsprojektion. Die Vergangenheitsverankerung nutzt historische Erfolge, technologische Stärken oder kulturelle Identitätsmerkmale des Unternehmens, um die Glaubwürdigkeit der geplanten Transformation zu erhöhen. Die Gegenwartsdiagnose beschreibt präzise, aber nicht defizitorientiert, welche strukturellen Herausforderungen oder Wachstumsbarrieren bestehen. Die Zukunftsprojektion formuliert schließlich, auf welche Weise die geplanten Maßnahmen eine neue Leistungsfähigkeit ermöglichen. Diese Dreigliedrigkeit ist in der Transformationskommunikation empirisch als besonders wirksam identifiziert worden, da sie sowohl emotionale als auch kognitive Anschlussfähigkeit ermöglicht (Fiss & Zajac, 2006).

Für Investoren und potenzielle Käufer bildet dieses Narrativ einen entscheidenden Ankerpunkt. Forschung aus dem Bereich Private Equity und Corporate Finance belegt, dass Wertsteigerung nicht allein aus realisierten Maßnahmen, sondern wesentlich aus dem erwarteten Zukunftspotenzial entsteht (Damodaran, 2012). Ein überzeugendes Innovationsnarrativ reduziert die Unsicherheit künftiger Cashflows, erhöht die Glaubwürdigkeit der Prognosen und legitimiert höhere Bewertungsmultiplikatoren. Dabei ist entscheidend, dass das Narrativ nicht spekulativ oder visionär übersteigert wird, sondern streng auf belastbaren Entwicklungspfaden beruht. Besonders wirksam sind dabei messbare Zwischenfortschritte, die das Narrativ nicht nur sprachlich, sondern empirisch stützen. In der Forschung wird dies als „narrative consistency" bezeichnet, also als Kongruenz zwischen kommuniziertem Anspruch und empirisch beobachtbarem Fortschritt (Fiss & Zajac, 2006). Ein besonderes Merkmal des ETA-Kontexts besteht darin, dass Innovationsnarrative nicht nur für den externen Markt, sondern auch für die internen Stakeholder relevant sind. Die Belegschaft, Führungskräfte und operative Experten müssen verstehen, wie die Transformation in bestehende Strukturen integriert wird. Identitätsforschung zeigt, dass Organisationen Veränderungen dann am ehesten akzeptieren, wenn die narrative Rahmung nicht als Bedrohung bestehender Kompetenz, sondern als Weiterentwicklung gemeinsamer Stärken verstanden wird (Ashforth & Reingen, 2014). Für ETA-CEOs bedeutet dies, das Innovationsnarrativ an die organisationale Kultur anzupassen und es in einem dialogorientierten Prozess zu verankern. Ein Narrativ, das nur gegenüber Investoren überzeugt, aber intern Widerstände erzeugt, verliert seine Steuerungswirkung.

Auch im Hinblick auf potenzielle Käufer im Exit-Prozess besitzt das Innovationsnarrativ eine besondere Bedeutung. Während sich der ETA-CEO in der Entwicklungsphase darauf konzentriert, Wertsteigerung durch operative Maßnahmen zu realisieren, wird im Exit-Prozess die Fähigkeit entscheidend, die erzielten Fortschritte in ein strategisch relevantes Narrativ zu übersetzen. Corporate-Finance-Forschung zeigt, dass Käufer insbesondere bei mittelständischen Transaktionen weniger auf vergangene Ergebnisse als auf die zukünftige Skalierbarkeit, Robustheit und strukturelle Professionalität des Unternehmens achten (DeAngelo & DeAngelo, 1991). Ein überzeugendes Innovationsnarrativ ermöglicht es, diese Zukunftsfähigkeit sichtbar zu machen und den strategischen Fit für Käufergruppen zu illustrieren. Dabei ist entscheidend, dass das Narrativ klar beschreibt, wie das Unternehmen von einer historisch gewachsenen, personengeprägten Organisation zu einer strukturiert geführten, skalierungsfähigen Einheit transformiert wurde. Schließlich besitzt das Innovationsnarrativ eine zentrale Funktion für die Reputationsbildung des ETA-CEOs und damit für dessen weitere Karriere, Investorenzugang und Glaubwürdigkeit im Markt. Forschung zu Reputation im Entrepreneurship und im Investmentbereich zeigt, dass Gründungs- und Transformationsgeschichten dauerhafte soziale Kapitalbestände erzeugen, die über einzelne Transaktionen hinausreichen (Pollock et al., 2010). Ein kohärentes, glaubwürdiges und empirisch abgesichertes Innovationsnarrativ wirkt daher nicht nur auf das Unternehmen, sondern auch auf den Entrepreneur selbst. Es erhöht die Wahrscheinlichkeit zukünftiger Beteiligungen, erleichtert Fundraising-Prozesse und steigert das Vertrauen institutioneller Investoren.

12.7 Strategische Finanzkommunikation im ETA-Kontext

Strategische Finanzkommunikation spielt im Entrepreneurship-Through-Acquisition-Kontext eine herausragende Rolle, da sie nicht nur der Informationsvermittlung dient, sondern die Wahrnehmung von Risiko, Leistungsfähigkeit und Zukunftspotenzial strukturiert. Während große Kapitalmarktunternehmen über etablierte Disclosure-Regimes und professionelle Investor-Relations-Abteilungen verfügen, agieren ETA-Unternehmen in einem hybriden Raum zwischen privater Unternehmensführung, unternehmerischer Wachstumsambition und semi-institutioneller Investorenbeziehung. Die Finanzkommunikation ist daher kein standardisierter Prozess, sondern eine strategische Führungsaufgabe, die Informationsasymmetrien reduziert, Erwartungen stabilisiert und die Grundlage für künftige Finanzierungs- und Exit-Optionen schafft. Forschung im Bereich Corporate Finance zeigt, dass die Art und Weise der Finanzkommunikation erheblichen Einfluss auf Kapitalkosten, Bewertungsmultiplikatoren und Vertrauensarchitekturen zwischen Eigentümern, Investoren und Stakeholdern hat (Healy & Palepu, 2001). Für ETA-CEOs ergibt sich daraus eine doppelte Verantwortung: Sie müssen die interne Finanztransparenz im Unternehmen professionalisieren und gleichzeitig eine externe Kommunikationsstrategie entwickeln, die den Besonderheiten des ETA-Modells gerecht wird. Ein zentrales Merkmal strategischer Finanzkommunikation im ETA-Mittelstand ist die Reduktion struktureller Informationsasymmetrien, die aus der kleinteiligen, personengeprägten Natur vieler KMU resultieren. Mittelständische Unternehmen verfügen häufig über fragmentierte Datenlandschaften, implizite Steuerungslogiken und begrenzte Controllingkapazitäten. Die Aufgabe des ETA-CEOs besteht darin, diese strukturellen Defizite in ein belastbares Steuerungs- und Berichtssystem zu überführen, das sowohl analytische als auch narrative Qualität besitzt. Forschung zu privaten Unternehmen zeigt, dass nicht der Umfang der finanziellen Reportingdaten, sondern deren Kohärenz und Entscheidungsrelevanz den größten Einfluss auf die Investorenvertrauen hat (Chen et al., 2011). Strategische Finanzkommunikation beginnt daher nicht mit der externen Darstellung, sondern mit der internen Professionalisierung der Finanzarchitektur. Eine weitere zentrale Herausforderung besteht in der Gestaltung von Erwartungsräumen im Verhältnis zwischen ETA-CEO und Investoren. Erwartungsmanagement ist im Bereich Entrepreneurial Finance ein kritischer Erfolgsfaktor, da die Zukunftsfähigkeit des Unternehmens zentraler Bestandteil der Bewertungslogik ist (Damodaran, 2012). Strategische Finanzkommunikation hat daher die Aufgabe, Erwartungen weder zu überhöhen noch defensiv zu deckeln, sondern eine realistische, belastbare und dynamische Erwartungskurve zu definieren. Diese Erwartungskurve muss hinreichend ambitioniert sein, um die Wertsteigerungslogik des ETA-Modells zu tragen, zugleich aber ausreichend präzise, um operative Herausforderungen, Integrationsrisiken und branchenabhängige Entwicklungszyklen realistisch abzubilden. Die Kommunikation von Unsicherheiten ist dabei kein Schwächensignal, sondern erhöht empirisch nachweisbar das Vertrauen institutioneller Investoren, sofern sie in ein konsistentes und plausibles Zukunftsnarrativ eingebettet ist (Gjesdal, 2012). Die strategische Finanzkommunikation im ETA-Kontext ist jedoch nicht ausschließlich analytisch, sondern auch psychologisch und relational geprägt. Behavioral-Finance-Forschung zeigt, dass Finanzentscheidungen in hohem Maße von Heuristiken, Frames und Signalwirkungen beeinflusst werden (Barberis & Thaler, 2003). Die Art und Weise, wie ein ETA-CEO finanzielle Informationen strukturiert, welche Kennzahlen priorisiert und welche Zukunftsszenarien visualisiert werden, beeinflusst die Wahrnehmung der organisationalen Kompetenz und der strategischen Kohärenz. Ein konsistenter Reporting-Rhythmus, klar definierte KPIs, transparente Abweichungsanalysen und präzise narrative Einordnung der finanziellen Entwicklungen dienen dabei als Signale für Professionalität, Steuerungsfähigkeit und Risikokontrolle. Gerade in den ersten zwölf bis achtzehn Monaten nach der Akquisition, in denen Investoren naturgemäß eine erhöhte Sensibilität gegenüber operativen Risiken aufweisen, wirkt eine strukturierte Finanzkommunikation wie eine Stabilitätsversicherung für das Vertrauen in den Searcher-CEO. In mittelständischen Unternehmen der DACH-Region kommt hinzu, dass Finanzkommunikation typischerweise von persönlicher Nähe, impliziten Normen und langfristigen Beziehungen geprägt ist. Banken, Hausfinanzierer und regionale Stakeholder orientieren sich häufig weniger an theoretischen Bewertungsmodellen als an Stabilitätserwartungen und Kontinuitätssignalen (Audretsch & Lehmann, 2016). Für ETA-CEOs bedeutet dies, dass strategische Finanzkommunikation nicht nur die Investorenperspektive adressieren muss, sondern auch bankseitige Vertrauenslogiken. Eine konsistente Liquiditätsplanung, transparente Kommunikation operativer Risiken und frühzeitige Einbindung der Finanzierungspartner sind im DACH-Mittelstand zentrale Elemente der Finanzierungssicherheit. Die strategische Finanzkommunikation muss daher zugleich formal, präzise und Beziehungspflegeorientiert sein. Ein weiterer, häufig unterschätzter Aspekt betrifft die Integration finanzieller Steuerungslogiken in das operative Management, um eine kohärente Innen-Außen-Kommunikation herzustellen. Finanzkommunikation ist nur dann strategisch wirksam, wenn sie identisch mit der operativen Realität ist und nicht als isolierter Reportingprozess verstanden wird. Die internationale Literatur zu High-Performance-Work-Systems zeigt, dass Unternehmen besonders erfolgreich sind, wenn finanzielle Kennzahlen nicht als Kontrollinstrument, sondern als gemeinsames Lerninstrument verstanden werden, das Führungskräften und Mitarbeitenden Orientierung bietet (Becker & Huselid, 1998). Der ETA-CEO muss daher eine Finanzkommunikation etablieren, die sowohl die operative als auch die strategische Ebene verbindet und das gesamte Unternehmen in die Lage versetzt, finanzielle Konsequenzen von Entscheidungen zu verstehen. Schließlich besitzt strategische Finanzkommunikation eine zentrale Bedeutung für die Exit-Readiness des Unternehmens. Potenzielle Käufer, seien es strategische Erwerber, Private Equity oder institutionalisierte Mittelstandsakteure wie Familienholdings, beurteilen Unternehmen nicht allein anhand historischer Kennzahlen, sondern anhand der Sichtbarkeit und Nachvollziehbarkeit der Wertsteigerungspfade. Forschung im Bereich M&A zeigt, dass transparente Finanzkommunikation, klare Cashflow-Architektur und belastbare KPI-Systeme Bewertungsprämien ermöglichen, da sie Unsicherheit reduzieren und die Skalierbarkeit potenzieller Zukunftsszenarien sichtbar machen (DeAngelo & DeAngelo, 1991). Die Fähigkeit, finanzielle Entwicklungen über mehrere Jahre hinweg kohärent zu dokumentieren und narrativ einzuordnen, stellt daher einen der wichtigsten Hebel der ETA-spezifischen Exit-Vorbereitung dar.

12.8 Buy-and-Build-Strategie als strategische Option im ETA-Kontext

Die Buy-and-Build-Strategie stellt im Entrepreneurship-Through-Acquisition-Kontext eine besonders wirkungsvolle Option für Wertsteigerung, Marktpositionierung und Unternehmensentwicklung dar. Während klassische ETA-Modelle primär auf die Transformation eines einzelnen mittelständischen Unternehmens fokussieren, erweitert Buy-and-Build den strategischen Möglichkeitsraum um ein strukturiertes, sequenzielles Akquisitionsmodell, bei dem ein initialer Plattformbetrieb durch weitere vertikale oder horizontale Zukäufe ergänzt wird. Forschung aus der Private-Equity- und Strategieliteratur zeigt, dass Buy-and-Build-Strategien zu den zuverlässigsten Wertsteigerungshebeln gehören, da sie Skaleneffekte, Marktkonsolidierung, Wissenstransfer und Professionalisierungslogiken kombinieren (Hammer et al., 2017). Für ETA-CEOs, die bereits ein initiales Target erfolgreich akquiriert und stabilisiert haben, eröffnet Buy-and-Build daher die Möglichkeit, überproportionale Wertzuwächse und strategische Resilienz zu generieren.

Der Buy-and-Build-Ansatz beruht auf der Logik der Plattformbildung. Das initial akquirierte ETA-Target dient dabei als strukturelles und kulturelles Fundament, auf dessen Basis weitere Unternehmenseinheiten integriert werden. Diese Integration folgt idealtypisch einer Architektur, die auf Synergien in Prozessen, Kundenbeziehungen, Wertschöpfungsstufen oder technologischen Kompetenzen beruht. Die Forschung zeigt, dass Buy-and-Build besonders erfolgreich ist, wenn das Plattformunternehmen bereits über professionelle Governance-Strukturen, ein belastbares KPI-System und eine skalierbare organisatorische Architektur verfügt (Feldman, 2020). ETA-Plattformen müssen daher zunächst eine gewisse Reife erreichen, bevor zusätzliche Akquisitionen einen positiven Nettoeffekt erzeugen können.

Ein zentraler Vorteil der Buy-and-Build-Strategie besteht in der Ausschöpfung von horizontalen Synergien, die entstehen, wenn Unternehmen mit ähnlichen Produkten, Dienstleistungen oder Märkten miteinander kombiniert werden. Horizontale Synergien resultieren aus Effizienzsteigerungen, Kostenreduktionen und Marktpositionierung. Der Zusammenschluss mehrerer kleiner oder mittelgroßer Unternehmen führt häufig zu Skaleneffekten in Einkauf, Produktion, Marketing oder Verwaltung, wodurch strukturelle Kosten gesenkt und Margen verbessert werden können. Zudem ermöglicht horizontale Konsolidierung die Reduktion der Wettbewerbsintensität in fragmentierten Märkten und stärkt die Verhandlungsposition gegenüber Kunden und Lieferanten. Empirische Studien zeigen, dass horizontale Buy-and-Build-Strategien insbesondere in Branchen mit hoher Fragmentierung und geringen organischen Wachstumsraten besonders hohe Wertsteigerungseffekte erzeugen (Hammer et al., 2017). Für ETA-CEOs bedeutet dies, dass die Identifikation von Branchen mit vielen kleinen, familiengeführten Unternehmen und geringer Professionalisierungsdichte ein strategischer Ausgangspunkt für horizontale Expansion ist. Neben horizontalen Synergien spielen vertikale Synergien eine zentrale Rolle. Vertikale Buy-and-Build-Strategien zielen auf die Integration zusätzlicher Wertschöpfungsstufen, etwa durch die Akquisition von Zulieferern, Distributoren oder komplementären Serviceeinheiten. Diese Form der vertikalen Integration kann die Kontrolle über kritische Ressourcen erhöhen, Abhängigkeiten reduzieren, die Qualitätssicherung verbessern und die Marge über die gesamte Wertschöpfungskette erhöhen. Forschung zur vertikalen Integration zeigt, dass Unternehmen, die upstream- oder downstream-Komponenten integrieren, häufig resilienter gegenüber Preisschwankungen, Lieferkettenrisiken und Marktunsicherheiten sind (Stuckey & White, 1993). ETA-CEOs müssen jedoch sorgfältig evaluieren, ob die vertikale Integration organisatorisch anschlussfähig ist, da sie komplexere Steuerungslogiken, höhere Kapitalbindung und tiefere Prozesskenntnisse erfordert. Eine dritte Synergiekategorie betrifft komplementäre Synergien, die nicht aus Prozessähnlichkeit oder Wertschöpfungsnähe entstehen, sondern aus der Kombination unterschiedlicher Kompetenzen. Komplementäre Synergien sind besonders relevant in technologieintensiven Branchen, wissensintensiven Dienstleistungen oder digitalen Geschäftsmodellen, in denen Innovationsfähigkeit und Angebotserweiterung zentrale Wettbewerbsvorteile darstellen. Forschung zeigt, dass Unternehmen durch die Kombination komplementärer Ressourcen und Fähigkeiten ihre Innovationsrate signifikant erhöhen können (Capron & Mitchell, 2012). Für ETA-Unternehmen können komplementäre Synergien den Übergang von traditionellen Geschäftsmodellen zu hybriden, digitalen oder serviceorientierten Modellen beschleunigen.

Die Umsetzung einer Buy-and-Build-Strategie im ETA-Kontext hängt jedoch nicht nur von strategischen Synergien, sondern entscheidend von der Integrationskompetenz des ETA-CEOs ab. Forschung zur Post-Merger-Integration im Mittelstand zeigt, dass Misserfolge häufig weniger aus strategischen Fehlentscheidungen entstehen, sondern aus kulturellen Brüchen, fehlender Führungskohärenz und unzureichender Prozessintegration (Schweiger & Goulet, 2005). ETA-CEOs, die Buy-and-Build implementieren, benötigen daher ein tiefes Verständnis kultureller Anschlussfähigkeit, eine klare Integrationsarchitektur und die Fähigkeit, mehrere Organisationen zugleich zu stabilisieren und zu transformieren. Dies verlangt eine ausgeprägte Balance zwischen operativer Stabilität und strategischer Expansion, da die Plattform ohne starke operative Basis Übernahmeteile nicht absorbieren kann. Ein weiterer kritischer Aspekt besteht in der Sequenzierung der Akquisitionen. Empirische Studien zeigen, dass Buy-and-Build-Strategien am erfolgreichsten sind, wenn die ersten Add-on-Akquisitionen nahe am Kerngeschäft liegen und

Synergien klar erkennbar sind (Hammer et al., 2017). Erst in späteren Phasen können komplementäre oder experimentelle Akquisitionen sinnvoll sein. Für ETA-CEOs bedeutet dies, dass die ersten zusätzlichen Akquisitionen risikoarm und klar integrierbar sein müssen, da sie die strukturelle Glaubwürdigkeit der Plattform für Investoren prägen. Neben operativen und kulturellen Aspekten spielt die Finanzierungsarchitektur eine entscheidende Rolle. Buy-and-Build-Strategien erfordern Zugang zu Kapital, sei es durch erneute Fundraising-Runden, Mezzanine-Finanzierungen, wachstumsorientierte Banken oder Private-Equity-Partner. Studien zu Private-Equity-Konsolidierungsstrategien zeigen, dass Kapitalgeber Buy-and-Build-Portfolios besonders positiv bewerten, da sie eine klare Skalierungslogik und Bewertungsmultiplikatoreffekte aufweisen (Hammer et al., 2017). Für ETA-CEOs kann Buy-and-Build daher ein Weg sein, die Attraktivität für institutionelle Investoren zu erhöhen und die Grundlage für einen späteren, deutlich höher bewerteten Exit zu schaffen. Nahezu alle Studien kommen zu dem Ergebnis, dass die Wirksamkeit von Buy-and-Build signifikant von der Fähigkeit abhängt, Synergien nicht nur zu identifizieren, sondern zu realisieren. Dies verlangt von ETA-CEOs exzellente Integrationsfähigkeiten, eine klare Governance-Struktur und ein präzises Verständnis der branchenspezifischen Wertschöpfungslogiken. In vielen Branchen der DACH-Region, insbesondere in fragmentierten Industrie- und Dienstleistungsmärkten, ist die Buy-and-Build-Strategie ein äußerst wirksamer Hebel für Wertsteigerung, Marktführerschaft und strukturelle Resilienz. Erfolgreiche ETA-CEOs nutzen diese Option, um aus einem mittelständischen Einzelunternehmen eine leistungsfähige, strategisch ausgerichtete Plattform zu entwickeln, die langfristig deutlich höhere Wachstumspotenziale entfalten kann als eine rein organisch wachsende Einheit.

Literatur

Argote, L. (2013). *Organizational learning: Creating, retaining and transferring knowledge*. Springer.

Ashforth, B. E., & Reingen, P. H. (2014). Functions of dysfunction: Managing the dynamics of an organizational duality in a natural food cooperative. *Administrative Science Quarterly, 59*(3), 474–516. https://doi.org/10.1177/0001839214537811

Audretsch, D. B., & Lehmann, E. E. (2016). *The seven secrets of Germany: Economic resilience in an era of global turbulence*. Oxford University Press.

Barberis, N., & Thaler, R. (2003). A survey of behavioral finance. In G. Constantinides, M. Harris, & R. Stulz (Hrsg.), *Handbook of the economics of finance* (S. 1053–1128). Elsevier.

Becker, B. E., & Huselid, M. A. (1998). High performance work systems and firm performance. *Research in Personnel and Human Resources Management, 16*, 53–101.

Becker, M. (2004). Organizational routines: A review. *Industrial and Corporate Change, 13*(4), 643–678.

Bharadwaj, A., El Sawy, O. A., Pavlou, P. A., & Venkatraman, N. V. (2013). Digital business strategy: Toward a next generation of insights. *MIS Quarterly, 37*(2), 471–482.

Brynjolfsson, E., Hitt, L. M., & Kim, H. H. (2011). Strength in numbers: How does data-driven decision making affect firm performance? *Social Science Research Network*, 1–26.

Capron, L., & Mitchell, W. (2012). *Build, borrow, or buy: Solving the growth dilemma.* Harvard Business Review Press.

Chen, F., Hope, O., Li, Q., & Wang, X. (2011). Financial reporting quality and investment efficiency of private firms in emerging markets. *The Accounting Review, 86*(4), 1255–1288.

Chesbrough, H. (2010). *Open services innovation: Rethinking your business to grow and compete in a new era.* Jossey-Bass.

Cooper, R. G., Edgett, S. J., & Kleinschmidt, E. J. (2001). Portfolio management for new product development: Results of an industry practices study. *R&D Management, 31*(4), 361–380.

Damodaran, A. (2012). *Investment valuation: Tools and techniques for determining the value of any asset* (3. Aufl.). Wiley.

Davenport, T. H., & Harris, J. G. (2007). *Competing on analytics.* Harvard Business School Press.

DeAngelo, H., & DeAngelo, L. (1991). Union negotiations and corporate policy. *Journal of Financial Economics, 30*(1), 3–43.

Edmondson, A. (1999). Psychological safety and learning behavior in work teams. *Administrative Science Quarterly, 44*(2), 350–383.

Eisenhardt, K. M., & Sull, D. (2001). Strategy as simple rules. *Harvard Business Review, 79*(1), 107–116.

Feldman, M. (2020). Buy-and-build strategies in private equity. *Journal of Applied Corporate Finance, 32*(4), 94–106.

Fiss, P. C., & Zajac, E. J. (2006). The symbolic management of strategic change: Sensegiving via framing and decoupling. *Academy of Management Journal, 49*(6), 1173–1193.

Gjesdal, F. (2012). Information disclosure and investor behavior. *Accounting and Business Research, 42*(3), 267–289.

Gunningham, N. (2012). Enforcement and compliance strategies. In R. Baldwin, M. Cave, & M. Lodge (Hrsg.), *The Oxford handbook of regulation* (S. 120–145). Oxford University Press.

Hammer, B., Hinrichs, H., Schweizer, D., & Zaby, S. (2017). Private equity and industry consolidation: Evidence from buy-and-build strategies. *Journal of Corporate Finance, 42*, 196–218.

Healy, P. M., & Palepu, K. G. (2001). Information asymmetry, corporate disclosure, and capital markets. *Journal of Accounting and Economics, 31*(1–3), 405–440.

Homburg, C., & Pflesser, C. (2000). A multiple-layer model of market-oriented organizational culture. *Journal of Marketing Research, 37*(4), 449–462.

Huse, M. (2007). *Boards, governance and value creation: The human side of corporate governance.* Cambridge University Press.

Kahneman, D. (2011). *Thinking, fast and slow.* Farrar, Straus and Giroux.

Kaplan, R. S., & Norton, D. P. (1996). *The balanced scorecard.* Harvard Business School Press.

Kinkel, S., & Som, O. (2012). *Innovations- und Technologietrends in deutschen KMU.* Fraunhofer ISI Report.

Martens, M. L., Jennings, J. E., & Jennings, P. D. (2007). Do the Stories They Tell Get Them the Money They Need? The Role of Entrepreneurial Narratives in Resource Acquisition. *The Academy of Management Journal, 50*(5), 1107–1132. http://www.jstor.org/stable/20159915

Matt, C., Hess, T., & Benlian, A. (2015). Digital transformation strategies. *Business & Information Systems Engineering, 57*(5), 339–343.

McKinsey & Company. (2018). *Digital manufacturing productivity: The next frontier for SMEs.* McKinsey Global Institute.

Miles, I. (2005). Innovation in services. In J. Fagerberg, D. Mowery, & R. Nelson (Hrsg.), *The Oxford handbook of innovation* (S. 433–458). Oxford University Press.

Nonaka, I., & Takeuchi, H. (1995). *The knowledge-creating company.* Oxford University Press.

O'Reilly, C. A., & Tushman, M. L. (2013). Organizational ambidexterity: Past, present, and future. *Academy of Management Perspectives, 27*(4), 324–338.

Orlikowski, W. J. (2000). Using technology and constituting structures: A practice lens for studying technology in organizations. *Organization Science, 11*(4), 404–428.

Petersen, M. A., & Rajan, R. G. (1997). Trade credit: Theories and evidence. *Review of Financial Studies, 10*(3), 661–691.

Pettigrew, A. M. (1987). Context and action in the transformation of the firm. *Journal of Management Studies, 24,* 649–670. https://doi.org/10.1111/j.1467-6486.1987.tb00467.x

Pollock, T. G., Chen, G., Jackson, E. M., & Hambrick, D. C. (2010). How much prestige is enough? Assessing the value of multiple types of high-status affiliates for young firms. *Journal of Business Venturing, 25*(1), 6–23.

Rammer, C., & Czarnitzki, D. (2009). *Innovation in der deutschen Wirtschaft: Indikatorenbericht 2009.* ZEW Mannheim.

Ravasi, D., & Schultz, M. (2006). Responding to organizational identity threats: Exploring the role of organizational culture. *Academy of Management Journal, 49*(3), 433–458.

Schweiger, D. M., & Goulet, P. K. (2005). Facilitating acquisition integration through deep-level cultural learning interventions: A longitudinal field experiment. *Organization Studies, 26*(10), 1477–1499.

Stuckey, J., & White, D. (1993). When and when not to vertically integrate. *McKinsey Quarterly, 3*, 69–79.

Sydow, J., Schreyögg, G., & Koch, J. (2009). Organizational path dependence: Opening the black box. *Academy of Management Review, 34*(4), 689–709.

Teece, D. J. (2014). The foundations of enterprise performance: Dynamic and ordinary capabilities in an (economic) theory of firms. *Academy of Management Perspectives, 28*(4), 328–352.

Teece, D. J., Peteraf, M. A., & Leih, S. (2016). Dynamic capabilities and organization agility: Risk, uncertainty, and strategy in the innovation economy. *California Management Review, 58*(4), 13–35.

Ulaga, W., & Reinartz, W. J. (2011). Hybrid offerings: how manufacturing firms combine goods and services successfully. *Journal of Marketing, 75*(6), 5–23.

Von Hippel, E. (2005). *Democratizing innovation.* MIT Press.

Welter, F. (2011). Contextualizing entrepreneurship—conceptual challenges and ways forward. *Entrepreneurship Theory & Practice, 35*(1), 165–184.

Winch, G. (2010). *Managing construction projects.* Wiley Blackwell.

Witt, P. (2008). Strategies for family business succession. *International Journal of Entrepreneurship and Small Business, 6*(3), 299–314.

Teil V
Die Zukunft von ETA in der DACH-Region

Wie wird sich Entrepreneurship Through Acquisition in der DACH-Region in den kommenden Jahrzehnten entwickeln? Welche strukturellen Kräfte werden darüber entscheiden, ob ETA zu einem tragfähigen Modell der mittelständischen Erneuerung wird oder ein Nischenphänomen für wenige bleibt? Und welche Anforderungen ergeben sich daraus für Unternehmerinnen und Unternehmer, Investoren, Institutionen und das ETA-Ökosystem insgesamt? Teil IV dieses Buches richtet den Blick bewusst nach vorn. Er verlässt die analytische Rekonstruktion bestehender Prozesse und Strukturen und widmet sich den zukünftigen Entwicklungspfaden von ETA in der DACH-Region. Dabei wird Zukunft nicht als lineare Fortschreibung aktueller Trends verstanden, sondern als offener Möglichkeitsraum, der durch makroökonomische, technologische, institutionelle und gesellschaftliche Dynamiken geprägt ist. Der ETA-Kontext eignet sich in besonderer Weise für eine solche zukunftsorientierte Analyse, da er an der Schnittstelle zentraler Transformationsprozesse, wie dem demografischen Wandel, Digitalisierung, veränderter Kapitalmarktlogiken, neuer Arbeits- und Führungskulturen sowie steigender Anforderungen an Nachhaltigkeit und gesellschaftlicher Verantwortung steht.

Ein zentrales Thema dieses Buchteils ist die fortschreitende Professionalisierung des Investorensystems. Die historisch angelsächsisch geprägte Kapitallogik, die das Search-Fund-Modell hervorgebracht hat, trifft in der DACH-Region auf andere institutionelle Traditionen, Risikoverständnisse und Governance-Erwartungen. Die Frage, ob und wie sich daraus eigenständige europäisch-kontinentale Modelle entwickeln, ist entscheidend für die Skalierbarkeit und Legitimität von ETA im regionalen Kontext. Eng damit verknüpft ist die digitale und analytische Transformation des Search-Prozesses selbst, die neue Formen der Zielidentifikation, Bewertung und Entscheidungsunterstützung ermöglicht und zugleich neue Abhängigkeiten und Risiken schafft. Mit dem zunehmenden Einsatz von künstlicher Intelligenz und Automatisierung verschiebt sich die Logik unternehmerischer Wertschöpfung weiter. Für ETA ergeben sich daraus sowohl erhebliche Chancen als auch neue Anforderungen. Die Fähigkeit, technologische Innovationen in bestehende mittelständische Strukturen zu integrieren, wird zu einem zentralen Wettbewerbsfaktor. Gleichzeitig verschärfen regulatorische Rahmenbedingungen, insbesondere im europäischen Kontext, die Anforderungen an Governance, Transparenz und Verantwortlichkeit. Diese Entwicklungen lassen sich nicht isoliert betrachten, sondern müssen im Zusammenspiel mit branchenspezifischen Zukunftschancen und systemischen Verwundbarkeiten analysiert werden, die den Handlungsspielraum von ETA-CEOs zunehmend strukturieren. Darüber hinaus rückt die Zukunft der Arbeit in den Fokus dieses Buchteils. Veränderungen in Qualifikationsanforderungen, Arbeitsorganisation und Führungskultur betreffen mittelständische Unternehmen in besonderer Weise. ETA-CEOs stehen vor der Herausforderung, traditionelle Stärken wie Nähe, Loyalität und informelle Koordination mit neuen Skill-Anforderungen, digitalen Kompetenzen und veränderten Erwartungshaltungen der Belegschaften zu verbinden. In diesem Kontext gewinnt auch das Thema ESG und Nachhaltigkeit an strategischer Bedeutung. Regulatorische Anforderungen, gesellschaftliche Erwartungen und investorenseitige Kriterien machen Nachhaltigkeit zu einem integralen Bestandteil unternehmerischer Zukunftsfähigkeit im ETA-Kontext.

Teil V geht jedoch über ökonomische und technologische Zukunftsfragen hinaus. Ein wesentlicher Bestandteil dieses Buchteils ist die kritische Auseinandersetzung mit Zugangshürden, Diversität und sozialer Mobilität im ETA-Ökosystem der DACH-Region. Die Analyse ökonomischer, sozialer und institutioneller Barrieren macht sichtbar, dass ETA bislang nicht allen gesellschaftlichen Gruppen gleichermaßen offensteht. Die Frage, ob ETA ein realistische Aufstiegsperspektive bietet oder bestehende Ungleichheiten reproduziert, wird ebenso behandelt wie die Rolle von Genderdynamiken und kognitiver Vielfalt als potenzielle Erfolgsfaktoren. Diese Perspektiven erweitern den klassischen ETA-Diskurs um eine gesellschaftliche Dimension, die für die langfristige Legitimität und Innovationsfähigkeit des Modells von zentraler Bedeutung ist. Vor diesem Hintergrund entwickelt dieser Buchteil Konzepte für inklusive Governance-Modelle und ein erweitertes Rollenverständnis des ETA-CEOs. Führung im ETA-Kontext wird nicht nur als strategische und operative Aufgabe verstanden, sondern als Form systemischer Verantwortung, die ökonomische Zielsetzungen mit sozialer Einbettung und institutioneller Anschlussfähigkeit verbindet. Die Darstellung eines integrativen Ökosystemmodells für ETA in der DACH-Region zielt darauf ab, die vielfältigen Akteure, Interessen und Logiken in ein kohärentes Zukunftsbild einzubetten und Szenarienmodelle für die Entwicklung von ETA in der DACH-Region bis 2030 und 2040 zu entwerfen. Diese Szenarien dienen nicht der Prognose, sondern der strukturierten Reflexion möglicher Entwicklungspfade und ihrer Implikationen. Die abschließende synthetisierende Gesamtschlussbetrachtung verdichtet die zentralen Erkenntnisse des gesamten Buches und positioniert ETA als ein Modell, dessen Zukunftsfähigkeit wesentlich davon abhängt, wie bewusst es gestaltet, institutionell eingebettet und gesellschaftlich legitimiert wird.

13 Strukturwandel, Möglichkeitsräume und die neue Architektur von Eigentum im ETA-Kontext

Zusammenfassung

ETA positioniert sich als intermediäres Modell zwischen traditioneller Familiennachfolge und renditegetriebenem Private Equity und damit als Antwort auf einen tiefgreifenden Strukturwandel von Eigentum, Unternehmertum und Governance in der DACH-Region. Dieser Möglichkeitsraum wird durch vier Kräfte zugleich geöffnet: Den massiven demografischen Wandel, der wachsenden Verfügbarkeit langfristigen privaten Kapitals, der technologischen und digitalen Transformation inklusive KI und der schrittweisen Verschiebung institutioneller und kultureller Erwartungsmuster in der DACH-Region. Gleichzeitig wird deutlich, dass ETA nicht deterministisch wächst, sondern stark pfadabhängig bleibt, da bankbasierte Finanzierung, Mitbestimmung, regulatorische Komplexität, Risikoaversion und Nachfolgepsychologie eine Implementierung europäisch-hybrider Modelle erzwingt. Besondere Bedeutung gewinnen Professionalisierung des Investorensystems, daten- und KI-gestützte Suchprozesse, ESG als Governance- und Werttreiber sowie branchenspezifische Transformationsarenen. Ihnen stehen systemische Risiken wie die Zinsentwicklung, Disruption, Arbeitskräftemangel, kulturelle Friktionen und regulatorische Überforderung gegenüber. Die Zukunft von ETA entscheidet sich entlang dreier Achsen: Der institutionellen Anpassungsfähigkeit, der Qualität von Searchern und Investoren sowie der Integration in die strategische Erneuerung des Mittelstands.

Die Zukunft von Entrepreneurship Through Acquisition in der DACH-Region wird durch eine Kombination makroökonomischer, demografischer, institutioneller und kultureller Strukturverschiebungen geprägt, deren Gleichzeitigkeit ein historisches

C. Schuchardt, *Entrepreneurship Through Acquisition und Search Funds im deutschsprachigen Mittelstand*, https://doi.org/10.1007/978-3-658-52650-4_13

Transformationsfenster für unternehmerische Eigentumsmodelle eröffnet. Während das ETA-Modell in den Vereinigten Staaten seit mehreren Jahrzehnten als etabliertes Vehikel für den Erwerb und die Weiterentwicklung kleiner und mittlerer Unternehmen gilt, befindet sich die DACH-Region erst am Beginn eines ähnlichen institutionellen und kulturellen Reifeprozesses. Dennoch deuten zentrale Indikatoren darauf hin, dass die kommenden zehn bis fünfzehn Jahre zu einer entscheidenden Phase werden, in der sich entscheiden wird, ob ETA zu einem strukturellen Bestandteil der Mittelstandslandschaft werden kann oder ein weiterhin randständiges Phänomen bleibt. Der zentrale Treiber dieser Entwicklung ist der tiefgreifende demografische Wandel der Eigentümerstrukturen im Mittelstand. Die Divergenz zwischen Übergabebedarf und verfügbarer Nachfolge begünstigt einen systemischen Engpass, der neue Eigentümerrollen, Erwerbsmodelle und Governance-Strukturen erfordert. ETA bietet hierfür eine institutionell klar umrissene, zugleich jedoch flexible Lösung, die sich zwischen traditionellen Familiennachfolgen und private-equity-getriebenen Buyout-Modellen positioniert.

Parallel dazu verändern sich die Kapitalmärkte in einer Weise, die ETA zusätzlich strukturell begünstigt. Die Verfügbarkeit langfristig orientierten privaten Kapitals steigt signifikant und speist sich insbesondere aus Family Offices, institutionell geprägten Mittelstandsinvestoren und vermögenden Privatpersonen. Forschung zu europäischen Kapitalstrukturen zeigt, dass die Nachfrage nach alternativen, unternehmerisch geprägten Direktinvestitionen zunimmt, die im Gegensatz zu klassischen Beteiligungsfonds eine differenziertere Risiko-Rendite-Struktur bieten (Klonowski, 2022). ETA bietet hier eine historisch seltene Schnittstelle: ein unternehmerisches Investmentvehikel mit aktivem Führungsanteil, aber niedrigerem Risiko als Seed- oder Venture-Investments und gleichzeitig höheren Wertsteigerungspotenzialen als reine Buy-and-Hold-Strategien. Gleichzeitig wirkt die technologische Transformation als zweiter Strukturhebel. Digitalisierung, Automatisierung, KI-gestützte Datenverarbeitung und neue industrielle Plattformmodelle verändern die Wertschöpfungsarchitektur von KMU in allen Branchen. Forschung zu digitalen Reifegraden zeigt, dass ein erheblicher Teil der mittelständischen Unternehmen der DACH-Region über ungenutzte Potenziale in Datenintegration, Prozessdigitalisierung und digitaler Geschäftsmodellentwicklung verfügt (Rammer et al., 2021). ETA-CEOs können, im Gegensatz zu klassischen Nachfolgern oder internen Managementteams, typischerweise mit größerer Distanz zu tradierten Routinen, moderneren Führungsstilen und einem schärferen Transformationsfokus agieren. Dies macht ETA-Unternehmen in den kommenden Jahren zu wichtigen Katalysatoren für die digitale, strukturelle und strategische Erneuerung des Mittelstands. Die zukünftige Entwicklung des ETA-Modells wird jedoch nicht allein durch ökonomische oder technologische Treiber bestimmt, sondern ebenso durch institutionelle und kulturelle Faktoren. Während die USA seit langem ein stark ausgeprägtes entrepreneurial mindset, eine hohe Risikotoleranz und flexible Finanzierungsstrukturen aufweisen, ist die DACH-Region stärker reguliert, kapitalmarktferner und kulturell vorsichtiger in Bezug auf Kontrollverlust und Eigentumsübergänge. Forschungsarbeiten zur Kontextualisierung von Entrepreneurship zeigen jedoch, dass institutionelle Rahmenbedingungen nicht statisch sind, sondern sich unter Druck struktureller

Transformationsprozesse verändern (Welter, 2011). Der wachsende Nachfolgedruck, der Konsolidierungsbedarf in zahlreichen Branchen und die zunehmende Professionalisierung europäischer ETA-Investoren deuten darauf hin, dass sich auch in der DACH-Region institutionelle Erwartungsmuster, Governance-Formen und Eigentumskulturen allmählich verschieben werden. In diesem Spannungsfeld aus strukturellem Übergabebedarf, wachsender Kapitalverfügbarkeit, technologischer Disruption und kulturellem Wandel eröffnet sich ein neuartiger Möglichkeitsraum für ETA. Dieser Möglichkeitsraum ist jedoch nicht deterministisch, sondern abhängig von einer Reihe entscheidender institutioneller, regulatorischer, kultureller und unternehmerischer Weichenstellungen. Die Zukunft des ETA-Modells in der DACH-Region wird sich entlang dreier zentraler Achsen entscheiden: erstens der Fähigkeit, institutionelle Anpassungen an Finanzierung, Governance und M&A-Regulierung zu erreichen; zweitens der Entwicklung professioneller Investorenstrukturen und qualifizierter Searcher-Kohorten; drittens der Integration von ETA in die strategischen Transformationspfade der Mittelstandslandschaft.

13.1 Makroökonomische und demografische Treiber der ETA-Nachfrage in der DACH-Region

Die Nachfrage nach Entrepreneurship Through Acquisition in Deutschland, Österreich und der Schweiz wird in den kommenden Jahrzehnten maßgeblich durch makroökonomische und demografische Entwicklungen geprägt, deren Gleichzeitigkeit ein außergewöhnlich hohes strukturelles Substitutionspotenzial im Bereich der Unternehmensnachfolge erzeugt. Während in vielen Ländern Unternehmensübernahmen primär konjunkturellen Schwankungen oder Kapitalmarktzyklen folgen, sind es in der DACH-Region vor allem langfristig stabile demografische Trends, strukturelle Eigentümerdynamiken und tief verankerte institutionelle Besonderheiten des Mittelstands, die den Bedarf an neuen Eigentumsmodellen systematisch erhöhen. Diese Entwicklungen führen dazu, dass ETA nicht lediglich ein alternatives Erwerbsmodell darstellt, sondern eine emergente Antwort auf strukturelle Engpässe in der Mittelstandsökonomie. Ein zentraler Treiber ist der fortgeschrittene demografische Wandel. Die koordinierte Bevölkerungsvorausberechnung des Statistischen Bundesamtes zeigt, dass die Alterskohorte der 60- bis 79-Jährigen in Deutschland bis 2035 signifikant zunimmt, während gleichzeitig die 30- bis 50-Jährigen als potenzielle Unternehmergeneration deutlich schrumpfen (Statistisches Bundesamtes, 2023). Besonders relevant für den Mittelstand ist der hohe Anteil von Unternehmensinhaberinnen und -inhabern in der Alterskohorte 55+, die in den kommenden Jahren altersbedingt ausscheiden werden. Studien des Instituts für Mittelstandsforschung zeigen, dass in Deutschland jährlich rund 30.000 bis 40.000 Unternehmen zur Übergabe anstehen, während der Anteil familieninterner Nachfolgen kontinuierlich sinkt und aktuell nur noch etwa ein Drittel aller Übergaben ausmacht (Rieger-Fels et al., 2025). Diese strukturelle Lücke zwischen Übergabeangebot und interner Nachfolge bildet den zentralen demografischen Hebel für ETA: Es entstehen systematisch Eigentumsvakuumsituationen, die externe Nachfolgeformen wie Management-Buy-ins, Buy-outs oder ETA-Strukturen notwendig machen.

Die demografischen Entwicklungen in Österreich und der Schweiz weisen ähnliche Muster auf. In Österreich zeigt die Bevölkerungsprognose von Statistik Austria, dass bis 2040 die Zahl der über 65-Jährigen stark zunimmt, während das Erwerbspersonenpotenzial abnimmt, insbesondere in den alterskohortenstarken Jahrgängen der Babyboomer, die in den Ruhestand eintreten (Statistik Austria et al., 2023). Auch in der Schweiz zeichnet das Bundesamt für Statistik ein ähnliches Bild: Die Generation der Unternehmensinhaber erreicht in den kommenden zehn bis fünfzehn Jahren einen Altersgipfel, während der Anteil nachrückender potenzieller Nachfolger rückläufig ist (BFS, o. D). Diese Entwicklungen deuten auf ein regional übergreifendes Phänomen hin: Der deutschsprachige Mittelstand wird in hohem Maße von alternden Eigentümerstrukturen geprägt, denen eine numerisch und kulturell veränderte Nachfolgegeneration gegenübersteht.

Zu den demografischen Faktoren treten makroökonomische strukturelle Verschiebungen, die den Übergabedruck verstärken. Mittelständische Unternehmen stehen zunehmend unter Konsolidierungsdruck in fragmentierten Märkten, unter Digitalisierungsdruck in technologieintensiven Branchen und unter Professionalisierungsdruck aufgrund steigender regulatorischer Anforderungen, insbesondere im Bereich ESG, Compliance und Lieferkettenrecht. Diese Entwicklungen führen dazu, dass die operative und strategische Führung mittelständischer Unternehmen anspruchsvoller wird und in vielen Fällen die Kompetenzen traditioneller Nachfolger übersteigt. Insbesondere in technisch komplexen, projektbasierten oder regulierten Branchen steigt der Anteil externer Nachfolgen, da interne oder familiale Nachfolger nicht über ausreichende Führungserfahrung oder spezifisches Transformationswissen verfügen. ETA bietet in diesen Kontexten eine besonders geeignete Form der Unternehmensübernahme, da Searcher typischerweise über hohe akademische Qualifikationen, analytische Kompetenzen und Transformationsfähigkeit verfügen. Makroökonomisch wird die ETA-Nachfrage zudem durch die Veränderung der Kapitalverfügbarkeit beeinflusst. Der institutionelle und private Kapitalmarkt der DACH-Region befindet sich seit rund zehn Jahren in einem strukturellen Wandel. Der Anteil langfristig orientierter privater Kapitalquellen wie Family Offices, Unternehmerfamilien, vermögender Privatpersonen und spezialisierten institutionellen Investoren, steigt kontinuierlich. Diese Investoren suchen zunehmend nach unternehmerischen Direktinvestitionen mit kontrollierbarem Risiko und substanziellen Wertsteigerungspotenzialen (Krüger et al., o. D). ETA erfüllt genau diese Anforderungen, da es sowohl das Risiko eines operativ etablierten Unternehmens als auch die Vorteile einer unternehmensgeführten Transformation umfasst. Studien zur Entwicklung der europäischen ETA-Landschaft zeigen, dass die Zahl europäischer Search Funds in den vergangenen zehn Jahren signifikant gestiegen ist und sich der Anteil DACH-basierter Search Funds überproportional schnell entwickelt (IESE, 2023). Diese Entwicklung verweist auf eine zunehmende institutionelle Normalisierung des ETA-Modells, das früher als exotisch galt, heute jedoch zunehmend als professionelle Form der Unternehmensnachfolge wahrgenommen wird.

Eine besondere Rolle spielt die Mismatch-Dynamik zwischen Marktangebot und Suchkapazität. Während die Zahl der Übergabekandidaten stetig steigt, bleibt die Anzahl qualifizierter suchender Unternehmerinnen und Unternehmer begrenzt. Dies schafft einen strukturellen Nachfrageüberhang, der die Wahrscheinlichkeit erfolgreicher ETA-Akquisitionen erhöht. Gleichzeitig zeigt die Forschung, dass viele Senior-Unternehmer wenig Erfahrung mit klassischen Private-Equity-Prozessen besitzen und hybride Modelle wie Search Funds bevorzugen, die stärker auf persönliche Eignung, Vertrauen und langfristige Unternehmensentwicklung ausgerichtet sind (Hollenbeck & König, 2022). Dieser kulturelle Fit zwischen Mittelstandslogiken und ETA-Modell wirkt als zusätzlicher makrostruktureller Verstärker. Neben diesen Faktoren stellt auch der Arbeitskräftemangel einen zusätzlichen Treiber. Der Rückgang qualifizierter Arbeitskräfte erhöht den Wert qualifizierter Führungspersonen, insbesondere solcher, die Transformation, Digitalisierung und Wachstumsprozesse steuern können. Searcher, die typischerweise aus Management, Consulting oder Private Equity stammen, bringen genau jene Kompetenzen mit, die mittelständische Unternehmen in der aktuellen Lage benötigen. Dadurch wird ETA zu einem attraktiven Modell, das nicht nur Eigentum strukturiert, sondern auch dringend benötigte Managementkapazitäten in Unternehmen bringt.

13.2 Institutionelle und regulatorische Entwicklungspfadabhängigkeiten in Deutschland, Österreich und der Schweiz

Die institutionellen und regulatorischen Rahmenbedingungen prägen die Entwicklung des ETA-Modells in der DACH-Region in weit stärkerem Maße, als es die unspezifischen Übertragungsannahmen vieler US-basierter Modelle nahelegen. Anders als in den Vereinigten Staaten, deren unternehmerische Ökologie durch flexible Finanzierungsmechanismen, hohe Risikotoleranz und relativ homogene bundesrechtliche Strukturen geprägt ist, operiert das ETA-Modell im deutschsprachigen Raum in einem hochregulierten, föderal fragmentierten und sozialökonomisch stark eingebetteten institutionellen Umfeld. Diese institutionelle Komplexität wirkt nicht nur als Beschränkung, sondern formt zugleich die Pfadabhängigkeiten, Erwartungslogiken und Organisationsformen, die das ETA-Modell in der DACH-Region charakterisieren und von seinem US-amerikanischen Ursprung strukturell unterscheiden. Die institutionenökonomische Literatur zeigt, dass unternehmerisches Handeln immer in einem Gefüge aus formalen Regeln, informellen Normen und historisch gewachsenen Routinen stattfindet, die Handlungsmöglichkeiten strukturieren und Entwicklungsdynamiken prägen (North, 1990). In der DACH-Region sind diese Regeln durch eine besonders enge Verzahnung von Rechtssystem, Bankenlandschaft, Arbeitsmarktinstitutionen, Gewerbeordnungen und steuerlichen Rahmenbedingungen geprägt. Diese Verzahnung, beeinflusst die Akzeptanz, Geschwindigkeit und Risikologik von Unternehmensübernahmen wesentlich.

Eine zentrale Pfadabhängigkeit besteht im bankbasierten Finanzierungsmodell Deutschlands, Österreichs und der Schweiz. Im Gegensatz zu den USA, deren Finanzierungssystem kapitalmarktzentriert ist, haben Hausbanken in der DACH-Region traditionell eine Schlüsselrolle in der Unternehmensfinanzierung, in der Begleitung von Nachfolgen und in der Stabilisierung regionaler Wirtschaftsstrukturen (De Haan et al., 2020). Diese ausgeprägte Bankenorientierung hat zwei zentrale Implikationen für ETA: Erstens wird die Finanzierung von Akquisitionen in KMU deutlich stärker durch Sicherheitenlogiken, Kreditwürdigkeitsprüfungen und konservative Bewertungskriterien geprägt. Zweitens spielt die Vertrauenswürdigkeit und persönliche Eignung des Nachfolgers bei der Kreditvergabe eine vergleichsweise größere Rolle als in angelsächsischen Märkten. Studien zeigen, dass Banken im deutschsprachigen Raum externen Nachfolgern grundsätzlich aufgeschlossen gegenüberstehen, jedoch deutlich höhere Anforderungen an Transparenz, Erfahrung und Governance stellen (Audretsch & Lehmann, 2016). Das ETA-Modell ist daher institutionell mehr an die Logik des relationship banking als an die Logik risikodiversifizierter Kapitalmärkte gebunden. Der zweite entscheidende Faktor betrifft die arbeits- und mitbestimmungsrechtlichen Rahmenbedingungen. In Deutschland und Österreich sind mittelständische Unternehmen, abhängig von Größe und Rechtsform, durch Betriebsverfassungsrecht, Mitbestimmungsgremien und starke Arbeitnehmervertretungen geprägt. In der Schweiz existieren zwar weniger formalistische Mitbestimmungsregeln, jedoch ähnlich starke informelle Beteiligungskulturen. Für ETA hat dies erhebliche Implikationen, da strukturelle Transformationsmaßnahmen, organisatorische Restrukturierungen oder Buy-and-Build-Integrationen in diesen Kontexten nicht nur wirtschaftlich, sondern institutionell verhandelt werden müssen. Forschung zur deutschen Unternehmensverfassung zeigt, dass Mitbestimmungsstrukturen nicht primär bremsend wirken, sondern die Qualität strategischer Entscheidungen erhöhen können, wenn Transparenz, frühe Einbindung und klare Governance vorliegen (FitzRoy & Kraft, 2005). Für ETA-CEOs bedeutet dies jedoch eine deutlich höhere Komplexität in der Integrations- und Transformationsphase, da institutionelle Akteure als Ko-Gestalter auftreten. Die institutionelle Entwicklungspfadabhängigkeit zeigt sich zudem im Gesellschafts- und Gewerberecht. Während die US-amerikanische Rechtsordnung hochflexible Unternehmensformen mit einer ausgeprägten Kultur der Vertragsfreiheit ermöglicht, sind DACH-Unternehmensformen, wie z. B. GmbH, AG, GmbH & Co. KG und Genossenschaften, durch strengere regulatorische Anforderungen, notarielle Formerfordernisse und höhere Transaktionskosten geprägt. Für ETA hat das zwei Konsequenzen: Erstens entsteht ein stärker formalisiertes und zeitintensives Transaktionsumfeld, in dem Due Diligence und Vertragsgestaltung erheblich granularer sind als in den USA. Zweitens führt der hohe Stellenwert notarieller Beglaubigung und gesellschaftsrechtlicher Formalität zu einer institutionellen Erwartung an Professionalität, Dokumentation und langfristige Bindungsfähigkeit. Diese Erwartungsmuster erhöhen die Glaubwürdigkeit qualifizierter Searcher, machen aber unausgereifte oder spekulative Search-Strategien institutionell schwer anschlussfähig. Ein weiterer Einflussfaktor betrifft die steuerlichen Rahmenbedingungen. Unternehmensübernahmen in Deutschland, Österreich und der Schweiz sind durch komplexe steuerliche Regelungen geprägt, die sowohl die Strukturierung der Transaktion als auch die langfristige Planung der Kapitalstruktur bestimmen. Die Besteuerung von stillen Reserven, die Bewertung von Betriebsvermögen, die steuerliche Anerkennung von Goodwill, die Zinsschrankenregelungen in Deutschland oder die Unternehmensnachfolgeregelungen in der Schweiz schaffen institutionelle Leitplanken, die das ETA-Modell zwingend berücksichtigen muss. Forschung zur steuerlichen Strukturierungslogik bei Unternehmensnachfolgen zeigt, dass steuerliche Komplexität in der DACH-Region nicht nur technischer Natur ist, sondern strategische Auswirkungen auf die Akzeptanz unterschiedlicher Transaktionsformen hat (Droege & Seiler, 2019). Viele Senior-Unternehmer bevorzugen deshalb Modelle mit hoher steuerlicher Transparenz und prognostizierbarer Belastung, wodurch Earn-Out-Strukturen, hybride Beteiligungen oder Kaufpreisstaffelungen institutionell plausibler erscheinen als komplexe SPV- oder Leveraged-Modelle. Die institutionellen Entwicklungspfadabhängigkeiten erstrecken sich auch auf die Kultur des Unternehmensverkaufs. Im deutschsprachigen Raum existiert eine historisch gewachsene Skepsis gegenüber kurzfristigen Eigentümerwechseln, finanzmarktgetriebenen Akquisitionen oder rein renditeorientierten Buyout-Modellen. Die Forschung zur Varieties-of-Capitalism-Theorie zeigt, dass Deutschland, Österreich und die Schweiz zu den koordinierten Marktwirtschaften gehören, in denen langfristige Beziehungen, regionale Einbettung und implizite Verträge zwischen Unternehmen, Mitarbeitenden und Stakeholdern zentrale Rollen spielen (Hall & Soskice, 2001). Für ETA bedeutet dies, dass das Modell mitunter als vertrauenswürdiger wahrgenommen wird als Private-Equity-Transaktionen, jedoch nur dann, wenn es institutionell und kulturell konsistent kommuniziert wird. Searcher, die US-amerikanische Logiken blind übertragen, treffen häufig auf institutionelle Irritationen, die die Transaktionsdynamik erheblich bremsen. Schließlich beeinflussen förder- und wettbewerbspolitische Rahmenbedingungen die Entwicklung des ETA-Modells. Staatliche Förderbanken, wie die KfW in Deutschland oder die AWS in Österreich, spielen eine zunehmend aktive Rolle bei der Finanzierung von Nachfolgen und Wachstumsmaßnahmen. Diese Institutionen fördern bevorzugt stabile, mittelstandsnahe Übernahmemodelle, was ETA strukturell begünstigt. Gleichzeitig erhöhen Wettbewerbsrecht und Fusionskontrollvorschriften, insbesondere bei Buy-and-Build-Strategien, die regulatorische Komplexität, selbst in Märkten mit vielen kleinen Unternehmen.

13.3 Professionalisierung des Investorensystems: Von angelsächsischer Kapitallogik zu europäisch-kontinentalen Modellen

Die Professionalisierung des Investorensystems im Bereich von Entrepreneurship Through Acquisition in der DACH-Region vollzieht sich vor dem Hintergrund einer tiefgreifenden Transformation der europäischen Kapitalarchitektur. Während das klassische Search-Fund-Modell in den Vereinigten Staaten auf einer angelsächsischen Kapitallogik basiert, die durch eine hohe Risikotoleranz, flexible Vertragsformen, kurze Entscheidungswege und ein stark ausgeprägtes Netzwerk unabhängiger individueller Investoren geprägt ist, entwickelt sich im deutschsprachigen Raum ein deutlich differenzierteres und institutionell eingebettetes Investorensystem. Dieses System reflektiert die Besonderheiten kontinentaleuropäischer Kapitalmärkte, die durch ausgeprägte Bankdominanz, langfristige Beziehungslogiken, stärkere Regulierung und tief verankerte Vorstellungen von Eigentumsverantwortung und nachhaltiger Unternehmensführung charakterisiert sind. Die angelsächsische Struktur der Search-Fund-Kapitalgeber entstand historisch aus einem Finanzierungsumfeld, das stark von Business-Angel-Netzwerken, Venture-Capital-Mechanismen und universitär getragenen Investorenkreisen geprägt wurde. Die frühen empirischen Studien aus Stanford und später IESE zeigen, dass US-amerikanische Search Funds vor allem auf individuelle Investoren zugreifen, die selbst unternehmerische Erfahrung besitzen und bereit sind, signifikante Suchrisiken zu tragen, um unternehmerische Renditen zu erzielen (Kelly & Search Fund Coalition, 2020; IESE Business School, 2023). Dieses Modell stützt sich auf eine informelle Governance, die durch hohe Entscheidungsautonomie des Searchers, schnellen Kapitalzugang und eine starke Bedeutung persönlicher Reputation geprägt ist. Im europäischen und insbesondere im deutschsprachigen Raum entstehen dagegen zunehmend institutionalisierte Strukturen, die eine stärkere Einbettung des ETA-Modells in bestehende Finanzierungssysteme erkennen lassen. Im Unterschied zu den USA hat Europa traditionell ein stärker bankbasiertes Finanzsystem, in dem Kreditinstitute, Förderbanken und langfristig orientierte private Kapitalgeber zentrale Rollen spielen. Dies verändert die Erwartungslogiken von Investoren. Während US-amerikanische Investoren primär auf Wachstumspotenziale, Renditemultiplikatoren und skalierbare Buy-and-Build-Strategien fokussieren, erwarten DACH-Investoren häufig eine höhere organisatorische Reife, stärkere Substanzorientierung und detailliertere Governance-Strukturen, bevor sie Kapital bereitstellen. Studien zum europäischen Private-Equity-Markt zeigen, dass Investoren in Europa risikoärmer agieren, längere Due-Diligence-Prozesse bevorzugen und stärker auf Stabilität statt auf aggressive Skalierungslogiken setzen (EVCA, 2018; Klonowski, 2022). Zugleich führt die zunehmende Professionalisierung des europäischen Investorensystems zu einer differenzierten Segmentierung der Kapitalgeber. Family Offices nehmen dabei eine zentrale Rolle ein. Diese investieren bevorzugt in unternehmerische Modelle mit langfristigem Zeithorizont und hoher Kontrolle über Kapitalallokation und Entscheidungsarchitekturen. Family Offices entwickeln besondere hierbei eine Affinität zu KMU-Nachfolgen, da diese Anlageklasse stabile Cashflows, geringe Volatilität und intensiven Einfluss auf die Unternehmensentwicklung bietet. ETA entspricht in besonderer Weise diesen Präferenzen, da der operativ aktive Searcher eine Art unternehmerischen Stellvertreter darstellt, der die Vision und Werte des Investors umsetzt und zugleich die Governance-Strukturen schlank hält. Neben Family Offices etablieren sich zunehmend spezialisierte europäische ETA-Fonds, deren Strukturierung deutlich institutionalisierter ist als bei US-amerikanischen Individualinvestoren. Diese Fonds kombinieren Elemente aus Private Equity, Growth Capital und Venture-ähnlichen Seed-Mechanismen. Empirische Untersuchungen zeigen, dass Investoren in Europa verstärkt hybride Modelle entwickeln, die Suchkapital, Akquisitionskapital und zusätzliche

Integrationsfinanzierungen in einem konsistenten Governance-Rahmen bündeln (IESE Business School, 2023). Diese Entwicklung führt zu einer Professionalisierung sowohl der Kapitalbereitstellung als auch der Evaluation von Searchern, die mittlerweile häufig standardisierte Due-Diligence-Prozesse durchlaufen. Ein weiterer Aspekt der Professionalisierung betrifft die Formalisierung von Verträgen und Entscheidungsstrukturen. Aufgrund der strengeren regulatorischen Rahmenbedingungen der DACH-Region, insbesondere im Gesellschafts- und Finanzmarktrecht, operieren Investoren mit höherer juristischer Sorgfalt, detaillierteren Governance-Vereinbarungen und engeren Kontrollrechten. Die Forschung zeigt, dass kontinentaleuropäische Investoren weniger bereit sind, uneingeschränkte operative Autonomie zu gewähren, und stattdessen differenzierte Mitspracherechte, definierte KPI-Systeme, Meilensteinlogiken und qualifizierte Reporting-Strukturen verlangen (Achleitner et al., 2018). Diese institutionelle Struktur entspricht der Logik koordinierter Marktwirtschaften, in denen langfristige Beziehungsmodelle und professionelle Kontrollmechanismen zentral sind (Hall & Soskice, 2001).

Die Professionalisierung des DACH-Investorensystems wird zudem durch den wachsenden Einfluss universitärer Entrepreneurship-Programme, spezialisierter M&A-Advisory-Plattformen und unternehmerischer Ökosysteme beschleunigt. Die systematische Dokumentation europäischer Search Funds durch IESE sowie die vermehrte Präsenz spezialisierter Investorenkonferenzen schaffen eine institutionelle Infrastruktur, die das Modell zunehmend legitimer und sichtbarer macht. Forschung zur Feldtheorie zeigt, dass solche Prozesse der Institutionalisierung von Entrepreneurship-Modellen typischerweise in Phasen verlaufen, die von Pionierstadien über frühe Standardisierung bis zur Reifeentwicklung führen (Scott, 2008). Die DACH-Region befindet sich gegenwärtig im Übergang von der Standardisierungsphase zur Professionalisierungsphase, in der sich zunehmend stabile Rollenmodelle, Erwartungslogiken und typische Investorenprofile herausbilden. Schließlich ist die Professionalisierung des Investorensystems eng mit den kulturellen Besonderheiten der DACH-Region verknüpft. Während angelsächsische Kapitalmärkte durch hohe Risikobereitschaft, schnelle Entscheidungsdynamiken und die Betonung individueller Chance geprägt sind, dominiert im deutschsprachigen Raum eine Kultur des langfristigen Vertrauens, der reputationsbasierten Entscheidung und der vorsichtigen Incrementalität. Investoren erwarten daher ein besonderes Maß an persönlicher Seriosität, analytischer Tiefe und struktureller Verlässlichkeit des Searchers. Studien zeigen, dass kulturelles Matching zwischen Investor und Searcher eine zentrale Rolle für die Transaktionsqualität in kontinentaleuropäischen Nachfolgemodellen spielt (Hollenbeck & König, 2022). Dies führt zu einer stärkeren Betonung persönlicher Integrität, institutioneller Anschlussfähigkeit und langfristiger strategischer Kohärenz als in angelsächsischen Märkten.

13.4 Digitale und analytische Transformation des Search-Prozesses

Die digitale und analytische Transformation des Search-Prozesses verändert die epistemischen Grundlagen, operativen Routinen und strategischen Möglichkeiten von Entrepreneurship Through Acquisition in einer Weise, die weit über eine reine Effizienzsteigerung traditioneller Suchmethoden hinausgeht. Digitale Technologien und datenbasierte Verfahren führen zu einer tiefgreifenden Rekonfiguration der Art und Weise, wie Suchstrategien entwickelt, Marktstrukturen analysiert, Unternehmen identifiziert und Eigentümer angesprochen werden. Diese Transformation folgt keiner linearen Modernisierungslogik, sondern ist Ausdruck eines grundlegenden Wandels in der Verfügbarkeit, Qualität und Interpretierbarkeit von Informationen. Die Forschung zur digitalen Transformation von Unternehmensprozessen zeigt, dass datenbasierte Entscheidungsarchitekturen zunehmend die traditionelle intuition- und erfahrungsbasierte Logik strategischer Entscheidungen ergänzen oder ersetzen und damit neue epistemische Standards für unternehmerische Exploration setzen (Brynjolfsson & McAfee, 2017).

Zentral ist die Rolle der Datenaggregation und Datenintegration. Digitale Tools ermöglichen eine systematische Rekonstruktion ganzer Marktsegmente und ergänzen damit traditionelle persönliche Branchenkenntnisse, persönliche Netzwerke und intermediäre Informationsquellen. Plattformen zur Firmendatenanalyse, algorithmische Branchenclustering-Methoden und automatisierte Screening-Verfahren erlauben eine neuartige Granularität in der Identifikation potenzieller Target-Unternehmen. Untersuchungen zur digitalen Wettbewerbsanalyse zeigen, dass KI-gestützte Systeme in der Lage sind, Muster in großen Datensätzen zu erkennen, die mit traditionellen Methoden kaum erfassbar gewesen wären, etwa latente Wachstumscluster in Nischenmärkten oder strukturelle Schwächen in fragmentierten Industrien (Davenport & Harris, 2007). Für ETA bedeutet dies einen qualitativen Sprung in der strategischen Frühphase, da die Hypothesenentwicklung zur Suchfokussierung zunehmend dateninformiert erfolgt. Die digitale Transformation verändert auch die Logik des Owner Outreach. Forschung zur Nutzung digitaler Informationskanäle im B2B-Kontext zeigt, dass eigentümergeführte Unternehmen in der DACH-Region digitale Kommunikation zunehmend nutzen, jedoch weiterhin stark auf persönliche Vertrauenssignale reagieren. Digitale Tools ermöglichen eine individualisierte, historisierende und kontextualisierte Ansprache, die auf öffentlich verfügbaren Signalen der Eigentümerhistorie, Branchenentwicklung und Unternehmensperformance basiert. Damit wird die Ansprache nicht nur effizienter, sondern qualitativ präziser. Gleichzeitig bleibt der vertrauensbasierte Charakter des mittelständischen Eigentums in der DACH-Region bestehen, sodass digitale Systeme die relationalen Interaktionsformen zwar vorbereiten, aber nicht ersetzen. Wesentlich ist zudem die Integration analytischer Verfahren in die Suchlogik. Machine-Learning-Algorithmen können die Wahrscheinlichkeit eines erfolgreichen Kontakts, eines Transaktionsinteresses oder einer positiven Reaktion auf Sucheranfragen anhand historischer Muster prognostizieren. Solche Modelle basieren auf realen Daten wie Branchenzyklen, Eigentümeralter, Bilanzindikatoren und kommunikativen Signalen. Studien zur datenbasierten Entscheidungsunterstützung zeigen, dass algorithmische Prognosemodelle menschliche Entscheidungsfehler insbesondere in frühen Selektionsphasen deutlich reduzieren können, sofern sie in geeignete Governance-Strukturen eingebettet sind und transparent erläutert werden (Müller et al., 2018). Für ETA-Searcher eröffnet dies die Möglichkeit, Suchprozesse nicht nur zu beschleunigen, sondern auch systematisch gegen kognitive Verzerrungen abzusichern. Die digitale Transformation beeinflusst auch den epistemischen Charakter des Branchenverständnisses. Die traditionelle Logik der Branchenanalyse, die sich stark auf Branchenberichte, Experteninterviews und strukturierte Marktanalysen stützte, wird zunehmend durch datenbasierte, realzeitnahe und multivariate Analysesysteme ergänzt. Diese Systeme ermöglichen die Identifikation neuer Branchensegmente oder die Aufdeckung emergenter Nischenmärkte. Forschung zur digitalen Wettbewerbsdynamik zeigt, dass datenbasierte Branchenmodelle häufig früher als klassische Analysen erkennen, wann Marktstrukturen kippen, wann Konsolidierungsdruck einsetzt oder wann technologische Disruptionen einen Markt neu konfigurieren (Rammer & Czarnitzki, 2021). Damit wird der Search-Prozess selbst zu einem analytischen Experimentierfeld, in dem kontinuierliche Iteration und datenbasierte Validierung eine zunehmend zentrale Rolle spielen.

13.5 KI und Automatisierung als Zukunftstreiber im ETA-Kontext: Anwendungslogiken, Transformationsdynamiken und regulatorische Anforderungen

Künstliche Intelligenz und automatisierte Systeme entwickeln sich im europäischen Mittelstand zu einem dominanten Transformationsfaktor, dessen wirtschaftliche Relevanz in den kommenden Jahren weiter steigen wird. Während die digitale Professionalisierung, beispielsweise bei der Implementierung einer effektiven Suchstrategie und der unterstützten Suche nach attraktiven Targets, bereits im Suchprozess eine Rolle spielt, entfalten KI-Technologien ihren eigentlichen strategischen Nutzen erst im operativen Betrieb des akquirierten Unternehmens.

Die Fähigkeit, KI sowohl als Effizienzhebel als auch als Innovationsmotor einzusetzen, wird zunehmend zu einem entscheidenden Kompetenzmerkmal postakquisitorischer Führungs- und Entwicklungsarbeit. Wissenschaftlich betrachtet fungieren KI-Systeme als Mustererkennungs- und Prognosemaschinen, die datengetriebene Entscheidungsqualität ermöglichen und gleichzeitig automatisierbare Aufgaben substituieren oder ergänzen, wodurch menschliche Kapazitäten für kreative und interaktive Tätigkeiten frei werden (Russell & Norvig, 2021; Brynjolfsson & McAfee, 2017). Die DACH-Region bildet hierfür einen besonders anspruchsvollen, aber chancenreichen Kontext, da der Mittelstand sowohl durch hohe technologische Kompetenz in spezifischen Sektoren als auch durch traditionell manuelle, historisch gewachsene Prozesse gekennzeichnet ist. Für ETA-Unternehmen ergibt sich daraus ein breites Spektrum konkreter Anwendungsfälle, die sich unmittelbar auf Wertschöpfung, Skalierbarkeit und Governance-Strukturen auswirken können. Besonders evident sind Potenziale in administrativen Funktionen, die in eigentümergeführten KMU typischerweise durch manuelle Routinen geprägt sind. KI-gestützte Automatisierung der Rechnungsbearbeitung, Buchhaltung oder Warenwirtschaft kann die Durchlaufzeit von Prozessen deutlich verkürzen und Fehlerquoten erheblich reduzieren, was empirisch durch zahlreiche Automatisierungsstudien belegt ist (Manyika et al., 2017). Ebenso eröffnet die Integration von maschinellem Lernen in die Lagerlogistik oder Bestandsplanung eine deutliche Verbesserung der Materialverfügbarkeit bei gleichzeitiger Reduktion von Überbeständen. Diese operative Modernisierung ist auch deshalb strategisch bedeutsam, weil sie unmittelbar die Kostenstruktur flexibilisiert und das Unternehmen in einen skalierbaren Zustand versetzt. Im industriellen Mittelstand, der in der DACH-Region eine besonders prominente Rolle einnimmt, erweist sich KI-basierte Produktionsoptimierung als zentraler Hebel. Predictive-Maintenance-Systeme, die auf Sensordaten, historischen Maschinenlaufzeiten oder Störungsmustern basieren, ermöglichen vorausschauende Wartung, reduzieren Ausfallzeiten und verbessern die Kapazitätsauslastung signifikant. Die Forschung zeigt, dass präzise Prognosemodelle Stillstandszeiten um bis zu 50% reduzieren können und damit einen messbaren ökonomischen Vorteil schaffen (Agrawal et al., 2018). Hinzu kommen KI-gestützte Energieoptimierungen, die angesichts volatiler Energiepreise in Deutschland und Österreich erhebliche Bedeutung gewinnen. Für ETA-Unternehmen, die typischerweise kapitalintensive Produktionsanlagen übernehmen, stellt dies nicht nur ein Effizienzpotenzial, sondern eine wesentliche Risikoreduktionsstrategie dar. Auch im Bereich Kundenanalyse und Marktbearbeitung bietet KI strukturelle Vorteile. Viele mittelständische Unternehmen verfügen über umfangreiche, jedoch unstrukturierte Kunden-, Service- und Vertriebsdaten, deren systematische Auswertung erst durch KI möglich wird. Prognosemodelle für Kundenabwanderung, datenbasierte Segmentierungslogiken oder algorithmische Preismodelle erhöhen die strategische Steuerungsfähigkeit des Unternehmens und ermöglichen eine präzisere Allokation von Vertriebsressourcen. Die Managementforschung hebt hervor, dass datenbasierte Preisoptimierung im B2B-Umfeld besonders wirksam ist, da Preiselastizitäten häufig unterschätzt und Margenpotenziale nicht ausgeschöpft werden (Teece, 2018). Für ETA-CEOs bietet dies die Möglichkeit, ohne strukturelle Umbrüche unmittelbar Wertsteigerung zu realisieren und gleichzeitig die Marktposition des Unternehmens zu schärfen. Ein zunehmend relevantes Anwendungsfeld liegt zudem in der Entscheidungsunterstützung für das Management. KI-Systeme können operative und finanzielle Kennzahlen aggregieren, Szenarien simulieren, Frühwarnindikatoren für Liquiditätsengpässe identifizieren oder Working-Capital-Schwankungen prognostizieren. Gerade Erst-CEOs im ETA-Kontext profitieren von solchen Systemen, da sie Entscheidungsheuristiken professionalisieren, kognitive Verzerrungen reduzieren und ein strukturiertes Risikomanagement ermöglichen. Forschung zur augmentierten Entscheidungsfindung zeigt, dass Führungskräfte, deren Urteilsbildungsprozesse durch KI ergänzt werden, konsistent bessere Entscheidungen treffen und resilienter auf Unsicherheit reagieren (Davenport & Kirby, 2016).

Die dynamische Implementierung von KI wird jedoch zunehmend durch regulatorische Anforderungen strukturiert. Der EU-AI-Act, der weltweit erste umfassende Rechtsrahmen für KI, basiert auf einer strikten Risikologik und hat tiefgreifende Implikationen für mittelständische ETA-Unternehmen. Niedrigrisikotechnologien, zu denen ein Großteil administrativer und analytischer Systeme gehört, unterliegen lediglich Transparenz- und Dokumentationspflichten. Hochrisikosysteme, die im Mittelstand beispielsweise in der Qualitätssicherung sicherheitskritischer Produkte oder in Personalentscheidungen eingesetzt werden, müssen hingegen umfangreiche Anforderungen erfüllen, darunter Datenqualitätsprüfungen, menschliche Kontrollmechanismen und kontinuierliche Risikobewertungen (European Parliament, 2023). Für ETA-CEOs bedeutet dies, dass KI nicht nur als betriebswirtschaftlicher Hebel betrachtet werden darf, sondern als Governance-Instrument, das rechtlich und organisatorisch verantwortungsvoll eingebettet werden muss. Die Fähigkeit, KI-Implementierungen systematisch zu dokumentieren, auditierbar zu machen und Compliance-Strukturen zu etablieren, wird damit zu einem integralen Bestandteil professioneller Unternehmensführung. Die zunehmende Diffusion von KI transformiert schließlich auch das Kompetenzprofil des ETA-CEOs. Führung wird stärker datenbasiert, analytisch und systemisch. Die Literatur zur Mensch-Maschinen-Zusammenarbeit zeigt, dass erfolgreiche Führungskräfte in KI-geprägten Umgebungen technisches Verständnis, interpretative Fähigkeiten und ethische Sensibilität kombinieren (Davenport & Kirby, 2016). ETA-CEOs müssen daher technologische und organisatorische Kompetenzen mit psychologischer und sozialer Kompetenz vernetzen, um KI als integralen Bestandteil der Unternehmensentwicklung zu nutzen. Die transformative Kraft der KI liegt nicht allein in technologischen Vorteilen, sondern in der Fähigkeit der Unternehmensführung, diese Technologien strategisch, ethisch und kulturell sinnvoll zu integrieren.

13.6 Branchenspezifische Zukunftschancen und Transformationsarenen für ETA sowie Risiken und systemische Verwundbarkeiten

Die zukünftige Bedeutung von Entrepreneurship Through Acquisition in der DACH-Region wird maßgeblich durch branchenspezifische Transformationspfade bestimmt, die aus technologischen Innovationen, demografischen Verschiebungen, regulatorischen Entwicklungen und strukturellen Marktveränderungen entstehen. Diese Transformationsarenen eröffnen erhebliche Chancen für ETA-CEOs, da sie Zugang zu Märkten bieten, die durch Fragmentierung, Professionalisierungsdruck und Digitalisierung geprägt sind. Gleichzeitig entstehen systemische Risiken und Verwundbarkeiten, die die Nachhaltigkeit des ETA-Modells beeinflussen und ein strukturiertes Verständnis von branchenspezifischen Dynamiken erfordern. Die Forschung zur Industriestruktur und Branchenentwicklung zeigt, dass sektorspezifische Asymmetrien in Wachstumslogiken, Kapitalintensitäten, Skalierungsmöglichkeiten und technologischen Disruptionen eine zentrale Rolle für den Erfolg von unternehmerischen Übernahmen spielen (Porter, 1980). Im ETA-Kontext gewinnen diese Faktoren besondere Bedeutung, da der Searcher typischerweise ein einzelnes Unternehmen erwirbt und dessen Entwicklungstransformation über einen begrenzten Zeitraum steuert. Besonders ausgeprägt sind Zukunftschancen in Branchen, die von struktureller Fragmentierung, geringer Digitalisierungsdurchdringung und hohem Nachfolgedruck geprägt sind. Die Gebäudetechnik, das Handwerk, industrielle Dienstleistungen, die Gesundheitswirtschaft, Labordienstleistungen, Bildungstechnologien, Pflegeinfrastruktur und spezialisierte B2B-Services gehören zu den Sektoren, die in der Forschung als wachstumsstark, konsolidierungsfähig und ETA-kompatibel beschrieben werden (IESE Business School, 2023). Diese Branchen weisen zugleich eine hohe Zahl eigentümergeführter Klein- und Mittelunternehmen auf, deren Altersstrukturen überdurchschnittlich hoch sind und deren Transformationsfähigkeit durch technologische und regulatorische Herausforderungen begrenzt sein kann. ETA-CEOs finden hier Zugang zu Unternehmen mit stabilen Cashflows, geringer Abhängigkeit von hochvolatilen Märkten und gleichzeitig erheblichem Professionalisierungspotenzial. In der Gesundheitswirtschaft, einem der bedeutendsten Wachstumstreiber Europas, erzeugen demografische Entwicklungen, Fachkräftemangel, regulatorische Veränderungen und Digitalisierung einen anhaltenden Restrukturierungsdruck. Die Forschung konstatiert, dass insbesondere ambulante Versorgungsstrukturen, Pflegeeinrichtungen, medizinische Dienstleistungen und therapeutische Einrichtungen in den kommenden Jahren in verstärktem Maße Konsolidierungsprozessen unterliegen werden. ETA-Modelle können in diesem Kontext eine wichtige Rolle einnehmen, da sie langfristig orientierte Eigentümer bereitstellen, die digitale Dokumentation, Prozessoptimierung und Qualitätsmanagement verbessern können, ohne spekulative Private-Equity-Logiken zu reproduzieren. In industriellen Dienstleistungen und im Maschinenbau ergeben sich Transformationsarenen vor allem aus dem technologischen Wandel. Additive Fertigung, Automatisierung, IoT-basierte Produktionssteuerung und datenbasierte Fernwartung verändern traditionelle Geschäftsmodelle. Studien zur industriellen Digitalisierung zeigen, dass KMU häufig Schwierigkeiten haben, diese Technologien zu implementieren, weil ihnen strategische Kompetenzen, digitale Reife und Investitionskapazitäten fehlen (Lasi et al., 2014). ETA-CEOs können diese Lücke schließen, indem sie digitale Transformationsstrategien integrieren, neue Servicemodelle entwickeln und datenbasierte Geschäftsarchitekturen etablieren. Im Bereich der Gebäudetechnik und Energieeffizienz entstehen durch regulatorische Vorgaben zur CO_2-Reduktion, durch Modernisierungsdruck und durch Fachkräfteengpässe erhebliche Wachstumspotenziale. Die Europäische Kommission prognostiziert in diesem Sektor strukturelle Wachstumsraten über dem Durchschnitt anderer Mittelstandsbranchen, da energetische Sanierung, Wärmepumpentechnik und digitale Gebäudesteuerung öffentliche und private Investitionen anziehen. ETA-CEOs können hier langfristige Wachstumsplattformen entwickeln, die Buy-and-Build-Logiken ermöglichen und von stabiler Nachfrage getragen sind.

Trotz dieser Chancen sind die systemischen Verwundbarkeiten des ETA-Modells unübersehbar. Die erste zentrale Risikokategorie betrifft die Kapitalmarkt- und Zinsentwicklung. Der Übergang von einem Niedrigzinsregime zu einem Umfeld höherer Finanzierungskosten verändert die Akquisitionslogik fundamental. Höhere Fremdkapitalkosten reduzieren Leveraging-Effekte, verlängern Amortisationszeiten und verschieben Bewertungsniveaus. Studien zur M&A-Aktivität zeigen, dass steigende Zinsen insbesondere kleinere Buyouts betreffen, da strukturelle Sicherheiten begrenzt sind und die Sensitivität gegenüber Working-Capital-Schwankungen höher ausfällt (Drukarczyk, 2010). ETA-CEOs müssen daher konservativere Finanzierungsmodelle entwickeln und gleichzeitig sicherstellen, dass Wertsteigerungsmechanismen nicht ausschließlich auf Fremdkapitalhebeln basieren. Eine weitere Verwundbarkeit ergibt sich aus der technologischen Disruption. Digitalisierung und Automatisierung führen dazu, dass ganze Branchen einem raschen Wandel unterliegen. Unternehmen, die heute stabile Cashflows generieren, können durch technologische Substitution oder neue Plattformanbieter innerhalb weniger Jahre unter Druck geraten. Forschung zur Innovationsdynamik zeigt, dass KMU im Durchschnitt geringere Adaptionsgeschwindigkeiten als große Unternehmen aufweisen und dadurch anfälliger für disruptive Veränderungen sind (Brynjolfsson & McAfee, 2017). ETA-CEOs müssen deshalb in der Lage sein, technologische Frühindikatoren zu erkennen, digitale Reifeprozesse einzuleiten und Investitionen in Innovationsfähigkeit vorzunehmen, noch bevor Marktveränderungen unmittelbar sichtbar werden. Die dritte Verwundbarkeitskategorie betrifft den Arbeitsmarkt. Der demografische Rückgang der Erwerbsbevölkerung in Deutschland, Österreich und der Schweiz führt zu strukturellen Engpässen an Fachkräften und Führungspersonal. Die Verfügbarkeit qualifizierter Arbeitskräfte stellt nicht nur ein operatives, sondern ein strategisches Risiko dar, da sie die Skalierungsfähigkeit ganzer Geschäftsmodelle begrenzen kann (Wunsch et al., o. D). ETA-CEOs müssen deshalb in Personalentwicklung, Employer Branding und organisatorische Resilienz investieren, um langfristige Wertschöpfungsfähigkeit sicherzustellen. Hinzu treten kulturelle und institutionelle Risiken. Die Übernahme eigentümergeführter mittelständischer Unternehmen ist häufig von informellen Machtstrukturen, impliziten psychologischen Verträgen und tief verankerten Loyalitätsmechanismen geprägt. Forschung zur Nachfolgepsychologie zeigt, dass der Übergang von einem charismatischen Eigentümer zu einem externen CEO erhebliche kulturelle Spannungen erzeugen kann, die operative Leistungsfähigkeit und Mitarbeiterbindung beeinträchtigen (Hollenbeck & König, 2022). Diese Form der Verwundbarkeit ist nicht technologischer, sondern relationaler und kultureller Natur. Sie erfordert von ETA-CEOs ein hohes Maß an sozialpsychologischer Kompetenz und die Fähigkeit, neue Führungsidentitäten in bestehenden Organisationskulturen zu verankern. Schließlich bestehen systemische Risiken auf Ebene der regulatorischen Entwicklung. Neue ESG-Vorgaben, verschärfte Datenschutzregeln, Lieferkettengesetze und branchenspezifische Compliance-Anforderungen erhöhen die Komplexität der Führungsrolle. Mittelständische Unternehmen haben häufig begrenzte Ressourcen, um diese Anforderungen zu erfüllen, und geraten dadurch in strukturelle Überforderungssituationen. ETA-CEOs müssen daher Governance-Systeme und Compliance-Strukturen aufbauen, die regulatorischen Druck absorbieren und Unternehmensentwicklung ermöglichen.

In der Gesamtschau zeigen sich für ETA in der DACH-Region sowohl erhebliche Zukunftschancen als auch klar erkennbare systemische Risiken. Das Potenzial ergibt sich aus dem Zusammenspiel von Nachfolgedruck, Digitalisierung, Branchenkonsolidierung und technologischen Transformationsarenen. Die Risiken entstehen aus Kapitalmarktschwankungen, Disruption, Arbeitsmarktengpässen, kulturellen Passungsproblemen und regulatorischer Komplexität. Die Zukunftsfähigkeit des ETA-Modells wird maßgeblich davon abhängen, ob es gelingt, diese Chancen und Verwundbarkeiten in eine integrierte strategische Architektur zu übersetzen und die Führungskräfte der kommenden Generation mit der Kompetenz auszustatten, in diesem Spannungsfeld erfolgreich zu agieren.

13.7 Zukunft der Arbeitswelt und Skills der Zukunft im ETA-Kontext

Insbesondere mittelständische Unternehmen in der DACH-Region werden die Konsequenzen des tiefgreifenden Strukturwandels der Arbeitswelt der kommenden Jahrzehnte mit hoher Intensität spüren. Für ETA-CEOs, die ein Unternehmen nicht nur übernehmen, sondern langfristig entwickeln und transformieren wollen, wird das Verständnis dieser Veränderungen zu einem strategischen Imperativ. Die zentralen Treiber dieser Transformation liegen in der fortschreitenden Digitalisierung, dem demografischen Wandel, der Verschiebung beruflicher Kompetenzanforderungen, neuen Formen der Arbeitsorganisation und der zunehmenden Bedeutung sozialer und emotionaler Fähigkeiten für organisationalen Erfolg. Der Mittelstand bildet dabei ein spezifisches Spannungsfeld aus traditionell geprägten Arbeitsmodellen, hoher Fachspezialisierung, stabilen Beziehungsnetzwerken und zugleich steigendem Innovationsdruck.

Die Literatur zur Transformation der Arbeitswelt betont, dass Automatisierung und digitale Tools nicht primär als Ersatz menschlicher Arbeit fungieren, sondern als komplementäre Technologien, die Aufgaben neu verteilen und die Art und Weise verändern, wie Wertschöpfung entsteht (Autor, 2015). Besonders relevant ist die Polarisierung von Tätigkeiten, die durch die Substitution von Routinetätigkeiten und die Aufwertung kognitiv-komplexer Aufgaben entsteht. Für mittelständische ETA-Unternehmen bedeutet dies, dass traditionelle Jobprofile ihre Relevanz verlieren, während neue Kompetenzfelder emergieren, die den künftigen Erfolg maßgeblich prägen. Die demografische Entwicklung in der DACH-Region verschärft diesen Trend zusätzlich: Der Rückgang erwerbsfähiger Arbeitskräfte, die Alterung von Belegschaften und der zunehmende Wettbewerb um qualifizierte Fachkräfte führen dazu, dass die Fähigkeit, attraktive Arbeitsumfelder zu schaffen und Mitarbeiter systematisch zu entwickeln, zu einem strategischen Wettbewerbsfaktor wird (Bujard et al., 2021). Diese Veränderungen transformieren die Anforderungen an Skills, also Fähigkeiten und Kompetenzen, der Zukunft. Fachlich-technische Kompetenzen bleiben relevant, doch sie verlieren ihr Monopol als zentrale Erfolgsvariablen. Stattdessen entsteht ein Kompetenzprofil, das sich durch kognitive Flexibilität, Problemlösungsfähigkeit, digitale und datentechnische Literacy, Kooperationsfähigkeit und Selbstregulation auszeichnet. Die Forschung zeigt, dass Unternehmen, deren Mitarbeiter über ausgeprägte metakognitive und adaptive Fähigkeiten verfügen, signifikant resilienter auf Umweltunsicherheiten reagieren und Innovationsprozesse erfolgreicher gestalten (Kolb,

2015; Edmondson, 2019). Für die Praxis von ETA-CEOs bedeutet dies, dass Wertschöpfung nicht mehr allein durch Kapital, Technologie oder Strategie bestimmt wird, sondern zunehmend durch die Fähigkeit, Lern-, Entwicklungs- und Kooperationsprozesse im Unternehmen zu gestalten.

Ein zentrales Thema bildet die Digitalisierung der Arbeitswelt und die damit verbundene Notwendigkeit digitaler Kernkompetenzen. Digitale Basiskompetenzen umfassen nicht nur den Umgang mit Software oder Daten, sondern auch ein grundlegendes Verständnis algorithmischer Entscheidungsprozesse, digitaler Workflows und technologischer Abhängigkeiten. Empirische Studien im europäischen Kontext zeigen, dass Unternehmen mit hohen digitalen Kompetenzen signifikant höhere Wachstumsraten, höhere Innovationsintensität und größere Anpassungsfähigkeit aufweisen (DeStefano, et al. 2020). Für ETA-Unternehmen, die häufig aus einem Umfeld begrenzter digitaler Expertise heraus übernommen werden, entsteht daraus ein erhebliches Transformationspotenzial: Die Entwicklung digitaler Kompetenzen in der Belegschaft kann zur Hebung bislang unerschlossener Produktivitäts- und Innovationsreserven führen. Eng verbunden damit ist die Notwendigkeit neuer Formen der organisationalen Gestaltung. Hybride Arbeitsmodelle gewinnen in wissensintensiven Bereichen an Bedeutung, während gleichzeitig in produzierenden Unternehmen flexible Schichtsysteme, autonome Teams und partizipative Entscheidungsprozesse zunehmen. Forschung zur Selbstorganisation sowie zu agilen Arbeitsmethoden zeigt, dass Unternehmen, die stärker auf dezentrale Entscheidungskompetenzen setzen, schneller auf Marktveränderungen reagieren und innovationsfähiger werden (Highsmith, 2013). Im ETA-Kontext eröffnet dies besondere Chancen, weil CEO und Führungsteam durch die Akquisition häufig die Möglichkeit haben, erstarrte Strukturen aufzubrechen und neue Führungs- und Organisationsmodelle einzuführen, die vormals aufgrund kultureller oder personeller Pfadabhängigkeiten nicht implementierbar waren. Zugleich verschieben sich die Anforderungen an Führung grundlegend. Die Rolle des ETA-CEOs wandelt sich von einem hierarchieorientierten Entscheider hin zu einem architektonischen Gestalter organisationaler Rahmenbedingungen. Forschung zu psychologischer Sicherheit und teambasierter Wertschöpfung zeigt, dass erfolgreiche Führung in modernen Organisationen weniger durch formale Autorität als durch die Fähigkeit bestimmt wird, Vertrauen, offenes Lernen und experimentelles Handeln zu fördern (Edmondson, 2019). Dies stellt insbesondere für ETA-CEOs, die in ein bestehendes soziales Gefüge eintreten, eine zentrale Herausforderung dar: Sie müssen Vertrauen etablieren, ohne über traditionelle Beziehungsnetzwerke zu verfügen, und gleichzeitig kulturelle und strukturelle Modernisierungsschritte einleiten, die tief in die Arbeitslogik des Unternehmens eingreifen.

Die Zukunft der Arbeitswelt ist zudem eng mit der Fähigkeit verbunden, lebenslanges Lernen und kontinuierliche Kompetenzentwicklung zu institutionalisieren. Forschung zu erfahrungsbasiertem Lernen betont, dass Lernprozesse dann besonders wirksam sind, wenn sie zyklisch, selbstreflexiv und praxisnah gestaltet werden (Kolb, 2015). Für ETA-Unternehmen bedeutet dies, dass Fortbildung nicht als Zusatzaufgabe betrachtet werden darf, sondern als strategische Notwendigkeit, die unmittelbar mit Innovationsfähigkeit und Wettbewerbsdynamik verbunden ist. Erfolgreiche Organisationen entwickeln Lernarchitekturen, die sowohl individuelle Fähigkeiten als auch kollektive Wissenssysteme stärken. Schließlich spielt die emotionale und soziale Dimension der Arbeit eine wachsende Rolle. Die Forschung zur Arbeitspsychologie zeigt, dass Sinnorientierung, soziale Eingebundenheit, Autonomie und Wertschätzung wesentliche Determinanten organisationaler Performance darstellen (Deci & Ryan, 2017). Für ETA-Unternehmen, die sich oft in Transformationsprozessen befinden, wirkt die emotionale Qualität der Arbeit als stabilisierende oder destabilisierende Kraft. Erfolgreiche ETA-CEOs entwickeln daher bewusste Praktiken der Kommunikation, des Beziehungsmanagements und der Beteiligung, die Ungewissheit reduzieren und psychologische Stabilität fördern. Die strategische Herausforderung für ETA-CEOs liegt also darin, diese Entwicklungen nicht reaktiv zu verwalten, sondern sie aktiv zu gestalten. Die Fähigkeit, moderne Arbeitsmodelle zu implementieren, digitale und menschliche Kompetenzen zu verbinden, Lernprozesse zu institutionalisieren und vertrauensbasierte Führungsarchitekturen aufzubauen, wird eine zentrale Voraussetzung dafür sein, ob übernommene Unternehmen in einer zunehmend komplexen Zukunft bestehen und wachsen können.

13.8 ESG und Nachhaltigkeit in der DACH-Region als Zukunftsfaktor im ETA-Kontext

Nachhaltigkeit und ESG haben sich in der europäischen Unternehmenslandschaft von einem normativen Leitbild zu einem verpflichtenden regulatorischen Ordnungsrahmen entwickelt, der strategische, operative und finanzielle Entscheidungen tiefgreifend beeinflusst. Für Unternehmen im ETA-Kontext, insbesondere für akquirierte KMU der DACH-Region, ist ESG längst ein strukturbestimmender Faktor, der Wertschöpfung, Risikoarchitektur und Wettbewerbsposition nachhaltig prägt. Die DACH-Region nimmt in Europa eine besondere Rolle ein, da Deutschland, Österreich und die Schweiz über stark ausgeformte regulatorische Systeme, gesellschaftliche Erwartungen und institutionelle Kontrollmechanismen verfügen, die ESG zu einem integralen Bestandteil moderner Unternehmensführung machen. Für ETA-CEOs entsteht daraus sowohl eine Herausforderung als auch ein strategisches Potenzial: Sie müssen ESG entlang der Wertkette professionell verankern und gleichzeitig die Chance nutzen, über nachhaltigkeitsorientierte Transformation neue Wachstumsfelder zu erschließen. Die regulatorischen Rahmenbedingungen bilden den entscheidenden Ausgangspunkt. Auf europäischer Ebene setzt die Corporate Sustainability Reporting Directive (CSRD) einen umfassenden Berichtsrahmen, der bereits seit 2024 schrittweise in Kraft tritt und mittlere Unternehmen einbezieht, sofern bestimmte Bilanz- und Mitarbeitergrenzen überschritten werden. Die CSRD verpflichtet Unternehmen zu standardisierten Nachhaltigkeitsberichten nach den European Sustainability Reporting Standards, wodurch ökologische, soziale und Governance-bezogene Kennzahlen systematisch messbar, vergleichbar und prüfbar gemacht werden (European Union, 2022). Ergänzt wird diese Berichtspflicht durch die EU-Taxonomie-Verordnung, die definiert, welche wirtschaftlichen Aktivitäten als ökologisch nachhaltig einzustufen sind, und die insbesondere für finanzierungsintensive Geschäftsmodelle eine wachsende Relevanz entfaltet (European Union, 2020). Für ETA-Unternehmen bedeutet dies in der Praxis eine veränderte Finanzierungsarchitektur, denn Kapitalgeber, Banken und Private-Equity-Investoren müssen zunehmend nachweisen, dass ihre Portfolios taxonomiekonform oder zumindest nachhaltig ausgerichtet sind, was mittelständische Akquisitionsobjekte direkt betrifft.

In Deutschland wirkt das Lieferkettensorgfaltspflichtengesetz als weiterer prägender Rahmen. Es verpflichtet Unternehmen, menschenrechtliche und teilweise ökologische Risiken entlang globaler Lieferketten systematisch zu identifizieren, zu bewerten und zu adressieren. Auch wenn die Mehrheit der mittelständischen ETA-Targets unterhalb der gesetzlichen Schwellenwerte liegen mag, entfaltet das Gesetz indirekte Wirkung, da größere Abnehmer ihre Anforderungen entlang der Supply Chain weiterreichen (BMWE, o. D). Österreich und die Schweiz verfügen zwar über weniger umfassende gesetzliche Vorgaben, bewegen sich jedoch ebenfalls in Richtung verbindlicher regulatorischer Erwartungsrahmen. Die Schweiz hat durch die Revision des Obligationenrechts Sorgfaltspflichten in den Bereichen Konfliktmineralien und Kinderarbeit eingeführt, die zu erhöhter Transparenz und Monitoringpflichten führen (Schweizerischer Bundesrat, 2024). Österreich orientiert sich darüber hinaus stark an europäischen Standards und hat bereits nationale Nachhaltigkeitsstrategien implementiert, die mittelständische Unternehmen auf ESG-Konformität vorbereiten (Bundesministerium für Wirtschaft, Energie und Tourismus, o. D). Für ETA-CEOs hat diese regulatorische Verdichtung unmittelbare strategische Konsequenzen. Nachhaltigkeit im Mittelstand ist nicht mehr primär ein Marketingargument oder mediales Narrativ, sondern ein Wertschöpfungsfaktor, der Zugang zu Kapital erleichtert, Kosten reduziert und Risiken minimiert. Studien belegen, dass Unternehmen mit hoher ESG-Performance langfristig geringere Kapitalkosten und stabilere Cashflows aufweisen (Friede, et al., 2015). Dies gilt insbesondere in Europa, wo institutionelle Investoren ESG-Faktoren systematisch in ihre Portfolioallokation integrieren.

Für ETA-Unternehmen entsteht daraus in der Praxis die Möglichkeit, sich durch frühe ESG-Professionalisierung einen strategischen Vorteil zu sichern, der sowohl operative Effizienz als auch Attraktivität im späteren Exit steigert. Operativ wirkt ESG in KMU der DACH-Region auf vielfältige Weise. Ökologische Aspekte betreffen insbesondere Energieeffizienz, Abfallwirtschaft, emissionsarme Produktionsprozesse und nachhaltiges Produktdesign. Angesichts hoher Energiepreise und zunehmender CO_2-Bepreisung in Deutschland und Österreich führt ökologische Optimierung nicht nur zu regulatorischer Konformität, sondern auch zu unmittelbaren Kostenvorteilen. Soziale Faktoren betreffen Arbeitsbedingungen, Weiterbildung, Gesundheitsschutz und Diversity-Management, die in eigentümergeprägten Unternehmen häufig informell, aber wenig systematisiert sind. Governance-Faktoren wie Compliance, Transparenz, Risikomanagement und Kontrolle sind im ETA-Kontext besonders relevant, weil mit der Übernahme eines Unternehmens häufig eine Professionalisierung dieser Bereiche einhergeht, die zusätzlich durch ESG-Standards gestützt wird. Der ETA-Kontext selbst schafft darüber hinaus spezifische

Herausforderungen. Übernommene Unternehmen verfügen häufig nicht über die Datenstrukturen, Prozesse oder Managementsysteme, die für ESG-konformes Reporting notwendig sind. Dies erfordert nicht nur technische Implementierung, sondern einen grundlegenden kulturellen Wandel, der Transparenz, Verantwortungszuweisung und kontinuierliches Monitoring umfasst. Für ETA-CEOs besteht die zentrale Herausforderung daher darin, ESG-Vorgaben in ein historisch gewachsenes, oftmals informell strukturiertes Organisationsgefüge zu integrieren und gleichzeitig die Chancen zu nutzen, die sich aus nachhaltigkeitsorientierter Modernisierung ergeben. Dabei zeigt sich, dass viele mittelständische Unternehmen über erhebliche, jedoch ungenutzte Potenziale verfügen, die sich mit vergleichsweise geringen Interventionen erschließen lassen. Die praktische Umsetzung von ESG kann somit zu einem strategischen Hebel werden, der Wettbewerbsfähigkeit, Resilienz und Wertsteigerung systematisch erhöht.

Typische Strukturmerkmale mittelständischer ETA-Targets sind, wie beschrieben, analoge Prozesse und die geringe Formalisierung von Daten, die für Nachhaltigkeitsberichterstattung oder Umweltmanagement erforderlich wären. Die Einführung grundlegender Datenerfassungsmechanismen zu Energieverbrauch, Abfallströmen, Materialeinsatz oder Mitarbeiterkennzahlen ist daher ein erster, aber entscheidender Schritt. In vielen Unternehmen lassen sich durch einfache Energieaudits oder Prozessanalysen signifikante Einsparungen erzielen, etwa durch Wärmerückgewinnung, Optimierung von Druckluftsystemen oder bedarfsgerechte Steuerung von Maschinen. Empirische Untersuchungen zeigen, dass besonders in der industriellen Fertigung effizientere Energienutzung unmittelbare Kostenvorteile generiert und gleichzeitig die Anforderungen an klimabezogene Offenlegungspflichten erfüllt (Kopatz, 2019). ETA-CEOs können diese Potenziale früh nach dem Closing heben, indem sie systematische Energie- und Ressourcendiagnostiken einführen und daraus priorisierte Maßnahmen ableiten. Auch in der Materialwirtschaft bestehen erhebliche Nachhaltigkeitspotenziale. Viele mittelständische Unternehmen verfügen über gewachsene Lieferantenstrukturen, die nicht systematisch hinsichtlich Umwelt- oder Sozialrisiken bewertet werden. Die Etablierung eines einfachen, aber strukturierten Lieferantenmonitorings, das Nachhaltigkeitskriterien umfasst, erhöht nicht nur die regulatorische Konformität im Kontext des deutschen Lieferkettensorgfaltspflichtengesetzes oder der Schweizer Sorgfaltspflichten, sondern verringert auch operative Risiken in volatilen globalen Märkten. Studien im Bereich nachhaltiger Beschaffung zeigen, dass Unternehmen mit strukturierten Lieferantenbewertungen resilienter gegenüber Störungen sind und langfristig stabilere Margen erzielen (Foerstl et al., 2010). Durch die Einführung konsistenter Bewertungssysteme und vertraglicher Mindeststandards können Qualität und Nachhaltigkeit der Supply Chain erhöht werden, ohne kurzfristig die Lieferfähigkeit zu gefährden. Im sozialen Bereich bieten mittelständische Unternehmen der DACH-Region ebenfalls erhebliche Entwicklungsmöglichkeiten. Viele KMU weisen geringe Fluktuation, aber auch strukturell unterentwickelte Weiterbildungs-, Gesundheits- oder Diversity-Programme auf. Die Forschung zeigt, dass Investitionen in betriebliche Weiterbildung nicht nur die Produktivität steigern, sondern gleichzeitig Innovationsfähigkeit und Mitarbeiterbindung erhöhen (Barrett & Musso, 2019). ETA-CEOs können gezielt

Kompetenzprogramme entwickeln, die zukünftige Arbeitsanforderungen adressieren, etwa digitale Grundkompetenzen oder projektorientierte Teamfertigkeiten. Darüber hinaus bieten Gesundheitsprogramme, ergonomische Arbeitsgestaltung oder flexible Arbeitszeitmodelle konkrete Möglichkeiten, soziale Nachhaltigkeit in der Belegschaft zu stärken. Vor allem in alternden Belegschaften, wie sie in der DACH-Region typisch sind, wirken solche Maßnahmen leistungsstabilisierend und reduzieren krankheitsbedingte Ausfallzeiten. Im Bereich Governance haben viele mittelständische ETA-Targets strukturelle Defizite, die aus der Historie eigentümergeführter Unternehmen stammen. Es fehlen klare Dokumentationsstandards, interne Kontrollmechanismen, Compliance-Strukturen oder Risikoanalysen. Die Einführung einfacher Governance-Mechanismen, wie regelmäßiger Risiko-Reviews, delegierter Entscheidungsprozesse oder standardisierter Arbeitssicherheits- und Datenschutzrichtlinien, erhöht nicht nur die organisatorische Professionalität, sondern erfüllt zugleich die Anforderungen der CSRD und verwandter Offenlegungsnormen. Forschung zur Corporate Governance im Mittelstand zeigt, dass Unternehmen mit systematischeren Kontrollmechanismen langfristig robuster, innovativer und finanziell stabiler agieren (Achleitner et al., 2018). ETA-CEOs können damit bereits in der frühen Integrationsphase substantielle Fortschritte erzielen.

Die Rolle der Investoren, insbesondere von Search-Fund-Investoren, gewinnt in diesem Kontext zunehmend an Bedeutung. Investoren fungieren nicht nur als Kapitalgeber, sondern zunehmend als normative und strategische Akteure, die ESG-Ziele vorgeben, Monitoring betreiben und den strukturellen Rahmen für nachhaltige Transformationsprozesse setzen. Internationale empirische Befunde belegen, dass Investoren, die ESG-Anforderungen systematisch in ihre Portfoliostrategien integrieren, die Performance und Resilienz ihrer Beteiligungen erhöhen (Friede et al., 2015). ESG ist somit nicht als isoliertes Unternehmensprojekt, sondern Teil der Governance-Architektur zwischen Searcher, Investor und Zielunternehmen zu betrachten. Investoren können durch Wissensressourcen, Best-Practice-Vergleiche, Reporting-Standards und professionelle Tools einen erheblichen Beitrag zur Nachhaltigkeitstransformation leisten, indem sie Standardisierung fördern und strategische Kohärenz sicherstellen. Besonders wichtig ist die strategische Integration von ESG in die langfristige Wertsteigerungslogik. Nachhaltigkeitsorientierte Maßnahmen steigern nicht nur die Kosteneffizienz, sondern beeinflussen auch die Exit-Fähigkeit des Unternehmens. Käufer, insbesondere institutionelle Investoren und Industrieakteure, verlangen zunehmend transparente ESG-Strukturen, belastbare Daten und dokumentierte Fortschritte. Ein Unternehmen, das systematisch emissionsarm produziert, divers aufgestellt ist und robuste Governance-Strukturen vorweisen kann, verfügt über eine höhere Bewertungsstabilität und attraktivere Finanzierungskonditionen. Damit wird ESG im ETA-Kontext zu einer Form der strukturellen Wertsteigerung, die nicht nur gesellschaftliche oder regulatorische Erwartungen erfüllt, sondern ein deutliches ökonomisches Nutzenpotenzial besitzt.

13.9 Strategische Handlungsempfehlungen für ETA-CEOs in Zukunftsmärkten

Die strategische Positionierung von ETA-CEOs in den Zukunftsmärkten der DACH-Region erfordert eine Kombination aus analytischer Präzision, technologischer Antizipation, organisationaler Resilienz und kultureller Sensibilität. Zukunftsmärkte zeichnen sich nicht primär durch hohes Wachstum oder technologische Modernität aus, sondern durch strukturelle Transformationsbedarfe, regulatorische Dynamiken, fragmentierte Wettbewerbslandschaften und tiefgreifende Verschiebungen in Kunden- und Arbeitsmarktlogiken. Diese Märkte bieten ETA-CEOs erhebliche Wertschöpfungspotenziale, stellen aber zugleich hohe Anforderungen an strategische Urteilskraft, Veränderungskompetenz und systemische Führung. Die Forschung zur Unternehmensentwicklung in Märkten hoher Unsicherheit zeigt, dass langfristiger Erfolg weniger von opportunistischer Anpassung als von der Fähigkeit abhängt, organisationale Ambidextrie herzustellen, die sowohl Exploitation als auch Exploration ermöglicht (O'Reilly & Tushman, 2016). Für ETA-CEOs bedeutet dies in der Praxis, dass strategische Handlungsempfehlungen nicht in isolierten Maßnahmen bestehen, sondern in einer konsistenten Architektur unternehmerischer Entscheidung und organisationaler Gestaltung.

Die erste strategische Handlungsanforderung betrifft die Entwicklung eines differenzierten Marktverständnisses, das über klassische Branchenanalysen hinausgeht. Zukunftsmärkte entstehen nicht durch traditionelle Sektorkategorisierung, sondern durch technologische Konvergenzen, regulatorische Impulse und sich verändernde gesellschaftliche Bedürfnisse. ETA-CEOs sollten daher systematisch mit Methoden der datenbasierten Trendanalyse, Szenariotechnik und Branchenstruktursimulation arbeiten, um emergente Chancen frühzeitig zu erkennen. Studien zeigen, dass Unternehmen, deren Führungspersonen strukturiertes Zukunftsdenken praktizieren, resilienter gegenüber Disruptionen und erfolgreicher in Transformationsprozessen sind (Schoemaker & Tetlock, 2017). ETA-CEOs müssen daher ein aktives Frühwarnsystem etablieren, das technologische, demografische und regulatorische Trends kontinuierlich bewertet und strategisch übersetzt. Zweitens erfordert die Führung in Zukunftsmärkten die Fähigkeit, die digitale Reife und Innovationsfähigkeit des eigenen Unternehmens systematisch auszubauen. Mittelständische Unternehmen in der DACH-Region zeigen häufig strukturelle Defizite in technologischer Infrastruktur, Prozessdigitalisierung, Datenintegration und digitaler Kompetenzentwicklung (Rammer et al., 2021). ETA-CEOs müssen deshalb eine klare Digitalisierungsagenda entwickeln, die nicht nur technische Lösungen implementiert, sondern digitale Denk- und Arbeitsweisen im gesamten Unternehmen verankert. Die Forschung zur digitalen Transformation belegt, dass die Rolle der Führung bei der Überwindung technologischer Adoptionsbarrieren zentral ist, da Führungspersonen sowohl kognitive als auch kulturelle Voraussetzungen für Veränderung schaffen (Kane et al., 2015). Dies bedeutet, dass ETA-CEOs digitale Initiativen nicht delegieren, sondern aktiv moderieren und institutionell absichern müssen. Drittens benötigen ETA-CEOs eine resilient ausgerichtete Personal- und Organisationsstrategie. Zukunftsmärkte sind von

Arbeitskräfteknappheit, Qualifikationswandel und veränderten Erwartungsmustern von Mitarbeitenden geprägt. Die demografische Entwicklung in der DACH-Region verschärft diese Bedingungen erheblich. Unternehmen in alternden Wirtschaftsräumen performen besonders gut, wenn sie frühzeitig in systematische Kompetenzentwicklung, professionelle Lernarchitekturen und Führungskräfteaufbau investieren. Das Talentmanagement sollte daher als strategischer Kernbestandteil des Geschäftsmodells betrachtet werden. Die Fähigkeit, attraktive Arbeitgeberidentitäten aufzubauen, Qualifikationslücken zu identifizieren und Entwicklungsstrukturen zu etablieren, entscheidet zunehmend über Skalierungsfähigkeit und Wertsteigerungspotenzial. Viertens müssen ETA-CEOs eine Innovationslogik kultivieren, die gleichermaßen strukturiert und adaptiv ist. Zukunftsmärkte erfordern nicht nur eine inkrementelle Verbesserung bestehender Geschäftsmodelle, sondern auch eine radikale Öffnung gegenüber neuen Technologien, Leistungsangeboten und Kooperationen. Der Forschungsansatz der Open Innovation zeigt, dass Unternehmen, die externe Wissensquellen aktiv integrieren, signifikant höhere Innovationsraten erzielen als solche, die sich ausschließlich auf interne Ressourcen verlassen (Chesbrough, 2003). ETA-CEOs sollten daher gezielt Partnerschaften mit Hochschulen, Start-ups, Technologieanbietern und Forschungsnetzwerken aufbauen, um den Zugang zu neuem Wissen zu sichern und innovationsbezogene Risiken zu reduzieren. Eine weitere strategische Handlungsempfehlung betrifft die Finanzarchitektur. Zukunftsmärkte zeichnen sich durch hohe Investitionserfordernisse und unsichere Amortisationsstrukturen aus. Auch die Fähigkeit, robuste Finanzierungsmodelle zu entwickeln, stellt einen zentralen Erfolgsfaktor dar. Langfristig orientierte Kapitalgeber erhöhen die Resilienz wachstumsorientierter Unternehmen signifikant, insbesondere in Phasen technologischer Transformation und regulatorischer Unsicherheit (Tian & Wang, 2014). In der Praxis müssen ETA-CEOs daher eine Finanzierungsarchitektur etablieren, die sowohl Stabilität als auch Flexibilität gewährleistet und die Fähigkeit bietet, Investitionen in Digitalisierung, Personal und Innovation nachhaltig abzusichern. Schließlich erfordert Führung in Zukunftsmärkten auch ein hohes Maß an institutioneller und kultureller Anschlussfähigkeit. Die Besonderheiten des deutschsprachigen Mittelstands, wie starke regionale Verankerung, implizite Verträge zwischen Arbeitgebern und Mitarbeitenden sowie langfristig angelegte Kunden- und Lieferantenbeziehungen, beeinflussen Transformationsprozesse erheblich. ETA-CEOs müssen daher in der Lage sein, neue strategische Ambitionen in bestehende kulturelle Muster einzubetten. Forschung zur Nachfolge und externen Führung in eigentümergeführten Unternehmen zeigt, dass kulturelle Passung und vertrauensbasierte Kommunikation signifikante Prädiktoren für den Erfolg von Transformationsprozessen sind (Hollenbeck & König, 2022). Eine strategische Handlungsempfehlung besteht daher darin, kulturelle Diagnosen frühzeitig zu etablieren und transparente Führungsstrukturen aufzubauen, die Unsicherheit reduzieren und Identifikation stiften.

13.10 Szenarienmodelle für die Zukunft von ETA in der DACH-Region 2030/2040

Die zukünftige Entwicklung von Entrepreneurship Through Acquisition in der DACH-Region hängt von einem komplexen Zusammenspiel makroökonomischer Trends, institutioneller Dynamiken, technologischer Entwicklungen und kultureller Verschiebungen ab. ETA ist kein statisches Modell, sondern ein adaptives Ordnungsprinzip unternehmerischer Nachfolge und Wertschöpfung, dessen Tragfähigkeit durch die Transformationsprozesse der kommenden Jahrzehnte wesentlich geprägt wird. Die Analyse langfristiger Trends zeigt, dass die DACH-Region vor einer strukturellen Neuausrichtung ihrer ökonomischen, demografischen und institutionellen Fundamente steht und dass diese Neuausrichtung ETA sowohl neue Möglichkeiten eröffnen als auch spezifische Verwundbarkeiten erzeugen wird. Szenarienmodelle eignen sich in diesem Kontext besonders, da sie nicht versuchen, die Zukunft vorherzusagen, sondern konsistente Möglichkeitsräume entwerfen, die zur strategischen Orientierung beitragen (Schoemaker & Tetlock, 2017).

Ausgangspunkt für ein Szenarienmodell bildet die Beobachtung, dass der deutschsprachige Mittelstand in den kommenden anderthalb Jahrzehnten in eine Phase tiefgreifender Transformation eintritt. Der demografische Wandel führt zu einer historisch beispiellosen Welle an Unternehmensnachfolgen, während gleichzeitig technologische Entwicklungen wie künstliche Intelligenz, datenbasierte Geschäftsmodelle und Automatisierung traditionelle Wertschöpfungslogiken herausfordern. Die Literatur zur Transformation mittelständischer Wirtschaftsstrukturen zeigt, dass derartige Konstellationen selten graduelle Entwicklungen hervorbringen, sondern häufig als Katalysatoren für strukturelle Brüche und neue organisationale Arrangements wirken (Rammer et al., 2021). ETA wird daher zunehmend zu einem intermediären Modell, das zwischen traditionellen Formen eigentümergeführten Unternehmertums und institutionell geprägten Governance-Logiken kapitalmarktorientierter Beteiligungsmodelle oszilliert. Auf dieser Grundlage lassen sich drei konsistente Zukunftsszenarien für die Jahre 2030 und 2040 skizzieren.

Im ersten Szenario entsteht ein breiter und institutionell verankerter ETA-Markt. Hohe Nachfolgewellen, verbesserte regulatorische Rahmenbedingungen, zunehmende Professionalisierung des Investorensystems und eine Verbreitung digitaler Such- und Analyseverfahren führen zu einer deutlichen Skalierung von Search Funds und verwandten ETA-Modellen. Empirische Daten zu Konsolidierungsprozessen in fragmentierten Branchen deuten darauf hin, dass eine solche Skalierung insbesondere in jenen Sektoren wahrscheinlich ist, die durch wiederkehrende Umsätze, moderate Kapitalintensität und hohe operative Hebel gekennzeichnet sind (IESE Business School, 2023). In diesem Szenario etabliert sich ETA als tragende Säule der mittelständischen Eigentumslandschaft, gefördert durch die zunehmende Akzeptanz neuer Eigentümerformen und ein stärker professionalisiertes Ökosystem aus Investoren, Beratern und Suchplattformen. Das zweite Szenario kann als selektive Spezialisierungslandschaft bezeichnet werden. Hier entwickelt sich ETA zwar weiter, aber nicht als breit verankertes Modell, sondern als spezialisiertes Instrument für bestimmte Branchencluster. Digitalisierung, Energiewende,

Gesundheitswirtschaft und industrielle Dienstleistungen bilden die Kerndomänen, in denen ETA-Plattformen entstehen und Buy-and-Build-Strategien hochskalieren. Zugleich wächst die strukturelle Komplexität vieler Geschäftsmodelle, wodurch Searcher mit technologischem oder regulatorischem Spezialwissen einen deutlichen Vorteil erlangen. Studien zur Kompetenzorientierung in digitalen Transformationsprozessen legen nahe, dass solche Spezialisierungsvorteile stabile Wettbewerbsvorteile erzeugen können (Kane et al., 2015). Dieses Szenario deutet auf einen Markt hin, in dem ETA primär als Modell der wissensintensiven Marktintegration und der Sektorkonsolidierung genutzt wird. Das dritte Szenario beschreibt eine fragmentierte und institutionell stagnierende ETA-Landschaft. In dieser Zukunft dominieren weiterhin traditionelle Nachfolgemuster, hohe regulatorische Komplexität, gering ausgeprägte Investorenstrukturen und eine unzureichende Digitalisierung des Suchprozesses. Empirische Analysen zeigen, dass Innovationsdiffusion in traditionell geprägten Unternehmenslandschaften häufig durch institutionelle Beharrungskräfte verzögert wird, insbesondere wenn Eigentumsordnungen, regionale Bindungen und kulturelle Muster den Wandel hemmen (Hollenbeck & König, 2022). ETA bleibt in diesem Szenario ein Nischenmodell, das vor allem durch individuelle Initiativen und heterogene regionale Netzwerke geprägt ist, ohne sich strukturell zu verankern.

Diese drei Szenarien reflektieren strukturelle Möglichkeitsräume. Ihre Realisierung hängt wesentlich davon ab, ob ETA-Akteure in der Lage sind, systemische Barrieren zu überwinden, kulturelle Anschlussfähigkeit herzustellen und technologische sowie institutionelle Veränderungen zu antizipieren. Die Forschung zur Strategischen Frühaufklärung und Zukunftsrobustheit unternehmerischer Modelle zeigt, dass langfristiger Erfolg vor allem dann entsteht, wenn strategische Akteure in der Lage sind, Unsicherheit produktiv zu nutzen und flexible Ressourcenarchitekturen aufzubauen, die auf multiple Zukunftspfade reagieren können (Großmann & Schaffermeyer, 2011). Die Aufgabe von ETA-CEOs in der kommenden Dekade wird daher zunehmend darin bestehen, nicht nur operativ und transformativ zu handeln, sondern auch eine institutionelle Gestaltungsrolle einzunehmen, die zwischen traditionellen Mittelstandsmustern und neuen technologisch-ökonomischen Logiken vermittelt und dabei gleichzeitig Investorenkulturen weiterentwickelt, digitale Suchprozesse ausbaut und das Modell selbst im Bewusstsein der Wirtschaft verankert. Gelingt dies, hat ETA das enorme Potenzial zu einem strategischen Treiber für eine neue Generation mittelständischer Unternehmerschaft in der DACH-Region zu werden, deren Zukunft durch eine Balance aus Kontinuität, Innovation und institutioneller Evolution bestimmt sein wird.

Literatur

Achleitner, A. K., Herman, K., Lerner, J., & Braun, R. (2018). Private equity and corporate governance: Evidence from the unquoted sector. *Journal of Corporate Finance, 50*, 220–239.

Agrawal, A., Gans, J., & Goldfarb, A. (2018). *Prediction machines: The simple economics of artificial intelligence*. Harvard Business Review Press.

Audretsch, D. B., & Lehmann, E. E. (2016). *The seven secrets of Germany: Economic resilience in an era of global turbulence*. Oxford University Press.

Autor, D. H. (2015). Why are there still so many jobs. *Journal of Economic Perspectives, 29*(3), 3–30.

Barrett, N., & Musso, A. (2019). Skills, training and productivity in European SMEs. *Small Business Economics, 53*(4), 1041–1058.

BFS Bundesamt für Statistik Schweiz. (o. D.) Alter. https://www.bfs.admin.ch/bfs/de/home/statistiken/bevoelkerung/stand-entwicklung/alter.html. Zugegriffen: 13. Dez. 2025.

Bmwe, B. F. W. U. K. (o. D.). LieferkettenSorgfaltspflichtengesetz. https://www.bundeswirtschaftsministerium.de/Redaktion/DE/Gesetze/Wirtschaft/lieferkettensorgfaltspflichtengesetz.html. Zugegriffen: 13. Dez. 2025.

Brynjolfsson, E., & McAfee, A. (2017). *Machine, platform, crowd: Harnessing our digital future*. W. W. Norton.

Bujard, M., et al. (2021). Demografische Lage der Nation. *Bundesinstitut für*. Bevölkerungsforschung.

Bundesministerium für Wirtschaft, Energie und Tourismus Agenda 2030 für nachhaltige Entwicklung. (o. D). Agenda 2030 für Nachhaltige Entwicklung / SDGs. https://www.bmwet.gv.at/Themen/International/Agenda-2030-Nachhaltige-Entwicklung-SDGs.html. Zugegriffen: 13. Dez. 2025.

Chesbrough, H. (2003). *Open innovation: The new imperative for creating and profiting from technology*. Harvard Business School Press.

Davenport, T. H., & Harris, J. G. (2007). *Competing on analytics: The new science of winning*. Harvard Business School Press.

Davenport, T. H., & Kirby, J. (2016). *Only humans need apply: Winners and losers in the age of smart machines*. Harper Business.

De Haan, J., Schoenmaker, D. & Wierts, P. (2020). Financial Markets and Institutions: A European Perspective (Chapter 1). SSRN Electronic Journal. https://doi.org/10.2139/ssrn.3593322. Zugegriffen: 13. Dez. 2025.

Deci, E. L., & Ryan, R. M. (2017). *Self-determination theory: Basic psychological needs in motivation, development, and wellness*. Guilford Press.

DeStefano, T., Kneller, R., & Timmis, J. (2020). Robots and labour productivity: Evidence from European manufacturing. *Oxford Economic Papers, 72*(1), 185–203.

Droege, M., & Seiler, C. (Hrsg.). (2019). *Eigenständigkeit des Steuerrechts*. Mohr Siebeck. https://doi.org/10.1628/978-3-16-158324-7

Drukarczyk, J. (2010). *Branchenorientierte Unternehmensbewertung*. Vahlen.

Edmondson, A. (2019). *The fearless organization: Creating psychological safety in the workplace for learning, innovation, and growth*. Wiley.

European Parliament. (2023) EU AI Act: first regulation on artificial intelligence. https://www.europarl.europa.eu/topics/en/article/20230601STO93804/eu-ai-act-first-regulation-on-artificial-intelligence. Zugegriffen: 13. Dez. 2025.

European Union. (2020). *Regulation (EU) 2020/852 on the establishment of a framework to facilitate sustainable investment*. (EU Taxonomy Regulation).

European Union. (2022). Corporate sustainability reporting directive (Directive (EU) 2022/2464).

EVCA. (2018). *European private equity activity report*. European Private Equity and Venture Capital Association.

FitzRoy, F. & Kraft, K. (2005). Co-determination, efficiency and productivity. *British Journal of Industrial Relations, 43*(2), 233–247. https://doi.org/10.1111/j.1467-8543.2005.00353.x. Zugegriffen: 13. Dez. 2025.

Foerstl, K., Reuter, C., Hartmann, E., & Blome, C. (2010). Managing supplier sustainability risks in a dynamically changing environment. *Journal of Purchasing and Supply Management, 16*(2), 118–130.

Friede, G., Busch, T., & Bassen, A. (2015). ESG and financial performance: Aggregated evidence from more than 2000 empirical studies. *Journal of Sustainable Finance & Investment, 5*(4), 210–233.

Großmann, R., & Schaffermeyer, A. (2011). Strategische Frühaufklärung und Zukunftsrobustheit. *Zeitschrift für Planung & Unternehmenssteuerung, 21*(1), 5–25.

Hall, P. A., & Soskice, D. (2001). *Varieties of capitalism: The institutional foundations of comparative advantage.* Oxford University Press.

Highsmith, J. (2013). *Adaptive leadership: Accelerating enterprise agility.* Addison-Wesley.

Hollenbeck, B., & König, C. (2022). External succession in the Mittelstand: Managerial capabilities, trust dynamics, and transition success. *Journal of Family Business Strategy, 13*(2), 100–125.

IESE Business School. (2023). *International Search Fund Study 2023.* IESE Center for Entrepreneurship and Innovation.

Kane, G. C., Palmer, D., Phillips, A. N., Kiron, D., & Buckley, N. (2015). Strategy, not technology, drives digital transformation. *MIT Sloan Management Review, 14*(1), 1–25.

Kelly, R., & Search Fund Coalition. (2020). *Search funds and entrepreneurship through acquisition.* Cambridge University Press.

Klonowski, D. (2022). *Private equity in emerging markets: The new frontiers of growth.* Palgrave Macmillan.

Kolb, D. A. (2015). *Experiential learning: Experience as the source of learning and development* (2. Aufl.). Pearson.

Kopatz, M. (2019). *Energie sparen: Möglichkeiten im Mittelstand.* Oekom Verlag.

Krüger, C., Klaiber, C.-T., Prügl, R., Baumann, J., Koopmann, L. & Muhle, E. (o. D.). Das Family Office 2030: Herausforderungen und Erfolgsfaktoren. In Friedrichshafener Institut für Familienunternehmen. https://www.zu.de/institute/fif/assets/pdf/fo2030/family-office-2030-studie.pdf. Zugegriffen: 13. Dez. 2025.

Lasi, H., Fettke, P., Kemper, H. G., Feld, T., & Hoffmann, M. (2014). Industry 4.0. Business & Information. *Systems Engineering, 6*(4), 239–242.

Manyika, J., Chui, M., Miremadi, M., Bughin, J., George, K., Willmott, P., & Dewhurst, M. (2017). *A future that works: Automation, employment, and productivity.* McKinsey Global Institute.

Müller, J. M., Kiel, D., & Voigt, K. I. (2018). What drives the implementation of Industry 4.0? The role of opportunities and challenges in the context of sustainability. *Sustainability, 10*(1), 247.

North, D. C. (1990). *Institutions, institutional change and economic performance.* Cambridge University Press.

O'Reilly, C. A., & Tushman, M. L. (2016). *Lead and disrupt: How to solve the innovator's dilemma.* Stanford University Press.

Porter, M. E. (1980). *Competitive strategy: Techniques for analyzing industries and competitors.* Free Press.

Rammer, C., Fernández, G. P., & Czarnitzki, D. (2021). *Artificial intelligence and industrial innovation: Evidence from firm-level data* (S. 21–036). Discussion Paper.

Rieger-Fels, M., Dr., Schlömer-Laufen, N., Dr., Suprinovič, O., Rauch, A. & Institut für Mittelstandsforschung Bonn. (2025). Unternehmensnachfolgen in Deutschland 2026 bis 2030. In Daten und Fakten (report Nr. 37; S. III). https://www.ifm-bonn.org/fileadmin/data/redaktion/publikationen/daten_und_fakten/dokumente/Daten-und-Fakten-37_2025.pdf. (Ursprünglich veröffentlicht 2025)

Russell, S., & Norvig, P. (2021). *Artificial intelligence: A modern approach* (4. Aufl.). Pearson.

Schoemaker, P. J. H., & Tetlock, P. E. (2017). Building a more intelligent enterprise. *MIT Sloan Management Review, 58*(3), 28–37.
Schweizerischer Bundesrat. (2024). Positionspapier und Aktionsplan des Bundesrates zur Verantwortung der Unternehmen für Gesellschaft und Umwelt. https://www.seco.admin.ch/seco/de/home/Aussenwirtschaftspolitik_Wirtschaftliche_Zusammenarbeit/Wirtschaftsbeziehungen/nachhaltigkeit_unternehmen/gesellschaftliche_verantwortung_der_unternehmen.html. Zugegriffen: 13. Dez. 2025.
Scott, W. R. (2008). *Institutions and organizations: Ideas and interests*. Sage Publications.
Statistik Austria, Asamer, E. Al., UNECE, Braunschweig, S., Einfalt, J., Gumprecht, N., Haunold, G., Hilgarth, M., König, S., Körmer, M., Rechta, H., Schöber, K., Sommer, V., Tschoner, K. & Waldner, C. (2023). Zensus Volkszählung 2021. In *Statistische Nachrichten* (Bd. 01, S. 20). https://www.statistik.at/fileadmin/pages/403/Artikel_Volkszaehlung_2021.pdf. Zugegriffen: 13. Dez. 2025.
Statistisches Bundesamt (StBA). (2023). Koordinierte Bevölkerungsvorausberechnung 2023.
Teece, D. J. (2018). Business models and dynamic capabilities. *Long Range Planning, 51*(1), 40–49.
Tian, X., & Wang, T. Y. (2014). Tolerance for failure and corporate innovation. *Review of Financial Studies, 27*(1), 211–255.
Welter, F. (2011). Contextualizing entrepreneurship – Conceptual challenges and ways forward. *Entrepreneurship Theory and Practice, 35*(1), 165–184.
Wunsch, C., Beckmann, M. & Arbeitsmarkt und Personalökonomie am WWZ. (o. D). Auswirkungen des demografischen Wandels auf den Schweizer Arbeitsmarkt. In *Arbeitsmarkt und Personalökonomie* (S. 4–17). https://wwz.unibas.ch/fileadmin/user_upload/wwz/99_WWZ_Forum/WWZinsights/WWZinsights_01_Auswirkungen_des_demografischen_Wandels.pdf. Zugegriffen: 13. Dez. 2025.

Zugangshürden, Diversity und soziale Mobilität im ETA-Ökosystem der DACH-Region

14

Zusammenfassung

ETA beschreibt ein sozial selektives Ökosystem, dessen Zugang durch kumulative ökonomische, soziale und institutionelle Barrieren strukturiert wird. Der Eintritt in ETA hängt weniger von individueller Leistungsfähigkeit ab als von Kapitalpuffern, Bildungsbiografien, Netzwerkzugängen und kultureller Passung. Damit reproduziert das Modell in der DACH-Region bestehende Ungleichheiten stärker, als es sein meritokratisches Narrativ nahelegt. Zwar eröffnet das Modell theoretisch Zugang zu Eigentum ohne Startvermögen, praktisch wirken jedoch Investoren-Biases, reputationsbasierte Selektion und psychologische Selbstselektion mobilitätsbegrenzend. Besonders ausgeprägt sind Gender- und Diversitätsasymmetrien. Frauen und unterrepräsentierte Gruppen haben geringeren Zugang zu Kapital, Netzwerken und Legitimität. Diversity stellt zugleich einen ökonomischer Erfolgsfaktor dar. Kognitive Vielfalt erhöht, insbesondere unter ETA-typischer Unsicherheit, Entscheidungsqualität, Resilienz und Innovationsfähigkeit. Diese Potenziale entfalten sich jedoch nur bei entsprechender Governance, weshalb die Entwicklung eines inklusiven Modells, das transparente Selektionsprozesse, divers besetzte Advisory Boards, professionelle Konflikt- und Transparenzarchitekturen sowie institutionalisierte Förder-, Mentoring- und Finanzierungsformate beinhaltet, einen validen Mechanismus für die nachhaltige und effektive Entfaltung der Potenziale darstellt, Dieses beinhaltet auch ein inklusives Rollenmodell des ETA-CEOs, das Autorität, Diversitätsintegration und systemische Verantwortung verbindet. Das integratives ETA-Ökosystemmodell für die DACH-Region zeigt, dass sich die Zukunftsfähigkeit von ETA systemisch an Zugänglichkeit, Legitimität und kollektiver Lernfähigkeit entscheidet.

C. Schuchardt, *Entrepreneurship Through Acquisition und Search Funds im deutschsprachigen Mittelstand*, https://doi.org/10.1007/978-3-658-52650-4_14

Wer erhält tatsächlich Zugang zu Entrepreneurship Through Acquisition in der DACH-Region? Welche impliziten und expliziten Hürden strukturieren den Eintritt in dieses unternehmerische Feld? Und in welchem Maße stellt ETA ein reales Instrument sozialer Mobilität dar oder reproduziert es bestehende ökonomische und institutionelle Ungleichheiten?

Dieses Kapitel widmet sich einer Perspektive auf ETA, die in der bisherigen wissenschaftlichen und praktischen Diskussion häufig randständig geblieben ist, für die langfristige Entwicklung des Modells jedoch von zentraler Bedeutung ist. Denn der Zugang zu ETA ist nicht allein eine Frage individueller Kompetenz oder unternehmerischer Ambition, sondern das Ergebnis komplexer ökonomischer, sozialer und institutioneller Selektionsmechanismen. Diese Mechanismen bestimmen, wer Searcher werden kann, wer Zugang zu Kapital erhält, wessen unternehmerische Narrative als legitim wahrgenommen werden und welche Formen von Führung und Identität im ETA-Ökosystem Anschlussfähigkeit finden.

Ausgangspunkt dieses Kapitels ist die Analyse ökonomischer, sozialer und institutioneller Barrieren, die den Zugang zu ETA in der DACH-Region strukturieren. Kapitalverfügbarkeit, Bildungsbiografien, soziale Netzwerke und institutionelle Erwartungsmuster wirken dabei nicht isoliert, sondern kumulativ. Sie prägen sowohl formale Selektionsprozesse, etwa in der Investorenauswahl, als auch informelle Mechanismen der Anerkennung und Legitimation. Die Untersuchung dieser Barrieren bildet die Grundlage für eine kritisch-reflektierte Betrachtung der Frage, ob ETA tatsächlich als Vehikel sozialer Mobilität fungieren kann oder ob das Modell primär für Akteure mit bereits hohem sozialem und kulturellem Kapital zugänglich bleibt. Vor diesem Hintergrund wird ETA im Spannungsfeld von Aufstiegsversprechen und struktureller Begrenzung analysiert. Die Idee, durch unternehmerische Übernahme Zugang zu Eigentum, Verantwortung und ökonomischer Selbstständigkeit zu erlangen, besitzt eine hohe normative Attraktivität. Gleichzeitig zeigen empirische und theoretische Befunde, dass soziale Mobilität im ETA-Kontext weder automatisch noch gleichmäßig verteilt ist. Dieses Kapitel nimmt daher eine differenzierte Perspektive ein, die Chancen und Grenzen von ETA als Instrument individueller und kollektiver Mobilität gleichermaßen beleuchtet. Ein besonderer Fokus liegt auf Genderdynamiken und Diversitätsfragen im ETA- und Search-Fund-Ökosystem. Geschlechtsspezifische Erwartungsmuster, implizite Biases in Investitionsentscheidungen und historisch gewachsene Rollenzuschreibungen beeinflussen, wer als legitime unternehmerische Führungspersönlichkeit wahrgenommen wird. Darüber hinaus wird Diversity nicht allein als normatives Ziel verstanden, sondern als potenzieller Erfolgsfaktor, der über kognitive Vielfalt, Perspektivenpluralität und Entscheidungsqualität zur Resilienz und Innovationsfähigkeit von ETA-geführten Unternehmen beitragen kann.

Dieses Kapitel geht jedoch über eine reine Problembeschreibung hinaus. Aufbauend auf der Analyse bestehender Barrieren und Dynamiken werden inklusive Governance-Modelle als Ansatzpunkte für eine Professionalisierung des ETA-Ökosystems in der DACH-Region diskutiert. Diese Modelle zielen darauf ab, Entscheidungs- und Auswahlprozesse transparenter, reflexiver und institutionell anschlussfähiger zu gestalten. In diesem Kontext wird auch ein erweitertes Rollenmodell des ETA-CEOs entwickelt, das Führung nicht ausschließlich als autoritative Steuerungsfunktion begreift, sondern als Balance zwischen Leistungsanspruch, Diversitätsintegration und systemischer Verantwortung. Den Abschluss bildet die Entwicklung eines integrativen Ökosystemmodells für ETA in der DACH-Region. Dieses Modell versteht ETA als kollektives Zusammenspiel von Unternehmerinnen und Unternehmern, Investoren, Institutionen, Beratern und regionalen Netzwerken. Es macht deutlich, dass die Zukunftsfähigkeit von ETA nicht allein von individuellen Erfolgen abhängt, sondern von der Fähigkeit des gesamten Ökosystems, Zugangshürden bewusst zu reflektieren, Vielfalt produktiv zu integrieren und Legitimität über reine Renditelogiken hinaus zu erzeugen.

14.1 Ökonomische, soziale und institutionelle Barrieren

Das Search-Fund-Modell wird in der öffentlichen und akademischen Diskussion häufig als ein innovativer alternativer Karrierepfad in das Unternehmertum dargestellt, der gegenüber klassischen Gründungsmodellen ein günstigeres Risiko–Rendite-Profil und einen strukturierten Zugang zu Eigentum, Führung und Wertschöpfung ermöglicht. Diese Perspektive betont vor allem die unternehmerische Attraktivität des Modells, vernachlässigt jedoch die teils erheblichen Zugangshürden, die bestimmen, wer überhaupt in der Lage ist, einen Search Fund zu gründen, zu finanzieren und erfolgreich durchzuführen. Kritisch lässt sich argumentieren, dass das Search-Fund-Modell keineswegs ein egalitäres oder niedrigschwelliges Vehikel für Unternehmertum ist, sondern strukturell auf sozialen, ökonomischen und institutionellen Voraussetzungen beruht, die in der DACH-Region teilweise noch ausgeprägter sind als im US-amerikanischen Ursprungskontext. Die erste und offensichtlichste Kategorie von Zugangshürden liegt in den ökonomischen Voraussetzungen. Trotz der Tatsache, dass Searcher im klassischen Suchfondsmodell Kapital von externen Investoren einsammeln, entstehen bereits in der frühen Phase substanzielle finanzielle Belastungen und Anforderungen an eine Eigenkapialausstattung. Viele Searcher investieren eigenes Kapital in Form von persönlichen Lebenshaltungskosten während der Suchphase, da die Suchfinanzierung typischerweise nur eine begrenzte Höhe aufweist und variablen Erfolgschancen unterliegt. Darüber hinaus trägt der Searcher das Risiko, dass die Suchphase ohne Akquisition endet, was einen vollständigen Verlust der investierten Zeit und häufig Teilen des Suchkapitals bedeutet. Ökonomische Unsicherheit und fehlende finanzielle Sicherheitsnetze stellen signifikante Selektionsmechanismen dar, die insbesondere Personen aus einkommensschwächeren oder nicht unternehmerisch geprägten Haushalten vom Eintritt in das Unternehmertum abhalten (Hurst & Lusardi, 2004). Im ETA-Kontext ist dieser Effekt besonders ausgeprägt, da die zeitliche Belastung und das Risiko der Erfolglosigkeit höher liegen als in anderen Gründungsmodellen. Neben den ökonomischen Hürden wirken soziale und kulturelle Faktoren als starke Filtermechanismen. Die soziale Herkunft und Zugang zu bestimmten Bildungsinstitutionen beeinflussen zudem maßgeblich, wer sich Unternehmertum überhaupt zutraut und wer Zugang zu relevanten Netzwerken erhält (Aldrich & Langton, 1998). Da das Search-Fund-Modell stark auf Vertrauen, Reputation und die persönliche Einschätzung der Investoren setzt, profitieren jene Kandidaten, die bereits über Zugang zu Business Schools, Investmentkreisen, Family Offices oder Unternehmerschichten verfügen. Die Forschung zu sozialen Kapitaleffekten weist darauf hin, dass Netzwerke nicht nur als Ressourcen-, sondern auch als Legitimationsmechanismen fungieren, die die wahrgenommene Kompetenz und Glaubwürdigkeit eines Individuums beeinflussen (Bourdieu, 1986). In der DACH-Region, die durch ausgeprägte Binnenmärkte, institutionelle Stabilität und traditionell geschlossene Unternehmernetzwerke gekennzeichnet ist, wirken diese Mechanismen besonders stark. Dadurch entsteht eine strukturelle Asymmetrie: Kandidatinnen und Kandidaten aus weniger privilegierten sozialen Kontexten, ohne institutionelle Zugehörigkeit zu Elitehochschulen oder ohne familiären Unternehmerhintergrund, haben geringere Chancen, Kapitalgeber zu überzeugen oder Zugang zu initialem Mentoring und Deal-Flow zu erhalten.

Dieser Effekt wird durch institutionelle Barrieren verstärkt. Das Search-Fund-Modell entstand in einem US-amerikanischen institutionellen Umfeld, das durch ausgeprägte private Kapitalmärkte, eine aktive Angel-Investorenkultur und eine hohe Risikobereitschaft institutioneller Anleger geprägt ist (Stanford Graduate School of Business, 2022). In der DACH-Region dagegen ist das institutionelle Umfeld stärker bankendominiert, risikoaverser und weniger auf unternehmensnahe unternehmerische Frühphaseninvestitionen ausgerichtet. Der Zugang zu eigenkapitalbasierten Frühphasenfinanzierungen ist deutlich restriktiver, die regulatorischen Rahmenbedingungen sind komplexer und die Kultur der individuellen unternehmerischen Förderung weniger ausgeprägt. Insbesondere Deutschland weist vergleichsweise niedrige Quoten privater Frühphaseninvestoren auf, was sich direkt auf die Verfügbarkeit von Kapital für Suchfonds auswirkt (KfW Research, 2021). Damit entsteht eine strukturelle Pfadabhängigkeit, die jene Searcher begünstigt, die Zugang zu international vernetzten Investoren oder zu privaten Vermögensverwaltungen mit entsprechender Risikobereitschaft besitzen. Zudem wirken kulturelle Normen als subtile, aber wirkmächtige Zugangshürden. Der US-amerikanische Ursprung des Search-Fund-Modells ist geprägt durch eine unternehmerische Kultur, die Scheitern als Lernmechanismus, Risiko als notwendigen Bestandteil von Innovation und Wachstum und unternehmerische Initiative als sozialen Wert interpretiert. In Deutschland, Österreich und der Schweiz ist die kulturelle Risikoakzeptanz deutlich geringer, die Wahrnehmung von Scheitern stärker stigmatisiert und der Zugang zu unternehmerischen Rollen traditionell enger an berufliche Seniorität gekoppelt (Hauschildt & Salomo, 2022). Dadurch wird die Idee, dass junge Searcher mit begrenzter operativer Erfahrung eigentümergeführte Unternehmen übernehmen und führen, von Teilen der Unternehmerschaft kulturell skeptisch betrachtet. Diese Skepsis erschwert die Kontaktaufnahme zu Eigentümern, reduziert die Wahrscheinlichkeit vertrauensbasierter LOI-Verhandlungen und wirkt als unsichtbare Zugangsschranke, die Transaktionschancen strukturell ungleich verteilt. Ein weiterer institutioneller Faktor betrifft die geschlechter- und diversitätsbezogenen Zugangshürden. Studien aus Entrepreneurship und Private Equity zeigen, dass Frauen und Angehörige unterrepräsentierter Gruppen signifikant geringeren Zugang zu Kapital, Investorennetzwerken und Mentoring erhalten (Brush et al., 2018). Da das Search-Fund-Modell auf intensiver persönlicher Beziehungsbildung basiert und häufig durch informelle Selektionsmechanismen geprägt ist, verstärken sich diese Muster im ETA-Kontext. Damit produziert das Modell unbeabsichtigt eine Reproduktion sozialer Homogenität, die die Diversität potenzieller Searcher reduziert und damit auch die Vielfalt kognitiver und strategischer Perspektiven, die in der Zukunftsfähigkeit von mittelständischen Organisationen zunehmend entscheidend ist. Zugangshürden im Search-Fund-Modell entstehen also nicht zufällig, sondern sind strukturell in den ökonomischen Anforderungen, den sozialen Selektionsmechanismen und den institutionellen Rahmenbedingungen verankert. Das Modell eröffnet beträchtliche Chancen für jene, die die notwendigen Ressourcen, Netzwerke und kulturellen Passformen mitbringen, schließt jedoch große Teile der Bevölkerung aufgrund unsichtbarer, kumulativer Barrieren von vornherein aus.

Für die Zukunftsfähigkeit des ETA-Ökosystems in der DACH-Region stellt sich daher die Frage, ob und wie diese Barrieren systematisch abgebaut werden können, um das Potenzial des Modells breiter zugänglich zu machen, die Diversität des Searcher-Pools zu erhöhen und damit langfristig auch die Innovations- und Transformationsfähigkeit der übernommenen Unternehmen zu steigern. Ein systematischer Abbau der identifizierten Zugangshürden im Search-Fund- und ETA-Ökosystem der DACH-Region setzt voraus, dass drei Ebenen simultan adressiert werden: die individuelle Ebene der potenziellen Searcher, die institutionelle Ebene von Kapitalgebern, Hochschulen und Intermediären sowie die ordnungs- und förderpolitische Ebene. Erst im Zusammenspiel dieser Ebenen entsteht ein Rahmen, in dem das Modell nicht länger primär den ohnehin strukturell privilegierten Gruppen offensteht, sondern zu einem tatsächlich breiter zugänglichen Vehikel unternehmerischer Verantwortung und sozialer Mobilität werden kann. Auf der individuellen Ebene geht es zunächst um die Reduktion ökonomischer Eintrittsbarrieren. Empirische Arbeiten zeigen konsistent, dass fehlendes Eigenkapital und unsichere Einkommensperspektiven zentrale Hemmnisse für den Schritt in die Selbständigkeit darstellen, insbesondere bei Personen ohne familiäre Vermögenshintergründe (Hurst & Lusardi, 2004). Übertragen auf den ETA-Kontext bedeutet dies, dass Modelle entwickelt werden müssen, in denen die Suchphase nicht ausschließlich als privat finanzierte Karrierewette organisiert ist, sondern durch einkommensähnliche, planbare Strukturen abgefedert wird. Denkbar sind beispielsweise Stipendienmodelle, die die Lebenshaltungskosten von Searchern mit bestimmten Diversitäts- oder Herkunftskriterien absichern, einkommensähnliche Grundvergütungen in Suchfonds mit breiterer Kapitalbasis oder öffentliche Co-Finanzierungen, die Suchphasen für Kandidaten aus nicht vermögenden Milieus teilfinanzieren. Solche Instrumente würden die Abhängigkeit vom privaten Sicherheitsnetz reduzieren und den Kreis derjenigen erweitern, die ETA als realistische Option in Betracht ziehen können. Auf der institutionellen Ebene ist der Zugang zu Netzwerken, Reputation und Mentoring zentral. Die Entrepreneurship- und Finanzierungsliteratur zeigt, dass soziales Kapital und Zugehörigkeit zu bestimmten Bildungs- und Milieukontexten in hohem Maß darüber entscheiden, wer Zugang zu Wagniskapital und frühen Wachstumsfinanzierungen erhält (Aldrich & Langton, 1998; Mason & Harrison, 2000). Für die DACH-Region bedeutet dies, dass etablierte Institutionen, insbesondere Business Schools, Gründerzentren, Family-Business-Lehrstühle und Unternehmerverbände, bewusst inklusive ETA-Programme aufsetzen müssten, die nicht nur den ohnehin bereits gut vernetzten Kandidaten offenstehen. Dazu gehören offene ETA-Curricula, strukturierte Search-Fellowships für „First-Generation"-Akademikerinnen und -Akademiker, Mentoring-Programme mit Senior-Unternehmerinnen und Unternehmern aus dem Mittelstand sowie formalisierte Matching-Formate zwischen potenziellen Searchern und Investoren. Hierbei ist die Kontextsensitivität zentral. So hebt Welter (2011) hervor, dass Entrepreneurship stets in konkreten institutionellen, kulturellen und räumlichen Kontexten eingebettet ist. Ein DACH-ETA-Ökosystem, das Diversität ernst nimmt, muss deshalb lokal verankerte Strukturen nutzen, etwa regionale Wirtschaftskammern, Sparkassenverbünde oder Mittelstandsinitiativen, und diese systematisch mit Search-Fund-Logiken verknüpfen. Kapitalgeber selbst spielen eine Schlüsselrolle beim Abbau von Barrieren. Behavioral-Finance-Forschung hat wiederholt gezeigt, dass Investoren zur Mustererkennung und zum *„pattern matching"* neigen, also tendenziell in solche Gründerinnen und Gründer investieren, die früheren Erfolgstypen ähneln (Tversky & Kahneman, 1974). Dies führt im Search-Fund-Kontext häufig zur Reproduktion homogener Profile hinsichtlich Ausbildung, Geschlecht und sozialer Herkunft. Ein bewusster Abbau dieser Verzerrungen setzt voraus, dass Investoren ihr eigenes Entscheidungsverhalten reflektieren und Professionalisierungsschritte einleiten. Dazu zählen standardisierte Auswahlprozesse mit klaren Kriterien, die über Signalmerkmale wie Elite-Universitäten hinausgehen, strukturiert divers zusammengesetzte Investmentkomitees sowie der explizite Einbezug von Diversitätszielen in die Portfoliostrategie. Studien zu Diversity in Führungsgremien und Teams legen nahe, dass kognitive und demografische Vielfalt die Qualität von Entscheidungen und die Innovationsfähigkeit erhöhen können, sofern sie durch geeignete Strukturen moderiert wird (Page, 2007; Hoogendoorn et al., 2013). Übertragen auf ETA bedeutet dies, dass eine diversere Searcher-Basis nicht nur normativ wünschenswert, sondern ökonomisch rational ist.

Ein weiterer Ansatzpunkt liegt in der Gestaltung der Intermediäre des Ökosystems. In den USA haben sich spezialisierte Plattformen und Berater herausgebildet, die Searcher, Investoren und Verkäufer zusammenführen. In der DACH-Region könnten ähnliche Rollen von institutionellen Akteuren übernommen werden, etwa spezialisierten M&A-Boutiquen mit Mittelstandsfokus, Nachfolgebörsen oder öffentlichen Förderbanken mit Unternehmensnachfolgeauftrag. Diese Intermediäre könnten bewusst Programme entwickeln, die Suchende aus weniger privilegierten Kontexten unterstützen, zum Beispiel durch reduzierte Gebühren, strukturierte Schulungsangebote oder kuratierte Matching-Formate mit eigentümergeführten Unternehmen, die offen für alternative Nachfolgemodelle sind. Auf ordnungs- und förderpolitischer Ebene lässt sich der Abbau von Barrieren durch gezielte Programme zur Förderung unternehmerischer Nachfolge kombinieren. Europäische und nationale Förderinstitutionen diskutieren seit Jahren, wie der Generationswechsel im Mittelstand finanziell und strukturell begleitet werden kann (Beck & Demirgüç-Kunt, 2006). ETA und Search Funds könnten in dieses Förderregime integrierbar sein, sofern Programme so ausgestaltet werden, dass sie nicht lediglich institutionelles

Kapital hebeln, sondern explizit Gründerinnen und Gründer mit begrenztem eigenem Vermögen adressieren. Denkbar wären staatlich kofinanzierte Suchfonds mit Diversitätsquoten, Garantiestrukturen für Nachfolgetransaktionen, an Bedingungen geknüpfte Zinszuschüsse oder mezzanine Instrumente, die gerade in der frühen Phase die Kapitalbasis verbreitern. Eine solche institutionelle Verankerung würde nicht nur den Zugang verbreitern, sondern auch die Legitimität des Modells in der Mittelstandslandschaft erhöhen. Schließlich ist der Abbau von Zugangshürden eng mit einer reflexiven Auseinandersetzung über die Narrative des Ökosystems verknüpft. Die Forschung zu Geschlecht und Unternehmertum zeigt, dass dominante Erzählungen über den „typischen" Entrepreneur bestimmte Gruppen systematisch ausschließen oder deren Selbstselektionswahrscheinlichkeit reduzieren (Carter & Marlow, 2007; Brush et al., 2018). Ähnliches gilt für Search Funds: Solange das implizite Leitbild eines Searchers an männliche, hochmobile, elitär ausgebildete, finanziell abgesicherte Profile gebunden bleibt, werden andere Gruppen ETA kaum als für sie vorgesehenen Weg wahrnehmen. Ein bewusster Perspektivwechsel erfordert Sichtbarkeit vielfältiger Rollenvorbilder, Forschung zu alternativen Searcher-Biografien und eine Sprache, die Unternehmertum durch Akquisition nicht als exklusive Option einiger weniger, sondern als potenziell breiter zugängliches Entwicklungsfeld beschreibt.

14.2 Soziale Mobilität und ETA: Chancen und Grenzen eines vermeintlichen Aufstiegsversprechens

Das Entrepreneurship-Through-Acquisition-Modell wird in der öffentlichen Debatte häufig als Mechanismus sozialer Mobilität dargestellt, der es jungen Führungskräften ermöglicht, unabhängig von familiären Vermögensstrukturen Eigentum an etablierten mittelständischen Unternehmen zu erwerben und damit in kurzer Zeit in unternehmerische Rollen aufzusteigen, die im traditionellen Karriereweg Jahrzehnte benötigen würden. Diese Erzählung knüpft an normative Vorstellungen von Meritokratie an und fügt sich in breitere gesellschaftliche Narrative, die Unternehmertum als Vehikel ökonomischer Selbstverwirklichung und sozialen Aufstiegs interpretieren. Eine kritische Analyse zeigt jedoch, dass dieses Aufstiegsversprechen nur unter spezifischen strukturellen Bedingungen eingelöst werden kann und dass ETA und Search Funds sowohl Chancen als auch deutliche Grenzen für soziale Mobilität aufweisen.

Die theoretische Grundlage des Mobilitätsversprechens im ETA-Kontext basiert auf der Idee, dass wirtschaftliche Chancen nicht notwendigerweise durch familiäres Vermögen, Besitz oder Netzwerke determiniert sein müssen, sondern durch individuelle Kompetenz, unternehmerische Initiative und Zugang zu institutionellen Ressourcen. Die Entrepreneurship-Literatur verweist seit längerem darauf, dass Unternehmensübernahmen grundsätzlich als alternative Form des Unternehmertums verstanden werden können, deren Eintrittsbarrieren im Vergleich zu Neugründungen anders gelagert sind (Parker, 2018). Während Gründungen typischerweise hohe Innovationsunsicherheiten bergen, erlaubt die Übernahme kleiner und mittlerer Unternehmen den Aufbau unternehmerischer Verantwortung in bestehenden Strukturen, was das Risikoprofil verändert und potenziell mobilitätsförderliche Eigenschaften besitzt. Im Search-Fund-Modell, das zudem eine risikoteilende Kapitalstruktur vorsieht, könnte dies theoretisch besonders stark ausgeprägt sein. Gleichzeitig zeigen sozialstrukturelle Forschungen zu Entrepreneurship und zu ökonomischer Mobilität, dass tatsächliche Aufstiegsprozesse keineswegs allein von Leistung oder individuellen Fähigkeiten abhängen, sondern maßgeblich von sozialen, institutionellen und kulturellen Kontexten geprägt werden (Breen & Jonsson, 2005; Chetty et al., 2014). Dies gilt auch und in besonderem Maße für ETA. Zwar ermöglicht das Modell formal den Zugang zu Eigentum in kapitalintensiven Sektoren, doch wird dieser Zugang durch die Notwendigkeit frühzeitiger Netzwerkbildung, reputationsbasierter Kapitalbeschaffung und der Bewältigung hoher psychischer und finanzieller Risiken strukturell begrenzt. Die Forschung zu sozialem Kapital zeigt, dass Netzwerke in hohem Maß darüber entscheiden, wer Zugang zu relevanten Ressourcen erhält, insbesondere im Kontext von Private Equity und Early-Stage-Finanzierungen (Coleman, 1988). Im Search-Fund-Modell verstärkt sich dieser Effekt, da Investoren die Auswahl von Searchern stark über informelle Kriterien, Vertrauensbildung und subjektive Wahrnehmungen der Führungsfähigkeit treffen. Das bedeutet, dass soziale Mobilität nicht allein durch Modellmerkmale entsteht, sondern durch die sozialen Mechanismen, die das Ökosystem strukturieren. Die empirische Evidenz aus den USA deutet darauf hin, dass der Kreis der Searcher überwiegend aus hochqualifizierten Personen mit Abschlüssen von Eliteuniversitäten und signifikanten Vorerfahrungen in prestigeträchtigen Sektoren wie Consulting oder Investment Banking besteht (Stanford Graduate School of Business, 2022). Solche Profile weisen strukturelle Merkmale auf, die sozialer Herkunft, Zugang zu Netzwerken und institutionelle Zugehörigkeiten reflektieren. Dies legt nahe, dass das Modell im gegenwärtigen Reifegrad weniger ein breites Mobilitätsinstrument darstellt, sondern vielmehr eine alternative Karriereoption für bereits privilegierte Eliten. Die Tatsache, dass Search Funds eine ausgeprägte Investorenseitige Vertrauensprüfung beinhalten, verstärkt diesen Mechanismus, da Investoren tendenziell Kandidaten bevorzugen, deren Profile an frühere Erfolgsfälle erinnern, ein Phänomen, das in der verhaltensökonomischen Literatur als *„pattern matching"* beschrieben wird (Kahneman, 2011). Diese strukturellen Selektionslogiken wirken dem Mobilitätsversprechen entgegen, weil sie den Zugang zu Kapital und Chancen ungleich verteilen. Gleichzeitig existieren im ETA-Modell durchaus Potenziale für soziale Mobilität, insbesondere im Vergleich zu traditionellen Nachfolgewegen im Mittelstand. Anders als bei eigentümerinternen Übergaben oder bei Management-Buy-ins erfordert ETA kein signifikantes Startkapital, sondern eine Kompetenz zur Identifikation geeigneter Unternehmen, zur Interaktion mit Eigentümern und zur Führung übernommener Organisationen. Diese Form der persönlichen unternehmerischen Talentverortung ist theoretisch geeignet, mobilitätsförderliche Effekte zu erzeugen, wie die Literatur zum Unternehmertum als Auslebung gelegenheitsfokussierter Persönlichkeitsmerkmale *(opportunity entrepreneurship)* im Kontext nichttraditioneller Gründer zeigt (Shane, 2003). Zudem kann das Modell gerade in der DACH-Region, in der viele Eigentümer mittelständischer Unternehmen keine innerfamiliären Nachfolgelösungen finden, neue Karriereräume öffnen. Eigentümergetriebene Übergaben, die auf persönliche Passung und langfristige Verantwortung ausgerichtet sind, können Zugang für Searcher schaffen, die nicht über traditionelles Kapital oder elitäre Netzwerke verfügen, sondern über ausgeprägte persönliche Integrität und kulturelle Anschlussfähigkeit.

Dennoch bleibt festzuhalten, dass dieses Potenzial nur unter bestimmten ökosystemischen Voraussetzungen mobilisierbar ist. Denn die soziale Mobilität im ETA-Kontext hängt entscheidend davon ab, ob institutionelle Strukturen geschaffen werden, die Eintrittsbarrieren reduzieren und die Kapitalgeberseite professionalisieren. Forschung zu unternehmerischen Karrierepfaden weist darauf hin, dass soziale Mobilität vor allem in Systemen entsteht, die institutionell durchlässig sind und in denen Mentoring, Schulung und Ressourcenstruktur auf Inklusion ausgerichtet sind (Evans & Jovanovic, 1989). Übertragen auf ETA bedeutet dies, dass die Entwicklung eines diversifizierten Investorennetzwerks, formalisierter Programme zur Searcher-Auswahl und der Ausbau intermediärer Institutionen wie Business Schools, Gründerzentren oder Verbandsinitiativen zentral sind. Ohne diese strukturellen Veränderungen bleibt das ETA-Modell ein Mobilitätsvehikel für Angehörige ohnehin privilegierter Gruppen. Ein weiterer Aspekt betrifft die psychologische Dimension von Mobilität. Selbstwirksamkeitserwartungen, Risikowahrnehmungen und unternehmerische Identitätsarbeit werden stark von der sozialen Herkunft geprägt. Die Forschung zur „unternehmerischen Selbstwirksamkeit" zeigt, dass Personen aus unterrepräsentierten oder einkommensschwächeren Milieus trotz gleicher objektiver Fähigkeiten geringere Wahrscheinlichkeit aufweisen, unternehmerische Wege einzuschlagen, da sie Risiko anders interpretieren und weniger Zutrauen in eigene Kapitalbeschaffungsfähigkeit haben (Bandura, 1997; Wilson et al., 2007). Das ETA-Modell, das enorm hohe Anforderungen an Selbstwirksamkeit und Belastbarkeit stellt, verstärkt diese psychologischen Selektionsmechanismen. Dies bedeutet, dass soziale Mobilität nicht nur durch äußere Barrieren limitiert ist, sondern auch durch internalisierte Erwartungsmuster, die potenzielle Searcher beeinflussen. Somit bleibt die Chance auf Eigentum und unternehmerische Führung zwar real, aber ungleich verteilt. ETA kann zum Mobilitätsinstrument werden, wenn das Ökosystem so gestaltet ist, dass Zugang erweitert, Netzwerke geöffnet und institutionelle Unterstützungsstrukturen aufgebaut werden.

14.3 Genderdynamiken im ETA- und Search-Fund-Ökosystem

Die Geschlechterdimension des Entrepreneurship-Through-Acquisition-Modells bildet einen bislang kaum erforschten, jedoch zentralen Aspekt seiner strukturellen Funktionsweise. Während die US-amerikanische und europäische Search-Fund-Landschaft in den vergangenen Jahren erheblich gewachsen ist, bleibt der Anteil weiblicher Searcher vergleichsweise gering. Dies verweist nicht lediglich auf eine statistische Unterrepräsentation, sondern auf die Reproduktion geschlechtsspezifischer Selektionsmechanismen, die tief in den institutionellen, kulturellen und sozialen Strukturen des ETA-Ökosystems verankert sind. Eine wissenschaftliche Analyse der Genderdynamiken zeigt, dass die Unterrepräsentation nicht zufällig ist, sondern durch ein Zusammenspiel aus Kapitalzugang, sozialen Netzwerken, rollenspezifischen Erwartungsmustern, Investorenlogiken und kulturell geprägten Vorstellungen von Führung und Unternehmertum entsteht. Die Entrepreneurship-Forschung zeigt seit langem, dass Frauen im Zugang zu unternehmerischen Ressourcen systematisch benachteiligt sind, insbesondere hinsichtlich Kapital, Netzwerken und Mentoring (Brush et al., 2018; Jennings & Brush, 2013). Diese Muster reproduzieren sich im Search-Fund-Modell in besonderer Weise, da der Kapitalbeschaffungsprozess auf intensiver persönlicher Interaktion, Vertrauensbildung und der Fähigkeit beruht, in hochambivalenten Situationen überzeugende Signale von Kompetenz, Durchsetzungsfähigkeit und Führungsstärke zu senden. Die verhaltensökonomische Forschung hat wiederholt gezeigt, dass Investoren in frühen Phasen mit hohen Informationsasymmetrien häufig auf implizite Schemata und geschlechtsspezifische Erwartungen zurückgreifen, die zu Verzerrungen in der Wahrnehmung weiblicher Führungskompetenzen führen können (Eagly & Karau, 2002). Diese Mechanismen wirken im ETA-Kontext besonders stark, da Eigentümer von Zielunternehmen ähnlich wie Investoren stark auf subjektive Passung, Vertrauen und persönliche Identifikation reagieren.

Ein zentraler Mechanismus, der die Geschlechterungleichheit im ETA-Kontext verstärkt, ist das Paradigma der „Rolleninkongruenz“. Es besagt, dass gesellschaftlich verankerte Erwartungen an weibliche Rollen wie Kooperation, Harmonieorientierung oder Zurückhaltung, im Widerspruch zu stereotypischen Vorstellungen von unternehmerischer Führungsstärke und Risikobereitschaft stehen (Eagly & Karau, 2002). Studien zeigen, dass Frauen in Kontexten, in denen agentische Eigenschaften wie Dominanz oder Durchsetzungsfähigkeit normativ erwartet werden, häufiger als „übermäßig selbstbewusst“ oder „unzureichend handlungsfähig“ wahrgenommen werden, unabhängig von ihrer tatsächlichen Kompetenz (Rudman & Glick, 2001). Der Search-Fund-Prozess ist aufgrund der Kombination massiver Unsicherheit, intensiver Verhandlung und der Übernahme einer CEO-Position in einem eigentümergeführten Unternehmen, in besonderem Maße von diesen Erwartungslogiken geprägt. Eigentümer mittelständischer Unternehmen, deren Nachfolgelogiken oft stark durch familiale Traditionen und soziale Rollenbilder geprägt sind, können dadurch unbewusst geschlechtsspezifische Verzerrungen in ihre Einschätzungen einbringen. Eng verbunden mit diesen Mechanismen ist die Frage des Zugangs zu Kapital. Die internationale Forschung zeigt konsistent, dass Frauen systematisch geringere Venture-Capital-Finanzierung erhalten, auch bei vergleichbaren Geschäftsmodellen, Kompetenzen und Track Records (Ewens & Townsend, 2020). Für den Search-Fund-Kontext bedeutet dies, dass weibliche Searcher häufiger vor der doppelten Herausforderung stehen, sowohl gegen implizite Bias in den Selektionsentscheidungen von Investoren als auch gegen strukturelle Netzwerkbarrieren anzukämpfen. Da die meisten Search-Fund-Investoren aus einem engen Kreis von Private-Equity-Professionals, Unternehmern und Family Offices stammen, verstärken sich geschlossene Netzwerkstrukturen, wie sie Bourdieu (1986) als Mechanismus sozialer Reproduktion beschreibt. Weibliche Kandidatinnen, denen historisch der Zugang zu diesen Kreisen seltener offenstand, sind dadurch strukturell im Nachteil. Auch auf der Ebene der Eigentümer mittelständischer Unternehmen zeigen sich geschlechterspezifische Dynamiken. Empirische Studien zur Unternehmensnachfolge im Mittelstand zeigen, dass Eigentümer bei der Übergabe des Unternehmens oft nicht nur ökonomische Rationalität, sondern stark emotionale und identitätsbezogene Kriterien berücksichtigen (Pahnke et al., 2021). Die Passungswahrnehmung gegenüber Nachfolgerinnen wird durch tradierte Vorstellungen männlicher Führung häufig unbewusst verzerrt. Dies führt dazu, dass weibliche ETA-CEOs in Verhandlungen oftmals stärker beweispflichtig sind, ihre Kompetenz demonstrieren müssen und weniger automatisch als legitime zukünftige Eigentümerinnen wahrgenommen werden. Dadurch verschärft sich die ohnehin hohe psychologische und interaktionale Komplexität der Deal-Sourcing- und LOI-Phase.

Trotz dieser strukturellen Hindernisse bestehen erhebliche Chancen für eine Stärkung weiblicher Präsenz im ETA-Ökosystem. Forschung zur Performance weiblicher Gründerinnen zeigt, dass sie bei gleichem Ressourcenzugang mindestens ebenso erfolgreich agieren wie männliche Gründer, insbesondere in ressourceneffizienten Geschäftsmodellen und komplexen Stakeholderumgebungen (Alsos et al., 2016). Diese Befunde sind für ETA hochrelevant. Die Leitung eines mittelständischen Unternehmens nach einer Akquisition erfordert ein hohes Maß an Beziehungsgestaltung, strategischer Ambidextrie und interdisziplinärer Führung und damit Kompetenzen, die nicht geschlechtsspezifisch verteilt sind, aber durch stereotype Erwartungslogiken häufig verzerrt wahrgenommen werden. Zudem weisen einige Studien darauf hin, dass divers zusammengesetzte Führungsteams robustere Entscheidungen treffen und Innovationsfähigkeit steigern können (Hoogendoorn et al., 2013), was die Relevanz einer stärkeren Integration von Frauen im ETA-Kontext weiter unterstreicht. Ein weiterer Hebel zur Erhöhung weiblicher Repräsentation liegt in der institutionellen Gestaltung des Ökosystems. Business Schools, die in den USA bereits eine zentrale Rolle in der Entwicklung des Search-Fund-Modells spielen, könnten aktiv Programme zur Förderung weiblicher Searcher aufsetzen, etwa durch strukturiertes Mentoring, Rollenmodelle, Netzwerkformate und gezielte Ausbildungsprogramme. Auf Investorenseite können standardisierte, bias-resistente Selektionsmechanismen eingeführt und divers zusammengesetzte Auswahlgremien institutionalisiert werden. Empirische Forschung zeigt, dass solche Maßnahmen die Verzerrungen in Finanzierungsentscheidungen signifikant reduzieren und die Sichtbarkeit weiblicher Gründerinnen erhöhen können (Brush et al., 2018). Eine Stärkung der weiblichen Präsenz im ETA-Modell ist dabei nicht nur eine Frage sozialer Gerechtigkeit oder Symbolpolitik, sondern besitzt wirtschaftliche Relevanz. Sie erweitert den Talentpool, erhöht die kognitive Vielfalt, verbessert Entscheidungsqualität und kann damit langfristig die Resilienz und Innovationskraft mittelständischer Organisationen stärken.

14.4 Diversity und kognitive Vielfalt als Erfolgsfaktor im ETA-Kontext

Diversität und kognitive Vielfalt sind für die Leistungsfähigkeit von Organisationen und Führungssystemen seit Jahren Gegenstand intensiver wissenschaftlicher Analyse. Im Kontext von Entrepreneurship Through Acquisition kommt ihnen eine besondere Bedeutung zu, da ETA-CEOs in kurzer Zeit komplexe Transformationsprozesse durchlaufen, Entscheidungen unter hoher Unsicherheit treffen und organisationale, kulturelle sowie strategische Erneuerungen verantworten müssen. In dieser Konstellation bilden Diversität und kognitive Vielfalt keine normative Ergänzung, sondern eine strukturelle Voraussetzung für belastbare Entscheidungsprozesse, organisatorische Resilienz und Innovationsfähigkeit.

Unter Diversität wird im wissenschaftlichen Sinne die Vielfalt relevanter individueller und sozialer Merkmale innerhalb eines Teams oder einer Organisation verstanden. Diese umfasst demografische Dimensionen wie Geschlecht, Alter, ethnische Zugehörigkeit, soziale Herkunft und Nationalität, aber ebenso funktionale und berufliche Diversität, also Unterschiede in Expertise, beruflichen Werdegängen, Branchenhintergründen und Wissensdomänen (Cox & Blake, 1991; van Knippenberg & Schippers, 2007). Entscheidend ist dabei nicht die bloße Heterogenität äußerer Merkmale, sondern ihre Wirkung auf Wahrnehmung, Informationsverarbeitung und Entscheidungslogiken. Diversität fungiert damit als Strukturbedingung kognitiver Unterschiede. Kognitive Vielfalt bezeichnet demgegenüber die Unterschiede in Denkstilen, Problemlösungsansätzen, mentalen Modellen, Heuristiken, Hypothesengenerierung und Informationsverarbeitung zwischen Individuen. Diese Unterschiede können aus demografischer oder funktionaler Diversität entstehen, müssen es aber nicht: Auch innerhalb vermeintlich homogener Gruppen existieren variierende kognitive Repertoires, die sich etwa aus Persönlichkeit, Erfahrung, Risikowahrnehmung oder sozialer Prägung ergeben (Page, 2007). Die Forschung zeigt, dass kognitive Vielfalt vor allem in Umgebungen mit hoher Unsicherheit und multiplen Entscheidungspfaden leistungsrelevant ist, insbesondere wenn Probleme komplex, nicht standardisierbar und nicht vollständig datengetrieben lösbar sind (Hong & Page, 2004). Genau diese Merkmale charakterisieren den frühen ETA-Kontext.

Diversität und kognitive Vielfalt ermöglichen in der Führungs- und Governance-Struktur des übernommenen Unternehmens substanzielle Leistungs- und Resilienzgewinne. Die Übernahme eines eigentümergeführten Unternehmens ist stets ein Übergangsprozess zwischen historisch gewachsenen Strukturen und strategischer Zukunftsgestaltung. Dies erfordert ein simultanes Verständnis von Kontinuität, Wandel, Lernprozessen und kultureller Anschlussfähigkeit. Die Forschung zu Transformationsprozessen im Mittelstand zeigt, dass die Integration heterogener Sichtweisen die Qualität strategischer Entscheidungen erhöht, Risiken frühzeitiger erkennbar macht und die Wahrscheinlichkeit erfolgreicher Implementationen steigert (Boyd et al., 2011). Ein zentraler Vorteil kognitiver Vielfalt liegt in der Generierung multipler Hypothesen und Problemlösungswege. Während homogene Teams dazu tendieren, Informationen selektiv wahrzunehmen und bestehende Überzeugungen zu bestätigen, fördern heterogene Teams das

Aufbrechen solcher Muster und reduzieren damit typische Entscheidungsfehler wie Overconfidence, Confirmation Bias oder gruppendynamische Konformität (Janis, 1982). Gerade im ETA-Kontext, in dem Searcher häufig begrenzte Branchenerfahrung haben und dennoch schnell strategische Entscheidungen mit weitreichenden Implikationen treffen müssen, kann ein divers zusammengesetztes Führungs- oder Advisory-Team eine kritische Korrekturfunktion erfüllen. Diversität wirkt zudem auf mikrosozialer Ebene. Die Forschung zur organisationalen Identifikation zeigt, dass Mitarbeitende in Veränderungsprozessen stärker auf Diversität reagieren, wenn sie sich in den Führungspersonen repräsentiert sehen und deren Perspektiven als anschlussfähig zu eigenen Erfahrungswelten wahrnehmen (Cox & Blake, 1991). ETA-CEOs, die als neue und oftmals externe Akteure in stark kohäsive, eigentümergeprägte Organisationen eintreten, profitieren daher erheblich von einer Führungskonstellation, die unterschiedliche soziale Identifikationsanker bietet und kulturelle Brüche abfedert. Dies kann Akzeptanz in frühen Transformationsphasen stärken und Widerstände reduzieren. Diversität in Advisory Boards und im engeren Führungskreis ist zudem ein bedeutender Faktor für die Innovationsfähigkeit des übernommenen Unternehmens. Studien zeigen, dass heterogene Teams signifikant höhere Kreativität und Entdeckungsraten neuer Ideen aufweisen, da divergente Denkstile ein breiteres Suchfeld ermöglichen und die Integration externer Wissensquellen erleichtert wird (Østergaard et al., 2011). Da viele ETA-CEOs digitale, strukturelle und geschäftsmodellspezifische Innovationen initiieren müssen, wirkt kognitive Vielfalt hier nicht nur als Vorteil, sondern als notwendige Bedingung für nachhaltige Wertsteigerung.

Allerdings entfaltet kognitive Vielfalt ihre positiven Effekte nicht automatisch. Forschung weist darauf hin, dass vielfältige Teams bei fehlenden strukturellen Moderationsmechanismen anfällig für Konflikte, Verzögerungen und ineffiziente Entscheidungsfindung sind (van Knippenberg et al., 2004). Für ETA-CEOs bedeutet dies in der Praxis, dass Diversität durch formale Entscheidungsarchitekturen, klare Rollen, regelmäßige Reflexionsprozesse und transparente Kommunikationsmuster gerahmt werden muss. Nur wenn die organisationale Infrastruktur auf Divergenz ausgerichtet ist, kann diese produktiv wirken. Schließlich besitzt Diversity im ETA-Kontext auch eine extern gerichtete Governance-Funktion. Empirische Forschungen zum Kapitalmarktverhalten zeigen, dass diverse Führungsgremien als Signal für Professionalität, strategische Reife und Glaubwürdigkeit wahrgenommen werden (Terjesen et al., 2016). Dies ist besonders relevant, da viele ETA-CEOs in frühen Wachstums- oder Buy-and-Build-Phasen erneut Kapital aufnehmen müssen. Ebenso kann Diversity die Akzeptanz seitens Verkäufer, Belegschaften und Geschäftspartner erhöhen, die Transformationsprozesse häufig mit Skepsis begleiten. Für die DACH-Region, deren ETA-Ökosystem bislang von hoher Homogenität geprägt ist, stellt die systematische Integration von Diversität daher nicht nur eine normative oder gesellschaftspolitische Aufgabe dar, sondern eine zentrale ökonomische und strategische Empfehlung.

14.5 Inklusive Governance-Modelle für die Professionalisierung des ETA-Ökosystems in der DACH-Region

Die wachsende institutionelle Bedeutung des ETA-Modells, die zunehmende Zahl von Searchern sowie die steigende Beteiligung professioneller Investoren machen deutlich, dass Governance-Strukturen, die bislang vielfach informell, implizit oder personenabhängig waren, einer systematischen Neubestimmung bedürfen. Inklusiven Governance-Modellen kommt dabei eine zentrale Rolle zu, da sie nicht nur die institutionelle Legitimität und Transparenz des Ökosystems erhöhen, sondern als strukturelle Voraussetzung wirken, um Diversität, kognitive Vielfalt, Kapitalzugang und nachhaltige Transformationsfähigkeit innerhalb des ETA-Modells zu stärken. Governance wird damit nicht als Kontrollmechanismus verstanden, sondern als kooperatives Architekturprinzip, das die Wertschöpfung und Resilienz des gesamten Systems erhöht. Inklusive Governance meint im wissenschaftlichen Sinne die Gestaltung von Entscheidungs-, Informations- und Verantwortungsstrukturen, die eine systematische Teilhabe heterogener Akteure ermöglichen, unterschiedliche Perspektiven integrieren und Transparenz über Rollen, Erwartungen und Machtpositionen herstellen. Das Konzept geht über traditionelle Corporate-Governance-Ansätze hinaus, die primär auf Kontrolle, Agency-Minimierung und Compliance fokussiert waren (Shleifer & Vishny, 1997). Inklusivität erweitert diese Perspektive, indem sie normative, soziale, kognitive und institutionelle Dimensionen einbezieht und Governance als dynamisches Gefüge versteht, das kollektive Intelligenz mobilisiert, Vertrauen stärkt und systemische Lernprozesse ermöglicht (Ostrom, 2005; Denis et al., 2012). Im ETA-Kontext ist diese Erweiterung besonders relevant, da die Kombination aus hoher Unsicherheit, personenzentrierter Führungsverantwortung und asymmetrischen Finanzierungsbeziehungen ein Modell erzeugt, in dem klassische Kontrolllogiken unzureichend greifen und dysfunktionale Nebenwirkungen erzeugen können. Die Notwendigkeit inklusiver Governance wird im DACH-ETA-Ökosystem durch mehrere Faktoren verstärkt. Erstens ist das Modell kulturell in einen Mittelstand eingebettet, der von personalen Vertrauensstrukturen und langjährigen Beziehungen geprägt ist. Die Einführung externer Governance-Instanzen wie Investoren oder Advisory Boards kann hier als kultureller Bruch wahrgenommen werden, der Akzeptanzrisiken erzeugt. Inklusive Governance wirkt in diesem Zusammenhang als Brücke zwischen historisch gewachsenen informellen Ordnungen und den Professionalitätsanforderungen eines institutionellen Kapitalmarktes. Sie schafft Anschlussfähigkeit, indem sie partizipative Entscheidungsprozesse, transparente Kommunikationsregeln und klar definierte Rollenstrukturen etabliert, die den Übergang erleichtern und Vertrauen stabilisieren. Zweitens weist das DACH-Ökosystem bislang eine deutliche Homogenität der Akteursstruktur auf, sowohl hinsichtlich sozialer Herkunft als auch hinsichtlich funktionaler Hintergründe und Netzwerkzugänge (Kollmann et al., 2023). Governance-Mechanismen, die auf Diversität setzen, schaffen nicht nur gerechtere Zugänge, sondern erhöhen auch die Qualität strategischer Entscheidungen. Forschung zeigt, dass heterogen besetzte Entscheidungsorgane weniger anfällig für Gruppenfehler sind, Risiken differenzierter wahrnehmen und komplexe Transformationen besser navigieren können (Page, 2007; van Knippenberg & Schippers, 2007). Inklusive Governance wirkt damit als systemische Kompetenzverstärkung. Drittens adressiert inklusive Governance die strukturellen Asymmetrien zwischen Searchern und Investoren. Das Search-Fund-Modell basiert auf einer zweistufigen Finanzierung, in der Searcher typischerweise in einer schwächeren Verhandlungsposition stehen und signifikante persönliche Risiken tragen. Asymmetrische Machtverhältnisse ohne institutionalisierte Ausgleichsmechanismen können zu Opportunismus, Fehlsteuerungen und Vertrauensverlust führen (Stiglitz, 2010; Denis et al., 2012). Inklusive Governance schafft hier Strukturmechanismen wie transparente Informationsrechte, definierte Zuständigkeiten, Vereinbarungen zur strategischen Autonomie und Feedbackschleifen, die die Balance zwischen Kontrolle und unternehmerischer Freiheit stabilisieren.

Ein zentrales Element inklusiver Governance im ETA-Kontext ist die Etablierung multiperspektivischer Advisory Boards. Solche Gremien erweitern die Entscheidungskompetenz des Searchers und erhöhen gleichzeitig die Legitimität nach innen und außen. Empirische Studien belegen, dass advisory-orientierte Governance-Modelle in kleinen und mittleren Unternehmen zu besseren Innovations- und Wachstumsraten führen, da sie strategische Reflexivität herstellen und sozialen Rückhalt für Entscheidungen schaffen (Gabrielsson & Huse, 2005). Für ETA-Unternehmen bieten Advisory Boards zudem die Möglichkeit, kognitive Vielfalt zu institutionalisieren, Expertise zu bündeln und kulturelle Übersetzungsleistungen zu erbringen, die Integration und Transformation erleichtern. Ein weiterer Eckpfeiler ist die systematische Transparenzarchitektur. Transparenz, verstanden als institutionalisierte Offenlegung relevanter Informationen, fördert Vertrauen, reduziert Unsicherheit und macht Entscheidungsprozesse nachvollziehbar. Im Kontext eigentümergeführter Unternehmen ist dies besonders bedeutsam, da viele Mitarbeitende erstmals in ihrem Arbeitsleben mit professionellen Controlling-, KPI- und Reporting-Strukturen konfrontiert werden. Durch transparente Governance entsteht eine gemeinsame Realität, die die Akzeptanz von Veränderungen erhöht und kulturelle Spannungen reduziert. Gleichzeitig stärkt Transparenz die Beziehung zu Investoren, da sie opportunistische Interpretationen reduziert und eine geteilte Informationsbasis herstellt. Darüber hinaus erfordert inklusive Governance eine institutionalisierte Konfliktarchitektur. Angesichts der hohen Dynamik postakquisitorischer Prozesse und der hybriden Rollen des ETA-CEOs als Unternehmer und Fondsmanager entstehen zwangsläufig Spannungsfelder zwischen unterschiedlichen Interessen und Rationalitäten. Forschung zur Governance in hybriden Organisationen zeigt, dass Konflikte dann produktiv werden, wenn sie nicht unterdrückt, sondern durch moderierte Verfahren, Rollenklärung und offene Kommunikationsmuster kanalisiert werden (Battilana & Lee, 2014). Für ETA-Unternehmen bedeutet dies, dass Governance nicht nur Strukturen setzt, sondern Räume für konstruktive Auseinandersetzung schafft.

Inklusivität bedeutet schließlich auch Zugangsgerechtigkeit auf der Ebene des Ökosystems. Die Professionalisierung des ETA-Modells in der DACH-Region erfordert institutionelle Rahmenbedingungen, die es einem breiteren, vielfältigeren Personenkreis ermöglichen, Search-Funds zu gründen oder zu finanzieren. Dazu gehören Bildungsprogramme, standardisierte Best Practices, transparente Informationsräume sowie Mechanismen der Mentoring- und Netzwerkbildung. Forschungsbefunde zeigen, dass Ökosysteme erfolgreicher sind, wenn sie nicht nur Kapital bereitstellen, sondern soziale Infrastruktur entwickeln, die Lernen, Austausch und Integration fördert (Stam, 2015). Eine inkludierende Professionalisierung der Beziehungen zwischen Searchern, Investoren, Mitarbeitenden und externen Stakeholdern, erhöht die Adaptivität und Resilienz des Unternehmens und erweitert die Personengruppe, die Zugang zu ETA als Karrierepfad erhält. In einer Region, deren Unternehmenslandschaft tief in historischen, kulturellen und institutionellen Pfadabhängigkeiten verwurzelt ist, bildet inklusive Governance die Brücke zwischen tradierten mittelständischen Logiken und den Anforderungen eines modernen, diversitätsorientierten Kapitalkosmos. Sie ist damit ein Schlüsselbaustein für ein widerstandsfähiges und leistungsfähiges ETA-Ökosystem in der DACH-Region.

14.6 Ein inklusives Rollenmodell des ETA-CEOs: Führung zwischen Diversität, Autorität und systemischer Verantwortung

Die Rolle des ETA-CEOs unterscheidet sich in ihrer psychologischen, organisationalen und institutionellen Komplexität fundamental von klassischen Führungspositionen im Mittelstand. Während traditionelle Geschäftsführung in eigentümergeführten Unternehmen historisch in monologischen Autoritätsstrukturen verankert ist, agiert der ETA-CEO in einem hybriden Machtfeld, das von pluralen Erwartungen, multiplen Governance-Ansprüchen und strukturell unterschiedlichen Stakeholderlogiken geprägt ist. Gleichzeitig ist er verantwortlich für die Reorganisation eines Übergangssystems, das sich aus vormals eigentümergeprägten Strukturen und neuen, kapitalmarktnahen Anforderungen zusammensetzt. Inklusive Führung bildet in diesem Kontext nicht eine ergänzende Führungsphilosophie, sondern die notwendige Grundlage eines tragfähigen CEO-Rollenmodells. Inklusive Führung bezeichnet im wissenschaftlichen Diskurs eine Führungsform, die psychologische Sicherheit schafft, Perspektivenvielfalt integriert, partizipative Entscheidungsprozesse fördert und die organisationale Lernfähigkeit erhöht (Nishii & Mayer, 2009; Carmeli et al., 2010). Im Unterschied zu hierarchisch orientierten Führungsmodellen, die Autorität primär durch formale Macht ableiten, verbindet inklusive Führung Autorität mit relationaler Kompetenz, situativer Sensitivität und der Fähigkeit, divergierende Sichtweisen zu synthetisieren. Diese Verbindung ist für ETA-CEOs besonders relevant, da sie typischerweise als externe Akteure in bestehende soziale Ordnungen eintreten, ohne die historisch gewachsenen Beziehungsmuster zu teilen, die informelle Autorität traditionell legitimieren (Dyer, 1994). Inklusive Führung schafft daher die strukturelle Voraussetzung, um Autorität nicht zu behaupten, sondern zu erzeugen.

Ein zentrales Element des inklusiven Rollenmodells liegt in der aktiven Gestaltung psychologischer Sicherheit, verstanden als geteiltes Empfinden, dass in der Organisation Risiken angesprochen, Irritationen artikuliert und Fehler reflektiert werden können, ohne Sanktionen zu erwarten (Edmondson, 1999). Psychologische Sicherheit ist im postakquisitorischen Mittelstand besonders bedeutsam, da ETA-CEOs in der Regel in Umgebungen operieren, in denen Mitarbeiter an traditionelle proprietäre Führungsstile gewöhnt sind und Veränderungen initial mit Zurückhaltung, Skepsis oder Angst begegnen. Forschung zeigt, dass psychologische Sicherheit die Lern- und Transformationsfähigkeit von Unternehmen signifikant erhöht und die Wahrscheinlichkeit erfolgreicher organisatorischer Veränderungen steigert (Edmondson & Lei, 2014). Der ETA-CEO muss daher eine kommunikative und kulturelle Architektur schaffen, die die Belegschaft befähigt, an der Zukunftsgestaltung aktiv mitzuwirken, kognitive Vielfalt zu aktivieren und produktiv zu machen. Während Diversität in organisationalen Kontexten häufig als strukturelle Gegebenheit verstanden wird, erfordert ihre Wirkung eine aktive Führungsleistung. Der CEO fungiert hier als Übersetzer, der unterschiedliche Wissensdomänen, berufliche Hintergründe und Denkstile integriert und dadurch die Problemlösungskapazität des Führungssystems erhöht (Page, 2007). Forschung zeigt, dass Führungskräfte, die divergente Perspektiven systematisch in strategische Entscheidungen einbeziehen, robustere Entscheidungen treffen und die Fähigkeit der Organisation stärken, externe Schocks zu antizipieren und zu bewältigen (Woolley et al., 2010). Im ETA-Kontext, in dem Transformation und Unsicherheit strukturelle Konstanten sind, ist diese Fähigkeit zentral für nachhaltige Wertschöpfung. Hinzu kommt die besondere Bedeutung relationaler Autorität. Während traditionelle Autorität in eigentümergeführten Unternehmen primär durch Eigentum, Seniorität oder persönliche Historie legitimiert wird, muss der ETA-CEO Autorität durch konsistente Handlungslogik, Transparenz, Verlässlichkeit und Ergebnisqualität aufbauen. Diese Form der Autorität wird in der Governance-Forschung als „verdiente Autorität" beschrieben, die nicht verliehen, sondern fortlaufend durch Verhalten erzeugt wird (Denis et al., 2010). Sie ist im ETA-Kontext unverzichtbar, da Mitarbeiter die Führungspersönlichkeit oft nicht aus persönlichen Beziehungen kennen, sondern deren Legitimität aus beobachtbaren Entscheidungen, Fairness, Konsistenz und langfristiger Kooperationsfähigkeit ableiten. Inklusive Führung erfordert zudem ein ausgeprägtes Bewusstsein für die systemische Verantwortung des ETA-CEOs. Er trägt nicht nur Verantwortung gegenüber Investoren, sondern auch gegenüber Mitarbeitenden, Kunden, Lieferanten und regionalen sozioökonomischen Strukturen. Forschung zeigt, dass CEOs, die systemische Verantwortung explizit wahrnehmen und strategisch integrieren, langfristig resilientere Organisationen aufbauen und die Wahrscheinlichkeit von Fehlentwicklungen signifikant reduzieren (Maak & Pless, 2006). Diese Verantwortung betrifft insbesondere die Balance zwischen kurzfristiger finanzieller Performance und nachhaltiger Organisationsentwicklung, zwischen Effizienzsteigerung und sozialer Stabilität, zwischen strategischer Transformation und kultureller Anschlussfähigkeit. Darüber hinaus spielt die Fähigkeit zur Kommunikation eine herausragende Rolle. Inklusives Führen bedeutet nicht nur zuzuhören und Perspektiven zu integrieren, sondern auch komplexe Sachverhalte kohärent zu kommunizieren, Ambiguitäten auszuhalten und narrative Orientierung zu schaffen. Forschung zur strategischen Kommunikation zeigt, dass klare, konsistente und kontextualisierte Kommunikation ein entscheidender Erfolgsfaktor für Transformationsprozesse ist, da sie Unsicherheit reduziert und gemeinsame mentale Modelle aufbaut (Gioia & Chittipeddi, 1991). Der ETA-CEO fungiert damit als Sinnstifter in einem Übergangssystem, dessen Stabilität maßgeblich von der Fähigkeit abhängt, die neue Zukunft des Unternehmens glaubwürdig und anschlussfähig zu artikulieren. Schließlich umfasst das inklusive Rollenmodell die Gestaltung eines reflektierten Umgangs mit Macht. Macht ist im ETA-Kontext ambivalent: Sie ermöglicht Entscheidungen, aber sie erzeugt auch Asymmetrien, die Widerstand und dysfunktionale Dynamiken begünstigen können. Forschung zeigt, dass Führungskräfte, die Macht reflexiv einsetzen und ihre eigene soziale Positionierung verstehen, kooperativere, resilientere und leistungsfähigere Organisationen schaffen (Keltner et al., 2003). Dies ist insbesondere für ETA-CEOs relevant, da sie in kurzer Zeit Macht über Menschen, Ressourcen und Strukturen erhalten, die ihnen nicht durch historische Beziehungen, sondern durch institutionelle Konstruktionen übertragen wurde. Die zentrale Aufgabe des ETA-CEOs besteht daher darin, ein institutionelles und kulturelles Gefüge zu schaffen, in dem Menschen, Strukturen und Prozesse gemeinsam leistungsfähig werden.

14.7 Ein integratives Ökosystemmodell für ETA in der DACH-Region

Die nachhaltige Entwicklung von Entrepreneurship Through Acquisition in der DACH-Region hängt weniger von der Qualität einzelner Searcher oder Investoren ab als von der Leistungsfähigkeit des gesamten umgebenden Ökosystems. Im Unterschied zu traditionellen Gründungsökosystemen, in denen Innovation primär technologisch, digital und risikokapitalgetrieben erfolgt, operiert ETA im Spannungsfeld von Eigentumsnachfolge, mittelständischen Pfadabhängigkeiten, institutionellen Regulierungen und kapitalmarktnahen Logiken. Ein integratives Ökosystemmodell ist daher erforderlich, um die besonderen Anforderungen dieses hybriden Feldes zu erfassen, die Akteure systemisch zu verknüpfen und die Bedingungen für Wachstum, Legitimität und Lernfähigkeit langfristig zu optimieren. Ein Ökosystemansatz versteht unternehmerische Aktivitäten als Ergebnis eines komplexen Zusammenspiels von Akteuren, Ressourcen, Regeln und Beziehungen. In der Entrepreneurship-Forschung wird dieser Ansatz traditionell als Entrepreneurial Ecosystem bezeichnet (Isenberg, 2011; Stam, 2015). Ökosysteme entstehen nicht zufällig, sondern durch das Zusammenspiel von sozialen, institutionellen und wirtschaftlichen Strukturen, die kollektives Lernen, Koordination und Wertschöpfung ermöglichen. Ein integratives Ökosystemmodell für ETA erweitert diesen Ansatz, indem es die spezifischen Anforderungen der Unternehmensnachfolge, die kulturellen Eigenheiten des Mittelstands und die multifunktionale Rolle des ETA-CEOs in die theoretische Grundarchitektur einbettet.

Im Zentrum eines solchen Modells stehen sieben miteinander verbundene Systemkomponenten, deren Qualität und Interdependenzen maßgeblich bestimmen, ob ETA in der DACH-Region zu einem nachhaltigen Bestandteil des wirtschaftlichen Transformationsprozesses wird und wie sie in Abb. 14.1 dargestellt sind.

Abb. 14.1 Integratives ETA-Ökosystemmodell, eigene Darstellung

Die erste Säule des integrativen Ökosystemmodells bildet der institutionelle Rahmen. Hierzu zählen rechtliche, steuerliche und finanzierungsbezogene Grundlagen, die das Funktionieren von ETA ermöglichen oder hemmen. In der DACH-Region sind viele dieser Strukturen historisch gewachsen und teils fragmentiert. Die Forschung zeigt, dass klar definierte Eigentumsrechte, effiziente Transaktionsprozesse, transparente Regeln und verlässliche steuerliche Rahmenbedingungen die Wahrscheinlichkeit von Unternehmensübernahmen erhöhen (North, 1990; La Porta et al., 1998). Ein integratives ETA-Ökosystem erfordert daher institutionelle Arrangements, die Nachfolgeprozesse erleichtern, Kapitalzugänge öffnen und Governance-Sicherheit schaffen.

Die zweite Säule betrifft die Verfügbarkeit und Qualität von Kapital. Ein leistungsfähiges ETA-Ökosystem benötigt ein diversifiziertes Investorensegment, das unterschiedliche Risikoprofile, Zeithorizonte und Expertisegrade abdeckt. Während in den USA ein ausgereiftes System spezialisierter Search-Fund-Investoren existiert, ist der

DACH-Raum noch stark von Hochvermögenden, Family Offices und Generalisten geprägt. Forschung zeigt, dass die Heterogenität der Kapitalquellen die Innovationsfähigkeit und Stabilität eines Ökosystems erhöht (Florida & Kenney, 1988; Mason & Harrison, 2002). Ein integratives Modell erfordert deshalb die Entwicklung eines institutionalisierten Investorensektors, der Such- und Akquisitionsprozesse divers finanziert und professionelle Standards etabliert.

Die dritte Säule umfasst die Human- und Kompetenzstruktur, also die Fähigkeit, eine vielfältige, hochqualifizierte und gebildete Searcher-Community hervorzubringen. ETA erfordert ein seltenes Kompetenzprofil, das aus analytischen, unternehmerischen, psychologischen und führungsbezogenen Fähigkeiten besteht. Die Forschung betont, dass Ökosysteme mit gut entwickelten Talentpipelines erfolgreicher in der Etablierung neuer Unternehmensformen sind (Glaeser et al., 2010). Dazu gehören MBA-Programme, Entrepreneurship-Lehrstühle, Weiterbildungsangebote sowie Mentoren- und Coachingstrukturen. Der DACH-Raum befindet sich hier noch im Aufbau, was die Notwendigkeit einer systematischen Talentförderung unterstreicht.

Die vierte Säule bezieht sich auf Netzwerke und soziale Infrastrukturen. Ökosysteme sind in ihrer Funktionalität abhängig von sozialen Beziehungen, Vertrauen und der Fähigkeit, Wissen schnell zu verbreiten (Aldrich & Zimmer, 1986). Während in den USA dichte Search-Fund-Communities existieren, zeichnet sich der DACH-Raum durch fragmentierte, geografisch verstreute und oft informelle Netzwerkstrukturen aus. Ein integratives Modell erfordert den Aufbau gemeinsamer Plattformen, Fachveranstaltungen, digitaler Räume und institutionalisierter Austauschformate, die kollektives Lernen und Peer-Support ermöglichen.

Die fünfte Säule betrifft die Unternehmenslandschaft, insbesondere das Angebot an geeigneten Nachfolgeunternehmen. Die demografische Struktur des Mittelstands sowie die prognostizierte Zunahme übergabereifer Unternehmen (Statistisches Bundesamt, 2023) erzeugen ein erhebliches Potenzial für ETA. Dennoch bleibt die Transparenz des Marktes gering, und Nachfolgesituationen sind kulturell sensibel. Ein funktionsfähiges Ökosystem benötigt daher Vermittlungsinstanzen, Datenräume, Beraterkompetenzen und regionale Institutionen, die Übernahmeprozesse erleichtern und Vertrauen zwischen Verkäufern und Searchern fördern.

Die sechste Säule bildet die Governance- und Normenstruktur des Ökosystems. Sie umfasst institutionalisierte Standards, Verhaltensregeln und normative Leitlinien, die die Qualität und Professionalität des Systems sichern. Forschung zeigt, dass Ökosysteme besonders leistungsfähig sind, wenn informelle Normen mit formellen Strukturen gekoppelt sind und kollektive Erwartungen erzeugen, die Verhalten koordinieren (Williamson, 2000). Für ETA bedeutet dies die Etablierung von Best Practices in Bereichen wie Due Diligence, Finanzierung, Führungsarchitektur und Integrationsprozessen.

Die siebte Säule schließlich betrifft die Innovations- und Transformationsfähigkeit des Ökosystems. ETA ist nicht nur eine Nachfolgelösung, sondern ein potenzieller Motor für strukturellen Wandel. Ökosysteme, die innovationsorientiert sind, fördern Experimentierfreude, Lernprozesse, digitale Kompetenz und die Fähigkeit, Geschäftsmodelle neu auszurichten (Autio et al., 2014). In der DACH-Region ist dies besonders relevant, da viele mittelständische Unternehmen vor tiefgreifenden technologischen und marktbezogenen Umbrüchen stehen. ETA kann hier eine transformative Rolle spielen, sofern das umgebende Ökosystem Innovation nicht als Randphänomen, sondern als strukturelle Aufgabe begreift.

Ein integratives Ökosystemmodell für ETA beschreibt nicht nur, wie das Ökosystem funktioniert, sondern auch, wie es gestaltet werden sollte, um langfristig leistungsfähig, zugänglich und resilient zu sein. Für die Zukunft des ETA-Modells ist entscheidend, dass diese sieben Systemkomponenten nicht isoliert betrachtet werden, sondern als Interdependenzen eines komplexen, ganzheitlichen Systems. Wenn institutionelle Rahmenbedingungen, Kapitalstrukturen, Talententwicklung, Netzwerke, Unternehmenslandschaft, Governance-Normen und Innovationsorientierung kohärent zusammenwirken, kann ETA als nachhaltige Form von Unternehmertum im DACH-Raum verankert werden. Die Professionalisierung des Ökosystems stellt einen integrativer Entwicklungsweg dar, der die Voraussetzungen schafft, dass ETA zu einem tragenden Bestandteil des wirtschaftlichen Transformationsprogramms der nächsten Jahrzehnte wird.

Literatur

Aldrich, H. E., & Langton, N. (1998). Human resource management practices and organizational life cycles. *Entrepreneurship Theory and Practice, 22*(3), 1–27.

Aldrich, H., & Zimmer, C. (1986). Entrepreneurship through social networks. In D. Sexton & R. Smilor (Hrsg.), *The art and science of entrepreneurship* (S. 3–23). Ballinger.

Alsos, G. A., Ljunggren, E., & Hytti, U. (2016). Gender and innovation: State of the art and a research agenda. *International Journal of Gender and Entrepreneurship, 8*(3), 236–261.

Autio, E., Kenney, M., Mustar, P., Siegel, D., & Wright, M. (2014). Entrepreneurial innovation: The importance of context. *Research Policy, 43*(7), 1097–1108.

Bandura, A. (1997). Self-efficacy: The exercise of control. *Freeman.*

Battilana, J., & Lee, M. (2014). Advancing research on hybrid organizing. *Academy of Management Annals, 8*(1), 397–441.

Beck, T., & Demirgüç-Kunt, A. (2006). Small and medium-size enterprises: Access to finance as a growth constraint. *Journal of Banking and Finance, 30*(11), 2931–2943.

Bourdieu, P. (1986). The forms of capital. In J. Richardson (Hrsg.), *Handbook of Theory and Research for the Sociology of Education* (S. 241–258). Greenwood.

Boyd, B., Haynes, K., Hitt, M., Bergh, D., & Ketchen, D. (2011). Contingency hypotheses in strategic management research: Use, disuse, or misuse? *Journal of Management, 37*(5), 151–176.

Breen, R., & Jonsson, J. O. (2005). Inequality of opportunity in comparative perspective: Recent research on educational attainment and social mobility. *Annual Review of Sociology, 31*, 223–243.

Brush, C., Greene, P., Balachandra, L., & Davis, A. (2018a). The gender gap in venture capital- progress, problems, and perspectives. *Venture Capital, 20*(2), 115–136. https://doi.org/10.1080/13691066.2017.1349266

Brush, C. G., Greene, P. G., & Welter, F. (2018b). Women entrepreneurs and finance. *Venture Capital, 20*(2), 1–12.

Carmeli, A., Reiter-Palmon, R., & Ziv, E. (2010). Inclusive leadership and employee involvement in creative tasks in the workplace. *Leadership Quarterly, 21*(3), 443–458.

Carter, S., & Marlow, S. (2007). Female entrepreneurship: Theoretical perspectives and empirical evidence. In N. Carter, K. Henry, B. Ó. Cinnéide, & E. Johnston (Hrsg.), *Female Entrepreneurship* (S. 11–36). Routledge.

Chetty, R., Hendren, N., Kline, P., & Saez, E. (2014). Where is the land of opportunity? The geography of intergenerational mobility in the United States. *Quarterly Journal of Economics, 129*(4), 1553–1623.

Coleman, J. S. (1988). Social capital in the creation of human capital. *American Journal of Sociology, 94*, 95–120.

Cox, T., & Blake, S. (1991). Managing cultural diversity: Implications for organizational competitiveness. *Academy of Management Executive, 5*(3), 45–56.

Denis, D. J., Denis, D. K., & Sarin, A. (2012). Agency problems, equity ownership, and corporate diversification. *Journal of Finance, 52*(1), 135–160.

Denis, J.-L., Langley, A., & Sergi, V. (2010). Leadership in the plural. *Academy of Management Annals, 4*(1), 67–106.

Dyer, W. G. (1994). Toward a theory of entrepreneurial succession. *Entrepreneurship Theory and Practice, 19*(2), 93–102.

Eagly, A. H., & Karau, S. J. (2002). Role congruity theory of prejudice toward female leaders. *Psychological Review, 109*(3), 573–598.

Edmondson, A. (1999). Psychological safety and learning behavior in work teams. *Administrative Science Quarterly, 44*(2), 350–383.

Edmondson, A., & Lei, Z. (2014). Psychological safety: The history, renaissance, and future of an interpersonal construct. *Annual Review of Organizational Psychology and Organizational Behavior, 1*(1), 23–43.

Evans, D. S., & Jovanovic, B. (1989). An estimated model of entrepreneurial choice under liquidity constraints. *Journal of Political Economy, 97*(4), 808–827.

Ewens, M., & Townsend, R. R. (2020). Are early stage investors biased against women? *Journal of Financial Economics, 135*(3), 653–677.

Florida, R., & Kenney, M. (1988). Venture capital and high technology entrepreneurship. *Journal of Business Venturing, 3*(4), 301–319.

Gabrielsson, J., & Huse, M. (2005). Outside directors in SME boards: A call for theoretical reflections. *Corporate Board, 1*(1), 28–37.

Gioia, D. A., & Chittipeddi, K. (1991). Sensemaking and sensegiving in strategic change initiation. *Strategic Management Journal, 12*(6), 433–448.

Glaeser, E., Kerr, W., & Ponzetto, G. (2010). Clusters of entrepreneurship. *Journal of Urban Economics, 67*(1), 150–168.

Hauschildt, J., & Salomo, S. (2022). *Innovationsmanagement* (7. Aufl.). Vahlen.

Hong, L., & Page, S. E. (2004). Groups of diverse problem solvers can outperform groups of high-ability problem solvers. *Proceedings of the National Academy of Sciences, 101*(46), 16385–16389.

Hoogendoorn, S., Oosterbeek, H., & van Praag, M. (2013). The impact of gender diversity on the performance of business teams: Evidence from a field experiment. *Management Science, 59*(7), 1514–1528.

Hurst, E., & Lusardi, A. (2004). Liquidity constraints, household wealth, and entrepreneurship. *Journal of Political Economy, 112*(2), 319–347.

Isenberg, D. (2011). *The entrepreneurship ecosystem strategy as a new paradigm for economic policy*. Institute of International European Affairs.

Janis, I. L. (1982). *Groupthink: Psychological studies of policy decisions and fiascoes* (2. Aufl.). Houghton Mifflin.

Jennings, J. E., & Brush, C. G. (2013). Research on women entrepreneurs: Challenges to theory building and evidence-based policy. *Academy of Management Annals, 7*(1), 663–715.

Kahneman, D. (2011). *Thinking, fast and slow*. Macmillan USA.

Keltner, D., Gruenfeld, D. H., & Anderson, C. (2003). Power, approach, and inhibition. *Psychological Review, 110*(2), 265–284.

KfW Research. (2021). KfW-Gründungsmonitor 2021. https://www.kfw.de/PDF/Download-Center/Konzernthemen/Research/PDF-Dokumente-Gr%C3%BCndungsmonitor/KfW-Gr%C3%BCndungsmonitor-2021.pdf. Zugegriffen: 13. Dez. 2025.

Kollmann, T., Hensellek, S., & Jung, P. (2023). *Deutscher startup monitor 2023*. Bundesverband Deutsche Startups.

La Porta, R., Lopez-de-Silanes, F., Shleifer, A., & Vishny, R. (1998). Law and finance. *Journal of Political Economy, 106*(6), 1113–1155.

Maak, T., & Pless, N. M. (2006). Responsible leadership in a globalized world. *Journal of Business Ethics, 66*(1), 99–115.

Mason, C. M., & Harrison, R. T. (2000). The size of the informal venture capital market in the United Kingdom. *Small Business Economics, 15*(2), 137–148.

Mason, C., & Harrison, R. (2002). Is it worth it? The rates of return from informal venture capital investments. *Journal of Business Venturing, 17*(3), 211–236.

Nishii, L. H., & Mayer, D. M. (2009). Do inclusive leaders help to reduce turnover in diverse groups? *Journal of Applied Psychology, 94*(6), 1412–1426.

North, D. C. (1990). *Institutions, institutional change and economic performance*. Cambridge University Press.

Østergaard, C., Timmermans, B., & Kristinsson, K. (2011). Does a different view create something new? The effect of employee diversity on innovation. *Research Policy, 40*(3), 500–509.

Ostrom, E. (2005). *Understanding institutional diversity*. Princeton University Press.

Page, S. E. (2007). *The difference: How the power of diversity creates better groups, firms, schools, and societies*. Princeton University Press.

Pahnke, A., Schlepphorst, S., Schlömer-Laufen, N. & Institut für Mittelstandsforschung Bonn. (2021). Herausforderungen der Unternehmensübergabe: Unternehmen zwischen Fortführung und Stilllegung. In IfM-Materialien (report Nr. 286). https://www.ifm-bonn.org/fileadmin/data/redaktion/publikationen/ifm_materialien/dokumente/IfM-Materialien-286_2021.pdf. Zugegriffen: 13. Dez. 2025.

Parker, S. C. (2018). *The economics of entrepreneurship* (2. Aufl.). Cambridge University Press.

Rudman, L. A., & Glick, P. (2001). Prescriptive gender stereotypes and backlash toward agentic women. *Journal of Social Issues, 57*(4), 743–762.

Shane, S. (2003). *A general theory of entrepreneurship*. Edward Elgar.

Shleifer, A., & Vishny, R. (1997). A survey of corporate governance. *Journal of Finance, 52*(2), 737–783.

Stam, E. (2015). Entrepreneurial ecosystems and regional policy: A sympathetic critique. *European Planning Studies, 23*(9), 1759–1769.

Stanford Graduate School of Business. (2022). *2022 Search Fund Study: Selected Observations*. Stanford University.

Statistisches Bundesamt (DeStatis). (2023). Koordinierte Bevölkerungsvorausberechnung 2023. https://www.destatis.de/DE/Themen/Gesellschaft-Umwelt/Bevoelkerung/Bevoelkerungsvorausberechnung/_inhalt.html. Zugegriffen: 13. Dez. 2025.

Stiglitz, J. E. (2010). *Freefall: America free markets and the sinking of the world economy*. W. W. Norton & Company.

Terjesen, S., Sealy, R., & Singh, V. (2016). Women on corporate boards: A review and research agenda. *Corporate Governance: An International Review, 24*(3), 222–238.

Tversky, A., & Kahneman, D. (1974). Judgment under uncertainty: Heuristics and biases. *Science, 185*(4157), 1124–1131.

van Knippenberg, D., & Schippers, M. C. (2007). Work group diversity and performance: An integrative framework and future research agenda. *Journal of Organizational Behavior, 28*(3), 375–400.

van Knippenberg, D., De Dreu, C. K. W., & Homan, A. (2004). Work group diversity and group performance: An integrative model and research agenda. *Journal of Applied Psychology, 89*(6), 1008–1022.

Welter, F. (2011). Contextualizing entrepreneurship: Conceptual challenges and ways forward. *Entrepreneurship Theory and Practice, 35*(1), 165–184.

Williamson, O. E. (2000). The new institutional economics. *Journal of Economic Literature, 38*(3), 595–613.

Wilson, F., Kickul, J., & Marlino, D. (2007). Gender, entrepreneurial self-efficacy, and entrepreneurial career intentions: Implications for entrepreneurship education. *Entrepreneurship Theory and Practice, 31*(3), 387–406.

Woolley, A. W., Chabris, C. F., Pentland, A., Hashmi, N., & Malone, T. W. (2010). Evidence for a collective intelligence factor in the performance of human groups. *Science, 330*(6004), 686–688.

15 Fazit

Zusammenfassung

ETA stellt eine hybride Architektur unternehmerischer Wertschöpfung dar, die ökonomische, psychologische, kulturelle und institutionelle Logiken integriert. Für die DACH-Region zeigt sich ETA als Prozess struktureller Hybridisierung, der ordoliberale Rahmenbedingungen, mittelständische Nachfolgepsychologie und relationale Governance berücksichtigen muss. Zentrale Erfolgsfaktoren sind die duale Rolle des ETA-CEOs, die Qualität postakquisitorischer Transformation sowie die institutionelle Gestaltung der Investor-Searcher-Beziehung. Wertsteigerung entsteht primär durch Lernen, Innovation und kulturelle Integration. Die Zukunftsfähigkeit von ETA entscheidet sich systemisch an der Governance-Qualität, Diversität, Resilienz und der Fähigkeit, ETA als gesellschaftlich legitimiertes Transformationsmodell zu verankern.

Entrepreneurship Through Acquisition und das Search-Fund-Modell haben sich in den vergangenen Jahrzehnten von einem Nischenphänomen der US-amerikanischen Unternehmenslandschaft zu einem international wahrgenommenen, theoretisch anschlussfähigen und zunehmend institutionalisierten Ansatz unternehmerischer Wertschöpfung entwickelt. Ihre Übertragung in die DACH-Region eröffnet neue Perspektiven auf die Zukunft mittelständischer Unternehmensführung, Eigentumsstrukturen und Nachfolgedynamiken. Die vorliegende Untersuchung hat gezeigt, dass ETA nicht lediglich eine alternative Form des Unternehmertums darstellt, sondern ein hybrides, interdisziplinäres und institutionell anschlussfähiges Format, das ökonomische, psychologische, kulturelle und regulatorische Dimensionen verbindet. In der DACH-Region entfaltet dieses Modell besondere Bedeutung, da der demografische Wandel, die hohe Anzahl nachfolgebedürftiger

C. Schuchardt, *Entrepreneurship Through Acquisition und Search Funds im deutschsprachigen Mittelstand*, https://doi.org/10.1007/978-3-658-52650-4_15

KMU und die tief verankerte Struktur eigentümergeführter Unternehmen einen fruchtbaren, jedoch anspruchsvollen Kontext schaffen.

Die Analyse der institutionellen, kulturellen und ökonomischen Bedingungen hat verdeutlicht, dass die Übertragbarkeit des Search-Fund-Ansatzes nicht als einfache Adaption eines US-amerikanischen Modells verstanden werden kann, sondern als ein Prozess struktureller Hybridisierung. Die DACH-Region ist geprägt von einer ordoliberalen Wirtschaftsordnung, einer starken Rolle intermediärer Institutionen, ausgeprägten relationalen Governance-Strukturen und einem mittelständischen Selbstverständnis, das Verantwortung, Kontinuität und regionale Verankerung verbindet. Diese Spezifika führen zu einer komplexen Passungssituation, in der die normative Logik des Search-Fund-Modells mit tradierten Eigentumsstrukturen, langfristigen Stakeholderbeziehungen und spezifischen Erwartungen an Führung und Kultur interagiert. Die erfolgreiche Implementierung erfordert daher institutionelle Sensibilität, kulturelle Anschlussfähigkeit und ein Verständnis der sozialen und psychologischen Dynamiken von Unternehmensnachfolge. Die empirischen und theoretischen Befunde dieses Werkes zeigen, dass ETA dort besonders wirksam ist, wo es gelingt, die international etablierten Prinzipien dieses Modells mit den strukturellen Besonderheiten der DACH-Region zu synthetisieren. Dies betrifft sowohl die strategische Suchphase, die durch ein hohes Maß an Diskretion, langfristigen Vertrauensaufbau und persönliche Glaubwürdigkeit geprägt ist, als auch die Integrationsphase, in der die duale Identität des ETA-CEOs als Unternehmer und systemischer Gestalter besonders sichtbar wird. Die Rolle des CEOs entwickelt sich in eigentümergeführten Unternehmen zu einem Prozess psychologischer und kultureller Übersetzungsarbeit, die den Übergang von personengeführter zu strukturgestützter Governance begleitet. Die Analyse hat gezeigt, dass dieser Rollenübergang nicht allein durch Managementmethoden bewältigt werden kann, sondern durch Identitätsreflexion, emotionale Kompetenz, institutionelle Sensibilität und die Fähigkeit, Vertrauen als strategische Ressource aufzubauen. Zudem hat die Untersuchung der Postakquisitionsphase verdeutlicht, dass Wertsteigerung im ETA-Kontext deutlich über klassische operative oder finanzielle Hebel hinausgeht. Sie ist Ausdruck einer tieferliegenden Transformationslogik, die Innovation, Organisationslernen und kulturelle Entwicklung miteinander verbindet. Mittelständische Unternehmen verfügen häufig über verborgene Potenziale, die erst durch Professionalisierung, digitale Durchdringung, systematische Datenarchitekturen und neue Formen der Arbeitsorganisation sichtbar werden. Die Fähigkeit zur Ambidextrie, zur gleichzeitigen Ausschöpfung bestehender Stärken und zur Exploration neuer Geschäftsmodelle, bildet dabei eine zentrale Voraussetzung für nachhaltige Entwicklung. Dies gilt umso mehr in einer Zeit technologischer Disruption, geopolitischer Unsicherheit und regulatorischer Verdichtung, in der Unternehmen Resilienz und Adaptivität als strategische Fähigkeiten kultivieren müssen.

Die Bedeutung der Investorenperspektive ist im Themenfeld der Search-Funds ist besonders hervorzuheben. Investoren fungieren nicht allein als Kapitalgeber, sondern als institutionelle Architekten, die Erwartungsrahmen setzen, Governance-Strukturen mitgestalten und Sucher wie CEO in ihrer Entwicklung begleiten. Die Analyse hat gezeigt, dass die Beziehung zwischen Investor und Searcher von komplexen Erwartungsarchitekturen, asymmetrischen Informationslagen und psychologischen Dynamiken geprägt ist. Die erfolgreiche Gestaltung dieser Beziehung erfordert Transparenz, Vertrauen, konsistente Kommunikation und die Fähigkeit, divergierende Interessen in eine gemeinsam getragene strategische Logik zu integrieren. Dies gilt insbesondere für die DACH-Region, in der Investorenkulturen historisch stärker von Risikovermeidung, relationaler Verantwortung und langfristiger Kapitalbindung geprägt sind. Zugleich wurde deutlich, dass die Zukunft von ETA in der DACH-Region nicht allein durch ökonomische Parameter bestimmt wird, sondern durch gesellschaftliche, politische und transformative Megatrends. Die zunehmende Bedeutung von ESG, die digitale und analytische Transformation des Such- und Betriebsprozesses, der Wandel der Arbeitswelt, die demografische Schrumpfung der Erwerbsbevölkerung und die Verschiebungen globaler Lieferketten bilden das strategische Umfeld, in dem ETA-CEOs agieren werden. Diese Entwicklungen verlangen nach einer neuen Generation von Unternehmerpersönlichkeiten, die technologische Kompetenz, kulturelle Sensibilität, institutionelles Verständnis und psychologische Reife verbinden. Die Fähigkeit zur Kontextualisierung, zum Umgang mit Unsicherheit und zu systemischem Denken wird zu einem zentralen Unterscheidungsmerkmal zukünftiger unternehmerischer Exzellenz.

Schließlich hat die Analyse gezeigt, dass ETA und Search Funds neben ihren ökonomischen Implikationen auch normative und gesellschaftliche Dimensionen besitzen. Sie betreffen Fragen der Eigentumsverteilung, der sozialen Mobilität, der Diversität unternehmerischer Rollenbilder und der Gestaltung inklusiver Ökosysteme. Die DACH-Region verfügt über strukturelle Voraussetzungen, die den Zugang zu ETA begünstigen, weist aber zugleich Barrieren auf, die Chancengleichheit, Vielfalt und institutionelle Offenheit begrenzen. Eine nachhaltige Etablierung des ETA-Modells wird nur gelingen, wenn diese Barrieren abgebaut und Governance-Modelle entwickelt werden, die Diversität, Partizipation und soziale Verantwortung integrieren. So wird die Zukunft von ETA in der DACH-Region davon abhängen, ob es gelingt, die Prinzipien dieses Modells in die Breite zu tragen, professionelle Standards zu etablieren und Searcher wie Investoren gleichermaßen für die komplexen Anforderungen der kommenden Jahrzehnte zu befähigen. Dieses Buch versteht sich als Beitrag zu dieser Entwicklung. Es will Suchende, Investoren, wirtschaftswissenschaftlich interessierte Forscherinnen und Forscher sowie Entscheidungsträger im Mittelstand dazu befähigen, ETA nicht nur als ein Instrument zu begreifen, sondern als eine ganzheitliche Architektur unternehmerischen Denkens und Handelns in einer Zeit tiefgreifender struktureller Transformation.

Kolibri 360 GmbH
Ferdinand-Jühlke-Straße 7
99095 Erfurt, Deutschland
produktsicherheit@kolibri360.de